信息技术安全评估准则

源流、方法与实践

吴世忠 叶晓俊 李守鹏 石竑松 编著

清華大学出版社
北京

内容简介

本书在概述信息技术(IT)安全评估准则发展过程、基本概念及评估模型基础上，对GB/T 18336中预定义的安全功能和安全保障相关的类、族、组件和元素进行了剖析，并按照IT产品安全开发周期这一思路分别论述了标准用户如何采用保护轮廓(PP)结构规范地表达IT产品消费者的安全要求，IT产品开发者如何采用安全目标(ST)结构规范地描述IT产品的安全解决方案并准备相应的评估证据，在此基础上还论述了IT产品安全评估的基本流程，以及评估者如何基于信息技术安全评估准则采用合理的测试方法与技术对IT产品进行安全评估。为了增加可读性，本书列举了大量的实例以帮助读者理解GB/T 18336标准的应用方法和技术。

本书结合了编者在制定、修订GB/T 18336及其相关国家标准和规范，以及从事IT产品安全测评时所获得的经验，阐述了GB/T 18336不同用户角色在标准应用过程中的任务分工，给出了从事IT产品安全评估需要掌握的知识、方法和技术，对提升各类用户理解和运用GB/T 18336标准有一定指导意义。

信息技术安全评估准则是世界公认的信息安全领域的重要基础性标准。本书有助于高校网络空间安全、软件工程、信息系统等专业的本科生、研究生理解和掌握这一标准，可作为教材使用。

图书在版编目(CIP)数据

信息技术安全评估准则：源流、方法与实践/吴世忠等编著. —北京：清华大学出版社，2020.4
ISBN 978-7-302-54832-4

Ⅰ. ①信…　Ⅱ. ①吴…　Ⅲ. ①信息技术－安全评价　Ⅳ. ①G203

中国版本图书馆CIP数据核字(2020)第005609号

责任编辑：黄　芝
封面设计：刘　键
责任校对：李建庄
责任印制：沈　露

出版发行：清华大学出版社
网　　址：http://www.tup.com.cn，http://www.wqbook.com
地　　址：北京清华大学学研大厦A座　**邮　　编**：100084
社 总 机：010-62770175　**邮　　购**：010-62786544
投稿与读者服务：010-62776969，c-service@tup.tsinghua.edu.cn
质量反馈：010-62772015，zhiliang@tup.tsinghua.edu.cn
课件下载：http://www.tup.com.cn，010-83470236
印 装 者：清华大学印刷厂
经　　销：全国新华书店
开　　本：185mm×260mm　**印　　张**：24　**字　　数**：583千字
版　　次：2020年6月第1版　**印　　次**：2020年6月第1次印刷
印　　数：1～1500
定　　价：79.00元

产品编号：074685-01

序

自工业化时代以来，标准就是促进技术进步、贸易全球化和人类社会可持续发展的重要基础。进入信息社会，信息技术(IT)标准更是确保网络互联互通、信息交换共享、应用广泛普及的根本保障。作为国家网络安全保障体系建设的重要组成部分，网络安全标准在保障国家网络空间安全、推动社会治理体系变革方面发挥着基础性、规范性和引领性作用。其中，信息技术安全评估标准不仅是统一信息技术开发者、用户方、监管部门和测评机构多方之间认知与理解的共同语言，更是确保信息技术产品(IT 产品)安全性与功效的统一尺衡。

对 IT 产品的安全评估是信息化时代确保供应链安全，进而维护网络空间安全问题的关键环节。发达国家均将信息安全测评认证体系建设作为维护国家安全和发展利益的重要基础设施，其中对网络安全标准的研判和应用是重中之重。国内外在这方面都做了大量工作，积累了许多宝贵的经验。"安全"利益是一个国家的根本利益和核心诉求，对安全这一概念内涵和外延的理解，因国、因时、因事而异，体现在安全战略、安全政策和安全管理等方面时，均因国别不同而有明显差异。但是，在技术层面，几十年的发展轨迹却是在相向而行。信息社会的发展进程预示着世界各国唯有相互交流、互融共通、共享共治才能增加战略互信，推动全球价值链、供应链健康完善发展，让互联网这一无形的人类共同家园变得更美丽、更干净、更安全。"凡益之道，与时偕行"，就我国而言，信息技术的发展成就举世瞩目，全球化影响与日俱增。为适应未来国家对外开放形势、保证网络空间安全制度差异性的前提下寻找 IT 产品互联互通、相互促进和相互发展的安全保障体系，共同应对信息技术带来的网络空间安全挑战，信息技术安全评估工作需要注重与国际成熟做法衔接，并积极为统一的标准体系贡献更多中国经验与智慧。作为本书将要讨论的主要对象，信息技术安全评估准则国际标准(简称通用评估准则或 CC 标准)恰好体现了这一基本价值观念。

CC 标准是由国际标准化组织(ISO)和国际电工委员会(IEC)共同制定的，专用于 IT 产品安全测评的基础性标准，在信息技术安全测评领域的国际接受度最高，在我国也已形成较大影响力。从发展过程看，CC 标准源于美、欧各国从各自网络安全治理角度建立的区域性信息技术安全评估规范和标准。通过三十多年不断融合、改进和完善，汇入众多先驱标准之精华，CC 标准最终得以完善成形，并得到了美、英、法、德等全球三十多个国家的接受和应用。国际标准的价值源于其严格的编制过程所蕴含的高质量保证。自 CC 标准的国际化版本 ISO/IEC 15408 于 1999 年由国际标准化组织正式发布以来，至今已更新数版，普适性和严谨性逐渐增强，国际影响力和接受度不断提升，为众多 IT 产品的安全要求和测评标准提供了框架依据，支撑着数千款 IT 产品的安全测评实践，在世界范围内发挥着越来越重要的作用。

我国高度重视信息安全标准化工作，持续跟踪并主动参与了CC标准的发展完善过程。在CC标准的初始建立阶段，我国就关注美、英、德、法、荷、加等西方国家的标准研究及其技术动向，并在该标准(ISO/IEC 15408:1999)甫一发布即着手编译，于2001年将其采用并转化为中国的国家标准GB/T 18336—2001正式发布。此后，我国逐步开发了许多配套性的国家标准和行业标准，并在2000余款国内外IT产品的分级安全测评活动中进行了应用。为了与CC标准的变化过程紧密同步，2015年我国又等同采用并发布了对标现用ISO/IEC 15408：2009标准的GB/T 18336—2015。随着IT产品安全测评方法和技术手段逐步趋于成熟，我国测评机构已在智能卡等领域依据GB/T 18336标准开展高保障级别的测评业务，对保障我国网络空间安全发挥着积极重要的作用。GB/T 18336标准已成为我国保持与国际同步的网络空间治理技术的基础性标准规范。可以说，近二十年来通过创新运用CC标准的评估模型和方法，中国已成为CC标准的重要实践者和开拓者。

CC标准之所以称为通用评估准则，是因为它第一次从人类对信息技术安全的多维、异构和复杂的认知中抽象出一个各方公认的安全评估和保障的基础框架，为IT产品的消费者、开发者、评估者、认证监管者等目标用户理解和使用安全测评技术术语和方法提供了统一规范。CC标准的普适性源于其高度抽象性，虽然可因之扩大该标准的适用面，但其晦涩艰深的表达方法也给初学者带来了不少困惑。我们了解到这是国内外读者对该标准的共同感受。CC标准的测评模型和概念逻辑隐藏在该标准文本浩繁的规范条文中，加之语言晦涩抽象，如果没有先行者引路，一般读者较难理解。从经验上说，掌握测评模型和概念之间的关系是理解CC标准的必由之路。但是，由于没有专门的中文教科书来辅导读者理解，国内读者通过阅读标准来提炼对标准应用的理解的确困难重重，所以为国内用户提供一本针对CC标准的普及读本就尤为必要和迫切。

在此方面，国际上曾先后出版了几本介绍CC标准不同版本的著作，侧重点各有不同，对理解CC标准的确有所裨益，但对于中文读者而言，由于国内还没有全面介绍GB/T 18336及其应用技术的教材，加之GB/T 18336的使用者对评估对象(TOE)的安全问题、安全目标和安全要求在认识和理解上存在差异，导致不同用户在描述IT产品安全要求、设计安全方案、开展安全测试和认证测试结果时面临诸多挑战，对我国实施GB/T 18336标准的规范性和效率必然会产生不利影响。理想情况下，只有当测评机构、认证机构及IT产品厂商对CC标准有同等的理解时，方能发挥该标准应有的应用价值。

本书作者常年从事依据GB/T 18336标准的IT产品安全评估工作，从编制第一版GB/T 18336标准开始，一直工作在CC标准及测评技术发展变化前沿，维护着我国IT产品安全评估相关标准和规范的制定工作。2017年以来，本书作者之一代表中国专家担任CC标准联合编辑，在ISO层面开启了我国与国际社会正式合作开发CC标准的进程。在实践中，作者对CC标准用户面临的困难体会颇深，这正是我们决定编写此书的初衷。我们深知本书可能难以消除读者的所有困惑，但仍希望读者可以通过阅读本书厘清CC标准中各种概念之间的关系，掌握该标准的基本原则、核心概念、测评模型、方法和技术，并解决部分实际应用困难。故在内容安排上，本书(第1章)首先围绕信息技术安全评估的基本概念，简要回顾了信息技术安全评估标准的发展源头和历程，并论述了通用评估准则应用框架的重要组成部分，内容涉及广泛，有利于读者系统把握国内外在信息安全评估方面的政策规则和技术框架。以此为基础，本书（第2～5章）采用由浅入深的叙述方式带读者进入CC标准的核心技术部分，帮助读者逐步理解CC标准的基本模型和方法，掌握标准中预定义的安全功能组件和安全保障组件，进而用大量实例帮助读者体会IT产品的保护轮廓和安全目标（PP/ST）的编制方法和过程。进一步，为帮助读者实际把握CC标准的具体评估技术和方法，本书（第6～8章）针对IT产品开发者和评估者在评估证据准备、评估流程实施和技术应用等方面的困难问题，用较详尽的篇幅进行了梳理和讨论，提出的解决办法有利于推进CC标准的应用实践和发展完善。

值得指出的是，CC标准的发展完善之路仍在不断的技术变革中稳步向前。在本书编写过程中，ISO/IEC组织已在开发新版的ISO/IEC 15408及其配套标准ISO/IEC 18405。标准翻新的动机源于近10年以来信息技术取得的显著发展，移动计算、物联网、大数据和人工智能等类型的IT产品已从襁褓中发育成长，构成了当前对世界经济和社会生活影响最大的技术方向。为了适应这些新技术的发展，IT产品的技术架构以及设计和制造IT产品的工艺流程和分工结构都更为复杂，相比之下现用的CC标准版本的适用性困难却日渐增多，只有修订标准方可与时俱进。由于本书作者正在ISO层面参与新版CC标准的编修过程，为飨读者好奇之心，本书已加入一些新版CC标准编修过程中较为稳定的技术内容，如模块化、多保障级测评、合作性保护轮廓（cPP）等，读者可因之窥探下一个版本CC标准的最新动向。

本书依据国标GB/T 18336—2015及其相关评估方法和IT产品安全检测规范进行编写，其基本案例内容源于中国信息安全测评中心和清华大学多年合作的数据库安全测评服务、典型信息安全产品检测技术研究与规范制定等相关项目成果，同时还参考了国际同行的CC标准相关著作。在整理CC安全组件、PP/ST结构、通用准则评估方法（CEM）评估活动，以及评估证据准备和TOE测试方法和技术相关内容的过程中，我们多次邀请中国信息安全测评中心安全检测处的同志对本书进行了讨论和校对，感谢他们的大力支持和帮助。相信本教材对于网络安全法在我国的实施，提升我国关键信息基础设施的安全运营水平，促进国家网络产品安全测评制度建设，实现与国际IT产品安全评估标准的接轨具有一定的推动和指导作用。

编　者

2020年4月

前 言

1993 年 6 月，加拿大、英国、法国、德国、荷兰和美国等国主导的通用准则(Common Criteria，CC)项目组织，开始了信息技术(Information Technology，IT)安全评估准则的起草工作。1994 年 4 月，国际标准化组织(ISO)和国际电工委员会(IEC)的联合工作组 ISO/IEC JTC1/SC27 WG3 开始和 CC 项目组织合作编写针对信息技术产品(IT 产品)和信息技术系统(IT 系统)的安全评估准则。1996 年 ISO/IEC 发布了基于 CC v1.0 的 ISO/IEC 15408《信息技术 安全技术 信息技术安全评估准则》国际标准草案，并在 1999 年 12 月形成了基于 CC v2.1 的 ISO/IEC 15408:1999《信息技术 安全技术 信息技术安全评估准则》国际标准。经过二十多年的发展，CC 已历经多次修订，但由于历史延续性的原因，信息技术安全评估领域仍将用于 IT 产品安全评估的 ISO/IEC 15408 及其相关的 ISO/IEC 18045《信息技术 安全技术 IT 安全评估方法》(CEM)统称为通用评估准则，即 CC。

尽管 CC 标准已在包括我国在内的全球各国信息安全测评领域得到了广泛应用，成为支持 IT 产品互联互通的国际标准，但目前国内还没有介绍基于 CC/CEM 的信息技术安全评估准则的中文教材。因此，本书的编写出于以下几个目的：一是要展现国内外 IT 产品安全评估准则的发展过程，以及基于 CC 标准的 IT 产品安全评估的基本概念，通过介绍信息技术安全评估准则发展历史让读者了解 CC 标准在 IT 产品安全评估工作中的地位和价值；二是对 CC 标准中安全功能和安全保障要求相关的类、族、组件和元素进行剖析和解读，让 IT 产品消费者和开发者掌握在保护轮廓(PP)和安全目标(ST)编制过程中 CC 组件的选择方法和组件元素的操作方法；三是从 IT 产品消费者的角度讲解如何通过 PP 结构来规范化表达用户对 IT 产品的安全要求；四是从 IT 产品开发者角度介绍如何使用 ST 结构中 TOE 概要规范(TSS)来论述他们提供 IT 产品的安全方案；五是从 IT 产品评估者角度介绍 CC 标准评估方法及其对评估工作中评估对象(TOE)进行安全评估的内容；最后一个目标是围绕 IT 产品的安全评估，介绍 IT 产品开发者如何准备 TOE 评估所需的评估证据，IT 产品评估者如何使用合理的测试方法与技术对 IT 产品进行安全评估。

为此，本书安排了以下 8 章内容。

第 1 章　信息技术安全评估概述：一是回顾信息与信息技术、信息安全技术及其评估等基本概念之间的关系，通过介绍国内外信息技术安全标准化工作，论述 CC 标准在信息技术安全评估中的地位，包括我国信息安全评估方面与 CC 标准相关的工作；二是概述信息技术安全评估准则的发展历史，梳理 CC 标准基本概念，以及与其他区域性的信息技术安全评估准则之间的关系；三是阐明 CC 标准应用框架，讨论 CC 标准在安全需求开发、安全方案设计和安全评估中的用户群体和应用群体，并对 CC 互认协定（CCRA）、国家评估体制以及 IT 产品安全认证相关的概念和流程进行介绍。

第 2 章　通用评估准则的基本模型和方法：首先，通过论述 CC 标准的目的和预期用途来阐述 CC 标准的适用性；在此前提下，概述 CC 标准文档的组成及 PP、ST、TOE 等 CC 评估模型相关的核心概念，明确 CC 标准在描述 IT 产品的安全要求、表达安全方案和安全评估方法方面的定位；其次，对基于 CC 标准的评估模型，包括资产保护对策及 PP、ST 和 TOE 等类型安全评估基本概念进行剖析；最后，从 TOE 开发者和评估者角度简述 CC 标准中的 TOE 评估证据准备方法，以及和 TOE 安全评估相关的独立性和穿透性测试方法和技术。

第 3 章　安全功能组件和安全保障组件：围绕 ISO/IEC 15408：2008（即 GB/T 18336—2015）第 2 和第 3 部分文档内容，介绍用于规范 IT 产品安全功能要求表达的 CC 安全功能组件和安全保障组件内容及其使用方法，即 CC 第 2 部分列出的 11 个类、65 个族和 136 个安全功能组件和 CC 第 3 部分列出的 PP/ST 评估这两个保障类和 TOE 以及组合 TOE 的 6 个评估保障类、38 个族和 89 个安全保障组件，帮助 TOE 消费者和开发者理解如何在 IT 产品的安全要求开发和安全方案设计（即编制 PP/ST）中选择这些安全功能和安全保障组件，以及如何对组件元素进行细化操作。

第 4 章　保护轮廓及其编制方法：依据 GB/Z 20283《信息技术 安全技术 保护轮廓和安全目标产生指南》技术文件，按照 GB/T 18336.1—2015 附录 B 的 PP 结构，逐节讨论面向 TOE 消费者的 IT 产品安全需求（即 PP）编制方法。在描述 PP 文档结构的过程中，将对安全问题、安全目的和安全要求相关内容的组织形式及它们之间的逻辑关系进行梳理。在描述保护轮廓编制方法过程中，将穿插论述如何将 PP 的目的、范围和编制方法映射至 IT 产品生命周期和用户 IT 产品采购的通用流程，以便最终用户理解 PP 编制在 IT 产品安全需求开发中的地位及其用途。

第 5 章　安全目标及其编制方法：依据 GB/Z 20283《信息技术 安全技术 保护轮廓和安全目标产生指南》技术文件，一方面概述 ST 和 PP 之间的关系，另一方面按照 GB/T 18336.1—2015 附录 A 的 ST 结构，逐节讨论编制面向 TOE 开发者的安全方案，即需要考虑的 ST 文档结构、内容和格式要求及它们之间的关系，并从 TOE 消费者的角度解读 ST 是如何通过其第 7 节的 TOE 概要规范满足它声称所依照的 PP 安全需求的。论述过程将体现从常见的 IT 产品生命周期和用户 IT 产品采购通用流程中定位 ST 编制的重要性。

第 6 章　通用评估准则的具体评估流程和方法：ISO/IEC 15408—3《信息技术 安全技术 IT 安全评估准则——第 3 部分：安全保障组件》、ISO/IEC 18045《信息技术 安全技术 IT 安全评估方法》和各国评估机构发布的 CC 评估体制规定了执行 PP/ST/TOE 安全评估的相关活动、子活动、行为及工作单元，以及如何执行和由谁执行等 IT 产品安全评估相关的方法和内容。各国评估机构发布的安全评估体制按照 CCRA 构建在 CEM 标准之上，提供了关于信息技术安全评估过程如何执行和管理的细节。因此，本章将在前面章节的知识基础上介绍面向 TOE 评估者的 CEM 标准内容，包括评估方法、评估模型、预定义评估保障级别、PP/ST/TOE 等目标对象的评估内容与方法。

第 7 章　评估证据及其准备方法：TOE 开发者在交付一个待评估的 IT 产品（TOE 样品）之前，通常需要基于相关的 PP，在 ST 中细化 TOE 安全问题和安全目的，描述相关安全要求；然后针对这些安全要求，确定 TOE 安全功能（TSF）和评估范围。换句话说，TOE 开发者首先应该按照 GB/Z 20283《信息技术 安全技术 保护轮廓和安全目标产生指南》编制ST。在此基础上，为保证评估活动的有效性，TOE 开发者应先审核 IT 产品的研发(设计和实现)、生命周期支持以及功能测试等方面是否满足 ST 规定的安全保障要求。为此 TOE 开发者需要准备面向 IT 产品安全评估的相关评估证据，以便评估者可以按 CEM 规定的标准化活动完成 IT 产品的测试，保证安全评估的质量和效率。因此，本章先介绍 IT 产品评估过程中 TOE 开发人员的职责，再详细介绍 ST 文档、开发类文档、指导性文档、生命周期类文档、测试类文档等评估证据的编制方法和要求。

第 8 章　测试方法和技术：CEM 提供了覆盖 PP/ST 中保障要求的评估规范编制、评估证据文档输入要求、评估过程、PP、ST、TOE、ACO 等安全保障组件的安全评估内容。虽是面向 TOE 评估者编写的，但 CEM 并没有给出 CC 测试实验室(CCTL)的评估人员需要使用的 TOE 安全功能(TSF)符合性测试和穿透性测试的具体方法与技术。因此，本章将从 TOE 评估者角度，阐述如何依据评估发起人提供的 ST 及其相关的评估证据，对 IT 产品安全功能进行独立性测试，对 TOE 开发过程和 TOE 安全性进行脆弱性评定。TOE 安全功能的独立性测试需要 CCTL 按照 ST 中的安全功能要求，对被测 TOE 安全功能的正确性进行验证测试。脆弱性评定关注 IT 产品是否存在安全缺陷，通过采用脆弱性分析技术和穿透性测试方法找出 TOE 设计或实现上的缺陷，在未来的 TOE 运行过程中这些缺陷可能导致对安全功能的破坏行为。因此，本章主要介绍评估过程中 CCTL 使用的独立性测试和脆弱性评定两种测试、分析方法和技术，包括用于 TOE 评估的常用穿透性测试技术。

本书覆盖了应用 GB/T 18336—2015 所涉及的各类用户的工作内容，不同读者在阅读时可根据自己在 IT 产品安全评估中的角色选择相应的章节，对照 CC/CEM 及其相关指南文档理解相关的内容。例如，IT 产品的消费者只需阅读前 4 章，以掌握 CC 中 PP、ST、TOE、安全要求相关的类、族、组件和元素、安全评估等核心概念，理解安全问题和安全目的定义、安全要求和基本原理的论述方法等，以便编制和理解 PP 文档；IT 产品的开发者可在阅读前 4 章的基础上，进一步阅读第 5 章和第 7 章，以增强对 ST 编制工作中的安全组件选择和元素操作、特定安全要求的扩展组件定义、TOE 安全功能规范和安全原理论述，以及评估证据准备等内容的理解；IT 产品的评估者应阅读本书的所有章节，以掌握 CC/CEM 中的信息技术安全评估规范化方法，在理解 CC 核心概念和评估模型、评估技术和评估证据准备要求的基础上，有效地执行 PP、ST 和 TOE 安全评估活动；认证监管者可以通过阅读本书相关章节中 CC/CEM 基本概念和安全评估方法，以及国家评估体制、安全评估报告编制方法等内容，更好地开展 IT 产品认证工作。

编　者

2020 年 4 月

目　录

第1章 信息技术安全评估概述

信息技术革命正以前所未有的力量推动世界变革，对世界经济和社会生活的各个方面都产生了重要影响。近年来，以移动通信、物联网、云计算、大数据服务等为代表的互联网信息化进程已对社会及家庭和个人的生产和生活方式产生了巨大影响，信息技术正以前所未有的速度日益深刻地改变着世界，人类社会进入了一个快速开放和发展，同时又更具复杂性的网络空间命运共同体时代。但是，在人类社会享受技术创新和经济发展成果的同时，网络安全问题也日益凸显，已成为关系国家安全和发展、关系人民群众切身利益的重大问题。人们越来越难以判定IT产品是否给他们的生活带来潜在的安全威胁、IT产品提供的安全技术与机制在网络空间是否满足他们的安全期望，因此各国需要在保证网络空间安全制度差异性的前提下寻找IT产品互联互通、相互促进和统一协调的安全保障体系，以消除IT产品不安全、不可信、不合理等潜在的安全风险，应对信息技术带来的网络空间安全共同挑战，让信息技术更好地造福世界各国人民，携手开创人类生活更加美好的未来。

与其他工业体系的安全保障制度一致，为了论证IT产品及其构成的IT系统能在网络空间中安全、高效、持续地运行，需要对其承诺的安全功能、技术与机制、管控措施等进行系统、严格的安全性测试和评估，这离不开一套适用性和可操作性良好的信息技术安全评估标准及评估方法。依据这套标准，IT产品提供商、IT产品客户及第三方评估机构方能有效地表达IT产品的安全技术要求，并依据评估方法规定的标准化规程和方法体系开展IT产品的安全测试和评估实践，以保证评估结果的客观性、可重复性和可再现性。进一步地，为了在不同地区、不同国家应用IT产品和系统集成带来的方便，测评结论最好能实现广泛的互认，使IT产品和系统提供商只需付出一次安全评估成本，即可便捷地将IT产品销往世界各地并取得用户的信任，因此IT产品和IT系统的评估应具有成本有效性、技术及程序公开性和结果一致性等特征。这两方面实际上构成了人们对信息技术安全评估标准和评估方法应用模式的期望。在社会关切信息安全技术问题的同时，工业界已在信息技术安全评估标准的建立及应用体制创新上做了大量努力，并在实践中得到了世界各国安全评估机构的认可，共同促进了多边互认的信息技术安全评估标准化工作。

从信息技术安全评估实践的发展过程来看，IT产品安全测评和认证大体经历了双边/多边互认、区域互认到国际互认这3个阶段。在信息技术安全评估方法发展早期，美国、加拿大、英国、法国等西方国家已开发了一些区域性互认或双边/多边互认的标准规范，但内容迥异的安全技术要求与IT技术的发展和国际贸易的互融互通趋势并不相容，国际社会需要统一的信息技术安全要求和评估规范来指导IT产品的设计、开发和评估工作，并增强对安全评估结果的互认水平。为此，这些国家在20世纪90年代初倡议基于已有的标准与规范，研制适用于信息技术安全评估的通用准则(CC)，并建立了CC互认协定(CCRA)。通过与国际标准化组织(ISO)和国际电工委员会(IEC)联合工作组合作，CC项目组织将他们编制的CC v2.1版本以ISO/IEC 15408:1999《信息技术 安全技术 信息技术安全评估准则》的形式在1999年12月发布，推动了区域性互认的信息技术安全评估标准的国际化。

20多年来，CC及其配套的CC安全评估方法(CEM)经过多次修订，评估模型和方法不断得到改进，标准应用面也逐步从IT产品和IT系统聚焦到IT产品的安全测试和认证方面。除十余个CC标准的原创国家外，一些发展中国家(如印度、巴基斯坦、埃塞俄比亚等)也先后加入CCRA，把CC作为其IT产品安全评估标准。按照CCRA要求，这些国家为规范IT产品测评和认证机构的行为，都按照CCRA文件相应地建立了指导和监督本国IT产品安全评估工作的国家评估体制，以此规范其测评制度并提升IT产品安全评估的工作效率，这有利于提升其IT产品测评结果的国际认可度。

几乎与CC的编制过程同步，我国的IT产品安全测评与认证工作也起源于20世纪90年代末，在IT产品安全评估标准方面实现了从跟跑到并跑、部分技术领域甚至领跑的跨越。为建立我国IT产品安全评估体制，服务我国信息安全保障工作，1999年我国信息安全测评机构、行业科研机构和国内院校相关专家学者在ISO/IEC 15408:1999的基础上合作开展了GB/T 18336《信息技术 安全技术 信息技术安全评估准则》国家标准起草工作。由中国信息安全产品测评认证中心(即中国信息安全测评中心的前身)、原信息产业部第三十研究所、国家信息中心等单位组成的联合标准起草组于2000年完成国际标准ISO/IEC 15408:1999的编译初稿，面向社会公开征求意见。标准起草组在多次征求信息安全专家、IT产品厂商和不同用户的意见和建议后，于2001年3月正式发布实施国家推荐标准GB/T 18336—2001《信息技术 安全技术 信息技术安全评估准则》。近二十年来，基于这个标准的IT产品安全测评工作在全国范围内逐步开展并得到了广泛认可。2015年，我国对GB/T 18336进行了更新，发布了GB/T 18336—2015标准版本，这个版本内容上等同于当时最新的ISO/IEC 15408:2009版本。为了叙述方便，本书将用“通用评估准则”或“CC”统一指代ISO/IEC 15408和GB/T 18336，当需要针对二者之一进行特别论述时，读者可从上下文进行区分。

本书结合作者应用GB/T 18336标准的实践经验，将对CC的内容及基于CC的IT产品安全要求表达、安全方案设计及其安全性评估方法等进行深入剖析。为便于读者更好地把握本书的技术内容，本章先阐述信息技术安全评估的基本概念、CC发展历程以及CC应用框架等支撑IT产品安全评估工作的知识点。更具体地说，本章描述信息安全范围和属性、信息安全标准相关的标准化组织和我国信息技术安全评估标准，重点论述CC发展过程中美国及欧盟各国等国家早期的IT安全评估规范和标准与CC内容之间的关系，使读者理解当前国际广泛应用的通用评估准则及其评估方法(CC/CEM)的来源；最后介绍通用评估准则应用框架，讨论CC/CEM的用户群体，介绍CCRA的组织结构、国家评估体制等CC/CEM应用主体。

1.1　信息安全基本概念

1.1.1　信息安全研究范围

“信息”作为科学术语最早出现在哈特莱于1928年在《贝尔系统技术》杂志上发表的题为《信息传输》的论文中。哈特莱认为“信息是选择的自由度”，他把“信息”理解为选择通信符号的方式，并指出不管通信符号所代表的意义是什么，只要从符号表中选择的符号数目一定，信息的发送者所能发出的信息数量就被限定了，信息的接受者也能正确地接受和解释相应的信息。哈特莱的思想和研究成果为信息论的创立奠定了基础。

20 年后，信息论奠基人香农在《贝尔系统技术》杂志上发表论文《通信的数学理论》。香农也是从信息通信角度给出信息的定义，并从数学推演角度赋予他的信息学说一个精确理论的形象，引起学术界的重视。此后，许多来自网络通信、信息处理等领域的研究者分别从各自的研究领域出发，给出了关于信息的各种定义。

信息本身是无形的，它借助于信息载体以多种形式存在，例如可存储在计算机、磁盘、硬盘、纸张等介质中；可通过固定网络、无线宽带等通信方式进行传输；可被人、生物、机器等实体感知、识别、变换和利用。人们把处理这些信息载体所采用的各种技术总称为信息技术(IT)。因此，信息技术也常被称为信息和通信技术(ICT)，是"应用信息科学的原理和方法研究信息的产生、获取、转换、传输、存储、处理和利用的工程技术"。

随着信息技术的发展，政府、军队、公司、金融机构、医院等组织机构构建了各种各样的信息技术系统(统称为 IT 系统)，积累了大量的产品研发、生产经营、财务运作、员工档案、客户关系等组织业务运营和生产经营相关的信息资产。这些资产被收集、组织、存储在 IT 系统内，并通过网络传输到组织内外相关的网络化系统中。诸如个人信息、重要数据等敏感信息一旦泄露或遭受破坏，可能会导致相关机构和个人在经济等多个层面的损失。因此，信息安全技术从 20 世纪 60 年代开始逐步得到重视。

对信息的保护应从多个方面进行考虑。例如，IT 系统必须遵循各种法律法规及组织合规性的要求，确保 IT 系统及其管理信息受到保护，不受偶然的或者恶意的因素影响而遭到破坏、修改、泄露；同时 IT 系统及其 IT 产品组成部分应能连续、可靠地运行，保证组织业务运行的连续性。

实际上，信息保护的目标随着人们对信息安全技术的认识逐步加深而渐渐清晰。信息安全最初用于保护 IT 产品和系统中处理和传递的秘密数据，注重数据在传输和存储过程中的保密性。因此，早期的信息安全主要强调的是通信安全(COMSEC)。随着主机技术、数据库技术和信息系统的广泛应用，信息安全概念逐步扩充到数据完整性，用户身份鉴别、授权与访问控制、安全审计等安全目标方面。因此，在 20 世纪 70 年代，信息安全强调计算机安全(COMPSEC)。随着计算机软硬件技术的快速发展，出现了对内开放、对外封闭的信息技术系统，计算机在处理、存储、传输和使用信息时面临被泄露、窃取、篡改、滥用、干扰、丢失等安全威胁，出现了数据加密、可信计算等面向信息保护的信息安全(INFOSEC)概念。网络的发展、特别是互联网技术使 IT 产品和系统的应用范围不断扩大，IT 产品和系统依赖于网络的正常运行，信息安全必须要考虑网络安全(NETSEC)。计算机安全和网络安全都属于操作安全(OPSEC)层面，而对 IT 产品和系统基础设施的保护就称为物理安全(PHYSEC)。20 世纪 90 年代以后，IT 产品和系统的可用性上升为重要的主题，人们开始强调不能被动地保护 IT 产品和系统，需要有保护—检测—反应—恢复(PDRR)4 个环节，信息安全进入信息保障(IA)时代。

21 世纪以来，特别是随着云计算、移动互联网技术和大数据技术的广泛应用，信息安全又上升到"网络空间安全(Cyberspace Security)"层次。网络空间是所有 IT 产品和系统的集合，是人类生存的信息环境，人在其中与信息相互作用、相互影响，并由此产生人与人、人与社会的更深层次的交流。因此，网络空间安全又对信息安全增加了新内容，如解决存在于复杂信息处理和利用(例如大数据分析)方面的安全问题，保护在开放环境下网络化信息安全服务的控制能力(如数据驱动决策引起的信息物理系统的功能安全)等。2015 年 6 月，国务院学位委员会和教育部批准在我国增设网络空间安全一级学科。美国计算机协会(ACM)、电气和电子工程师协会(IEEE)、信息系统协会安全专业工作组和国际信息处理联合会信息安全教育技术委员会(IFIP WG 11.8)在 2017 年构建了网络空间安全学科知识体系(CSEC 2017)，明确了数据安全、软件安全、组件安全、连接安全、系统安全、人员安全、组织安全和社会安全 8 大安全领域的知识点。

(1) **数据安全**知识领域着眼于数据的保护，包括存储中和传输中的数据保护，涉及数据保护赖以支撑的基础理论，关键知识包括密码学、端到端安全通信、数字取证、数据完整性与不可否认性、信息存储安全。

(2) **软件安全**知识领域着眼于从软件的开发与使用的角度保证软件所保护的信息和系统的安全，关键知识包括基本设计原则、安全需求及其在设计中的作用、实现问题、静态与动态分析、配置与打补丁、伦理与道德(尤其是开发、测试和漏洞披露方面)。

(3) **组件安全**知识领域着眼于集成到系统中的组件在设计、制造、采购、测试、分析与维护等方面的安全问题，关键知识包括系统组件的漏洞、组件生命周期、安全组件设计原则、供应链管理、安全测试、逆向工程。

(4) **连接安全**知识领域着眼于组件之间连接时的安全问题，包括组件的物理连接与逻辑连接的安全问题，关键知识包括系统及体系结构、模型及标准、物理组件接口、软件组件接口、连接攻击、传输攻击。

(5) **系统安全**知识领域着眼于由组件通过连接而构成的系统的安全问题，强调不能仅从组件集合的视角看问题，还必须从系统整体的视角看问题，关键知识包括系统方法论、安全策略、身份认证、访问控制、系统监测、系统恢复、系统测试、文档支持。

(6) **人员安全**知识领域着眼于用户的个人数据保护、个人隐私保护和安全威胁化解，也涉及用户的行为、知识和隐私对网络空间安全的影响，关键知识包括身份管理、社会工程、意识与常识、社交行为的隐私与安全、个人数据相关的隐私与安全。

(7) **组织安全**知识领域着眼于各种组织在网络空间安全威胁面前的保护问题，着眼于顺利完成组织的使命所要进行的风险管理，关键知识包括风险管理、安全治理与策略、法律和伦理及合规性、安全战略与规划。

(8) **社会安全**知识领域着眼于把社会作为一个整体时网络空间安全问题对它所产生的广泛影响，关键知识包括网络犯罪、网络法律、网络伦理、网络政策、隐私权。

1.1.2 信息安全基本属性

在有关信息安全的国际标准中，安全通常定义为“安全是指保护信息在采集、传输和处理中，免遭未授权的泄露(保密性)、未授权的修改(完整性)，并对授权实体而言是随时可用的(可用性)。”换句话说，安全是指处理信息的硬件、软件及网络受到保护，不因偶然的或者恶意的原因而遭到破坏、修改、泄露，IT 系统连续、可靠、正常地运行，信息服务不中断。

当人们提出安全控制概念之后，经常会说信息安全就是通过实施各种安全控制所应达到的目的，即通过管理、操作和技术上的多种防护措施或安全对策，以保护 IT 产品和系统及其管理信息的保密性、完整性和可用性。因此，ISO/IEC 27002《信息技术 安全技术 信息安全管理实用规则》（对应国标 GB/T 22081《信息技术 安全技术 信息安全管理实用规则》）将信息安全定义成通过实施一组安全控制措施而达到的安全目的，包括策略、措施、过程、组织结构及软件功能，是对保密性、完整性和可用性保护的一种特性。

综上所述，信息安全可从内容和属性两个角度对其进行说明和描述。从内容角度着眼，已有的信息安全层次模型是从实体/物理安全、操作安全、数据/信息安全和管理/人员安全等层次来考虑信息安全的作用点。从安全属性着眼，业界普遍认可20世纪80年代美国推出的可信计算机系统评估准则（TCSEC）所提出的信息安全金三角（CIA）框架模型。

(1) **保密性**（Confidentiality）：保密性是指保证信息不泄露给非授权的用户或实体，确保存储的信息和传输的信息仅能被授权的各方得到，而非授权用户无法知晓信息内容，不能使用。它是信息安全的基本特性，也是信息安全研究的主要内容之一。对纸质文档信息，我们只需要保护好文件，不被非授权者接触即可。而对计算机及网络环境中的信息，不仅要通过访问控制制止非授权者对信息的阅读或阻止授权者将其访问的信息传递给非授权者，也要通过各种加密变换技术阻止非授权用户获知信息内容。在信息安全领域，保密性有时又称为机密性。

(2) **完整性**（Integrity）：完整性是指在信息生成、传输、存储和使用过程中，确保信息或数据不被未授权者篡改（插入、修改、删除、重排序等）或在篡改后能够被迅速发现。例如在数据库中，完整性是指为防止不符合语义规定的数据的存在和防止因错误信息的输入输出造成无效操作或信息错误而提出的，它主要分为域完整性、实体完整性、参照完整性和用户自定义完整性；在通信领域，完整性主要通过消息认证码等消息鉴别技术实现；在云存储领域，数据完整性主要通过数据冗余编码、数字签名、消息认证码等技术来保证。因此，完整性一般通过访问控制阻止篡改行为，同时通过消息鉴别算法来验证信息是否被篡改。

(3) **可用性**（Availability）：可用性是指在某个考查时间段内，信息系统能够正常运行，可以通过概率或时间占有率期望值来度量。可用性是IT产品和系统的可靠性、可维护性和维护支持性的综合特性。相对信息安全来讲，可用性是指授权主体在需要信息时能及时得到信息服务的能力。可用性是在信息安全保护阶段对信息安全提出的重要要求，也是在网络化空间中信息服务必须满足的一项信息安全要求。

当然，不同的组织和机构因其对信息安全目标的不同期望，对保密性、完整性和可用性要求的侧重会存在差异。信息安全的保密性、完整性和可用性主要强调对非授权用户的安全控制。而对授权用户（即合法身份的用户）的不正当行为如何控制呢？在TCSEC基础上，ISO/IEC 27001《信息技术 安全技术 信息安全管理体系 要求》（对应国标 GB/T 22080《信息技术 安全技术 信息安全管理体系 要求》）等标准提出了信息安全的其他属性，包括可控性、不可否认性、可审计性、可鉴别性等安全属性。可控性、不可否认性等安全属性是通过控制授权用户的行为，实现对保密性、完整性和可用性的有效补充，这些安全属性主要强调授权用户只能在授权范围内对IT产品和系统资源和数据进行合法的访问和处理，IT产品和系统会对授权用户的行为进行监督和审查。

(1) **可控性**（Controlability）：可控性是度量IT产品和系统内的所有安全状态是否可以由其输入影响的性质。如果IT产品和系统所有状态变迁都可由输入数据来影响和控制，且从任意的初始状态都可达到某个指定状态，则称IT产品和系统安全功能行为是可控的，或者更确切地说，IT产品和系统的安全状态是可控的（否则就称IT产品和系统安全功能是不完全可控的，或简称为IT产品和系统安全功能不可控）。因此，可控性要求IT产品和系统管理的信息及其安全技术与控制机制对用户是透明的，用户可通过输入参数和安全管控措施对IT产品和系统的信息和技术机制实施安全监控管理，防止它们被非法访问和使用。

(2) **不可否认性**(Non-repudiation)：不可否认性是指防止发送方或接收方抵赖所传输的信息及其行为，要求无论发送方还是接收方都不能抵赖所进行的信息传输。因此，当发送一个信息时，接收方能证实该消息的确是由所宣称的发送方发来的(源非否认性)。当接收方接收到一个消息时，发送方能够证实该消息的确送到了指定的接收方(非否认性)。信息安全领域一般通过数字签名来提供抗否认服务。

(3) **可审计性**(Auditability)：安全审计是保障信息的保密性、完整性、可控性、可用性和不可否认性(抗抵赖)的重要手段。可审计性要求IT产品和系统记录对针对网络服务资源(包括数据库、主机、操作系统、网络设备、安全设备等)所发生的各种事件，提供给安全管理员作为系统维护以及安全防范的依据。从不同的审计角度和实现技术与机制进行划分，安全审计分为合规性审计、日志审计、网络行为审计、主机审计、应用系统审计、集中操作运维审计等。

(4) **可鉴别性**(Authenticity)：可鉴别性是确保一个信息的来源或信息本身被正确地标识，同时确保该标识没有被伪造，分为实体鉴别和消息鉴别。消息鉴别是指能向接收方保证该消息确实来自于它所宣称的源；实体鉴别是指在双方通信连接发起时能确保这两个实体是可信的，即每个实体的确是他们宣称的那个实体，使得第三方不能假冒这两个合法方中的任何一方。可鉴别性也是一个与不可否认性相关的概念。为了达到信息安全的目标，各种信息安全技术的使用必须遵守一些基本的原则。

需要指出的是，替代美国的TCSEC成为国际互认的信息技术安全评估通用准则对安全属性的支持是宽泛的，不仅提供了针对保密性、完整性和可用性这3个属性的安全组件(请参考本书第3章的内容)，还提供了丰富的安全组件来支持可鉴别性、不可否认性、可审计性、用户隐私性、数据和实体真实性等安全属性，同时通用评估准则允许用户通过扩展组件定义来支持IT产品其他特定的安全要求。可以说，按照保护轮廓和安全目标的产生指南等通用评估准则配套文档，通过恰当的处理，通用评估准则可用于支持对由自然(包括人和非人类因素)引起的所有IT产品的安全风险评估。

1.2 信息安全标准化状况

信息技术安全是组成网络空间安全的重要方面，提供信息技术安全保障能力需要在理解各种网络攻击技术的前提下，从整体上提高信息技术安全保障基础理论和实施技术水平，综合采取“测试、控制、管理、评估”等多方面的措施，使得具体信息技术产品和应用系统中用户关切的各种安全属性都能得到满足。基于这种理解，本书将着重讨论信息安全技术的测试和评估问题，先从信息技术安全评估标准谈起。

按照世界贸易组织(WTO)的关贸总协议，国际标准应是建立国际互认制度的基础。为满足用户对各类 IT 产品和系统的安全评估需求，确保 IT 产品和系统在设计、开发、生产、集成和使用过程中的安全性，出现了许多类型的信息安全标准及其评估方法、包括各种安全技术管理手段在内的信息安全保障体系。信息安全技术标准是信息安全保障体系的重要组成部分，是各国政府和安全组织对 IT 产品和系统进行安全评估和认证的工作基础。按照 GB/T 13016—2018《标准体系构建原则和要求》中的定义，标准体系就是“一定范围的标准按其内在联系形成的科学的有机整体”。

为满足用户对各类 IT 产品和系统的安全评估需求，国内外出现了多种多样的 IT 产品和系统的安全技术要求及相应的安全评估准则，与各种安全管理手段一起构成了信息安全保障体系。为了规范这些 IT 产品和系统的安全要求及评估准则的建设，确保 IT 产品和系统在设计、研发、生产、建设、使用和测评中的一致性、可靠性、可控性、先进性和符合性，信息技术安全评估标准的制定就成了国际标准化组织/国际电工委员会（ISO/IEC）的一项十分重要的工作。

1.2.1　国际信息安全标准化

国外有很多与信息技术相关的组织都在开展信息安全相关的标准化工作，例如国际标准化组织（ISO）、国际电工委员会（IEC）、国际电信联盟电信标准分局（ITU-T）、互联网工程任务组（IETF）等。下面将对与本书最直接相关的国际标准化组织/国际电工委员会的第一联合技术委员会（ISO/IEC JTC1）进行简要介绍，读者还可访问 ITU-T 网站，了解其下属的 SG13、SG17 等工作组的信息安全标准化工作。

ISO/IEC JTC1 是在原 ISO/TC97（ISO 的信息技术委员会）、IEC/TC47/SC47B（IEC 的微处理机分委员会）和 IEC/TC83（IEC 的信息技术设备分委员会）的基础上，于 1987 年合并组建而成的。ISO/IEC JTC1 是信息技术领域最重要的一个国际标准化委员会，工作范围限于信息技术的标准化活动和国际标准制定工作。该技术委员会已经建立了一个较完善的组织机构，目前由 22 个分委员会（SC）和 19 个咨询和技术工作组组成，其中信息技术安全技术分委会（ISO/IEC JTC1/SC27）负责信息技术、网络安全及隐私保护的一般方法和技术的国际标准制定（https://www.iso.org/committee/45306.html）。ISO/IEC JTC1/SC27 目前制定的信息安全技术标准范围包括以下几个方面。

(1) 安全要求的一般性提炼方法。

(2) 信息和通信技术的安全管理，特别是与信息安全管理系统、安全过程、安全控制和安全服务相关的管理要求。

(3) 密码和安全机制，主要包括用于保护保密性、完整性、可用性以及可审计性等相关的安全机制。

(4) 安全管理的支持文件，例如信息安全术语、安全组件注册程序等相关的内容。

(5) 身份管理、生物特征识别和隐私相关的内容。

(6) 信息安全管理系统符合性评估、认证和审查要求。

(7) 安全评估准则和方法等。

ISO/IEC JTC1/SC27 目前下设 5 个技术工作组、两个特别任务组（AG1 和 SWG-T）以及 3 个研究组，其工作范围如下所示（如图 1.1 所示）。

(1) **信息安全管理体系工作组**（WG1）：负责编制和维护信息安全管理体系（ISMS）的

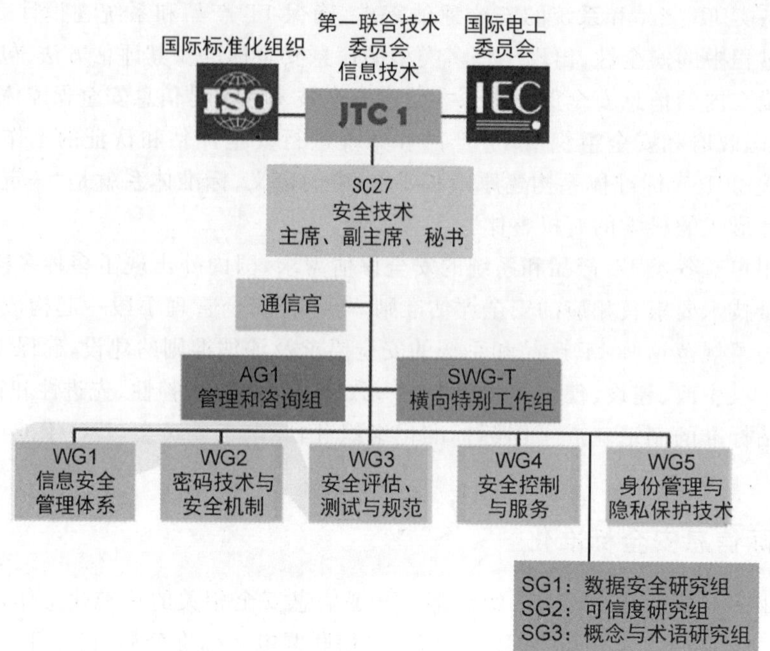

图 1.1 ISO/IEC JTC1/SC27 组织架构

标准和准则，确定未来 ISMS 标准和准则的要求，保持 WG1 的路线图，并联络负责 ISO/IEC 27001 标准的信息安全管理体系，与其他组织和委员会合作。

（2）**密码技术与安全机制工作组**（WG2）：负责编制加密与解密算法、身份认证、密钥管理、数字签名、抗抵赖、密钥管理、素数生成、随机数生成、散列函数等密码学领域的信息安全国际标准。

（3）**安全评估、测试与规范工作组**（WG3）：负责制定 IT 产品安全评估、测试和规范领域的信息安全国际标准，包括通用评估准则、IT 安全保障框架、IT 安全评估方法、密码算法和安全机制符合性测试、运行系统安全评估、系统安全工程-能力成熟度模型（SSE CMM）、漏洞披露、漏洞处理过程等方面的信息安全国际标准。

（4）**安全控制与服务工作组**（WG4）：聚焦安全控制和机制，涵盖业务持续性的 ICT 就绪、IT 网络安全、第三方服务、供应链管理、入侵检测系统（IDS）、安全事件管理、网络空间安全、应用安全、灾难恢复、调查取证、数字脱敏、时间戳等方面的信息安全国际标准。

（5）**身份管理与隐私保护技术工作组**（WG5）：负责包括特定应用[如云计算和个人标识信息（PII）]、隐私影响分析、隐私保护框架、身份管理框架、实体鉴别保证框架、生物特征识别信息保护、生物特征鉴别等信息安全国际标准。

（6）**管理和咨询组**（AG1）：职责范围为审查和评价 ISO/IEC JTC1/SC27 的组织有效性，并提出相关建议。

（7）**横向特别工作组**（SWG-T）：职责范围为关注超出现有 WG 范围或者直接或间接影响多个 WG 的主题，并向 ISO/IEC JTC1/SC27 提出相关建议。

（8）**特定技术研究组**（SG）：关注对信息安全和网络安全有特殊影响的重要技术进展情况，以便在恰当的时候向标准技术工作组提出标准议题和建议。目前主要由数据安全研究组(SG1)、可信度研究组(SG2)和概念与术语研究组(SG3)这3个研究组组成。

作为SC27的一项基本工作,安全评估、测试与规范工作组(ISO/IEC JTC1/SC27 WG3)在1993年与CC项目组织合作成立了CC编辑理事会(CCEB),并在1996年4月批准将CCEB参与编制的CC v1.0作为委员会草案(CD)发布,公开征求ISO/IEC组织成员的意见。目前WG3工作组除了不断修订正在使用的ISO/IEC 15408《信息技术 安全技术 IT安全评估准则》、ISO/IEC 18045《信息技术 安全技术 IT安全评估方法》、ISO/IEC TR 15446《信息技术 安全技术 保护轮廓和安全目标产生指南》、ISO/IEC 15443《信息技术 安全技术 安全保障性框架》等标准外,还针对特定信息安全技术建立了相关标准,如ISO/IEC 19790《信息技术 安全技术 密码模块的安全要求》、ISO/IEC 24759《信息技术 安全技术 密码模块测试要求》、ISO/IEC 19791《信息技术 安全技术 运行系统安全评估》、ISO/IEC 19792《信息技术 安全技术 生物特征识别技术安全测试评估框架》等。从这个方面来看,ISO/IEC JTC1/SC27 WG3工作组将在IT产品安全评估的互认和应用安全评估方面做更多的工作。

1.2.2　我国信息安全标准化

我国信息安全标准化工作是从学习国际标准化工作开始的。1984年7月,在全国信息技术标准化技术委员会之下组建了我国的数据加密标准化分技术委员会,并于1985年发布了第一个有关信息安全方面的标准GB 4943—1984《信息技术设备的安全》(等效采用国际电工委员会的IEC 60950《信息技术设备安全》)。2002年4月,国家标准化管理委员会发文,在全国信息技术标准化技术委员会的信息安全技术分技术委员会的基础上,成立全国信息安全标准化技术委员会(简称信安标委,TC260)。2004年1月的国标委高新函〔2004〕1号文明确规定"自2004年1月起,各有关部门在申报信息安全国家标准计划项目时,必须经全国信息安全标准化技术委员会提出工作意见,协调一致后由全国信息安全标准化技术委员会组织申报"。在国家标准制定过程中,由全国信息安全标准化技术委员会完成国家标准的送审、报批工作(http://www.tc260.org.cn/)。

本着积极采用国际标准的原则,信安标委已经转化了包括ISO/IEC 15408和ISO/IEC 18045(即CC/CEM)在内的一批国际信息安全基础技术标准,为我国信息安全技术标准化的发展作出了重要贡献。同时,公安部、国家保密局、国家密码管理委员会等围绕我国网络安全工作也制定和颁布了一批信息安全相关的国家或行业标准,为推动信息安全技术在各行业的应用和普及发挥了积极的作用。

2016年8月12日,中央网络安全和信息化领导小组办公室联合(原)国家质量监督检验检疫总局和国家标准化管理委员会发布了《关于加强国家网络安全标准化工作的若干意见》,要求构建科学的标准体系,推动网络安全标准与国家相关法律法规的配套衔接,兼顾我国在WTO等国际组织中承诺的国际义务,提出要按照深化标准化工作改革方案要求,整合精简强制性标准,在国家关键信息基础设施保护、涉密网络等领域制定强制性国家标准,优化、完善推荐性标准,在基础通用领域制定推荐性国家标准。

信安标委秘书处负责我国信息安全国家标准的立项和报批工作,各工作组负责标准编制进程管理,有关部门、研究机构,特别是企业参与各工作组的标准制修订活动。目前信安标委下设7个工作组和一个特别工作组,具体任务如下。

(1) **信息安全标准体系与协调工作组**(WG1)：研究信息安全标准体系；跟踪国际信息安全标准发展动态；研究、分析国内信息安全标准的应用需求；研究并提出新工作项目及工作建议。

(2) **涉密信息系统安全保密标准工作组**(WG2)：研究涉密信息系统安全保密标准体系，调研信息系统安全保密标准需求，编制、修订涉密信息系统安全保密标准，开展涉密信息系统安全保密标准实施应用评价工作。

(3) **密码技术工作组**(WG3)：研究提出商用密码技术标准体系；调研商用密码技术标准需求，编制、修订商用密码技术标准，开展商用密码技术标准实施应用评价工作。

(4) **鉴别与授权工作组**(WG4)：研究提出鉴别与授权标准体系；开展鉴别与授权标准需求，编制、修订鉴别与授权标准，开展鉴别与授权标准实施应用评价工作。

(5) **信息安全评估工作组**(WG5)：调研国内外测评标准现状与发展趋势；研究提出我国测评标准体系的思路和框架；编制、修订 IT 产品和系统以及信息系统和网络的安全评估标准；开展安全技术与机制标准实施应用评价工作。

(6) **通信安全标准工作组**(WG6)：调研通信安全标准体系；调研通信安全标准需求；编制、修订通信安全相关标准；开展通信安全标准实施应用评价工作。

(7) **信息安全管理工作组**(WG7)：研究信息安全管理标准体系；调研标准需求；编制、修订信息安全管理相关标准；开展信息安全管理标准实施应用评价工作。

(8) **大数据安全标准特别工作组**(SWG-BDS)：负责大数据、云计算、智慧城市等新型信息技术相关的安全标准研制，与其他工作组保持沟通和标准间的协调。

迄今为止，信安标委已制定许多国家标准，重点体现在信息系统安全等级保护、IT 产品和系统测评、信息安全风险评估、重点信息系统灾难恢复等领域。到 2019 年 6 月，我国已经发布 268 项信息安全技术相关标准，在研的安全标准有 103 项，基本形成了包括基础标准、技术与机制标准、管理与服务标准和信息安全标准在内的信息安全技术标准体系，为我国信息安全保障体系建设提供了强有力的支持。

除了 GB/T 18336《信息技术 安全技术 信息安全评估准则》以及在此框架下制定的 IT 产品评估相关标准外，我国与信息安全评估有关的标准还有基于 GB 17859—1999《计算机信息系统安全保护等级划分准则》的 GB/T 22239—2019《信息安全技术 网络安全等级保护基本要求》等网络安全等级保护相关标准。从标准源头上说，GB 17859—1999 是参照美国可信计算机系统评估准则(TCSEC)(见 1.3.1 节的论述)而编制的，主要从等级保护的角度考虑 IT 系统安全评估要求，在对信息进行采集、加工、存储、传输、检索等相关的人机系统的安全保护技术能力等级评估工作中得到了广泛应用；而 GB/T 18336 的各个版本均与 ISO/IEC 15408《信息技术 安全技术 信息技术安全评估准则》对应，主要面向不同安全保障级别的 IT 产品安全性评估，给出了一套 IT 产品安全要求表达、安全方案设计、安全评估证据准备及其安全评估方法，给出了应用于 IT 产品安全评估的原则、过程和规程的体系。

GB 17859—1999 及其相关标准在我国针对各类型 IT 产品和系统的分级安全测评工作中发挥了突出作用。由于本书后续部分将主要论述 GB/T 18336—2015 的内容，为了使读者对我国信息技术安全评估标准体系有较为完整的了解，下面将对 GB 17859—1999 及其重要的配套标准进行简要介绍，更多的内容可以参考我国网络安全等级保护标准及其相关的培训教材。

在 GB/T 22239 中，除了运行环境安全要求（及物理安全要求）外，根据实现方式的不同，该标准将 IT 系统安全要求分为技术要求和管理要求两大类。

(1) **技术要求类**：这类要求与 IT 系统提供的安全机制有关，主要通过在 IT 系统中部署软硬件并正确地配置其安全功能来实现。例如在操作系统领域，Windows 操作系统安全涉及的身份验证、访问控制、注册表安全、域管理机制、文件系统安全、安全设置、服务包、安全更新等安全技术；Linux 操作系统安全涉及账户安全管理、口令安全与访问控制、文件系统安全、日志查看与分析、网络服务安全等安全技术。再如在数据库领域，Oracle 数据库管理系统安全功能涉及的安全技术包括身份验证，访问控制、数据库审计、数据加密、安全合规监控等内容，而 DB2 数据库管理系统的身份验证和安全审计则依赖于其运行环境（如操作系统）。

(2) **管理要求类**：这类要求与信息系统中各种角色参与的活动有关，主要通过控制各种角色的活动，从政策、制度、规范、流程等方面做出规定来实现。一般来讲，管理要求从安全管理制度、安全管理机构、人员安全管理、系统建设管理、系统运行维护等方面提出。例如前面提到的安全保障就是从防护、检测、响应等方面考虑形成安全防护体系。换句话说，一个完整的安全防护体系不仅需要防护机制（例如防火墙、加密等安全技术），而且需要检测机制（例如入侵检测、漏洞扫描等安全技术），在发现问题时还需要通过相关的安全控制措施及时做出响应。

GB/T 22239 的管理要求主要参照 GB/T 18336 中的安全保障要求，安全功能要求主要参照 GB 17859—1999 中关注的以下 10 项安全技术。

(1) **自主访问控制**：信息系统根据用户指定方式或默认方式，阻止非授权用户访问主体拥有的客体。访问控制引擎应能够为每个命名客体指定命名用户和用户组（主体），并规定这些主体对客体的读写访问模式。自主访问控制的主体可以按自己的意愿决定哪些授权用户可以访问他们的客体。

(2) **强制访问控制**：通过为主体及客体指定敏感标记，信息系统外部的所有主体对客体的直接或间接的访问应满足：仅当主体安全级中的等级分类高于或等于客体安全级中的等级分类，且主体安全级中的非等级类别包含了客体安全级中的全部非等级类别，主体才能读客体；仅当主体安全级中的等级分类低于或等于客体安全级中的等级分类，且主体安全级中的非等级类别包含了客体安全级中的非等级类别，主体才能写客体。主体和客体的敏感标记一般是等级分类和非等级类别的组合。

(3) **标记**：信息系统维护着与可被外部主体直接或间接访问到的信息系统资源（例如：主体、存储客体、只读存储器）相关的敏感标记。这些标记是实施强制访问的基础。为了输入未加安全标记的数据，信息系统向授权用户要求并接受这些数据的安全级别。

(4) **身份鉴别**：信息系统初始执行时，首先要求用户标识自己的身份，而且，信息系统维护用户身份识别数据并确定用户访问权及授权数据。信息系统使用这些数据，鉴别用户身份，阻止非授权用户访问用户身份鉴别数据。通过为用户提供唯一标识，信息系统能够使用户对自己的行为负责。信息系统还具备将身份标识与该用户所有可审计行为相关联的能力。

(5) **客体重用**：在信息系统的空闲存储客体空间中，对客体初始指定、分配或再分配一个主体使用之前，撤销客体所含信息的所有授权。当主体获得对一个已被释放的客体的访问权时，当前主体不能获得原主体活动所产生的任何信息。

(6) **安全审计**：信息系统能创建和维护受保护客体的访问审计跟踪记录，并能发现和阻止非授权的用户对它访问或破坏。对于每一事件，其审计记录包括事件发生的日期和时间、引起事件的用户、事件类型、事件是否成功。对于身份鉴别事件，审计记录包含请求的来源(例如：终端标识符)；对于客体引入用户地址空间的事件及客体删除事件，审计记录包含客体名及客体的安全级别。

(7) **数据完整性**：信息系统通过各种完整性策略，阻止非授权用户修改或破坏敏感信息。在网络环境中，使用完整性敏感标记来确认信息在传输中未受损。

(8) **隐蔽信道分析**：隐蔽信道是指允许进程以危害系统安全策略的方式传输信息的通信信道。系统开发者应彻底搜索隐蔽信道，并根据实际测量或工程估算确定每个被标识信道的最大带宽。

(9) **可信路径**：当用户连接系统时(如注册、修改主体安全级)，信息系统提供它与用户之间的可信通信路径。可信路径上的通信只能由该用户或信息系统激活，在逻辑上与其他路径上的通信相隔离，且能正确地对它们加以区分。

(10) **可信恢复**：信息系统提供过程和机制，保证计算机信息系统失效或中断后，可以进行不损害任何安全保护性能的恢复。

GB/T 22239—2008 已应用到我国 IT 行业和领域的信息系统安全等级保护的建设整改和安全等级测评工作中。随着信息技术的发展，GB/T 22239—2008 在适用性、时效性、易用性、可操作性上仍在不断完善。因此，信安标委从 2014 年起就对 GB/T 22239—2008 进行修订，并在 2019 年 5 月 16 日发布了 GB/T 22239—2019《信息安全技术 网络安全等级保护基本要求》。相对于 GB/T 22239—2008，GB/T 22239—2019 的主要变化体现在以下 4 个方面。

(1) 为适应网络安全法，配合落实网络安全等级保护制度，标准的名称由原来的《信息系统安全等级保护基本要求》改为《网络安全等级保护基本要求》。

(2) 等级保护对象由原来的信息系统调整为基础信息网络、信息系统、云计算平台/系统、大数据应用/平台/资源、物联网和工业控制系统等。

(3) 将原标准中的安全要求分为安全通用要求和安全扩展要求，安全通用要求是不管等级保护对象形态如何必须满足的要求；针对云计算、移动互联、物联网和工业控制系统提出的特殊要求称为安全扩展要求。

(4) 原来基本要求中的各级技术要求，包括“物理安全”“网络安全”“主机安全”“应用安全”和“数据安全和备份与恢复”修订为“安全物理环境”“安全通信网络”“安全区域边界”“安全计算环境”和“安全管理中心”；原各级管理要求，包括“安全管理制度”“安全管理机构”“人员安全管理”“系统建设管理”和“系统运维管理”修订为“安全管理制度”“安全管理机构”“安全管理人员”“安全建设管理”和“安全运维管理”。

另外，由于 GB 17859 标准中定义的 5 个等级是面向封闭环境中的信息系统的，因此 GB/T 22240—2008《信息安全技术 信息系统安全等级保护定级指南》从等级保护对象受到破坏时所侵害的客体，和对客体造成侵害的程度这两个定级要素给出了对应于 GB 17859—1999 的 5 个等级的定级标准(如表 1.1 所示)。GB/T 22240 也在根据《网络安全法》进行修订，目前的 GB/T 22239—2019 未明确 GB/T 22240 所需的第五级安全要求。

表 1.1　定级要素与安全保护等级的关系

受侵害的客体	对客体的侵害程度		
	一般损害	严重损害	特别严重损害
公民、法人和其他组织的合法权益	第一级	第二级	第三级
社会秩序、公共利益	第二级	第三级	第四级
国家安全	第三级	第四级	第五级

表 1.1 中侵害国家安全的事项包括以下方面。

(1) 影响国家政权稳固和主权完整。

(2) 影响国家统一、民族团结和社会稳定。

(3) 影响国家经济秩序和文化实力。

(4) 影响宗教活动秩序和反恐能力建设。

(5) 其他影响国家安全的事项。

表 1.1 中侵害社会秩序的事项包括以下方面。

(1) 影响国家机关社会管理和公共服务的工作秩序。

(2) 影响各种类型的经济活动秩序。

(3) 影响各行业的科研、生产秩序。

(4) 影响公众在法律约束和道德规范下的正常生活秩序等。

(5) 其他影响社会秩序的事项。

表 1.1 中侵害公共利益的事项包括以下方面。

(1) 影响社会成员使用公共设施。

(2) 影响社会成员获取公开信息资源。

(3) 影响社会成员接受公共服务等方面。

(4) 其他影响公共利益的事项。

表 1.1 中侵害公民、法人和其他组织的合法权益是指由法律确认的并受法律保护的公民、法人和其他组织所享有的一定的社会权力和利益等受到损害。

1.3　信息安全评估准则的发展

1.3.1　可信计算机系统评估准则

业界一般认为 1983 年美国国防部发布的可信计算机系统评估准则(Trusted Computer System Evaluation Criteria，TCSEC)是 CC 的主要源头。事实上，国际上对信息技术安全评估准则相关内容的研究还要再早十年。美国国防部(DoD)在 1973 年 1 月就针对其自动数据处理(ADP)系统发布了《ADP 安全手册-资源安全共享实现、关闭、测试和评估的 ADP 安全保密技术和规程(DoD 5200.28-M)》。该手册是第一批计算机系统安全评估标准之一，其内容覆盖计算机数据处理系统的设计、编制、实现、评估、运营、停运、杀毒等方面的安全评估规则。在 DoD 5200.28-M 规范中有 9 部分内容，与安全测试和评估相关内容有以下 3 项。

(1) 应编制计算机自动数据处理系统的安全功能分析、测试和评估的方法、技术和标准。

(2) 应通过授权的指定机构来帮助 ADP 系统编制者对其安全功能进行分析、测试和评估，以确保自动数据处理系统安全控制措施的有效性。

(3) 应提供安全测试和评估工具和设备的相互认可和共享使用，最大限度地减少重复和重叠劳动，改进安全评估操作的有效性和经济性。

针对第一条有关“安全功能分析、测试和评估方法、技术和标准”，《ADP 安全手册(DoD 5200.28-M)》中声明“将在附加测试和协调之后出版”。因此，美国国防部设在美国国家安全局的计算机安全评估中心于 1983 年推出了 TCSEC。这个准则在 1985 年 12 月被确定为美国国防部计算机系统安全评估标准(DoD-STD-5200.28)，通常称为橙皮书(Orange Book，1983—1999)。TCSEC 最初只是美国的军用标准，国防部撰写的 5200.28 指令《自动化信息系统(AIS)的安全要求》在国防部所有范围内使用《国防部可信计算机系统评估准则》，后来该标准进一步延伸至民用领域。

橙皮书提出了评估计算机系统安全等级分类的方法，这与美国国防部在卡内基-梅隆大学设立的软件工程研究所(SEI)在 21 世纪初提出的评估软件工程过程鲁棒性的分级方法——能力成熟度模型(CMM)相似。橙皮书将计算机安全等级由低到高分为 4 类(D、C、B 和 A)7 级(D1、C1、C2、B1、B2、B3 和 A1)。级别 A1 是最高安全级，包括了各个安全级别的所有安全控制措施，并附加了一个安全系统的引用监控器(RM)设计要求，所有构成系统的部件必须经过形式化安全分析。级别 D1 是计算机安全的最低级，不要求对用户进行身份鉴别(如微软的磁盘操作系统 MS-DOS)就可使用计算机系统，因此，D1 级别的计算机系统是不可信任的，硬件和软件都易被侵袭。这些安全等级(如表 1.2 所示)提供了计算机安全保护范围。此外，橙皮书还引入了引用监控器、安全策略模型、可信计算基、安全保障等安全概念，为后续其他相关标准的制定提供了借鉴。

表 1.2 橙皮书中的可信计算机系统评估准则(TCSEC)

安全类别	安全级别	可信度
A 类-验证保护	A1-验证设计级：包括以下各级别的安全控制措施，形式化的顶层设计规范、形式化验证，并附加了一个安全引用监视器设计	最高
B 类-强制性保护	B3-安全域级：必须通过信任的途径连接到网络系统内部的主机上，并通过三权分立原则将系统管理员、系统操作员和系统安全员的职责隔离 B2-结构化保护级：必须使用一个准确的、文档化的安全策略模型作为系统的可信计算基 B1-标记安全保护级：支持多级安全，不允许拥有者自己改变所属资源的权限	被动的强制访问策略
C 类-审计保护	C2-受控存取保护级：引进用户权限级别，提供审计机制 C1-自主安全保护级：提供访问许可权限机制	被动的自主访问策略
D 类-本地保护	D1-最小保护级：未加任何实际的安全控制措施，不要求进行用户登录和密码保护，整个系统是不可信的，硬件和软件都容易被侵入	最低

由于当时信息技术与计算机应用的局限性，TCSEC 所提出的安全要求主要是针对没有外部连接的多用户操作系统。随着 20 世纪 80 年代网络技术的发展，特别是 90 年代基于互联网技术的 IT 系统的广泛应用，安全评估人员很难将 TCSEC 指导手册解释或应用到网络应用系统或数据库管理系统(DBMS)中去。因此，作为橙皮书的补充，美国计算机安全中心(NCSC)针对网络安全的系统和数据库的安全评估需求又推出了 3 类解释性文件，即可信网络解释(Trusted Network Interpretation，TNI)、计算机安全系统解释(Trusted Computer Interpretation，TCI)和可信数据库解释(Trusted Database Interpretation，TDI)。例如可信数据库解释定义了 DBMS 的设计与实现中需满足的、用以进行 TCSEC 4 类 7 个安全性级别评估的技术要求。由于每种解释类标准文件都有一个不同颜色的封面，所以围绕 TCSEC 相关的总计约四十来个补充文件共同组成了美国国防部《可信计算机系统评测标准》的"彩虹系列"丛书。彩虹系列是国际上第一代全面的、系统的计算机安全评估标准，对信息技术安全评估理论和技术的发展产生了深远的影响。"彩虹系列"标准的努力和发展主要由以下 3 个因素驱动。

(1) **信息技术发展的推动**：信息技术的高速发展导致通信安全(COMSEC)和计算机安全(COMPUSEC)概念的融合需求。

(2) **信息技术的广泛应用**：在国防等敏感信息处理应用领域以外的关于信息技术更普遍的使用，需要给用户提供采购 IT 产品和系统的安全要求描述、安全方案的可信度判断等需求。

(3) **降低 IT 产品安全评估成本**：信息技术安全评估作为一个产业，必须发展一种物有所值的信息安全技术要求开发和 IT 产品安全评估的商业方法，以适用于多个工业领域。

当然针对后来的安全评估要求，美国国防部又发布了很多附件，例如针对数据库安全评估中的推理通道和聚合安全问题、多级安全 DBMS 中的实体和参照完整性、多级安全 DBMS 中的多态问题、安全 DBMS 中的审计问题和高安全保障 DBMS 中的自由访问控制问题，发布了基于可信数据库解释 TDI 的 5 本附件文档。

从 1992 年开始，美国国家标准技术研究所(NIST)和美国国家安全局(NSA)开始对 TCSEC 进行补充和修改。首先，针对 TCSEC 的 C2 级要求提出了适用于商业组织和政府部门的最小安全功能要求(MSFR)。后来，在 MSFR 和加拿大可信计算机产品评估准则的基础上，美国在 1992 年底公布了供美国政府、民用和商用使用的联邦信息技术安全准则(FC)草案 1.0 版。它是结合北美和欧洲有关评估准则概念的另一个国家级安全评估标准。在 FC 中引入了"保护轮廓"这一重要概念，通过产品功能要求、产品开发保障要求和安全评估要求三部分内容来描述 IT 产品和系统的安全要求。

FC 草案与 TCSEC 另一个不同点是分级方式不同，FC 吸取了欧洲的信息技术安全评估准则(ITSEC)和加拿大可信计算机系统评估准则(CTCPEC)的优点，在评估级别的定义上提供了更多的指导，但仍然保留一定的灵活性。使用与具体产品实现无关的 PP 文档来描述用户对 IT 产品和系统的安全要求，这能克服橙皮书中对 IT 安全要求严格的僵化结构。FC 草案中的 PP 文档包括 5 部分。

(1) **描述的元素**：PP 文档的名字，包括要解决的安全问题的描述。

(2) **基本原理**：PP 文档结构合理性基本判断，包括威胁、运行环境和使用假设，要解决的安全目的等更详细的描述，和遵从该 PP 文档的产品支持的安全策略指南。

(3) **安全功能要求**：建立 TOE 安全功能列表和保护边界，这样在边界内可以使用这些安全控制措施抵御预期的安全威胁。

(4) **开发保障要求**：从初始设计到实现的所有阶段，包括开发过程、开发环境、操作支持、开发证据等安全保障要求。

(5) **评估保障要求**：说明 IT 产品和系统的安全评估的类型、范围和深度。

FC 草案是从美国广泛的社会化公开标准修改而来的，描述了文件处理、加密算法和其他信息技术相关的 IT 产品和 IT 系统的安全要求，但由于信息技术及其应用的快速发展，加之其标准内容的不完备性，以及 ISO/IEC 15408《信息技术 安全技术 IT 安全评估准则》编制工作的推进，FC 只短暂地存在了一段时间，未能在美国联邦政府应用中推广。

1.3.2 区域性的信息安全评估准则

在美国 TCSEC 的影响和信息技术发展趋势的推动下，在 20 世纪 80 年代后期，法国、英国等欧洲国家和加拿大纷纷着手开发自己的信息技术安全评估准则。1990—1993 年，欧盟委员会、欧洲计算机制造商协会(ECMA)、经济合作与发展组织(OECD)、英国通信电子安全工作组、加拿大通信安全机构都发布了相关的计算机安全标准或者安全技术报告。例如，英国在 1991 年 3 月发布了信息技术安全评估方案；法国、德国、荷兰和英国联合行动，于 1990 年提出面向欧共体的信息技术安全评估准则(ITSEC，1991—2001)。ITSEC 作为欧洲多国互认的区域性安全评估标准的综合产物，适用于军队、政府和商业部门的各种信息系统。欧洲的 ITSEC 以超越美国的 TCSEC 为目的，将 IT 产品和系统的安全要求分为“功能”和“保障”两部分。其中，“功能”指为满足安全要求而采取的一系列技术安全控制措施，如访问控制、安全审计、用户鉴别、数字签名等；“保障”则指为确保安全“功能”正确实现及其实现有效性的安全控制措施。在 ITSEC 中还首次提出了目前在 CC 标准中采用的“安全目标(ST)”的概念，即对具体被评估的 IT 产品和系统的安全功能、安全方案(即安全规范)及其使用环境的描述。

加拿大于 1988 年就开始制定《可信计算机产品评估准则》(CTCPEC)，于 1993 年公布了第三版(v3.0)。作为 ITSEC 和 TCSEC 的结合，这个版本的 CTCPEC 将 IT 安全要求分为功能要求和保障要求两部分。功能要求分为保密性、完整性、可用性、可控性等几个大类。在每种安全要求下，CTCPEC 又分成很多等级以体现 IT 产品安全性上的差别，按保障要求程度的不同，CTCPEC 将保障级别分为 0～5 级。

1994 年 1 月，美国国家标准技术研究所(NIST) 发布了密码模块的安全要求(FIPS PUB 140-1)。在吸收自 FIPS 140-1 发布以来相关标准和技术的变化，并考虑来自厂商、实验室和用户团体的不同意见与建议的基础上，NIST 于 2001 年发布了 FIPS 140-2，以取代 FIPS 140-1。此系列标准提供了包括密码模块规范、密码模块端口和接口、角色、服务和鉴别、有限状态机等 11 个类别的安全要求，以便 IT 产品与 IT 系统保护敏感但是非绝密的信息。FIPS 140 系列标准提供了 4 种渐增的安全级别，可以覆盖很大范围内各种密码模块的潜在应用场景。因此 FIPS 140 系列标准可和 CC 配套使用，以便对各种类型的计算机与通信系统中的密码模块进行安全测评。

自 FIPS 140-2 发布以后，NIST 曾经多次发起对 FIPS 140-2 的版本更新工作(最新版本是 2014 年的 FIPS PUB 140-3 草案)。在此过程中，NIST 在 ISO/IEC JTC1/SC27 的层

面上推进 FIPS 140-2 的更新工作，分别于 2006 年和 2012 年将最新内容以 ISO/IEC 19790《信息技术 安全技术 密码模块的安全要求》的形式进行了发布。此外，ISO/IEC 19790 的配套标准 ISO/IEC 24759《信息技术 安全技术 密码模块的测试要求》在 2017 年进行了更新发布，对密码模块非侵入式攻击测试方法的 ISO/IEC 17825—2016《信息技术 安全技术密码模块非侵入性攻击缓解技术的测试方法》标准也在 2016 年发布。为了满足美国对应用密码模块的安全要求，目前基于 ISO/IEC 19790 的密码模块安全测评已在美国本土之外也得到了采用，从 FIPS 140-2 官方网站来看，至 2018 年底全世界范围内已有 300 多家密码模块厂商的 2000 多种产品通过了测评。

1.3.3　通用评估准则及其发展历程

通用评估准则代表着西方发达国家多年以来发展"信息技术安全评估标准"的新高度。表 1.3 概括了 CC 发展过程中的代表性事件。从表 1.3 可看出，通常认为计算机和网络安全评估是在 20 世纪 90 年代互联网的发展驱动下产生的，这一见解并不太正确。事实上，对计算机安全的需求以及人们对信息安全的关注始于计算机诞生年代。在那个时期，国防、情报等国家敏感领域相关部门是计算机的主要用户，他们比较关注计算机安全技术及其测试与评估技术，以防止非授权人员对国家重要信息或机密信息的蓄意或无意的访问，或者是对会导致组织机密信息泄露的计算机及其外围设备的非授权操作。

表 1.3　CC 发展过程中的主要事件

时　间	主管机构	标准/项目	缩写名
1973 年 1 月	美国国防部	计算机安全的标准、指令和法规(5200.28M) ADP 系统资源安全共享实现、测试和评估相关技术与程序	5200.28M
1983 年 8 月	美国国防部	CSC-STD-001-83，可信计算机系统评估准则	TCSEC
1985 年 12 月	美国国防部	DoD 5200.28-STD，可信计算机系统评估准则	TCSEC
1987 年 7 月	美国国防部	NCSC-TG-005，TCSEC 可信网络解释	TNI
1989 年 2 月	加拿大计算机安全中心	加拿大可信计算机产品评估准则	CTCPEC
1990 年	国际标准化组织及国际电工委员会	信息技术 安全技术 安全评价、测试和规范工作组	ISO/IEC JTC1/SC27 WG3
1991 年 3 月	英国计算机安全协会	UKSP01，英国 IT 安全评估方案-方案描述、通信-电子安全组	BCSS
1991 年 4 月	美国国防部	NCSC-TG-021，TCSEC 数据库管理系统解释	TDI
1991 年 6 月	欧洲共同体	信息技术安全评估标准	ITSEC
1992 年 11 月	经济合作与发展组织	信息系统安全指南	OECD
1992 年 12 月	美国国家标准与技术研究所和国家安全局	联邦信息技术安全准则	FCITS
1993 年 6 月	CC 合作开发组织	成立 CC 编辑理事会(CCEB)	CCEB

续表

时　间	主管机构	标准/项目	缩写名
1994 年 1 月	美国国家标准技术研究所	针对国联邦信息处理标准的密码模块的安全需求	FIPS PUB 140-2
1994 年 10 月	CC 编辑理事会及 ISO/IEC JTC1/SC27	ISO/IEC 国际标准组织与 CC 项目组织合作成立 ISO/IEC 15408 标准编辑理事会	CCEB
1996 年 6 月	CC 编辑理事会	ISO/IEC 认可通用评估准则草案 1.0	CC
1997 年 1 月至 1997 年 10 月	CC 解释管理理事会(CCIMB)	通用评估准则公开评审、试用和征求反馈意见	CCEB
1997 年 10 月	CC 解释管理理事会(CCIMB)	理事会发布通用评估准则草案 2.0	CC
1997 年 11 月	CEM 工作组(CCMEB)	CEM-97/017，信息技术安全评估通用方法-第 1 部分简介和通用模型	CEM Part1
1997 年 10 月至 1999 年 12 月	CC 解释管理理事会和 ISO/IEC JTC1/SC27 WG3	通用评估准则 2.0 正式发表评论和投票	CCEB
1999 年	(原)国家质量技术监督局	计算机信息系统安全保护等级划分准则	GB 17859
1999 年 7 月	CC 解释管理理事会	理事会发布通用评估准则 2.1	CCEB
1999 年 8 月	CC 评估方法编辑理事会(CEMEB)	CEM-99/045，信息技术安全评估通用方法-第 2 部分评估方法学	CEM Part2
1999 年 12 月	ISO/IEC JTC1/SC27	ISO/IEC 15408《信息技术 安全技术 信息技术安全的评估准则》(CC v2.1)发布	ISO/IEC 15408
1999 年 12 月	CC 解释管理理事会(CCIMB)	请求作出响应的解释，问题的最终解释，合并的最终解释	CC
2000 年 5 月	CCRA	CC 参与方签订通用评估准则互认协议	CC
2001 年 3 月	(原)国家质量技术监督局	《信息技术 安全技术 信息技术安全评估准则》成为国家推荐标准	GB/T 18336
2001 年 8 月	CC 评估方法编辑理事会	CEM-99/045，信息技术 安全评估通用方法-第 2 部分评估方法学，缺陷修复补充	CEM Part2
2003 年 12 月	CC 执行理事会(CCIB)	CEM 两部分合并，并与 CC 版本号一致	CC/CEM2.2
2004 年 1 月	CC 解释管理理事会	理事会发布通用评估准则 2.2	CC
2005 年 7 月	CC 维护理事会(CCMB)	理事会发布通用评估准则 3.0	CC
2005 年 8 月	CC 维护理事会	理事会发布通用评估准则 2.3	CC
2005 年 10 月	ISO/IEC JTC1/SC27	ISO/IEC 15408/18045《信息技术 安全技术 信息技术安全的评估准则》(CC/CEM v2.3)发布	ISO/IEC 15408/18045
2006 年 12 月	全国信息安全标准化技术委员(信安标委)	《信息安全技术 保护轮廓和安全目标的产生指南》成为国家推荐标准	GB/Z 20283
2006 年 9 月	CC 维护理事会	理事会发布通用评估准则 3.1 r1	CC

续表

时　间	主管机构	标准/项目	缩写名
2007 年 9 月	CC 维护理事会	理事会发布通用评估准则 3.1 r2	CC
2009 年 9 月	CC 维护理事会	理事会发布通用评估准则 3.1 r3	CC
2009 年 12 月	ISO/IEC JTC1/SC27	ISO/IEC 15408/18045《信息技术 安全技术 信息技术安全的评估准则》(CC/CEM v3.1)发布	ISO/IEC 15408/18045
2012 年 9 月	CC 维护理事会	理事会发布通用评估准则 v3.1 r4	CC
2012 年 9 月	CC 维护理事会	理事会发布合作性 PP(cPP)开发指南	CCMC
2013 年	信安标委	《信息技术 安全技术 信息技术安全评估方法》成为国家推荐标准	GB/T 30270
2015 年	信安标委	《信息技术 安全技术 信息技术安全评估准则》国家推荐标准修订版发布	GB/T 18336
2017 年 5 月	CC 维护理事会	理事会发布通用评估准则 v3.1 r5	CC

由于信息技术安全评估的复杂性和 IT 国际贸易的迅速发展，单靠一个国家或地区自行制定并实行的信息技术安全评估标准无法满足测评结果国际互认的要求。因此，西方多个国家安全机构与组织决定集结他们的资源以应付信息技术发展带来的各种安全挑战，提出了制定统一的 IT 产品和 IT 系统安全评估标准的方案。在此方面，原欧共体的信息技术安全评估准则(ITSEC)为多国共同制定区域性信息安全标准开了先河。为了紧紧把握 IT 市场的主导权，美国在 ITSEC 标准发布之后立即倡议欧美 6 个国家的 7 个组织(即英、法、德、荷、加这五国的国家安全相关机构，加上美国国家安全局(NSA)和国家标准技术研究所(NIST))共同制定信息技术安全评估准则(即 CC)，这 6 个国家被称为 CC 发起人。于 1993 年 6 月成立了 CC 编辑理事会(CCEB)，正式启动了 CC 的编制工作，通过与 ISO/IEC JTC1/SC27 中负责制定安全评估标准的工作组(WG3)合作，在 1994 年启动了 CC 项目的国际化工作，以便将 CC 及其配套标准以 ISO/IEC 国际标准的形式进行发布和维护。

1. ISO/IEC 15408(CC)的制定情况

CCEB 于 1996 年 1 月发布了 CC v1.0，并在 1996 年 4 月成了 ISO/IEC 委员会草案(CD)。依据各国在试用中提出的反馈意见和公众建议，CC 执行理事会(CCIB)对 CC v1.0 进行了大量修订，并在 1997 年 10 月形成了 CC v2.0 测试版。其后 CCIB 接收了来自 WG3 专家和 ISO/IEC 投票国家团体的一系列反馈意见，并针对这些反馈建议做出了修订，最终在 1998 年 5 月发布了 CC v2.0 正式版。ISO/IEC JTC1/SC27 经过评议和投票之后，将 CC 正式定名为 ISO/IEC 15408《信息技术 安全技术 信息技术安全评估准则》。1999 年 12 月，国际标准 ISO/IEC 15408:1999 正式发布，内容上对应于 CC 项目组织发布的 CC v2.1(因此国际上仍将 ISO/IEC 15408 简称为 CC)。从此，CC 成为事实上的国际认可的信息技术安全评估准则。图 1.2 对 CC 与其他信息技术安全评估标准之间的继承关系进行了直观的描述。

TCSEC 是业界公认的 ISO/IEC 15408 的主要源头之一。随着信息技术的发展，ISO/IEC 15408 全面考虑了与信息安全技术有关的各种因素，采用了欧盟 ITSEC 中的“安全功能要求”和“安全保障要求”的模式来分类 IT 产品的安全要求，并采用安全组件方式来规范

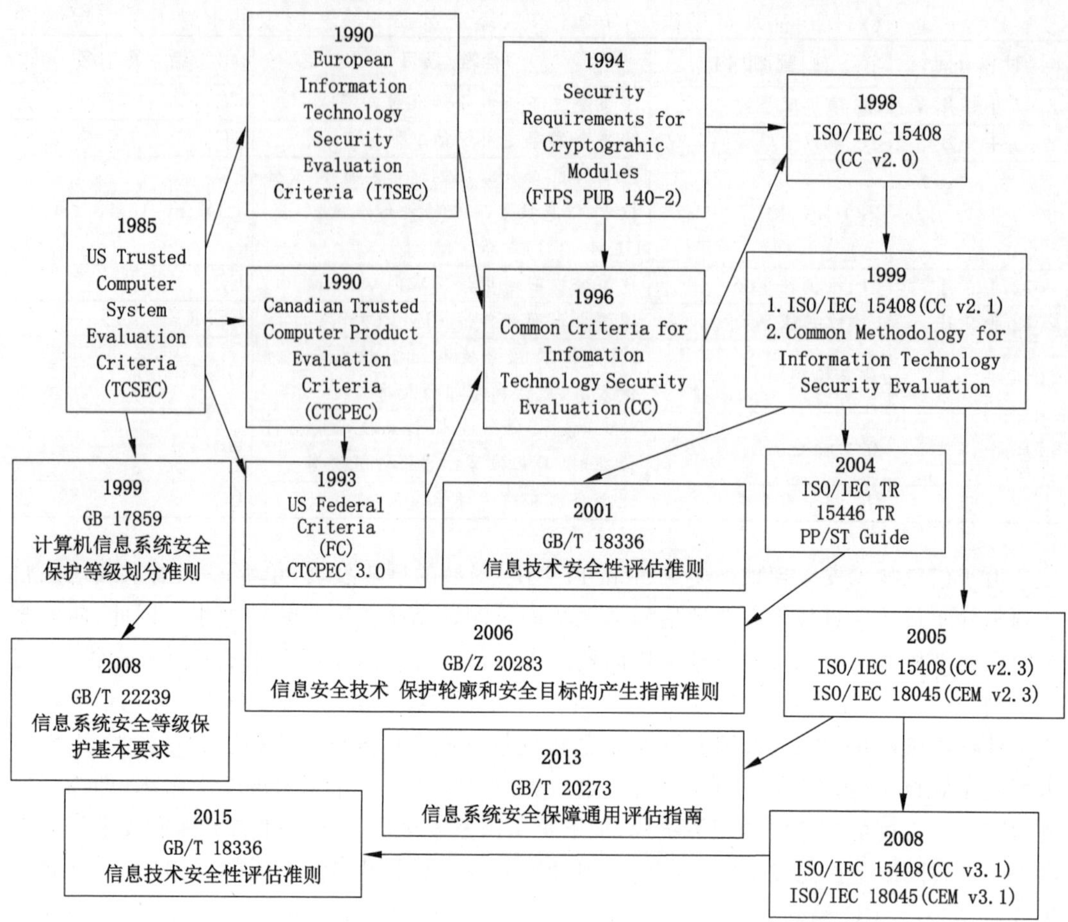

图 1.2　CC 与 GB/T 18336 发展简史

化表达 IT 产品不同类型和不同保障程度的安全要求。此外，ISO/IEC 15408 还采用 FC 中的保护轮廓（PP）结构作为描述某类 IT 产品安全要求的文档结构，采用欧盟 ITSEC 的安全目标（ST）来描述 IT 厂商的具体 IT 产品安全方案。因此，相对于 TCSEC，基于 CC 编制的 PP/ST 结构既分离了 IT 产品安全功能要求与安全保障要求，又为不同 IT 产品用户（消费者、提供商和评估机构）提供了描述评估对象安全要求（PP）及其安全方案（ST）的方法和规范。换句话说，在 ISO/IEC 15408 中，IT 产品消费者和开发者可通过选择标准化的安全组件，并对组件元素进行操作来构建 TCSEC 中各种等级的安全要求，说明 IT 产品相关的安全概要规范（TSS）。

2004 年 1 月，ISO/IEC JTC1/SC27 发布了 CC v2.2，同时针对 CC 第 1 部分附录中有关 PP/ST 的内容的更详细论述，也以 ISO/IEC 技术报告的形式进行了发布，即 ISO/IEC TR 15446《信息安全技术 保护轮廓和安全目标的产生指南》。该报告给出 PP/ST 文档内容的概述、示例目录清单和目标用户最关心的其他内容解释，并陈述了 PP 和 ST 之间的关系，以及 PP/ST 的开发编写过程，为 CC 使用者编写 PP/ST 文档提供指导。2005 年 8 月 ISO/IEC JTC1/SC27 发布基于 CC v2.3 的 ISO/IEC 15408:2005。

为避免重复的评估活动，CC 开发理事会试图对 CC v2.2 内容进行简化，他们于 2005

年 7 月发布了 CC v3.0 征求意见稿。CC v3.0 在第二部分安全功能组件上做了最大可能的简化，例如第二部分的长度由 CC v2.2 的 354 页缩减为 130 页，将安全功能要求中安全审计、通信、密码支持等 11 个安全类合并为安全审计、通信、数据保护和隐私等 6 个安全类，将 CC v2.2 第 2 部分中 67 个安全功能族压缩为 45 个安全功能族。为了适应当时 IT 产品的安全评估需求，CC v3.0 第 3 部分安全保障要求部分几乎重写了一遍。例如针对各个测评机构普遍遇到的组合 IT 产品测试需求，CC v3.0 增加了安全保障类 ACO，给出了包括组合 TOE 的基本原理、开发证据、组件之间的依赖性、基础 TOE 测试和组合脆弱性测试等保障要求。CC v3.0 期望能够比较合理地判断组合 IT 产品的安全性，最大可能地降低评估活动的重复劳动。另外针对 IT 厂商和测评机构对开发保障类(ADV)反映的最为激烈的问题，CC v3.0 拉开了不同评估保障级别(EAL)之间对 ADV 要求的差距，增加了对 IT 产品安全架构进行描述的保障要求，删除了一些在安全评估过程中很难实现或工作量不合理的安全保障要求。再如针对 CC v2.1X 中的配置管理/交付和运行/指南类文件/生命周期支持(ACM/ADO/ADG/ALC)4 个保障类保障要求之间的界限不明，在 CC v3.0 中整合成了两个保障类：ALC 类和 ADG 类。前者侧重于发生在开发场所的有关开发过程的保障要求，后者则侧重于发生在用户场所的运行操作保障要求。但 CC v3.0 因多种原因最终并没有提交至 ISO/IEC JTC1/SC27 的标准化过程，保障部分中的大部分建议修改内容并入了同年发布的 CC v2.3 中，还有一些内容是在 CC v3.1 中体现的。

在综合了 2005 年的 CC v2.3 和 2006 年的 CC v3.0 的基础上，CC v3.1 r1 在 2006 年 9 月发布。CC v3.1 r1 综合了 CC v2.3 第 2 部分安全功能组件和 CC v3.0 第 3 部分安全保障组件要求的优点，主要变化是将 CC v2.3 第 2 部分中难以评估的安全功能要求放到第 3 部分安全保障要求中，对第 2 部分的安全保障(EAL)4～6 级的 ADV_FSP、ADV_TDS、ATE_DPT.2、ATE_IND 和 ALC 保障要求进行了相应的修订。

2007 年 9 月，在第八届国际 CC 技术大会(ICCC)上，来自全球各地的信息安全专家针对 CC v3.1 r1 的内容发表自己的看法和意见，会后不久发布了 CC v3.1 r2 修订稿。2009 年 9 月，CC v3.1 官方发布了第 3 次修订版，其中很多生效的变更来自于最终用户、开发者、评估者和其他专家小组的反馈，这些来自实践用户单位的反馈建议说明 CC v3.1 已经在信息技术安全评估领域发挥了相当重要的作用。

作为对 CC v2.3 版的一次较大变更，CC v3.1 的主要目标是：删除冗余的评估活动；减少或删除那些对 IT 产品和系统提供最终安全保障贡献较小的评估活动；明确 CC 术语，将评估对象仅限于 IT 产品，以减少对 TOE 的误解；支持组合 IT 产品的安全评估和认证；增加对可兼容的组合产品的安全评估方法。更具体地说，CC v3.1 的主要优点有以下几点。

(1) **安全要求更加明确和清晰**：CC v3.1 在内容上有了较大的调整，使用的术语比较统一，且都给出了明确的定义。CC 第 1 部分中术语和定义，包括 CC 中一般的术语和定义、开发类(ADV)、指南类(AGD)、生命周期支持类(ALC)、脆弱性评定类(AVA)和组合保障类(ACO)相关的术语和定义共 6 个方面。这样，在使用中用户对任何的 CC 术语都不会出现分歧和模棱两可的情况。

(2) **结构合理，重点突出，易于理解**：为了提高 CC 的实用性和 IT 安全评估的工作效率，对第 3 部分做了较大的调整，不仅从结构上对 ACM/ADO/AGD/ALC/ADV/AVA(配置管理/交付和运行/指导性文档/生命周期支持/开发/脆弱性评定)6 个类及其组件进行了调整，而且对其内容也做了很大的更新，删除了在评估过程中多次重复的相似的过程，删除了那些对IT产品提供最终安全保障贡献较小的一些活动，这样能让TOE开发者或评估者把更多的精力放在对安全保障影响较大的一些问题上。另外，为了便于CC读者的阅读和理解，新版本对一些晦涩难懂或难以区分的概念进行了简单化。例如，AGD类中将以前的"管理员指南"和"用户指南"统一为"操作用户指南"，这样做能使TOE评估者易于理解IT产品安全架构和安全功能。

(3) **支持组合产品保障要求评估**：为了适应新一代IT产品的安全评估需求，CC v3.1增加了"组合保障包"的概念(即ACO类)，以支持对可兼容的组合IT产品的安全评估认证，这一点对于以下两种情形非常的重要，一种是IT产品在过去某个时间已经通过了评估，现在需要重新评估；另一种是IT产品或IT子系统的部分已经通过了评估，现在需要对组合IT产品进行整体评估。新版本不仅使以上这两种情形的安全评估认证效果得到了保证，而且使得进行这种测评是有据可依的，同时有效地提高了测评认证工作效率。

2008年，CC v3.1第2部分和第3部分都被ISO接受为ISO/IEC 15408-2:2008、ISO/IEC 15408-3:2008进行了发布，CC v3.1第1部分在2009年被ISO接受为ISO/IEC 15408-1:2009。2012年和2017年，CCEB又分别发布了CC v3.1 r4和CC v3.1 r5。

另一方面，围绕2014发布的新版CCRA协定文件，CC开发理事会(CCDB)在2015年提出了编修新版CC的建议，并在ISO/IEC JTC1/SC27层面得到了响应。自2016年建立研究项目以来，在CC v3.1 r4的基础上，新版ISO/IEC 15408标准(编辑组内部称之为CC v4.0)的编修已进入CD1(第一个委员会草案)阶段。与现有的CC v3.1版本相比，新版ISO/IEC 15408在评估概念及评估方法等方面均进行了翻新，与当前的CC应用框架有了明显的变化，以便支持合作性保护轮廓(cPP)和模块化保护轮廓等测评观念，推进按新版CCRA文件进行测评和互认的工作(读者可参考1.4.2节的内容了解更多)。

2. ISO/IEC 18045(CEM)的制定情况

与CC开发工作并发进行的是CC评估方法的开发工作，由CC评估方法编辑理事会(CEMEB)负责，其目的是制定一套通用准则评估方法(CEM)，使得不同的测评机构能尽可能地采用统一的测试和评估方法，实现测评过程的可重复性和客观性。CEM的开发和修订进程可谓伴随CC而前进，具体地说，CEM的制定情况如下。

(1) **CEM-97/017**(1997年11月)：信息技术安全评估通用方法，第1部分为引言和通用模型，定义了评估基本原则，并且描述了TOE发起方、开发者、评估者和国际评估组织的角色，以及通用准则评估的一般模型。

(2) **CEM-99/045**(1999年8月)：信息技术安全评估通用方法，第2部分为评估方法，主要讲述评估的一般任务、PP评估、ST评估以及TOE保障级别EAL 1～EAL 4级的安全评估内容及证据。第2部分详细说明了这些评估内容相关的评估者任务、子任务、活动、子活动、行为和工作单元的评估方法，这些评估内容都可映射到CC第3部分中的保障类、族和组件。

(3) **CEM-2001/0015**(2002年2月)：信息技术安全评估通用方法，第2部分为评估方法，增加了对缺陷修复(ALC_FLR)组件安全评估的附录，提供了缺陷修复(ALC_FLR)组件的评估指南。

随着CEM日趋成熟，CC执行理事会在2004年1月将上述3份文档进行整合，形成了与CC v2.1配套的CEM v1.2《信息技术 安全技术 IT安全性评估方法》。2005年8月

CEM 采用与 CC v2.3 相同的版本号与其一起发布，并作为 ISO/IEC 标准 ISO/IEC 18045：2005《信息技术 安全技术 IT 安全评估方法》与 CEM v2.3 一起发布。从此以后，CEM 内容也跟随 CC 内容一起调整发布。目前 CEM 最新版本是 CCEB 在 2017 年 5 月发布的 CEM v3.1 r5。

3. CC/CEM 的技术优点

由前文可知，CC/CEM 是在早期多种信息技术安全评估相关标准（如 TCSEC、ITSEC、CTCPEC、FC 等）的基础上开发和不断完善的，相比之下 CC/CEM 的优势体现在其安全要求表达结构的开放性、表达方式的通用性、表达结构的内在逻辑完备性以及标准的实用性这几个方面，这些特点是 CC/CEM 不断扩大应用范围、取得应用成效的主要原因。由于这些特点对树立读者理解和应用 CC/CEM 的信心有直观重要的影响，我们不妨更细致地逐条分解。不过，由于 CC/CEM 的技术内容将在后续章节逐渐铺开，读者可暂时略读，待掌握后续章节的内容后，再返回理解以下优点。

（1）**安全要求表达结构的开放性**：CC 推行标准化的安全组件描述方法及开放的组件元素操作，这使得在通过 PP/ST 描述 IT 产品安全要求时选择安全组件或对安全组件元素进一步细化和扩展，使之更适合信息技术和信息安全技术的发展要求。

（2）**安全要求表达方式的通用性**：CC 推行基于"类、族、组件和元素"的安全要求通用表达方式，这使得 IT 产品的消费者、开发者、评估者和认证者可以采用同样的标准技术语言来描述和理解 IT 产品的安全功能要求和评估保障要求，有助于实现测评结果的国际互认。

（3）**表达结构的内在逻辑完备性**：当采取了合适的环境安全保障措施时，IT 产品所实现的安全功能应有助于解决其面临的所有安全问题，在逻辑层面上实现威胁抵抗的完备性。在 CC 中，这种完备性的分析具体体现在 PP/ST 文档的编制过程中，使用 PP/ST 描述 IT 产品的安全要求时要求编制人员首先明确 TOE 类型、基本功能和安全功能、安全边界等，在此基础上定义 IT 产品面临的风险，明确 TOE 的安全目的，再导出其安全功能要求和安全保障要求。在编制 PP/ST 时，CC 要求待评估对象所实现的安全功能要求和保障要求必须满足 IT 产品期望达到的安全目的，同时后者可以抵抗已知的各种风险（以安全威胁的形式来体现），因此可以保护预期使用环境中 IT 产品的各种资产。这种方法有助于理解 IT 产品安全功能和安全保障要求的目的和必要性，且当使用了合适的组织安全策略时，所有已知威胁都能被抵抗。

（4）**CC 的实用性和可操作性**：CC 的实用性具体体现在面向应用的 PP/ST 的编制上。PP 的编制，有助于为相同类型的 IT 产品规范一套通用的安全要求，为同类型产品的开发提供统一的指导，从而提高安全保护的完备性和有效性；而 ST 在 PP 的基础上，通过细化安全要求，有利于体现类似 IT 产品在不同品牌和不同版本上的安全特点，这些特点便于将 CC 的安全要求具体应用到 IT 产品的开发、生产、测试、评估和信息系统的集成、运行、评估和管理中，并为 IT 产品选型工作规划统一的比较平台。

4. GB/T 18336 及相关标准的制定情况

在 CC 编辑委员会与 ISO/IEC JTC1/SC27 WG3 工作组合作前，国内的学者就跟踪区域性信息技术安全评估标准的研制工作。在 CC 成为 ISO/IEC 标准后，由中国信息安全测评中心牵头，与上海交通大学、中国科学院等机构合作对 ISO/IEC 15408：1999 标准进行了翻译和转标处理，在2001年完成了等同采用ISO/IEC 15408:1999的国家推荐标准GB/T 18336—2001《信息技术 安全技术 信息技术安全评估准则》，包含以下3个部分。

(1) **GB/T 18336.1(ISO/IEC 15408-1)**：信息技术 安全技术 信息技术安全评估准则—第1部分：简介和一般模型。

(2) **GB/T 18336.2(ISO/IEC 15408-2)**：信息技术 安全技术 信息技术安全评估准则—第2部分：安全功能组件。

(3) **GB/T 18336.3(ISO/IEC 15408-3)**：信息技术 安全技术 信息技术安全评估准则—第3部分：安全保障组件。

为推动GB/T 18336在国内的应用，我国在2006年将ISO/IEC TR 15446:2004技术报告转化为国家指导性技术文件GB/Z 20283《信息技术 安全技术 保护轮廓和安全目标产生指南》。参照这个指南，信安标委也编制了多种IT产品安全技术要求(即保护轮廓)，并结合我国IT产品的分级测评业务，指导IT厂商编写了他们相关IT产品的安全目标等安全评估文档。

根据ISO/IEC 15408和ISO/IEC 18045的发展情况，信安标委也分别于2007年和2012年先后两次组织相关单位对GB/T 18336—2001标准进行如下修订。

(1) **依据ISO/IEC 15408:2005的标准修订**：2007年，中国信息安全测评中心牵头依据ISO/IEC 18045:2005对GB/T 18336标准进行修订工作。但由于ISO/IEC 15408:2005和ISO/IEC 18045:2005对应于CC v2.3/CEM v2.3，且在GB/T 18336—2008修订期间，CC v3.0和CC v3.1 r1分别于2006年和2007年发布，所以作为过渡性国家推荐标准，GB/T 18336—2008仍旧依照CC v2.3进行编译，而未对应CC v3.1，因此该修订未形成报批稿就被终止。

(2) **依据ISO/IEC 15408:2008/2009的标准修订**：由于缺少与最新ISO/IEC 15408对应的国家标准版本，2012年中国信息安全测评中心牵头负责对国家标准GB/T 18336进行第三次修订。2015年，根据ISO/IEC 15408:2008/2009标准修订的国家标准GB/T 18336—2015发布实施，该标准与国际在用的ISO/IEC 15408对应，将在我国各行业的IT产品安全测评工作中继续发挥着基础性的与国际信息技术安全评估接轨的价值。

近二十年来，我国基于GB/T 18336开发了一系列配套标准，包括一些解释性的规范以及针对代表性的产品类型开发的安全技术要求和测试方法相关的指导文件，这些标准、规范和指导文件有助于GB/T 18336目标用户在基础性标准之上开展IT产品的安全设计、开发和评估工作。表1.4对已发布的部分GB/T 18336相关标准进行了总结。

表1.4 我国基于CC的安全评估相关标准

标准编号	标准名称	对应国际标准
GB/T 18336.1—2015	信息技术 安全技术 信息技术安全评估准则—第1部分：简介和一般模型	ISO/IEC 15408－1:2009
GB/T 18336.2—2015	信息技术 安全技术 信息技术安全评估准则—第2部分：安全功能要求	ISO/IEC 15408－2:2008
GB/T 18336.3—2015	信息技术 安全技术 信息技术安全评估准则—第3部分：安全保障要求	CC第3部分：2008
GB/T 30270—2013	信息技术 安全技术 IT安全评估方法	ISO/IEC 18045－2005

续表

标准编号	标准名称	对应国际标准
GB/Z 20283—2006	信息安全技术 保护轮廓和安全目标的产生指南	ISO/IEC TR15446:2004
GB/Z 30286—2013	信息安全技术 信息系统保护轮廓和信息系统安全目标产生指南	ISO/IEC TR15446:2009
GB/T 20276—2016	信息安全技术 具有中央处理器的 IC 卡嵌入式软件安全技术要求	—
GB/T 18018—2007	信息安全技术 路由器安全技术要求	—
GB/T 21028—2007	信息安全技术 服务器安全技术要求	—
GB/T 21050—2007	信息安全技术 网络交换机安全技术要求(EAL 3 级)	—
GB/T 21052—2007	信息安全技术 信息系统物理安全技术要求	—
GB/T 22186—2016	信息安全技术 具有中央处理器的 IC 卡芯片安全技术要求	—
GB/T 20279—2015	信息安全技术 网络和终端隔离产品安全技术要求	—
GB/T 33565—2017	信息安全技术 无线局域网接入系统安全技术要求(EAL 2 增强级)	—
GB/T 33563—2017	信息安全技术 无线局域网客户端安全技术要求(EAL 2 增强级)	—

1.4 通用评估准则应用框架

由于前文提到的 CC/CEM 的技术优点，应用 CC/CEM 进行安全评估能给 IT 产品消费者和开发者带来实质性的好处。在基于 CC 的测评和认证框架中，IT 产品通过独立的第三方测试实验室[通常称为 CC 测试实验室(CCTL)]的严格测评，不仅可让 IT 产品开发者持续改进其产品的设计和实现安全，提升 IT 产品开发质量，还给 IT 产品消费者带来了关于 IT 产品安全性的信心，让用户相信他们采购的 IT 产品满足相关的安全标准和期望的安全需求；在此基础上，通过对各种 IT 产品安全性的广泛认可，不同产品的组合应用安全也可以得到保证。更具体地说，国际互认的 IT 安全评估准则可用于以下几个方面。

(1) **统一定义用户对 IT 产品的安全要求**：IT 产品消费者可依据 CC 的安全功能和安全保障类、族、组件、元素等标准化安全技术术语，通过规范化的保护轮廓(PP)结构来描述他们所需 IT 产品的安全要求，并依此更明确地实施 IT 产品采购、IT 系统安全集成和安全控制措施。

(2) **规范化 IT 厂商的产品安全方案描述**：IT 产品开发商依据 CC 基本概念，针对依据的 PP 中规定的 IT 产品安全要求，通过编写规范化的安全目标(ST)文档来论述他们提供的 IT 产品安全技术架构及具体解决安全解决方案，在此基础上编写并提供更多的评估准备证据给 CC 测试实验室，以便其可以有效地开展测评工作，输出标准化的测评技术报告。

(3) **安全评估结果的互认**：CC测评体系中的认证机构根据测评机构提交的有效测评技术报告，可以颁布IT产品的CC认证证书。具体地说，依据ST文档、测评技术报告和认证证书，IT产品用户可以判断产品的安全性是否满足其安全要求，从而决定他们的产品采购和上线使用程序。从对IT产品应用市场的影响来说，CC测评认证框架对CC认证证书在一定范围内的互认提供了保障，对国际社会管控IT产品在全球应用领域的供应链安全性创造了条件。

为了更好地展示CC的应用框架和目标，下面将对上述描述中所涉及的有关CC用户、CC互认协议(CCRA)、国家评估体制等内容进行更详细的论述。

1.4.1　CC用户和职责

CC用户可从标准的读者和标准使用者所处的组织机构背景这两个不同的角度来划分，这种划分方法有助于理解CC的应用框架。为此，本书将CC用户分为CC的读者(或一般用户)和CC应用机构这两类，他们之间有一定的映射关系，其详细角色和职责如表1.5所示。下面从两个不同角度来谈CC用户应用CC/CEM的角色和职责。

表1.5　CC/CEM用户的角色和职责

类　　型	角色和职责
1. CC读者	
消费者	• 使用CC的PP结构和组件语言来表达他们的安全需求 • 告知开发者他们提供的IT产品需要经过安全评估 • 依据PP、ST和TOE的评估结果比较他们关心的IT产品
开发者	• 使用ST回复客户需求 • 通过TOE安全评估证明用户所有需求都已经被满足 • 向发起人提供相应的TOE评估证据
评估者	• 按照CEM对IT产品进行独立性测试和评估 • 按照CEM对IT产品进行穿透性测试和评估 • 提交评估证据和评估报告(ETR)
认证监管者	• 认证评估者提交的TOE评估材料，颁发CC证书
2. CC应用群体式机构	
客户/终端用户	• 使用CC的PP结构和组件语言来表达他们需要采购IT产品的安全需求 • 告知开发者他们提供的IT产品需要经过安全评估 • 依据PP、ST和TOE的评估结果比较他们关心的IT产品
IT产品供应商	• 使用ST回复客户需求 • 通过TOE安全评估证明客户/终端用户所有需求都已经被满足 • 向发起人提供TOE相关的评估证据
TOE提供商 (评估发起人)	• 与CC测试实验室(CCTL)沟通确认要评估的IT产品 • 将评估证据提交给CCTL
CC测试实验室(CCTL)	• 从国家评估机构获得授权认证资格 • 接受发起人的TOE评估证据 • 依据CC/CEM执行安全评估 • 产生评估技术报告 • 为国家评估机构生成CC认证证明材料

续表

类　型	角色和职责
国家认证机构	• 定义和管理国家评估体制 • 授权和管理 CCTL • 监督 CCTL 安全评估 • 为 CCTL 发布指南 • 颁发和监管 CC 授权证书 • 维护评估产品列表和 PP 注册列表
CC 解释管理委员会	• 推动 CC/CEM 一致性解释与应用 • 监督各国国家评估机构 • 对每个解释请求响应做出决策 • 维护 CC/CEM • 协调 ISO/IEC JTC1/SC27 WG3 工作组和 CCMEB 工作组关系

1. CC 读者群体

通用评估准则的读者一般包括以下群体。

(1) **消费者**：提出某类 IT 产品的安全要求。

(2) **开发者**：描述某个具体 IT 产品的安全能力，给出其安全概要规范。

(3) **评估者**：度量 IT 产品安全要求描述或安全方案的置信程度。

(4) **认证监管者**：按照国家评估体制对认证产品和认证过程进行管理。

消费者是指对获得一个满足他们具体安全需求的 IT 产品安全方案感兴趣的那些组织和个人。一般来讲，消费者使用 CC 规定的保护轮廓(PP)结构和 CC 定义的安全组件语言来表达他们所需 IT 产品的安全要求(当然更多情况下安全要求是由 IT 产品客户、开发者、评估者等一起来讨论得到的)，即通过 PP 来声明他们想采购 IT 产品的安全功能和安全保障要求；可以用 CC 测试实验室的评估结果来比较不同的评估对象安全功能(TSF)或安全保障程度，以决定 IT 产品是否满足他们的安全要求。PP 文档被用作与潜在开发者交流，通过这种方式传递客户需求，以及关于一个 IT 产品将怎样被 TOE 评估者适用的信息。当然客户可以在 PP 里通过扩展组件形式提出他们对 IT 产品在安全方面的一些特殊要求。

开发者是设计、构建 IT 产品的组织和个人，同时为方便论述售卖 IT 产品的组织和个人也包含在内。CC 为开发者在确定其 IT 产品所要满足的安全要求方面提供支持。因此，开发者以一个与实现相关的安全方案的安全目标(ST)文档的方式来响应客户规定的安全需求(PP)，并且开发者还通过 ST 的评估对象概要规范(TSS)来论述其所依据的 PP 中的所有需求都已经被满足。CC/CEM 为开发者准备评估证据和协助对其 IT 产品的评估提供支持，开发人员可以通过其准备的辅助评估证据来证实 IT 产品的安全功能满足了特定的安全要求。当然 PP 中提出的安全功能要求可被开发者实现在其 IT 产品中，这可促进 IT 产品开发者的安全技术进步。最后 CC/CEM 中的保障要求及其评估方法可以帮助开发者规范 IT 产品研制、开发、生产、集成等过程，并提高其安全管理能力。

评估者通过使用 CC/CEM 执行 PP、ST 和 TOE 的独立评估，尤其使用 CEM 中描述的 TOE 评估活动对 IT 产品进行安全评估。基于 CEM 规范化的评估体系，评估者可以有效地、科学地判断 IT 产品在安全方面与 ST 中描述的 TOE 安全要求的一致性，以及 TOE 样品实现的正确性和有效性，这就使得评估结果具有可重复性和客观性。评估的结果会被正式归档并分发给合适的组织机构与个体。因此，用户不必只依赖开发者的 IT 产品安全功能描述，他们可参照独立评估机构的评估结果来分析比较他们关心的 IT 产品。

认证监管者主要是对评估者提交的 IT 产品测评文档和评估证据编制各类认证文档。IT 产品认证所需文档会根据所申请的评估保障级别的不同而略有差异。但是一些常见的评估证据文档，如 ST、操作指南、功能规范、安全架构等评估过程中的基本文档对所有保障级别的安全评估都是必需的。

图 1.3 给出了 CC 的 4 类读者在 CC 应用中的角色及其任务。该图做了一定程度的简化，如实际情况下，PP 通常由所有读者群体的代表联合开发。

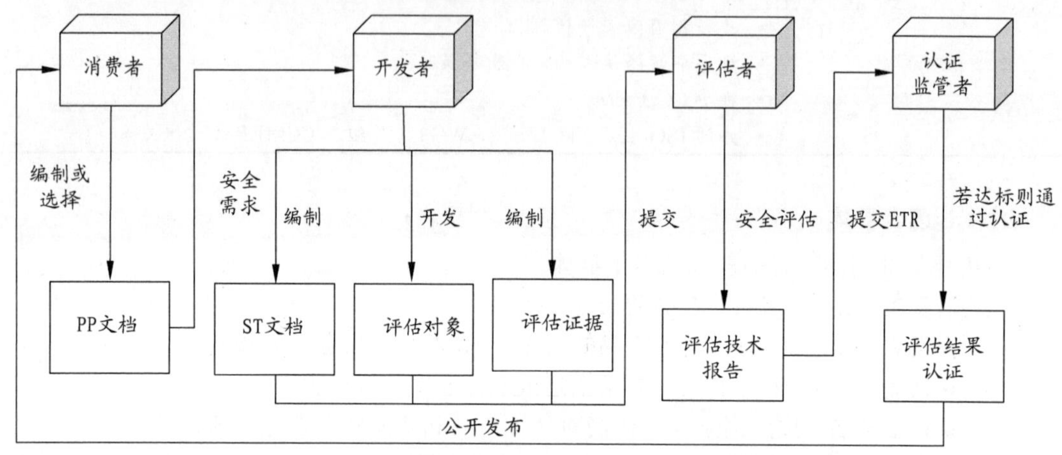

图 1.3 CC 读者及其在 CC/CEM 安全评估中的任务

2. CC 应用群体

CC 互认协定（CCRA）文件按照角色和职责定义了下列标准应用群体，见表 1.5。

(1) 客户或终端用户：指定某类 IT 产品安全功能和安全保障要求。

(2) IT 产品开发者或供应商：编制某个 IT 产品的 ST 和开发符合 ST 的 TOE。

(3) TOE 提供商（评估发起人）：启动某个 PP、ST 或 TOE 的安全评估，准备 TOE 评估辅助证据材料。

(4) CC 测试实验室（CCTL）：完成 TOE 安全评估，提交评估技术报告（ETR）。

(5) 国家认证机构：颁发关于 CC 标准实践和评估过程的指南，监控评估结果以审查其可重复性和与 CC/CEM 的一致性。

(6) CC 解释管理理事会（CCIMB）：维护 CC/CEM 的当前版本并且协调与 ISO/IEC JTC1/SC27 WG3 标准之间的一致性，监督国家评估机构，并响应 CC 用户的各种解释要求（RI），以及 CCRA 执行情况。

客户或终端用户相当于 CC 读者中的 IT 产品消费者，他们在 PP 中指定某类 IT 产品安全功能和安全保障要求，告知 IT 产品开发者将如何评估他们开发的 TOE 安全能力。这样，客户或终端用户就可使用 PP、ST 和 TOE 评估结果来比较不同开发者提供的 IT 产品，决定哪一个最符合他们的具体要求，并且在他们特定的生产环境中工作效果最好。

IT 产品供应商相当于 CC 里的开发者角色。他们响应客户的需求，开发 ST 和符合 ST 的 TOE。另外，他们还应按照 CEM 提供 PP/ST 里指明的所有安全功能和保障需求已经被他们的 ST 和 TOE 满足的评估证据。这些凭据和相关的 TOE 开发文档将被交付给评估发起人用于联系相关的 CC 测试实验室进行安全评估。

评估发起人是由 CCRA 引入的一个新角色。评估发起人找到一个恰当的 CC 测试实验室并且与实验室签订合同以开展 IT 产品的评估。评估发起人负责交付 PP、ST 或 TOE 和相关文档给 CC 测试实验室，以及协调所有预评估活动。评估发起人可能代表着客户或 IT 产品供应商或是一个中立的第三方，例如一个系统集成者。

CCRA 将评估者角色分为 3 个层次：CC 测试实验室、国家评估机构和 CC 解释管理理事会。CC 测试实验室必须符合认证认可标准并且服从常规审计和监督要求，以确保他们的测评服务符合 CC/CEM。CC 测试实验室从评估发起人接收 PP、ST 或 TOE 以及相关的文档。他们根据 CC/CEM 和 PP/ST 中指明的安全保障级别引导针对 PP、ST 或 TOE 的正式评估。一旦在一个评估过程中发现了缺少的、模糊的或不正确的信息，CC 测试实验室会上交一个观察报告(OR)给评估发起人要求说明原因。问题及其回复结果将被归档在评估技术报告(ETR)中，ETR 将会和 IT 产品被认证(或未被认证)的建议书一起被发送到国家评估机构。

国家认证机构给 CC 测试实验室颁发关于标准实践和安全评估过程的指南，监控 IT 产品安全评估结果以审查其可重复性和与 CC/CEM 的一致性。如果国家认证机构同意 CC 测试实验室的建议，将颁发官方 CC 证书。另外，国家认证机构还将维护通过评估的 IT 产品列表，并维护相关产品安全要求(注册 PP)。图 1.4 说明了 CC/CEM 主要应用机构之间的交互。

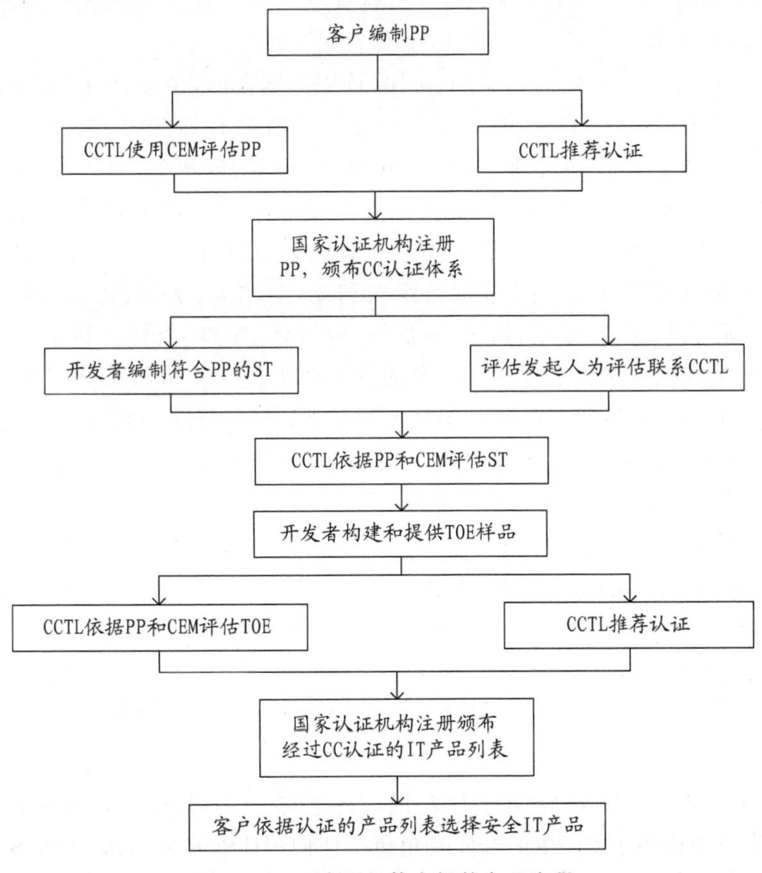

图 1.4　CC 应用机构之间的交互流程

每个CCRA成员国都有一个国家认证机构。CCRA认可的国家认证机构可能是以下两种形式的一种——证书使用者或证书签发者。证书使用者认可由其他国家认证机构签发的CC证书，但其本身并不能签发IT产品的认证证书。CCRA同意一个国家首先成为一个证书使用者，当这个国家建立了符合CCRA要求的国家评估体制，并且在本国建立并授权了一些CC测试实验室之后，这个国家认证机构才可以转换为一个证书签发者。CCIMB由CCRA参与者的国家代表人组成，每个CCRA参与者有一位委员。CCIMB对促进在所有CC测试实验室和国家认证机构之间的CC/CEM连续解释和应用负最终责任。因此，CCIMB监督国家认证机构，并响应CC用户的各种解释要求(RI)。最后，CCIMB维护CC/CEM的当前版本并且协调ISO/IEC JTC1/SC27 WG3以及CCRA参与者维护CC/CEM新版本和相关标准。

1.4.2 CC互认协定

为了维护统一的信息技术安全评估标准，推行国际范围的IT产品安全评估结果的互认，CC及其CCRA互认成员的组织方式和其他许多国际技术性标准不同，带有较浓厚的政治气息，这和信息安全是国家安全的重要组成因素的事实相契合。借鉴政治同盟的一般做法，签署CCRA互认协定是黏合或聚集与CC相关的各个国家利益的基本保证。由CC标准及其ISO/IEC 15408标准的发展历程可以看到，合作编写CC的各参与方在1998年签订了第一份CC互认协定(CCRA)，协定第一条就规定了参与成员应为代表国家政府的机关或机构，目前CCRA成员代表均为各国信息安全主管机关。

截至2019年10月，包括美国、英国、法国、德国等国在内，全球已有30多个国家共同签署了CCRA(参见附录A)。1998年CCRA协定签订时只有加拿大、法国、德国、英国和美国，新西兰和澳大利亚于1999年加入，2000年芬兰、希腊、以色列、意大利、荷兰、挪威和西班牙也成为CCRA成员。CCRA成员国的性质有两种，一种称为证书发行国，除了接受CC评估结果互认之外还拥有自己的信息技术安全评估认证体系，能够进行IT产品认证证书的颁发，此类国家目前共有17个，分别是澳大利亚、加拿大、法国、德国、印度、意大利、日本、马来西亚、荷兰、新西兰、挪威、韩国、新加坡、西班牙、瑞典、土耳其和美国；一种称为证书消费国，只接受和认可来自上述国家颁发的认证结果，这14个国家分别是奥地利、捷克、丹麦、埃塞俄比亚、芬兰、希腊、匈牙利、印度尼西亚、以色列、巴基斯坦、波兰、卡塔尔、斯洛伐克和英国。值得注意的是CCRA成员国往往会根据自身的信息安全认证和检测需要而调整其在CCRA的角色或状态，例如英国在作了近20年的CCRA证书签发国后于2019年10月转换为证书消费国。

制定CCRA互认协定的主要目的如下。

(1) 确保各参与成员对IT产品能够按照高度一致的标准进行评估，并且信任经过评估的IT产品和PP/ST。

(2) 消除不同国家的IT产品重复评估认证，不断提高IT产品和PP/ST评估认证过程的效率和成本效益。

(3) 对于已经通过CC认证的IT产品和PP/ST，根据该协定，可以不通过进一步评估，即可在CCRA参与国被应用，从而提高了IT产品认证的效率。

(4) 该协定通过对执行IT产品认证的认证机构进行严格要求，使各认证机构达到高度统一的认证标准，来建立一个可信的 IT 产品安全评估基础平台。

CCRA 组织结构如图 1.5 所示，其高层管理机构是管理委员会（简称为 CCMC），所有 CCRA 的签约国都在 CCMC 中有自己的代表，在对 CC 相关的事务进行表决时，每个国家有一票的投票权。CCMC 的主要任务是对成员国的管理，如新成员的申请和对申请者的资格审查，以及对 CC 互认协定本身条款的扩充和执行。CCMC 设有一个主席职位，由成员国代表轮流担任。CCMC 下设置了执行委员会（简称为 CCES），处理成员国的日常事务和提供技术建议指导，其中 CCRA 的 CC/CEM 文档的更新和发展是由 CCES 下的 CC 开发理事会（CCDB）负责。CCDB 负责制订工作计划来促进 CC 和 CEM 不断发展，同时保证 CCRA 各成员国在 CC 和 CEM 使用的方法体系上达成一致。

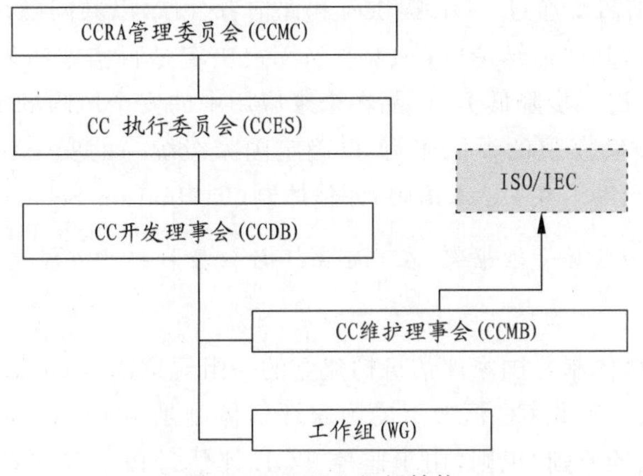

图 1.5　CCRA 组织结构

为了达成这一目标，CCDB 下设 CC 维护理事会（简称 CCMB）和若干个工作组（WG）。CCMB 的主要任务是处理各国根据在使用 CC 和 CEM 中发现的需求而提出修改建议。

在 2013 年的 CC 国际技术会议（ICCC 2013）上，在 CCRA 各参与方同意下，决定由 CCMC 和 CCDB 牵头成立各种安全技术相关的国际技术社区（iTC），以针对各种类型的 IT 产品建立多国互认的安全要求，目的是降低 IT 产品终端用户和所有者的安全风险，提高 IT 产品的使用价值。这些互认的安全要求将以 CC 合作性保护轮廓（cPP）的形式来体现。因此，iTC 的一个主要目标是创建与各种 IT 产品对应的 cPP 和安全评估相关的支持文件。当前各个 iTC 的技术活动在 CC 用户论坛（https://www.commoncriteriaportal.org/CCUF）这个平台上开展，来自全世界的技术专家（无论是否归属 CCRA 成员国）都可及时参与和分享 IT 产品安全设计和测评方面的经验，并建立和维护相应的 cPP，以应对未来信息技术发展所带来的各种威胁（见附录 B 对 iTC 的建立原则和发展状况的更详细论述。）

各个 iTC 都由一组技术专家组成，包括 CCRA 参与方、CC 认证机构、安全评估机构、IT 产品开发者和用户，他们做如下工作。

（1）以一种促进公平竞争的方式工作。

（2）在某些特定技术领域合作，以共同完成 cPP 编制。

（3）进一步建立关于 cPP 所必需的 CC 和 CEM 应用解释的支持文件。

2014 年 7 月，发布修订的 CCRA 协定文件，其工作模式为从基础协议层面支持 iTC。在新版的 CCRA 文件中，TOE 安全评估结果互认要求发生了以下变化。

（1）若评估是依据 cPP 进行的，在 CCRA 所有成员国内最高可互认至 EAL 4 级，同时需要在安全保障包中加上 ALC_FLR 族组件。

（2）若评估是依据 PP 进行的，在 CCRA 所有成员国内最高互认至 EAL 2 级。

需要指出的是，我国虽然未加入 CCRA，但中国信息安全测评中心依据 CC 开展了十多年的安全评估工作，自 2015 年以来参与了多个 iTC 的技术活动，不仅在网络基础设备 iTC 等平台上发挥技术价值，还于 2017 年代表我国首次参与了 CC 最新版本的编辑工作，对促进我国理解、掌握和应用 CC 相关技术的发展有较大意义。

1.4.3 国家评估体制

IT 产品安全评估需要通过 TOE 提供者和评估者合作，以共同确认被评估 IT 产品抵抗潜在安全风险的能力，其评估结论也是 IT 产品用户决定是否实施额外的安全控制（如操作规范、制度建设等）以进一步降低 IT 产品在未来应用中的安全风险的重要依据。IT 产品安全评估前提是要有一套完整的评估体制，以确定国家级统一的安全评估准则、安全评估方法、评估结果认证机制等。在 CC 术语中，评估体制（Evaluation Scheme）定义如下：

“一种行政管理和监督管理框架，在此框架下评估授权机构在特定群体中应用通用评估准则。”

更具体地说，评估体制是国家评估机构建立的一组规章制度，包括执行信息安全技术测试所需的规程和方法。因此 CC 框架下的国家评估体制是由 CCRA 成员国制定的面向 IT 产品安全评估所遵循的原则/规则，用于监控 TOE 评估过程中参与者的评估质量，并管理安全评估技术工具和评估者必须遵循的一系列规程/规则。按照 CCRA 文件规定，CC 要求 CCRA 证书签发国必须定义一个国家评估体制，而对于使用 CC 认证的证书消费国没有要求。国家评估机构发布的评估体制建立在 CC 和 CEM 这两个标准基础上，通过列举如何进行和管理评估过程的细节，形成了一套 IT 产品安全评估的过程规范与评估规则，使得 IT 产品安全评估结果具备客观性、可重现性和更好的可比性。显然，国家评估体制相关的评估方法和过程可以在 CEM 的基础上增加要求，但不能减少。

实际上，国外从 20 世纪 80 年代就已开展 IT 产品和 IT 系统安全评估体制的建设。为了使读者更好地认识基于 CC 的评估体制，下面以美国建立的 CC 评估和认证制度（CCEVS）为例进行讨论，由于各国的评估体制存在较大的相似性，讨论的内容对于后续理解其他具体的评估体制将有所裨益。

在美国，评估体制是由国家信息安全保障合作组织（NIAP）负责管理的。具体而言，NIAP 出版了如下 6 个与 CC 评估与认证体制（CCEVS）相关的文件。

（1）CCEVS 文件 1：操作的组织、管理和概念，在 1999 年 5 月发布。该文档提供了一个对 CCEVS 的目的和行为、NIAP、国家实验室自愿认证程序（NVLAP）、CCTL 和评估发起者的角色和责任的总体概述。

（2）CCEVS 文件 2：验证标准操作程序，在 2000 年 5 月发布。该文档提供了对 NIAP 的角色、责任、组织、管理和操作的详细描述。

（3）CCEVS 文件 3：安全评估监管者指导手册，在 2002 年 2 月发布。该文档提供了对 CCEVS 确认和验证过程的详细讨论和 NIAP、NVLAP 和 CCTL 中的相关角色和责任；提供了对CEM工作单元和格式的指导手册和为评估记录指定的格式规范。

(4) CCEVS文件4：CCEVS认可的CCTL指导手册，在2001年3月发布。该文档详细介绍了成为CCTL的过程，CCTL评估前、评估时和评估后的责任，同时还提供了一系列模板，如CCEVS评估工作计划模板和为NIAP、CCTL和评估发起者的启动会议提出的评估日程计划模板。

(5) CCEVS文件5：IT产品安全评估发起者指导手册，在2000年8月发布。该文档详细介绍了在评估前、评估时和评估后评估发起者的责任。

(6) CCEVS文件6：认证维护程序(CMP)，在2000年8月发布。该文档就如何在运行和维护阶段维持CC认证和相关评估保障级(EAL)，为TOE评估发起者、开发者和评估者提供了IT产品认证维护的指导手册。

1. 评估准备任务

按照NIAP的CCEVS，IT产品的评估和认证一般分为准备、执行和总结3个阶段。表1.6总结了CCEVS准备阶段的任务及相关的输入和输出。评估发起者通过准备PP、ST和TOE安全评估的需求(如招标要求、市场宣传需要)，启动IT产品安全评估的初始化准备工作。

表1.6　评估准备阶段(CCEVS)

任　务	输　入	输　出
评估发起者确定IT产品的安全评估需求		
评估发起者联系CC测试实验室，商议合同和提交安全评估需求		
评估发起者向CC测试实验室提供PP，ST，和/或已完工TOE样品	PP，ST，TOE样品	
CC测试实验室准备评估工作计划，可交付列表和评估日程	PP，ST，TOE样品	
CC测试实验室向国家认证机构提交要求的文档以供复审	CCEVS相关要求	
国家认证机构正式接受请求的评估，将其纳入计划		验证计划
评估启动会议		TOE评估协议
面向过程和记录的会议(可选)		备忘录记录(MFR) 评估接受协议 批准将评估列入进程

在与选定的CC测试实验室签订合同后，评估发起者将PP、ST和TOE，以及相关辅助评估证据一同递交给CC测试实验室。CC测试实验室审查相关的评估工件后，起草一个评估后的可交付列表和一个评估工作计划。评估工作计划应遵循CEM要求，列出了CC测试实验室执行的活动、子活动、工作单元、任务和子任务。可交付列表给出了CC测试实验室执行评估工作计划所需的从TOE评估发起者那里应该得到的所有评估输入材料。该列表应指出评估发起者提供的CC证据指标。评估工作计划日程重点说明评估任务间的依赖关系及其主要里程碑。表1.6中第5个任务是CC测试实验室提交3个输出报告给国家认证

机构(如 NIAP)，以便开展对 CC 测试实验室测评结果的认可工作。一旦认可，国家认证机构将正式接受 TOE 评估工作，按国家评估体制(如 CCEVS)生成评估验证计划。验证计划描述了评估过程中 NIAP 监管者、主要监管者和 CCEVS 主管的角色。最后，召开 CC 测试实验室、NIAP 和评估发起者的评估启动会议，签署接受 PP、ST 和 TOE 的协议，同时签署将评估展示在 NIAP 网站上的同意书。会议记录保存在由 NIAP 撰写的备忘录记录(MFR)中。

评估发起者接着货比三家，找到一个合适的 CC 测试实验室。各国家认证机构在它们的管辖区内维护认可的 CC 测试实验室列表。CC 官方网站也列出了 CCRA 参与国认可的 CC 测试实验室列表。

2. 评估执行任务

在国家认证机构授予 CC 测试实验室评估权限后，CC 测试实验室在依据实验室程序、CEM 和 CCEVS 要求的情况下开展对 TOE 的实际测试工作。表 1.7 总结了 CCTL 在评估执行阶段的任务及相关的输入和输出。如果有任何需要澄清的疑问或在评估过程中发现的问题，CC 测试实验室会提交一个观察报告(OR)给国家评估机构(如 NIAP)和 TOE 评估发起者。

表 1.7 评估执行阶段(CCEVS)

任 务	输 入	输 出
国家认证机构允许 CC 测试实验室继续工作；提供技术监管		
CC 测试实验室执行对 PP、ST 和 TOE 样品的评估	• PP,ST,TOE 样品 • CC 测试实验室规范 • CEM 输入任务 • CCEVS 相关要求	
CC 测试实验室向评估发起者和国家认证机构提交观察报告(OR)		• 观察报告 • 月度总结报告
NIAP 校验者随着工作继续，记录 IT 安全评估的结果		工作包评估表
CC 测试实验室完成评估并向国家认证机构和评估发起者提交评估技术报告(ETR)		• 评估工作包记录 • 评估技术报告
国家认证机构复审 ETR 以保证校验能够继续		

作为 CC 测试实验室测试评估的一个并行活动，NIAP 监管者将评估过程写成如表 1.8 所示的月度总结报告。该报告也指出了到目前为止随同评估过程及相关报告成果在技术上、管理上或日程上的思考。评估完成时，CC 测试实验室将评估结果和观察报告、评估结论、TOE 修改建议等写成相应的评估技术报告(ETR)，同时将这些文档发给 NIAP 和评估发起者。CC 测试实验室执行的各评估行为元素会得到一个裁决(通过、不确定或失败)。根据 CEM，如果之前这些裁决中有一个失败，那么总的裁决也将失败。根据总的裁决，CC 测试实验室将决定关于 PP、ST 或 TOE 的评估结果是否应该向国家认证机构作出认证推荐。国家认证机构总结 ETR 报告，以决定是否应将评估工作推进到下一阶段；这可能包括询问 CC 测试实验室或评估发起者一些与评估工作相关的问题。

表1.8 月度总结报告内容

1. 成果	7. 验证计划
2. 重要动作概要	8. 生成记录
3. 技术问题	9. 评估证据
4. 管理问题	10. 人员投入
5. 项目日程	11. 改进建议
6. 项目的状态(对照日程表)	12. 验证时间

3. 评估总结任务

表1.9给出了CC评估和认证体制总结阶段的任务及相关的输入和输出。基于CC测试实验室的ETR,国家认证机构将生成一个验证报告(VR)草案,发送给CC测试实验室和评估发起者以进行评议。

表1.9 评估总结阶段(CCEVS)

任务	输入	输出
国家认证机构复审最终ETR;解决CC测试实验室相关问题	最终ETR	VR草案
评估发起者和CC测试实验室复审VR草案;向国家评估机构提供建议		
国家认证机构出版最终VR并发布CC认证结果		• 最终VR • CC认证
召开评估总结检查会议(NIAP/CC测试实验室)		• 评估产品列表 • 经验总结报告

表1.10展示了验证报告(VR)的内容。VR是将要公开的ETR的简化版。发布VR的目的是:①确认CC测试实验室的审核结果;②提供额外的背景信息以帮助潜在客户知情,并做出关于在他们的运行环境中是否适合使用该TOE的决定。VR由NIAP监管者、主监管者和CCEVS主管签字。同时,NIAP给CC测试实验室和评估发起者发布TOE认证结果,并在国家已评估产品列表(EPL)中进行登记和管理。注意CC认证和国家评估机构的VR没有任何法律地位。

表1.10 验证报告(VR)内容

1. 执行摘要	7. IT产品测试
2. 报告标识	8. 评估配置
3. 安全策略	9. 评估结果
4. 假设和范围说明	10. 评估者建议
4.1 用途	11. 附录
4.2 环境	12. 安全目标
4.3 范围	13. 术语
5. 结构信息	14. 参考文献
6. 相关文档	

CCEVS 中明确说明：**"CC 认证和 VR 并不能代表任何实质的或程序性的 CCRA 成员的权利、债务、责任、授权、保证或认可。"**

最后，NIAP 和 CC 测试实验室应一起召开 TOE 评估和认证总结会议，对 IT 产品评估过程遇到的问题及其解决过程进行研讨，形式 TOE 评估总结报告。

由前文对评估体制的讨论，CC 认证机构将在测评工作结束后颁发认证证书。表 1.11 和表 1.12 分别展示了美国国家评估体制颁发的 PP 和 TOE 的认证证书的基本内容。

表 1.11　PP 的认证证书相关内容(CCEVS)

• PP 编制者： • PP 名称/标识符： • PP 版本号： • 安全功能和安全保障包： • CC 授权机构名称： • 验证报告编号： • 发布日期： • NIST 和 NSA 认证颁布机构签名： • 可能的认证声明： 基于 CEM 版本号，PP 在国家评估体制授权机构获得评估通过，该 PP 符合《CC(版本号)》要求。 评估依据 NIAP 评估和验证体制的相关条款执行，CC 授权机构在评估技术报告中的结论与呈现的证据是一致的。 认证通过并不代表 NIST、NSA 或任何其他美国政府机构对该 PP 的认可，也没有表达或暗示对 PP 的担保。 认证只适用于所评估 PP 的特定版本。

表 1.12　TOE 的认证证书相关内容(CCEVS)

• 产品开发者： • 产品名称： • 产品类型： • 版本和发布编号： • 依从的 PP： • 评估平台： • CCTL 名称： • 验证报告编号： • 发布日期： • 保障级别： • NIST 和 NSA 认证颁布机构签名： • 可能的认证声明： 基于 CEM 版本号，CC 测试实验室对 IT 产品进行了评估并获得通过，说明 ST 中包含的安全功能和保障要求说明规范符合《CC(版本号)》要求。 评估依据 NIAP 评估和验证体制的相关条款执行，CCTL 在评估技术报告中的结论与呈现的证据是一致的。 认证通过并不代表 NIST、NSA 或任何其他美国政府机构对该 IT 产品的认可，也没有表达或暗示对 IT 产品的担保。 认证只适用于所评估 IT 产品在特定评估配置下的特定版本。

1.5 本章小结

本章首先对信息安全基本概念、范围和广泛采纳的术语定义进行了简单论述，在此基础上介绍了国内外信息安全标准相关的标准化组织和信息安全评估相关标准的发展现状，同时在论述美国、欧盟等国家相关的 IT 安全评估准则及其它们之间的关系的基础上，重点介绍了通用评估准则及其评估方法(CC/CEM)的发展历程，使读者能对信息安全标准化组织，与信息安全评估有关的重要标准，以及 CC/CEM 的发展脉络、未来的发展方向，我国信息安全评估相关标准与国际标准的关系有较为系统和全面的了解。本章最后介绍通用评估准则的应用框架，围绕 CC 的应用目标，着重论述了 CC 的用户群体，介绍了 CCRA 的组织结构，以及支撑 CC 评估的国家评估体制和认证框架等内容。

1.6 问题讨论

1. 什么是信息技术？简述信息技术在数据、信息和知识处理过程中的作用。

2. 什么是信息安全？信息安全包括哪些属性？简述信息安全属性之间的相关性。

3. 简述信息安全概念发展主要阶段，概述它们发展的阶段性标志。

4. 简述网络空间安全学科知识体系。

5. 什么是信息安全技术？以操作系统、数据库管理系统、中间件、网络服务设施等基础软件为例，简述它们采用的信息安全技术。

6. 简述 ISO/IEC JTC1/SC27 组织的使命。从标准体系角度分析其 WG3 工作组负责制定的信息技术安全评估标准与其他安全标准之间的关系。

7. 概述可信计算机系统评估准则及基于这个准则的其他相关标准。

8. 概述 GB 17859—1997《计算机信息系统安全保护等级划分准则》与可信计算机系统评估准则(TCSEC)的安全等级之间的联系与区别。

9. 简述 IT 产品双边/多边互认、区域互认和国际互认发展历史。

10. 简述通用评估准则与可信计算机系统评估准则及其他区域(如 ITSEC)信息安全评估准则之间相关安全技术评估标准有哪些主要不同之处。

11. 简述我国信息安全评估的两个标准的异同，解释为什么说基于 GB 17859—1997《计算机信息系统安全保护等级划分准则》的信息安全等级保护相关系列标准是面向 IT 系统风险评估的，而基于 GB/T 18336《信息技术 安全技术 信息安全评估准则》的 IT 安全性评估标准是面向 IT 产品评估的。

12. 解释为何在通用评估准则中没有保留可信计算机系统评估准则中的安全等级概念，描述通用评估准则中是如何通过保护轮廓或安全目标来体现 IT 产品安全功能要求的。

13. 保护轮廓来源于美国的 FC，查阅美国 FC 文档，比较分析通用评估准则中的保护轮廓结构和 FC 原始保护轮廓结构的异同。

14. 安全目标来自于欧洲 ITSEC，查阅欧洲 ITSEC 文档，比较分析通用评估准则中的安全目标结构和ITSEC原始安全目标结构的异同。

15. 概述我国信息系统安全保护等级划分准则和通用评估准则安全保障级别分级准则的异同，解释为何在通用评估准则中将安全功能要求和安全保障要求分开描述。

16. 以安全保障要求为例概述CC v2. x和CC v3. 1之间的主要变化，概述为何在CC v3.1版本中引入了安全架构保障组件。

17. 简述CC主要用户及他们的职责。

18. 什么是CC互认协定(CCRA)？概述CCRA的组织结构。

19. 什么是国家评估体制？简述美国国家信息安全保障合作组织(NIAP)负责定义的CCEUS评估体制几个阶段的主要工作内容。

20. 围绕通用评估准则，查阅ISO/IEC JTC1/SC27 WG3目前编制相关的标准，简述这些标准的主要内容及它们的用途。

21. ISO/IEC 15408和ISO/IEC 18045之间是什么关系？

22. 关于CC或CEM中的一些信息的含义应该咨询谁？关于ISO/IEC 15408和ISO/IEC 18045中的一些信息的含义应该咨询谁？

23. 我国的GB/T 18336与国际CC/CEM是什么关系？

24. 简述你理解的通用评估准则应用框架。

25. 结合我国网络安全法、网络安全审查办法等谈谈通用评估准则的作用。

第2章 通用评估准则的基本模型和方法

CC标准提供了一套表达IT产品安全要求的技术语言和对IT产品进行安全评估的方法,以便IT产品消费者、开发者和评估者能在同样的平台上,使用相同的技术语言来表达IT产品安全要求,陈述相应的安全方案,开展IT产品的安全测评工作,以保证IT产品评估结果的一致性和可重复性,最终实现对IT产品安全评估结果的国际互认。

在讨论IT产品的安全需求和安全方案的编制方法前,本章先介绍CC标准的适用范围、标准结构及其基本概念,再探讨标准中论述的基本评估模型和评估工作过程,以便为理解后续内容提供基础。具体而言,主要包括以下内容。

(1) **CC适用范围**:概述CC的目的以及标准适用性。

(2) **CC基本概念**:概述CC文档组成,以及PP/ST/TOE、安全功能和保障要求的包、类、族、组件等CC核心概念。

(3) **CC评估模型**:概述信息技术安全评估基本概念、资产保护以及CC支持的4种安全评估类型。

(4) **CC评估方法**:介绍CC/CEM相关的TOE评估证据编制方法,以及和TOE安全评估相关的独立性和穿透性测试方法和技术。

2.1 CC的适用性

CC标准的设计目标就是为IT产品开发者、评估者、监管者、消费者(客户)、评估机构等用户提供一种设计和评估IT产品安全的通用方法,形成一个世界各国都能接受的IT产品安全评估准则。换句话说CC标准适用于所有类型IT产品的安全评估,但标准正文也明确指出了一些例外情况,即不在CC标准适用范围之内的评估内容,主要包括以下方面。

(1) 与IT产品安全功能非直接相关的行政管理措施的安全评估,如组织、人员、物理或规程上的措施或支持的安全评估。

(2) IT安全性的物理方面、IT产品运行支撑环境(包括技术支撑环境)等的安全评估。

(3) IT产品需求定义、安全方案设计及TOE实现中相关人员的安全评估。

(4) 评估机构在IT产品安全评估中如何使用CC的管理模式或法律框架。

(5) CCTL评估结果用于IT产品安全认证的过程。

(6) IT产品相关的密码算法固有的质量评估准则等。

下面对CC未能覆盖的安全评估内容做更详细的讨论。

首先,安全管理措施和过程控制规程与机制一般与组织的操作安全相关,这方面内容属于IT产品在消费者运行环境中的安全保障范畴,CC并没有考虑如何对IT产品运行环境控制及行政管理措施进行描述和评估。同样地,即使安全评估机构将描述用户需求的PP作为风险评估的输入,CC也不会论述应该如何对行政性安全管理措施进行安全风险评估。

其次，CC仅在一个非常有限的上下文中考虑IT产品的物理安全，维护TOE安全运行的组织应提供与TOE及其所包含数据的价值相一致的物理安全环境描述，实现PP/ST中定义的各种物理假设。例如，控制对安全设备的非授权物理访问，阻止和抵抗对这些设备的非授权物理篡改和替换。CC/CEM从版本3.1起就不再给出对应性的物理安全要求，以及相关人员安全假设等TOE假设方面的评估方法。

第三，人员安全问题也没有被CC/CEM完全覆盖，只在生命周期保障(ALC)类组件中部分体现了开发过程相关研发人员的安全保障能力要求，其他人员的安全要求是通过PP/ST安全问题定义部分的人员安全假定描述的，如TOE预期的用户权限类型，他们的一般责任以及假设给予这些用户的信任度等。

第四，CC项目组织在制定CC标准时并没有考虑CC测试实验室的TOE评估结果的认证和认可(C&A)相关规程及其规则。IT产品的安全认证和认可的管理模式或法律框架将由具体国家或政府机构的安全评估体制建设，基于CC/CEM的IT产品评估结果只被用作各个国家TOE认证和认可的输入。

第五，IT产品中使用的加密算法安全性或哪些算法被认可也不在CC/CEM的论述范围中。事实上，CC仅定义了IT产品密钥管理和加解密接口的合规性需求。CC认为IT产品的密码算法及其密码体系评估应该由国家和国际相关的其他加密安全评估标准所覆盖，如我国密码模块相关的安全要求可参照GM/T 0028《密码模块安全要求》、GM/T 0039《密码模块安全检测要求》或ISO/IEC 19790《信息技术 安全技术 密码模块安全要求》、ISO/IEC 24759《信息技术 安全技术 密码模块测试要求》等标准进行安全评估。

最后需要注意的是，IT产品的安全评估应在专门的CC测试实验室进行。所有CC测试实验室必须符合国际标准化组织/合格评定委员会(ISO/CASCO)制定的实验室管理标准ISO/IEC 17025《检验和校准实验室能力的通用要求》，而认证机构通常需符合ISO/IEC 17065《产品、过程和服务认证机构要求》。其中，ISO/IEC 17065为认证机构如何建立和操作产品认证制度、如何规范和评价产品认证活动，以及如何更好地提高自身能力与管理等提供了有效方法。ISO/IEC 17025主要包括：定义、组织和管理、质量体系、审核和评审、人员、设施和环境、设备和标准物质、量值溯源和校准、校准和检测方法、样品管理、记录、证书和报告、校准或检测的分包、外部协助和供给、投诉等内容。该标准中的核心内容为设备和标准物质、量值溯源和校准、校准和检测方法、样品管理等内容，用于评价实验室校准或检测能力是否达到预期要求。

2.2 标准基本结构和概念

2.2.1 基本结构

当前版本的通用评估准则核心文档有两大部分：ISO/IEC 15408《信息技术 安全技术 信息技术安全评估准则》(CC)和ISO/IEC 18045《信息技术 安全技术 信息技术安全评估方法》(CEM)。

ISO/IEC 15408 文档又包括以下 3 个分册。

(1) 第 1 部分：简介和一般模型。给出了 CC 总体概述，定义了在 CC 中使用的术语及缩略语；建立了 TOE 的核心概念；论述了 IT 产品安全评估背景；描述了 CC 针对的读者对象。此外，还介绍了安全评估基本概念，包括安全评估的一般模型、PP、ST 和安全要求的类、族和组件结构，以及安全要求组件选择和组件元素的操作方法。另外，CC 第 1 部分还描述了 CC 的每一部分文档对每一类目标读者的用途。

(2) 第 2 部分：安全功能组件。按类-族-组件-元素的方式列出了 11 个安全功能类相关的 160 多个安全功能组件。基于这些安全功能组件描述，PP/ST 编制者通过选择、赋值、细化或反复操作组件中的元素就可构建 TOE 的安全功能要求。

(3) 第 3 部分：安全保障组件。按类-族-组件-元素的方式列出了评估 IT 产品的 5 个保障类、评估组合 TOE 的 1 个保障类和评估 PP/ST 的 2 个保障类。除此之外，在该部分还定义了评估 IT 产品安全保障水平的 7 个级别的评估保障级别(EAL)保障包和评估组合 IT 产品安全保障水平的 3 个级别的评估保障级别(CAP)保障包。

ISO/IEC 15408 的 3 个分册的用途如表 2.1 所示。

表 2.1　ISO/IEC 15408 文档使用指南

文　档	用户(消费者)	开发者(提供商)	评　估　者
CC 第 1 部分	用于了解 CC 基本概念，掌握 PP/ST 结构	用于了解 CC 基本概念，给编制 PP/ST 和 TOE 安全功能规范提供参考	用于了解 CC 基本概念，掌握 PP/ST 的结构
CC 第 2 部分	在阐明 PP/ST 中安全功能要求的描述时用作指导和参考	用于解释 IT 产品安全功能要求和生成 TOE 功能规范的参考	当确定 TOE 是否有效地符合已声明的安全功能时，用作评估准则的强制性描述
CC 第 3 部分	用于指导 PP/ST 中保障级别的确定	当解释 TOE 保障要求和确定 TOE 的保障措施时，用作参考	当确定 TOE 的保障和评估 PP/ST 时，用作评估准则的强制描述

ISO/IEC 15408 第 1 部分(简称 CC 第 1 部分)建立了 IT 安全评估的一般概念和评估原则，详细描述了可作为评估 IT 产品安全功能的一般评估模型。换句话说，CC 第 1 部分阐述了隐藏在应用 ISO/IEC 15408 对 IT 产品执行评估背后的工作原理，即通过信息技术安全评估的方式为用户提供 IT 产品安全保障的评估证据，而不是通过安全理论模型和系统仿真方法为用户提供 IT 产品安全保障的安全证明。采取安全评估这样的方式是由于被评估的 IT 产品实现不可能达到绝对的安全，因为 TOE 开发者在对 IT 产品进行安全设计时，他们只是考虑在产品设计运行环境下使用何种安全技术或保护措施来抵御可能的安全攻击。所以在应用 CEM 对 IT 产品进行安全评估过程中，并不是去判定 IT 产品是否能够完全抵抗未来应用中所有潜在的安全威胁，而是判断 TOE 安全要求实现是否符合其设计 ST 中定义的安全目的。

ISO/IEC 15408 第 2 部分(简称 CC 第 2 部分)的安全功能组件用于定义 IT 产品的安全行为/安全特征，对这些安全组件的实现就成了具体 IT 产品的安全功能。因此，CC 第 2 部分安全功能组件适用于描述 TOE 要做什么。

ISO/IEC 15408 第 3 部分(简称 CC 第 3 部分)的安全保障组件是为建立对 TOE 安全

功能实现的信任而设计的，因此，安全保障组件适用于评估 TOE 安全功能实现的正确性，验证 TOE 是否满足 ST 的有效性，从而判断产品是否构造适当、是否满足其预期用途等。CC 第 3 部分描述了每个安全保障要求的开发者行为元素、内容和形式元素和评估者行为元素，提供了 TOE 开发者必须要准备好的评估证据，以及评估者需对 TOE 进行评估的内容和方法。

ISO/IEC 18045《信息技术 安全技术 信息技术安全评估方法》(即 CEM)规定了在采用 ISO/IEC 15408 所定义的安全组件和 TOE 开发者提交的评估证据进行评估时，评估者应执行的最小行为集合，包括 PP 评估、ST 评估、保障组件评估、组合保障组件评估等输入任务和输出任务。因此，ISO/IEC 18045 文档主要包括以下内容。

(1) 描述了不需要通过评估做出裁决的通用评估任务，这些任务没有映射到 CC 第 3 部分评估者行为元素。

(2) 定义了建立在 CC 第 1 部分(特别是附录 A)以及 CC 第 3 部分 APE 类所规定的 PP 要求基础上的 PP 评估。

(3) 定义了建立在 CC 第 1 部分(特别是附录 B)和 CC 第 3 部分 ASE 类中规定的 ST 要求的基础上的 ST 评估。

(4) 定义了为完成 TOE 评估而需要的最小评估努力，适用于完成 EAL1 到 EAL5 级保障要求评估的方法和操作指南。

(5) 定义了组合 TOE 评估保障要求，并提供了完成 CAP-A、CAP-B 和 CAP-C 级保障要求评估的方法和操作指南。

(6) 定义了缺陷纠正评估活动，以确定 TOE 开发者是否已建立了 IT 产品缺陷纠正程序。

CEM 详述了 CC 第 3 部分中主要与 EAL 1 到 EAL 5 级保障组件相关的评估活动、子活动及工作单元内容，以便保证在不同国家间的安全评估体制的一致性。因此，CEM 是 CC 测试实验室完成 IT 产品评估工作的标准化指导，它告诉评估者寻找什么(评估证据)和以什么样的深度(工作单元)评估 PP、ST 或具体 TOE(IT 产品)。

依赖于 CC 第 3 部分预定义的评估保障级别，TOE 评估者将以不同的范围和深度检查 IT 产品厂商提供的 TOE 安全功能。评估者按照 CEM 方法对 TOE 开发者提供的评估证据进行核实、检查、记录和报告。在 CEM 中每个词语都有具体的意义。

(1) 核实(check)——通过简单的比较产生裁决。

(2) 检查(examine)——通过采用专门的测试技术进行测试，并通过测试结果的分析产生裁决。

(3) 记录(record)——保存安全评估过程、事件的书面说明。

(4) 报告(report)——包括评估结果、评估技术报告的支持材料或观察报告。

与 CC 配套的 ISO/IEC TR 15446《信息技术 安全技术 保护轮廓和安全目标产生指南》技术报告，意在帮助 CC 用户使用 CC 标准化术语词汇、句法和符号来表达 IT 产品用户的安全需求，并给 TOE 开发者描述其 IT 产品安全方案提供了结构化文档方面的建议。

本章和第 3 章主要介绍 ISO/IEC 15408 文档内容，ISO/IEC TR 15446 和 ISO/IEC 18045 两份文档的内容将在第 4～6 章介绍。注意，CC 采用“事后反馈”评估——也就是

TOE 安全评估是在 IT 产品被开发之后或在 IT 产品开发阶段完成后依据相关的评估证据(如设计文档)进行评估。这和 IT 产品还在开发过程中就按照软件工程方法(如 CMM)进行评估形成了对比。因此,有人将 CC 评估比喻成财务审计——由外部专家检查你的财务记录和程序化文件来确定“你所说的要做的是否真正做到了”。

基于 CC 的 IT 产品安全评估给我们提供了一定水平的安全置信度,即 IT 产品安全功能和安全保障能力的声明(在 ST 中规范)能够达到客户指定的安全要求(在 PP 中描述)。有了 IT 产品的这些安全评估信息,IT 产品客户可以制订更明智的 IT 产品采购策略,TOE 开发者也可在市场宣传和推广其通过评估和认证的 IT 产品。

2.2.2　基本概念

CC 第 1 部分定义了信息技术安全评估的概念和原理,并给出了安全评估的一般模型,可用于表达 IT 产品安全目的,选择和定义 IT 产品的安全要求,以及描述 TOE 的安全架构和功能规范。CC 第 1 部分内容是理解和使用 CC 中第 2 和第 3 部分的必要基础。

CC 第 1 部分还详细说明了保护轮廓、安全目标、评估对象、功能要求和保障要求的包、类、族、组件等 CC 核心概念,并描述了产生 IT 产品安全评估结果的方法。由于 PP/ST 是设计和评估的基础,所以需要对 PP/ST 中所描述的安全功能是否能够满足其要求做出评估,在 CC 第 1 部分的附录 A 和附录 B 部分,CC 对 PP/ST 文档结构和内容做出了明确的要求。这几个关键概念一直贯穿 CC 所有相关标准和技术指导文件。

1. 保护轮廓(PP)

作为 CC 中最关键的概念,PP 是 TOE 消费者表达安全要求和 TOE 开发者提供安全方案的依据。正如在第 1 章 1.3 节提到的,PP 的概念源于美国联邦信息技术安全准则(FC),它为一类 IT 产品定义了一组安全要求,而不管这些 IT 产品是如何实现这些要求的。TOE 消费者主导编制的保护轮廓与 ISO/IEC 15408 文档之间的关系如图 2.1 所示。ISO/IEC 15408 第 2 部分和第 3 部分的安全功能和安全保障组件是不同信息领域客户定义他们对 IT 产品安全功能需求和安全保障需求的依据。

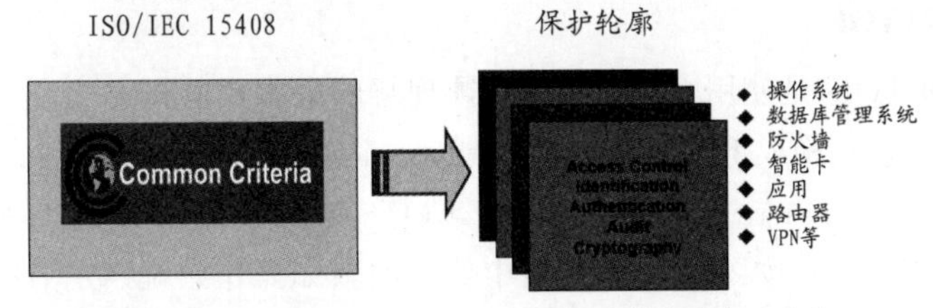

图 2.1　CC 与 PP 间的关系

PP 中定义的 TOE 安全要求由 IT 产品开发者给出的“ST”去解决。换句话说,PP 与某一个具体 IT 产品(如 Windows 或 Linux)无关,它定义的是用户对这类 IT 产品(如操作系统)的安全要求,规定了这类 IT 产品的安全技术要求以及确保正确有效地实现这些要求的安全保障措施。这有助于确保信息技术与安全需求之间的内在完备性,以及提高信息技术安全保护的针对性和有效性。换句话说,编制 PP 的过程帮助用户说明、定义和验证他们的安全要求，PP 的最终目标主要用于两个方面：一是传达 TOE 的这些需求给潜在的 IT 产品开发者，二是为 IT 产品开发者的 ST 编制提供依据。

2. 安全目标(ST)

ST 源于欧盟的信息技术安全评估准则(ITSEC)，是 CC 测试实验室实施 IT 产品安全评估的依据。ST 的编制是针对具体的 IT 产品(如 Windows 7/8/10、Android 5.0/6.0/7.0/7.1)而言的，它包括该 IT 产品的安全目的和为满足安全目的而提供的特定安全功能要求和安全保障措施。ST 的技术要求和安全保障措施可以直接引用该 IT 产品所属产品类的某个 PP，也可以采用与 PP 定义相同的方法直接引用 CC 第 2 部分和第 3 部分中的安全功能或安全保障组件。因此，ST 与 PP 的关系如图 2.2 所示。

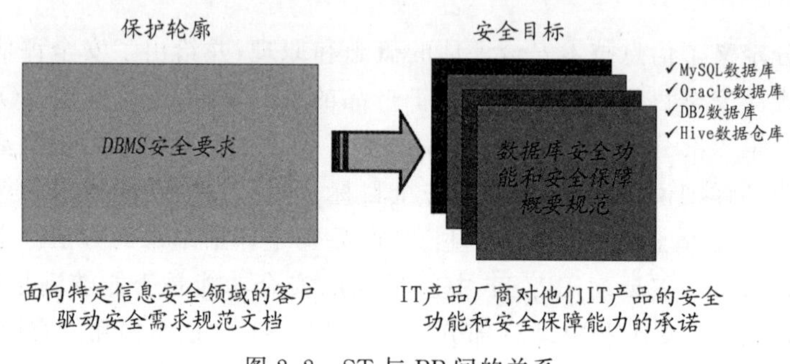

图 2.2　ST 与 PP 间的关系

由于 ST 是对特定 IT 产品而编制的，通过安全评估可以证明该 IT 产品所要实现的安全功能，包括采取的保障措施，对满足指定安全要求和安全目的而言是有用和有效的。ST 是开发者、评估者、用户在 IT 产品安全性和评估范围之间达成一致的基础。ST 相当于为满足 PP 的具体 TOE 安全功能的实现方案。由于 ST 与具体 IT 产品实现技术与机制有关，可以满足一个或多个 PP 提出的要求，如某一防火墙的 ST 可能同时满足包过滤防火墙 PP 和应用级防火墙 PP 的要求，某一数据库管理系统的 ST 可能同时满足访问控制 PP 和数据库 PP。

3. 评估对象(TOE)

评估对象(即 TOE)是使用 CC 标准时必须理解的最重要的概念之一。TOE 就是一个将被评估的 IT 产品，包括构成 IT 产品的软件、硬件或固件及其指导性文件。在 CC 中，TOE 仅表示商用现货产品(Commercial-Off-The-Shelf，COTS)或政府现货产品(Government Off-The-Shelf，GOTS)等 IT 产品，如 CC 官方网站中给出的诸如操作系统、数据库管理系统、Web 服务器、智能卡等 IT 产品。事实上，CC 中的术语"IT 产品"涵盖的范围非常广，它是指一系列在一个多样化系统中提供各种功能的 IT 硬件、软件和固件或其集成品。一个 IT 产品可以是一个独立的产品，也可以是组合多个 IT 产品而形成的一个 IT 系统或网络。

在 PP 中，TOE 是一类与实现无关的 IT 产品，而在 ST 中，TOE 是指一个 IT 产品的具体物理实现。换句话说一个待评估的 IT 产品可通过一个相应的 ST 用特定的条款，或通过一个 PP 用较一般条款来描述其安全功能和安全保障要求。在 PP/ST 中，一个 TOE 描述除了 TOE 概述外，还要通过安全问题定义、安全目的、安全要求和概要规范这样的特殊结构概述 TOE 安全需求及其它们之间相互依赖关系的原理性说明(如图 2.3 所示)。

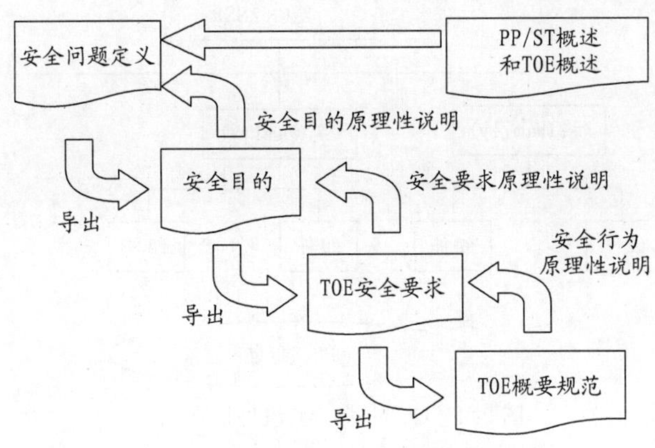

图 2.3　PP/ST 中的评估对象内容结构

ST 中典型的 TOE 分为个体、部件和组合 3 个类型。一个个体 TOE 是自身包含的，它没有更高层或底层的划分。一个 TOE 部件是一个 IT 产品中的最低层次的 TOE，它一般是一个组合 TOE 的组成部件。相对地，一个组合 TOE 是一个 IT 产品中的最高层次的 TOE，它由多个 TOE 部件组成。CEM 提供了 4 种评估类型：PP 评估、ST 评估、TOE 评估(IT 产品评估)和组合 TOE 评估。

4. 包(Package)

包是为了满足一个特定安全目的的安全组件的集合。在 CC 中，组件描述了 IT 产品一组特定的安全要求，是可供 PP、ST 或其他包选取的最小安全要求集合。用户可从两个维度定义安全组件的集合：功能包和保障包。CC 第 3 部分的评估保障级(EAL)就是一些预定义的安全保障包。因此，CC 中包是安全功能或安全保障要求的集合，即它们是一些基础性的安全要求或 IT 产品总体安全要求的子集。包是一个可重用的包括安全功能组件、安全保障组件或两类组件的集合。

5. 类(Class)

用户共同关注的一组共享安全要求，即在类中的所有成员关注共同的安全焦点且具有共同的安全目的。在 CC 第 2 部分共列出了 11 个安全功能类；第 3 部分列出了 PP/ST 评估的 2 个保障类、5 个 TOE 评估保障类和一个组合 TOE 保障类。

6. 族(Family)

类的成员是族。族是用来陈述一组共享安全目的，但是安全关注点或安全精确度上不一样的一组安全组件。

7. 组件(Component)

组件是体现安全要求的最小可选元素集合，组件中的元素是一个不可分割的安全要求，它可通过 CEM 中的一个或多个安全评估工作单元被验证。

图 2.4 给出了 CC 中 PP、ST 和包与 CC 第 2 部分和第 3 部分的类、族和组件之间的组成示意图。PP、ST 或包对 CC 组件的选取可以直接利用 CC 第 2 部分和第 3 部分中所定义的标准化组件，也可以通过 CC 第 1 部分定义的安全组件元素允许操作对相关组件的元素进行选择、赋值、细化、反复等操作来满足特定的安全策略或对抗特定的威胁或组织安全策略。

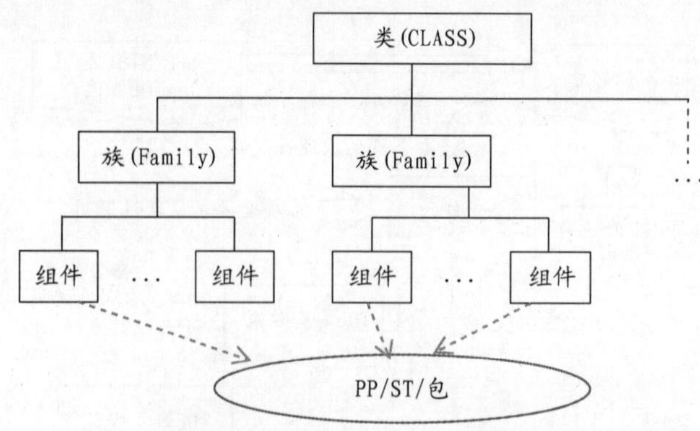

图 2.4　CC的类、族、组件层次关系

PP 表示的是一套面向用户采购需求、与产品实现无关的一类 IT 产品的安全功能和安全保障要求描述。因为这些需求是面向某类产品，且独立于 IT 产品的具体实现方式，因此，可能有不止一个与实现相关的 ST 被编制出来以满足同一个 PP。换句话说，PP 用于描述用户想要的东西，ST 是 IT 产品厂商声称能提供的东西。PP 和 ST 之间是一对多的关系。这样用户在选择某类 IT 产品时必须决定哪一个 ST 最符合他们的需求，以便选择相应的 TOE(IT 产品本身)。由某个用户编制的 PP 可能被其他用户重用，表明这些 ST 具有部分相同的安全要求。一个 PP 可能被用于个体的或组合的 TOE。ST 和 TOE 之间存在一对一的关系，因为 ST 中的一个 TOE 对应于一个具体 IT 产品的物理实现(如图 2.5 所示)。

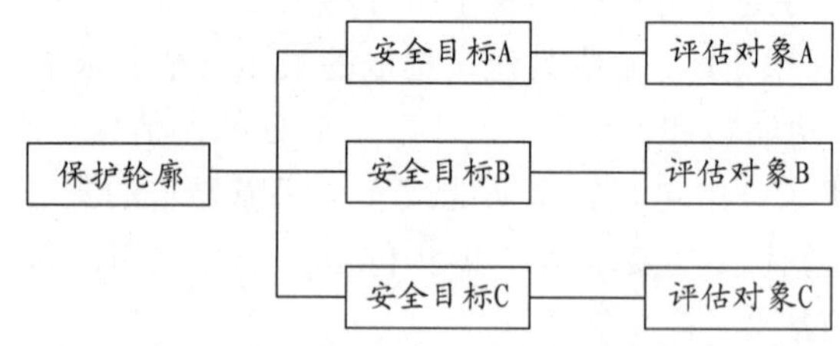

图 2.5　PP、ST 和 TOE之间的关系

用户编制的 PP/ST 安全功能和安全保障组件可以严格遵守 CC 第 2 和第 3 两部分的组件定义，也可以通过使用 CC 第 1 部分定义的 4 种操作对标准组件元素进行裁剪。在裁剪组件元素时，CC 第 1 部分讨论了 PP/ST 作者允许的组件操作要求：赋值和选择两种操作只允许用于组件中明确指定的位置；反复和细化两种操作可用于所有安全组件。CC 允许的在编制 PP/ST 时对安全组件元素可采用的 4 种操作如下。

(1) 反复：允许一个组件在不同操作下被使用多次，即用不同的方法完成该组件的赋值和选择，或用不同的方法对该组件进行细化。

(2) 赋值：当一个给定组件包含了一个可以由 PP/ST 作者设置参数的元素时，就需要进行赋值操作。参数可以是一个非限制变量，或者是限定变量值在指定范围的一个规则。

(3) 选择：当给定的组件包含了必须由 PP/ST 作者从几项中选择一个元素时，发生选择操作，即允许从一个列表中选定一项或多项。

(4) 细化：细化操作可以在每一个要求上执行。PP/ST 作者通过修改要求执行细化操作。细化操作的第一条规则是在 PP/ST 中，满足细化要求的 TOE 也要满足细化之前的要求(即，一个细化的要求必须比原始要求更加严格)。

2.3　基本评估模型

通俗地说，CC/CEM 可用来给 IT 产品开发者和消费者表达 IT 产品的安全控制措施，并给评估者提供测试和评估的模型。具体来说，按照 CC 的要求，评估发起者启动 TOE 的安全评估，提供包括作为 TOE 评估基础的 ST、需要评估的 TOE 样品及其附属证据；然后评估者依据一定的评估准则、评估方法和评估体制产生对 TOE 满足其在 ST 中所规定安全要求的确认，并以安全评估技术报告的形式记录评估者的各种评估过程和结果。注意 IT 产品评估是以待评估 TOE 对应的 ST 为基础，而 ST 往往依赖于相应的 PP。PP/ST 编制的基础是 TOE 保护的资产，因此理解 CC 安全评估概念，特别是 PP/ST 中资产安全、保护对策、评估类型等是理解 CC 评估模型的基础。

2.3.1　资产及其安全

资产在 TOE 中一般以数据、信息、规则等形式由 IT 产品存储、处理和传输，以满足资产所有者的管理要求。资产所有者为了保证信息系统中数据资产的保密性、完整性和可用性，会严格控制这些资产的授权访问、传输和修改，以抵御可能的潜在安全威胁。

保护资产是那些对资产赋予价值的所有者的责任。实际或假定的威胁主体试图以违背所有者初衷的方式滥用这些资产。安全评估需要对资产所有者的安全对策进行风险分析。资产所有者应该意识到可能致使资产受损的各种潜在威胁，这些威胁对资产所有者而言会降低或破坏资产的价值。安全性破坏一般包括但又不仅包括以下几项：资产暴露给未授权的接收者（丧失保密性），资产由未授权用户的修改而损坏（丧失完整性），或资产的访问权被未授权地剥夺（丧失可用性）。因此，需要在资产、威胁和风险之间建立各种应对对策。图 2.6 说明了 CC 中资产安全相关概念和关系。

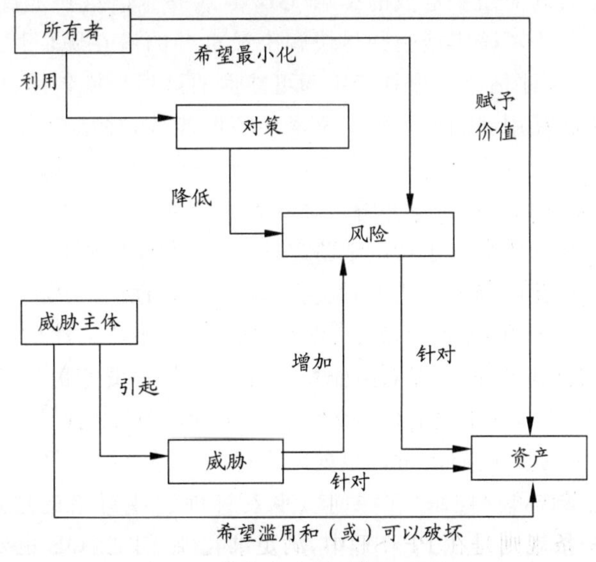

图 2.6　资产安全相关概念和关系

从图2.6可以看出，应用CC对保护资产安全的IT产品安全功能进行评估，资产所有者应分析他们使用的IT产品可能的威胁(识别威胁)及其相应的组织安全策略，并确定哪些应通过运行环境或通过行政措施加以控制，其结果就是识别出IT产品的各种安全风险。

威胁用于描述攻击者利用IT产品的某个脆弱性以达到特定破坏目的的状况。在信息安全中定义威胁时常涉及脆弱性、威胁和漏洞利用，这些概念之间相关关系概述如下。

(1) **脆弱性**(vulnerability)：又称弱点或漏洞，是指计算机或网络系统在硬件、软件、协议设计和实现、系统管理策略等方面存在的可能被威胁主体利用从而造成损害的薄弱点。脆弱性可能存在于IT产品的物理环境、业务过程、授权人员、系统配置、硬件、软件等各个方面，它们一旦被威胁主体成功利用就可能对IT产品保护的数据资产或IT产品本身造成损害。IT产品在上市之前或实施之后一般需要借助脆弱性分析或安全测试来消除这些弱点或漏洞。

(2) **威胁**(threat)：是导致发生损害IT产品的不期望事件的潜在原因。IT产品一般需要进行威胁识别和评估，以确保TOE应对某一特定威胁的安全处理的最佳方法。例如广泛采用的穿透性测试(penetration testing)就是侧重于评估威胁，以帮助制订有效的对策来防范特定威胁所代表的各类攻击。威胁描述一般要包括特定类型攻击的来源(主体)、技术手段及涉及的资产。

(3) **漏洞利用**(exploit)：IT产品的脆弱性可能会被威胁主体利用。漏洞利用过程也可以理解为威胁主体利用脆弱性对最终的资产造成实质性的威胁。人们一般借助漏洞利用测试暴露IT产品的脆弱性，以有助于向需要解决IT产品安全问题的各方提供用于识别意外风险的数据。

某种特定的威胁可以利用IT产品的一个或一组脆弱性，对资产造成损害。资产所有者应分析可能的安全威胁并确定哪些脆弱性存在于IT产品内或IT产品运行所处的环境中，以防范和控制潜在的安全风险。因此，在讨论漏洞利用中人们也常提到信息安全风险的概念。所谓安全风险，是指人为或自然的威胁利用IT产品及其管控体系中存在的脆弱性导致安全事件的发生及其对组织造成的影响(GB/T 20984《信息安全技术 信息安全风险评估规范》)。风险评估是为了确定威胁并尽快解决最重要的潜在脆弱性，列举最关键和最有可能的信息安全危险，并评估漏洞修复费用和可能性的过程。换句话说，风险评估要评估资产面临的威胁以及威胁利用脆弱性导致安全事件的可能性，并结合安全事件所涉及的资产价值来判断安全事件一旦发生将对组织造成的影响。这种评估会有助于资产所有者选择合适的安全保护对策，以应对各种风险并将其降低到一个可接受的水平。

在资产所有者将其资产泄露于特定威胁之前，所有者需要确信其对策足以应付面临的威胁。资产的所有者自己可能没有能力对安全保护对策的所有方面加以判断，但可以寻求第三方机构对其管理资产的IT产品或IT系统进行安全评估。评估结果是对安全保障能力可达程度(保障级)的描述，即信任对策能用于降低所保护资产的风险。该描述还将对策的保障能力进行分级。CC中定义的保障级别是对策的特性，这种特性是信任IT产品安全功能正确操作的基础。资产所有者可以根据此描述决定是否接受将资产泄露给威胁者所冒的风险。更多关于安全对策(控制)和如何实现及管理这些对策的讨论见GB/T 22080—2016《信息技术 安全技术 信息安全管理体系 要求》、GB/T 22081—2016《信息技术 安全技术 信息安全控制实践指南》等信息安全管理体系相关标准与指南。

资产所有者可能要对 IT 产品管理的资产安全负保护责任。因此，IT 产品应提供足够的安全控制措施以支持资产所有者对安全策略的实施做出决定，以接受由 IT 产品/系统导致的资产泄露所带来的风险。

为了支持此项决定，IT 产品的资产所有者应能够证实以下两个方面。

(1) 对策是充分的：如果 IT 产品对策做了声称要做的事情，就能够对抗对资产的威胁。

(2) 对策是正确的：IT 产品对策确实做了资产所有者声称要做的事情。

许多资产所有者缺乏必要的知识、专业技术和各种资源来判断他们采用的 IT 产品保护资产对策的充分性和正确性，他们并不希望仅仅依赖对策开发者的各种声明与主张，而是希望借助第三方安全评估机构对他们使用的 IT 产品安全对策进行评估，以增加对所有或部分对策的充分性和正确性的信心(如图 2.7 所示)。

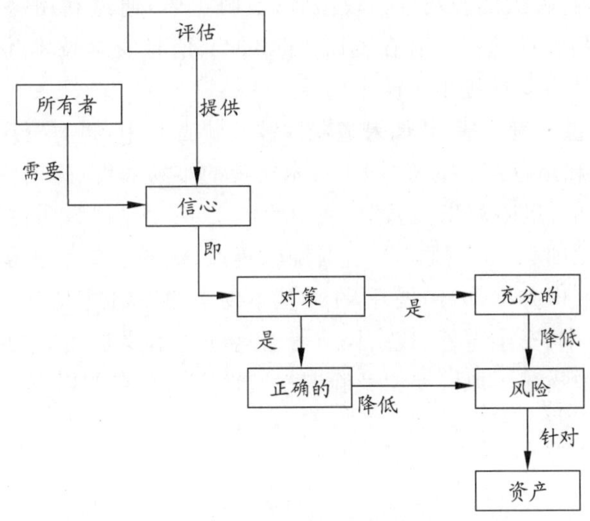

图 2.7　资产保护对策概念

在 CC 中，资产保护对策的充分性是通过 PP 或 ST 文档结构中的安全目的原理来分析的。PP/ST 从描述 IT 产品管理的资产和对这些资产的安全问题(假设、威胁或组织安全策略)开始，然后它们以安全目的形式描述 IT 产品给出的对策，并证实这些对策对于对抗这些威胁或组织安全策略是充分的：如果对策做了声称要做的事情，那么对策应足以对抗威胁，并满足相关组织安全策略的要求。更详细和完整的 PP/ST 编制描述参见本书第 4 章和第 5 章。

在 PP/ST 中将资产安全对策划分为两组。

(1) **TOE 的安全目的**：描述了 IT 产品安全评估中需要确定其本身安全功能行为及其正确性的对策。

(2) **运行环境安全目的**：描述了不需要在 IT 产品评估中确定其正确性的对策。

这样划分安全对策的理由如下。

(1) CC 仅仅适合于评估 IT 产品本身安全对策的正确性，因此，非技术对策(安保人员、管理规范)总是放在 TOE 运行环境的假设中考虑。

(2) 对策的正确性评估耗费时间和金钱，因此，评估 TOE 可采用的所有安全对策的正确性也许不可行。

(3) 某些信息技术对策的正确性可能已经在其他评估中评估了，因此，再次评估其正确性在成本效益上并不合算。

总而言之，PP/ST 证实了以下几点。

(1) TOE 安全目的和运行环境安全目的足以满足组织安全策略和对抗潜在威胁。

(2) TOE 安全功能和安全保障要求满足 TOE 安全目的。

(3) TOE 安全功能规范足以证实 TOE 安全要求得到了实现。

从这些方面看，基于 CC 描述的对策遵循了正确的 TOE(满足 SFR)，与正确的运行环境(满足运行环境安全目的)结合来对抗资产面临的各种潜在安全问题。

2.3.2 TOE 评估

保护资产的 IT 产品在设计和实现过程中可能存在不正确性。因此，IT 产品运行过程中可能包含着导致本身失效的脆弱性。攻击者(威胁主体)通过利用这些脆弱性，仍可能破坏和(或)滥用 IT 产品管理的资产。在 GB/T 20984《信息安全技术 信息安全风险评估规范》标准中，对 IT 产品脆弱性提出了两个属性。

(1) **脆弱性的严重程度**：基于"如果脆弱性被威胁者利用，将对资产造成损害"的程度。

(2) **脆弱性的可利用程度**：基于"利用技术实现的难易程度、脆弱性的流行程度"。

在 GB/T 20984 的"风险要素关系"描述中给出了 IT 产品"脆弱性"概念与资产安全保护对策相关的关系(见图 2.8)。风险评估围绕着资产、威胁、风险、脆弱性和安全控制措施这些基本要素(图 2.8 中方框部分)展开，在对基本要素的评估过程中，需要充分考虑业务战略、资产价值、安全需求、安全事件、残余风险等与这些基本要素相关的各类属性(图 2.8 中椭圆部分)。图 2.8 中描述了风险要素及脆弱性属性之间存在的以下关系。

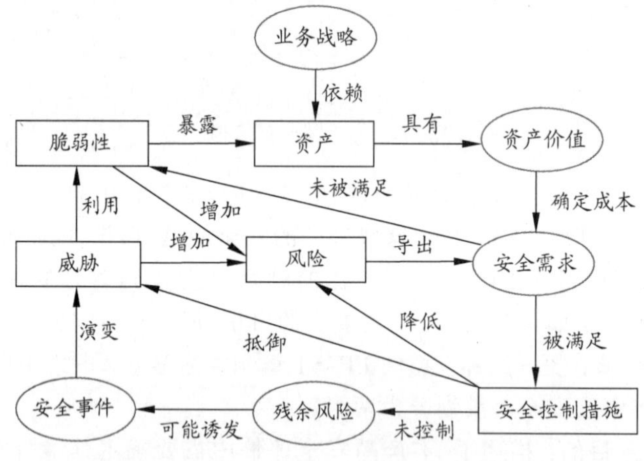

图 2.8 安全风险评估与资产保护

(1) 业务战略的实现对资产具有依赖性，依赖程度越高，要求其风险越小。

(2) 资产是有价值的，业务战略对资产的依赖程度越高，资产价值就越大。

(3) 风险是由威胁引发的，资产面临的威胁越多则风险越大，并可能演变成为安全事件。

(4) 脆弱性可能影响资产的价值，弱点越多则风险越大。

(5) 脆弱性是未被满足的安全需求，威胁利用脆弱性危害资产。

(6) 风险的存在及对风险的认识可导出安全需求。

(7) 安全需求可通过安全控制措施得以满足,需要结合资产价值考虑实施成本。

(8) 安全控制措施可抵御威胁,降低风险。

(9) 残余风险有些是安全控制措施不当或无效,需要加强才可控制的风险;而有些则是在综合考虑了安全成本与效益后不去控制的风险。

(10) 残余风险应受到密切监管,它可能会在将来诱发新的安全事件。

TOE脆弱性可能由IT产品研发期间的意外错误、糟糕的设计、故意添加的恶意代码、糟糕的测试、不合规的安全配置等多种因素引发。TOE的正确性评估一方面是对TOE的安全功能进行验证测试(独立性测试),同时也需要对这些脆弱性的"可利用程度"和"严重程度"进行测试(穿透性测试)。第三方测评机构一般需要基于某种评估准则对TOE安全功能的正确性和安全实现的可信性进行评估。

前面讲过,为保证评估结果的一致性、可重现性和IT产品的合格评定,CC提供了标准化的信息技术安全评估方法——CEM。CC建议TOE消费者、开发者和评估者在使用标准化CC安全组件表达TOE安全要求、描述TOE开发者安全方案和通过评估确认用户需求解决方案之前,首先要对TOE进行定义,明确IT产品保护的资产及其相关对策,之后才能对TOE实现的正确性进行安全评估。图2.9描述了CEM采用的TOE评估过程,安全评估活动的主要输入有以下三种。

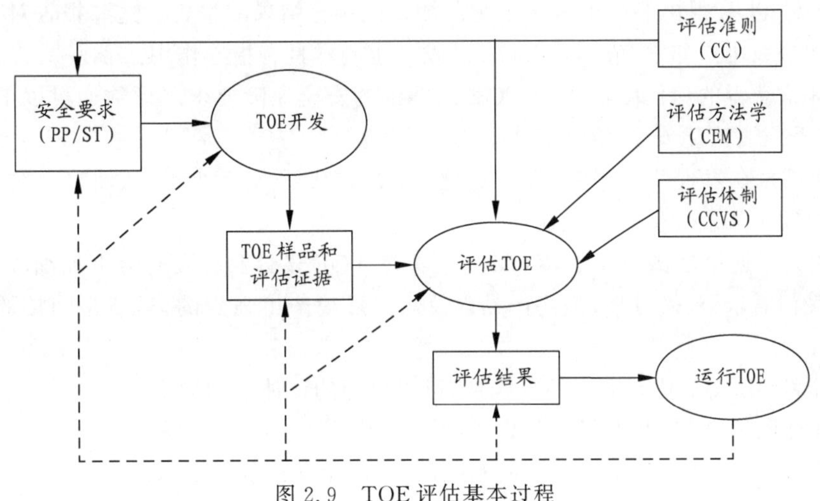

图2.9　TOE评估基本过程

(1) TOE开发者提供的一系列TOE评估证据。

(2) 需要评估的TOE样品,包括作为TOE评估基础的评估过的安全技术要求(即PP/ST)。

(3) CC及其评估方法(CC/CEM)、国家评估体制等。

从图2.9所示的IT产品安全评估过程看出,TOE安全评估涉及下列术语。

(1) **安全要求**:用CC安全组件及标准化结构陈述的安全技术要求,旨在达到TOE的安全问题、安全目的和安全要求的一致性,一般体现为PP/ST。

(2) **开发过程文档**:与TOE实现表示有关的IT产品生命周期阶段中相关技术文档及其开发过程控制文件等。

(3) **安全评估对象**：按照 TOE 消费者需求表达、TOE 开发者安全方案和供货商提供的 IT 产品，安全评估对象分为 4 类，PP、ST、TOE 以及组合 TOE。

(4) **安全评估证据**：TOE 开发者提供的待 PP、ST、TOE 以及组合 TOE 的 TOE 样品及各种评估交付件。

(5) **评估交付件**：TOE 评估者或监管者为执行一个或多个评估或评估监督活动所必需的，由 TOE 评估发起者或开发者提交的所有资源，包括安全要求、TOE 开发过程文档、评估 TOE 样品、TOE 评估证据等。

(6) **检查(Examine)评估活动**：评估者通过采用专业技能分析形成裁决。使用此动词的语句表明哪些是分析对象以及对象的哪些属性。

(7) **裁决(Verdict)评估活动**：评估者发布的关于评估者行为元素、保障组件或类是"通过""不通过"，还是"待定"的一项决定。

(8) **评估体制(Scheme)**：评估管理机构制定的一套规则，这套规则定义了 TOE 评估环境，包括 IT 安全评估所需的通用评估准则和评估方法。

另外，在 PP/ST 的说明性材料(例如 CC 和安全评估方法及其安全组件应用注释)和安全评估人员及安全评估机构的 IT 基础设施、安全评估技术与工具等安全专业知识也常用来作为 TOE 评估过程的输入。

IT 产品评估过程的预期结果是对 TOE 满足 ST 中安全要求的确认，其形式是评估者依据 CEM 对 TOE 得出的一个或多个记载测试或调查结果的报告。这些报告对 IT 产品的实际用户和潜在用户非常有用，对 TOE 开发者也同样具有指导作用。

通过评估获得的信任度依赖于 TOE 所达到的安全保障要求。评估通过以下两种途径促成 TOE 开发者产生安全的 IT 产品。

(1) 评估意在发现 TOE 错误或脆弱性，以便 TOE 开发者纠正，从而减少在 IT 产品未来的操作中安全失效发生的可能性。

(2) 或为了迎接严格的评估，TOE 开发者在 TOE 设计和开发时会更加细心。因此，评估过程对最初需求、开发过程、最终产品以及运行环境产生强烈的，虽然是间接的但又是积极的影响。

为确定 TOE 安全功能实现的正确性，可以执行的评估活动如下。

(1) 抽样测试 TOE 和通过自主设计的测试用例独立测试 TOE。

(2) 检查 TOE 的安全架构、各种设计和实现表示文档及其证据。

(3) 检查 TOE 开发环境的物理安全、过程安全和管理规程等。

PP/ST 以安全保障要求的形式提供了 TOE 生命周期过程中这些安全保障活动的结构化描述，以确定 TOE 在设计和开发过程中安全功能实现正确性的可信度。这些安全保障要求用 CC 标准化安全保障组件方式来表示，以保证 TOE 安全实现的正确性和可比性。

如果 TOE 满足了 PP/ST 中的安全要求，那么 CC 就假设 TOE 安全行为的正确性是可信的。换句话说，TOE 安全功能正确性的可信度由其保障级别确定："弱"的安全保障级别所能提供安全保障组件较少，而许多"强"的安全保障级别可提供更大的 TOE 安全可信保障。CC 第 3 部分按照 TOE 提供的保障强弱，将 TOE 的安全保障程度分为 7 个级别：EAL 1～EAL 7。TOE 评估保障级别越高，其安全保障能力或安全功能实现正确性的可信度就越高，TOE 就可对抗来自越高程度的安全威胁，同时也适用更高安全风险环境的应用。

基于 CEM 的 TOE 安全行为正确性评估输出主要有以下几种。

(1) **记录**：评估者记载程序、事件、观察结果、所了解事项和结果的书面描述。该描述需足够详细，以便评估过程中执行的工作能够重现。

(2) **裁决**：评估者发布的关于 CC 中一个评估者行为元素、保障组件或类是"通过""不通过"，还是"待定"的一项决定。

(3) **报告**：将评估结果和支持性材料纳入评估技术报告或观察报告。

(4) **观察报告**：在评估过程中评估者编写的要求澄清或标识一个问题的报告。

(5) **评估技术报告**：由评估者编写并呈交给监管者，以文档形式记录评估总体裁决及其理由的报告。

TOE 评估目的是确定 TOE 安全功能实现正确性和 TOE 安全功能实现的可信度，包括两个方面。

(1) **TOE 安全功能实现是否与 ST 中的安全功能规范要求一致**：依据 TOE 开发者提供的一系列评估证据(如分析、设计与测试文档)，由评估者一方按照 ST 功能要求对 TOE 的安全功能进行抽样测试或通过自主设计测试用例进行安全功能的验证，在仿真环境下完成 TOE 安全功能的符合性测试。所以 TOE 安全功能实现正确性评估一般也叫独立性测试评估和(或)安全功能要求的符合性测试评估。

(2) **TOE 安全功能实现正确的可信性是否与 ST 中的安全保障要求一致**：为了发现 TOE 在设计与实现中的缺陷或脆弱性，纠正 TOE 开发者相应的错误，减少 TOE 操作中安全失效发生的可能性，需要采用穿透性测试等脆弱性评定方法来评估 TOE 的安全性。所以 CEM 要求评估人员在仿真环境中模拟真实应用需求，测试 TOE 是否能抵御与安全保障级别相当的安全攻击，以确定该产品是否存在潜在的脆弱性。

TOE 安全评估应由国家评估体制认可的 CC 测试实验室负责完成，但评估结果的文档化，测评技术报告的编写及其细节把握应当由 CEM 及评估所遵循的国家评估体制共同确定。

TOE 评估过程产生的结果为下列两种情况之一。

(1) 并未满足所有安全保障要求(SAR)，因此，评估结果未达到 ST 中所述的 TOE 满足安全功能要求(SFR)的特定保障级别。

(2) 满足所有安全保障要求(SAR)，因此，评估结果达到了 ST 中所述的 TOE 满足安全功能要求(SFR)的特定保障级别。

注意 TOE 安全问题定义应详细描述安全要求的所有假设、预期的使用范围、要保护资产所面临的已知威胁及其 TOE 必须遵循的组织安全策略(OSP)，但需要注意的是 TOE 运行环境的设计和实现也可能不正确，因此可能包含导致脆弱性的错误，攻击者通过利用这些脆弱性，仍然可以破坏和(或)滥用 TOE 保护的资产。

TOE 运行环境的正确性评估就是 TOE 在未来运行过程中所处的 IT 环境满足 TOE 预期的安全要求，包括预期被使用的环境范围和特征，以及预期的使用方式等各种安全假设。然而，基于 CC 的 IT 产品安全评估是在 CC 测试实验室环境中完成的，无法保障 TOE 未来可获得有关运行环境的正确性假设。换句话说，在 CEM 中不包括 TOE 运行环境的评估内容，运行环境被假设为可以 100%地实现运行环境安全目的。就像前面说的，CC 所说的 TOE 评估一般不评估 TOE 运行环境的正确性。

这不排除 TOE 的消费者使用其他方法确定其运行环境的正确性，例如：

(1) 对于一个操作系统，运行环境安全目的声明"运行环境将确保来自不可信网络(如，Internet)的实体只能通过文件传输协议(FTP)访问TOE"，消费者可以选择一个经过评估的防火墙，配置它为仅允许通过FTP对TOE进行访问；

(2) 如果运行环境安全目的声明"运行环境将确保所有管理人员没有恶意行为"，TOE消费者可以调整其与管理人员的合同使其包括对恶意行为的惩罚性制裁，但这个不是CC规定的评估内容(评估范围)。

TOE评估可以在TOE开发完成之后进行，或者与TOE开发并行完成。

2.3.3 PP/ST/ACO 评估

除了上面描述的面向IT产品的TOE评估，CC/CEM还规范了PP、ST和ACO评估方法。CC第3部分描述了PP、ST和ACO的具体评估要求。图2.10示意了CEM中给出的PP/ST文档的评估流程，ST比PP多一个TOE概要规范评估步骤。注意CEM中的PP评估与其所声明的EAL(或保障要求的其他集合)没有关系，CEM中对PP评估和ACO评估的要求和方法对每个EAL级别都是相同的，但ST/TOE评估与其所声明的EAL级别有关。因此，在许多地方，CC"评估"(不限定)一般是指ST和TOE评估。

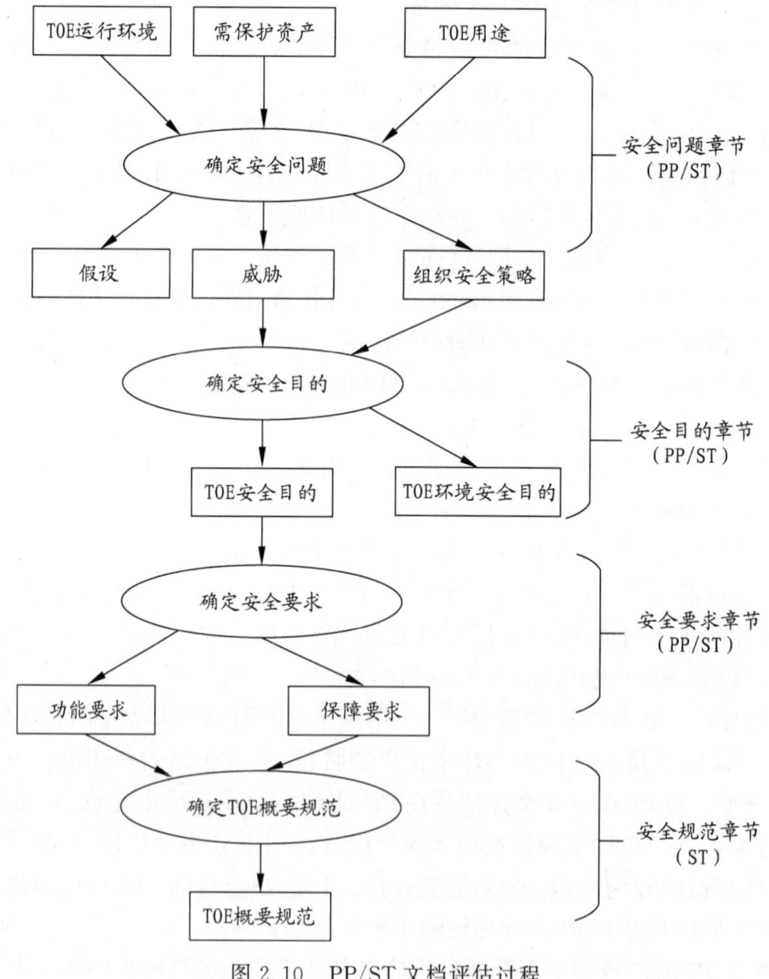

图2.10 PP/ST文档评估过程

GB/Z 30286—2013《信息安全技术 信息系统保护轮廓和信息系统安全目标产生指南》给出了 PP/ST 文档生成过程，分为如下几个步骤。

(1) 确定 TOE 涉及的关键资产、TOE 所处的运行环境和 TOE 的用途；关键资产就是要保护的内容，TOE 运行环境指与 TOE 安全性相关的 IT 运行环境的所有方面，包括已知的物理和人员的安全假设，TOE 用途说明产品类型和预期的 TOE 用法。

(2) 根据前述三者确定 TOE 安全问题，包括关键资产所面临的威胁、安全假设和需要遵从的组织安全策略，其中威胁是指 TOE 所受的潜在攻击，假设是指 TOE 职责不需要考虑的安全要求，组织安全策略是指一些约定好的安全规章制度和安全控制措施。

(3) 对确定的安全问题进行风险分析，确定哪些安全隐患比较严重，哪些安全问题不需要考虑，由此确定 TOE 需要解决的 TOE 安全目的及相关的环境安全目的。

(4) 由 TOE 安全目的导出 CC 中相应的标准化安全组件，即确定 TOE 所需要的安全功能组件和安全保障组件。

(5) 将安全功能组件和安全保障组件结合 TOE 实现的具体情况描述 ST 中的 TOE 概要规范(TSS)，由此完成 PP/ST 文档的编制。

CC 第 3 部分定义了 PP/ST 文档生成相关的保障要求(APE/ASE)，CEM 给出了这两类文档生成保障要求相应的评估活动(详见第 6 章)。

2.4 基本评估方法

为保证评估结果的客观性和可重复性，基于 CC/CEM 的 IT 产品安全评估必须满足以下 3 个基本条件。

(1) **评估准则**：CC 定义了一套标准的安全功能和安全保障组件，以便 IT 产品消费者和开发者分别表达安全要求(PP)和相应的安全方案(ST)时能使用相同的信息技术安全术语和文档结构。

(2) **评估方法**：与 CC 配套的 CEM 给出了用于 IT 安全评估的原则、程序和过程组成的安全评估体系，以使 TOE 开发者和评估者能够以一种评估结果可重现的方式准备安全评估的证据，并按照其建议的评估活动对 IT 产品进行安全评估。

(3) **国家评估体制**：参与 CCRA 的各国评估管理机构制定了一套规则定义 IT 安全评估环境，包括 IT 安全评估认证所需的规范和方法。

IT 产品消费者和开发者依照 CC 第 1 部分附录 B 和附录 A 分别去编制评估对象的保护轮廓和安全目标，这样 TOE 评估者依据 ISO/IEC 18045 的要求去准备 IT 产品测试、评估和认证相关证据与文档材料，CC 测试实验室依照 ISO/IEC 18045 评估活动及其工作单元对 IT 产品进行测试和分析，并将评估技术报告依照国家评估体制规定的认证体系提交给相关的监管机构进行认证。CEM 中并没有给出评估证据与文档材料的方法、技术和规范，也未指出在安全评估过程中使用的具体测试方法、技术和规范，因此，需要 TOE 开发者和评估者按照国家评估体制，结合软件工程方法、安全功能测试要求和安全保障评估活动要求为评估准备相应的评估证据、搭建 IT 产品安全评估所需的测试环境，并在遵循 CEM 相关的原则与规范指导下完成 TOE 的安全评估证据准备和安全测试和认证工作。最后 TOE

评估结果就可按照国家评估体制建立的认证制度进行认证。

2.4.1 开发者评估准备

CEM给出了IT产品安全评估所需的TOE安全保障所需材料：开发证据、生命周期证据、测试证据、脆弱性评定证据和指导文档证据。在TOE安全评估实施前，TOE开发者除了按照GB/Z 20283《信息安全技术 保护轮廓和安全目标产生指南》编制ST外，还应该按照CEM及相关的国家评估体制，ST中的安全功能组件和保障组件要求等，TOE开发者为TOE评估者准备TOE安全评估所需的相关评估证据材料。

按照CEM的安全保障组件评估活动，TOE开发者为评估者提供下列评估材料。

（1）操作指南。

（2）准备程序。

（3）配置管理能力。

（4）配置管理范围。

（5）产品交付。

（6）开发安全。

（7）缺陷纠正。

（8）生命周期定义。

（9）工具与技术。

（10）测试覆盖度。

（11）测试深度。

（12）功能测试等。

TOE开发者决定请CC测试实验室对一个IT产品做安全评估之前，首先需要基于该TOE用户的安全问题形成安全要求描述，然后针对这些安全要求，确定评估范围和TOE的安全功能，形成用于CC测试实验室对TOE样品进行安全评估依据的ST。换句话说TOE开发者首先应该按照CC编制针对安全要求（在PP中描述）的安全方案（在ST中描述）。在此基础上，为保证安全评估的有效实施，TOE开发者应按照CEM提交TOE的研发过程（即生命周期）、产品开发（产品设计与实现）、产品测试以及产品交付等方面评估所需的证据材料，以便TOE评估者审核TOE开发者的安全保障措施是否符合了CC相应的保障级别要求。

当然在评估证据编制过程中，TOE开发者使用软件工程相关的开发技术在准备评估证据过程中需要具备一些评估证据开发技巧。工业界（例如ICCC会议）和学术界已经在安全评估证据开发方面总结了评估证据编制过程中的各种技巧，TOE开发者应该按照相关的国家评估体制，结合软件工程方法、安全功能符合性测试要求和CC保障组件要求，编制相应的TOE安全评估的各种证据材料。

为此TOE开发者应该熟悉CC/CEM及评估证据的准备程序。基于CC/CEM的安全评估过程就像一种旅行，它需要准备行动指南推动你朝向目的地前行。这样TOE开发者就能知道在CC评估过程中处于什么阶段、下一步应该准备那些评估证据，以及怎么保证TOE最终通过CC测试实验室的安全评估，获得相应的认证证书。换句话说每一个评估证据开发团队都应该知道完成一个基于CC标准的TOE评估需要哪些步骤以及在每个步骤相关评估活动中的责任和义务。

2.4.2 评估者测评

CEM为IT产品的安全评估提供了一个标准化的规程及其相关活动和工作单元，据此，一个IT产品就可由独立被授权的、可信的CC测试实验室按照CEM规定的原则来验证其是否满足安全要求。评估的结果可帮助IT产品购买者确定该TOE对他们所预期的应用来讲是否足够安全，以及在使用中所存在的安全风险是否是可以忍受的。

CC测试实验室依据IT产品评估发起人提供的ST和各种评估证据对TOE样品进行独立性测试和穿透性(渗透性)测试。独立性测试需要CC测试实验室按照ST的安全功能组件要求编制独立于TOE开发者提供的TOE安全功能(TSF)测试用例，并对被测TOE在仿真环境(实验室环境)中进行功能验证测试，通过对TOE开发者提供的安全功能评估证据的抽样测试，完成对TOE的安全功能验证测试。穿透性测试则关注TOE在设计或实现上的潜在缺陷或弱点，这些缺陷或弱点可能破坏TOE正确实施安全功能的安全行为。也就是说，穿透性测试一般由具备专业知识和相关经验的评估者，采用专业化工具才能进行。

CEM推荐采用穿透性测试方法对IT产品的安全性进行分析和测试，即安全评估人员在ST规定的测试范围(例如对外接口、不同组件和IT系统交互等方面)利用各种手段对TOE的安全架构设计、安全实现机制等，通过模拟恶意黑客的攻击方法进行安全攻击测试，以期发现和挖掘TOE中潜在的脆弱性或漏洞，然后输出安全评估技术报告，并提交给TOE所有者或安全认证机构进行确认，以便IT产品开发者纠正TOE相应的错误。

采用独立性测试技术和穿透性测试技术，评估者可按照CEM要求完成TOE的安全测试和分析，最终编制出TOE的测试技术报告。独立性测试目标是确认ST中的TSF实现是完整的和正确的，穿透性测试目标是确认ST中的TSF设计和实现是安全的。因此，CC测试实验室的TOE安全评估分为以下两方面测试。

(1) **TOE安全功能的符合性测试**：TOE安全功能实现的完整性和正确性测试一般通过安全性分析与独立性测试技术来实现，即依据TOE开发者提供一系列评估证据(如分析、设计与测试文档)，由评估者一方按照ST中的安全功能要求对IT产品开发者提供的TOE证据材料进行分析，并按照评估保障级别的不同对TOE的安全功能进行抽样测试，或自主设计相应的测试用例进行测试，在仿真环境下独立地完成安全功能测试和分析，并依据测试结果数据对TOE安全功能进行符合性判断。

(2) **TOE脆弱性分析和穿透性测试**：安全保障要求评估者发现TOE在设计与实现中的缺陷或脆弱性，以便IT产品开发者纠正TOE相应的错误，从而减少在以后TOE操作中安全失效发生的可能性。针对ST中的安全保障要求，CEM分别列出了适用于EAL 1～EAL 5安全保障组件的评估活动及其工作单元，并通过脆弱性评定保障组件来要求评估者采用穿透性(渗透性)测试方法(注：在CC v3.1之前，只对保障级别EAL 2以上的TOE安全保障要求采用此方法)来评估TOE的安全性，即在模拟真实应用环境下，测试TOE是否能抵御各种不同等级的安全攻击，以确定该TOE是否存在潜在的安全脆弱性或安全漏洞。

一旦CC测试实验室认为参与评估的IT产品与TOE开发者所提供的ST安全要求声明一致，CC测试实验室将生成包括观察报告(OR)、评估技术报告(ETR)等评估结果，CC测试实验室主导的TOE评估过程就此完成。在此基础上，观察报告、评估技术报告等评估结果将被提交到国家评估体制中的认证机构进行审查，认证机构需要对CC测试实验室提交的IT产品评估结果是否符合相关安全技术要求开展各种合格评定活动。

不同国家评估机构建立了IT产品的安全认证规章制度和框架，以达到安全评估结果相互认可的目标。为使不同CC测试实验室的IT产品安全评估结果具有更好的可比性，CC测试实验室必须按照CEM对TOE进行测试和分析，以确保评估结果的可重复性和客观性。但是仅靠CEM本身是不充分的。IT产品的许多评估活动需要使用专业的背景知识进行判断，而这些更难达到一致。为了增强IT产品安全评估结论的一致性，CC测试实验室最终的评估结果可能提交给各个国家的认证机构来处理。认证机构对评估结果进行独立审查，并产生最终的认证证书，这可以保证评估结果的一致性。

2.5 本章小结

CC(ISO/IEC 15408)和CEM(ISO/IEC 18045)是CC框架下IT产品安全评估的两个主要标准文档，其提供的信息技术安全评估术语和信息技术安全评估方法为描述IT产品安全要求、设计IT产品安全方案和分析比较不同CC测试实验室的评估结果提供了标准规范。CC/CEM广泛使用术语"IT产品"来指代单一的硬件、软件和固件形式的产品，或者被配置为一个由多个IT产品部件所构成的集成产品。注意IT产品相关的管理过程安全、物理安全以及人员安全不在CC/CEM安全评估考虑的范围内。

CC第1部分引入了4个关键概念：PP、ST、TOE和包。PP用于描述，与实现技术与机制相独立的一类IT产品安全要求描述的标准化结构，而ST描述与安全技术与机制实现相依赖的某个具体IT产品安全要求描述的标准化结构。PP/ST中的TOE可以是组件集合(包)、综合的或单一的IT产品(组合TOE或TOE)。CC第2部分是IT产品安全功能要求(SFR)描述的一个标准化的安全功能分类文档。CC第3部分是IT产品安全保障要求(SAR)描述的一个标准化的安全保障措施分类文档。SAR定义了评估PP、ST和TOE以及安全保障活动、TOE开发者和评估者职责相关的要求。另外，CC第3部分还预定义了7个级别的安全保障级别(EAL)包。在CC中，SFR和SAR被组织为一个类、族、组件和元素的层次结构，CC给出了一个标准化记法，用来标识安全功能和安全保障相关的类、族、组件和元素。

CEM提供了评估者如何应用和解释SAR和他们的开发者行为、内容和表示准则以及评估者行为的具体指南，以使IT产品的安全评估结果是一致的和可重复的。CEM中定义的PP、ST、ACO及EAL1～EAL5相关保障组件的评估活动、子活动、行为和工作单元，所有这些概念都可联系到CC第3部分的安全保障类、族、组件等相关概念。

接下来将在第3章详细讨论CC功能要求组件和保障要求组件；第4章和第5章将阐述TOE消费者和TOE开发者如何在一个PP/ST的编制中说明安全功能和保障要求的具体应用；第6章将讨论TOE评估者如何验证和评估第4章和第5章编制的PP/ST；最后两章介绍TOE开发者如何准备评估所需的证据材料和TOE评估者所采用的测试方法和技术。

2.6 问题讨论

1. 简述 CC 适用范围，指出 CC 未覆盖的安全评估内容。

2. 概述在哪些安全评估情况下并不需要使用 CC，指出不适合 CC 应用的场景。

3. 早期版本的 CC 不区分 IT 产品和 IT 系统评估，但从 CC 3.1 版本开始，CC 主要是面向 IT 产品安全评估的，你能解释原因吗？

4. 简述 CC 主要文档及它们之间的关系，描述 CC 3 部分文档的内容及其用途。

5. 查阅 CC 项目组织最新的 CC 版本及现有 ISO/IEC 15408 和 ISO/IEC 18045 版本，比较分析它们之间的差异性。

6. 简述 CC 第 1 部分的主要内容，举例描述 CC 允许的安全组件 4 种元素的操作。

7. 概述 PP、ST、TOE、功能要求和保障要求的包、类、族、组件等 CC 基本概念。

8. 简述 CC 和 PP、PP 和 ST 之间的关系。

9. 简述 TOE 和 PP/ST 之间的关系。

10. 概述资产类型及资产识别的基本步骤。

11. 概述 CC 对资产的保护对策。

12. 概述脆弱性、威胁和漏洞利用基本概念及其相互关系。

13. TOE 安全功能的正确性和 TOE 运行环境安全的正确性有何不同？CC 覆盖哪些正确性测试？

14. 简述 TOE 安全评估输出内容。

15. 简述 PP/ST 评估的基本过程与异同点。

16. 什么是 IT 产品的安全评估？安全评估涉及哪些测试技术？

17. 指出基于 CC 的 IT 产品安全评估的 3 个基本条件。

18. 简述 TOE 安全评估证据概念，列出 TOE 开发者应准备的证据材料。

19. 简述 TOE 安全功能测试和 TOE 安全性测试的异同。

20. 简述 TOE 安全评估和认证之间的关系。

第3章　安全功能组件和安全保障组件

由第2章可知,CC提供了一套描述IT产品安全评估的标准化技术术语及预定义的安全功能组件和安全保障组件列表,可用于规范性地描述IT产品的安全要求及安全方案,并规范TOE安全评估过程和方法,指导IT产品供应商的安全功能设计、开发、测试和产业化推广等。

为理解IT产品客户需求(即PP)和IT产品供应商解决方案(ST)的编制方法,便于按CEM对IT产品实施评估活动,有必要掌握CC中安全功能组件和安全保障组件结构,理解CEM中基于CC的IT产品安全评估模型及安全保障组件的评估活动内容。

本章将围绕GB/T 18336—2015第2部分和第3部分文档,对CC安全功能组件和安全保障组件进行解读,具体内容包括以下两个部分。

(1) GB/T 18336.2—2015(简称CC第2部分):解释安全功能要求范型、安全功能组件层次关系、11种安全功能类相关的族及其组件列表。

(2) GB/T 18336.3—2015(简称CC第3部分):解释安全保障概念、保障组件层次关系、PP、ST和TOE安全保障族及其组件列表,包括预定义的安全保障包(EAL)。

3.1　安全功能组件

CC第2部分给出了描述IT产品安全功能要求(SFR)的一个标准化安全功能组件目录。这个标准化安全功能组件列表用于以下用途。

(1) 在PP/ST中描述TOE预期的安全行为。

(2) 满足PP/ST中所列TOE的安全目的。

(3) 规范用户通过TOE直接交付或促使TOE响应用户请求的可测试安全功能。

(4) 应对在TOE预期运行环境中的各种威胁。

(5) 覆盖在PP/ST中所有指定的组织安全策略。

3.1.1　功能组件结构

CC第2部分的安全功能组件可用于规范TOE的安全功能要求(SFR)。这些SFR可定义多个安全功能策略(SFP),以表达TOE必须执行的安全规则。每个这样的SFP必须通过定义主体、客体、资源或信息,及其适用的操作,来明确说明该安全功能策略的控制范围。IT产品的所有SFP均由TOE安全功能(TSF)实现,即TSF机制执行SFR中定义的规则并提供必要的TSF自身安全保护能力。

CC将IT产品的安全功能组织为一个分层功能结构(如图3.1所示)。

(1) 类:由族组成。

(2) 族:由组件组成。

(3) 组件:由元素组成。

(4) 元素：一个不可分割的基本功能要求。

GB/T 18336—2015 第 2 部分共列出了 11 个类、65 个族和 136 个安全功能组件。类、族、组件和元素间的层次关系如图 3.1 所示。组件由元素组成，构成了不能再分的最小安全要求集合，它是 PP、ST、TOE 或包安全功能要求选择的最小单位。在 CC 中，以“类_族.组件号”的方式标识组件，例如组件“FDP_DAU.1 基本数据鉴别”，其中 FDP 指“用户数据保护”功能类，DAU 指“数据鉴别”族。

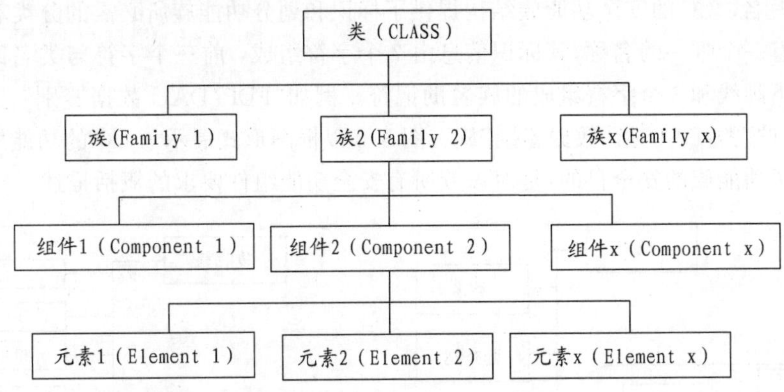

图 3.1　安全功能类、族、组件和元素的层次关系

CC 中的安全功能类是用来描述一组共享共同关注点的安全要求集合。换句话说，类中所有族成员及其安全功能组件关注共同的安全目的。CC 中的功能类安全目的是可知的，并且有一个结构化表格来描述组成类的族成员。表 3.1 列出了 CC 中 11 个安全功能类及其安全目的，其中前 7 个安全功能类与 IT 产品用户紧密相关，而后 4 个安全功能类是为确保 IT 产品自身安全的安全功能模块设置的。因此后 4 个安全功能类用于对 TOE 安全功能(TSF)模块自身安全性进行保证。CC 给每个功能类都赋予一个长名和一个以 F 开头的 3 个字母的助记符短名标识。

表 3.1　安全功能类

短　名	长　名	安全目的
FAU	安全审计	监控、获取、记录、存储、分析和报告与安全事件有关的信息
FCO	通信	确认信息传送的原发者身份和接收者身份，并确保原发者不能否认发送过信息，接收者也不能否认收到过信息
FCS	密码支持	管理和控制密钥及密钥在运算过程中的使用安全
FDP	用户数据保护	保护在输入、输出和存储过程中的 TOE 内部的用户数据，以及与用户数据直接相关的安全属性数据
FIA	标识和鉴别	确保授权用户的无歧义标识以及安全属性与用户/主体的正确绑定
FMT	安全管理	管理安全属性、数据和安全功能，并定义安全角色及其相互作用，如权限分离原则
FPR	隐私	提供用户信息不被其他用户发现或滥用的保护
FPT	TSF 保护	维护 TSF 管理功能及其数据的完整性
FRU	资源利用	通过容错和服务优先等机制确保所需资源的可用性
FTA	TOE 访问	控制建立用户会话
FTP	可信路径/信道	提供用户和 TSF 之间，以及 TSF 和其他可信 IT 产品之间的可信通信路径

图 3.2 展示了 CC 安全功能类的结构，每个类包括类名、类介绍和一个或多个族成员。

注意，11 个安全功能类彼此之间是并列关系，类之间不存在层次关系。因此，在 CC 第 2 部分定义的功能类是按照类的助记符短名字母进行排序的。

从图 3.2 安全功能类结构示意图可看出，类的成员是功能族。族是用来陈述一组共享安全目的但是安全关注点或安全精确度不一样的安全功能组件。在 CC 第 2 部分中，每个功能族都在类名下面被分配了一个方便记忆的 3 个字母的助记符，它和类助记符共同构成一个功能族短名。CC 的安全功能族结构提供了标识和划分功能族所必需的分类和描述信息。每个功能族有一个唯一的名称，其标识信息由 7 个字符组成：前三个字符与类名助记符相同，后面跟一个下画线和 3 个字符组成的族名助记符。例如“FDP_DAU 数据鉴别”，其中 FDP 指“用户数据保护”类，DAU 指“数据鉴别”族。图 3.3 以框图形式展示了 CC 的功能族结构，其中族行为描述了功能族的安全目的，是对该族所有安全功能组件要求的概括描述。

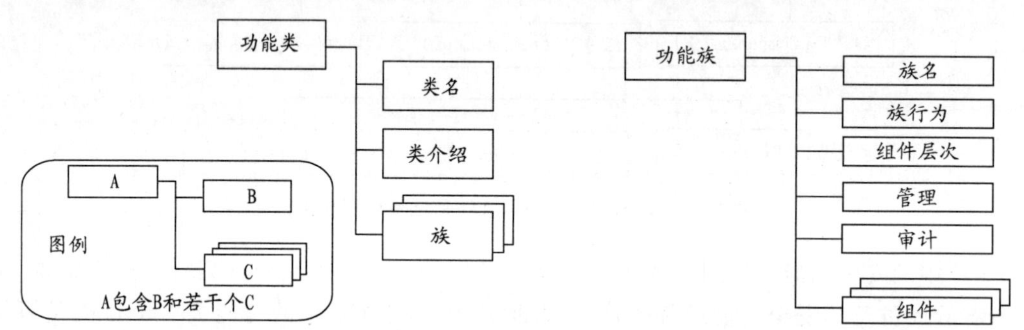

图 3.2　安全功能类结构示意

图 3.3　安全功能族结构示意

图 3.3 族结构中的“族行为”部分描述可用的组件以及使用这些组件的基本原理(及组件满足的安全目的)。如果一个族成员(组件)存在层次关系或顺序，换句话说如果一个组件相对另一个组件提供更多的安全功能或安全保障能力，那么“组件层次”部分描述这些组件之间的层次关系，即一个组件相对另一个组件来说包含了更高级别的安全功能。有关操作安全管理活动和会被审计的安全事件建议在“管理”部分描述。如果 PP/ST 中包含来自 FAU 类“安全审计”中的要求，功能族中的“审计”部分包含了可供 PP/ST 作者选择的有关该安全功能组件的可审计事件。

图 3.3 的“组件”是一组安全要求的特殊集合，它由一系列元素构建而成。组件中的元素是一个不可分割的安全要求，它可通过第 6 章介绍的 CEM 中某个安全评估工作单元来验证。

每个组件都有一个有意义的长名，用以识别和描述该组件安全要求。CC 第 2 部分给每个安全功能组件分配了一个包含了类助记符、族助记符和一个唯一的数字组成的短名。组件短名的标记结构如图 3.4 所示，每个组件可由一个或多个元素组成，每个功能元素名都有一个唯一的简化形式。图 3.4 以 FDP_IFF.4.2 组件元素为例列出了 CC 中的安全功能类、族、组件和元素的符号记法，各项意义为：F——功能要求；DP——“用户数据保护”类；_IFF——“信息流控制功能”族；.4——第 4 个组件；名为“部分消除非法信息流”；.2——该组件的第 2 个元素。如果一个组件有不止一个元素，那么在 PP/ST 编制中它们全部都要被使用，否则就必须为该 PP/ST 定义一个满足特定要求的扩展组件。

图 3.5 展示了 CC 第 2 部分的安全功能组件的结构。“组件标识”部分提供识别、分类、注册和交叉引用组件所必需的描述性信息。“依赖关系”列表提供了一个对其他功能和保障组件依赖关系的完整列表。所依赖的组件又可能依赖其他组件。组件依赖关系中提供的组件列表是直接的依赖关系，这只是为该功能要求能正确实现其功能提供参考。间接依赖关系，也就是由所依赖组件产生的依赖关系。功能组件依赖关系可参见 CC 第 2 部分的附录。注意有些组件可能列出“无依赖关系”。“功能元素”是该组件的一个安全功能要求，是一个再进一步划分将不会产生有意义评估结果的组件元素。因此组件元素是 CC 中标识和认可的最小安全功能要求，当构建包、PP/ST、TOE 安全要求时，CC 不允许 TOE 消费者和开发者从一个组件中只选择一个或几个组件元素，必须将组件的所有元素包含在 PP、ST、TOE 或包中。

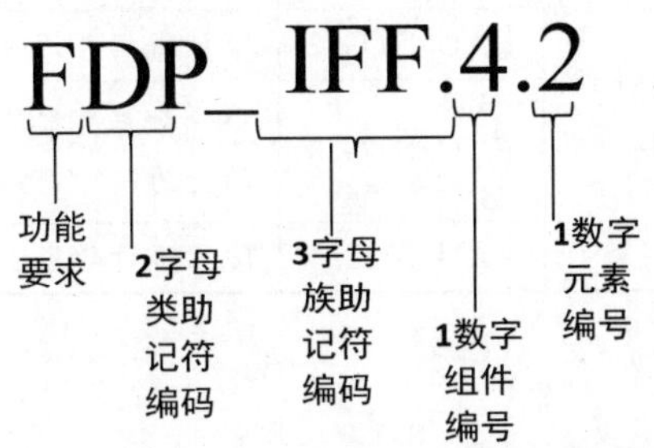

图 3.4　功能类、族、组件和元素的标准符号记法

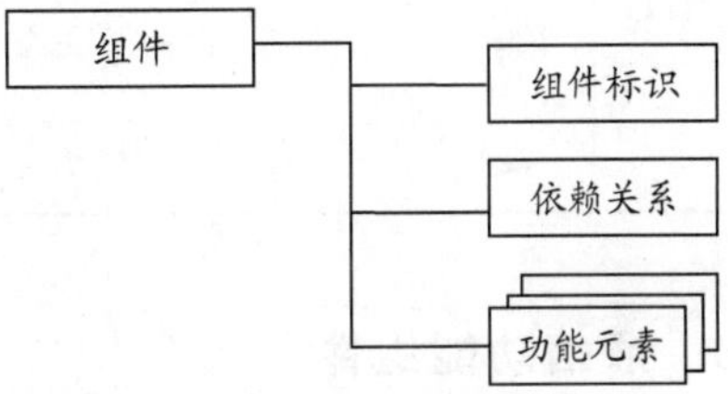

图 3.5　安全功能组件结构

用户可用 CC 第 2 部分的 11 个功能类描述 IT 产品常见的安全功能要求。当 PP/ST 编制人员选择安全功能组件去构建 TOE 的安全要求时，首先需确定合适的功能类。表 3.2～表 3.12 按照功能类列出了 CC 第 2 部分定义的 11 种安全功能类相关的族及其组件列表。

3.1.2　安全审计功能组件

CC 第 2 部分讨论的第一个安全功能类是安全审计(FAU)。该类由定义如何选择审计事件、产生审计数据、查阅和分析审计数据、对安全事件自动响应以及存储和保护审计数据等方面要求的功能族组成(如表 3.2 所示)。FAU 族和组件的多样化为 TSF 描述提供了全方位的安全审计要求，提供了识别、记录、存储和分析那些与 TOE 安全行为有关事件的信息。另外，FAU 族和组件也给出可用来对抗针对安全审计功能攻击的一些方式——权限误用以及绕过审计功能来阻止审计事件的获取等安全要求。

表 3.2　FAU 功能类：安全审计

族标识	族名称	功能描述	包含组件	组件名称
FAU_ARP	安全审计自动响应	定义在检测到潜在安全侵害事件时所作出的动作	FAU_ARP.1	安全告警
FAU_GEN	安全审计数据产生	定义需要记录的安全相关事件	FAU_GEN.1	审计数据产生
			FAU_GEN.2	用户身份关联
FAU_SAA	安全审计分析	定义安全事件的自动化分析要求	FAU_SAA.1	潜在侵害分析
			FAU_SAA.2	基于轮廓的异常检测
			FAU_SAA.3	简单攻击探测
			FAU_SAA.4	复杂攻击探测

续表

族 标 识	族 名 称	功能描述	包含组件	组件名称
FAU_SAR	安全审计查阅	定义审计工具的相关要求	FAU_SAR.1	审计查阅
			FAU_SAR.2	限制审计查阅
			FAU_SAR.3	可选审计查阅
FAU_SEL	安全审计事件选择	定义在TOE运行期间从所有审计事件集合中选取被审计事件的要求	FAU_SEL.1	选择性审计
FAU_STG	安全审计事件存储	定义一些TSF能够创建并维护一个安全审计迹的要求	FAU_STG.1	受保护的审计迹存储
			FAU_STG.2	审计数据可用性保证
			FAU_STG.3	审计数据可能丢失时的行为
			FAU_STG.4	防止审计数据丢失

3.1.3 通信功能组件

CC 第 2 部分讨论的第二个安全功能类是通信(FCO)。如类名所示的那样，FCO 安全功能从属于信息传输，特别关注如何确认在数据交换中参与方的身份、确认信息传输的原发者身份(原发证明)和信息传输的接收者身份(接收证明)。通信类有两个族用来确保原发者不能否认发送过信息，接收者也不能否认收到过信息。FCO 安全功能类提供了两个族，原发抗抵赖(FCO_NRO)和接收抗抵赖(FCO_NRR)，相关组件如表 3.3 所示，FCO 族尤其关注这些安全功能凭据的生成。

表 3.3 FCO 功能类：通信

族 标 识	族 名 称	功能描述	包含组件	组件名称
FCO_NRO	原发抗抵赖	信息的发送者提供请求信息原发证据	FCO_NRO.1	选择性原发证明
			FCO_NRO.2	强制性原发证明
FCO_NRR	接收抗抵赖	信息的接收者提供请求信息接收证据	FCO_NRR.1	选择性接收证明
			FCO_NRR.2	强制性接收证明

3.1.4 密码支持功能组件

密码支持(FCS)类是 CC 第 2 部分第三个被讨论的安全功能类。该类应用于 IT 产品的密码模块(硬件、软件和固件)的数据加密。如 2.1 节所说，CC 并不声明哪些加密算法或密钥长度是可被接受的。取而代之的是，FCS 类关注 TOE 的数据加解密操作和密钥管理——换句话说就是 TOE 加密功能的安全使用技术要求。每当需要使用生成或验证数字签名、加密或解密数据等安全功能时，就需要调用 FCS 组件和元素。同样地，FCS 组件和元素也被调用来指定 TOE 整个生命周期内的密钥管理活动，如密钥生成、分发、存取、销毁和运算(如表 3.4 所示)。

表 3.4　FCS 功能类：密码支持

族标识	族名称	功能描述	包含组件	组件名称
FCS_CKM	密钥管理	指定整个生命周期内的密钥管理活动	FCS_CKM.1	密钥生成
			FCS_CKM.2	密钥分发
			FCS_CKM.3	密钥存取
			FCS_CKM.4	密钥销毁
FCS_COP	密码运算	按照特定的算法和规定长度的密钥来进行运算	FCS_COP.1	密码运算

3.1.5　用户数据保护功能组件

用户数据保护(FDP)定义了 TOE 保护用户数据的各种安全要求。这些要求通过 4 组功能族(如表 3.5 所示)来描述在输入、输出和存储过程中的 TOE 内部用户数据保护,以及与用户数据保护直接相关的安全属性。

表 3.5　FDP 功能类：用户数据保护

族标识	族名称	功能描述	包含组件	组件名称
FDP_ACC	访问控制策略	定义访问控制策略及每一策略的控制范围	FDP_ACC.1	子集访问控制
			FDP_ACC.2	完全访问控制
FDP_ACF	访问控制功能	描述在 FDP_ACC"访问控制策略"中所命名的访问控制实现	FDP_ACF.1	基于安全属性的访问控制
FDP_DAU	数据鉴别	提供保证特定数据有效性信息	FDP_DAU.1	基本数据鉴别
			FDP_DAU.2	带担保者身份的数据鉴别
FDP_ETC	从 TOE 输出	定义从 TOE 输出用户数据或与所输出用户数据与安全属性之间的安全限制	FDP_ETC.1	不带安全属性的用户数据输出
			FDP_ETC.2	带有安全属性的用户数据输出
FDP_IFC	信息流控制策略	定义信息流控制策略及每一策略的控制范围	FDP_IFC.1	子集信息流控制
			FDP_IFC.2	完全信息流控制
FDP_IFF	信息流控制功能	描述实现已信息流控制 SFP 的特定功能的一些规则	FDP_IFF.1	简单安全属性
			FDP_IFF.2	分级安全属性
			FDP_IFF.3	受限的非法信息流
			FDP_IFF.4	部分消除非法信息流
			FDP_IFF.5	无非法信息流
			FDP_IFF.6	非法信息流监视
FDP_ITC	从 TOE 之外输入	定义从 TOE 输入用户数据或与所输入用户数据与安全属性之间的安全限制	FDP_ITC.1	不带安全属性的用户数据输入
			FDP_ITC.2	带安全属性的用户数据输入
FDP_ITT	TOE 内部传输	定义用户数据通过内部信道在 TOE 各部分之间传输时的用户数据保护要求	FDP_ITT.1	基本内部传输保护
			FDP_ITT.2	按属性分隔传输
			FDP_ITT.3	完整性监视
			FDP_ITT.4	基于属性的完整性监视

续表

族标识	族名称	功能描述	包含组件	组件名称
FDP_RIP	残余信息保护	确保当资源从一个客体释放并重新分配给另一个客体时，其中的任何数据都不可用	FDP_RIP.1	子集残余信息保护
			FDP_RIP.2	完全残余信息保护
FDP_ROL	回退	撤销最后一次或一系列操作，并返回到一个先前已知的状态	FDP_ROL.1	基本回退
			FDP_ROL.2	高级回退
FDP_SDI	存储数据的完整性	对存储在由TSF控制的载体内的用户数据进行保护	FDP_SDI.1	存储数据的完整性监视
			FDP_SDI.2	存储数据完整性监视和行动
FDP_UCT	TSF间用户数据保密性传输保护	确保用户数据通过外部信道在TOE和其他可信IT产品间传输时用户数据保密性	FDP_UCT.1	基本的数据交换保密性
FDP_UIT	TSF间用户数据完整性传输保护	用户数据在TOE和其他可信IT产品间传输时提供完整性保护	FDP_UIT.1	数据交换的完整性
			FDP_UIT.2	原发端数据交换恢复
			FDP_UIT.3	接收端数据交换恢复

本类中的4组功能族如下。

(1) 用户数据安全保护策略，包括访问控制策略(FDP_ACC)和信息流控制策略(FDP_IFC)功能组件，以允许PP/ST作者命名用户数据保护安全功能策略，并定义该安全策略的控制范围，这对于说明安全目的是必要的。

(2) 在不同类型的在线事务中保护用户数据完整性和一致性的安全功能，包括访问控制功能(FDP_ACF)、信息流控制功能(FDP_IFF)、TOE内部传送(FDP_ITT)、残余信息保护(FDP_RIP)、回退(FDP_ROL)和存储数据的完整性(FDP_SDI)等用户数据保护形式功能组件。

(3) 在脱机事务中的用户数据保护功能，如离线导入(FDP_ITC)、导出(FDP_ETC)、数据鉴别(FDP_DAU)等数据转储安全功能。

(4) 负责处理TSF与其他可信IT产品间的通信中的用户数据完整性和一致性的安全功能，如TSF间用户数据保密性传送保护(FDP_UCT)和TSF间用户数据完整性传送保护(FDP_UIT)。

3.1.6 用户标识与鉴别功能组件

CC第2部分讨论的第五个安全功能类是用户标识与鉴别(FIA)。正如名称预期，该安全功能类定义了执行和管理用户身份鉴别和认证功能的要求。授权用户的明确标识以及安全属性与用户和主体的正确绑定是实施预定安全策略的关键。本类中的安全功能族负责确认和验证使用TOE的用户身份、确认他们与TOE交互的权限、以及每个授权用户安全属性的正确绑定。CC中的其他安全功能类(如FDP“用户数据保护”、FAU“安全审计”)要求的有效性都是建立在对用户身份的正确标识和鉴别基础上的(如表3.6所示)。用户标识与鉴别确保潜在用户的正确身份都是确定的,无论是认证的或非认证的。用户认证确保用户的声明身份都是被验证的。相对于TOE,每个认证用户的访问控制能力及其授予的权限都应该是确定的。另外,用户认证都应该遵循一定的安全策略,例如在认证失败达到指定次数后TOE要采取的行为也应是定义的。

表3.6　FIA功能类:标识和鉴别

族标识	族名称	功能描述	包含组件	组件名称
FIA_AFL	鉴别失败	定义不成功的鉴别尝试次数和鉴别尝试失败时TSF应采取的动作	FIA_AFL.1	鉴别失败处理
FIA_ATD	用户属性定义	定义用户相关的安全属性	FIA_ATD.1	用户属性定义
FIA_SOS	秘密的规范	定义生成和提供秘密应满足规定的质量度量及度量机制	FIA_SOS.1	秘密的验证
			FIA_SOS.2	TSF生成秘密
FIA_UAU	用户鉴别	定义TSF所支持的用户鉴别机制的类型	FIA_UAU.1	鉴别的时机
			FIA_UAU.2	任何动作前的用户鉴别
			FIA_UAU.3	不可伪造的鉴别
			FIA_UAU.4	一次性鉴别机制
			FIA_UAU.5	多重鉴别机制
			FIA_UAU.6	重鉴别
			FIA_UAU.7	受保护的鉴别反馈
FIA_UID	用户标识	定义用户标识其身份的条件	FIA_UID.1	标识的时机
			FIA_UID.2	任何动作前的用户标识
FIA_USB	用户-主体绑定	定义建立和维护用户安全属性与代表该用户主体间关联关系的要求	FIA_USB.1	用户-主体绑定

3.1.7　安全管理功能组件

安全管理(FMT)类指定了管理TOE安全功能和它们的属性和数据的要求,包括建立、撤销和终结安全属性的条件(如表3.7所示)。FMT要求TOE安全功能被调用以及被谁调用等管理规则应是确定的。安全管理人员职责分离和责任,以及安全管理人员与其他操作人员的职责和责任分享规则等也应是建立的。安全管理类主要有以下几个目的。

(1) 管理TSF数据。

(2) 管理安全属性。

(3) 管理TSF功能。

(4) 定义安全角色。

表 3.7　FMT 功能类：安全管理

族标识	族名称	功能描述	包含组件	组件名称
FMT_MOF	TSF 中功能的管理	允许授权用户控制对 TSF 中功能的管理	FMT_MOF	安全功能行为的管理
FMT_MSA	安全属性的管理	允许授权用户控制安全属性的管理	FMT_MSA.1	安全属性的管理
			FMT_MSA.2	安全的安全属性
			FMT_MSA.3	静态属性初始化
			FMT_MSA.4	安全属性值的继承
FMT_MTD	TSF 数据管理	允许授权用户（角色）控制 TSF 数据的管理	FMT_MTD.1	TSF 数据的管理
			FMT_MTD.2	TSF 数据限值的管理
			FMT_MTD.3	安全的 TSF 数据
FMT_REV	撤销	撤销 TOE 内各种实体安全属性	FMT_REV.1	撤销
FMT_SAE	安全属性到期	对安全属性的有效性实施时间限制	FMT_SAE.1	时限授权
FMT_SMF	管理功能规范	定义 TSF 提供安全的管理功能	FMT_SMF.1	管理功能规范
FMT_SMR	安全管理角色	控制用户不同角色的分配	FMT_SMR.1	安全角色
			FMT_SMR.2	安全角色限制
			FMT_SMR.3	承担角色

3.1.8　隐私功能组件

隐私要求在 CC 第 2 部分的 FPR 类中指定。这些要求的目的是保护用户身份等个人信息不被泄露、误用或与 TOE 资源的使用相关联。如表 3.8 所示，隐私要求类由匿名、假名、不可关联性和不可观察性 4 个族组成。

表 3.8　FPR 功能类：隐私

族标识	族名称	功能描述	包含组件	组件名称
FPR_ANO	匿名	确保用户在其使用资源或服务时，不暴露身份	FPR_ANO.1	匿名
			FPR_ANO.2	无索求信息的匿名
FPR_PSE	假名	确保用户在不暴露其真实身份的情况下使用资源或服务，但仍能对该次使用负责	FPR_PSE.1	假名
			FPR_PSE.2	可逆假名
			FPR_PSE.3	别名假名
FPR_UNL	不可关联性	一个用户可以多次使用资源和服务，但任何人都不能将这些使用联系在一起	FPR_UNL.1	不可关联性
FPR_UNO	不可观察性	用户在使用资源和服务时，其他人，特别是第三方不能观察到该资源和服务正在被使用	FPR_UNO.1	不可观察性
			FPR_UNO.2	影响不可观察性的信息的分配
			FPR_UNO.3	无索求信息的不可观察性
			FPR_UNO.4	授权用户可观察性

3.1.9　TSF 保护功能组件

TSF 保护(FPT)类包含了保护 TOE 安全功能(TSF)和 TOE 安全功能数据(安全元数据)的要求。TOE 依靠的底层硬件和操作系统等 IT 运行环境必须如预期一样执行,以确保 TOE 安全功能的正确运行。因此,FPT 类中定义了验证 TSF 正确运行的安全要求,例如自检测、重放检测、响应 TOE 物理攻击等。如表 3.9 所示,FPT 定义了 TOE 安全功能输出数据的一致性、完整性和有效性的要求,同样也定义了内部数据传输或复制数据的一致性、完整性和有效性要求。TOE 安全功能的可信启动与恢复条件在该类中声明。检测和重播消息、生成可信时间戳、同步重要安全功能时间的机制等也在该类中指定。其他族确保 TOE 安全策略的要求总是被调用并强制执行。

表 3.9　FPT 功能类: TSF 保护

<table>
<tr><th>族标识</th><th>族名称</th><th>功能描述</th><th>包含组件</th><th>组件名称</th></tr>
<tr><td>FPT_FLS</td><td>失效保护</td><td>确保当确定的失效出现时,TOE 总是保持一种安全状态</td><td>FPT_FLS.1</td><td>失效即保持安全状态</td></tr>
<tr><td>FPT_ITA</td><td>输出 TSF 数据的可用性</td><td>确保向另一个可信 IT 产品提供的 TSF 数据是可用的</td><td>FPT_ITA.1</td><td>TSF 间可用性不超过既定可用性度量</td></tr>
<tr><td>FPT_ITC</td><td>输出 TSF 数据的保密性</td><td>确保在 TSF 与另一个可信 IT 产品间传输时,TSF 数据不被泄露</td><td>FPT_ITC.1</td><td>传输过程中 TSF 间的保密性</td></tr>
<tr><td rowspan="2">FPT_ITI</td><td rowspan="2">输出 TSF 数据的完整性</td><td rowspan="2">确保在 TSF 与另一个可信 IT 产品之间传输时,TSF 数据不会被未授权修改</td><td>FPT_ITI.1</td><td>TSF 间篡改的检测</td></tr>
<tr><td>FPT_ITI.2</td><td>TSF 间篡改的检测与纠正</td></tr>
<tr><td rowspan="3">FPT_ITT</td><td rowspan="3">TOE 内 TSF 数据的传输</td><td rowspan="3">确保在 TOE 的不同部件间传输的 TSF 数据是安全和完整的</td><td>FPT_ITT.1</td><td>内部 TSF 数据传输的基本保护</td></tr>
<tr><td>FPT_ITT.2</td><td>TSF 数据传输的分离</td></tr>
<tr><td>FPT_ITT.3</td><td>TSF 数据完整性监视</td></tr>
<tr><td rowspan="3">FPT_PHP</td><td rowspan="3">TSF 物理保护</td><td rowspan="3">限制对 TSF 进行未授权的物理访问,以及阻止和抵抗对 TSF 进行未授权的物理修改或替换</td><td>FPT_PHP.1</td><td>物理攻击的被动检测</td></tr>
<tr><td>FPT_PHP.2</td><td>物理攻击报告</td></tr>
<tr><td>FPT_PHP.3</td><td>物理攻击抵抗</td></tr>
<tr><td rowspan="4">FPT_RCV</td><td rowspan="4">可信恢复</td><td rowspan="4">确保 TSF 能确定 TOE 是在没有削弱保护能力的情况下启动的,并在运行中断后能在不削弱保护能力的情况下恢复</td><td>FPT_RCV.1</td><td>手工恢复</td></tr>
<tr><td>FPT_RCV.2</td><td>自动恢复</td></tr>
<tr><td>FPT_RCV.3</td><td>无过度损失的自动恢复</td></tr>
<tr><td>FPT_RCV.4</td><td>功能恢复</td></tr>
<tr><td>FPT_RPL</td><td>重放检测</td><td>要求 TSF 应能够检测出既定实体的重放</td><td>FPT_RPL.1</td><td>重放检测</td></tr>
<tr><td rowspan="2">FPT_SSP</td><td rowspan="2">状态同步协议</td><td rowspan="2">规定了关于 TSF 某些关键安全功能如何使用该可信协议的要求</td><td>FPT_SSP.1</td><td>简单可信回执</td></tr>
<tr><td>FPT_SSP.2</td><td>相互可信回执</td></tr>
<tr><td>FPT_STM</td><td>时间戳</td><td>要求 TSF 为 TSF 功能提供可靠的时间戳</td><td>FPT_STM.1</td><td>可靠的时间戳</td></tr>
</table>

续表

族标识	族名称	功能描述	包含组件	组件名称
FPT_TDC	TSF间TSF数据的一致性	要求TSF提供确保TSF间属性的一致性	FPT_TDC.1	TSF间基本的TSF数据一致性
FPT_TEE	外部实体测试	规定了由TSF测试外部实体的要求	FPT_TEE.1	外部实体测试
FPT_TRC	TOE内TSF数据复制的一致性	要求TSF确保TSF数据在多处复制时的一致性	FPT_TRC.1	内部TSF的一致性
FPT_TST	TSF自检	提供检测TSF是否正确运转的能力	FPT_TST.1	TSF检测

3.1.10　资源利用功能组件

资源利用(FRU)类中的资源使用要求保证了TOE资源的有效性。本类提供3个族以支持所需资源的可用性，诸如处理能力或存储容量(如表3.10所示)。容错要求确保声明的TOE功能能够继续正确执行，即使是在经历了指定的失败状况下。FRU允许TOE安全功能被分配到与其他低优先级功能相关的资源使用优先级。另外，FRU要求允许资源在已知用户和主体间被分配，从而防止资源垄断和拒绝服务攻击。

表3.10　FRU功能类：资源利用

族标识	族名称	功能描述	包含组件	组件名称
FRU_FLT	容错	确保即便发生了失效，TOE也将维持正常运转	FRU_FLT.1	降级容错
			FRU_FLT.2	受限容错
FRU_PRS	服务优先级	确保TSF控制下高优先级活动均能完成，而不受低优先级活动造成的不当干扰或延迟影响	FRU_PRS.1	有限服务优先级
			FRU_PRS.2	全部服务优先级
FRU_RSA	资源分配	提供配额机制的要求，确保用户和主体不因未授权地独占资源而出现拒绝服务	FRU_RSA.1	最高配额
			FRU_RSA.2	最低和最高配额

3.1.11　TOE访问功能组件

评估TOE访问控制功能的要求包含在FTA类中。该类定义了建立一个用户会话的6种类型的控制安全要求(如表3.11所示)。

(1) 在一个给定会话中限制用户访问的安全属性范围。

(2) 限制单独一个用户通过多个终端访问TOE的多个并行会话。

(3) 锁定和解锁用户会话以响应指定控制规则或参数值要求。

(4) 显示TOE资源使用的查询。

(5) 显示一个用户的TOE访问历史，包含成功的和不成功的尝试。

(6) 拒绝会话建立。

表 3.11　FTA 功能类：TOE 访问

族 标 识	族 名 称	功 能 描 述	包 含 组 件	组 件 名 称
FTA_LSA	可选属性范围限定	提供关于 TOE 在建立会话时限制会话安全属性范围定义能力	FTA_LSA.1	可选属性范围限定
FTA_MCS	多重并发会话限定	限制属于同一个用户的并发会话数	FTA_MCS.1	多重并发会话的基本限定
			FTA_MCS.2	基于属性的单用户多重并发会话限定
FTA_SSL	会话锁定和终止	提供 TSF 原发和用户原发的交互式会话的锁定、解锁和终止能力	FTA_SSL.1	TSF 原发会话锁定
			FTA_SSL.2	用户原发会话锁定
			FTA_SSL.3	TSF 原发会话终止
			FTA_SSL.4	用户原发会话终止
FTA_TAB	TOE 访问旗标	定义向用户显示有关适当使用 TOE 的一个可配置劝告性警示信息要求	FTA_TAB.1	默认的 TOE 访问旗标
FTA_TAH	TOE 访问历史	提供了 TOE 显示与先前尝试建立一个会话相关的信息的要求	FTA_TAH.1	TOE 访问历史
FTA_TSE	TOE 会话建立	提供了拒绝用户基于属性对 TOE 进行访问的要求	FTA_TSE.1	TOE 会话建立

3.1.12　可信路径/信道功能组件

可信路径/信道(FTP)类定义了可信路径和可信信道的要求。若要建立和维护一个 TOE 安全功能和其他可信 IT 产品之间的安全通信信道，就需要使用可信信道要求。在某个应用中，用户或 TOE 安全功能数据可能需要被交换以执行重要安全功能，这就需要在它们之间建立一个可信信道。相反地，若需建立和维护用户与 TOE 安全功能之间的安全通信，就需要用到可信路径要求。对于可信信道和可信路径，通信双方都在该类中被指定，数据将被保护以防止在传输中被未鉴别的非法用户进行有意或无意的修改与泄露。通信可在可信信道或可信路径的任一端被初始化。表 3.12 给出了 FTP 类族及其安全组件列表。

表 3.12　FTP 功能类：可信路径/信道

族 标 识	族 名 称	功 能 描 述	包 含 组 件	组 件 名 称
FTP_ITC	TSF 间可信信道	在 TSF 和其他可信 IT 产品之间提供一个可信信道	FTP_ITC.1	TSF 间可信信道
FTP_TRP	可信路径	在 TSF 和用户之间提供一条可信路径	FTP_TRP.1	可信路径

3.2 安全保障组件

由第2章的讨论可知，CC评估模型包括两个基本原则：一是要求PP/ST中TOE安全威胁和组织安全策略应描述清楚，并且基于CC所提出的安全功能要求和安全保障要求（安全控制措施）来论证足以达到所期望的安全目的；二是通过使用CEM对IT产品进行安全评估（主动调查）来提供安全保障，以增强用户信任被评估过的IT产品是满足他们的安全需求的。

TOE安全保障一般通过采用软件工程、开发环境控制、交付运行控制、各种安全测试等安全保障措施使得TOE消费者、开发者和评估者对TOE的安全功能正确有效地实施产生信心。CC第3部分对这些安全控制措施相关的保障要求进行了规范化定义，给出了定义IT产品标准化安全保障要求的组件目录。

TOE安全保障要求划分是以保障类为依据的，每个保障类又细分为多个保障族，每个保障族都有相关的安全目的。保障族又由一个或多个保障组件组成。每个保障组件也有为完成保障族中安全目的而分隔出来的子安全目的，通过保障组件安全目的的实现而支持此保障族所有的安全目的。保障组件是由一组保障元素组成，每个保障元素分别从TOE开发者、评估者和评估内容与证据的角度对保障组件所包含的内容和评估依据进行阐述。

CC第3部分包括以下几部分。

(1) 评估保障级(EAL)——为度量TOE的安全保障能力定义的一种尺度。

(2) 组合保障包(CAP)——为度量组合TOE的安全保障能力提供的一种尺度。

(3) 评估保障级和组合保障包的保障组件集合——为不同评估保障级和组合保障包尺度预定义的一组安全保障组件集合。

(4) PP/ST/TOE/ACO评估方法——评估PP、ST、TOE和组合保障包(ACO)以及TOE开发者和评估者活动及其工作单元。

通过第三方机构对TOE进行测试和评估是一种经典的提供IT产品安全保障的有效手段，并且也是CC提出前各个国家、区域等IT产品安全评估准则文档的基础。为了与这些业界公认的IT产品安全保障方法保持一致，CC采用了相同的理念，建议由专业的评估机构以递增TOE评估范围、评估深度和评估过程的严格程度这种方式来度量PP、ST、组合保障包(ACO)和对应IT产品安全功能实现(TOE)的有效性和可信度。CC测试实验室采用的TOE安全评估技术包括但不限于以下这些。

(1) 分析并检查TOE开发者定义的开发过程和程序。

(2) 检查TOE开发过程和程序是否正在被使用。

(3) 分析TOE各设计表示之间的一致性。

(4) 对照TOE安全架构，分析TOE的设计表示。

(5) 验证TOE开发者提供的各种评估证据。

(6) 分析TOE的各种指导性文档。

(7) 分析TOE开发者的功能测试和所提供的测试数据。

(8) 评估者独立地对TOE功能进行测试和分析。

(9) 评估者对TOE进行脆弱性分析。

(10) 评估者对TOE进行穿透性测试等。

CC 不排斥也不评论其他获得 TOE 安全保障方法的相关优点。安全保障可从诸如未经证实的声明、评估者先前相关经验或者特定经验等相关文档中导出。然而，CEM 建议通过主动调查来提供安全保障。主动调查就是以确定 TOE 安全功能(即 ST)为目的，对 IT 产品按照通用评估准则的方法进行安全评估。

CC 基本原则确信，更高的安全保障级别源于 TOE 开发者和评估者更多的开发和评估努力，其目的是运用最小的花销来获得必要的安全保障级。努力程度的增长基于以下几点。

(1) 评估范围——努力越多表明该 IT 产品被纳入了评估范围的部分越多。

(2) 评估深度——努力越多表明对该 IT 产品的设计和实现细节评估得越细。

(3) 严格程度——努力越多表明对该 IT 产品的评估采用了越具结构性和形式化的方法。

3.2.1 保障组件结构

与 CC 第 2 部分结构一样，CC 第 3 部分将安全保障要求中最抽象的集合称作类。每一类包含多个保障族，每一族又包含多个保障组件，每一组件同样又包含多个保障元素。CC 第 3 部分按照安全保障类、族、组件和元素的层次结构来组织安全保障组件(如图 3.6 所示)。

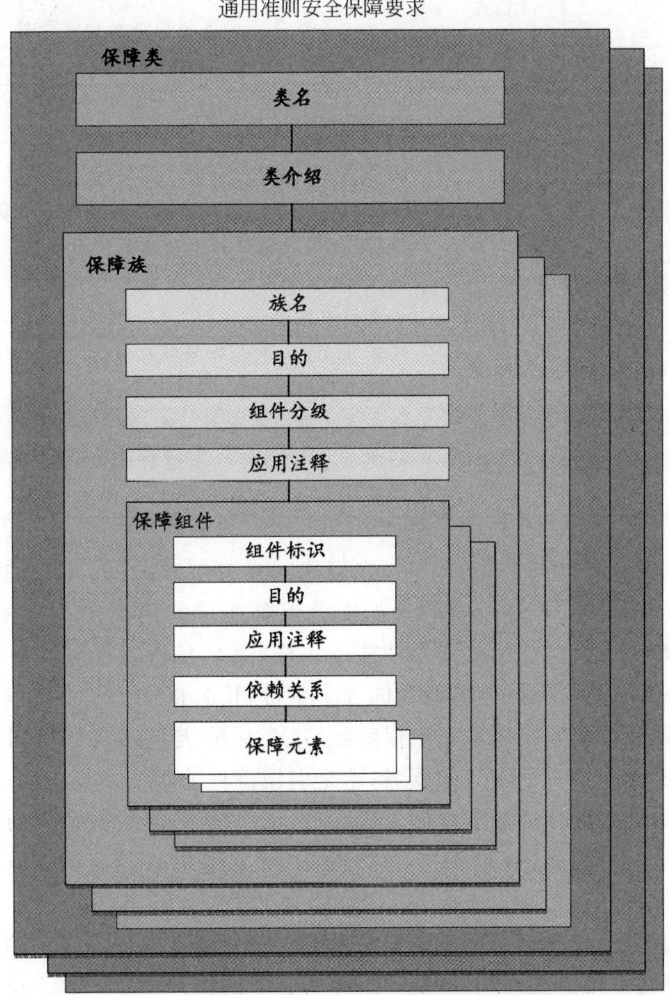

图 3.6　保障类、族、组件、元素的层次结构

安全保障类和族用于对保障要求进行分类，而组件用来详细定义 PP/ST 中的安全保障要求，例如对 TOE 开发过程的严格程度约束以及要求查找并分析潜在安全脆弱性的影响。每个保障要求组件包含开发者行为、产生的证据以及评估者行为 3 方面的元素。

每个保障类都被指定了一个长名和一个以“A”开头的助记的 3 个字母的短名。每个保障类有一段介绍，描述保障类的组成，并且包含涉及该类意图的支持性文字。CC 第 3 部分定义了 3 个类型的安全保障类：用于 PP/ST 验证的；用于 TOE 安全评估的和用于组合 TOE 安全评估的。

CC 第 3 部分共列出了 PP/ST 评估这 2 个保障类和 TOE 以及组合 TOE 的 6 个评估保障类、38 个族和 89 个安全保障组件。PP 评估（APE）和 ST 评估（ASE）这两个类是分别来评估 PP 和 ST 的，其他 6 个评估保障类是验证一个 TOE 或组合 TOE 是否符合其 PP/ST。表 3.13 按照字母序列出了 CC 第 3 部分所有 8 个安全保障类并给出了它们的安全目的。

表 3.13　安全保障类

短　名	长　名	应用类型	安全目的
ACO	组合	TOE	提供确信一个组合 TOE 依靠过去评估过的软件、固件或硬件等组成部分所提供的安全功能是能够安全运行的信心
APE	PP 评估	PP/ST	证实 PP 是完整的、内部一致的和技术合理的
ASE	ST 评估	PP/ST	证实 ST 是完整的、内部一致的和技术合理的，且适合作为 TOE 评估的基础
ADV	开发	TOE	提供 TOE 在不同级别和不同抽象形式上组织和表示 TOE 安全功能的相关信息。从这些信息中所获得的知识可作为执行 TOE 脆弱性分析和测试的基础
AGD	指导性文档	TOE	确保 TOE 使用和所有安全操作都在用户和管理指南指导性文档中描述
ALC	生命周期支持	TOE	确保 TOE 在开发和维护期间，建立规则和对 TOE 的细化过程进行控制，以确保 TOE 的完整性
ATE	测试	TOE	确保有足够的测试覆盖率、测试深度，以及独立的功能测试
AVA	脆弱性评定	TOE	处理在 TOE 开发或者运行过程中引入可被利用脆弱性的可能性

CC 第 3 部分保障类之间是并列关系，它们之间没有层次关系。和功能类一样，保障类也是 CC 用户开始依照 TOE 安全目的选择安全保障要求的最高层次实体，类下面是保障族。保障族表示方法与前面介绍的安全功能族一样，短名是所在保障类名的缩写后紧跟着一个下画线，然后再加上与保障族名有关的 3 个字母，长名提供了与保障族所涵盖主题相关的描述性信息。每个保障族归属于一个保障类，这个保障类包括具有相同意图的多个保障族。每个保障族被分配了一个唯一的族名，这是引用该保障族的主要方式。

保障族的安全目的内容描述了该保障族在 TOE 中能满足的安全目的。保障族的这部分安全目的描述是通用性概述，TOE 安全目的的细节都包含在特定的保障组件安全目的描述中。

保障组件是由若干元素组成的特殊安全要求集合。图 3.7 展示了保障组件的结构。组件标识提供了识别、分类、注册和引用某一组件所必要的描述信息。每个保障组件被分配了一个唯一的组件名。该组件名提供关于该保障组件所涵盖主题的描述性信息。每个保障组件均被放置在与其具有相同安全目的的保障族之内。CC 也提供了保障组件名字的一个唯一缩写形式，这是引用保障组件的主要手段，其形式是保障族名缩写，后面加一个点，然后是一个数字。这个数字是根据保障组件在族内的顺序从 1 开始编号的。组件之间的层次关系通过这些序号被指定。此外，应用注释可能包含表达保障组件附加的背景信息和详情。

元素是保障组件中一个独立的安全要求，它是可被评估的最底层安全要求。如果再进一步细分的话，将不会产生有意义的评估结果。每个组件被逐个地声明了一个或多个元素。如果一个组件具有多个元素，那么每个组件的所有这些元素都必须在 PP/ST 中被全部使用。保障组件中保障元素分为以下 3 组。

(1) **开发者行为元素**：由 TOE 开发者实施的行为。这组行为靠随后的一组元素中所引用的证据材料来进一步限制。开发者行为要求用元素号后附加一个字母 D 来标识。

(2) **证据的内容和形式元素**：安全评估所需证据，包括应证实的内容和证据应表达哪些信息。证据的内容和形式要求用元素号后附加字母 C 来标识。

(3) **评估者行为元素**：由评估者实施的行为。这组行为明确包含确认在"证据的内容和形式"元素中规定的要求是否都已满足，也包含 TOE 开发者除已完成的动作之外还需实施的行为和分析要求。隐藏的 TOE 评估者行为作为 IT 产品开发者行为元素的结果，虽然没有被"证据的内容和形式"元素覆盖，也应当在 TOE 评估中被执行。评估者行为要求用元素号后附加字母 E 来标识。

"开发者行为"和"证据的内容和形式"元素定义的一组保障要求是用来表示 TOE 开发者的职责，以便于论证 TOE 满足 PP/ST 中安全功能要求的保障级别。

"评估者行为"从评估的两个方面定义评估者的职责。一方面是依据 APE 类和 ASE 类对 PP/ST 进行验证；另一方面是验证 TOE 样品与其 ST 中描述的功能要求和保障要求的符合性。通过证实 PP/ST 文档是有效的，并且 TOE 样品满足 ST 中的这些要求，TOE 用户可以确信 TOE 在未来运行环境中能够解决 PP/ST 已定义的安全问题。

开发者行为元素、证据的内容和形式元素以及显式的评估者行为元素，确定了在验证 TOE 的 ST 所作安全声明时 TOE 评估者在 IT 产品评估工作中应花费的精力。

图 3.8 描述了保障类、族、组件和元素的标准记法。

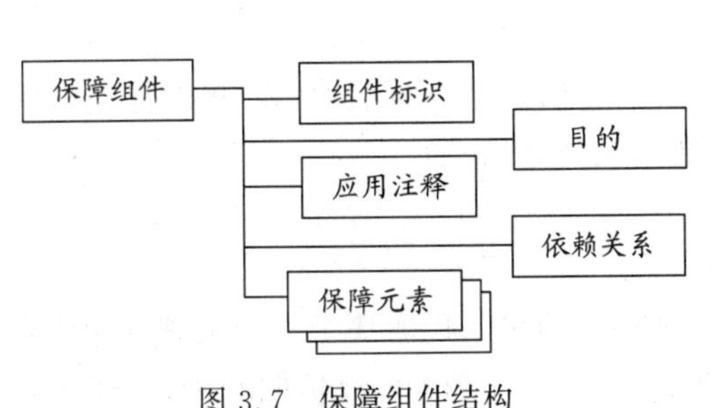

图 3.7　保障组件结构

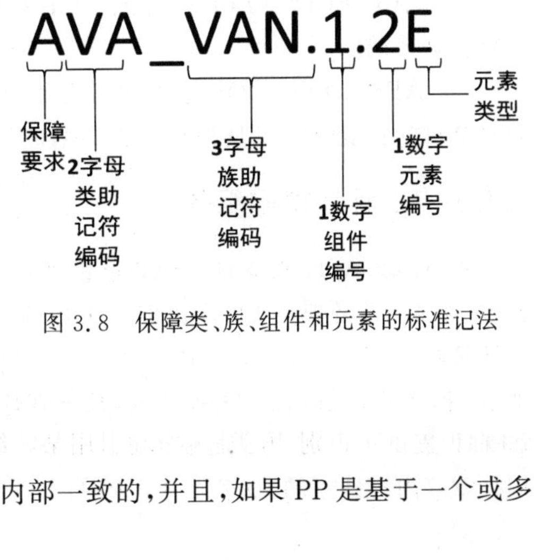

AVA_VAN.1.2E

保障要求　2字母类助记符编码　3字母族助记符编码　1数字组件编号　1数字元素编号　元素类型

图 3.8　保障类、族、组件和元素的标准记法

3.2.2　PP 评估保障组件

PP 评估(APE)要求证实 PP 是技术合理和内部一致的，并且，如果 PP 是基于一个或多

个 PP 或者包，那么 PP 必须是这些 PP 或包的一个正确的实例化。PP 适于作为编写 ST 或其他 PP 的基础，上述这些评估要求是必需的。如果评估成功，PP 是被认证的并且会注册到国际评估机构管理的 PP 注册列表中。CC 第 3 部分给出的 PP 评估保障组件是为 PP 文档的相关章节内容评估而建立的(如表 3.14 所示)。

表 3.14 APE 保障类：PP 评估

族 标 识	族 名 称	功能描述	包含组件	组件名称
APE_INT	PP 引言	证实 PP 已被正确标识，并且 PP 参考和 TOE 概述是相互一致的	APE_INT.1	PP 引言
APE_CCL	符合性声明	证实声明 ST 和其他 PP 是与本 PP 符合的	APE_CCL.1	符合性声明
APE_SPD	安全问题定义	证实 TOE 及其运行环境所负责处理的安全问题已明确定义	APE_SPD.1	安全问题定义
APE_OBJ	安全目的	证实安全目的充分而且完备地处理了安全问题，并证实 TOE 及其运行环境的安全问题已准确地区分和定义	APE_OBJ.1	运行环境安全目的
			APE_OBJ.2	安全目的
APE_ECD	扩展组件定义	确定 TOE 的扩展组件定义是准确的、没有歧义的并且是必要的	APE_ECD.1	扩展组件定义
APE_REQ	安全要求	确保对 TOE 获得保障而采取的预期活动进行了清晰、无歧义且规范的描述	APE_REQ.1	陈述的安全要求
			APE_REQ.2	推导出的安全要求

(1) APE_INT：PP 标识信息是否是对 PP 的准确反映？TOE 描述是否是连贯的、内部一致的以及与 PP 提示是否一致？

(2) APE_CCL：是否指出本 PP 对应的 CC 版本？是否给出了 ST 和其他 PP 与本 PP 符合的声明？

(3) APE_SPD：TOE 安全问题定义在被操作的安全环境下是否被合理理解？

(4) APE_OBJ：TOE 的安全目的和运行环境安全目的是否能充分对抗已识别威胁、覆盖组织安全策略和安全假设？

(5) APE_ECD：为 PP 描述的 TOE 特定安全要求定义的扩展组件是否准确、没有歧义并且是必要的？

(6) APE_REQ：TOE 安全要求是否内部一致？它们是否会导致 TOE 开发符合声明的安全目的？安全要求是否是显式声明的、清楚的和无歧义的？

3.2.3 ST 评估保障组件

ST 评估(ASE)要求证实 ST 是合理和内在一致的，如果 ST 是基于一个或多个 PP 或者包，那么 ST 必须是 PP 或包的一个正确的实例化。ST 作为 TOE 评估的基础，上述这些属性是必需的。一个 ST 可在 TOE 实现之前或与 TOE 开发并行地被交付评估。但是，如果 ST 的正式评估先于 TOE 开发，这将在成本和进度角度更有意义；例如，错误和 ST 的理解误区会先于 TOE 开发而被纠正。CC 第 3 部分给出的 ST 评估保障组件是为 ST 文档的相关章节内容建立的(如表 3.15 所示)。

表 3.15 ASE 保障类：ST 评估

族标识	族名称	功能描述	包含组件	组件名称
ASE_INT	ST 引言	证实 ST 和 TOE 被正确标识，TOE 的三层抽象方式描述正确，并且这三方面的描述相互一致	ASE_INT.1	ST 引言
ASE_CCL	符合性声明	证实声明 ST 和 PP 是符合的	ASE_CCL.1	符合性声明
ASE_SPD	安全问题定义	证实 TOE 及其运行环境所负责处理的安全问题已准确地定义	ASE_SPD.1	安全问题定义
ASE_OBJ	安全目的	证实安全目的充分而且完备地处理了定义的安全问题，并证实 TOE 及其运行环境的安全问题已准确地区分和定义	ASE_OBJ.1	运行环境安全目的
			ASE_OBJ.2	安全目的
ASE_ECD	扩展组件定义	证实 TOE 扩展组件定义是准确的、没有歧义的并且是必要的	ASE_ECD.1	扩展组件定义
ASE_REQ	安全要求	证实 TOE 安全要求是清晰的、无歧义的并且是准确定义的	ASE_REQ.1	陈述的安全要求
			ASE_REQ.2	推导出的安全要求
ASE_TSS	TOE 概要规范	证实 TOE 概要规范和 ST 中 TOE 的其他叙述性描述是一致的	ASE_TSS.1	TOE 概要规范
			ASE_TSS.2	具有结构设计概述的 TOE 概要规范

(1) ASE_INT：标识信息是否是 ST 的精确反映？TOE 描述是否是连贯的、内部一致的以及与 ST 提示一致？

(2) ASE_CCL：是否指出本 ST 对应的 CC 版本？ST 是否是指定 PP 的一个正确实例化？是否给出了 TOE 是与本 ST 符合的声明？

(3) ASE_SPD：TOE 安全问题定义在被操作在的安全环境下是否被理解？

(4) ASE_OBJ：TOE 及运行环境的安全目的是否充分对抗已识别威胁、覆盖组织安全策略和安全假设？

(5) ASE_ECD：为 ST 描述的 TOE 特定安全要求定义的扩展组件是否准确、没有歧义并且是必要的？

(6) ASE_REQ：安全要求是否内部一致？它们会导致 TOE 开发满足已声明的安全目的吗？这些安全要求是否是显式声明的、清晰的和无歧义的？

(7) ASE_TSS：是否所有的 SFR 都被 TOE 安全功能满足？是否所有的 SAR 都被 TOE 安全保障措施满足？

3.2.4 TOE 评估保障组件

CC 第 3 部分将 TOE 评估保障组件分为 5 类，分别是开发类(ADV)、指导性文档类(AGD)、生命周期支持类(ALC)、测试类(ATE)和脆弱性评定类(AVA)。

1. 开发类保障组件

开发类保障组件提供了 TOE 开发过程安全保障相关的要求信息。正如后面的 TOE 脆弱性评定(AVA)和 TOE 测试(ATE)类所描述的那样，从开发类中所获得的 TOE 开发知识可作为执行 TOE 脆弱性评定和 TOE 测试的基础。CC 为开发类定义了 6 个保障族，这些族在不同安全保障级别和不同抽象层次上组织和表示 TOE 安全功能保障要求。这 6 个开发族分为以下 4 类安全要求。

(1) 安全功能要求设计和实现在不同抽象层次下的描述要求(ADV_FSP、ADV_TDS、ADV_IMP)。

(2) 域分离、TSF 自保护和安全功能的不可旁路性等面向安全架构特征的描述要求(ADV_ARC)。

(3) 安全策略模型以及安全策略模型和 TOE 功能规范之间的对应性映射要求(ADV_SPM)。

(4) TSF 内部结构的要求，包括诸如模块化、层次化以及复杂度最小化等要求方面(ADV_INT)。

表 3.16 列出了 ADV 类涉及的保障族及其保障组件。CC 第 3 部分规定 TOE 开发者可用 3 种类型方式来描述他们的 TOE 开发文档：非形式化、半形式化和形式化。TOE 功能规范和 TOE 设计文档一般以非形式化或者半形式化方式进行描述。半形式化方式描述的文档与非形式化文档相比能降低文档的歧义性。除半形式化的描述之外，高保障级别的 TOE 开发类文档一般需要使用形式化方式对其进行描述。当然 TOE 开发者也可综合使用上述 3 种方式对 TOE 安全功能进行描述，以完全准确地描述 TSF 开发的安全保障要求。

表 3.16 ADV 保障类：开发

族 标 识	族 名 称	功 能 描 述	包 含 组 件	组 件 名 称
ADV_ARC	安全架构	提供对 TSF 安全架构的描述，并且提供这些描述 TSF 特性的证据	ADV_ARC.1	安全架构描述
ADV_FSP	功能规范	功能规范是用户可见接口和 TSF 行为的一个高层描述。它描述 TSF，并且一定是 TOE 安全功能要求的一个完备和正确的实例化。功能规范也详细描述 TOE 的外部接口(TSFI)。TSFI 包括所有的通过外部实体(或者位于 TSF 之外 TOE 内部的主体)向 TSF 提供数据、接收来自 TSF 的数据并且调用 TSF 的服务的方法	ADV_FSP.1	基本功能规范
			ADV_FSP.2	安全执行功能规范
			ADV_FSP.3	带完整摘要的功能规范
			ADV_FSP.4	完备的功能规范
			ADV_FSP.5	附加错误信息的完备的半形式化功能规范
			ADV_FSP.6	附加形式化描述的完备的半形式化功能规范
ADV_IMP	实现表示	TSF 的最低抽象表示，它根据可用的源代码、硬件图纸等，论述 TSF 详细的内部工作方式	ADV_IMP.1	TSF 实现表示
			ADV_IMP.2	TSF 实现表示完全映射
ADV_INT	TSF 内部	负责处理 TSF 的内部结构，提出了有关模块化、层次化(抽象性分层和最少循环依赖)、策略实施机制的复杂性最小化、TSF 中非 TSP-实施功能性的数目最小化等方面的要求	ADV_INT.1	结构合理的 TSF 内部子集
			ADV_INT.2	内部结构合理
			ADV_INT.3	内部复杂度最小化

续表

族标识	族名称	功能描述	包含组件	组件名称
ADV_SPM	安全策略模型	建立一个形式化的TSF安全策略模型，以及功能规范与安全策略模型之间的对应关系来提供额外的保障	ADV_SPM.1	形式化TOE安全策略模型
ADV_TDS	TOE设计	提供与TSF描述的上下文，以及对TSF的详尽描述，以便确定是否实现了安全功能要求。设计文档的目的是为确定TSF边界以及描述TSF如何实现安全功能要求提供充足的信息	ADV_TDS.1	基础设计
			ADV_TDS.2	结构化设计
			ADV_TDS.3	基础模块设计
			ADV_TDS.4	半形式化模块设计
			ADV_TDS.5	完全半形式化模块设计
			ADV_TDS.6	带形式化高层设计表示的完全半形式化模块设计

2. 指导性文档类

指导性文档(AGD)类为TOE所有用户角色规范的指南文档要求(见表3.17)。为了安全地准备(安装配置)和操作(运营管控)被评估的IT产品，TOE开发者有必要描述TOE操作安全相关的所有操作指南内容。这个类同时也描述了TOE用户无意错误配置和错误操作TOE等安全问题的解决方案等内容。指导性文档类细分为两个族，分别是关于准备程序用户指南(使交付的TOE达到与ST中描述的一致的运行环境评估配置状态)和操作用户指南(在TOE处于评估配置状态下的操作)。

表3.17　AGD保障类：指导性文档

族标识	族名称	功能描述	包含组件	组件名称
AGD_OPE	操作用户指南	描述TSF所提供的安全功能，提供说明和指南(包括警告)，以帮助理解TSF及其安全使用所必需的关键信息和动作	AGD_OPE.1	操作用户指南
AGD_PRE	准备程序	用于保证TOE以开发者预期的安全方式被接收和安装	AGD_PRE.1	准备程序

3. 生命周期支持类

生命周期支持类是由TOE开发者负责或者用户负责来区分IT产品生命周期阶段，而不是按照TOE所处的开发环境或用户环境区分的。将TOE移交给用户的时间点，也就是从ALC(“生命周期支持”类)到AGD(“指导性文档”类)的时间点。ALC类由7个族组成(如表3.18所示)。生命周期定义(ALC_LCD)族是TOE生命周期的高级描述，CM能力(ALC_CMC)族要求对TOE配置项的管理进行详细描述，CM范围(ALC_CMS)族要求以定义的方式管理一个最小的配置项集合。开发安全(ALC_DVS)族与TOE开发者物理的、程序的、人员的以及其他的安全控制措施有关，工具和技术(ALC_TAT)族关于TOE开发者使用的开发工具和实现技术与机制，缺陷纠正(ALC_FLR)族负责TOE安全缺陷的处理。交付(ALC_DEL)族定义将TOE从TOE开发环境移交给TOE消费者使用环境的过程程序。注意在TOE开发过程中产生的交付过程不是由ALC_DEL处理，应该由本类其他族中定义的模块集成和接受程序来处理。

表3.18 ALC保障类：生命周期支持

族标识	族名称	功能描述	包含组件	组件名称
ALC_CMC	CM能力	要求在TOE和相关信息的细化和修改过程中遵守一定的规章制度和采取一定的控制措施	ALC_CMC.1	TOE标识
			ALC_CMC.2	CM系统的使用
			ALC_CMC.3	授权控制
			ALC_CMC.4	生产支持和接受程序及其自动化
			ALC_CMC.5	高级支持
ALC_CMS	CM范围	标识出纳入配置管理系统的配置项，并满足ALC_CMC"CM能力"族提出的CM要求	ALC_CMS.1	TOE CM覆盖
			ALC_CMS.2	部分TOE CM覆盖
			ALC_CMS.3	实现表示CM覆盖
			ALC_CMS.4	问题跟踪CM覆盖
			ALC_CMS.5	开发工具CM覆盖
ALC_DEL	交付	阻止和检测在TOE交付过程中不恰当地对TOE进行修改	ALC_DEL.1	交付程序
ALC_DVS	开发安全	减少开发过程中潜在的物理、程序、人员以及其他对TOE的安全威胁	ALC_DVS.1	安全控制措施标识
			ALC_DVS.2	充分的安全控制措施
ALC_FLR	缺陷纠正	确保开发者跟踪并纠正已发现的安全缺陷	ALC_FLR.1	基本的缺陷纠正
			ALC_FLR.2	缺陷报告程序
			ALC_FLR.3	系统的缺陷纠正
ALC_LCD	生命周期定义	评估开发使用的生命周期模型的适当性、标准化和可测性	ALC_LCD.1	开发者定义的生命周期模型
			ALC_LCD.2	可测量的生命周期模型
ALC_TAT	工具和技术	评价用于开发、分析和实现TOE安全功能工具和技术的适当性	ALC_TAT.1	明确定义的开发工具
			ALC_TAT.2	遵从实现标准
			ALC_TAT.3	遵从实现标准(所有部分)

生命周期支持类是评估TOE开发者用来预防和探测被意外的或蓄意的安全漏洞利用的IT产品生命周期过程的有效性。以下4个关键领域应被检查与检验。

(1) 生命周期过程是否降低了开发环境中的物理的、过程的和人员安全威胁的风险?

(2) TOE漏洞修复过程是否有效?

(3) 生命周期模型是否是良好定义的、适当的以及可度量的?生命周期模型是否在TOE开发过程中确实被遵循?

(4) 用于开发、分析和实现TOE安全功能的工具和技术是否恰当?

4. 测试类

测试类包括 4 个“测试”相关的保障族(如表 3.19 所示)：覆盖(ATE_COV)、深度(ATE_DPT)、独立测试(例如由评估者执行的功能测试)(ATE_IND)和功能测试(ATE_FUN)。对 TOE 进行各种测试能为 TSF 是否符合前面开发类所述功能规范、TOE 设计及实现描述等提供保障。评估 TOE 测试覆盖率的充分性(如测试计划、测试过程和测试分析报告记录)是为了确定 TOE 安全功能是否已经被 TOE 开发者充分测试过,这是通过检查 TOE 开发者的相关测试证据来实现的。由 TOE 开发者执行的测试深度分析用于检验开发者做的测试所能达到的详细程度,目的是降低在 TOE 开发中存在某些错误的风险。由开发者执行的功能测试范围被分析以确认其充分性。另外,评估者可能要自主执行独立的功能测试。ATE 将测试分为开发者测试和评估者测试。覆盖分析(ATE_COV)和深度测试(ATE_DPT)族涉及 TOE 开发者的所有测试数据及其相关的证据材料,前者说明功能规范已被严格测试,后者说明针对其他设计描述(安全结构、TOE 设计、实现说明)的测试是否被满足。

表 3.19　ATE 保障类：测试

族标识	族名称	功能描述	包含组件	组件名称
ATE_COV	覆盖	通过检查开发者的对应性证据确定测试覆盖充分性	ATE_COV.1	覆盖证据
			ATE_COV.2	覆盖分析
			ATE_COV.3	严格覆盖分析
ATE_DPT	深度	通过检查开发者的对应性证据确定测试深度覆盖充分性	ATE_DPT.1	测试：基本设计
			ATE_DPT.2	测试：安全执行模块
			ATE_DPT.3	测试：模块设计
			ATE_DPT.4	测试：实现表示
ATE_FUN	功能测试	确定由开发人员实施的功能测试的充分性	ATE_FUN.1	功能测试
			ATE_FUN.2	顺序的功能测试
ATE_IND	独立测试	确定由评估人员实施的功能测试的充分性	ATE_IND.1	独立测试(符合性)
			ATE_IND.2	独立测试(抽样)
			ATE_IND.3	独立测试(完全)

注意,本类不涉及评估 TOE 安全性的穿透性测试,穿透性测试是基于对 TSF 的分析专门查找并标识 TSF 设计与实现过程中的脆弱性,在 AVA“脆弱性评定”类中将作为脆弱性评估的一个方面单独处理。

5. 脆弱性评定类

脆弱性评定类负责评估在 TOE 开发或者运行过程中引入可被利用的脆弱性的可能性(脆弱性利用)。通常,脆弱性评定活动涉及 TOE 开发和运行中的各种潜在的安全攻击。脆弱性利用的是在开发过程中引入的 TOE 的一些属性,例如通过篡改、直接攻击或绕过 TSF 等攻破 TSF 自我保护,或者通过绕过、直接攻击 TSF 等攻破 TSF 域分隔,或者通过绕过(旁路)TSF 攻破不可旁路性。通过非技术措施中的脆弱性的利用去破坏 TOE 安全功能要求,例如误用或错误配置。“误用”考察的是在 TOE 的管理员或用户被认为是安全时,TOE 是否会以一种不安全的方式被配置或使用。脆弱性评估是由表 3.20 中的脆弱性评定保障族 AVA_VAN 相关的保障组件来处理的。

表 3.20 AVA 保障类：脆弱性评定

族标识	族名称	功能描述	包含组件	组件名称
AVA_VAN	脆弱性分析	确定在评估 TOE 开发和预期运行期间潜在的脆弱性是否已被标识	AVA_VAN.1	脆弱性调查
			AVA_VAN.2	脆弱性分析
			AVA_VAN.3	关注点脆弱性分析
			AVA_VAN.4	系统的脆弱性分析
			AVA_VAN.5	高级的系统的脆弱性分析

3.2.5 ACO 评估保障组件

组合 TOE 的一个依赖部件可用一个先前已评估或认证过的基本部件来满足环境中的 IT 产品安全要求，但这种方式不提供任何关于部件之间的交互或组合是否会引入脆弱性的保障。组合 TOE 评估保障组件(ACO)在更高的保障级别中考虑了这些交互，将部件之间的接口纳入了测试范围。同时，通过对组合 TOE 进行脆弱性分析来考虑部件组合引入脆弱性的问题。

ACO 类的"组合"为 TOE 集成者提供了一种可选的方法被用于 CC 中由两个或更多的成功评估过的 TOE 合成的组合 TOE 评估过程中获得信心，而不需要重新评估合成的 TSF。(在整个 ACO 类中用组合 TOE 集成者指代"开发者"，任何与基本或依赖部件相关的开发者都这样阐述。)

ACO"组合"类包括表 3.21 所示的 5 个族。它们是为了提供确信一个组合 TOE 依靠过去评估过的软件、固件或硬件等组成部分所提供的安全功能是能够安全运行的信心。

表 3.21 ACO 保障类：组合

族标识	族名称	功能描述	包含组件	组件名称
ACO_COR	组合基本原理	证实基本部件能为组合产品提供有效合适的保障级	ACO_COR.1	组合基本原理
ACO_DEV	开发证据	确认提供安全功能支持依赖部件是合适的，且是相关要求所必需的(依赖信息中表示的)	ACO_DEV.1	功能描述
			ACO_DEV.2	基本的设计证据
			ACO_DEV.3	详细的设计证据
ACO_REL	依赖部件的依赖性	提供描述依赖基本部件的依赖性证据	ACO_REL.1	基本的依赖信息
			ACO_REL.2	依赖信息
ACO_CTT	组合 TOE 测试	要求执行组合 TOE 测试以及组合 TOE 中用到的基本部件测试	ACO_CTT.1	接口测试
			ACO_CTT.2	严格的接口测试
ACO_VUL	组合脆弱性分析	开发者应提供部件评估期间报告的任何残余脆弱性的详细资料	ACO_VUL.1	组合脆弱性审查
			ACO_VUL.2	组合脆弱性分析
			ACO_VUL.3	增强的基本组合脆弱性分析

3.2.6 PP 配置评估保障组件

为了适应当前日益复杂的 IT 产品设计趋势，当前版本的 CC/CEM 标准修订过程加入了对模块化(Modularization)产品安全功能描述和评估技术的支持：在 2017 年发行的 CC v3.1 r5 版本中扩展了评估模型，提出了PP模块(PP Module)、基本PP(Base PP)和PP配置(PP Configuration)等概念，并增加了相应的安全保障要求和评估方法，特别是增加了面向PP配置评估的安全保障类(ACE)，用来评估由一个或多个基本PP或PP模块组成的可配置的PP。这种支持有利于增强CC评估过程中的复用程度，节省评估开销(注：读者可参见本书4.9节了解更多内容)。

ACE要求证实PP配置是技术合理和内部一致的。这些特性是未来保证PP配置可用于ST和其他PP或PP配置的编制依据。ACE类评估要求必须结合新版CC第1部分附录定义的PP配置概念及其样例使用。表3.22给出了PP配置保障族及其保障组件，这些族在不同级别和不同抽象形式上组织和表示PP配置评估要求(注：目前颁布的GB/T 18336标准由于是针对CC v3.1 r3进行的转标处理，其中并没有给出新版CC中PP配置相关的概念)。

表3.22　ACE保障类：PP配置评估

族标识	族名称	功能描述	包含组件	组件名称
ACE_INT	PP配置引言	证实PP模块(PP Module)已被正确标识，并且PP模块和TOE概述是相互一致的	ACE_INT.1	PP配置引言
ACE_CCL	符合性声明	证实符合性声明有效性。不同于一般PP，PP模块不能说明符合其他PP或PP模块，也不能包括CC第3部分或保障组件包的符合性	ACE_CCL.1	符合性声明
ACE_SPD	安全问题定义	和APE_SPD一样，证实TOE及其运行环境所负责处理的安全问题被明确定义	ACE_SPD.1	安全问题定义
ACE_OBJ	安全目的	和APE_SPD一样，证实安全目的充分而且完备地处理了安全问题，并证实TOE及其运行环境的安全问题被准确地区分和定义	ACE_OBJ.1	安全目的
ACE_ECD	扩展组件定义	确定面向PP模块的扩展组件是准确的、没有歧义的并且是必要的	ACE_ECD.1	扩展组件定义
ACE_REQ	安全要求	确保对TOE获得保障而采取的预期活动进行了清晰、无歧义且规范的描述	ACE_REQ.1	安全要求

3.2.7　预定义评估保障级别

CC第3部分预定义了7个评估保障级(EAL)。每个EAL相应的结构如图3.9所示，其中"目的"项表示的是评估保障级的安全意图，"应用注释"项包含评估保障级的使用者(如PP/ST作者，以该评估保障级为目标的TOE设计者、评估者)特别感兴趣的信息，"保障组件”给出了该保障级别包含的保障组件信息。

PP/ST 作者可以用以下方法，得到一个比 CC 预定义 EAL 更高级别的评估保障级别。

(1) 包含来自其他保障族的额外的保障组件。

(2) 从相同的保障族中用更高级别的保障组件替换保障组件。

图 3.10 说明了 CC 定义的保障要求和保障级之间的关系。当保障组件进一步分解为保障元素时，保障元素不能被保障级单独引用。需要注意的是，图中的箭头表示评估保障级(EAL)与保障类中组件的引用关系。

在 CC 第 3 部分中对 TOE 的安全保障预定义了如表 3.23 所示的 7 个级别。它们按保障能力进行排序，每个评估保障级比其较低的评估保障级表达了更多的安全保障要求，即高级别的 EAL 靠替换低级别 EAL 同一保障族中的一个更高级别的保障组件（即增加严格性、范围和(或)深度）和添加另外一个保障族的保障组件(即添加新的要求）来实现。

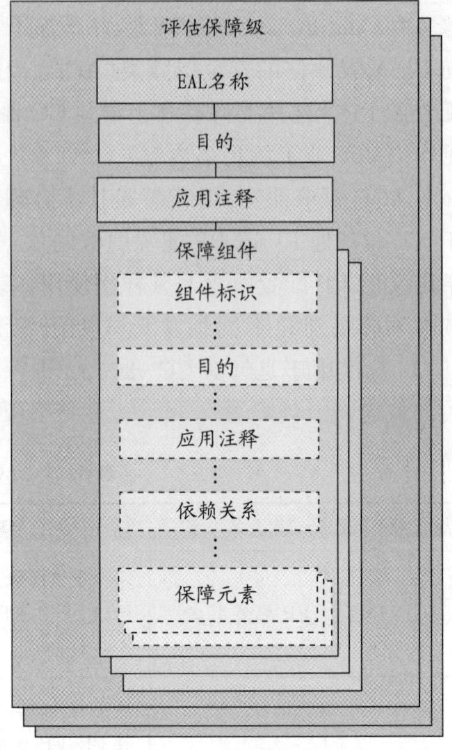

图 3.9 评估保障级结构

表 3.23 CC 预定义 EAL 保障级别描述

预定义 EAL	保障要求描述
EAL 1 功能测试	EAL 1 级依据一个规范的独立性测试和对所提供的指导性文档的检查来为用户评估 TOE。在这个级上，没有 TOE 开发者的帮助也能成功地进行评估，并且所需费用也最少。通过该级的一个评估，可以确信 TOE 的功能与其文档在形式上是一致的，并且对已标识的威胁提供了有效的保护
EAL2 结构测试	EAL 2 级要求评价时在设计信息和测试结果的提供方面得到 TOE 开发人员的配合，要求 TOE 开发者递交设计信息和测试结果。EAL 2 适用于在缺乏现成可用的完整的开发记录时，TOE 开发者或用户需要一种低到中等级别的独立安全保障的安全性
EAL 3 系统测试	EAL 3 级要求在设计阶段实施积极的安全工程思想，提供中级的独立安全保障，EAL 3 可使 TOE 开发者在设计阶段能从正确的安全工程中获得最大限度的安全保障。EAL 3 适用于 TOE 开发者或用户需要一个中等级别的独立安全保障的安全性，并在不带来大量的再构建费用的情况下，对 TOE 及其开发过程进行彻底审查。开展该级的评估，需要分析基于“灰盒子”的测试结果、TOE 开发者测试结果的选择性独立确认、TOE 开发者搜索已知脆弱性的证据等。还要求使用开发环境控制措施、TOE 的配置管理和安全交付程序
EAL 4 系统设计、测试和复查	EAL 4 级要求按照良好的商业化开发惯例实施积极的安全工程思想，提供中高级的独立安全保障。EAL 4 级的评估，需要分析 TOE 模块的安全架构、底层设计和实现的子集。在测试方面将侧重于对已知的脆弱性进行独立搜索。开发控制方面涉及生命周期模型、开发工具标识与自动化配置管理等方面

续表

预定义 EAL	保障要求描述
EAL 5 半形式化设计和测试	EAL 5 级要求按照严格的商业化开发惯例，应用专业安全工程技术实施安全工程思想，提供高等级的独立安全保障。如果某个 TOE 要想达到 EAL5 要求，TOE 开发者需要在设计和开发方面下一定工夫，应具备相关的一些专业技术。开展该级的评估，需要分析所有的实现。还需要额外分析功能规范和高层设计的形式化模型和半形式化表示，以及它们之间对应性的半形式化论证。对已知脆弱性的搜索方面，必须确保 TOE 可抵御中等攻击潜力的穿透性攻击者。还要求采取隐蔽信道分析和模块化的 TOE 设计
EAL 6 半形式化验证的设计和测试	EAL 6 级通过在严格的开发环境中应用安全工程技术来获取高等级的安全保障，使产品能在高度危险的环境中使用。开展该级的评估，需要分析设计的模块和层次化方法以及实现的结构化表示。在对已知脆弱性的独立搜索方面，必须确保 TOE 可抵御高等攻击潜力的穿透性攻击者。对隐蔽信道的搜索必须是系统性的，且开发环境和配置管理的控制也应进一步增强
EAL 7 形式化验证的设计和测试	EAL 7 级的目标是使产品能在极端危险的环境中使用，目前，该级别的实际应用只限于其安全功能可以进行广泛的形式化分析的安全产品。开展该级的评估，需要分析 TOE 的形式化模型，包括功能规范和高层设计的形式化表示。要求 TOE 开发者提供基于"白盒"测试的证据，在评估时必须对这些测试结果全部进行独立确认，并且设计复杂程度必须是最小的

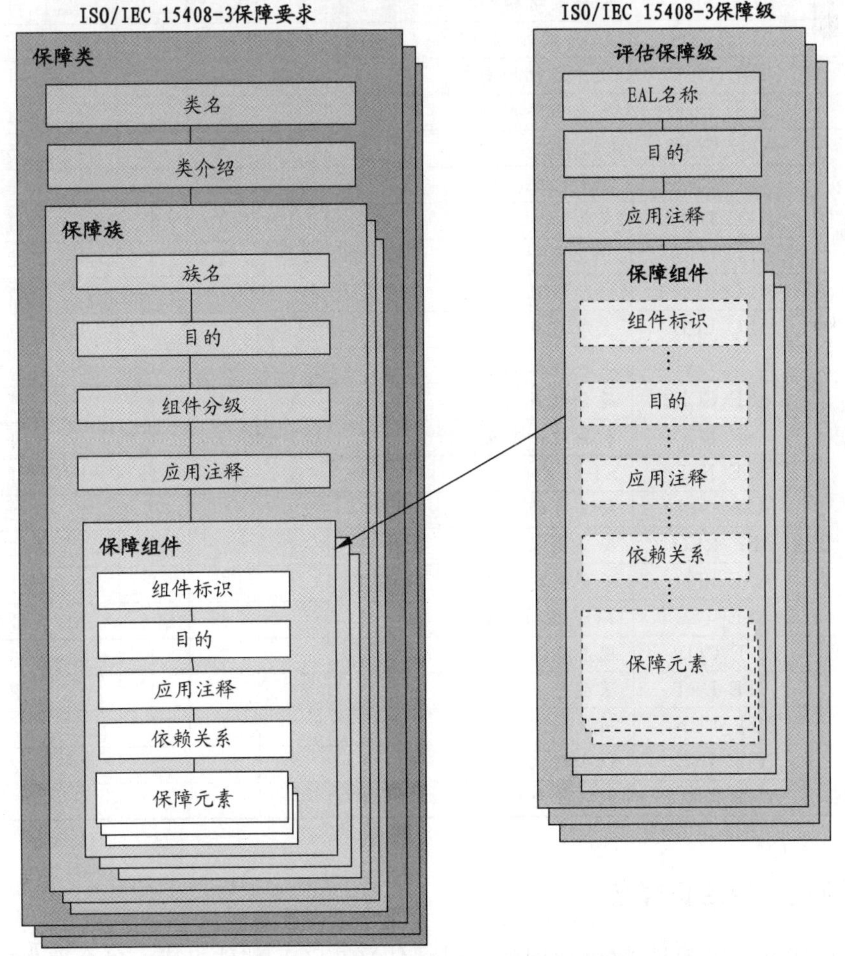

图 3.10　保障要求和保障级别之间的保障组件对应关系

虽然在 CC 中已经预定义这些评估保障级所包括的组件(表 3.24 所示)，但 PP/ST 编制者还是可以依据用其他保障组件的组合来表示某类特殊的安全保障要求。特别是“增强”这个概念允许(从没有包括在评估保障级中的保障族)向评估保障级中增加保障组件，或允许替换评估保障级中的(用同一个保障族的其他更高级别的保障组件)组件。在 CC 中定义的保障结构中，只有评估保障级可以增强。“评估保障级减去一个组成保障组件”这样的想法在 CC 应用中不被认为是一个有效的主张。要求“增强”者有义务证明对评估保障级添加保障组件的实际意义和潜在的价值。一个评估保障级也可以用扩展的保障要求来增强。

表 3.24　评估保障级组件列表

保障类	保障族		评估保障级依据的保障组件						
			EAL 1	EAL 2	EAL 3	EAL 4	EAL 5	EAL 6	EAL 7
开发	ADV_ARC	安全架构		1	1	1	1	1	1
	ADV_FSP	功能规范	1	2	3	4	5	5	6
	ADV_IMP	实现表示				1	1	2	2
	ADV_INT	TSF 内部					2	3	3
	ADV_SPM	安全策略模型						1	1
	ADV_TDS	TOE 设计		1	2	3	4	5	6
指南类文档	AGD_OPE	操作用户指南	1	1	1	1	1	1	1
	AGD_PRE	准备程序	1	1	1	1	1	1	1
生命周期支持	ALC_CMC	CM 能力	1	2	3	4	4	5	5
	ALC_CMS	CM 范围	1	2	3	4	5	5	5
	ALC_DEL	交付		1	1	1	1	1	1
	ALC_DVS	开发安全			1	1	1	2	2
	ALC_FLR	缺陷纠正							
	ALC_LCD	生命周期定义			1	1	1	1	2
	ALC_TAT	工具和技术				1	2	3	3
ST 评估	ASE_CCL	符合性声明	1	1	1	1	1	1	1
	ASE_ECD	扩展组件定义	1	1	1	1	1	1	1
	ASE_INT	ST 引言	1	1	1	1	1	1	1
	ASE_OBJ	安全目的	1	2	2	2	2	2	2
	ASE_REQ	安全要求	1	2	2	2	2	2	2
	ASE_SPD	安全问题定义		1	1	1	1	1	1
	ASE_TSS	TOE 概要规范	1	1	1	1	1	1	1
测试	ATE_COV	覆盖范围		1	2	2	2	3	3
	ATE_DPT	深度			1	2	3	3	4
	ATE_FUN	功能测试		1	1	1	1	2	2
	ATE_IND	独立测试	1	2	2	2	2	2	3
脆弱性评定	AVN_VAN	脆弱性分析	1	2	2	3	4	5	5

3.2.8　预定义组合保障包

组合 TOE 由已经通过评估(或即将通过评估)的 TOE 部件组成。单个部件将被认证为满足某个 EAL 或在 ST 中说明的其他保障包。通过从公开渠道获取部件的信息进行

EAL 1 评估，一个组合 TOE 预计可达到基本的保障级别(部件和组合 TOE 的评估都可应用 EAL 1)。通过应用高于 EAL 1 的 EAL 可以进行组合 TOE 的更高保障级的评估，而组合保障包(CAP)为此目的提供了另一种解决方法。

CAP 在权衡所获得的保障级与达到该组合 TOE 保障程度所需的代价和可行性上提供了一个递增的尺度。组合保障包是建立在先前已评估的实体(基本部件和依赖部件)之上，因此仅有少部分族和组件被包含在组合保障包中。表 3.25 概括性地描述了 CC 第 3 部分对组合 TOE 的保障等级定义了 3 个组合保障包，表格中的每个数字标识出了此处适宜的具体保障组件。每个 CAP 最多包含每个保障族中的一个组件，并满足每个组件的所有保障依赖关系。

表 3.25　组合保障级别组件列表

保障类	保障族	组合保障包依赖的保障组件		
		CAP-A	**CAP-B**	**CAP-C**
组合	ACO_COR	1	1	1
	ACO_CTT	1	2	2
	ACO_DEV	1	2	3
	ACO_REL	1	1	2
	ACO_VUL	1	2	3
指导文档	AGD_OPE	1	1	1
	AGD_PRE	1	1	1
生命周期支持	ALC_CMC	1	1	1
	ALC_CMS	2	2	2
ST 评估	ASE_CCL	1	1	1
	ASE_ECD	1	1	1
	ASE_INT	1	1	1
	ASE_OBJ	1	2	2
	ASE_REQ	1	2	2
	ASE_SPD		1	1
	ASE_TSS	1	1	1

组合保障包按级别排序，因为高级别的 CAP 比所有较低的 CAP 表达更多的保障。从 CAP-A 到 CAP-C，保障增加是通过替换成同一保障族中的一个更高级别的保障组件(即增加严格性、范围和/或深度)和添加另外几个保障族的保障组件(即添加新的要求)来实现。这些增加导致更多的综合分析来识别对单个 TOE 获得的评估结果的影响。

3 类组合保障包的目的及其保障内容分别如下。

(1) **结构组合(CAP-A)**：适于组合 TOE 是完整的，且需要对产生组合的正确安全操作具有信心的情况。该组合保障包通过分析组合 TOE 的 ST 提供保障。利用 TOE 组成部件的评估输出(如 ST、指导性文档等)和 TOE 组成部件之间的接口规范对组合 TOE 的 ST 中的安全功能要求进行分析，以理解安全行为。例如以下内容可为该分析提供支持：针对关联信息中描述的依赖部件与基本部件之间的接口进行的独立测试；开发者基于关联信息、开发信息和组合原理进行测试的证据；对开发者测试结果的选择性确认；由评估者进行的组合 TOE 的脆弱性审查等。

（2）**系统组合（CAP-B）**：可使组合 TOE 开发者在子系统层面上通过理解各组成部件之间的相互影响，获得最大程度的保障，同时还可使基本部件开发者的参与量最小。CAP-B 通过全面分析组合 TOE 的 ST 提供保障。利用 TOE 组成部件的评估输出（如 ST、指导性文档等），TOE 组成部件之间的接口规范，以及包含在组合开发过程中的 TOE 设计信息（描述 TSF 系统），对组合 TOE 的 ST 中的安全功能要求进行分析，以理解安全行为。以下内容可为该分析提供支持：对关联信息（包括 TOE 设计）中描述的依赖部件与基本部件之间的接口进行的独立测试、开发者基于关联信息、开发相关信息和组合原理而进行测试的证据，以及对开发者测试结果的选择性独立确认。对评估者为证实组合 TOE 可抵御基本攻击潜力攻击者的攻击而进行的脆弱性分析也可提供支持。

（3）**系统组合、测试和复查（CAP-C）**：可使开发者从对组合 TOE 部件之间交互的正确分析获得最大限度的保障，虽然这种实践很严格，但不需要获得所有的对基本部件的评估证据。CAP-C 通过全面分析组合 TOE 的 ST 提供保障。利用 TOE 组成部件的评估输出（如 ST、指导性文档等），TOE 组成部件之间的接口规范，以及包含在组合开发过程中的 TOE 设计信息（描述 TSF 模块）对组合 TOE 的 ST 中的安全功能要求进行分析，以理解安全行为。以下内容可为该分析提供支持：对关联信息（包括 TOE 设计）中描述的依赖部件与基本部件之间的接口进行的独立测试、开发者基于关联信息、开发相关信息和组合原理而进行测试的证据、对开发者测试结果的选择性独立确认来进行。对评估者为证实组合 TOE 可抵御基本增强理攻击潜力攻击者的攻击而进行的脆弱性分析也可提供支持。

CAP-A 适用于在缺乏现成可用的完整的开发记录时，开发者或用户需要一种低到中等级别的独立保障的安全性的情况。与 CAP-A 相比，CAP-B 通过要求更完备的安全功能测试，在保障方面提供了有意义的增强。因此 CAP-B 适用于开发者或用户需要一个中等级别的独立保障的安全性，以及在没有对组合 TOE 进行实质性改造的情况下，要求对组合 TOE 及其开发过程进行彻底的调查。

与 CAP-B 相比，CAP-C 通过要求更完备的设计描述和抵御更高的攻击潜力，在保障方面提供了有意义的增强。因此 CAP-C 适用于开发者或用户在传统的商品化 TOE 中需要一个中等到高等级别的独立保障的安全性，并准备负担额外的安全专用工程费用。

自从组合保障包 CAP 提出以来，国内外鲜见实际使用该概念的评估案例。实际上依据 CAP 的评估存在一些基本问题，这妨碍了其被实际应用，主要包括以下基本问题。

（1）CAP 要求组合部件必须都进行过 EAL 评估，这不利于一个组合产品的实际评估状况，其中所有的部件或至少部分部件是没有被评估过的。

（2）采用 CAP 方法进行评估后得到的 CAP 级别无法和 EAL 级别进行比较，因而无法论述一个 CAP 组合评估产品和一个按 EAL 进行整体评估的产品的安全保障程度。

（3）由于前两点，无法对包含 3 个及以上依赖层次的组合产品进行 CAP 评估，因为虽然可以对下两层进行 CAP 评估，但却无法将第三层的 EAL 评估结果和下两层的 CAP 评估结果进行组合评估。

为了改善这种状况，正在编修的 CC v4.0 版本提出了新的组合评估概念，并给出了某些组合模型下的评估方法。在这种评估方法中，一个基础部件需要预先进行 EAL 评估，其上层依赖部件没有经过 EAL 评估，通过在现有的评估保障类中增加特定的保障族（主要包括 ASE_COMP、ADV_COMP、ALC_COMP、ATE_COMP 和 AVA_COMP 等），可以最终输出一个体现 EAL 级别的组合评估结果，因此这个方法将与基本的 EAL 评估方法一致，并可以支持多于三层的组合产品评估需求。

3.3 本章小结

基于 CC/CEM 的安全评估为客户提供 IT 产品安全行为和安全保障的评估证据，而不是通过安全理论模型和系统仿真方法为 IT 产品客户提供安全功能证明。为此，我们需要使用 CC 定义的安全组件来描述 IT 产品的安全要求。本章重点是介绍用于规范某个 IT 产品安全功能要求表达的 CC 安全功能组件和安全保障组件的内容及其使用方法，即 CC 第 2 部分列出的 11 个类、65 族和 136 个安全功能组件和 CC 第 3 部分列出的 PP/ST 评估这 2 个保障类和 TOE 以及组合 TOE 的 6 个评估保障类、38 个族和 89 个安全保障组件。

CC 第 2 部分定义的功能类描述了标准用户可能需要的各种潜在安全功能组件。当 PP/ST 编制者开始选择安全功能要求时，功能类是选择安全功能组件的出发点。CC 第 2 部分的安全功能类彼此之间是并列关系，并没有层次关系。在 CC 文档中的功能类定义的助记符短名是按照其字母排序的。功能族是用来陈述一组共享安全目的，但是安全关注点或安全精确度上不一样的安全要求。在确定了功能类后，可依据 PP/ST 定义的安全目的，为 TOE 选择相应的功能族。组件是一个安全要求的特殊集合，它是由各种元素构成的。CC 规定组件中的元素是一个不可分割的安全要求，它应可通过一个安全评估被验证。组件被分配了一个长名并且相关的要求在 CC 第 2 部分都被准确地描述了。一个组件和另一个组件之间的层次关系是在功能族中指定的，在此基础上，我们分别介绍了 11 个安全功能类相关的族及其组件。

CC 第 3 部分给出了描述 IT 产品安全保障要求的标准化组件。在 CC 中 TOE 的安全保障级别划分是以保障类为依据的，而保障类由多个保障族组成，每个保障族都有一个保障安全目的，保障族又由一个或多个保障组件组成，每个保障组件也有一个安全目的，表明该组件的安全意图。保障组件又由一组保障元素组成，保障元素分别从 TOE 开发者、评估者和评估证据内容和格式的角度对保障组件所包含的内容和评估依据进行阐述。为便于理解，我们按照评估项目目标对象的不同，分别介绍了保护轮廓评估组件、安全目标评估组件、评估对象保障组件和组合评估对象保障组件，并在最后介绍了 CC 预定义的评估保障级别和组合保障包含义及相应的安全保障组件。

3.4 问题讨论

1. 简述安全功能组件结构、功能类和功能族的主要目的。
2. 安全审计类安全功能组件有哪些？简述它们的用途。
3. 通信功能类安全功能组件有哪些？简述它们的用途。
4. 密码支持类安全功能组件有哪些？简述它们的用途。
5. 用户数据保护类安全功能组件有哪些？简述它们的用途。

6. 用户标识和鉴别类安全功能组件有哪些？简述它们的用途。

7. 安全管理类安全功能组件有哪些？简述它们的用途。

8. 隐私要求类安全功能组件有哪些？简述它们的用途。

9. TSF 保护类安全功能组件有哪些？简述它们的用途。

10. 资源利用类安全功能组件有哪些？简述它们的用途。

11. TOE 访问类安全功能组件有哪些？简述它们的用途。

12. 可信路径/信道类安全功能组件有哪些？简述它们的用途。

13. 以某个操作系统、数据库管理系统或应用系统的访问控制安全功能为例，选择用户数据管理类某个相应的组件，描述该 TOE 的组件元素操作。

14. 以某个操作系统、数据库管理系统或应用系统为例，定义其需要记录的安全相关事件。

15. 以某个操作系统、数据库管理系统或应用系统为例，从 CC 用户鉴别组件列表中选择合适的组件，描述该 TOE 的组件元素操作。

16. 简述 TSF 间可信信道和可信路径的区别，并通过案例说明。

17. 简述安全保障要求组件结构、功能类和功能族的主要目的。

18. 简述安全保障评估努力有哪些要素。

19. 阐述功能和保障类、族和元素的标准记法。注意相似性和不同，如果存在的话。

20. CC 给出预定义评估保障级别的目的是什么？为何要定义组合保障包？

21. 保障组件元素分 3 类，简述它们各自的通途。

22. PP 保障组件有哪些？简述它们的用途。

23. ST 保障组件有哪些？简述它们的用途。

24. 开发类保障组件有哪些？简述它们的用途。

25. 指导文档类保障组件有哪些？简述它们的用途。

26. 生命周期类保障组件有哪些？简述它们的用途。

27. 测试类保障组件有哪些？简述它们的用途。

28. 脆弱性评定类保障组件有哪些？简述它们的用途。

29. 组合 TOE 保障组件有哪些？简述它们的用途。

第4章　保护轮廓及其编制方法

由前面章节可知,CC三部分文档关注的内容虽然不同,但它们之间的有机结合体现在与IT产品实现无关的安全要求文档——保护轮廓和与IT产品实现相关的安全方案文档——安全目标的编制过程中。

由于CC涉及的功能组件和保障组件较多,给PP/ST的编制带来一定的负担。因此,CCDB从1996年开始编制CC的指导性使用文件——ISO/IEC TR 15446技术报告,意在帮助TOE消费者使用CC标准化术语、词汇、句法和符号来表达他们对IT产品的安全需求,并给TOE开发者描述其安全方案提供文档结构化方面的建议。

作为CC的辅助指导性文件,ISO/IEC TR 15446技术报告在2004年正式发布。我国也在2006年将ISO/IEC TR 15446技术报告转化为国家标准指导性技术文件GB/Z 20283《信息技术 安全技术 保护轮廓和安全目标产生指南》。GB/Z 20283—2006发布后,我国参照GB/Z 20283的内容编制了多种IT产品安全技术要求(即保护轮廓),并结合我国IT产品的分级测评业务,指导IT厂商编写了对应的安全目标文档。这些已发布的保护轮廓文档主要包括以下文件(由于本书编写过程中有不少文档处于修订状态,读者可在相关网站了解最新版本的年代信息)。

(1)《信息安全技术 具有中央处理器的IC卡嵌入式软件安全技术要求》(GB/T 20276)。

(2)《信息安全技术 信息系统安全审计产品技术要求,测试和评估方法》(GB/T 20945)。

(3)《信息安全技术 具有中央处理器的IC芯片安全技术要求》(GB/T 22186)。

(4)《信息安全技术 网络交换机安全技术要求(评估保障级3)》(GB/T 21050)。

(5)《信息安全技术 网络入侵检测系统保护轮廓(EAL 3级)》(GB/T 20275)。

(6)《信息安全技术 防火墙产品安全要求、测试和评估方法》(GB/T 20281)。

(7)《信息安全技术 网络扫描器保护轮廓(EAL 3级)》(GB/T 20278)。

(8)《信息安全技术 网络扫描器测试和评估方法》(GB/T 20280)等。

为保证与GB/T 18336—2015标准的一致性,本章将对照GB/T 18336.1的附录B保护轮廓结构和ISO/IEC TR 15446:2009技术报告,逐节讨论PP文档结构的内容和格式,并定义从哪些角度去考虑IT产品安全问题定义,定位安全目的和选择相关的安全组件,以及如何编写PP中的安全原理,以帮助CC用户编制和解读PP。此外,编制PP的目的、PP的应用范围等将映射至我们常见的IT产品生命周期和IT产品采购的通用流程中,以便CC消费者、开发者和评估者理解PP的内容及其用途。本章主要包括以下内容。

(1) **PP概述**:概述PP作用及其PP编制目的,包括国内外IT产品相关PP的编制情况。

(2) **PP结构**:解释基于PP概念的用户需求规范结构及内容,概述PP各部分之间的关系,包括安全原理作用及其编制原则。

(3) **PP编制**:按照PP结构,分别概述引言、符合性声明、安全问题定义、安全目的定义、扩展组件定义和安全要求编制方法和技巧。

4.1 保护轮廓概述

PP编制者需要描述特定IT产品类型可能存在的安全问题，并导出解决这些安全问题的安全目的及对应的安全功能和安全保障组件。PP编制者并不需要说明这类IT产品类型开发者如何实现这些安全要求。因此PP针对的这些IT产品集称为TOE。换句话说，PP是为满足特定客户需求的、与实现无关的一类IT产品的安全功能和安全保障的需求说明文档。这样IT产品用户能够不参考任何特定的TOE实现去构造或引用一个PP来描述他们所需的IT产品安全要求。面向某类IT产品的PP编制过程将引导用户去阐明、定义并验证其安全要求，这一过程的最终结果是要达到以下目标。

(1) TOE消费者将安全要求通过CC标准化语言和格式，传达给潜在的IT产品开发商。

(2) 给TOE开发者提供一个可以编制ST和准备TOE安全评估的依据(评估证据)。

(3) 给TOE评估者对TOE与ST之间实现的一致性评估提供一个规范化基础文档。

编制PP目标如CC中所述：

“保护轮廓目标是为一组特定的IT产品集合(即TOE)严谨地陈述其安全问题，并指定解决这些安全问题的安全目的和相关的安全功能要求和安全保障要求，而无须陈述TOE的这些安全要求的具体实现技术与机制。”

换句话说，PP可由IT产品消费者(即客户)定义，对潜在的IT产品开发者和IT系统集成商(供应商)可见，并由国家评估体制认可的TOE评估者按照CEM中APE评估方法对PP进行审查和评估。同样，其他具有类似IT产品安全要求的客户可能重用既有的由另一个组织编写的PP的全部或部分内容，因此，描述一类IT产品安全要求的PP编写者可以是以下三方。

(1) **TOE消费者**：为IT产品的采购过程而详细说明其安全要求的最终用户(即客户)。

(2) **TOE开发者**：具体IT产品的开发商或提供商的开发人员，或者希望为该类型IT产品的TOE建立最小安全基线的类似TOE提供商。

(3) **TOE评估者**：为一类给定IT产品进行安全评估的用户团体，如CC专家、CC测试实验室。

事实上，PP编制可能需要上述三方共同合作，并在CC咨询专家和IT产品领域专家的指导下合作完成。按照CC第3部分的PP评估类(APE)要求，只有通过评估的PP才能注册到权威评估机构维护的PP注册网站上，以促进PP的“最佳实践”共享，减少“重新发明”类似IT产品安全需求的负担。例如美国的国家信息安全保障合作伙伴网站(https://www.niap-ccevs.org/pp/)列出了目前在用的16个关键技术领域中的49个保护轮廓和149个归档的保护轮廓(2019年8月网站数据)。图4.1给出了CC官方网站(http://www.commoncriteriaportal.org)上维护的包括访问控制设备与系统、边界保护模块与系统、数据保护、数据库，操作系统、网络和网络相关设备与系统、智能芯片、智能卡及其相关设备与系统等在用的14类IT产品的保护轮廓579个(2019年8月网站数据，其中在用的保护轮廓有385个)。

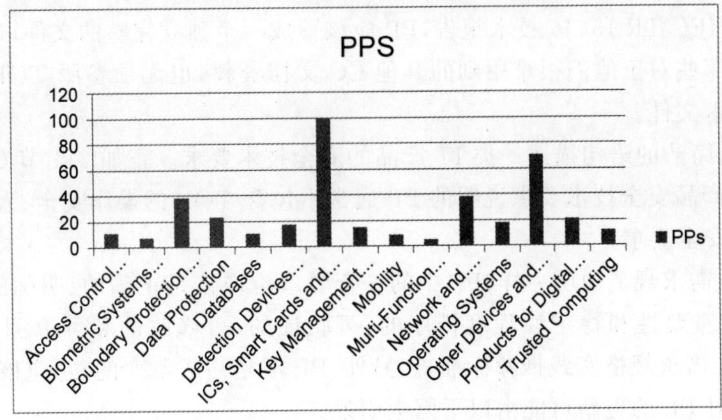

图 4.1　CC 官方网站列出的已认证 PP 的统计信息

表 4.1 列出了 2017 年 12 月在 CC 官方网站注册的网络和网络相关设备与系统类相关的 12 个注册 PP，从"注册国家"属性看出，CC 项目组织认可来自参与 CCRA 互认的不同国家编制的 PP，它们不但包括覆盖了 CC 预定义的安全保障级别的 PP，也包括一些未给出评估保障级别的 PP。

表 4.1　CC 官方网站列出的 PP 注册部分列表信息

保护轮廓	版本标识	评估保障级别	注册国家	注册日期
Extended Package for SIP Server	2.0	EAL 1	美国	2015 年 12 月 1 日
Korean National Protection Profile for Network Device v1.1	1.1	EAL 1+ATE_FUN.1	韩国	2017 年 4 月 21 日
Anforderungen an die Kommunikationsinfrastrukur für sicherheitsrelevante Anwendungen (KISA)	1.0	EAL 4+AVA_VAN.5	德国	2016 年 8 月 11 日
Smart Meter of Turkish Electricity Advanced Metering Infrastructure Protection Profile	1.1	EAL 2+AVA_VAN.3	土耳其	2014 年 9 月 3 日
Protection Profile for the Gateway of a Smart Metering System	1.3	EAL 4+ALC_FLR.2 AVA_VAN.5	德国	2014 年 4 月 4 日
DCSSI-PP 2008/08-IP Encryptor (CC v3.1)	1.9	EAL 3+ALC_FLR.3 AVA_VAN.3	法国	2008 年 8 月 22 日
DCSSI-PP 2008/03-Client VPN Application(CC v3.1)	1.3	EAL 3+ALC_FLR.3 AVA_VAN.3	法国	2008 年 7 月 10 日
Remote-Controlled Browsers Systems(ReCoBS)	1	EAL 3+	德国	2008 年 3 月 31 日
Konnektor im Elektronischen Gesundkeitswesen, Anforderungen an den Netzkonnektor	1.05	EAL 4+	德国	2007 年 10 月 9 日
Low Assurance Protection Profile for a VPN Gateway	1.4	EAL 1	德国	2005 年 6 月 15 日
Configurable Security Guard(CSG)	3.3	EAL 5	法国	1999 年 4 月 1 日
Application VPN Cliente/Client VPN Application	1	EAL 2+	法国	2006 年 10 月 10 日

按照ISO/IEC TR 15446技术报告，PP应该写成一个独立完整的文件，这样PP读者就不用再去参考那些对于他们很难用到的其他CC文档资料，也无须参照TOE相关IT产品其他众多的技术文件。

PP应该以简洁的语句描述一类IT产品的安全技术要求。正如2.1节CC的适用性指出的，面向IT产品安全技术要求说明的PP通常不包含TOE的操作安全、人员安全或物理安全等方面的安全要求。

与IT产品需求规范说明一样，PP中的安全要求也应该是正确的、明确的、完整的和一致的，并且是依重要性和稳定性程度排序的、可验证的、可修改的和可追溯的(参见IEEE 830—2007软件需求规格实践推荐标准)。另外，PP不是一成不变的，它应该是一个可维护的技术文件。对PP的更新可能由以下因素引发。

(1) 识别和应对新的威胁，例如用户业务需求的变化导致所采购和使用的TOE需处理新的安全攻击。

(2) 组织安全策略的变化，例如组织架构或业务过程的变化可能导致组织制订新的安全策略或修改原有的安全规则。

(3) IT系统任务或预期使用的改变，例如TOE的版本升级或添加新的信息处理功能。

(4) 成本或进度制约因素，例如销售策略导致TOE开发成本或开发计划的变化。

(5) 高于预期开发成本，例如使用未在计划中的技术或支持工具。

(6) 在TOE及其运行环境之间的安全要求分配的变化，如借助运行环境实现安全要求。

(7) 新技术，例如云计算技术的应用导致TOE未考虑到的安全技术与机制。

(8) 评估中未发现的缺陷。

(9) 与新版CC版本保持一致等。

例如，美国国家信息安全保障合作伙伴(NIAP)在2004年就推出数据库管理系统(DBMS)保护轮廓。跟随CC版本的变化，NIAP相继发布了多个版本的DBMS PP。到2014年，该PP被CCRA成员国认可，德国、瑞士等国也对该PP进行了更新，表4.2给出了DBMS PP的更新历史信息。

表4.2 美国数据库管理系统保护轮廓

保护轮廓	版本标识	CC版本	注册日期
U. S. Government Protection Profile for Database Management Systems for Basic Robustness Environments	1.0	CC v2.1	2004年9月30日
U. S. Government Protection Profile for Database Management Systems for Basic Robustness Environments	1.1	CC v2.3	2006年6月7日
U. S. Government Protection Profile for Database Management Systems for Basic Robustness Environments	1.2	CC v3.1 r1	2007年7月25日
U. S. Government Protection Profile for Database Management Systems for Basic Robustness Environments	1.3	CC v3.1 r3	2010年12月24日

续表

保护轮廓	版本标识	CC版本	注册日期
Base Protection Profile for Database Management Systems	2.0	CC v3.1 r4	2014年12月15日
Base Protection Profile for Database Management Systems	2.07	CC v3.1 r4	2015年9月9日
Base Protection Profile for Database Management(DBMS PP)-Base Package	2.12	CC v3.1 r5	2017年3月27日
Base Protection Profile for Database Management Systemsand DBMS PP Extended Package-Access History	2.12	CC v3.1 r5	2017年4月4日

按照ISO/IEC TR 15446技术报告建议，PP/ST编制应以“自上而下”的方式进行，即首先定义TOE面临的安全问题，然后识别出安全目的以处理这些安全威胁和组织安全策略。这样一旦确立了TOE安全目的，就可以从CC第2部分和第3部分中选择合适的安全功能和安全保障组件，或通过定义扩展组件（TOE特定的安全要求）以满足PP确立的TOE安全目的。

在软件工程中存在多种软件开发的生命周期模型，如经典的瀑布模型、逐步细化的螺旋模型、快速原型模型、面向对象的分析和设计模型等。尽管每个IT产品生命周期模型的生命活动序列、持续时间和这些模型的不同阶段之间的交互可能有所不同，但它们的生命周期阶段都含有一定的通用性，一般都包括基本概念、需求分析、规格说明、设计、开发、验证、确认、运行和维护、销毁等活动过程。ISO/IEC TR 15446技术报告给出的PP/ST编制指南不依赖于上述任何特定的生命周期模型；相反，ISO/IEC TR 15446技术报告使用了一个连续的带有内置检查机制的细化过程模型。如CC第1部分中所述：

“CC的要求是应该在足够的粒度水平上用足够的设计表示来展示：(1)每个细化级别是一个较高级别的完整实例化(即所有在较高的抽象层次上的TOE安全功能、属性和行为定义必须在较低级别有明确表示)；(2)每个细化级别是更高级别的一个准确的实例化(即在较低抽象的级别不应该有较高级别未指定的额外的TOE安全功能、属性或行为的定义)。”

尽管ISO/IEC TR 15446技术报告并没有指定使用某种特定的生命周期模型来编制PP，但在CC的安全保障要求中，指定要根据生命周期保障类（ALC_LCD）定义的两个组件来评估PP编制者使用的生命周期模型的恰当性、规范性及可测性。生命周期模型保障组件（ALC_LCD.1）要求IT产品开发者建立TOE的一个生命周期模型，包括生命周期中用于TOE开发和维护的文档。可测生命周期模型保障组件（ALC_LCD.2）要求IT产品开发者应基于一个可测量的生命周期模型，建立一个用于TOE开发和维护的生命周期模型。生命周期定义（ALC_LCD）类增加了要求解释用来衡量TOE的开发和维护过程中的生命周期模型的依从性指标。在评估保障级别EAL 3～EAL 6的TOE中应包括ALC_LCD.1保障组件，在EAL 7级别的TOE中应包括ALC_LCD.2保障组件。

PP编制可映射到IT产品研发通用生命周期的某阶段。对IT产品的最终用户来说，PP对应其研发生命周期的需求分析阶段（如表4.3所示），即客户可通过PP的编制，使用标准化的技术术语陈述他们对即将使用的 IT 产品的安全要求，并且这些安全要求的质量将按照 CC 第 3 部分中 PP 评估类 APE 定义的安全保障活动进行了评估。

表 4.3 CC/CEM 组件与通用系统生命周期和采购阶段的对应关系

通用评估准则活动	通用系统生命周期阶段	系统采购通用流程
无	概念	概念定义、可行性研究、需求分析、成本预算等
PP 编制 PP 安全评估活动：APE	需求分析和规范说明	招标书中发布的安全要求文件
ST 编制 ST 安全评估活动：ASE	系统设计	需求：由供应商提交技术评估和成本建议
由中标供应商开发 TOE TOE 安全评估活动：ALC_DVS、ADV	系统开发	采购招标与合同签订
TOE 评估活动：ATE、AVA	系统验证	验收交货订单物，发现不满足需求的设计或开发缺陷
TOE 评估活动：ALC、ADV、AGD	确认、安装和检验	系统安装部署和试运行
TOE 评估活动：AGD、ALC_FLR、AVA	运行和维护	系统运行，并过渡到维护合同
无	停止	合同期满

相应地，PP 编制也可映射到组织 IT 产品采购流程的某个阶段。IT 产品采购流程一般包括签订采购合同前的市场活动，如未来 IT 系统的概念定义、可行性研究、成本估算、招标申请书的编制、发行、招标方案评价等；合同签订后的活动，如监督 IT 系统的开发、接受订单交货、签发工程变更单以纠正需求、IT 产品部署等；在 IT 系统实施验收后活动，包括从正常操作过渡到维修阶段，一直持续到维护合同的终止等。PP 编制属于合同签订前的一部分活动，即 PP 应包括在招标书发行的相关文件中，作为招标要求中一个很重要的非功能需求提供给潜在的项目支持者。这种做法在各国政府机构的招标采购活动中广泛采用，例如美国政府从 2002 年 7 月开始就要求在关键信息基础设施采购中强制使用经过 CC 评估的 IT 产品。换句话说，只有经过 CC 安全评估，并且符合美国定义的 PP 要求的 IT 产品才能被采购。表 4.3 将编制 PP 相关活动与软件开发通用生命周期模型和 TOE 消费者的一般合同采购流程阶段相对应，PP 及其保障活动对应于软件开发通用生命周期的需求分析与规格说明活动，对应于 IT 系统采购通用流程的招标书编制活动。

从表 4.3 所示的 3 类生命周期阶段的对应关系可以看出，由 TOE 消费者主导，相关 CC 用户参与定义的某类 IT 产品通用安全要求集合的 PP 一般用于以下用途。

(1) 特定 TOE 消费者或消费者群体的 IT 产品安全需求规范，这些 IT 产品消费者只考虑购买符合该 PP 的 IT 产品类型。

(2) 特定管理实体的部分规章制度，他们只允许使用符合该 PP 的特定类型的 IT 产品。

(3) TOE 开发者对 IT 产品定义的安全要求基线，他们生产的所有该类 IT 产品将满足该基线要求。

当然不排除其他的 PP 使用情景，但 CC 明确指出 PP 不适用的 3 个角色分别如下。

(1) 详细规范：PP 是某类 IT 产品较高抽象级别的安全需求规范。PP 一般不应该包含这些 IT 产品的协议规范、安全技术与机制或相关算法的详细描述、具体操作的冗长描述等。

（2）完整规范：PP 是某类 IT 产品安全需求规范而不是该产品的通用功能规范。除非与安全相关，否则像模块之间的互连性、不同产品间的互操作性、IT 物理大小和重量、运行所需的电压等质量属性不应该成为 PP 中 TOE 安全要求的构成部分。换句话说 PP 只是一个 TOE 完整规范的安全相关内容描述，而其本身不是 TOE 的一个完整规范。

（3）单一产品的规范：与 ST 不同，PP 是描述特定类型的 IT 产品，而不是某一 IT 厂商提供的具体产品。仅仅描述单一产品安全需求时，最好使用第 5 章中介绍的 ST。

4.2　保护轮廓结构

在 CC 第 1 部分的附录 B 中描述了 PP 结构，给出了包括内容、语法及格式要求。尽管 CC 给出的 PP 结构与我国的 GB/T 1.1《标准化工作导则 第 1 部分：标准的结构和编写》结构不一致，但 CC 还是特别推荐在描述 IT 产品的安全要求时以这样的结构组织，以使 IT 产品安全要求的评估和管理变得省时省力：采用 CC 第 1 部分的附录 B 的 PP 结构确保了 PP 为所有 CC 用户之间达成准确的和一致的认知。CC 第 1 部分附录 B 的 PP 强制内容如图 4.2 所示。

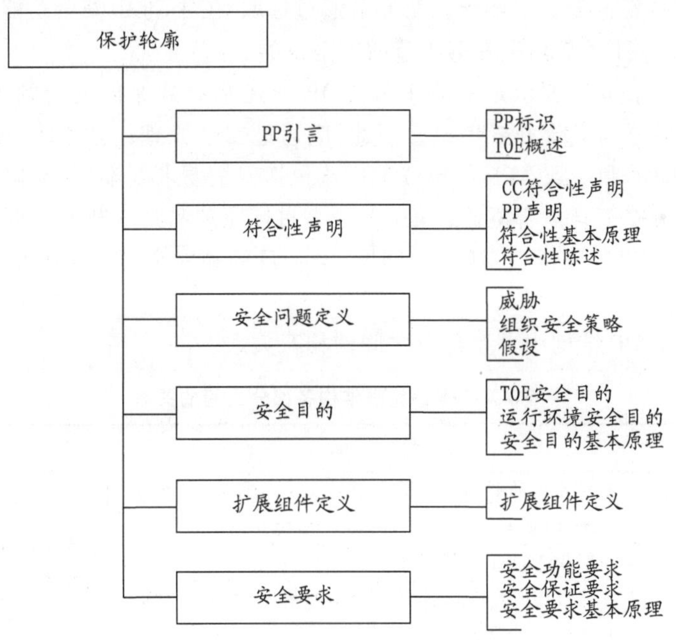

图 4.2　PP 文档结构和内容

（1）**PP 引言**：PP 标识及 TOE 概述内容描述，包括 PP 目的摘要，某类 IT 产品的基本功能、安全功能和安全边界的叙述性描述。

（2）**符合性声明**：符合性陈述此 PP 是否声明与其他任何 PP 或包相符合，且如果这样，应陈述与那些 PP 或包的符合性原理。

（3）**安全问题定义**：定义 TOE 预期处理的“安全问题”，包括 TOE 运行环境所需的假设、已知的对被保护资产的威胁，以及 TOE 必须服从的组织安全策略。

(4) **安全目的**：提供预期响应威胁和组织安全策略的安全目的简要陈述，包括由 TOE 自身应满足的安全目的和由 TOE 运行环境中相关的 IT 基础设施或管理措施等满足的运行环境安全目的，阐述安全目的与前面安全问题关系的基本原理。

(5) **扩展组件定义**：定义面向 TOE 特定需求的新组件(即这些组件不包含在 CC 第 2 部分和第 3 部分中)，包括扩展组件功能要求和扩展保障要求及其评估方法定义。

(6) **安全要求**：将 TOE 安全目的转化成用 CC 技术术语(简称标准语言)描述的安全要求。安全要求包括对 TOE 的安全功能要求(使用 CC 第 2 部分中的功能组件)和安全保障要求(使用 CC 第 3 部分中的保障组件)，简述安全要求基本原理，以证明第 4 节所有安全目的都被本节安全要求所覆盖。

从图 4.2 看出，PP 结构由 6 个部分构成，它们之间有着广泛的联系，形成一个有机的整体。第 1 节 PP 引言确定 PP 的性质、TOE 地位与应用范围，描述 TOE 需要保护的资产、一般功能、安全功能和安全边界。第 2 节规定 PP 的符合性要求，包括对应的 CC 版本号，是否参照了其他 PP 等。第 3 节按照第 1 节 TOE 安全边界的定义，描述适用于 TOE 安全功能(TSF)的假设，分析相应的威胁，并列举组织安全策略。第 4 节描述 TOE 的安全目的和运行环境目的，并阐述安全目的与第 3 节的威胁和组织安全策略关系的基本原理。第 5 节扩展组件定义是可选的，它提供一个额外的使 IT 产品客户、开发人员和评估人员沟通的机会，用于定义 TOE 特定的安全要求。第 6 节通过选取 CC 标准中安全功能要求和安全保障要求组件，并细化组件元素来实现第 4 节的安全目的。

PP 定义的 TOE 安全要求是从第 1 节 TOE 所述及的被保护资产的敏感性，以及第 3 节中提出的安全问题的风险分析得出。因此，应通过安全原理论述 PP 中的安全要求是正确的、明确的、完整的和一致：PP 的第 6 节应该包括安全要求基本原理，以证明第 4 节所有安全目的都被本节安全要求所覆盖；第 4 节安全目标原理和第 6 节安全要求原理应证明是来自一个系统性的相关分析，包括安全问题、安全目的和安全要求之间的一致性和完整性检查。

表 4.4 总结了 PP 结构中 6 个部分之间的相互关系。

表 4.4　保护轮廓结构各部分之间的关系

章　节	目　标	源
1. 引言	确定 PP 的性质、范围和状态，描述需要保护的 TOE 的通用功能、安全边界和保护资产	来自 CC 第 1 部分的 PP 结构要求
2. 符合性声明	指明 PP 的符合性要求	
3. 安全问题定义	陈述 TOE 的假设、面临威胁，并引用适用于 TSF 的组织安全策略	
4. 安全目的	为 TOE 和 IT 环境描述安全目的，给出安全问题对称的合理性说明	来自第 3 节的假设，威胁和组织安全策略的分析
5. 扩展组件定义	提供 TOE 附加的安全要求	TOE 消费者的需求分析
6. 安全要求	通过安全功能要求 SFR 和 SAR 的组合实现安全目的，并通过安全原理说明 TOE 的安全要求是完整而紧密的	来自资产敏感性分析（第 3 节)和应对安全问题的安全目的(第 4 节)，并对相关分析、一致性和完整性检查

在 CC v3.1 r2(ISO/IEC 15408:2008)以前版本的 PP 结构中，人们习惯在 PP 的第 1 部分之前描述公约、术语、文件组织等预备信息。我国的信息安全技术安全要求国家推荐标准也沿用了这种结构，在定义 TOE 之前，先描述了标准的范围、规范性引用文件、术语、定义和缩略语(参见 GB/T 1.1)。经过多年的实践验证，从 CC v3.1 开始，CC 不建议这么做，原因是 PP 中的这些信息对开发商是没有约束力的，也不是由一个 CC 测试实验室来评估的。

在 ISO/IEC 15408:2008 推荐的 PP 结构中，安全目的原理和安全要求原理应当在第 4 和第 6 节进行阐述。如果安全目的和安全要求基本原理特别多，可以在最后添加第 8 节基本原理的内容进行详述，而不要放在第 4 和第 6 节的安全目的列表和安全要求列表之后进行简述。

另外，在 2017 年版的 CC v3.1 r5 中，CC 引入了低保障 PP 概念。低保障 PP 文档结构与常规 PP(即有全部内容的 PP)有类似结构，但低保障 PP 无须论述安全问题、TOE 安全目的以及各个部分直接的推理关系(特定情况下仍需要，见下文)，主要由下述几部分组成。

(1) PP 引言：由 PP 标识和 TOE 概述组成。

(2) 符合性声明：陈述此 PP 声明的 CC 或其他 PP 或包符合内容。

(3) 运行环境安全目的：由 TOE 运行环境中相关的 IT 基础设施或管理措施等满足的 TOE 运行环境安全目的。

(4) SFR 和 SAR(包括扩展的组件定义)和安全要求基本原理(只有当安全要求之间的预定义依赖关系不满足时才需要)。

4.3　保护轮廓引言

PP 引言以抽象的叙述性方式描述 TOE。

(1) **PP 标识**：为 PP 提供标识信息，使之适于为国家评估体制的 PP 注册与管理。

(2) **TOE 概述**：提供 TOE 背景信息，目的是使读者了解 TOE 保护的资产、基本功能、安全要求和预期用法。

4.3.1　PP 标识

PP 标识部分一般包括标题、版本号、作者、发布日期、注册机构、注册授权号、评估保障级别、对应 CC 版本号、关键词等信息，这些信息是用来清晰地识别特定 PP 的。PP 标识内容是当地国家安全评估机构(如美国 NIAP)登记维护这些 PP 的重要信息。PP 版本号和发布日期是 PP 标识部分两个最重要信息，这允许同一类 IT 产品的多个版本 PP 可以注册在同一网站的 PP 列表中。例如 NIAP 维护的防火墙 PP 已经有 12 个版本，维护的操作系统 PP 有 11 个版本。PP 标识部分的最后一般列出一些关键词，如产品类别、技术类型、PP 编制组织等信息。

CC 并不规定将评估保障级别放在 PP 的哪一部分，但 ISO/IEC TR 15446 技术报告建议将其放在 PP 标识中，因为这将对 PP 的国际互认起重要作用。逻辑上，PP 可以引用从 EAL1 至 EAL 7 中的任意一个安全保障组件包。然而，目前很少有 IT 产品的评估保障级别用到 EAL 5 以上的版本(注：iTC 建议只承认 EAL2 级的国际互认)。对应的 CC 版本号字段陈述 PP 符合的 CC 版本。换句话说，它指明了 PP 是否严格地使用 CC 第 3 部分的安全保障要求(如 CC 规定的评估保障级别)，还是对 CC 第 3 部分的安全保障要求进行了增强或扩展。不同国家安全评估机构有权对 PP 标识字段进行裁剪，但标题、版本号、发布日期、作者、对应 CC 版本号和关键词是必需字段。图 4.3 分别给出了美国和德国注册登记的操作系统 PP、美国注册的数据库管理系统 PP 中的 PP 识别相关信息样例。

例1：德国操作系统保护轮廓	
标题:	操作系统保护轮廓
版本:	版本 2.0
发布日期:	2010年06月1日
作者:	Stephan Müller, Gerald Krummeck, Helmut Kurth information security GmbH
注册码:	BSI-CC-PP-0067
CC版本号:	CC v3.1
关键词:	操作系统,通用目的操作系统
例 2：美国通用操作系统保护轮廓	
标题:	通用目的操作系统
版本:	版本 4.1
发布日期:	2016 年 3 月 9 日
简称:	pp_os_v4.1
CC版本号:	CC v3.1
关键词:	操作系统,通用目的操作系统
例 3：美国数据库管理系统保护轮廓	
标题:	美国政府数据库管理系统保护轮廓
发起人:	国家安全局 (NSA)
版本:	版本 1.3
发布日期:	2010 年 12 月 24 日
CC版本号:	CC v3.1
保障级别:	EAL 2+
关键词:	数据库管理系统, DBMS PP, COTS, 商业安全,访问控制, CC EAL2 增强级

图 4.3　保护轮廓标识样例

表 4.5 比较了 CCRA 的 PP 注册和国际标准组织(ISO/IEC JTC1)注册机构(RA)需要识别 PP 的相关信息。如表 4.5 所示，仅有三个共同属性。

(1) CCRA 中的 CC 一致性声明和版本(PP 的 1.1.5)对应于国际标准组织 RA 的第 11 个条目。

(2) CCRA 中的 PP 评估现状(PP 的 1.1.6)对应于国际标准组织 RA 的第 4 条目。ISO/IEC JTC1 RA 的条目有多种有效的状态码的选择。相反，CCRA 的 PP 注册一般仅限于通过第三方机构(如 CC 测试实验室)正式评估通过的 PP。

(3) CCRA 中的 PP 概述(PP 的 1.2.1)对应于国际注册机构 RA 的第 7 条目的执行概要。

表 4.5　CCRA PP 注册和 ISO/IEC JTC1 注册机构(RA)获取的 PP 标识识别信息对比

CCRA 保护轮廓注册表		ISO/IEC JTC1 RA 登记信息	
1	PP 简介	1	条目标签
1.1	PP 识别	1.1	条目类型：PP、FP 或 AP
1.1.1	PP 名字	1.2	登记年份
1.1.2	PP 标识符	1.3	注册号
1.1.3	关键词	2	新的或更新的条目
1.1.4	EAL	2.1	被该标签替换条目标签
1.1.5	CC 一致性声明和版本	2.2	任何条目标签替换此标签
1.1.6	PP 评估状态	3	草稿条目或完整条目
1.2	PP 概述	4	条目状态：验证中、验证失败注册、评估中、认证的、已过时、已过期
1.2.1	PP 概述	5	年表
1.2.2	相关 PP 和参考文档	5.1	原验收日期
1.2.3	PP 组织	5.2	上次修改的日期
1.2.4	缩略词	5.3	下次例行审查日期
		6	联系信息
		6.1	目前赞助商
		6.2	原注册申请人
		6.3	CCTL(用于评估和认证的条目)
		7	执行概要
		8	PP 语言(如果不是英语)
		9	技术定义(整个 PP 或包)
		10	缺陷报告和决议的日期
		11	CC、CEM 和其他由 RA 验证的 CC 发布的版本

从表 4.5 看出，ISO/IEC JTC1 RA 注册过程需要提供一个更完整的 PP 的生成和评估活动的历史信息。此外，它也记录着所有参与者的信息，第 9 个条目包含 PP 的所有功能组件包或安全保障包。反之，包含在 CCRA 中 PP 的概要信息仅限于某个单一组织的 PP。同时，CCRA 注册记录不包含功能包(FP)或保障包(AP)。CCRA 和 ISO/IEC JTC1 RA 都是为技术转让的目的而存在的——传播 PP 相关的信息。随着时间的推移，目前主要由 CCRA 在维护国际互认的 PP 列表(http://www.commoncriteriaportal.org)。

CCRA 的参与者，如法国标准化协会(www.afnor.org/fr)、德国标准化协会(http://www.nia.din.de/)等国家认证机构也都维护他们国家认证的 PP。

PP 标识部分也概述了以下几部分内容。第 1 部分总结由该 PP 解决的安全问题。该部分长度应被限制在一到两个段落。第 2 部分列出与当前 PP 相关的参考 PP 以及任何在该 PP 中引用的文档。引用 PP 可能是该 PP 必须涉及的某类 IT 产品 PP，或该 PP 早期的某个版本。引用的文件可包括国家的法律法规或 CC 相关出版物。第 3 部分说明编制该 PP 的组织机构。第 4 部分定义该 PP 中用到的术语及其缩略语。

虽然我国在 2006 年发布了与 GB/T 18336 配套的国家标准指南类文件 GB/Z 20283—2006《信息安全技术 保护轮廓和安全目标的产生指南》，但在我国的多种产品的安全技术要求标准制定中并没有完全按照该指南给定的 PP 结构编制 IT 产品安全技术要求，而是根据 GB/T 1.1 标准化工作导则中的标准的结构和编写规则来组织 PP 引言部分内容。因此，有关 PP 标识信息对应于我国国家标准安全要求的编号和发布年份，有关 PP 的概述、适用范围等内容对应在我国标准的引言和前言中概述。图 4.4 给出了 GB/T 20276—2016《信息安全技术 具有中央处理器的 IC 卡嵌入式软件安全技术要求》的目录结构，安全原理的描述依然采用了 CC v2.3 中 PP 结构方式，作为单独的章节在最后列出安全目的和安全要求的基本原理。

前言
引言
1 范围
2 规范性引用文件
3 术语和定义、缩略语
　3.1 术语和定义
　3.2 缩略语
4 智能卡嵌入式软件描述
5 安全问题定义
　5.1 资产
　5.2 威胁
　5.3 组织安全策略
　5.4 假设
6 安全目的
　6.1 TOE 安全目的
　6.2 环境安全目的
7 安全要求
　7.1 安全功能要求
　7.2 安全保障要求
8 基本原理
　8.1 安全目的基本原理
　8.2 安全要求基本原理
　8.3 组件依赖关系
参考文献

图 4.4　GB/T 20276—2016 目录结构

4.3.2　TOE 概述

在最初的 CC 文档中，TOE 被定义为一组软件、固件和(或)硬件的集合。所以早期的 CC 对 TOE 的定义要求比较灵活，既可以指 IT 产品，也可以指 IT 系统，但从 CC v3.1 开始，CC 只定位于 IT 产品安全评估。ISO/IEC TR 15446 技术报告建议对 TOE 的描述至少应该包括 TOE 功能概述、TOE 安全功能描述和 TOE 安全边界 3 部分内容。

TOE 功能概述部分通常介绍 IT 产品的预期用户、主要用途、通用功能及其运行维护，其目的是给潜在的 TOE 开发者规定 TOE 的应用范围、系统部署、组成部分等 IT 产品的本质功能特征，以及任何其他与 IT 产品安全运行相关的领域知识。需要注意的是，功能概述部分需要覆盖 TOE 的基本功能，而不是仅仅介绍 TOE 安全功能(TSF)。例如数据库管理系统，其基本功能包括数据库结构定义、数据库中数据的操作和数据库运行管理(数据库初始化、备份与恢复等)，安全功能应按照数据库资产及其访问接口概述其用户身份标识与鉴别、数据库对象的授权管理、数据库审计等安全功能。图 4.5 提供了两个国家标准中的 TOE 功能描述例子。

TOE 功能概述能帮助 PP 读者理解 TOE 安全需求。从图 4.5 TOE 功能概述样例看出，TOE 的功能描述信息通常仅限于有限的几段，其中一个关键组成部分是要描述待保护的资产，并确定其敏感性。TOE 保护的资产和它们的潜在价值决定了资产在 IT 产品中的定位。因此，为预防资产损失、误用或损坏，PP 编制者在定义 TOE 的资产时应该仔细地对其敏感性进行鉴别。换句话说，在定义 TOE 安全功能前应识别资产类型及其敏感度。在 PP 安全问题的威胁评估中使用这些信息来确定各种威胁后果的严重程度，在 PP 安全保障要求里使用这些信息来确定资产所需保护的评估保障级别。

CC 建议按照用户数据和 TSF 数据描述 TOE 管理的资产。用户数据是存储在 TOE 中的资源，用户可以根据 TOE 安全功能要求对其进行操作，而 TSF 对用户数据并不赋予任何特殊的含义。TSF 数据是 TSF 在 TOE 按安全功能要求做决策时使用的信息。如果 TOE 安全功能要求允许，TSF 数据可以由授权的安全管理员进行管理。安全属性、用户身份

例 1：智能卡嵌入式软件安全技术要求

智能卡嵌入式软件运行在智能卡芯片上，用于管理芯片硬件资源和数据，并实现对应用功能的支持。该软件通常存放在底层芯片硬件的非易失性存储器中，通过芯片的通信接口与智能卡终端设备交换信息，以响应用户发起的数据加密、数据签名及鉴权认证等应用请求。

一般情况下，智能卡嵌入式软件由负责处理芯片硬件接口，实现文件管理、安全管理、通信处理和应用处理等功能的模块组成，其中安全管理模块提供安全配置、安全事务处理及密码支持等功能，以便为其他模块的安全执行提供支持。

例 2：数据库管理系统安全技术要求

本标准的 TOE 是指建立、使用和维护数据库的数据库管理系统（DBMS）软件及其管理的数据资产（数据库对象）。该评估对象用户分为数据库应用最终用户、数据库分析员、数据库设计员、数据库开发人员、数据库管理员、数据库安全管理员、数据库安全审计员、系统管理员等。数据库管理系统软件产品应提供结构化查询语言（SQL），允许评估对象用户使用它定义、操纵和管理数据库对象，提供通过数据模型语义约束条件维护数据库中数据完整性，提供包括数据备份与恢复功能的数据安全保护机制，保证评估对象运行中出现故障时的数据库恢复能力。基于关系模型（或扩展关系模型）的评估对象还应提供数据库事务管理机制，保证多用户数据库并发操作的原子性、隔离性、一致性和持久性，以及多用户并发访问环境下高效的数据查询处理能力。

图 4.5 TOE 功能概述样例

鉴别数据、由 TOE 安全功能要求中定义的规则，或为了保护 TSF 及访问控制列表条目所使用的 TSF 内部状态变量都是 TSF 数据的例子。图 4.6 展示了 TOE 中用户数据和 TSF 数据资产之间的相互关系。

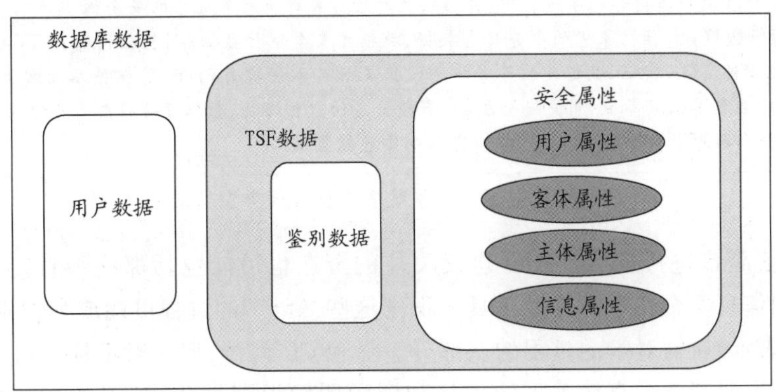

图 4.6 用户数据和 TSF 数据的关系例

从图 4.6 看出，由 TOE 安全功能要求（SFR）中各规则所控制的用户、主体、信息、客体、会话和资源，可具有某种安全属性。这些属性包含 TOE 为了正确运行而使用的信息。某些属性，如文件名，可能只是提示性的，或者可用来标识单个资源，而另一些属性，如访问控制策略和规则，可能是专为执行 SFR 而存在的。在 CC 中讨论的这些资产属性通常称为"安全属性"，简称"属性"。另一方面，无论属性信息的预期目的如何，均有必要按 TOE 安全功能要求的规定对属性施加控制。例如在我国应用的 Web 页面防篡改类产品，在 Web 服务器上存储的信息资产既包括存放在 Web 服务器上的发布 Web 页面文件，存放在发布服务器上的同步 Web 页面文件，包括由内容管理系统生成 Web 页面文件的页面生成脚本文件和 Web 页面防篡改系统组件使用的页面安全安全性元数据（摘要），也包括 Web 页面发布管理的授权用户、Web 页面防篡改组件运行配置及 Web 服务器运行相关的各种日志数据。如何识别这些资产及其面临的安全风险，判断它们由 TOE（Web 页面防篡改组件）保护还是由 TOE 运行环境（Web 服务器）保护，需要按照 TOE 用途来识别。资产识别包括两个主要步骤：首先，确定 TOE 资产的所有人、来源和资产的安全级别；其次描述用户（主体）和资产（对象）之间允许和不允许的交互行为（安全功能）。

图 4.7 给出了 CC 网站发布的数据库管理系统保护轮廓的数据资产定义样例，根据 TSF 数据资产由 TOE 本身还是由 TOE 运行环境进行保护，相应在假设、威胁和组织安全策略定义时的相关安全要求会不同。例如根据数据库审计数据的存储是以关系表的方式保存在数据库内部，还是以文件形式存放在数据库服务器操作系统环境中，该数据资产所面临的安全威胁及其安全攻击面（安全技术与机制的保护目的）不同。这些与实现有关的安全要求一般由安全目标编写者根据 TOE 的实现机制细化对 TOE 资产的描述。

例：数据库管理系统的数据资产

需要保护的评估对象数据资产包括：

（1）**TSF 数据**：主要指存储在数据库字典的数据，包括用户鉴别、授权控制、授权角色、安全配置、安全审计、管理性密钥等安全元数据，面向应用的数据库对象定义的模式对象元数据、数据库对象的运行统计数据、数据库逻辑存储与物理存储管理数据等。依据评估对象的体系结构，这些数据库字典数据一部分存放在评估对象管理的数据库内部系统表中，一部分存放在评估对象运行的数据库服务器系统文件中。

（2）**用户数据**：评估对象中不属于 TSF 数据的信息，一般指与用户应用相关的、存储在数据库中的各种数据库对象数据，如表数据、物化视图数据、索引数据、语义约束条件等来自用户的应用程序的数据。用户数据还包括由用户开发的面向应用需求的各种业务过程数据，它们一般以数据库存储函数、数据库存储过程、数据库触发器等方式存放在数据库内部的系统表中，并由数据库管理系统负责其运行的安全性。

（3）**安全运行数据**：评估对象中的事务日志数据、数据库安全审计数据等，包括存储在 TOE 外部，但由数据库管理系统维护的 TOE 实例、数据库配置等控制数据库管理系统操作的 TOE 相关参数配置数据，如 TOE 的实例配置参数、数据库配置参数、用户安全属性、事务日志的归档路径、数据库运行警告与审计踪迹等数据。

（注：此部分内容源于 GB/T 20273—2019，在本书中已做删节）

图 4.7　数据库管理系统中数据资产类型和语义

在对 TOE 资产进行定义时，CC 建议关注的资产也可能包括那些不直接受控于 TOE 的授权证书和信息安全技术的辅助工具。识别这些“资产”的过程可能成为识别保护主要资产（或它们的表示）所需对策的过程的一部分。尽管 CC 许可，但一般不建议将由 TOE 自身引入或那些与主要资产无直接关系的信息和资源明确识别为 TOE 资产，原因可能包括以下方面。

（1）使 TOE 的主要目的不突出（就是保护 IT 环境中的主要资产或它们的某种表现）。

（2）导致在 PP/ST 的早期阶段引入实现细节（即已定义的安全要求的解决方案），使之公布在威胁和安全目的中。

资产识别第一步是识别每项资产的所有者。例如在 DBMS 中的安全元数据属于系统管理员所有，一般用户只能管理他们自建的数据库对象数据。识别了资产的所有者，其安全功能就由相关的所有者职责分析得到。

PP 编制者应该建立并维护 TOE 资产清单，记载资产所有者、价值、来源及其位置；PP 编制者应该对保护该资产的 TOE 所有安全功能做出明确说明，包括该资产的哪些访问请求可以被接受。资产的安全级别分类是安全评估的基础和重要依据，也为之后的 IT 产品中的资产管理规范制定提供了良好的基础。

在软件工程中有多种方式获取 TOE 相关资产信息。表 4.6 以表格方式为例说明了 Herrmann 推荐的一种资产识别方法，表格中描述了互联网环境下飞行管理信息系统涉及的资产类型、资产来源及资产所有人，包括资产类别及其安全敏感度。在某些情况下，资产来源和所有人很难区分，在逻辑上他们可能是相同的，所以表 4.6 中间两列资产来源和资产所有人可能相同。例如表 4.6 给出的资产样例来源与所有人可能是美国国防部(DoD)、美国联邦航空管理局(FAA)、航空公司、承包商、飞机或网络基础设施系统(NWS)。资产的来源可能会或不会在 TOE 的控制范围内。最后一列是每个资产安全分类或敏感度，如在美国国防部将信息资产分为绝密级(Top Secret)、秘密级(Secret)和机密级(Confidential)、仅供官方使用(For Official Use Only，FOUO)、敏感但未分级(Sensitive But Unclassified，SBU)、企业安全敏感信息(security-sensitive information，SSI)或未评级的公共信息(NR)。

表 4.6　资产识别：资产类别和敏感度

资产类型	资产来源	资产所有人	资产安全类别/敏感度
1. TOE 传输的数据			
1.1 空对地声音	FAA、飞机	政府	SBU
1.2 空对地数据	FAA、飞机	政府	SBU
1.3 地对地声音	FAA、NWS、DoD、公有、航空公司	政府	SBU
1.4 地对地声音数据	FAA、NWS、DoD、公有、航空公司	政府	SBU
2. TOE 硬件、软件和固件			
2.1 密钥	FAA、FAA 承包商	政府	SSI
2.2 密钥设备	FAA、FAA 承包商	政府、承包商	SSI
2.3 电信基础设施	FAA 承包商	承包商	NR
2.4 安全管理硬件、软件、固件	FAA 承包商	承包商	FOUO/SSI
3. TOE 操作数据和文件			
3.1 人员访问列表和许可	FAA、FAA 承包商	政府、承包商	SSI
3.2 安全事件报告和统计数据	FAA、FAA 承包商	政府	SSI
3.3 信息系统安全计划	FAA、FAA 承包商	政府	FOUO/SSI
3.4 脆弱性、威胁和风险评估	FAA、FAA 承包商	政府	FOUO/SSI
3.5 安全测试和评估计划、过程和结果	FAA、FAA 承包商	政府	FOUO/SSI
3.6 安全配置和管理信息	FAA 承包商	承包商	SSI
3.7 安全目标	FAA 承包商	政府	FOUO/SSI
3.8 应急和灾难恢复计划	FAA、FAA 承包商	政府、承包商	FOUO/SSI

不同国家对资产敏感性划分粒度是不一样的，例如在我国按国家事务秘密程度，一般将敏感信息资产分为绝密、机密和秘密 3 级。

(1) **"绝密"**：是最重要的国家秘密，泄露会使国家的安全和利益遭受特别严重的损害。

(2) **"机密"**：是重要的国家秘密，一旦泄露就会使国家的安全和利益遭受严重的损害。

(3) **"秘密"**：是指一般的国家秘密，一旦泄露会使国家的安全和利益受到一般的危害和损失。

资产识别第二步是描述用户(主体)和资产(对象)之间允许和不允许的交互行为,即定义资产的安全接口及其安全控制措施。要做到这一点,首先要依照IT产品资产操作方式设置相应的用户类别。TOE中主体操作一般分为3类：代表一个授权用户执行操作、代表多个授权用户执行操作或代表TOE实体本身执行操作。但一般情况下,用户被认为是在TOE范围之外,他们通过TSF界面与TOE相互交互。按照资产操作方式,在CC中TOE用户分为两类。

(1) **人员**：授权的本地或远程终端用户与授权的系统管理员。

(2) **外部实体**：代表人类用户行为的代理或外部TOE的应用程序或过程。

一旦识别出TOE用户类别,即可定义他们对每个TOE资产的授权信息(访问控制策略,包括系统特权)。用户的授权信息一般以表格格式记录。与第一步资产识别中的资产敏感度表相同,表格第一列是资产列表,其余列按照识别的每个用户类别定义他们的授权信息。授权信息定义了每类用户可在资产上执行的操作。可能的访问控制权限语义(操作)在不同PP之间是不同的。通用访问控制权限包括读、写、修改、删除、复制、转发、创建、执行、安装等操作权限。在撰写PP时掌握用户分组等完整授权信息是不可能的,所以在编制PP时我们只要指明用户类别即可；许多用户类别及在资产上的操作细节将在TOE设计和开发过程中逐步加入。所以,有关资产与用户之间的授权信息不是一成不变的。相反,这是提交给TOE开发者一个关于部署TOE必须支持的访问控制权限和特权的类型,从而控制TOE的开发成本。表4.7资产识别样例使用表4.6同样的例子说明了这一步骤主要内容。

表4.7 资产识别：资产访问控制授权信息

资产类型	终端用户	TOE执行人员	TSF执行人员	供应商的维修技师
1. TOE传输的数据				
1.1 空对地声音	R、W	无	无	无
1.2 空对地数据	R、D、CO、F	无	无	无
1.3 地对地声音	R、W	无	无	无
1.4 地对地声音数据	R、W、ED、D、CO、F	无	无	无
2. TOE硬件、软件和固件				
2.1 密钥	无	无	CO、F、EX	无
2.2 密钥设备	无	无	EX	无
2.3 电信PKI文件	EX	R、W、ED、D、CR、CO、F、EX、IN	R、W、ED、D、CR、CO、F、EX、IN	R、EX、IN
2.4 安全管理硬件、软件、固件	无	无	R、W、ED、D、CR、CO、F、EX、IN	R、EX、IN
3. 操作数据和文件				
3.1 人员访问列表和许可	无	R	R、W	无
3.2 安全事件报告和统计数据	无	无	R、W、CR、ED、CO、F	无
3.3 信息系统安全计划	无	无	R、W、CR、ED、F、EX	无
3.4 脆弱性、威胁和风险评估	无	无	R、W、CR、ED、CO、F	无

续表

资产类型	终端用户	TOE执行人员	TSF执行人员	供应商的维修技师
3.5 安全测试和评估计划、过程和结果	无	无	R、W、CR、ED、CO、F	无
3.6 安全配置和管理信息	无	无	R、W、CR、ED、D、CO、F、IN、EX	无
3.7 安全目标	无	无	R、W、CR、ED、CO、F	无
3.8 应急和灾难恢复计划	无	EX	R、W、CR、ED、CO、F、EX	EX

表4.7权限备注：

R——读或者听

ED——修改（修改已有信息）

CR——新建（新的记录、文件或者报告）

F——转发（把信息发给另外一个用户）

IN——安装或升级（COTS硬件或软件）

W——写或者说（输入信息）

D——删除（逻辑删除/物理删除）

CO——复制（信息至本地工作站）

EX——执行（系统软件/固件，BITE等）

无——没有访问

4.4 符合性声明

PP符合性声明分为以下4部分。

(1) **CC符合性声明**：使用的CC版本以及PP是否包含面向TOE特定的扩展安全要求。

(2) **PP符合性声明**：一个PP可能用作另一个PP的模板，这时该PP应声明与引用PP符合。因此，PP符合性声明描述PP如何与其他PP和包符合。

(3) **符合性原理说明**：声明与本PP符合的CC或其他PP。“等同于或更多限制”的详细定义在CC第1部分中进行了描述。原则上来讲，对所提供的PP针对TOE采用等价或更多限制、对TOE运行环境采用等价或更少限制。

(4) **符合性应用陈述**：允许应用此PP的ST符合性类型声明：“严格的”和“可论证的”。

按照CC第1部分基本概念和ISO/IEC TR 15446技术报告，CC规定了允许PP/ST符合性的方式，即在PP符合性声明中可能规定PP/ST符合的方式有以下两种。

(1) **严格的符合性**：如果PP声明需要满足严格的符合性，PP/ST就应严格地与PP符合。

(2) **可论证的符合性**：如果PP声明需要满足可论证的符合性，PP/ST就应以严格的或者可论证的方式与PP符合。

换言之，如果PP明确允许可论证的符合性，那么仅允许PP/ST以至少可论证的方式与PP符合；如果PP/ST声明与多个PP符合，它将以PP规定的(如上)方式与每个PP符合。这可能意味着ST与某些PP严格符合，而与另一些PP满足可论证的符合性。

图4.8是在CC官方网站发布的操作系统PP 2.0版本的符合性声明样例。

4 符合性声明

本部分描述了操作系统保护轮廓(OSPP)的符合性要求。

4.1 CC第2和第3部分符合性

OSPP符合CC v3.1 r3第2部分增强和第3部分一致性要求。

4.2 包符合性

OSPP符合EAL 4增强级(ALC_FLR.3)。

4.3 与其他PP符合性

OSPP没有参照任何其他保护轮廓。

4.4 符合性陈述

ST应可论证符合该OSPP。

4.5 扩展组件包符合性要求(Conformance required by OSPP Extended Packages)

OSPP extended packages are allowed to extend the functionality of the OSPP base. To extend the functionality, not only are SFRs added, but new objectives and additions to the security problem definition may be specified by extended packages. However, these extended packages must comply with the rules of the Common Criteria, specifically the rules outlined for demonstrable conformance in [CC] Part 1, Appendix D.

图4.8 保护轮廓第2节符合性声明样例

在图4.8符合性声明中，添加了操作系统对扩展组件/包的符合性声明要求。这也是PP安全保障要求需要明确的一般内容之一。因为在CC第3部分的所有评估保障级别包中，并没有明确缺陷纠正族要求。作为基础软件的操作系统，该PP要求IT产品开发者能够对来自TOE用户的安全缺陷报告采取适当的动作，并且知道该向谁发送缺陷纠正补丁，TOE用户需要了解如何将安全缺陷报告递交给IT产品开发者，以及他们如何向TOE开发者发送补丁程序请求，以便TOE用户能接收到缺陷纠正补丁。TOE开发者将缺陷纠正指南提供给TOE用户，确保TOE用户知道这一重要信息。

4.5 安全问题定义

安全问题定义是PP第3部分内容，它描述了TOE预期使用的环境范围和所处运行环境的假设、威胁和组织安全策略。按照ISO/IEC TR 15446技术报告，PP编制人员在概述了TOE保护资产、基本功能、安全边界等基本信息后，首先要定义TOE面临的安全问题，这样才能确定相应的安全目的，导出TOE需要使用的安全技术与机制(即安全组件)，以满足TOE安全目的。然后，PP编制人员对CC中的安全功能组件或扩展组件元素进行操作，选择和确定TOE的评估保障级别，以最终生成PP文档。

定义TOE面临的安全问题的第一步是明确TOE安全边界。然而,什么是一个IT产品是相对而言的;一个人/组织认为的一个IT产品,其他人或组织可能会认为其仅是一个IT系统的组成部分,或是一组IT产品组合而成的一个复杂IT系统。CC是面向IT产品这类TOE的,IT产品和其组成部分的抽象高低取决于一个人/组织的观点和抽象的目的。IT产品的例子包括:

- 应用软件;
- 操作系统;
- 与操作系统组合在一起的应用软件,如密码服务产品;
- 与操作系统和工作站组合在一起的应用软件,如密码机;
- 与工作站组合在一起的操作系统;
- 智能卡集成电路;
- 智能卡集成电路的密码协处理器;
- 包括所有终端、服务器、网络设备和软件的局域网管理系统;
- 数据库应用,但不包括与数据库应用正常关联的远程客户端软件等。

所以TOE可以是某个单体、多个组件或TOE部件组合而成的组合产品(简称组合TOE);此外,TOE可以是本地化或者是分布式部署的。组合TOE由两个或多个TOE部件组成,其中每个组件或TOE部件可能有其单独的PP/ST。单体或TOE部件相当于一个IT产品。一个组合TOE相当于一个复杂的IT产品。确保组合TOE的每个TOE部件是完整的和一致的是尤为必要的。

TOE边界的定义决定了TOE的安全接口,确定了TOE需要评估的范围。TOE边界定义直接影响TOE评估认证的时间、难度和成本。组合TOE的复杂性使得安全评估难度以几何级上升。因此,用户应优选构造一个由几个定义良好的、独立的TOE部件组成的组合TOE。这样,组合TOE的安全保障和安全验证活动可以以增量的方式进行。

CC第1部分附录只给出了PP/ST文档结构,但并没有给出TOE安全问题定义和安全目的设计方法。安全问题定义除了与TOE的安全目的相关外,还与其运行环境相关,包括TOE所有明确相关的法律法规、组织安全策略、习惯、专门技术和领域知识等。

安全问题定义包括TOE运行环境里固有的或外来的安全威胁。为建立TOE安全环境,PP/ST编制人员必须考虑与TOE安全运行相关的IT环境的所有方面、需要保护的资产及TOE的用途。此外还需对TOE做出相关安全特别陈述,如为了认为TOE是安全的,TOE环境应满足的假设、与TOE相关的安全分析中发现的所有威胁及组织安全策略等。

图4.9给出了ISO/IEC TR 15446技术报告中TOE安全问题定义的三个方面。

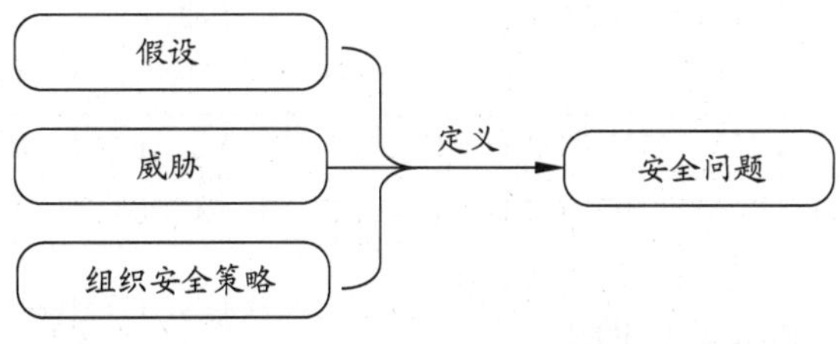

图4.9 TOE安全问题定义

（1）**假设**：假设是针对TOE运行环境的，因为TOE运行环境可能被不正确地设计和实现，包含可产生脆弱性的各种错误。利用TOE运行环境的脆弱性，攻击者可以破坏和(或)滥用TOE管理的资产。在CC第3部分中没有定义关于TOE运行环境正确性的安全保障要求；或者换句话说TOE运行环境评估不是CC/CEM关注的内容，后面的威胁和组织安全策略都是在此假设条件下评估才成立的。因此，定义TOE安全问题前首先要针对TOE这些运行环境作出合适的假设。

（2）**威胁**：在假设TOE运行环境安全目的是100%正确的情况下，TOE需要明确给出能够通过未授权访问、毁坏、暴露、数据修改或拒绝服务对TOE造成潜在危害的任何环境或事件，即所谓的各种威胁。这需要在PP描述已确定的威胁源、脆弱性、资产、攻击方式和可能影响的程度等TOE威胁相关的信息。

（3）**组织安全策略**(OSP)：组织安全策略是现在和(或)将来由实际的或假设的组织在TOE运行环境中实施的安全规程、规则或指导方针。OSP可能由控制TOE运行环境的一个组织制定，或者由立法机构或机关制定。OSP适用于TOE、TOE运行环境、或由TOE及其运行环境二者组合执行的安全规程、规则或指导方针等安全控制措施。

虽然在ISO/IEC TR 15446技术报告中给出了安全问题定义指南，但TOE安全问题一般由PP/ST编制者建议，并经过CC安全专家和应用领域专家的讨论逐步形成PP/ST的安全问题知识库。在CC官方网站，围绕不同技术领域，不同国家的权威机构，包括安全组织也会将TOE相关的安全问题预先发布，通过CC网站采集来自世界范围内的各种反馈意见，最后形成TOE安全问题和安全目的相关的专家知识库。例如针对USB存储设备PP，德国和美国分别在2012年和2011年发布了BSI-CC-PP-0081-2012和PP_USB_FD_v1.0。德国在2014年开始修订USB存储设备PP，并将他们定义的PP安全问题(USBiTC-SPD-001 v0.4)在CC网站进行了公布(参见表4.8第3列的PP安全问题)。从公布的USBiTC-SPD-001文件看出，他们的威胁基本参照了美国的PP_USB_FD_v1.0，只不过按照资产面临的安全攻击进行了分类。

表4.8 USB存储设备PP的安全问题列表

BSI-CC-PP-0081-2012	PP_USB_FD_v1.0	BSI-CC-PP-0081-2014
威胁		
T.LOGICALACCESS	T.KEYING_MATERIAL_COMPROMISE	T.UNAUTHORIED_USER_DATA_ACCESS
T.PHYSICALACCESS	T.KEYSPACE_EXHAUST	T.UNAUTHORIED_SYSTEM_DATA_MODIFICATION
T.AUTHCHANGE	T.TSF_COMPROMISE	T.PERSISTENT_INFORMATION
T.DISRUPTION	T.MALWARE_PROPOGATION	T.KEYING_MATERIAL_COMPROMISE
	T.UNAUTHORIZED_ACCESS	T.WEAK_CRYPTOGRAPHY
	T.UNAUTHORIZED_UPDATE	T.AUTHORIATION_GUESSING
	T.UNSAFE_AUTHFACTOR_VERIFICATION	T.UNAUTHORIED_UPDATE

续表

BSI-CC-PP-0081-2012	PP_USB_FD_v1.0	BSI-CC-PP-0081-2014
组织安全策略		
		P. NO_STORE
		P. RECOVERY
		P. AUTH_CHANGE
		P. NO_BOOT
假设		
A. TrustedWS	A. AUTHORIZED_USER	A. USER_GUIDANCE
	A. PASSWORD_ BASED_ AUTH _FACTOR	A. TRUSTED_HOST
		A. INITIAL_DEVICE_STATE
		A. TRUSTED_CONNECTION

对比表 4.8 不同 USB 存储设备 PP 的 3 个版本的安全问题可以看出，在定义安全问题前需要明确保护的资产，包括 TOE 运行环境或 TOE 本身资产类型。在 BSI-CC-PP-0081-2012 和 PP_USB_FD_v1.0PP 中，有关资产的定义及资产面临的安全威胁定义比较抽象，导致威胁、假设和组织安全策略的定义针对性不强，但在 2014 年版 BSI-PP-0025 中，给出了图 4.10 所示的 TOE 安全边界、功能组件及其连接通路，围绕数据存储、密钥资料和系统数据、授权、数据更新等明确了相关的威胁和组织安全策略。

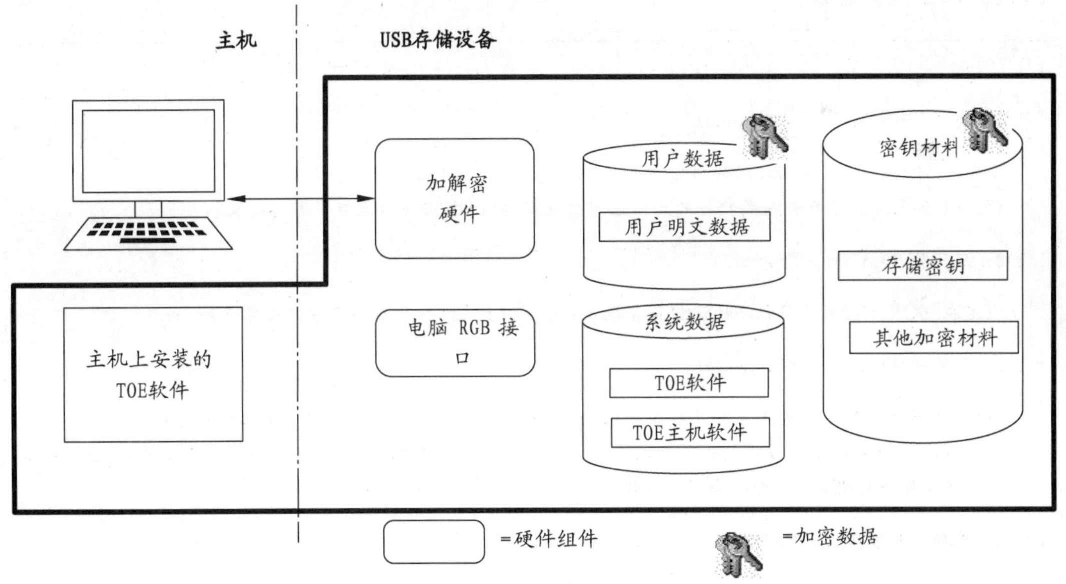

图 4.10　USB 存储设备安全边界、组件和连接示意图

4.5.1　假设

这一部分陈述关于 TOE 使用的目的、连通性、角色、职责等 TOE 运行环境安全或 TOE 预期用法的假设清单。为识别 TOE 的假设，需要咨询关于 TOE 可能的假设类型。

（1）**用法假设**：有关TOE预期用途的假设。例如在DBMS安全评估之前，必须对数据库服务器操作系统执行安全配置，保证DBMS运行环境处于安全状态；不要让人随意探测到数据库管理系统使用的TCP/IP端口；运用安全的密码策略和协议加密算法确保通信安全；对网络连接执行IP限定等数据库服务器用法假设。

（2）**物理假设**：TOE正确运行的每一部分物理环境保护假设，防止未授权的物理访问等。即所有与TOE实施隔离部件安全策略相关的硬件和软件应受到安全防护，以免于未授权的对TOE的物理环境进行的修改。

（3）**连通性假设**：TOE与其他IT系统之间的网络连接必须是安全可靠的。

（4）**人员假设**：预期授权用户权限类型，他们的一般责任以及假设给予这些用户的信任度等。

假设澄清了TOE运行环境相关的约束或操作的限制，它为所有接下来的PP/ST威胁和组织安全策略及其安全目的和安全要求建立了安全评估的情境。因此，假设是根据评估对象安全功能、运行环境、预期目的、安全原理等依据，对TOE未知安全问题（包括主机环境、网络环境、使用人员及其使用目的等）的假定解释。

假设不是被用来减轻威胁的，它只是把TOE相关的领域知识传递给TOE开发者，以帮助他们理解TOE的总体安全框架。图4.11给出了GB/T 20276—2016《信息安全技术具有中央处理器的IC卡嵌入式软件安全技术要求》的假设示例。从这5个假设可以看出，通信通道属于连通性假设，芯片硬件属于物理假设，应用程序和外部数据管理属于用法假设，人员属于人员假设。

1.1 假设

1.1.1 通信信道(A.Comm_Channel)

假定TOE与智能卡终端之间的通信信道是安全可靠的（如满足私密性和完整性）。

注：ST编写者应根据嵌入式软件的具体应用情况解释TOE安全可靠性的具体含义。

1.1.2 应用程序(A.App_Program)

假定在TOE中安装应用程序的流程符合规范，且合法安装的应用程序不包含恶意代码。

1.1.3 芯片硬件(A.Chip_Hardware)

假定TOE运行所依赖的底层芯片具备足以保证TOE安全运行所需的物理安全防护能力。

注：TOE的底层芯片必须能够抵抗物理攻击、环境干扰攻击、侧信道攻击等。同时，芯片提供的密码功能可以是由处理器或安全算法库来实现的。

1.1.4 外部数据管理(A.OutData_Management)

假定存放在TOE之外的数据，如TOE设计信息、初始化数据、管理性密钥等敏感信息，会以一种安全的方式进行管理。

1.1.5 人员(A.Personnel)

假定使用TOE的人员已具备基本的安全防护知识并具有良好的使用习惯，且以安全的方式使用TOE。TOE开发、生产、个人化和发卡各阶段的操作人员均按安全的流程进行操作。

图4.11 GB/T 20276具有中央处理器的IC卡嵌入式软件安全技术要求假设示例

随着网络技术和应用环境变化,PP 编制人员不可能一次尝试就完全识别出 TOE 所有假设,而应在 PP 编制过程中不断识别出更多的假设。特别是在编制 PP 基本原理时(例如,阐明安全目的是否能对抗已知的威胁和组织安全策略),应考虑是否相关的假定没有在 PP 的陈述中出现。因此,当重复采取这种方法识别假设时,重要的是避免任何关于有效使用特定 TOE 安全功能的"假设"内容,这些功能在构成基本原理时确定。

为方便引用,ISO/IEC TR 15446 技术报告建议对 PP/ST 中的每个假设编号进行唯一标识,假设标识编号一般以 A 加序号的方式。

4.5.2　威胁

CC 要求 PP/ST 包含对要保护资产所有威胁的描述,但 CC 又指出如果安全目的仅源于组织安全策略,也就是"安全要求"完全由组织安全策略和假设来定义,就可以忽略威胁陈述。实际做法或建议是：在 PP 中陈述威胁一般会比组织安全策略陈述更好地理解 TOE 安全要求；而且只依赖组织安全策略定义安全问题,有可能导致 PP 不能及时更新 TOE 的安全问题,以反映资产面临威胁的风险(要注意,对组织安全策略的违背不应算作风险)。所以编制 PP 之前一般要求对 TOE 确定的资产进行潜在安全威胁分析。

识别威胁并进行分析的前置条件是在确定了 TOE 需要保护的资产、谁或什么是威胁主体、需要保护资产免于什么攻击方法或不希望发生的事件导致损害等,如远程执行代码、拒绝服务等,它们都会使 TOE 资产面临安全风险。因此,威胁风险分析包括两个步骤。首先,应对 TOE 所有的潜在威胁进行识别和分项列示；接着,评估各种威胁发生的可能性和 TOE 受到威胁后果的严重性。

按照威胁主体分类,TOE 资产的潜在威胁可分为两类：一是由内外部人员的偶然或恶意危害资产的保密性、完整性和可用性；二是由于硬件、软件、通信链路、电源、存储媒体等各种故障而导致的偶然或恶意中断 TOE 的运行。

因此,在资产识别和威胁主体识别后,PP/ST 编制人员可依据这些抽象的、高层的安全威胁和 TOE 的安全环境、应用编程接口(API)及其组件交互,确认 TOE 更具体的安全攻击面相关的威胁。例如在数据库管理系统内部人员操作安全方面应区分管理员和一般用户,管理员又细分为数据库管理员和数据库安全管理员,安全管理员按照 TOE 组件及其实现机制进一步细分为系统安全员、数据库安全员、数据库审计员等。

识别资产威胁的详细讨论超出了 ISO/IEC TR 15446 技术报告范围,CC 及其评估方法也未对 TOE 资产面临的安全威胁识别方法进行概述。一般来讲威胁是对 TOE 安全缺陷的潜在利用,这些缺陷可能会导致未授权的访问、信息泄密、资源耗尽、资源被盗或者被破坏。因此,识别威胁前一般需要分析 TOE 潜在缺陷(即 TOE 脆弱性)。

缺陷的识别以资产为核心,针对每一项需要保护的资产,PP/ST 编制人员要识别可能被威胁利用的缺陷。对缺陷的描述可以包含以下几个方面：缺陷类型、缺陷严重程度(或优先级)、缺陷状态、缺陷起源等。其中,缺陷类型是根据缺陷的自然属性划分的。

业界已经总结出很多缺陷模式,例如在《软件缺陷模式与测试》一书中提供了包括软件缺陷的综合论述、面向 C/C++/Java 的软件缺陷模式的分类、各种软件缺陷模式的定义等。基于这些缺陷模式,对照 TOE 识别的资产,我们就可像 CC 采用的类、族及组件的方式组织 TOE 的缺陷知识库,从而找到相关的安全威胁。表 4.9 和表 4.10 分别列举了几个缺陷类及其对应的缺陷族。

表 4.9 缺陷类示例表

编 号	缺陷类名	缺陷类描述
1	技术缺陷	TOE 所依赖的各种技术具有的脆弱性或不足
2	资源缺陷	TOE 所依赖的各种资源具有的脆弱性或不足
3	人员缺陷	参与 TOE 分析、设计、开发或操作的工作人员本身所具有的脆弱性或不足
4	管理缺陷	对 TOE 的开发、运行、维护等活动的管理存在的脆弱性或不足

表 4.10 缺陷族示例表

编 号	缺 陷 族 名	缺陷族描述	类 ID
1	数据库缺陷	数据库软件存在的各种的不足	1
2	技术资源缺陷	所用开发技术如开发语言、架构等存在的不足	1
3	接口缺陷	数据通信、程序接口及硬件接口和通信错误	1
4	安全机制不健全	审计机制、访问控制、密码保护等反面的脆弱性	1
5	功能缺陷	TOE 无法实现预期功能或功能实现错误	1
6	性能缺陷	TOE 未达到预期的在性能方面的要求	1
7	界面缺陷	操作界面错误、提示错误及界面不规范	1
8	系统缺陷	程序引起死机而非法退出、程序死循环等	2
9	数据缺陷	数据计算错误、数据约束错误、输入/输出错误	2
10	应用中间件缺陷	协议安全问题、交易完整性及数据完整性问题	2
11	软/硬件缺陷	TOE 运行所依赖的各种硬件及软件存在的问题	2
12	兼容性缺陷	TOE 与需求规定配置兼容性不符合	2
13	技术管理缺陷	TOE 开发、维护及使用管理等方面的错误	3
14	组织管理缺陷	安全策略、资产分类及控制等方面的错误	3
15	管理者缺陷	管理者错误操作、恶意操作或无作为等	4
16	开发者缺陷	开发者错误操作、恶意操作或不良开发习惯等	4
17	使用者缺陷	使用者错误操作、恶意操作等	4

更详细的缺陷库可参照美国 MITRE 公司的通用缺陷列表(CWE)对缺陷的分类信息，从中抽取与该 TOE 资产保护相关的缺陷列表。在缺陷列表中选定某一项缺陷，并对其依存主体及起源等属性进行分析，如其依存主体及起源与选定资产组件符合，则确定收录此缺陷并将其归入相应的缺陷类和缺陷族。

威胁总是要利用 TOE 的缺陷才可能对资产造成危害。因此，定义威胁就要关注威胁主体及攻击的资产。TOE 面临的威胁可以来自很多方面，并且随着时间的变化而变化。例如典型的网络安全威胁类型有如下几类。

(1) **窃听**：在网络中的任何节点都可以读取网上传播的数据。网络体系结构允许监视器接受网上传输的所有数据帧而不考虑帧的传输目标地址，这种特性使得窃听网上的数据或非授权的访问很容易，而且不易被发现。

(2) **假冒**：当一个实体假扮成另一个实体进行网络活动时就发生假冒。

(3) **重放**：重复一份报文或报文的一部分，以便产生一个授权的效果。

(4) **流量分析**：通过对网上的信息流的观察和分析推断出网上传输的有用信息。即使数据进行了加密处理，也可以通过流量分析推断出有无数据传输和传输数据的数量、方向、频率等信息。

(5) **完整性破坏**：有意或无意地修改或破坏 TOE,或者在非授权和不能监视的方式下对网络传输数据进行修改。

(6) **拒绝服务**：当一个授权的实体不能获得应有的对 TOE 的访问或紧急操作被延迟时,就发生了拒绝服务。

(7) **非授权使用**：与 TOE 所定义的授权安全策略不一致的使用。

(8) **陷阱和特洛伊木马**：通过替换 TOE 的合法程序,或者在合法程序里插入恶意的代码,以实现非授权进程,从而达到某种特定的目的。

(9) **病毒**：随着人们对 IT 产品依赖程度的增加,病毒已经构成对 IT 产品的严重威胁。

(10) **诽谤**：利用互联网系统的互连性和匿名性,散布错误的消息以达到诋毁某个对象的形象和知名度的目的。

在识别具有网络运行环境的 TOE 时需要考虑以上的安全威胁。前面看到这些缺陷主要是由开发人员不安全编程、错误操作、网络协议本身的缺陷以及使用者的错误使用和设置缺陷所造成的。归纳起来 TOE 缺陷主要有以下几个方面。

(1) **配置错误**：主要是指系统管理员或用户的错误设置,这类配置错误导致的 TOE 脆弱性很受攻击者喜欢。许多 IT 产品在推向市场时为用户设置了许多默认参数,这些设置的目的主要是对用户的充分信任,方便新用户的使用。但是这些设置可能会给计算机网络系统带来很大的安全隐患。

(2) **设计错误**：是指设计实现时,因为程序员自己的疏忽和为了自己方便而设计了一些后门,这类脆弱性很难发现,而且一旦发现也很难修补,它对 TOE 的安全威胁非常大,这类脆弱性只有通过重新设计和实现才能改善。

(3) **TOE 自身的缺陷**：是指 TOE 自身的缺陷和不足所造成的安全隐患。例如,网络协议是指计算机之间为了互联而共同遵守的规则,目前计算机网络大都采用 TCP/IP 协议,TCP/IP 协议在设计之初力求开放性和运行效率,缺乏对安全性的总体构想和设计,所以存在许多脆弱性,从而留下很多安全隐患。

(4) **输入验证错误**：是指未对用户输入数据的合法性进行验证,导致攻击者非法进入 IT 系统。大多数缓冲区溢出脆弱性都是由这种原因引起的。红旗 Linux(RedHat 6.2)的 dump 命令就是这种类型的脆弱性。

(5) **访问验证错误**：是指 TOE 的访问验证部分存在可以被利用的逻辑错误,从而有可能使非法攻击者跳过访问控制引擎进入系统。IBM 公司早期 AIX 操作系统的远程登录命令 rlogin 就存在这种脆弱性。

(6) **意外情况处理错误**：是指 IT 产品在实现逻辑中没有考虑到一些应该考虑的意外情况,从而造成运行错误。这种错误很常见,例如没有检查文件是否存在就直接打开设备文件从而导致拒绝服务。

(7) **竞争条件**：是指 TOE 在处理实体时,时序和同步方面存在问题,在处理过程中可能提供一个机会窗口给非法攻击者以可乘之机。早期的 Solaris 系统的 ps 命令就存在这种类型的脆弱性。

(8) **环境错误**：是指一些环境变量的错误设置所形成的 TOE 脆弱性。

当然威胁的识别也可借用业界总结出来的各种威胁模式。例如美国学者 Whitman 在 2003 年把信息安全威胁分为 12 个大类。虽然这些信息安全威胁的原理、表现和特点都各不相同,可是他们都能危害到信息安全的一个或若干个属性。表 4.11 中列出了 Whitman 给出的 21 种常见的信息安全威胁及它们的类别。

表 4.11　常见的信息安全威胁及类别(Whitman 2003)

编　号	类　别	安全威胁
1	人为过失或失败行为	用户意外操作失误
2	对知识产权的侵犯	盗版软件
3	间谍或蓄意入侵行为	• 黑客 • 口令攻击 • 信息窃听 • 用户网上行为被记录
4	蓄意信息敲诈行为	数据勒索
5	蓄意破坏行为	拒绝服务攻击
6	蓄意窃取行为	• 计算机被盗 • 网络钓鱼
7	蓄意软件攻击	• 计算机病毒 • 蠕虫 • 木马程序 • 僵尸计算机 • 流氓软件 • 垃圾邮件
8	自然灾害	自然灾害
9	服务质量差	网络服务质量不稳
10	技术硬件故障或错误	硬件故障
11	技术软件故障或错误	后面程序
12	技术淘汰	软件错误

(1) **人为过失或失败行为**：当人们在操作 TOE 时,总是不免会发生操作失误,或者因为培训的不足,或者因为经验的缺乏,或者因为一时的疏忽,无论原因是什么,都有可能导致灾难性的后果。因此,人为过失或失败行为是指人们在使用 TOE 过程中,由于无意或非恶意的行为而造成的对于 TOE 的危害。例如,一条错误的删除指令可能导致重要数据的丢失,一个不正确的安全控制措施设置可能导致操作系统的崩溃,甚至一个简单的按键都可能导致整个网络的中断。

(2) **对知识产权的侵犯**：由于软件产品具有创造性和可复制性特点,也被纳入知识产权保护的范围内。计算机软件一旦开发完成,相关权利人即可享有知识产权保护,一旦知识产权被明确下来,对知识产权的破坏就危害了信息的所有性,成为一种信息安全威胁。使用盗版软件是最常见的一种侵犯知识产权的行为。由于大多数软件是特许给一个特定的购买者,只允许一个用户或者机构中的某个目标用户使用它。如果用户将此程序复制到没有许可的另一台计算机上,他便侵犯了此软件作者的知识产权。

(3) **间谍或蓄意入侵行为**：这一类信息安全威胁指未授权的人获得了机构所需保护的信息的访问权限,它破坏了信息的保密性。这类信息安全威胁中,最常见的是“使用和创建软件来非法访问信息”的黑客(Hacker)。黑客常常能利用 TOE 脆弱性，攻击 TOE 漏洞和缺陷，在网上进行诸如修改网页、非法进入主机破坏程序、串入银行网络转移金额、窃取网上信息、进行电子邮件骚扰以及阻塞用户和窃取密码等行为。除此之外，在这类信息安全威胁中，还有口令攻击、信息窃听和用户网上行为被记录等。

(4) **蓄意信息敲诈行为**：这类信息安全威胁是指攻击者非法侵入 IT 系统，以此敲诈信息所有者，以获得某种非法利益。例如攻击者在入侵用户 IT 系统后，通过加密手段锁住用户计算机中的文件，然后索要赎金才会提供密码以将文件解密的数据勒索行为。

(5) **蓄意破坏行为**：这类信息安全威胁涉及蓄意破坏信息系统的可用性。例如拒绝服务攻击，其目的是使 IT 系统无法提供正常的服务。最常见的拒绝服务攻击有网络带宽攻击和连通性攻击。带宽攻击指以极大的通信量冲击网络，使得所有可用网络资源都被消耗殆尽，最后导致合法的用户请求无法通过。连通性攻击指用大量的连接请求冲击 IT 系统，使得所有可用的操作系统资源都被消耗殆尽，最终计算机无法再处理合法用户的请求。

(6) **蓄意窃取行为**：这类信息安全威胁涉及非法获得他人的财产，财产包括物质的、电子的或者智力的。例如，在保安措施不足的情况，可能会让盗贼潜入，将计算机偷走。而典型的网络钓鱼攻击，则是将用户引诱到一个精心设计的与目标组织的网站非常相似的钓鱼网站上，并获取用户在此网站上输入的个人信息，如信用卡号、账户用户名、口令和社保编号等内容。

(7) **蓄意软件攻击**：这类信息安全威胁是指通过设计软件来攻击 IT 系统。常见的例子包括计算机病毒、蠕虫、木马程序、僵尸计算机、流氓软件和垃圾邮件。

(8) **自然灾害**：如火灾、地震等自然灾害也会破坏信息的储存、传输和使用，威胁到 IT 系统信息安全。

(9) **服务质量差**：这类信息安全威胁是指 IT 产品或服务未能按预期交付给信息系统的客户。例如网络服务提供商所提供的网络服务质量不稳，会造成用户无法正常使用网络服务，危害信息的可用性。

(10) **技术硬件故障或错误**：IT 系统的运行需依靠各种硬件设备的支持，若硬件发生故障，就会影响 TOE 使用。

(11) **技术软件故障或错误**：虽然人们编写、销售了大量的计算机代码，可是并没有检测和解决代码中所有的故障，这些故障可能会留下严重的安全漏洞。例如后门程序是遗留在软件中的一种程序漏洞，它可能被软件的作者所秘密使用，也可能被其他别有用心的人用穷举搜索法发现利用。利用后门程序可以入侵 IT 系统并获得控制权。

(12) **技术淘汰**：陈旧过时的 IT 系统(简称遗留系统)会变得不可靠，若不及时更新，IT 系统中的软件错误不能被修补，就会留下漏洞，威胁到 IT 系统的安全性。

在不同应用领域，业界也已经总结了一些面向应用的安全威胁。例如针对数据库系统，著名数据安全技术公司 Imperva 的创始人兼技术总监 Amichai Shulman 在 2007 年阐述了数据库安全影响最大的 10 个安全威胁。

(1) **过度的特权滥用**：主要指在用户或应用程序得到访问数据库的特权访问的授权时(这种授权超过了其工作职能的要求)，这些特权可能被用于恶意的目的。例如，某个大学网络管理员的工作要求仅能改变学生的联系信息，但他可能利用过高的数据库更新特权来修改班级等其他信息。其原因很简单，数据库管理员并没有为每个用户定义和更新精细的访问特权控制机制，所以造成过度的特权滥用。结果，所有的用户或大量的用户组都拥有极大地超过其特定工作需求的默认访问特权。

(2) **合法的特权滥用**：用户们还可能将特权用于非授权的目的。例如，有一位具有欺诈倾向的卫生保健工作人员，他拥有通过一种定制的 Web 应用程序来查看个别病人记录的特权。Web 应用程序的结构通常会限制用户查看个别病人的健康记录，不能同时查看多个病人的记录，也不能随意复制。然而，这位不怀好意的工作人员通过使用客户端软件，如电子表格 Excel 软件可以链接到数据库，就可能突破这些限制。使用 Excel 及其合法的登录凭证，这位工作人员就可能检索并保存所有的病人记录。

(3) **特权提升**：攻击者可以利用数据库平台软件的漏洞将普通用户的访问权提升为管理员的特权。这些漏洞可存在于存储过程、内置函数、协议执行中，甚至存在于 SQL 语句中。例如，一个财务机构的软件开发人员可能会利用有漏洞的函数获取数据库的管理特权。借助这种管理特权，这位开发人员就可以关闭审核机制，创建虚假账户，转移资金等，其危险性可想而知。

(4) **平台及数据库漏洞**：底层操作系统漏洞和数据库服务器上的其他服务漏洞可导致未授权的数据访问、数据损害或拒绝服务等。例如，"暴风蠕虫"可以利用系统漏洞创建拒绝服务攻击的条件。同时，数据库自身的漏洞也是攻击者最容易攻击的目标。

(5) **SQL 注入**：在 SQL 注入攻击中，作恶者一般将未授权的数据库语句插入到易受攻击的 SQL 数据通道中。他们的目标往往是存储过程和 Web 应用程序输入参数。然后这些注入的语句被传递给数据库执行。使用 SQL 注入，攻击者们可以再次获取对整个数据库的访问。

(6) **不健全的审计**：应当自动记录所有敏感数据或不正常的数据库业务。安全管理员往往会因为性能方面的考虑，关闭或采用不完整的审计策略，从而给系统安全带来安全隐患。

(7) **拒绝服务攻击**：拒绝服务攻击是一种一般性的攻击类型，它可造成合法用户对网络应用程序或数据的访问遭到拒绝。可以通过多种技术创建拒绝服务攻击的条件，其中的许多技术都与前面提到的漏洞有关。例如，通过利用数据库平台的漏洞来搞垮服务器就可以实现拒绝服务攻击。其他的常见的拒绝服务攻击技术包括数据损害、网络淹没、服务资源(内存、CPU)过载等。资源过载在数据库环境中特别常见。

(8) **数据库通信协议漏洞**：在所有的数据库系统厂商的数据库通信协议中可以确认的安全漏洞的数量越来越多。如前一段时间 IBM 的 DB2FixPacks 的 7 个漏洞中就有 4 个属于协议漏洞。针对这些漏洞的欺诈性活动包括未授权的数据访问、数据损害、拒绝服务攻击等。

(9) **不健全的认证**：不健全的认证方案使得攻击者通过窃取登录的机密信息而假冒为合法的数据库用户身份。攻击者可以采取多种策略来获取登录机密信息。

(10) **备份数据泄露**：通常，备份数据库的存储媒体受到的保护程度远远不够。因此，出现数据库磁带和硬盘被盗的情况也就不足为奇了。

仔细分析上述数据库的主要安全威胁，我们可从安全评估的角度将数据库安全威胁分成如图 4.12 所示的几个维度。

(1) **安全策略**：企业或组织需要制订自己的数据库安全策略来保护数据库系统管理的

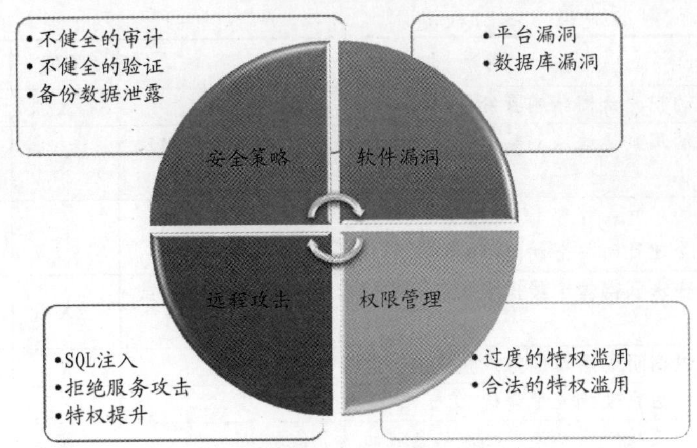

图 4.12　数据库安全威胁及其评估维度

资产不受企业内部及外界的威胁和影响。不健全的安全策略会导致安全审计、用户身份验证、访问控制机制等数据库安全保护措施中存在容易被人利用的漏洞。

(2) **软件漏洞**：软件漏洞主要存在于两个方面。平台漏洞，主要是指操作系统及应用软件方面的安全漏洞；数据库漏洞，主要指数据库服务器本身存在的容易被人利用的安全漏洞。

(3) **远程攻击**：远程攻击主要是指来自数据库外部的攻击行为。目前使用的较多的攻击方式有 SQL 注入攻击、拒绝服务攻击、特权提升攻击等。

(4) **权限管理**：不当的数据库授权容易导致数据库权限的滥用，从而造成敏感数据泄露。最好的权限管理需要满足最小授权的原则，即每个数据库合法用户只能拥有他所需要的最小权限。

同样，对于组合 IT 产品的安全威胁，我们需要分析来自组合 TOE 中不同 TOE 部件之间的关系。例如硬件故障导致数据库完整性破坏威胁分为进程故障(TOE 本身)、主机故障(运行环境)、磁盘介质故障、网络通信故障等不同类型硬件故障带来的安全威胁是不一样的，表 4.12 的组合 TOE 威胁细化说明了组合 TOE 威胁与三个 TOE 部件(TOE_A、TOE_B 和 TOE_C)之间威胁来源确定的步骤的主要内容。

表 4.12　威胁评估步骤 1：潜在威胁确定(Herrmann 2002)

编号	威　胁	TOE_A	TOE_B	TOE_C
T_1	**未检测出的资产威胁可能来自于以下事件：**			
T_{1a}	授权用户执行了他未被授权的操作	X	X	X
T_{1b}	攻击者(内部或外部人)伪装成一个授权用户尝试执行未被授权的操作	X	X	X
T_{1c}	攻击者(内部或外部人)通过冒充授权用户访问未经授权的资源和信息	X	X	X
T_{1d}	授权或未经授权用户无意或故意阻止员工访问 TOE	X	X	X
T_{1e}	未经授权的用户获得了 TOE 控制权	X	X	X
T_{1f}	未经授权的用户将 TOE 设置为不可操作	X	X	X
T_{1g}	未经授权的用户试图绕过 TOE 的安全控制			X

续表

编号	威　胁	TOE_A	TOE_B	TOE_C
T_{1h}	未经授权的用户试图猜测身份标识及其验证数据	X	X	
T_{1i}	未经授权的用户通过欺骗等手段获得和使用有效的身份标识及其验证数据	X	X	X
T_{1j}	未经授权的用户或外部IT实体查看、修改和删除传输到远程授权用户或管理员的安全相关信息			X
T_2	**授权用户在未获得管理员权限或许可的情况下即访问该信息或资源**	**X**	**X**	**X**
T_3	**攻击者可以窃听或用其他方式获取通过网络传播的数据**	**X**		
T_{3a}	未经授权的用户进行流量分析	X		
T_{3b}	授权或未经授权的用户使用之前信息流的残余信息	X		
T_4	**授权或未授权用户通过消耗全局资源方式以阻止其他授权用户访问或使用这些资源**	**X**		
T_{4a}	借助网络/线路阻塞(声音或数据)	X		
T_{4b}	借助服务拒绝(DoS)和分布式服务拒绝(DDoS)攻击（声音或数据）	X		
T_{4c}	盗窃资源服务	X		
T_5	**用户可能有意或无意地传输敏感信息给不允许看到它的用户**	**X**		
T_6	**用户可能或者以发送者或者以接收者的身份参与信息传输，然后否认这样的行为**	**X**		
T_7	**授权用户可能以软复制或者硬复制的方式导出信息，随后接受者以不符合指定安全敏感的方式处理这些信息**	**X**		
T_8	**信息的完整性和可用性可能由于以下原因被削弱：**			
T_{8a}	用户错误、固件错误、硬件错误或传播错误	X	X	X
T_{8b}	由攻击者的未经授权的修改或破坏的信息	X	X	X
T_{8c}	人为错误或软件、固件、硬件或电力供应故障造成突然中断操作，导致关键数据的损失或损坏	X	X	X
T_{8d}	存储介质老化或不当储存或不当处理存储介质	X	X	X
T_{8e}	一个授权用户无意中将病毒引入系统	X	X	X
T_{8f}	一个授权用户能将未经授权的软件引入到系统中	X	X	X
T_{8g}	授权或未经授权用户插入恶意代码或使用后门	X	X	X
T_{8h}	一个未经授权的人浏览、修改或破坏安全关键配置信息	X	X	X
T_{8i}	未能执行足够的系统冗余或数据备份	X	X	X
T_{8j}	偶然或者蓄意删除	X	X	X
T_{8k}	插入伪造数据	X	X	X
T_{8l}	对数据进行未经授权的修改	X	X	X
T_9	**攻击者可能在某用户希望其对资源或服务的合法使用保密的情况下，观察该用户对资源或服务的使用情况**	**X**		
T_{10}	**一个授权用户可能有意或无意地观察存储用户未授权的信息**		**X**	**X**
T_{11}	**安全关键组件可能受到物理攻击和(或)运行环境故障的影响，从而危及安全**			**X**
T_{12}	**已授权的内部用户或未经授权的局外用户可能会无意或故意导致的安全相关的事件不被记录或不可追溯**			

续表

编号	威　　胁	TOE_A	TOE_B	TOE_C
T_{12a}	丢失或覆盖合理的审计记录	X	X	X
T_{12b}	审计记录不能与发生时间关联	X	X	X
T_{12c}	审计记录不能与实际活动关联	X	X	X
T_{12d}	人们可能因为审计记录不被审阅而不会为自己的行为负责	X	X	X
T_{12e}	对用户或系统资源的危害可能在很长一段时间内未被发现	X	X	X
T_{13}	体系架构、设计、实现、操作或维护中的脆弱性可能导致安全机制失效	X	X	X
T_{14}	已授权的内部用户或未经授权的局外用户可能会导致不当重启和(或)从失败的硬件、软件或固件的不当恢复，而导致安全危害	X	X	X
T_{15}	运行环境的变化可能会引入或暴露漏洞	X	X	X
T_{16}	一个知识渊博的攻击者可能绕过应对策略和缓解策略中意想不到的局限性或潜在缺陷	X	X	X
T_{17}	访问控制权和访问特权的定义、实现和强制访问可能以破坏安全性的方式完成		X	X
T_{18}	自然灾害、战争行为或恐怖主义可能导致关键操作被中断或停止	X	X	X
T_{19}	资产的危害可能由管理员或其他特权用户的粗心，故意忽视或恶意执行导致：			
T_{19a}	硬件、软件和固件的操作不当	X	X	X
T_{19b}	网络或语音电路故障	X		
T_{19c}	过早关闭永久虚拟电路(PVC)或虚拟专用网络(VPN)	X	X	
T_{19d}	操作安全(OPSEC)程序规程不足	X	X	X
T_{19e}	操作安全(OPSEC)程序规程写得不严谨	X	X	X
T_{19f}	用户和管理员不熟悉操作安全(OPSEC)程序规程	X	X	X

威胁评估第二步是对发现的试图绕过、禁用和危害TOE安全功能和技术机制的安全威胁，评估它们发生的可能性及发生后果的严重性。TOE、TSF、TOE的IT运行环境(物理安全、人员安全和操作安全)都应在威胁风险的评估范围内。正如在ISO/IEC TR 15446技术报告中所述，综合的有意义的威胁评估是必要的：

“不应低估风险分析的重要性，因为如果做得不好，TOE就不可能提供充分的保护，由此组织的资产就会在无法接受的风险程度下损失。”

CC建议威胁风险评估可以考虑以下因素。

(1) 对资产受到损害的可能性和结果要考虑：①已知的可能攻击方法；②攻击成功的可能性；③可能造成的损害结果(包括成功攻击后有形损失的大小预计)。

(2) 其他如法律要求、评估费用等风险评估的约束条件。

资产受到损害的后果或损害的严重程度可能是对信息世界或物理世界产生影响的，尤其一个可以有人身安全影响的IT产品，如数据库管理系统需要对不同的数据资产(用户数据、TSF数据、数据库运行日志等)发生的可能性及其后果进行风险评估。因为不同资产的各种潜在威胁并不是完全等价的，风险缓解的首要任务是为每个潜在的威胁确定其严重性和发生的可能性。这种方法有助于将风险缓解活动和对策按优先级排序，使 TOE 的安全对策资源可以应用到最关键的地方去。后果的严重性可以表示成一个范围，即一个特定的威胁的实例可能会产生各种各样的结果（从最坏的情况到最好的情况）。在这种情况下，风险降低的优先级，通常也被表示为一个范围。

严重程度和风险发生的可能性的使用标准分类可能是相对的或定性的，而不是一个精确的定量测量。表 4.13 使用表 4.12 中的组合 TOE 说明了资产风险分析的主要内容。表中威胁后果严重性和发生可能性来自于领域相关的国际电工委员会 IEC 61508《电气/电子/可编程电子安全系统的功能安全》标准，其后果严重分为以下几个级别。

表 4.13 威胁评估步骤 2：资产可能威胁的风险分析（Herrmann 2002）

编号	威　胁	后果严重性	发生可能性	风险优先级
T_1	**未检测出的资产威胁可能来自于以下事件**			
T_{1a}	授权用户执行了他未被授权的操作	一般～关键	偶尔	高
T_{1b}	攻击者（内部或外部人）伪装成一个授权用户尝试执行未被授权的操作	一般～关键	偶尔	高
T_{1c}	攻击者（内部或外部人）通过冒充授权用户访问未经授权的资源和信息	一般～关键	偶尔	高
T_{1d}	授权或未经授权用户无意或故意阻止组织员工访问 TOE	一般～关键	偶尔	高
T_{1e}	未经授权的用户获得了 TOE 控制权	一般～关键	很少	中至高
T_{1f}	未经授权的用户将 TOE 设置为不可操作	一般～关键	很少	中至高
T_{1g}	未经授权的用户试图绕过 TOE 的安全控制	一般～关键	频繁	中至高
T_{1h}	未经授权的用户试图猜测身份标识及其验证数据	一般～关键	频繁	中至高
T_{1i}	未经授权的用户通过欺骗等手段获得和使用有效的身份标识及其验证数据	一般～关键	很有可能	中至高
T_{1j}	未经授权的用户或外部 IT 实体查看、修改和删除传输到远程授权用户或管理员的安全相关信息	一般～关键	偶尔	中至高
T_2	**授权用户在未获得管理员权限或许可的情况下即访问该信息或资源**	一般～关键	很少	中
T_3	**攻击者可以窃听或用其他方式获取通过网络传播的数据**			
T_{3a}	未经授权的用户进行流量分析	一般	很少	
T_{3b}	授权或未经授权的用户使用之前信息流的残余信息	一般	很少	低
T_4	**授权或未授权用户通过消耗全局资源方式以阻止其他授权用户访问或使用这些资源**			
T_{4a}	借助网络/线路阻塞（声音或数据）	一般～灾难	很少	高
T_{4b}	借助服务拒绝（DoS）和分布式服务拒绝（DDoS）攻击（声音或数据）	一般～灾难	很少	高
T_{4c}	盗窃资源服务	一般～灾难	很少	高
T_5	**用户可能有意或无意地传输敏感信息给不允许看到它的用户**	一般～关键	很少	中
T_6	**用户可能或者以发送者或者以接收者的身份参与信息传输，随后否认这样的行为**	一般	很少	低

续表

编号	威　胁	后果严重性	发生可能性	风险优先级
T_7	授权用户可能以软复制或者硬复制的方式导出信息，随后接受者以不符合指定安全敏感的方式处理这些信息	一般～关键	偶尔	高
T_8	信息的完整性和可用性可能由于以下原因被削弱			
T_{8a}	用户错误、固件错误、硬件错误或传播错误	一般～灾难	偶尔	高
T_{8b}	由攻击者的未经授权的修改或破坏的信息	一般～灾难	很少	中
T_{8c}	人为错误或软件、固件、硬件或电力供应故障造成突然中断操作，导致关键数据的损失或损坏	一般～灾难	很少	中
T_{8d}	存储介质老化或不当储存或不当处理存储介质	一般～灾难	很少	中
T_{8e}	一个授权用户无意中将病毒引入系统	一般～灾难	频繁	高
T_{8f}	一个授权用户将未经授权的软件引入到系统中	一般～灾难	频繁	高
T_{8g}	授权或未经授权用户插入恶意代码或使用后门	一般～灾难	偶尔	中
T_{8h}	一个未经授权的人浏览、修改或破坏安全关键配置信息	一般～灾难	偶尔	中至高
T_{8i}	未能执行足够的系统冗余或数据备份	一般	偶尔	中
T_{8j}	偶然或者蓄意删除	一般～关键	偶尔	中至高
T_{8k}	插入伪造数据	一般～关键	偶尔	中至高
T_{8l}	对数据进行未经授权的修改	一般～关键	偶尔	中至高
T_9	攻击者可能在某用户希望其对资源或服务的合法使用保密的情况下，观察该用户对资源或服务的使用情况	一般～关键	偶尔	高
T_{10}	一个授权用户可能有意或无意地观察存储用户未授权的信息	一般～关键	偶尔	中
T_{11}	安全关键组件可能受到物理攻击和（或）运行环境故障的影响，从而危及安全	不重要～灾难	几乎不可能	低
T_{12}	已授权的内部用户或未经授权的局外用户可能会无意或故意导致安全相关的事件不被记录或不可追溯	一般～灾难	很少	中
T_{12a}	丢失或覆盖合理的审计记录	一般～灾难	很少	中
T_{12b}	审计记录不能与发生时间关联	一般～灾难	很少	中
T_{12c}	审计记录不能与实际活动关联	一般～灾难	很少	中
T_{12d}	人们可能因为审计记录不被审阅而不会为自己的行为负责	一般～灾难	很少	中
T_{12e}	对用户或系统资源的危害可能在很长一段时间内未被发现	一般～灾难	很少	中
T_{13}	体系架构、设计、实现、操作或维护中的脆弱性可能导致安全机制失效	一般～关键	很少	中
T_{14}	已授权的内部用户或未经授权的局外用户可能会导致不当重启和（或）从失败的硬件、软件或固件的不当恢复，而导致安全危害	一般～关键	很少	中
T_{15}	运行环境的变化可能会引入或暴露漏洞	一般～关键	很少	低
T_{16}	一个知识渊博的攻击者可能绕过应对策略和缓解策略中意想不到的局限性或潜在缺陷	一般～关键	很少	中

续表

编号	威胁	后果严重性	发生可能性	风险优先级
T_{17}	**访问控制权和访问特权的定义、实现和强制访问可能以破坏安全性的方式完成**	一般～关键	很少	中
T_{18}	**自然灾害、战争行为或恐怖主义可能导致关键操作被中断或停止**	一般～灾难	几乎不可能	低
T_{19}	**资产的危害可能由管理员或其他特权用户的粗心，故意忽视或恶意执行导致**			
T_{19a}	硬件、软件和固件的操作不当	一般～灾难	很少	中
T_{19b}	网络或语音电路故障	一般～灾难	很少	中
T_{19c}	过早关闭永久虚拟电路（PVC）或虚拟专用网络（VPN）	一般～灾难	很少	中
T_{19d}	操作安全（OPSEC）程序规程不足	一般～灾难	很少	中
T_{19e}	操作安全（OPSEC）程序规程写得不严谨	一般～灾难	很少	中
T_{19f}	用户和管理员不熟悉操作安全（OPSEC）程序规程	一般～灾难	很少	中

(1) **灾难性的**：失去一个或多个主要的TSF，可能伴随或者不伴随致命的伤害，或者多个严重的伤害。

(2) **关键性的**：失去一个主要的TSF，可能伴随或者不伴随严重的伤害。

(3) **一般性的**：严重的TSF损坏，可能伴随或者不伴随细小的伤害。

(4) **不重要的**：TSF损坏，可能伴随或者不伴随细小的伤害。

IEC 61508标准中风险发生可能性定义如下。

(1) **频繁**：可能频繁发生，10^{-2}。

(2) **很大可能**：会发生几次，10^{-3}。

(3) **偶尔**：可能在系统的生命周期中发生几次，10^{-4}。

(4) **很少**：可能在系统的生命周期中发生，10^{-5}。

(5) **几乎不可能**：不太可能但是有潜在发生的概率，10^{-6}。

(6) **难以置信**：极其不太可能发生，10^{-7}。

在识别了TOE相关威胁后，我们应该在PP/ST安全问题定义的威胁部分清晰简明地陈述TOE威胁，包括威胁主体、攻击方法和威胁说明3个方面。

(1) **威胁主体**：威胁主体的定义是"对资产有不利影响的实体"，即TOE中对客体执行操作的各种主动实体，例如黑客、授权用户、计算机进程、意外事件等。PP/ST编制者可以从专业技能、涉及资源、机遇、动机等方面进一步描述威胁主体属性。通常的威胁主体类型包括：攻击者（未授权用户）、授权用户、授权管理员（特殊权限的用户）、系统管理员、系统所有者和IT产品开发者等。

(2) **攻击方法**：在确定要保护的资产和威胁主体之后，下一步就是识别可能导致资产受损的攻击方法。开放系统互连安全体系结构（X.800建议）和互联网安全词汇表（RFC 2828）对安全攻击进行了分类。它们把攻击分成两类，被动攻击和主动攻击。被动攻击试图获得或利用IT产品的信息，但不会对IT产品的资源造成破坏。而主动攻击则不同，它试图破坏IT产品的资源，影响IT系统的正常工作。应该基于对IT产品运行环境的了解来确认可能的攻击方法，如：可能被威胁主体利用的 IT 资产潜在的脆弱性；IT 产品运行环境内攻击者的能力。

对于每个威胁，可以从攻击模式的角度对其进行更具体的分析。美国非营利性组织 MITRE 机构托管的常见攻击模式枚举与分类（CAPEC）、威胁情报架构（STIX）、威胁建模模型（ATT&CK）等网站对攻击模式进行了详细的分类，并从攻击前提、攻击方法与攻击后果等方面对其进行描述。PP/ST 编制人员可根据可能遭受的安全威胁从这些威胁情报和知识库中抽取相应 IT 产品的攻击模式，并生成相应威胁的攻击方法。

（3）**威胁说明**：为了提供清晰的威胁描述信息，威胁说明应包括以下细节。

① 威胁主体（例如，信息系统的授权用户）；

② 受威胁控制的资产（例如，敏感数据）；

③ 使用的攻击方法（例如，假冒的信息系统授权用户）。

陈述威胁的具体示例如：“攻击者可能通过假冒信息系统的授权用户，未经授权访问信息或资源。”

每个威胁都应单独标识以方便引用，可能的标识方式有两种。

① 对威胁连续编号（例如 T_1、T_2、T_3 等）；

② 用简短而有意义的名称作为威胁的唯一标识。

第一种方法的优点是，编号通常很短，并易于参考。第二种方法的优点是，使用名称作为单独标识，名称具有充分的含义并且容易记忆。然而，在使用第二种标识方法时，由于实际应用中限制威胁名称的字符数量，并且名称还要含义准确和易于记忆，因此，不可能在所有情况下都给威胁分配一个完整有意义的标签。

引入针对威胁的对策可能引入其他间接导致资产损失的攻击。例如对 TSF 的旁路或篡改攻击。要慎重考虑对资产的间接威胁，特别注意以下几点。

① 不要在 TOE 安全运行环境中过多地考虑间接威胁，否则会使读者过早涉及 TOE 的实现细节从而产生困惑；

② 不要将间接威胁陷入已有的威胁范围之内。

例如，如果威胁 X 可能损害资产 Y，则任何旁路对抗威胁 X 措施的威胁也可能导致资产 Y 的损害。由于这种旁路威胁是一种已经隐含在威胁 X 内的攻击方法，为使 TOE 安全运行环境的陈述简单明了，不应再将它作为单独的威胁显式地陈述出来。

还应注意到，当需要选择 CC 中有依赖关系的组件形成安全要求时，必须考虑对 TOE 安全控制措施的攻击方法，例如旁路或篡改攻击。任何对 TSF 的可行攻击都应在 TOE 评估期间全部罗列出来。

例如：

① 攻击者可能通过假冒 TOE 的授权用户，未经授权访问信息或资源；

② TOE 的授权用户可能假冒其他 TOE 的授权用户，未经授权访问信息或资源。

如果将威胁描述与威胁描述中用到所有各项的解释，根据受损害资产受到的威胁范围，以及威胁主体可能使用的攻击方法联系后放在一起，PP/ST 读者就比较容易理解。例如，上面两个威胁例子中，很明显处于风险中的资产是（假冒的）用户有权访问的信息和资源。

为确保威胁描述是简明的，威胁描述应尽可能分开，或者说不同威胁之间尽可能减少交叠。这样既有助于避免使PP/ST读者产生混淆，也可以通过避免不必要的重复来简化PP/ST基本原理。

如果以同样的详细程度指定所有威胁，就可能易于避免威胁之间的重叠。例如如果特定攻击情节与在PP/ST的其他部分已陈述的一般威胁有关，就不要指定这样的威胁，因为它描述的是已详细说明了的对特定资产的攻击方法。

注意威胁描述应仅涉及那些可能直接危害被保护资产的事件，建议不要使用"TOE中可能存在安全缺陷"这样的"威胁"描述。这样的"威胁"不能帮助PP/ST读者理解安全要求是什么，它是否可由TOE或任何可以在TOE运行环境中采取的非技术方法所处理仍是未知的。

最后应注意，对TOE运行环境的假设条件可以用来排除某些威胁，这些威胁一般与TOE安全操作相关。有鉴于此，PP/ST作者有一定的自由度来决定这些方面是在TOE的假设中处理，还是在由运行环境对抗的威胁陈述中处理(即运行环境目的)。两种方法都可接受，因为假设和威胁都必须映射到支持或处理它们的安全目的上。因此，在两者之间的选择应基于最有助于PP/ST读者了解安全要求的方法而做出。

4.5.3　组织安全策略

组织安全策略(OSP)可能需要由TOE或其IT运行环境，或由两者结合来对TOE的资产进行保护。在CC中，OSP被定义成一组由组织强制执行的规则、规范或最佳实践过程。作为一般规则，OSP样例包括以下内容。

(1) 识别所使用的信息流控制规则。

(2) 识别所使用的访问控制规则。

(3) 定义有关安全审计的策略和规范。

(4) 组织要求的安全方案解决技术，例如使用特定密码算法，或与认定标准相一致的密码算法或密钥管理协议。

(5) 使用基于标准的IT基础策略与规程等。

OSP与每个组织的使命及其所特有的资产相关。地方、国家和国际法律法规，可能会附加额外的组织安全策略。因此，对于OSP来源的引用就显得很有必要。一般来说，OSP分成7大类，每一类OSP都有助于给出组织全面的深度防御策略。

(1) 访问控制：访问控制策略阻止未经授权用户对组织TOE及其相关资产的访问，用于保护TOE管理的各种资产。

(2) 问责追究：问责策略要求TOE明确关联到实体(人类和非人类)在资产上面的具体行动，包含用户身份鉴别、授权控制和安全审计。

(3) 可用性：可用性策略要求TOE必须在需要的时候可以使用。它们需要各种机制来确保，例如资源在需要时可用和发生故障时恢复机制的有效性。

(4) 保密性：保密性策略根据资产敏感性规定加解密机制的类型和强度、访问控制规则的制定以及数据与主体标签的绑定等。

(5) 完整性：完整性策略侧重维护系统和数据的完整性，无论TOE运行模式或数据状态是启动、停止、正常操作、预防性维护、紧急关闭，还是降级模式操作等。

(6) 安全安装和运行：安全安装和运行策略通过适当文档指导TOE安装和操作，包括定期的培训和安全审查，业界公认的人员安全最佳实践和物理安全最佳实践(Best of Practice)，这些都可预防IT资源遭受损害。

(7) 传输保护：传输保护策略致力于保护资产在无论信任或不信任的网络传输过程中不被篡改和非法访问。

和威胁一样，OSP也为PP/ST的安全目的形成提供指导和协助。PP/ST作者应首先对照资产面临的相关威胁，审查所有OSP是否存在不一致性，然后再将所需的OSP编入PP/ST。

如果PP/ST指定组织安全策略及威胁，就要记得TOE安全问题定义部分应提供安全要求的简明陈述：如果只包括一个只是以不同形式简单重述威胁的OSP，那是毫无用处的(当然除非因为相关组织要求OSP要重复一个已存在的威胁，而别无选择时)。

例如，如果前面已经识别出TOE的一个威胁，它规定：

“非授权者可能获得对TOE的逻辑访问。”

那么在PP中再规定如下OSP陈述，将不会获得更多有用信息：

“必须在TOE访问被接受之前鉴别TOE的合法用户。”

这个OSP不仅以不同方式重述前面的威胁，而且也重复了预期响应安全要求的安全目的的定义。如果只将安全问题陈述一次，你的PP/ST将比较容易读下去。

同威胁一样，PP编制者应唯一标识每个OSP以便于引用。表4.14给出了一个TOE的OSP描述样例，每个OSP编号以P加序号方式。当然也可使用假设和威胁类似的名称标识方式，给每个OSP给出简短而有意义的名称作为其唯一标识。

表4.14 组织安全策略样例

3.4 组织安全策略
本部分标识TOE或TOE环境必须遵从的组织安全策略。
3.4.1 访问控制策略
P1：TOE采集和生成的所有数据只应用于授权用途。
P2：TOE授权用户和管理员应该有资格按照他们的访问控制权限和特权访问TOE，采集、创建、通信、分发、处理或存储信息。
P3：应通过角色访问控制实施职责分离，以限制用户对特定数据对象上执行特定的动作。
3.4.2 可追溯策略
P4：TOE用户应能对他在TOE上的行为负责。
P5：一定范围内的用户活动应被监控，以便在不正当行为发生时能对用户行为进行某种形式的控制，从而确保系统控制能正常发挥作用。一旦这样的监控发生时，所有用户应被告知。
3.4.3 可用性策略
P6：TOE应该能在资源枯竭的地方具备提供足够资源的能力。
P7：TOE应提供故障容错、失效安全和保障系统可生存的故障恢复特性。
3.4.4 机密性策略
P8：用户和系统数据机密性和隐私保护应与其敏感性和重要性相一致。
P9：用户数据应适当标记，以表明信息的敏感性。
3.4.5 完整性策略
P10：TOE存储、生成和处理的数据应防止被未经授权的修改、删除和插入。

续表

P11：TOE启动时应该自我检查其安全功能(TSF)是否存在和其相关功能操作正常执行的能力，且发现非预期情况时退出启动并产生警告信息。 P12：TOE应该能监控文件完整性，且在发生文件完整性不一致时生成警告信息。 P13：TOE应能从可执行程序或通信流中废止或隔离恶意代码和数据。 3.4.6 安全安装与操作策略 P14：分析导致TOE入侵过程和信息，包括应采取的适当安全措施。 P15：TOE应由授权用户来管理。 P16：TOE应保护免受未经授权的访问以及TOE数据和功能中断。 P17：TOE应能够与其他IT系统的接口以安全的方式进行互操作。 P18：在TOE操作生命周期中，其安全功能实施和保护应该被安全管理。 P19：TOE必须被物理保护。 P20：授权用户和系统管理员应当经过适当的培训。 P21：授权用户和系统管理员必须经过适当的背景调查。 P22：TOE必须受到定期的安全检查和脆弱性。 P23：TOE必须描述其安全特性、功能和配置参数，包括系统使用过程中相关残余信息风险文档。 3.4.7 传输保护策略 P24：TOE传输的用户、网络管理、安全管理相关数据应防止被未经授权的截取、探听、修改、删除、插入和替换。 P25：TOE授权用户和系统管理员在未经适当和明确授权情况下应不导出TOE处理数据。

4.6 安全目的

安全目的是对PP/ST第3节中定义的安全问题的预期解决方案进行陈述。在PP/ST中描述安全目的有3方面作用。

(1) 为安全问题提供高层的、以自然语言描述的解决方案：安全目的使用自然语言描述，因此，这一抽象层次对于知识丰富的TOE的潜在消费者是清晰和可理解的。

(2) 将该解决方案划分为TOE安全目的和运行环境安全目的两个局部方式的解决方案，以反映出未来的安全要求实现将分别由TOE本身和TOE运行环境这两个不同实体提供相应的解决方案。

(3) 论证安全目的和安全问题定义之间的关系，描述每个安全目的分别处理哪些威胁、组织安全策略和假设，并论述所有的威胁、组织安全策略和假设都可以被安全目的有效处理，以证明这些局部方式的解决方案构成了一个对安全问题的完整解决方案。

因此，PP/ST中安全目的陈述必须覆盖上述安全问题定义中的假设、威胁和组织安全策略，简洁地阐明对PP/ST第3部分所描述的安全问题的预期响应(如图4.13所示)。换句话说，安全目的维护安全问题定义中的所有既定假设，规避所有识别的威胁风险，并执行所有规定的组织安全策略。一般来讲，PP/ST这部分安全目的陈述需明确地界定出PP/ST中的安全要求是由TOE本身还是TOE运行环境来满足或处理的，即界定出TOE和TOE运行环境之间的安全责任。

PP/ST 的安全目的一般基于下面步骤产生。

(1) 安全目的要覆盖 TOE 所有假设、威胁和组织安全策略列表。

(2) 识别运行环境安全目的。

(3) 识别 TOE 安全目的。

(4) 关联假设、威胁和组织安全策略的安全目的的符合性声明(即安全原理)。

图 4.13 明确标志着 PP/ST 中的安全目的分为两类。

(1) TOE 安全目的：通过 TOE 实现技术与机制措施的部署对策来满足的安全目的。

(2) 运行环境安全目的：既可由 TOE 运行环境实现技术与机制手段来满足，也可由非 IT 手段(假设)来满足(例如使用操作性的管理规范或运行规则，缩写为 OPSEC)。

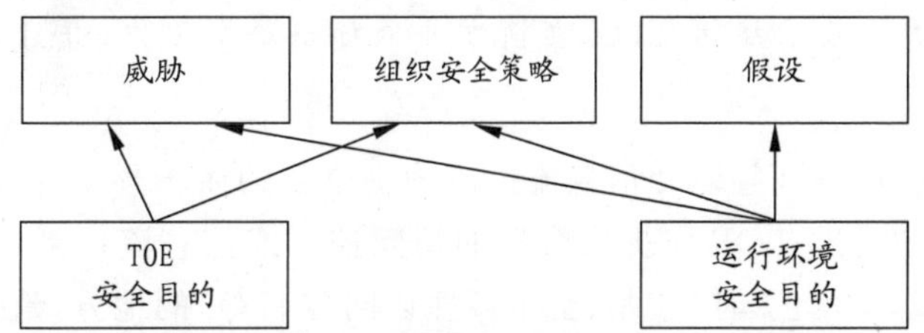

图 4.13　安全目的和安全问题定义间的追溯

PP 安全目的的陈述不应涉及决定安全要求解决方法的实现细节，CC 规定 PP/ST 安全目的的陈述是为了以下目的。

(1) 概述 TOE 在 TOE 运行环境中应该做什么和不应该做什么。

(2) 划定 TOE 安全评估的范围。

(3) 能导出满足安全目的的安全功能要求：导出 TOE 的每个安全功能要求映射到一个或多个安全目的，而每个 TOE 安全目的映射到至少一个安全功能要求。

(4) 能确定 TOE 所需的评估保障级别。

4.6.1　TOE 安全目的

TOE 安全目的是确定 TOE 在对抗威胁和支持组织安全策略方面负什么责任，即 TOE 安全目的要覆盖 TOE 所有威胁和支持的组织安全策略。因此，编制 TOE 安全目的是为了以下目标。

(1) 确保每个已知的由 TOE 完全或部分对抗的威胁，至少被一个 TOE 安全目的所处理。

(2) 确保每个已知的由 TOE 完全或部分符合的组织安全策略(OSP)，至少被一个 TOE 安全目的所处理。

因此，TOE 安全目的被认为可以为 PP/ST 读者提供从已知的安全需求(即安全问题)到 IT 安全要求(即 CC 安全组件)之间的桥梁(或阶梯)。在安全目的定义的详细程度方面，PP/ST 编制人员需要折中考虑以下两方面的要求。

(1) 应帮助读者理解由 TOE 处理的安全需求范围，而不必深入到 TOE 实现的细节上。在 PP/ST 安全目的描述应重点放在预计达到什么结果而不是如何达到。

(2) 应确保已定义的 TOE 安全目的不是对包含在第 3 节的威胁和 OSP 中的信息重述，或是稍微换种描述方式。

实际上，在梳理编写安全目的和安全要求基本原理时，PP 编制人员就可以检验出安全目的描述详细程度是否合适。如果基本原理的某一步太细致，而其他部分又相对抽象或复杂，那么安全目的描述不是太详细了就是太简要了。

广义地讲，安全目的处理威胁的方法可划分为预防性、检测性和纠正性 3 大类。

(1) 预防性安全目的：预防将要发生的威胁或限制它实现的途径。

(2) 检测性安全目的：提供手段检测和监视与 TOE 操作安全相关事件的发生。

(3) 纠正性安全目的：指的是需要 TOE 对潜在的安全攻击、异常或其他不良事件采取控制措施或行动，从而保护或恢复到安全状态，并且(或者)限制危险发生。

预防性安全目的例子如下，识别出对 TOE 用户标识和鉴别的需求：

"TOE 确保用户在获准访问 TOE 之前唯一地标识每个用户，并且用户所声称身份是经过鉴别的。"

常用于用户授权的访问控制和信息流控制的安全目的属于预防性类。如果在 PP 第 3 节的安全问题定义中指出 TOE 应提供合适的访问控制或信息流控制策略(如自主访问控制、强制访问控制、基于角色访问控制、基于属性访问控制等)的地方，建议在本节为每种访问控制策略识别出相应的预防性安全目的。这一方法有助于简化安全要求的基本原理编制。

检测性安全目的例子如下，识别出 TOE 要提供信息来源不可抵赖能力的需求：

"TOE 将提供方法使信息的接收者能够检索用于证明信息来源产生的证据。"

纠正性安全目的例子如下，识别出 TOE 响应已检测到的入侵需求：

"根据对即将发生的安全违规事件的检测，采取适当步骤限制攻击，使提供给其他 TOE 用户服务的损失降到最低。"

按照上述威胁处理的 3 种方法分类安全目的策略，对应于 TOE 安全控制措施的先后顺序和 CC 建议的安全漏洞预防优先级。TOE 安全事件的处理可分为 5 个基本阶段。

(1) 预见/预防：预见潜在的威胁类型和威胁来源，并积极地采取各种预防措施，以减少威胁被实例化的可能性及其后果的严重程度。例如在系统软件如操作系统、数据库管理系统等软件中，用户认证和授权即属于这类安全控制措施，数据库并发事务控制中的死锁预防也是保证数据库一致性的预防措施。

(2) 检测：TOE 检测所有即将发生的已知或可疑的安全攻击，而不管它们是否成功。例如在数据库中面向安全管理员的数据库审计即是通过对潜在的安全威胁跟踪，通过事后分析确认潜在的安全风险。

(3) 刻画与分析：刻画威胁的攻击特征，使得可以制订合适的短期响应策略和长期的恢复行动。例如针对数据库可用性，数据库管理员通过数据库管理系统运行日志、各种安全事件等统计分析得到平均无故障时间(MTBF)、平均修复时间(MTBR)来计算数据库系统的可用性指标，依据这个值就可以通过设置合适的数据库检查点运行策略保证数据库服务器硬件故障下的可用性。

(4) 响应/控制后果：短期响应策略实施，从而快速隔离和控制威胁发生造成的后果。

(5) 恢复：长期的恢复措施(经验教训)是用来消除或减轻今后相同或相似的威胁后果。

在 TOE 的安全功能实现中可建立 4 个级别的安全漏洞预防的优先级。

(1) 消除：发现、删除和消除 TOE 潜在的安全缺陷或脆弱性。

(2) 最小化：通过减少漏洞被利用的可能性、减轻威胁实例化后果的严重性等方式来最小化潜在的安全威胁。

(3) 监控：通过持续的监控发现和阻止任何可能利用 TOE 潜在漏洞的企图。

(4) 通知：及时向最终用户、系统管理员和系统所有者披露 TOE 残余漏洞信息。

上述安全控制措施的 5 个阶段与推荐使用的安全漏洞预防的优先级基本相符。

(1) 消除：①通过持续的安全保障活动不断发现 TOE 潜在的安全缺陷/脆弱性；②通过正确的、完整的、一贯的、明确的和可核查的安全功能要求和安全保障要求规范再确认来消除安全缺陷/脆弱性；③通过(重新)开发更有忍耐力的安全架构来消除安全缺陷/脆弱性。

(2) 最小化：通过设计和部署一个强大的深度防御安全架构设计，减少 TOE 漏洞被利用的可能性和威胁实例化的后果严重程度。

(3) 监控：通过持续的各种多源监控、报告和异常安全事件分析，检测任何企图利用潜在安全漏洞攻击，并快速响应以控制威胁实例化的后果。

(4) 通知：及时将 TOE 潜在(残余的)安全漏洞充分披露给最终用户、系统管理员和系统所有人。这主要通过：①TOE 正确操作和使用及其安全功能的深度培训；②给出潜在安全漏洞和误用后果综合警告。

与威胁和组织安全策略相同，TOE 安全目的也应有唯一标识，标识方法可采用序列编号(如 O_1、O_2、O_3 等)，或给出简短而有意义的名称。表 4.15 给出了一个组合 TOE 的安全目的样例，表中安全目的的类型包括预防目的(P)、检测目的(D)和纠正目的(C)，TOE_A、TOE_B 和 TOE_C 是组合 TOE 的 3 个 TOE 部件。通过表 4.15 看出，在一个组合 TOE 的情况下，安全目的应分配到组合 TOE 的某个适当的 TOE 部件。

表 4.15　CC/CEM 组合 TOE 安全目的样例

序号	安全目的	类型	TOE_A	TOE_B	TOE_C
O_1	TSF 必须确保只有授权用户才能通过自主访问控制访问 TOE 及其资源	P	X	X	X
O_2	TSF 必须确保当资源回收，包含在一个受保护资源中的任何信息不会泄露	P		X	X
O_3	TSF 将记录所有安全相关事件，并且必要时生成警告信息	D	X	X	X
O_4	TSF 在存储(在线或存档)、处理和传输信息时将保证信息保密性	P	X	X	X
O_5	TSF 将检测系统失效或数据完整性	D	X	X	X
O_6	TOE 数据导出时将通过敏感标签准确地表示其在内部相应的敏感标签	P		X	
O_7	当系统故障、失效或失败后，TOE 将返回到一个已知的安全状态	C	X	X	X
O_8	当 TOE 经历攻击、病毒或蠕虫感染，TSF 将隔离任何网段或系统资源	C	X	X	X

续表

序号	安全目的	类型	TOE_A	TOE_B	TOE_C
O_9	当TOE受到外部干扰、篡改、或试图绕过安全功能等伤害时会自我保护	P	X	X	X
O_{10}	TSF将控制所有资源的消费，包括并发会话的数量	P	X	X	
O_{11}	TSF将防止TOE成为攻击其他系统的桥梁（工具）	P	X		
O_{12}	TOE不会被用来减少其他系统的可用性	P	X	X	X

表4.16是我国GB/T 20276—2016《信息安全技术 具有中央处理器的IC卡嵌入式软件安全技术要求》国家推荐标准定义的TOE安全目的，它以简短而有意义的名称标识了TOE安全目的。

表4.16 GB/T 20276—2016技术要求TOE安全目的样例

6.1 TOE安全目的

6.1.1 标识数据存储(O. IdData_Storage)

TOE必须具备在非易失性存储器中存储初始化数据和预个人化数据的能力。

6.1.2 用户标识(O. User_Identification)

TOE必须明确地标识出可使用各种逻辑接口的用户。

6.1.3 用户鉴别(O. User_Authentication)

用户必须通过鉴别过程才可访问或使用TOE中的用户数据和安全功能数据。

6.1.4 防重放攻击(O. Replay_Prevention)

TOE应提供安全机制以抵御重放攻击，如采用只可一次性使用的随机因子等措施。

6.1.5 残留信息清除(O. ResidualInfo_Clearance)

TOE必须确保重要的数据在使用完成或遭受掉电攻击后会被删除或被安全处理，不会留下可被攻击者利用的残留数据信息。

6.1.6 信息泄露防护(O. InfoLeak_Prevention)

TOE必须提供控制或限制信息泄露的方法，使得通过测量功耗、电磁辐射、时耗等信息的变化情况无法或难以获得用户数据和安全功能数据。

6.1.7 数据访问控制(O. DataAcc_Control)

TOE必须对在TOE内部的用户数据和安全功能数据实施访问控制措施，防止在未授权情况下被访问、修改或删除。

6.1.8 状态恢复(O. Status_Recovery)

TOE在检测到故障后应将工作状态恢复或调整至安全状态，防止攻击者利用故障实施攻击。

6.1.9 生命周期功能控制(O. Lifecycle_Control)

TOE应对自身安全功能的可用性进行生命周期阶段划分，或进行权限控制，以防止攻击者滥用这些功能（如下载模式下的某些功能应在TOE交付后关闭）。

6.1.10 密码安全(O. Crypto)

TOE必须以一个安全的方式支持密码功能，其使用的密码算法必须符合国家、行业或组织要求的密码管理相关标准或规范。

注：如果TOE所使用的密码算法均由芯片实现，则应将此安全目的移至ST的环境安全目的中。

4.6.2 运行环境安全目的

本部分用于识别和指定那些TOE不处理或不期望自己单独应对的TOE运行环境安

全目的。如前所述，TOE的运行环境安全目的包括所有由IT环境满足的和由在TOE运行环境内采取的操作规范/程序来满足的安全目的。注意，在CC v2.X中，运行环境安全目的可以是IT技术相关的或非IT技术相关的。但从CC v3.1开始，PP/ST只关注IT技术相关运行环境安全目的，非IT技术相关的运行环境安全目的一般通过前面的假设指定。所以，确定TOE运行环境安全目的要注意标识以下几点。

(1) 找出那些不是由TOE本身对抗的威胁(或威胁的某方面)。

(2) 帮助满足那些不能完全由TOE本身满足的组织安全策略。

(3) 通过帮助对抗威胁或满足组织安全策略，支持已知的TOE安全目的。

CC要求所有已知的TOE运行环境安全目的能明确地追溯到没有完全被TOE处理的相关威胁和安全策略。因此，PP/ST编制者可以通过轮流选取每个未被TOE完全处理的威胁和安全策略，编辑出一个运行环境安全目的清单，然后对TOE运行安全环境的每个方面作以下两步处理。

(1) 在清单中增加一个新的运行环境安全目的来处理该安全问题(假设、威胁和组织安全策略)。

(2) 如果适当的运行环境安全目的已被识别出来(或通过改述安全目的以扩充其处理的问题范围)，将一个已有的TOE运行环境安全目的映射到该安全问题。

非IT环境安全假设的典型实例包括以下几种。

(1) 建立和采取适当管理流程与规范，保证用户以安全方式使用TOE(特别是与假设相互协调)。

(2) 在恰当的安全实践中教育和培训管理员及用户。

因此，运行环境安全目的只需陈述与TOE安装配置与运行维护管理活动有关的IT技术相关安全目的。某些情况下要求的管理活动很容易以(非IT)假设的形式表达，例如对于审计功能的适当管理；而另一些情况下要求的管理活动依赖于实现TOE安全目的的详细要求，例如，前面给出的"标识与鉴别"安全目的可能通过用户口令策略来实现，这意味着要求我们指出"用户假设"这样的描述，以保证用户不要将自己的口令泄露给其他人。

CC指出，当威胁或OSP部分由TOE本身的安全要求覆盖，部分由其运行环境要求覆盖时，每个类别的安全目的都要在PP/ST文档中进行重复描述。例如对上面确定的标识与鉴别安全目的情况，在数据库管理系统中这样做是适当的，因为商业化数据库管理系统都支持多种用户认证方式(操作系统认证、数据库认证、第三方认证等)。这种情况导致相关威胁不能只靠TOE来对抗，TOE需要借助外部环境中适当的IT技术或非技术管理活动来支持[如鉴别数据(口令)管理]。这样安全目的可以如下陈述：

"受环境支持的TOE将保证用户在获准访问TOE之前唯一地标识每个用户，用户所声称的身份是经鉴别的。"

在有可能明确划分TOE及其运行环境的责任的情况下，不必在一类安全目的中重复另一类的相同内容。例如，对于安全审计目的，TOE的责任是产生和采集用于审计的数据，而TOE运行环境的责任是支持审计数据的管理活动，即对产生的审计数据进行安全传输、存储和分析。

运行环境安全目的的典型例子是底层操作系统TOE用户标识和鉴别。例如支持操作系统认证或第三方认证的数据库管理系统用户标识与操作系统、目录服务(LDAP)等方面的IT环境安全目的相关，再如Web页面防篡改系统中的页面文件保护安全目的则与其运行环境Web服务器、页面发布服务器等相关。表4.17是GB/T 20276—2016《信息安全技术 具有中央处理器的IC卡嵌入式软件安全技术要求》表示的运行环境安全目的样例。

表4.17 GB/T 20276—2016 环境安全目的样例

6.2 环境安全目的
6.2.11 人员(OE.Personnel)
TOE开发、初始化和个人化等生命周期阶段中涉及的特定人员应能严格地遵守安全的操作规程，以保证TOE在生命周期过程中的安全性。
6.2.12 通信信道(OE.Comm_Channel)
TOE与智能卡终端之间的通信路径是可信的，能为通信过程提供保密性和完整性保障。
6.2.13 应用程序(OE.App_Program)
安装应用程序到TOE的流程必须规范，且合法安装的应用程序不应包含恶意代码。
6.2.14 芯片硬件(OE.Chip_Hardware)
TOE的底层芯片必须能够抵抗物理攻击、环境干扰攻击和侧信道攻击等。
6.2.15 外部数据管理(OE.OutData_Management)
应对在TOE卡芯片外部存储的相关数据(如TOE的设计信息、开发及测试工具、实现代码及相关文档、初始化数据、管理性密钥等)进行机密性和完整性处理，并采取安全的管理措施。

对TOE的运行环境安全目的需唯一标识以便于引用。如果采用序列编号，应为两类安全目的分别编号(运行环境安全目的使用OE_1、OE_2、OE_3等)。表4.18列出了采用编号的运行环境安全目的样例格式，表中安全目的类型包括预防目的(P)、检测目的(D)和纠正目的(C)，非IT环境安全目的一般对应于安全问题中的假设。

表4.18 运行环境安全目的样例

标识编号	安全目的	类型*	TOE环境	
			IT	非IT
OE_1	每天审查审计记录系统活动和保证7天在线存储，90天的离线存储	D		X
OE_2	系统安全管理员将按照指示实施访问控制的权利和特权	P		X
OE_3	TOE环境将支持企业范围的密码基础设施	P	X	
OE_4	内部和外部的TOE实体应当部署到对抗自然的和人为的环境威胁(火灾、洪水、湿度、灰尘、振动、地震、温度波动、功率波动等)的监测和提供保护	P、D、C	X	X
OE_5	定期给最终用户和系统管理员提供当前的和完整的文档和培训	P		X

续表

标识编号	安全目的	类型＊	TOE 环境	
			IT	非 IT
OE_6	TOE 可以防止恶意的物理攻击、篡改、未经授权的修改、破坏、盗窃	P、D	X	X
OE_7	TOE 将连接到一个可靠的时间源，允许适当的资源同步	P	X	
OE_8	交付、安装、管理 TOE，并以某种方式保持其安全操作	P	X	X

4.6.3　安全目的原理

按照 ISO/IEC TR 15446 技术报告，应该在 PP/ST 文档中提供描述安全对策——安全目的定义的基本原理，以证实 PP/ST 提出的 TOE 安全目的和运行环境安全目的是完备的、一致的和正确的。该部分内容为安全目的的可追溯性提供证据，确保安全目的覆盖安全问题的所有假设、威胁和组织安全策略。

编制基本原理的目的是：证明一个一致的 PP 会在安全目的部分提供一套有效的安全问题针对性控制策略与措施，即 PP/ST 中的安全原理必须证明安全目的满足以下特性。

(1) 必要的：每个假设、威胁和组织安全策略必须由一个或更多的安全目的包括。任何未被安全目的所考虑的假设、威胁或组织安全策略都应标记为错误需求。

(2) 适当的：每个安全目的必须与至少一个假设、威胁或组织安全策略关联。任何多余的安全目的都应标记为一个需要考虑解决的错误。

(3) 足够的：安全目的必须覆盖安全控制措施的 5 个阶段，分别为预见/预防、检测、描述、响应和恢复。对这 5 个安全控制措施的安全目的的映射是必要的，以确保安全目的充分覆盖整个 TOE 威胁控制生命周期。任何安全目的和威胁控制阶段映射缺陷都应标记为一个需要考虑解决的错误。

要生成这样的逻辑推理说明，PP/ST 编制者应该对其中的假设、威胁、组织安全策略、安全目的、功能组件要求和安全保障要求进行严格的梳理和分析处理。这个过程类似于一个数学证明和规范的形式化分析过程。国内外大量实践证明，IT 产品中大约 85%的故障或缺陷是由于需求分析错误导致的。因此，从成本和进度方面，正确编制面向领域的 PP 安全要求，其技术经济效益是显著的。因为在设计和实施 TOE 之前花费时间论证 PP 中的安全要求是正确和合理的，它便于节省潜在的 TOE 设计、研发和评估时间，避免资源的浪费；在需求分析阶段解决一个错误，比在一个实现的 TOE 中核查发现其需求错误要更容易、便宜和快捷。

第 4 节的安全目的安全原理部分描述又分为以下两个部分。

(1) TOE 安全目的的基本原理：要求 TOE 安全目的可明确追溯到安全问题部分相关的威胁或组织安全策略。

(2) 运行环境安全目的基本原理：要求运行环境安全目的可明确地追溯到没有完全被 TOE 处理的相关威胁和组织安全策略，或安全问题中的某个假设。

安全目的的基本原理可以作为一个独立的章节在 PP 文档的最后列出，因为这部分内容主要是由 PP 的消费者和评估者来分析 PP 针对的 IT 产品是否提供了一套有效的解决安全问题的对策及其控制措施。在 CC v3.1 之前，PP/ST 中的基本原理一般放在最后章节单独进行描述，它们与前面的安全问题、安全目的和安全要求规格说明章节是分开描述。从 CC v3.1 开始，ISO/IEC TR 15446 技术报告建议安全目的基本原理和安全要求基本原理放到对应的章节。因为基本原理部分提供安全问题与安全目的、安全目的与安全要求之间的映射信息，和相关内容放在一起易于 PP/ST 读者来理解它们之间的依赖关系。

安全原理编制常见的做法是在该节的开始部分用表格形式将相关假设、威胁和组织安全策略与安全目的关联起来。在表 4.19 的安全目的基本原理例子中，假设、威胁和组织安全策略与 3 个安全目的相关。在其他情况下，一个假设、威胁或组织安全策略就可能仅与一个安全目的相关。

表 4.19　安全目的基本原理样例

假　设	威　　胁	组织安全策略	安 全 目 的
A_1	T_3	P_2	O_2、O_3、O_4

- A_1 用户和管理员应被假设不会引入不受信任的代码。
- T_3 TOE 授权用户或管理员可能不经意地引入恶意代码进入系统，导致对用户和(或)系统资源的完整性和(或)可用性的侵害。
- P_2 TSF 应限制用户和管理员的访问控制权限和系统特权。

对授权用户和管理员进行关于评估目标(TOE)安全安装和操作的培训(O_2)；TOE 可检测到任何未经授权的对配置和操作的改变(O_3)；TOE 保护自己免受来自内部和外部的攻击，如恶意代码(O_4)。

PP/ST 编制人员可以采用表 4.19 形式说明安全目的是否足以反映安全问题的对策内容：表格交叉引用威胁、组织安全策略和假设。从表格中(通过行列对照)，可明显看到：每个安全目的包括至少一个威胁、组织安全策略或假设；每个威胁、组织安全策略和假设包括在一个以上安全目的之中。

满足第一个条件，足以表明每个安全目的都是必要的，换言之，没有多余的安全目的。

基于表 4.19 就可讨论安全目的是否足以满足安全要求，具体操作如下：

(1) 对每个威胁，应讨论已知安全目的是否提供了有效对策说明，即安全目的指出在威胁规范中已知事件可以是：①检测出或(从对有限资产的损害中)恢复；②阻止(或将发生的可能性降到可接受程度)。

(2) 与此类似，对每个已知的组织安全策略和假设，讨论了有关已知安全目的提供的有效对策足以覆盖所有的组织安全策略和假设。

讨论可能集中在威胁和组织安全策略，应该：①讨论每个安全目的的作用，该安全目的被看成在对抗威胁和满足组织安全策略方面起了作用；②描述 TOE 运行环境安全目的是如何支持 TOE 安全目的。

注意安全原理仅证明了安全问题要达到的安全目的，尽管也包括了类似风险分析的叙述，但不应通篇表述成安全风险分析的形式。定义可接收的风险和完成风险分析，是未来单个组织在修订和定义组织安全策略时需要做的事情。安全原理不仅为实现令人满意的 PP/ST 评估提供必要依据，在做组织的风险分析过程中，可供 PP/ST 使用者选用作为讨论的基础。

4.7 扩展组件定义

CC 允许 PP/ST 编制人员采用扩展组件定义来说明 TOE 特定的安全功能要求，以满足 TOE 特殊的安全需求描述，以及 IT 产品多样性和特殊安全要求表达的需要。CC 在一开始就考虑到信息安全技术令人难以置信的快速发展需求，考虑到在一个标准中包括所有 IT 产品的必要安全要求(SFR 和 SAR)是不可能实现的，所以 ISO/IEC TR 15446 技术报告在 PP/ST 文档结构中给出了一章定义 TOE 特殊安全要求的扩展组件这义章节。如果编制的 PP/ST 中 TOE 有特定安全功能要求(SFR)，就应该在描述 PP/ST 安全要求前增加“扩展组件定义”章节。正如在 CC/CEM 中如下陈述。

“ISO/IEC 15408 及其相关标准规范描述的功能要求并不是想提供一个对信息技术所有安全问题的确定答案，而是提供一组可以用来创建可信 IT 产品的广为认可的安全功能要求标准化技术字典。换句话说 ISO/IEC 15408 不是试图包括所有可能的信息安全技术功能要求，而是包含那些已被广泛认可并认同其价值的安全功能和安全保障组件列表。由于消费者的认识和安全需求可能会改变，这一部分的特殊功能要求需要 PP/ST 作者在 PP/ST 文档中进行维护。因此，PP/ST 定义的安全组件可以不是来自于标准的安全功能组件列表。”

扩展组件正确定义之后，PP/ST 作者能够像 CC 中其他 SFR 和 SAR 标准组件一样，使用基于新定义的扩展组件来表达 TOE 特定的安全要求。在这点上，基于 CC 的 SFR 或 SAR 与基于扩展组件的 SFR 或 SAR 之间没有本质的区别。在 PP/ST 中定义扩展组件可参考 CC 第 3 部分扩展组件定义(APE_ECD)要求。在 CC/CEM 中，定义扩展组件可能有两种情况。

(1) 存在不能转化到第 2 部分 SFR 的 TOE 安全目的或者存在不能转化为第 3 部分 SAR(如有关密码模块部分的评估)的第三方要求(如法律、法规或条例)。

(2) 安全目的可以被转化，但仅仅基于 CC 第 2 部分和第 3 部分的安全组件进行转化很困难或者很复杂。

在上述两种情况下，PP/ST 作者需要定义 TOE 相关的特殊安全要求组件，这些新定义的安全功能或安全保障组件被称为扩展组件。精确定义扩展组件时需要在已有类、族或组件的基础上提供 SFR 和 SAR 的环境及其含义。

在 CC 第 1 部分中指出，如果在 PP/ST 中信息技术安全要求明确使用某个扩展组件，则 PP/ST 中必须明确给出扩展组件要求如下。

(1) 清楚地识别作为一个安全要求。

(2) 按照组件结构无二义表达安全要求。

(3) 适当地详细描述扩展组件的安全要求。

(4) 要求必须是自包含(没有外部的依赖)的。

(5) 要求应该是可测量的。

(6) 要求应该是可评估(即按照 CEM 定义其评估方法)的。

此外，在 PP/ST 安全要求原理部分应明确说明扩展组件要求的使用是必须和合理的，即对PP/ST作者为什么必须规定TOE使用扩展组件要求，而不是使用CC中的给出的标准组件的解释应包含在PP/ST的原理部分，这样告知PP/ST阅读者，扩展组件要求不是因为PP/ST作者不熟悉当前CC的SFR/SAR而被创建的。

无论何时PP/ST作者定义一个扩展组件，必须使用类似于已存在CC组件编制的方法：清晰、明确和可评估(可以系统地证实基于该组件的要求是否为TOE所保持)。扩展组件必须像已有组件一样使用类似的类、族和组件表达方法标识这个组件，并按照元素方式详细地陈述扩展组件相关的安全要求。

PP/ST作者也必须确认，扩展组件的所有可用的依赖关系包含在该扩展组件的定义中，可能的依赖关系例子如下所示。

(1) 如果扩展组件引用了审计，则应该包括对安全审计类组件的依赖关系。

(2) 如果扩展组件修改或访问数据，则可能包括(FDP_ACC)族组件的依赖关系。

(3) 如果扩展组件使用特定设计描述，则应该包括对ADV组件(如功能规范、TOE设计等)的依赖关系。

4.7.1 扩展功能组件定义

扩展组件可以放在CC已存在的安全功能族中，这时，PP/ST作者必须说明扩展组件参照的族是如何进行变化。如果它们不适于放入现有族中，PP/ST作者应该为它们在某个功能类中创建一个新族。新族结构必须类似于CC功能族那样定义。

新族可以放入已有类中，这时，PP/ST作者必须说明这些类如何变化。如果它们不适于放入现有类，它们就应该放入一个新创建的类中。新类必须像CC那样定义，即添加的扩展特殊要求表述应遵循传统的类、族、组件和元素的表述惯例。

每个明确定义的新安全功能要求，相应的保障要求必须解释如何评估该功能要求的实现。下面的例子用两种场景说明了添加TOE特定功能的扩展功能组件。

例1：添加一个新的功能族。

例如在CC中没有给出描述数据库管理系统应该提供的面向数据库应用SQL注入攻击防护的功能组件。SQL注入攻击是21世纪初随着Internet技术推广应用后开始得到关注的面向数据库运行安全的一个安全功能要求，部分数据库管理系统已经在查询引擎内核中提供SQL注入防护功能，即数据库产品的TSF提供安全技术与机制来保护TSF自身，它应被包含在CC的FPT功能类。针对数据库管理系统的SQL注入攻击保护需求，可以在FPT功能类添加一个新的功能族FPT_SIP。基本格式如表4.20所示。

表4.20 扩展组件定义基本格式表

1. 类别 FPT：TSF保护。
2. 族 FPT_SIP：SQL注入攻击保护。
3. 族行为 这个族提供解决数据库服务器的SQL注入攻击检测机制与防护方法，提供由授权管理员配置SQL注入攻击组件服务启用的配置参数说明。

续表

4. 管理 对于 FMT 中的管理功能，下列的行为应当被考虑： SQL 注入攻击保护组件的配置。 5. 审计 ① SQL 注入攻击保护组件服务启动； ② SQL 注入攻击保护组件服务关闭； ③ SQL 注入攻击的检测。 6. 组件定义 FPT_SIP_EXT.1 TSF 使用特征模式应该能够检测到下列类型的 SQL 注入攻击： (1) 未经授权的关系； (2) 实用工具命令； (3) SQL 重言式。 FPT_SIP_EXT.2 TSF 应该能够记录和显示潜在的 SQL 注入攻击，以便授权管理员跟踪。 FPT_SIP_EXT.3 TSF 应该能够阻止已经被认定作为潜在的 SQL 注入攻击的 SQL 命令。

在扩展组件中必须明确说明定义该安全功能的基本原理，因为 CC 第 2 部分不存在相应的安全功能组件来指定这个被 TOE 提供的功能。在数据库管理系统的 PP 中，SQL 注入攻击保护组件应该包含在查询引擎语法分析部分，它与数据库产品的 TSF 是紧耦合的，即 TOE 提供的 SQL 注入攻击保护功能保护 TOE 自身而不是第三方数据库应用系统，因此，它能够被包含在 FPT 类别里面。

例 2：添加一个新的功能类和功能族。

例如 ISO/IEC TR 19791《信息技术 安全技术 操作系统的安全评估》是依照 CC 给出的操作系统评估要求国际标准。该技术报告定义了 7 个新的安全功能类和 9 个安全保障类，表 4.21 给出了该技术报告包括的扩展功能类及其功能族。

表 4.21　ISO/IEC TR 19791 扩展功能类列表

类	族
FOD：Administration	FOD_POL：Policy administration
	FOD_PSN：Personnel administration
	FOD_RSM：RIk management administration
	FOD_INC：Incident management administration
	FOD_ORG：Security organization administration
	FOD_SER：Service agreements administration
FOS：IT Systems	FOS_POL：Policy for IT systems
	FOS_CNF：Configuration of IT systems
	FOS_NET：Network security of IT systems
	FOS_MON：Monitoring of IT systems
	FOS_PSN：Personnel control of IT systems
	FOS_OAS：Operational systems assets of IT systems
	FOS_RCD：Records for IT systems
FOA：User Assets	FOA_PRO：Privacy data protection
	FOA_INF：User assets information protection

续表

类	族
FOB：Business	FOB_POL：Business policies
	FOB_BCN：Business continuity
FOP：Facility and Equipment	FOP_MOB：Mobile equipment
	FOP_RMM：Removable equipment
	FOP_RMT：Remote equipment
	FOP_SYS：System equipment
	FOP_MNG：Facility management
FOT：Third Parties	FOT_COM：Third party commitments
	FOT_MNG：Third party management
FOM：Management	FOM_PRM：Management of security parameters
	FOM_CLS：Management of asset classification
	FOM_PSN：Management of personnel security responsibilities
	FOM_ORG：Management of security organization
	FOM_INC：Management of security reporting

注意，在一个安全功能扩展组件中，PP/ST 作者必须在该组件的定义中包含类似已存在的 CC 第 2 部分功能组件那样的任何可应用的审计及相关操作信息。如果定义的扩展组件是安全保障组件，则在 PP/ST 中应该按照 CEM 结构说明这些安全保障组件的评估方法。

4.7.2 扩展保障组件定义

定义 TOE 特殊安全保障需求的扩展保障组件过程类似于安全功能扩展组件的定义过程。明确定义的扩展保障组件结构必须遵循 CC 第 3 部分保障组件规范。在明确了扩展保障组件的特定意图和安全目的的详尽解释后，应给出扩展保障组件的开发者行为元素、证据的内容和形式元素以及显式的评估者行为元素，具体要求如下。

（1）**开发者行为元素**：应由 TOE 开发者实施的行为。这组行为靠随后的一组元素中所引用的证据材料来进一步限制。开发者行为要求用元素号后附加字母 D 来标识。

（2）**证据的内容和形式元素**：安全评估所需的证据应证实的内容和证据应表达哪些信息。证据的内容和形式要求用元素号后附加字母 C 来标识。

（3）**评估者行为元素**：应由评估者实施的行为。这组行为明确包含确认在“证据的内容和形式”元素中规定的要求是否都已满足，也包含 TOE 开发者除已完成的动作之外还需实施的明确行为和分析。隐藏的评估者行为作为开发者行为元素的结果，虽然没有被“证据的内容和形式”元素覆盖，也应当被实施。评估者行为要求用元素号后附加字母 E 来标识。

对扩展保障组件定义需要确定这些组件保障要求是明确的、没有歧义的并且是必要的。定义好的扩展保障组件即可添加到 CC 第 3 部分安全保障族中，或者新建的安全保障类或族中。下面的例子示意了定义一个扩展保障族样例，它包括两个扩展保障组件。这个扩展族一般用在 TOE 的安全认证维护周期过程中。

扩展保障组件需求定义如下。

ALC_SIR 安全事件报告

AlC_SIR. 1 基本安全事件报告

依赖关系：无

开发者行为元素

ALC_SIR. 1. 1D 应该向用户报告安全事件

内容和形式元素

ALC_SIR. 1. 1C 安全事件报告文档应描述向客户报告安全事件的程序/过程

ALC_SIR. 1. 2C 安全事件报告程序应包括要报告的事件信息描述

ALC_SIR. 1. 3C 安全事件报告程序应包括如何报告事件信息

ALC_SIR. 1. 4C 安全事件报告程序应包括何时会报告安全事件信息

评估者行为元素

ALC_SIR. 1. 1E 评估者应确认提供的信息符合证据的内容和形式要求

AlC_SIR. 2 高级安全事件报告

依赖关系：无

开发者行为元素

ALC_SIR. 2. 1D 所有物理、人员和信息相关安全事件应向客户报告

ALC_SIR. 2. 2D 应该向用户报告所有安全事件，包括已知的和怀疑的事件，误报和漏报事件

内容和形式元素

ALC_SIR. 2. 1C 安全事件报告文档应描述向客户报告安全事件的程序/过程

ALC_SIR. 2. 2C 安全事件报告程序应包括要报告的事件信息描述

ALC_SIR. 2. 3C 安全事件报告程序应包括如何报告事件信息

ALC_SIR. 2. 4C 安全事件报告程序应包括何时会报告安全事件信息

ALC_SIR. 2. 5C 安全事件报告应该依据类型、来源、严重性进行分类

评估者行为元素

ALC_SIR. 1. 1E 评估者应确认提供的信息符合证据的内容和形式要求

4.8　安全要求

安全要求是 PP/ST 编制者必须要标识出的 TOE 安全功能及其安全保障内容。广义上讲，TOE 安全要求是用户所期待的 TOE 安全功能行为，以及相反的不受欢迎的存在风险的安全功能行为，所以 PP/ST 文档的安全要求应包括以下两部分描述。

(1) 对 TOE 的安全功能要求，标识出 TOE 必须提供的安全功能组件，以保证 IT 产品安全功能行为达到 PP/ST 定义的 TOE 安全目的。

(2) 对 TOE 的安全保障要求，标识出 TOE 开发者在 IT 产品安全功能实现中达到的评估保障级别及其相关的安全保障组件，是保证 TOE 安全功能行为的可信性。

TOE 安全要求应尽可能使用 CC 第 2 部分中定义的安全功能组件或 CC 第 3 部分中定义的安全保障组件来构造。CC 项目组织推出 CC 的意图是确保 TOE 安全要求是以业界公

认的标准化技术术语表达和提出。使用基于 CC 的“通用语言”表达 TOE 的安全要求才能更有利于消费者通过 PP/ST 文档对不同的 IT 产品安全功能及其安全保障进行对比。

当然 CC 也认可在有些情况下不使用其提供的标准安全组件来陈述其安全要求，而是由 PP/ST 编制人员定义自己的扩展组件来描述 TOE 所期待的安全行为。但这些扩展组件的安全功能行为必须是明确的和可评估的，并且扩展组件的表述风格要与 CC 中的标准组件结构相同(参见第 4.7 节)。这样用户就可像使用 CC 标准组件那样，使用 PP/ST 第 5 部分自定义的扩展组件来表达 TOE 特定的安全要求。

4.8.1 安全功能要求

这部分安全功能要求陈述是对 PP 第 4 部分定义的 TOE 安全目的的实现，即详细阐述 TOE 应提供哪些安全功能才能满足第 4 部分瞄准的 TOE 安全目的。有多种关键因素会影响 PP 编制者选择 TOE 的安全功能组件，例如以下因素。

(1) 被 TOE 保护的资产价值及其安全敏感度。

(2) TOE 执行相关任务(功能行为)的重要性。

(3) 资产或 TOE 损失、损坏、误用、一段时间内无法操作或不可用的后果等。

其他次要的影响因素，如 TOE 开发成本、进度约束等，也可能影响 TOE 安全功能组件的选择。当然 TOE 安全功能组件的选择要依据 PP/ST 定义的 TOE 安全目的，并且保证 TOE 及其资产无过保护或欠保护要求。换句话说，TOE 每个安全功能要求映射到一个或多个 TOE 安全目的，而每个 TOE 安全目的映射到至少一个 TOE 安全功能组件。

TOE 安全功能组件的选择不应当是一个草率的或随意的试错行为，不能使用“看起来不错……我认为我们需要一些”这样的模棱两可的用语。相反，TOE 安全功能要求的编制必须要遵循一个系统的、有条理的决策制定过程。图 4.14 给出了基于 CC 标准组件的一种 TOE 安全功能要求选择决策过程。PP/ST 编制人员第一步是对于第 4 部分定义的每个 TOE 安全目的，确定其安全目标是预防、检测或纠正。不同类型的安全目的会影响后面 CC 安全功能类的选择。例如，如果安全目的中提到“安全审计”，那么应选择 FAU 功能类，再在该功能类中依照预防、检测或纠正等安全目的目标要求确定相应的安全审计族。

表 4.22 将 CC 安全功能族按预防、检测或纠正的需求分类从而映射为 TOE 潜在的安全目的。检测安全目的进一步划分为攻击控制或攻击描述两类安全需求。纠正的需求与威胁控制步骤一致，进一步划分为支持短期响应或长期恢复措施。请注意，在 CC 第 2 部分功能族定义中，每个族只描述了某个安全问题(威胁或组织安全策略)的安全目的。因此，在依据识别的安全目的选择功能类的合适族时，有些功能族会同时属于几个 TOE 安全目的，因此 PP/ST 编制者也许要依据 TOE 运行环境才能找到适当的族或组件满足选定的 TOE 安全目的。在确定了功能族后就可依据安全保障要求、TOE 保护资产的重要性或 TOE 执行任务的关键性，识别要使用的安全功能组件。

PP/ST 编制人员需要掌握 CC 第 2 部分中的安全功能组件。因此，图 4.14 所示的安全功能组件选择过程前 3 个步骤是相对简单直接的。但是，第 4 步 PP/ST 编制者需要关注 CC 安全功能组件的更多细节，包括对 CC 安全组件语法和符号使用的熟练程度。这些细节涉及对候选安全功能组件的 4 个特点进行分析。

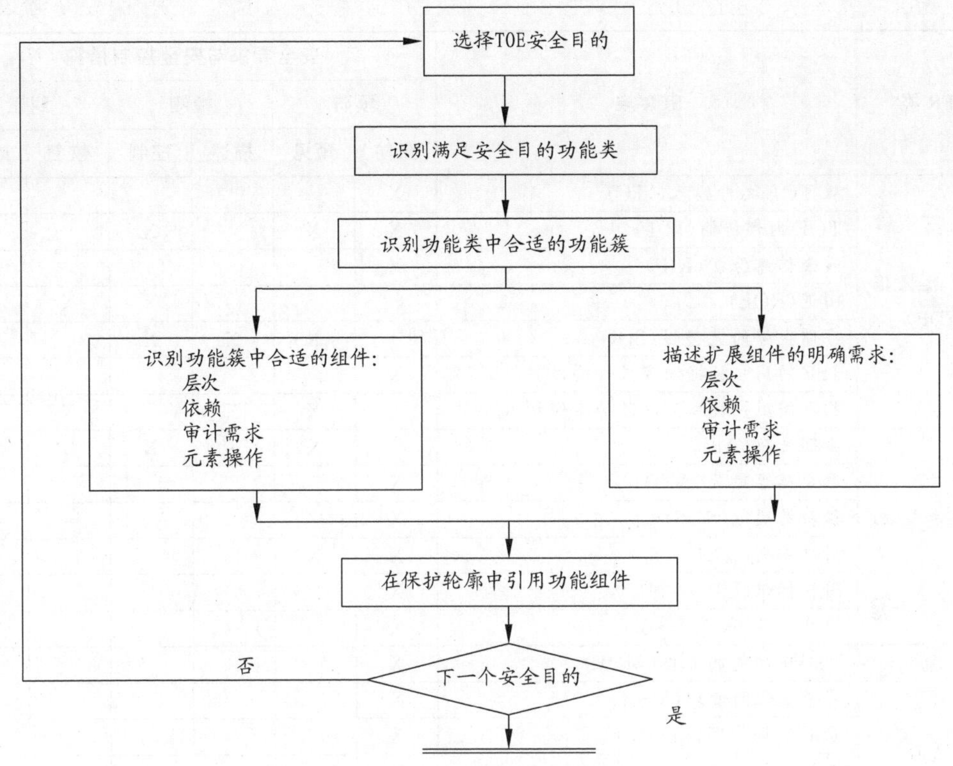

图 4.14 TOE 安全功能组件选择基本流程

表 4.22 安全功能要求 (SFR)与安全目的映射关系表

SFR 类	SFR 族	安全要求与安全控制措施					
		预防		检测		纠正	
		预防	预见	描述	控制	恢复	响应
安全审计(FAU)	安全审计自动响应(ARP)				X		
	安全审计数据产生(GEN)		X				
	安全审计分析(SAA)			X			
	安全审计查阅(SAR)			X			
	安全审计事件选择(SEL)		X				
	安全审计事件存储(STG)		X				
通信(FCO)	原发抗抵赖(NRO)	X					
	接收抗抵赖 NRR	X					
密码支持(FCS)	密钥管理(CKM)	X					
	密码运算(COP)	X					
用户数据保护(FDP)	访问控制策略(ACC)	X					
	访问控制功能(ACF)	X					
	数据鉴别(DAU)	X					
	从 TOE 输出(ETC)	X					
	信息流控制策略(IFC)	X					
	信息流控制功能(IFF)	X					

续表

SFR 类	SFR 族	安全要求与安全控制措施					
		预防		检测		纠正	
		预防	预见	描述	控制	恢复	响应
用户数据保护(FDP)	从 TOE 之外输入(ITC)	X					
	TOE 内部传输(ITT)	X	X		X		
	残余信息保护(RIP)	X					
	回退(ROL)				X	X	
	存储数据的完整性(SDI)		X	X	X		
	TSF 间用户数据保密性传输保护(UCT)	X					
	TSF 间用户数据完整性传输保护(UIT)	X	X	X		X	
标识和鉴别(FIA)	鉴别失败(AFL)		X	X	X		
	用户属性定义(ATD)	X					
	秘密的规范(SOS)	X					
	用户鉴别(UAU)	X	X				
	用户标识(UID)	X					
	用户-主体绑定(USB)	X					
安全管理(FMT)	TSF 中功能的管理(MOF)	X					
	安全属性的管理(MSA)	X					
	TSF 数据管理(MTD)	X					
	撤销(REV)	X			X		
	安全属性到期(SAE)	X					
	管理功能规范(SMF*)	X					
	安全管理角色(SMR)	X					
隐私(FPR)	匿名(ANO)	X					
	假名(PSE)	X					
	不可关联性(UNL)	X					
	不可观察性(UNO)	X					
TSF 保护(FPT)	失效保护(FLS)	X				X	
	输出 TSF 数据的可用性(ITA)	X					
	输出 TSF 数据的保密性(ITC)	X					
	输出 TSF 数据的完整性(ITI)		X	X	X		
	TOE 内 TSF 数据的传输(ITT)	X	X	X	X		
	TSF 物理保护(PHP)		X	X	X		
	可信恢复(RCV)					X	
	重放检测(RPL)		X	X	X		
	引用仲裁(RVM)	X					
TSF 保护(FPT)	域分离(SEP)	X					
	状态同步协议(SSP)	X					
	时间戳(STM)			X			
	TSF 间 TSF 数据的一致性(TDC)	X					
	外部实体测试(FPT_TEE)			X			
	TOE 内 TSF 数据复制的一致性(TRC)	X					
	TSF 自检(TST)	X					

续表

SFR 类	SFR 族	安全要求与安全控制措施					
		预防		检测		纠正	
		预防	预见	描述	控制	恢复	响应
资源利用(FRU)	容错(FLT)				X	X	
	服务优先级(PRS)	X					
	资源分配(RSA)	X					
TOE 访问(FTA)	可选属性范围限定(LSA)	X					
	多重并发会话限定(MCS)	X					
	会话锁定和终止(SSL)	X					
	TOE 访问旗标(TAB)	X					
	TOE 访问历史(TAH)	X					
	TOE 会话建立(TSE)	X			X	X	
可信路径/信道(FTP)	TSF 间可信信道(ITC)	X					
	可信路径(TRP)	X					

(1) 层次结构：选择合适层次的安全功能组件。

(2) 依赖关系：挖掘潜在的安全功能组件。

(3) 审计要求：定义 TOE 安全审计要求。

(4) 组件元素操作：对选择的安全功能组件元素进行操作，以满足 TOE 特定安全目的。

1. 选择合适层次组件

从图 4.14 安全功能组件选择流程可看出，通过 TOE 安全目的我们能定位到 CC 第 2 部分合适的功能族，但 CC 描述的安全功能族一般包括满足同一个安全目的的多个安全功能组件，所以选择哪个组件添加到 PP/ST 中，需要分析 CC 功能族中各组件之间的关系。

CC 功能族通过组件层次关系来体现不同安全功能强度，以体现一个安全目的相同的，但 TOE 安全要求实现强度不同的安全组件。用户在编制 PP/ST 安全功能要求可根据 TOE 期望的安全目的和它们面对的安全问题严重性，选择合适层次的安全功能组件，以体现 TOE 安全要求强度。在 CC 功能族结构定义中，如果某个组件是前一个组件的一个更强大的安全功能实现，那么 CC 功能族结构中的“层次结构”就可用一个较低层次的组件表示这两个组件之间的安全功能实现强弱关系。如果不是，CC 将做如下陈述“层次结构：没有其他组件”。图 4.15 中的信息流控制功能族组件层次结构描述信息流控制功能组件间的横向和层次关系，简单安全属性(FDP_IFF.1)组件、受限的非法信息流(FDP_IFF.3)组件和非法信息流监视(FDP_IFF.6)组件是横向关系，可依据 TOE 安全目的类型和功能族定义的可选安全目的列表进行选择；分级安全属性(FDP_IFF.2)组件和简单安全属性(FDP_IFF.1)组件属于层次关系，客户可依据 TOE 安全要求实现强度选择相应的安全功能组件。

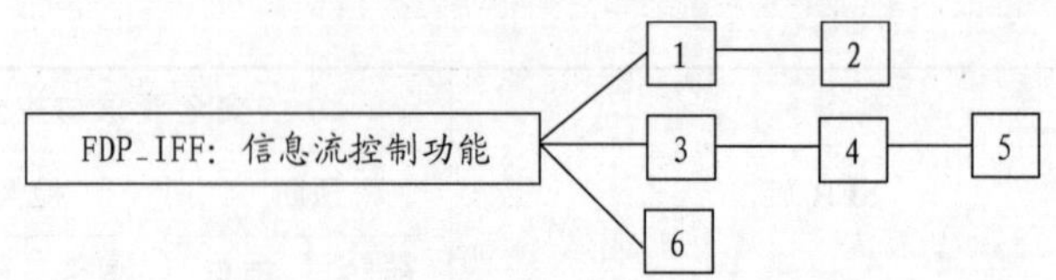

图 4.15 功能组件层次结构样例

图 4.15 信息流控制功能族组件功能行为如下。

(1) 简单安全属性(FDP_IFF.1)：只是对信息安全属性、导致信息流动的主体安全属性以及作为信息接收者主体的安全属性提出了要求。

(2) 分级安全属性(FDP_IFF.2)：要求 SFR 中所有信息流控制 SFP 使用格结构的(遵从数学上的定义)分级安全属性。

(3) 受限的非法信息流(FDP_IFF.3)：要求 SFP 覆盖非法信息流(如隐蔽信道)控制，但不必消除它们。

(4) 部分消除非法信息流(FDP_IFF.4)：要求 SFP 覆盖部分(不必是全部)非法信息流的消除。

(5) 无非法信息流(FDP_IFF.5)：进一步要求 SFP 覆盖所有非法信息流的消除。

(6) 非法信息流监视(FDP_IFF.6)：要求 SFP 针对指定的最大流量监视非法信息流。

在这个例子中，PP/ST 编制者除了可以依据 TOE 安全目的选择上述 6 个单独组件外，还可从下列 3 个组件链：组件链 FDP_IFF.1 和 FDP_IFF.2，组件链 FDP_IFF.3、FDP_IFF.4 和 FDP_IFF.5 或组件 6 中存在的下列 17 种可能有效的组件组合定义 TOE 安全要求。

选项 1：FDP_IFF.1 和 FDP_IFF.3。

选项 2：FDP_IFF.1 和 FDP_IFF.4。

选项 3：FDP_IFF.1 和 FDP_IFF.5。

选项 4：FDP_IFF.2 和 FDP_IFF.3。

选项 5：FDP_IFF.2 和 FDP_IFF.4。

选项 6：FDP_IFF.2 和 FDP_IFF.5。

选项 7：FDP_IFF.1 和 FDP_IFF.6。

选项 8：FDP_IFF.2 和 FDP_IFF.6。

选项 9：FDP_IFF.3 和 FDP_IFF.6。

选项 10：FDP_IFF.4 和 FDP_IFF.6。

选项 11：FDP_IFF.5 和 FDP_IFF.6。

选项 12：FDP_IFF.1、FDP_IFF.3 和 FDP_IFF.6。

选项 13：FDP_IFF.1、FDP_IFF.4 和 FDP_IFF.6。

选项 14：FDP_IFF.1、FDP_IFF.5 和 FDP_IFF.6。

选项 15：FDP_IFF.2、FDP_IFF.3 和 FDP_IFF.6。

选项 16：FDP_IFF.2、FDP_IFF.4 和 FDP_IFF.6。

选项 17：FDP_IFF.2、FDP_IFF.5 和 FDP_IFF.6。

注意 CC 第 2 部分安全功能组件的安全功能强度与 CC 第 3 部分定义的评估保障级别没有直接对应关系，安全功能强度与我国的网络安全等级保护制度中的安全等级概念类似，但 CC 并没有给出 TOE 的安全功能等级，所以 CC 实现了组件安全功能强度与 IT 产品安全等级相分离的原则，更能通过 PP/ST 来表达某类 IT 产品的安全功能强度要求。因此不能将 CC 的评估保障级别与我国的网络安全等级保护制度中的安全等级级别概念相混淆。

2. 分析组件依赖关系

依据 TOE 安全目的选择了功能族，确定了合适的组件层次结构之后，PP/ST 编制者的下一步工作应该致力于在 CC 组件依赖关系之间进行分析和挖掘，从而找出 TOE 潜在的安全功能要求。这是因为 TOE 安全功能实现被分类为 *SFR-执行*(SFR-enforcing)和 *SFR-支撑*(SFR-supporting)。*SFR-执行*是一个直接满足 TOE 安全目的 SFR。反之，*SFR-支撑*不直接满足一个 TOE 的安全目的，而是对 *SFR-执行*提供支持，从而间接地帮助满足 TOE 安全目的。*SFR-执行*和 *SFR-支撑*之间的关系被称为依赖关系。在少数情况下，一个 *SFR-执行*对 *SFR-支撑*也存在依赖关系。依赖关系可以是 *SFR-执行*的功能类和功能族之间内部的或者外部的依赖关系。当一个组件不能够完全自我支持的时候依赖关系就出现了。即为了充分地实现 TOE 一个安全功能，SFR 需要另外的 SFR 和 SAR 的性质。依赖关系可能有以下几种形式。

(1) 直接：对 *SFR-支撑*或 SAR 的首要依赖。

(2) 间接：次要依赖的产生是由于解决 *SFR-支撑*或 SAR 的依赖。

(3) 互惠：两个 *SFR-执行*之间的双向关系。

(4) 多主：*SFR-支撑*是依赖于一个以上的 *SFR-支撑*和或 SAR。

(5) 多直接：单一的 *SFR-执行*的直接和间接的依赖链。

(6) 可选：客户从一套支持 *SFR-支撑*或 SAR 中选择合适的依赖。

CC 第 2 部分的附录列出了 CC 文档中所有功能依赖类和组件。依赖关系分为内部或外部的，以及直接的或间接的。组件依赖关系的描述可参考 CC 第 2 部分和第 3 部分的组件定义或后面的组件依赖关系附录来确定。挖掘组件依赖关系是为了确保 TOE 安全要求完整性：当具有依赖关系的组件被整合到 PP/ST 中的安全要求时，TOE 安全功能依赖关系就应该被满足了。

3. 明确组件审计要求

TOE 安全审计要求是从涉及的 CC 第 2 部分中安全组件的潜在审计事件中确定的。CC 第 2 部分的安全功能族结构中阐述了获取审计事件分级选择操作的 4 个选项：最小的、基本的、详细的和未指定。“未指定”选项意味着 PP/ST 作者应明确该组件需要审计的离散事件。注意，CC 中的“最小的”“基本的”“详细的”安全审计需求是增量的，每个更高层次的审计选项要求包含水平低于它的所有安全事件。PP/ST 作者指定 TOE 安全功能组件的审计事件时，应考虑以下 3 点。

(1) 收集审计事件信息的价值是否影响 TOE 的安全性能(安全效能)?

(2) 如果收集审计事件信息，TOE 用户(消费者)是否拥有足够的资源(例如，时间和工具支持)来有效地分析这些数据?

(3) 管理和归档收集审计事件数据的可能成本是多少?

下面的例子将说明：如何在PP/ST中获取安全功能组件的安全审计要求；PP/ST中列出的安全功能组件的审计事件与安全审计数据产生(FAU_GEN.1)组件元素的选择和分配操作之间的关系。

例如，假设PP/ST作者依据TOE安全目的选择了“可信恢复(FPT_RCV)”族的“自动恢复”组件(FPT_RCV.2)。在CC第2部分中的“可信恢复”族包含以下潜在审计事件描述。

FPT_RCV.1、FPT_RCV.2、FPT_RCV.3审计

如果PP/ST中包含FAU_GEN“安全审计数据产生”，下列行为应是可审计的：

a 最小级：失效或服务中断的发生。

b 最小级：正常运行的恢复。

c 基本级：失效或服务中断类型。

同样，CC第2部分包含以下为审计数据产生(FAU_GEN.1)组件定义的元素。

FAU_GEN.1.1 TSF应产生下列审计事件的审计记录：

a 审计功能的启动和中断。

b 有关[选择：**最小级**、**基本级**、**详细级**、**未规定**]审计级别的所有可审计事件。

c [赋值：其他专门定义的可审计事件]。

PP/ST作者决定使用“基本级”安全审计选项功能，无须额外的可审计事件，应在TOE安全要求定义部分为审计数据产生(FAU_GEN.1)组件指定如下相应的安全审计要求。

FAU_GEN.1.1 TSF应产生下列审计事件的审计记录：

a 审计功能的启动和中断。

b 所有基本级的审计事件。

c 没有其他特别定义的审计事件。

审计数据产生组件的这一要求意味着TOE开发者必须包括“可信恢复(FPT_RCV)”族的“失效或服务中断发生时，如何恢复TOE正常操作”的相关审计审计数据生成功能。最后需要强调两个要点。

(1) 审计要求没有在自动恢复(FPT_RCV.2)组件指定，仅由安全审计数据产生(FAU_GEN.1.1)元素的操作决定。

(2) 在审计数据产生(FAU_GEN.1.1)元素级反复细化PP/ST中功能组件的安全审计要求是一个很好的解决方案，因为许多功能组件在CC第2部分确定了潜在的审计事件。当然，各安全功能组件的审计需求也可能是通过表格的方式显式指定其要求。

很明显，可审计事件的分类是层次化的。例如，当期望“基本级”产生审计事件记录时，通过使用适当的“赋值”操作，所有被标识为“最小级”或“基本级”的可审计事件都应包括在PP/ST之内，除非高层的事件只是比低层事件提供的信息更详细。当期望“详细级”产生审计事件记录时，所有已标识的可审计事件(最小级、基本级和详细级)都应该包括在PP/ST的审计要求之内。

PP/ST作者可以决定给TOE增加一些超出CC标准功能族审计级别要求之外的可审计事件。例如，某个PP/ST尽管包含了大部分“基本级”审计要求，由于少数几个“基本级”

能力因与PP/ST中其他的约束要求相冲突(例如它们需要收集不可用的数据)而没有被包括进来,因此,PP/ST作者可仅声称PP/ST中的TOE具备“最小级”审计能力,再添加一些基本级相关的审计事件。

创建可审计事件的功能应在PP/ST中作为一项功能要求加以规定。下面列出了一些应该在每个PP/ST中定义为可审计事件的例子。

(1) 把TSF控制之内的客体引入到另外一个地址空间。

(2) 在TOE中删除某个客体。

(3) 分配和撤销某个主体的访问权限或安全功能。

(4) 改变主体或客体的安全属性。

(5) 在执行主体的某个请求,由TSF自动检查和执行的安全策略。

(6) 回避策略检查的访问权限的使用操作。

(7) 用户标识和鉴别功能的使用。

(8) 操作员或授权用户所采取的动作。

(9) 从可移动介质输出数据或将数据输入到可移动介质等。

4. 执行组件元素操作

PP/ST文档的安全功能和安全保障组件可以严格按照CC第2部分和第3部分中的安全组件定义使用,也可以使用CC第1部分给出的4种组件元素操作对所选组件的元素内容进行裁剪或定义。PP/ST作者需要准确地解释和应用CC组件允许的元素操作,以定义TOE具体的特殊安全要求。当使用这些操作定制组件元素的时候,PP/ST作者应该注意其他组件要求对此元素要求的依赖关系得到满足。例如,操作可能规定或禁止特定的安全技术与机制。

注意组件元素的操作只有那些在CC第2部分中定义的选项才有意义,例如“赋值”和“选择”操作不能在所有的SFR上执行。对组件元素执行某个操作时应该注意不要引入新的依赖关系。另外需要注意的是,与组件和操作相关的层次结构和依赖应在元素层上进行。

下面我们通过几个例子说明对这些组件元素操作是如何使用的。

第一个示例说明如何执行“赋值”操作。CC第2部分包含一个如下陈述的SFR:

可信恢复FPT_RCV.2.2对[**赋值**:*失效/服务中断列表*],TSF应确保通过自动化过程使TOE返回到一个安全状态。

方括号表示一个操作不仅允许而且必须。粗体字母澄清组件允许操作类型是一个“赋值”操作。斜体字母指定PP/ST作者必须提供什么样的参数。PP/ST作者通过“填充”方括号内信息来响应这一要求,以指定适合TOE具体安全目的。一个可能的答案如下所示:

可信恢复FPT_RCV2.2当部分或全部的网络管理功能、安全管理功能或网络传输能力失效时,TSF应确保通过自动化过程使TOE返回到一个安全状态。

第二个例子说明PP/ST作者是如何对组件元素运用“选择”操作的。CC第2部分包含一个如下陈述的SFR:

TOE访问历史FTA_TAH.1.1在会话成功建立的基础上,TSF应向用户显示上一次成功建立的会话的[**选择**:*日期、时间、方法、位置*]。

该SFR允许的操作类型是一个“选择”操作。斜体字母指定的是PP/ST作者可以选择的有效参数列表，CC没有要求PP/ST作者添加其他的可选参数。所以PP/ST作者只能通过选择一个或多个适合他们TOE具体安全目的可选参数来自定义他们TOE的特定要求。一个可能的自定义选择答案如下所示：

TOE访问历史FTA_TAH.1.1在会话成功建立的基础上，TSF应显示的最后一次成功建立用户会话的日期和时间。

第三个示例说明PP/ST作者是如何对组件元素执行“反复”操作的，即PP/ST作者依据包括基于同一个组件的多个要求执行一个“反复”操作。注意PP/ST定义组件的每次“反复”要求应该不同于该组件的所有其他“反复”要求，即需要用不同的方法完成该组件的“赋值”和“选择”，或用不同的方法对该组件进行“细化”。

“反复”操作包含相同的元素的重复使用以解决安全要求的不同方面。PP/ST作者已经建立了一种表示“反复”操作的定义风格规范：在组件标识后面加一个“(序号)”方式表示反复次数(例如，密码运算FCS_COP.1.1(1))。下面的例子说明“反复”操作如何与“赋值”操作相结合的。CC第2部分包含一个如下陈述的SFR：

FCS_COP.1.1 TSF应根据符合下列标准[**赋值**：*标准列表*]的特定的密码算法[**赋值**：*密码算法*]和密钥长度[**赋值**：*密钥长度*]来行执[**赋值**：*密码运算列表*]

PP/ST作者能够通过“反复”操作来满足TOE所提供的他们支持的加密操作来响应这一组件元素的“反复”操作要求。因此，一个可能的“反复”操作定义的组件要求是：

FCS_COP.1.1(1)TSF*应根据一个2级的加密算法和2级的密钥的大小，符合FIPS 140-2要求进行数字签名。*

FCS_COP.1.1(2)TSF*应根据一个2级的加密算法和2级的密钥的大小，符合FIPS 140-2要求根据执行消息摘要。*

FCS_COP.1.1(3)TSF*应根据一个2级的加密算法和2级的密钥的大小，符合FIPS 140-2按照要求执行用户数据的加密传输。*

“细化”是允许PP/ST作者对CC组件元素进行个性化定制的操作，以满足它们特殊的需求。“细化”操作只能在组件元素要求上执行，即PP/ST作者通过修改组件元素执行安全要求的“细化”操作。在PP/ST产生编制指南文档中，“细化”操作的第一条规则指出满足“细化”要求的TOE也需满足细化之前的CC组件安全要求(即，一个细化的要求必须比原始要求更加严格)。如果一个“细化”操作不满足这条规则，那么CC建议PP/ST作者通过定义扩展组件的方式来定义客户TOE特定的安全要求。即“细化”操作应只用于提供CC组件元素(一个CC要求)的阐述或特定的解释；它不能用来定义一个全新的安全要求(这一情况下，应使用扩展组件明确相关要求)。下面的例子展示了“细化”操作如何与以上的选择例子结合操作的：细化了日期和时间的具体要求。

FTA_TAH.1.1 *在会话成功建立基础上，TSF应显示最后一次成功建立用户会话的日期(天-月-年)和时间(24小时制)。*

在安全功能组件被正确选定后，通过组件层次安全强度的分析评估、组件之间依赖关系的分析、安全审计要求的规范化和组件元素操作之后，PP/ST 中的每个安全组件的 SFR 就会被一次次调用。组件中的所有元素都必须执行上述的操作。不断重复图 4.14 的组件选择过程和组件元素操作过程，直到 PP/ST 第 4 节的所有 TOE 安全目的都通过一个或多个 SFR 实现，以解决 PP/ST 第 3 节识别的安全威胁和组织安全策略。

4.8.2　安全保障要求

如果说安全功能要求是定义了 TOE 的安全行为，安全保障要求则是用来评估 TOE 这些安全功能行为可信度的要求。为此 CEM 规定了 PP、ST、ACO 和 TOE(包括组合 TOE)评估的安全保障活动要求。PP/ST 的 TOE 的安全保障要求编制需要经历一个与安全功能要求相似的保障组件选择过程(如图 4.16 所示)。

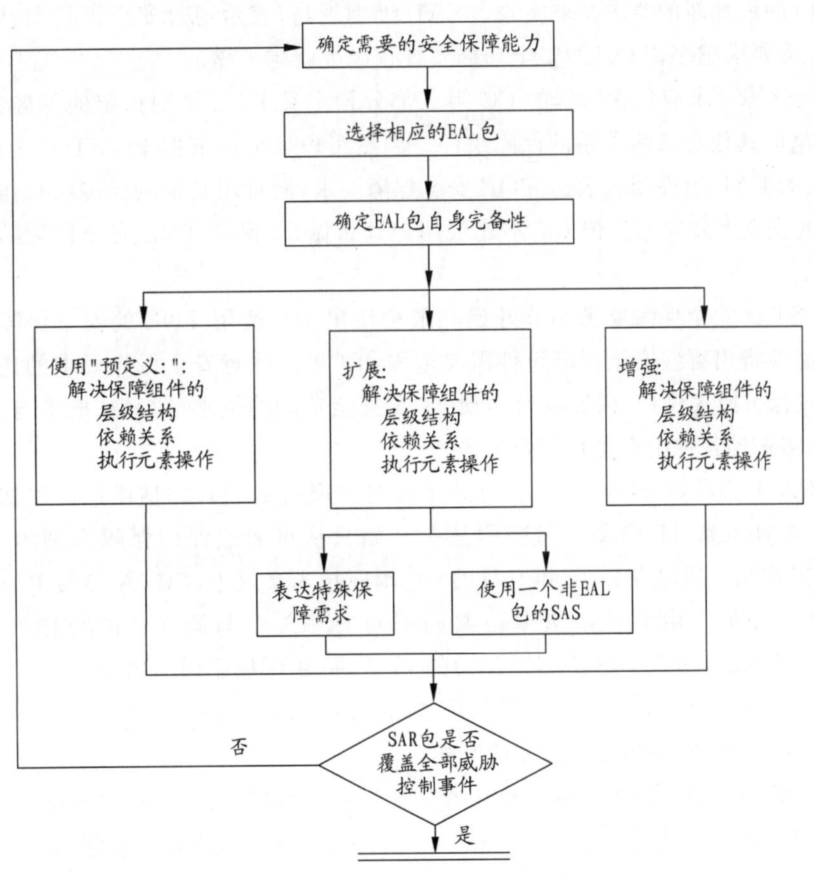

图 4.16　安全保障要求组件的选择过程

1. EAL 包选择

第一步是确定 TOE 的评估保障级别。TOE 的安全功能要求是基于满足 TOE 安全目的选择相应的安全功能组件过程，但 TOE 的安全保障组件的选择是由以下几个因素驱动的。

(1) 需要保护的资产价值与允许的风险损失程度。

(2) TOE 安全功能实施技术可行性。

(3) TOE 安全功能开发和评估的成本/约束。

(4) TOE 安全功能开发和评估的时间要求/限制。

(5) 当前 IT 市场提供的 TOE[如商用现货产品(COTS)或定制产品]。

(6) SFR 与 SAR 和 SAR 与 SAR 之间的依赖关系等。

根据上述这些因素，应该能确定 PP/ST 中 TOE 所需的评估保障级别。CC 使用评估保障级别来界定评估 TOE 安全功能实现的可信性。正如第 3 章所述，CC 第 3 部分预定义的 7 个评估保障包代表了一个从低到高的安全功能实现的可信度。每个较高评估保障级比其更低的评估保障级表达更多的保障要求。较高评估保障级组件一般靠替换成同一保障族中的一个更高级别的保障组件[即增加严格程度、范围和(或)深度]和添加另外一个保障族的保障组件(即添加新的要求) 来实现。EAL 级别越高，表示通过安全评估与认证需要满足的安全保障要求越多，TOE 的安全功能实现正确度就越可靠。

TOE 的保障要求应包含选择的 CC 第 3 部分预定义 EAL 级别指定的保障组件，以及由 EAL 导出的其他有依赖关系的保障组件。当然用户也可以依据 PP/ST 安全问题，不是采用预定义的 EAL 组件列表表达 TOE 安全保障要求，而是用其他的保障组件组合来表示 TOE 特定的安全保障要求。但 CC 不建议用户这么做，以保证 TOE 安全评估结果的国际互认。

在 PP/ST 的安全保障要求小节开始一般会给出一个适用 TOE 的安全保障组件汇总表，并且有必要指出哪些安全保障组件需要增强和扩展。注意安全保障要求的选取应确保 TOE 不被过保护或欠保护，因而应对实现 TOE 安全功能的技术可行性、成本与进度，相关保障级别的需求等各种因素进行综合考虑。

在 CCRA 中要求参与国应相互认可各个参与国家的 CCTL 评估通过的评估保障级别为 EAL 1～EAL 4 级 IT 产品。但美国从一开始只认可通过评估保障级别为 EAL 1 和 EAL 2 的 IT 产品。所以在 2012 年 9 月的 CC 国际技术会议上，CCRA 参与单位决定成立国际技术社区(iTC)，由 iTC 成员单位共同编制 CCRA 参与国互认的合作性保护轮廓(cPP)。至于 EAL 5 级以上(包含 EAL 5)的 IT 产品，由于属于面向敏感应用，各国有自主的安全标准规范，一般情况下不同国家相互之间的高于 EAL 4 级别的 IT 产品安全认证互认需要通过双方政府间的协商处理才能互相认可。

当然 TOE 的评估保障级别越高意味着 TOE 的安全评估成本越高、时间越长。表 4.23 给出了 CC 领域通常被认可的 EAL 1～EAL 7 不同评估保障级别评估时间估算及其评估内容。例如，EAL 1 是 TOE 最初级的评估保障级别，其安全测试和评估结果的验证工作一般需要花费 3 个月左右时间。随着评估保障级别的提高，TOE 安全评估需要花费的时间会越来越长，所花费的成本也会越高。以商用 IT 产品评估认证级别最多的 EAL 4 来说，一般而言需要 12～18 个月的时间才能完成 TOE 的测试和评估。因为 CC 测评的时间开销往往较大，不利于 IT 厂商需要推出市场急需的产品，因此 CC 领域正在发起改革，以便明确提升测评效率。

表 4.23 EAL 评估内容与时间

评估保障级别	评估时间	评估保障级别评估内容简述
EAL 1	3个月	只检测IT产品最基础的安全功能,不包含任何安全性的评估,不保证被评估产品的安全性。取得EAL 1评估保障级别,只表示这个产品能够开机、执行,不涉及任何安全性议题。因此,在CCRA中一般不认可这种级别的安全评估
EAL 2	6个月	EAL 2安全程度比EAL 1高,EAL 2才开始在TOE上用作安全性的检测,例如采用穿透性测试等方式评估产品的安全性。会用宽松的标准对TOE的源代码作适当的检查,但严谨程度低于EAL 3
EAL 3	9～12个月	EAL 3需对TOE源程序代码进行更严格检查,但不需要重新编译程序,也不会打断TOE的整个开发流程。EAL 3不像EAL 4那样必须评估TOE漏洞修补的成本,所以EAL 3还是采用比EAL 4宽松的安全检测标准
EAL 4	12～18个月	EAL 4是最常见的安全评估标准,例如Windows 7、Red Hat Enterprise Linux 6.2、Oracle 11g等系统软件都取得了EAL 4以上的认证。只有到EAL 4时,大家才会接受这个安全评估能有效确保IT产品的安全性,而供货商也会将漏洞修补包含在安全性检测基本项目中
EAL 5	18～24个月	EAL 5是一个比EAL 4要求更严格的评估保障级别,必须经过非常严格的源代码验证流程,花费的时间、成本都比EAL 4还高。从CEM v3.1起,CC已经定义了这个级别的安全评估方法
EAL 6		EAL 6验证如同是针对客户提出某些高风险、特殊的安全要求,不惜耗费时间、金钱,一定要达到客户的安全要求。安全性是EAL 6的基本要求,这意味着,整个系统的开发都必须奠基在安全要求上
EAL 7		EAL 7只用于极度高度风险的系统,对系统的要求不只是能用而已,还必须具有极度高度的抗风险要求。金钱和时间花费难以想象,只会用在具有特殊安全功能的特定系统中

2. 确定EAL包完备性

在为TOE选择了预定义评估保障级之后,需确定这个安全保障组件包在其应用的特定场合下是否是完备的。如果预定义评估保障级是自身完备的,则选用CC第3部分预定义的安全保障组件,并且把PP/ST的第1节标识部分的CC符合性要求和版本部分描述成“ISO/IEC 15408第3部分一致”。否则,PP/ST作者有以下两个选择校正预定义评估保障级的不足:增强或扩展。注意在CC中指出使用“预定义”的EAL包不是强制的。

“关于(预定义的)EAL并没有什么神圣的或神奇的,PP/ST作者可自由指定替代方法,可以通过增加组件、扩展现有EAL包中的保障组件,或开发全新的安全保障包。这种灵活性创造了构建一个有成本效益的安全保障评估方法和选择合适的组件以消除特殊类型的IT产品[系统]中存在的威胁的机会”。

为增强一个预定义的EAL包，PP/ST编制者可从CC第3部分选择一个或多个安全保障组件加入到这个预定义EAL包。一个更高的组件可以代替一个包含在EAL包中的组件，或组件可以从一个不含EAL包中的保障族中指定。

EAL增强是很常见的。在这种情况下，PP标识部分的CC符合性要求和版本描述成“CC第3部分一致”。“增强”这个概念允许从没有包括在预定义评估保障级中的保障族选择某个或某些安全保障组件添加到这个评估保障级包，或允许替换预定义评估保障级中的组件（一般用同一个保障族的其他更高级别的保障组件）。注意在CC第3部分中给出的保障要求结构中，只有预定义评估保障级可以增强。如果预定义EAL中增加了“增强”的保障组件，这样的评估保障级别用“＋”来表示。例如，我们通常所说的智能卡芯片EAL 5＋表示其PP/ST中包含了EAL 5的所有安全保障要求并且包含了CC预定义EAL 5包以外的其他安全保障组件。

CC不建议使用“预定义评估保障级减去包中的某个保障组件”这样的想法，PP/ST应采用扩展保障组件来“增强”某个TOE特定的安全保障要求。当然CC要求PP/ST编制者有义务论证对评估保障级添加保障组件的实际意义和额外价值。

包扩展是指添加一个或多个不是一个预定义EAL部分或CC第3部分的保障组件（扩展组件）到一个预定义的EAL中。因为CC被设计为可扩展的，用户可以在安全保障要求中定义不包含在CC中的保障组件。但EAL扩展可能需要国家评估机构申请并获得批准。

综上所述，评估保障级别可以通过两种方法实现扩展：指定未使用的SAR和定义扩展的SAR。表4.24给出了预定义EAL保障包中未使用的部分保障组件，它们包括以下三类。

（1）那些用来评估PP的组件。

（2）那些用来评估ST的组件。

（3）那些用来评估TOE脆弱性的组件。

表4.24 EAL保障包中未使用的保障组件

类	组　件	目　的	何时用
ADV	结构合理的TSF内部子集（ADV_INT.1）	仅要求对选中的TSF部分内部结构合理（例如加密信息的发送者对密码模块特别关心，而且该模块独立于TSF的其他模块）提供一种方法用以保证TSF特定部分是结构合理的，帮助开发者和评估者理解TSF，并且会为设计和评估测试程序提供依据	TOE评估
ACL	基本的缺陷纠正（ALC_FLR.1）	提供开发者用于跟踪、纠正缺陷，并发布缺陷信息和纠正措施而采取的策略和程序文档	TOE评估
	缺陷报告程序（ALC_FLR.2）	让开发者能够对来自TOE用户的安全缺陷报告采取适当的动作，并且知道该向谁发送修正补丁，TOE用户需要了解如何将安全缺陷报告递交给开发者	TOE评估
	系统的缺陷纠正（ALC_FLR.3）	让开发者能够对来自TOE用户的安全缺陷报告采取适当的动作，并且知道该向谁发送修正补丁，TOE用户需要了解如何将安全缺陷报告递交给开发者，以及他们如何向开发者注册，以便能接收修正补丁	TOE评估

续表

类	组　件	目　的	何时用
APE	PP 引言（APE_INT.1）	证实 PP 已被正确标识，并且 PP 参考和 TOE 概述是相互一致的	PP 评估
	符合性声明（APE_CCL.1）	阐明如何声明 ST 和其他 PP 是与本 PP 符合的，以确定符合性声明的正确性	PP 评估
	安全问题定义（APE_SPD.1）	证实 TOE 及其运行环境所负责处理的安全问题被准确地定义	PP 评估
	安全目的（APE_OBJ.1/2）	证实安全目的充分而且完备地处理了安全问题，并证实 TOE 及其运行环境的安全问题被准确地区分和定义	PP 评估
	扩展组件定义（APE_ECD.1）	确定这些组件是准确的、没有歧义的并且是必要的，如：他们可能没有使用 GB/T 18336 第 2 部分或第 3 部分已存在的组件进行清晰地描述	PP 评估
	安全要求（APE_REQ.1/2）	确保这些安全要求是清晰的、无歧义的并且是准确定义的	PP 评估
ASE	具有结构设计概述的 TOE 概要规范（ASE_TSS.2）	确定 TOE 概要规范和 TOE 的其他叙述性描述是否一致，例如，确定 TOE 是如何实现以下两方面的描述是否是充分且必要的： 满足 TOE 的安全功能要求； 保护 TOE 自身防止被干扰、逻辑篡改和被旁路	ST 评估

授权的 CC 评估机构可依照 CC 第 3 部分中 8 个 APE 保障组件评估要求，采用 CEM 给出的 PP 评估方法证实某个 PP 是技术合理和内部一致的；并且，如果 PP 是基于一个或多个 PP 或者包，那么 PP 必须是这些 PP 或包的一个正确的实例化。注意，APE 保障类中的组件不是被用来加强预定义评估保障级的。同样地，授权的 CC 评估机构采用 ASE 类的 10 个保障组件来评估 ST，这些组件也不是用来加强预定义评估保障级的。

在 CC 第 3 部分的评估保障级别中未给出缺陷纠正保障组件（ALC_FLR.1、ALC_FLR.2 或 ALC_FLR.3），但一般的 PP/ST 都会添加这个组件来增强 TOE 安全保障要求，以要求 TOE 的开发者跟踪并纠正 TOE 的缺陷，保证将来对 TOE 潜在的缺陷和脆弱性进行维护和支持。缺陷纠正组件描述 TOE 用于处理所有遇到的缺陷的方法。因此，一般 PP/ST 编制者都会为 TOE 的安全保障要求选择合适的缺陷纠正保障组件。

TOE 缺陷纠正要求必须在 TOE 开始构建之前在 PP/ST 中定义。如果在前期没有考虑这些，那么在后期 TOE 运行过程中很难改变 TOE 缺陷的纠正维护。所以执行缺陷的纠正维护活动的职责（客户、开发者或集成者）应该在 PP/ST 的编制阶段进行说明。

在 4.6.1 节定义的安全控制措施的 5 个阶段先后顺序要求能部分决定是否对预定义评估保障级进行增强或扩展，保证安全保障要求的完整性。在这 5 个阶段威胁的控制措施中，安全功能要求可按照 TOE 构建过程中威胁的预见、预防、检测、描述、响应和恢复功能要求进行增强或扩展。相反，安全保障要求是针对 PP、ST 或构建的 TOE 在预见、预防、检测、描述、响应和恢复过程中可能导致威胁发生的脆弱性，说明开发者和评估者的元素活动。大部分安全保障要求是预防性质的，但 ADV_ARC、ADV_FSP、ALC_FLR、ATE_IND、AVA_VAN 等已经超出了预防性质。表 4.25 给出了保障组件与安全目的之间的映射关系。

表 4.25　安全保障要求与安全目的的控制措施映射

安全保障要求		安全目的				
		预防	检测		纠正	
类	族	预见/预防	检测	描述	响应	恢复
ADV	ARC	X	X	X		
	FSP	X	X	X		
	IMP	X				
	INT	X				
	SPM	X				
	TDS	X				
AGD	OPE	X				
	PRE	X				
ALC	CMC	X				
	CMS	X				
	DEL	X	X			
	DVS	X				
	FLR			X	X	X
	LCD	X				
	TAT	X				
ATE	COV	X				
	DPT	X				
	FUN	X	X	X		
	IND	X	X	X		
AVA	VAN	X	X	X	X	X

3. 挖掘潜在的保障组件

当一个组件无法自我满足而依赖于另一个组件的存在时，依赖关系就出现在这些保障组件中。CC 第 3 部分后面的附录给出的保障组件依赖关系表标识了所依赖的保障组件的最小集合。特殊情况下，依赖关系可能对这个 TOE 不适用，此时，PP/ST 作者需要说明不适用的理由，才可以选择不去满足这种依赖关系。因此，和 4.8.1 节的安全功能要求定义步骤类似，最后一步是依据保障组件之间的依赖关系发现更多的安全保障要求。像 SFR 依赖关系分类一样，SAR 依赖关系也分为内部与外部、直接与间接。不同于安全功能要求依赖关系是安全保障要求不依赖于安全功能要求(而功能要求可能依赖于保障要求)。另外保障组件之间存在相互依赖关系，即 SAR A 依赖于 SAR B，同时 SAR B 依赖于 SAR A。

“赋值”和“选择”操作只允许用于 CC 第 2 部分的功能组件中明确指定的位置，“反复”和“细化”允许用于 CC 的所有组件。所以保障组件元素上可允许的操作只有“反复”和“细化”。“反复”操作一般应用于下列情况。

(1) TOE 中一个或多个功能组件包有反复操作。

(2) 组合 TOE 中一个或多个 TOE 部件有反复操作。

4.8.3　安全要求原理

PP/ST 结构要求在本节提供 TOE 安全要求定义的必要证据，以表明 TOE 的安全功能和安全保障要求可追踪和适合满足前面定义的所有 TOE 安全目的和安全问题。这部分的安全要求说明必须包括以下 5 项。

(1) 扩展功能组件的使用。

(2) 预定义评估保障级的选择。

(3) 预定义评估保障级增强或扩展解释。

(4) 未解决的组件依赖关系。

(5) 评估保障级别的选择。

这 5 个方面的安全要求基本原理说明将在第 5 章的 ST 编制中再度讨论。例如,评估保障级别选择可由下列主要影响因素解释。

(1) 适用的法律、法规和政策。

(2) 技巧、动机和潜在攻击者的资源。

(3) 待保护资产的价值。

(4) TOE 执行任务的关键性。

(5) TOE 系统集成问题的复杂性等。

安全要求原理说明必须要证明 SFR 和 SAR 的组合具有以下特性。

(1) 必要的: 每个 TOE 安全目的必须由至少一个 SFR 或 SAR 包中的安全组件实现。任何未涉及的 TOE 安全目的需要被标记为需要解决的错误。

(2) 适当的: 每个 SFR 和 SAR 必须与至少一个 TOE 安全目的相关联。任何额外的 SFR 或 SAR 被标记为需要解决的错误。

(3) 足够的: SFR 和 SAR 必须是完整的、连贯的、一致的和正确的。组件层次结构必须经正确评价,所有的组件依赖性必须得到解决,审计要求必须是完整的,并且组件元素操作必须正确执行。

常见的做法是在该节的开始部分以表格形式传递这些信息。这些表格将 TOE 安全目的与安全要求关联起来。在表格之后,附加一个简短的关于每个连接部分的讨论。在表 4.26 的例子中,一个安全目的与两个安全要求相关联。

表 4.26　安全要求基本原理说明样例

安 全 目 的	安 全 要 求
O_1	**TOE 访问旗标(FTA_TAB.1)** **TSF 中功能的管理(FMT_MOF.1)**
O_1 TOE 会提供旗标通知所有用户,他们正在进入一个受限制的计算机系统 FTA_TAB.1 为所有登录到 TOE 的用户和系统管理员提供显示警告标语的能力 FMT_MOF.1 为管理者提供必要时改变或替换作为旗帜的文本的能力	

例如美国国家信息安全保障合作组织在 2004 年发布的《基本/中级安全环境下的保护轮廓开发一致性指导手册》(CIM)中就安全问题定义给出了相应的安全目的列表,并依据这个列表规定了 PP 应包含的安全保障组件列表,提供了 PP 在基本环境和鲁棒环境下应该包含的最基本的安全功能组件。为此该手册提供了如表 4.27 所示的编制 PP 和跟踪 PP 编制过程所需的方法,即跟踪表格模板。

表 4.27　CIM 跟踪表格模板——安全问题、安全目的和安全要求依赖关系

威胁/组织安全策略	安全目的	CC 安全功能和安全保障要求					
T. ADMIN_ERROR	O. ADMIN_GUIDEANCE	ALC_PRE. 1	ALC_DEL. 1	AGD_OPE. 1			
	O. ADMIN_ROLE	FMT_SMR. 2					
	O. MANAGE	FMT_MTD. 1					
T. ADMIN_ROGUE	O. ADMIN_ROLE	FMT_SMR. 2					
T. AUDIT_COMPROMISE	O. AUDIT_PROTECTION	FMT_MOF. 1	FAU_SAR. 2	FAU_STG. 1	FAU_STG. 3	FAU_STG. 4	
	O. RESIDUAL_INFORMATION	FDP_RIP. 2					
	O. SELF_PROTECTION	FPT_SEP. 2	FPT_RVM. 1				
T. CRYPTO_COMPROMISE	O. RESIDUAL_INFORMATION	FDP_RIP. 2					
	O. SELF_PROTECTION	ADV_ARC. 1					
	O. DOCUMENT_KEY_LEAKAGE	AVA. VAN. 3					
T. EAVESDROP	O. PROTECT_IN_TRANSIT	FDP_ITT. 1	FPT_ITT. 1				
T. MASQUERADE	O. TOE_ACCESS	FIA_AFL. 1	FIA_ATD. 1	FIA_UID. 2	FIA_UAU. 1. 2. 5	FTA_TSE. 1	FPT_ITS. 3
T. FLAWED_IMPLEMENTATION	O. CHANGE_MANAGEMENT	ALC_CMC. 4	ALC_CMS. 4	ALC_DVS. 1	ALC_FLR. 3	ALC_LCD. 1	
	O. THOROUGH_FUNCTIONAL_TESTING	ATE_COV. 2	ATE_FUN. 1	ATE_DPT. 3	ATE_IND. 2		
	O. SOUND_IMPLEMENTATION	ADV_FSP. 4	ADV_TDS. 4	ADV_INT. 1			
	O. VULNERABILITY_ANALYSIS_TEST	AVA_VAN. 4					

续表

威胁/组织安全策略	安全目的	CC安全功能和安全保障要求					
T. POOR_TEST	O. CORRECT_TSF_OPERATION	FPT_AMT. 1	FPT_TST				
	O. THOROUGH_FUNCTIONAL_TESTING	ATE_COV. 2	ATE_FUN. 1	ATE_IND. 2	ATE_DPT. 3		
	O. VULNERABILITY_ANALYSIS_TEST	AVA_VAN. 4					
T. REPLAY	O. REPLAY_DETECTION	FPT_RPL. 1					
T. RESIDUAL_DATA	O. RESIDUAL_INFORMATION	FDP_RIP. 2	FCS_CKM. 2	FCS_CKM. 4			
T. RESOURCE_EXHAUSTION	O. RESOURCE_SHARING	FRU_RSA. 1	FMT_MTD. 2	FMT_MOF. 1			
T. SPOOFING	O. TRUSTED_PATH	FTP_TRP. 1	FTP_ITC. 1				
T. MALICIOUS_TSF_COMPROMISE	O. RESIDUAL_INFORMATION	FDP_RIP. 2	FCS_CKM. 2	FCS_CKM. 4			
	O. SELF_PROTECTION	FPT_SEP. 2	FPT_RVM. 1				
	O. MANAGE	FMT_MTD. 1	FMT_MSA. 1	FMT_MOF. 1	FMT_SMF. 1		
	O. DISPLAY_BANNER	FTA_TAB. 1					
	O. TRUSTED_PATH	FTP_TRP. 1	FTP_ITC. 1				
T. UNATTENDED_SESSION	O. TOE_ACCESS	FTA_SSL. 1	FTA_SSL. 2	FTA_SSL. 3			
T. UNAUTHORIZED_ACCESS	O. MEDIATE	FDP_ACC. 2	FDP_ACF. 1	FDP. IFF			
T. UNIDENTIFIED_ACTIONS	O. AUDIT_REVIEW	FAU_ARP. 1	FAU_ARP. 1	FAU_SAA. 1	FAU_SAR. 1	FAU_SAR. 3	

续表

威胁/组织安全策略	安全目的	CC安全功能和安全保障要求					
T. UNKNOWN_STATE	O. MAINT_MODE	FPT_RCV. 2					
	O. CORRECT_TSF_ OERATION	FPT_AMT. 1	FPT_TST. 4	FPT. TST. 5			
	O. SOUND_DESIGN	ADV_SPM. 1					
	O. ADMIN_GUIDEANCE	ADG_PRE. 1	AGD_OPE. 1				
P. ACCESS_BANNER	O. DISPLAY_BANNER	FTA_TAB. 1					
P. ACCOUNTABILITY	O. AUDIT_GENERATION	FAU_GEN. 1	FAU_GEN. 2	FIA_USB. 1	FAU_SEL. 1		
	O. TIME_STAMPS	FPT_STM. 1	FMT_MTD. 1				
	O. TOE_ACCESS	FIA_UID. 2	FIA_UAU. 2	FIA_UAU. 5			
P. ADMIN_ACCESS	O. ADMIN_ROLE	FMT_SMR. 2					
	O. TRUSTED_PATH	FTP_TRP. 1	FTP_ITC. 1				
P. CRYPTOGRAPHY	O. CRYPTOGRAPHY	FCS_CKM. 2	FCS_CKM. 4	FCS_COP. 1			
	O. RESIDUAL_ INFORMATION	FDP_RIP. 2	FCS_CKM. 2				
P. VULNERABILITY_ ANALYSIS_TEST	O. VULNERABILITY_ ANALYSIS_TEST	AVA_VAN. 4					

4.9　PP 模块化管理

在新版 CC v3.1 r5 中，CC 引入了 PP-模块和 PP 配置的概念，这样用户通过编制模块化 PP 来解决通过组合基本安全要求和可选要求而形成的复杂 TOE 的安全评估问题。

(1) PP 模块：PP 模块是可标识的一组一致性元素组成的集合。这些元素包括威胁、假设、组织安全策略、安全目的和安全要求。不同于一般的 PP 结构，PP 模块主要是解决 IT 产品的可选安全功能描述问题，这些安全功能特性不是所有这类 IT 产品都应该具有的安全要求。因此，每个 PP 模块至少包括一个基础保护轮廓(基础 PP)，由其定义这类 IT 产品必须具备的基本安全要求，这样 PP 模块只需定义这类产品变形的其他安全要求或细化、解释基础 PP 中的一些要求。当然 PP 模块可以包括多个可选的基础 PP。

(2) PP 配置：PP 配置是从 PP 模块导出的、至少包括一个 PP 模块及其相关基础 PP 的安全要求所产生的 PP。若 PP 模块中有多个可选的基础 PP，PP 配置只需选择某个可选的基础 PP 即可。当然，一个 PP 配置可以包括 PP 模块及其相关基础 PP 外的其他 PP，但应该引用 PP 模块的所有必选的基础 PP 和某个可选的基础 PP。因此，一个 PP 配置也必须有一个唯一标识，以标识其相关的所有 PP：选择的基础 PP 和选择的 PP 模块。注意一个 PP 配置只能组合使用认证过的基础 PP 和 PP 模块。

从上述 PP 配置和 PP 模块概念可看出，PP 模块可用于构建基于一个或多个基础 PP 的 PP 配置。PP 配置也可用于 ST 的编制，但必须是一个良好定义的 PP。换句话说 ST 声明符合某个 PP 配置，该配置必须已经通过安全认证，这样的 ST 评估将依赖于 PP 配置评估的结果。PP 配置可参照 CEM v3.1 r5 介绍的 PP 配置安全保障组件要求进行评估，可作为客户 IT 产品采购招标或 IT 系统集成等安全方案的文件依据。

注意包括 PP 配置的 ST 安全评估一般出现在两种情况下。

(1) PP 配置评估是独立于任何产品的：即 PP 配置评估是不需要考虑 ST 的。

(2) 对于声称符合某个 PP 配置的 ST，相应的 PP 配置需预先通过评估；否则符合性声明就失去意义(参照上面的 PP 配置定义)。

由于上述概念，用于指导 PP/ST 编写的 ISO/IEC TR 15446 技术报告将对上述基础 PP、PP 模块、PP 配置等编写方法进行论述，但由于当前 ISO/IEC TR 15446:2017 是针对 CC v3.1r4 的，并未讨论新版 CC v3.1 r5 给出的这些问题。

4.10　本章小结

PP 是为一类 IT 产品提供与具体实现无关的安全功能要求和安全保障要求集的规范化文档，以满足特定 TOE 消费者对某类 IT 产品的安全需求。PP 的编制过程将引导 IT 产品消费者研究、确定，并验证所需 TOE 的安全要求，因此，编制 PP 的最终目的如下。

(1) 将 IT 产品安全要求传输给潜在的 TOE 开发者。

(2) 提供一个可以构建 TOE 安全方案的正式文档依据。

有多类IT产品用户关注PP的编制。一般情况下由IT产品消费者撰写PP，以供潜在的TOE开发者（供应商）和IT系统集成商阅读用户对IT产品的安全需求，并由IT产品安全评估人员对编制的PP进行审查和评估。PP不是一成不变的，它应该是一个随用户需求、信息技术、应用环境等发展而不断变化的可修改和定期更新的文件。

如果将CC安全评估过程映射为IT系统通用生命周期或客户IT产品的采购流程，PP编制与需求分析阶段相一致：客户陈述他们的IT产品安全要求，这些安全要求的质量是通过CC第3部分的APE安全保障活动来保证的。PP是客户授予采购活动前的一部分工作内容；PP应包含在潜在的IT产品采购请求方案中。

PP是一个带有特定的内容、格式和语法要求的IT产品安全要求文档。文档结构的合规性确保PP可以让所有IT产品用户准确和统一地理解TOE的安全要求。因此，PP是由客户主导，并有一系列IT产品用户参与来阐明、定义并验证其安全要求的结果。

PP文档结构一般由6节组成，它们之间存在广泛的相互联系和交互。PP第1节确定了PP性质、范围和地位；第2节描述需要保护的资产的敏感性，并定义TOE主要功能及边界。

PP第3节定义TOE安全问题中的假设，分析潜在安全威胁类型及其识别方法，并列举适用于TSF的组织安全策略。这一部分首先需要对TOE运行环境、连接性、各种用户角色和职责进行假设，并指明TOE任何环境的约束或操作限制。其次是确定潜在的威胁并按TOE逐条列举，评估各种威胁发生的可能性和后果的严重程度。组织安全策略包括规则、程序和组织强加给IT产品来保护其资产的做法；地方、国家或国际法律法规可能会附加额外的组织安全策略（例如，个人隐私保护要求）。

PP第4节为TOE和运行环境描述安全目的。这些安全目的是对第3节陈述的假设、威胁和组织安全策略的分析结果。通过在TOE中使用技术性对策来满足TOE安全目的。TOE也可以使用技术性防护措施来满足IT环境的安全目的，用户还可使用非技术性的管理性措施来实现IT环境安全目的，但它们不在CC评估范围内。本节还包括安全目的的原理解释，指出安全目的是完备的、一致的和正确的。

PP第5节是为PP/ST编制人员增加扩展组件，以满足TOE特定安全要求的定义，以及IT产品多样性和特殊安全要求表达的需要而设置的。因此，如果编制的PP/ST中安全功能要求很特别，就应该在描述PP/ST安全要求前增加"扩展组件定义"一节。PP/ST作者使用类似于CC第2部分和第3部分中已有的安全组件编制方法来扩展TOE特定安全要求，以实现清晰、明确、可评估（可以系统地证实基于该组件的要求是否为TOE所保持）扩展要求的描述。换句话说扩展组件结构描述使用CC组件类似的类、族和组件表达方法来标识，并按照元素方式详细的陈述扩展组件相关的安全要求。

PP第6节描述通过结合安全功能要求和安全保障要求来说明TOE安全目的的解决方案，包括3部分内容。

(1) 安全功能要求(SFR)：将TOE安全目的转化为标准化的安全功能组件描述语言。

(2) 安全保障要求(SAR)：描述TOE满足SFR安全可信要求而应该提供的保障组件列表。

(3) 安全原理：证明第6节中的安全功能要求和保障要求实现了第4节中定义的TOE安全目的。安全原理应证明指定的安全要求是完备的、一致的和正确的。

PP中的这些安全功能要求和安全保障要求是从第2节所描述的待保护资产的敏感性

分析和第 3 节中陈述的安全威胁和组织安全策略导出的。TOE 的安全功能要求和安全保障要求的安全组件选择需要遵循一个系统的决策过程，如图 4.14 和图 4.16 所示。这些决策过程包括组件依赖关系的分析、扩展组件安全要求的定义、TOE 审计要求的陈述、安全组件元素操作的执行等。最新的通用评估准则引入了 PP 模块等概念，以便解决通过组合基本安全要求和可选要求而形成的复杂 TOE 的安全评估问题。

4.11　问题讨论

1. CC 给出了组件元素的 4 种操作，简要说明哪些操作对 SFR 是合法的，但对 SAR 不合法，为什么？哪些操作对 SAR 是合法的，但对 SFR 不合法，为什么？

2. 解释 CC 评估保障级别增强和扩展之间的差异。PP 可以既被增强，又被扩展吗？这在 PP 的哪一部分得以解释？

3. 简述以下几组概念之间的关联关系：(a)假设、威胁和组织安全策略；(b)SFR、SAR 和安全目的；(c)TOE 安全性和预定义评估保障级别(EAL)；(d)SFR 和 IT 产品运行环境的安全要求；(e)SFR 和非 IT 环境的安全管控措施要求；(f)假设和非 IT 环境管控措施。

4. PP 编制过程中为什么要解决组件依赖关系？可能没有这样做的原因是什么？直接和间接的依赖之间的区别是什么？

5. 概述 TOE 基本概念，解释单件 TOE、部件 TOE 和组合 TOE 之间的差异。

6. 简述 PP 引言部分的内容，描述 TOE 安全边界定义的作用。

7. TOE 开发者如何使用 PP 安全问题部分定义的假设？

8. PP 安全问题定义部分所述的威胁如何描述，举例说明基础组件中的威胁描述。

9. 为什么在 PP 中要包含组织安全策略？举例说明安全策略与 TOE 安全功能之间的关系。

10. 简述 PP 中安全目的为何分为两类，以及它们与安全问题定义中假设、威胁和组织安全策略的依赖关系。

11. 如何陈述 TOE 的安全审计要求？

12. 组件直接和间接依赖之间的区别是什么？解释安全功能依赖和安全保障依赖的异同。

13. 一个 SFR 能否同时满足以上两项 TOE 安全目的？

14. CC 定义的标准 SFR 是否考虑了 IT 产品的所有安全要求？如果没有，如何在 PP 中描述 TOE 特定的安全要求？

15. 使用不是 CC 预定义评估保障级部分的 SAR 创建一个评估保障包。定义包的目的以及如何与 EAL 相关联。

16. 如何制定扩展安全功能组件和安全保障组件的要求？

17. 简述使用 PP 文档结构描述 IT 产品的安全需求与使用软件过程中其他需求规格异同，解释使用 PP 结构的要点。

18. 在 PP 中是通过何种方式决定安全目的足够与否，以及决定安全要求足够与否？

19. 什么是安全威胁？安全威胁描述应注意哪些方面？

20. 为什么在 PP/ST 中要分开描述 TOE 安全功能要求(SFR)和安全保障要求(SAR)？

第 5 章　安全目标及其编制方法

本章阐述 TOE 开发者如何使用 CC 标准化语言来编制 ST 文档，以论述实现 IT 产品安全需求的解决方案。本章内容将继续按照 ISO/IEC TR 15446:2009 技术报告的结构进行编排，并逐节讨论 CC 第 1 部分附录 A 规定的 ST 文档结构和内容编制方法和技巧，以及如何去阅读和解释其中的各部分内容。

本章包括以下内容。

(1) **ST 概述**：概述如何通过编制 ST 来响应用户对 IT 产品的安全需求，包括安全架构设计的基本概念、PP 与 ST 之间的关系、ST 的用途等。

(2) **ST 结构**：解释 ST 所提供的安全方案结构及内容，概述 ST 各部分之间的关系(安全原理编制)。

(3) **ST 编制**：按照 ST 结构，分别概述引言、符合性声明、安全问题定义、安全目的、扩展组件定义、安全要求和 TOE 概要规范的编制方法。

5.1　安全目标概述

ST 是 IT 产品开发者提供的一个响应客户安全需求(PP)的、与实现相关的安全方案，是体现某个具体 IT 产品安全规范的文档。换句话说，PP 是从 IT 产品消费者角度规定某类 IT 产品的安全功能和安全保障要求，而 ST 是 IT 产品提供者从实现的角度明确 IT 产品安全功能的实现技术与机制。这样 TOE 开发者就可依据 IT 产品生命周期的安全保障措施进行详细设计和实现，以便满足 IT 产品用户通过 PP 表达的安全需求。正如第 4 章所讨论的，PP 独立于 TOE 安全功能的具体实现，所以不同的 TOE 开发者可以编写与他们实现机制相关的，但是具备同等安全功能的 ST 来有效地响应同一个 PP。因此，在 ST 的符合性评估方面，ST 评估者将聚焦在如何验证它是 PP 所提需求的充分、完整、正确和一致的解释。

一些 CC 用户会参与 ST 的编制与使用，例如某个 TOE 开发者编制 ST，以响应用户在 PP 中表达的安全需求，由潜在 TOE 消费者阅读和确认 IT 产品开发者的 ST 是否满足其定义的 PP。当然 TOE 开发者编制的 ST 必须符合 CC 第 1 部分附录 A 定义的结构，并按照 CEM 中的 ST 评估保障要求(ASE)进行审核和评估。所以，ST 需要承担两个典型的角色。

(1) TOE 评估之前及评估期间：ST 指出“要评估什么”。在这个任务中，ST 是作为 TOE 开发者和评估者之间在 TOE 安全功能和评估范围上达成一致的基础。TOE 实现安全技术正确性和安全功能完备性是这个任务的主要挑战。

(2) TOE 测试评估后：ST 指出“被评估了什么”。在这个任务中，ST 也是作为 TOE 开发者或销售者和 TOE 潜在消费者之间达成一致的基础。ST 描述了 TOE 确切的安全功能，潜在消费者能够信赖这个描述，因为 TOE 已经过 CC 测试实验室的安全评估，证实了 TOE 实现满足 ST 定义的安全要求。

ST的易用和易理解特性是TOE开发者在编制ST时需要考虑解决的主要问题，但是ST不应承担以下两个角色。

(1) 详细规范：ST中的TOE概要规范(TSS)是较高抽象级别的安全功能及其实现机制的描述。ST一般不包含TOE协议规范、算法或实现机制的详细描述，如冗长的TOE具体操作描述等。

(2) 完整规范：ST只给出了TOE的安全规范，而没有包括TOE的通用功能规范。除非与TOE安全相关，否则TOE的兼容性、物理大小和重量、要求的电压等通用功能不应该成为ST概要规范的组成部分。也就是说ST中的概要规范通常是TOE完整规范的一部分，并非TOE的完整规范。

TOE开发者编制的ST一旦被TOE评估者认可，就将被用作描述TOE安全功能及其实现的基础。被认可的ST一般也会发布在国家级认证产品公告栏和已评估IT产品列表中。注意公开发布的ST通常已被简化，以去除公司专有的或敏感的安全信息。因此，这些已发布的ST文档可能并不是“完整的”。

不同于第4章的PP结构，CC第1部分附录A定义的ST文档结构中增加了TOE概要规范，以准确地描述TOE的安全功能和安全保障要求是如何被实现的。

在IT产品安全功能的描述方面，TOE开发者编写的ST文档应当是自包含的，不应要求读者为理解ST去翻阅大量其他文件。ST并非一次即可编辑成型，这是一个动态修订的过程，一旦产品还没有被最终实现，ST的修改过程极可能被下列事件触发。

(1) 识别和应对新的威胁，例如TOE运行环境的变化导致TOE需处理新的安全攻击。

(2) 组织安全策略的改变，例如TOE运行环境基础设施变化需要对TOE的组织安全策略进行调整。

(3) IT产品安全功能行为或预期用途的改变，例如由于TOE安全机制概念改变导致安全策略配置或TSF管理的改变。

(4) 成本或进度计划改变，例如TOE研发人员或研发环境的变化导致TOE开发成本或开发计划的变化。

(5) 出现开发成本高于预期的情况，例如使用第三方服务组件升级或使用未在预算计划中的支持工具。

(6) 在TOE及其运行环境之间的安全要求分配的变化，例如由于时间和资金的限制，希望由TOE担负与希望由TOE环境担负的责任划分可能发生变化。

(7) 新的IT技术出现，例如大数据技术、人工智能技术的采用。

(8) 出现TOE评估或操作过程中未覆盖的缺陷。

(9) 认证规范或活动(认证认可[C&A])要求发生变化。

正如第4章所述，CC第3部分的生命周期保障族(ALC_LCD)定义了两个组件来评估TOE开发者使用的生命周期模型的恰当性、规范性及TOE可测试性。PP编制、ST编制、TOE安全评估等涉及CC评估过程的相关概念可映射到软件生命周期的某阶段。ST相当于软件生命周期的设计阶段，即开发者为响应客户在PP中声明安全要求生成的设计文档，并且设计的安全要求实现措施应通过CC第3部分的ST保障评估(ASE)活动的评估验证。

ST是组成IT产品采购活动授权前所进行的招标过程的一部分，ST应包括在潜在投标客户提交的招标响应文件中，采购方应选择合适的专家小组对其安全功能和安全保障要求进行评估。表5.1列出了ST和通用系统生命周期阶段以及通用采购阶段相关活动的映射关系。

表5.1　通用评估准则活动与通用系统生命周期和采购阶段的映射关系

通用评估准则活动	通用系统生命周期阶段	系统采购通用流程
无	概念	概念定义、可行性研究、需求分析、成本预算等
保护轮廓编制 PP安全评估活动：APE	需求分析和规范说明	招标书中发布的安全要求文件
安全目标编制 ST安全评估活动：ASE	系统设计	需求：由供应商提交技术评估和成本建议
由中标供应商开发TOE TOE安全评估活动：ALC_DVS、ADV	系统开发	采购招标与合同签订
TOE评估活动：ATE、AVA	系统验证	验收交货订单物，发现不满足需求的设计或开发缺陷
TOE评估活动：ALC、ADV、AGD	确认、安装和检验	系统安装部署和试运行
TOE评估活动：AGD、ALC_FLR、AVA	运行和维护	系统运行，并过渡到维护合同
无	停止	合同期满

5.2　安全目标结构

作为响应客户PP的安全方案文档，ST是TOE开发和评估的依据。CC实施这一约束是为了确保TOE开发者编制的ST是准确的，并且能被CC所有用户充分、完整、正确和一致地理解和解释。

编写ST的前提是TOE开发者获取了一系列描述客户安全需求的资料。所以TOE开发者在编写ST之前通常需要与CC专家和安全评估人员一起分析客户认可的PP或可参考的IT产品安全需求。图5.1描绘了CC第1部分给出的ST文档结构及其内容，包括相关的格式要求。它可用作TOE开发者编制ST的结构性框架。但该结构也是允许变化的，例如，如果安全要求基本原理内容特别多，可以放在ST最后作为一个章节单独描述，而不放在图5.1所示的安全目的和安全要求章节。ST文档的每一部分内容和应用都将在本章的5.3节～5.9节中详细讨论。ST文档包含的7部分内容如下。

(1) ST引言：ST第1部分在3个抽象层面上对TOE进行叙述性描述。为ST及其相关的TOE提供标识信息；通过定义ST功能、范围和状态来简要描述TOE功能；从系统类型、安全架构、逻辑及物理安全边界等来对TOE安全功能进行更加详细的描述。

(2) 符合性声明：表明ST是否声明与某些PP或包符合(且与哪些PP或包符合)。这部分阐明ST是用来响应哪一个PP(如果有)、包(如果有)以及是否在CC第2部分和第3部分组件的基础上增加了扩展组件来响应特定的安全要求。

(3) 安全问题定义：第3部分声明了TOE安全假设，分析了TOE面临的安全威胁并且列出了适用于TOE安全运行的组织安全策略。

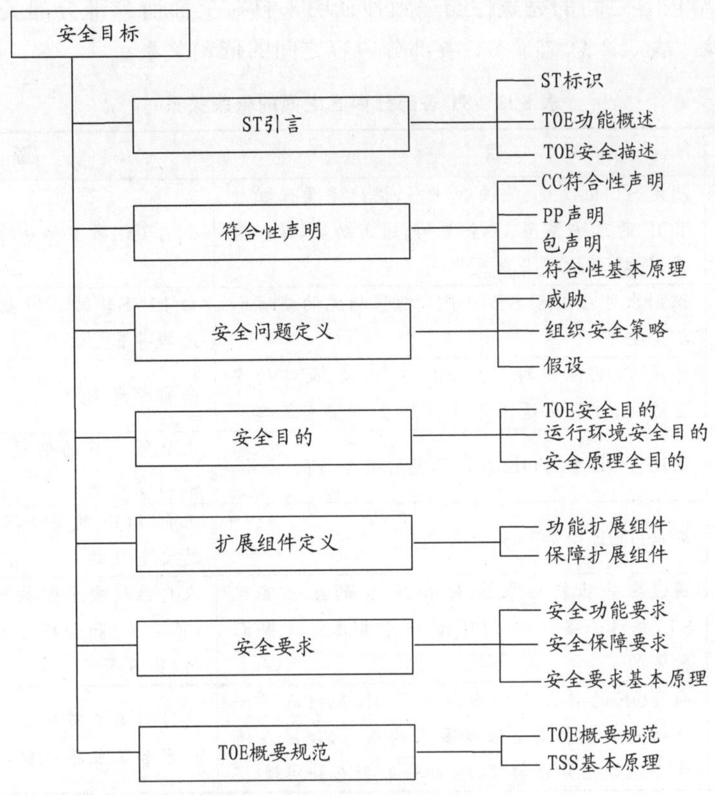

图 5.1　ST 文档结构和内容

(4) 安全目的：第 4 部分描述了 TOE 安全目的和运行环境安全目的，这些安全目的来自对第 3 部分的假设、威胁和组织安全策略的分析。因此，该部分还包括安全目的的基本原理说明。安全目的划分为 TOE 安全目的和运行环境安全目的。

(5) 扩展组件定义(可选)：第 5 部分用于描述在 ST 中 TOE 特定的安全要求没有采用 CC 第 2 部分和第 3 部分标准组件来定义，而是通过新定义组件来表达这些特殊的扩展功能要求和扩展保障要求。

(6) 安全要求：第 6 部分分别通过安全功能要求(SFR)和安全保障要求(SAR)来回答第 4 部分中描述的 TOE 安全目的是如何实施的，这些 SFR 和 SAR 来自对第 1 部分中讨论的安全架构、安全边界以及第 3 部分中描述的威胁和组织安全策略的分析。

(7) TOE 概要规范：第 7 部分描述用来实现第 6 部分所陈述的安全要求具体的功能行为及其实现技术与机制，表明安全功能要求(SFR)在 TOE 中是如何被实现的。

如果安全目的、安全要求或概要规范的基本原理内容特别多，可以放在 ST 文档的最后一并陈述。总之，ST 编制者在 ST 中陈述的基本原理包括以下几点。

(1) 第 4 部分中声明的安全目的支持所有的假设，应对所有威胁，执行第 3 部分定义的所有组织安全策略。

(2) 第 6 部分定义的安全要求满足第 4 部分声明的 TOE 所有安全目的。

(3) 第 7 部分描述的 TOE 概要规范实现了第 6 部分声明的 TOE 所有安全要求。

(4) 第 2 部分关于 PP 合规性的声明是有效的。

ST不同章节内容之间的完整性与一致性证明来自对上面所列部分的关联分析和一致性与完整性检验。表5.2总结了ST各部分内容之间的依赖关系。

表5.2 ST各部分内容之间的依赖关系

章节	目标	源
引言	确定ST的性质、范围和状态，描述需要保护的TOE的系统类型、安全架构、通用功能，保护资产、逻辑与物理安全边界	来自CC第1部分的PP结构要求
PP符合性声明	识别出可应用于ST的PP，指明相关的裁剪和扩充要求	由PP/ST第3节至第6节内容的比较导出
安全问题定义	陈述TOE保护的资产，相关的假设、面临的安全威胁，并引用适用于TSF的组织安全策略	来自参考PP
安全目的	描述TOE和TOE运行环境的安全目的	来自第3节的假设、威胁和安全策略的分析
扩展组件定义	提供TOE附加的安全要求	来自TOE的安全问题陈述及TOE的安全目的
安全要求	通过安全功能要求SFR和SAR的组合实现ST，并用证据证实TOE的安全要求是完整而紧密的	来自系统安全架构和安全边界分析（第2节）和面对的安全问题风险分析（第3节）
TOE概要规范	向TOE的潜在消费者提供TOE如何满足安全功能要求和安全保障要求的描述，使潜在消费者能够充分理解TOE的一般形态和实现	通过对第6节的安全要求、当前IT技术和工业界最佳实践分析得出

理解PP/ST之间的关系是很重要的。不同于PP，第7部分定义的TOE概要规范是ST特有的。相对地，ST的前6个部分与PP结构基本相同。如果一个ST声明了PP的完全符合性要求，则相应PP的第3到第6部分在本ST中可能是被引用而不是被复制。在CC网站上已经发布的ST中，通常的做法是在ST相应部分中提供附加的具体实现细节。表5.3说明了ST和相符合的PP各部分之间的相似与不同。

表5.3 PP中各部分和ST中各部分之间的相似与不同

保护轮廓结构	交互	安全目标结构
1. 引言	• PP/ST标识部分基本相同 • 在TOE概述部分，PP聚焦于系统资产所有者和TOE安全边界，而ST关注TOE的安全架构、物理和逻辑安全边界 • 在ST中多一个比TOE概述更详细的TOE描述小节，这样评估者和潜在消费者对TOE安全能力能有更清楚理解	1. 引言
2. 符合性声明	• PP与ST基本相同 • PP不一定有PP符合性声明，ST一般有PP符合性声明	2. 符合性声明
3. 安全问题定义	• PP与ST基本相同 • ST进一步区分是TOE应对威胁还是由其运行支持环境应对威胁	3. 安全问题定义
4. 安全目的	• PP与ST基本相同 • ST安全原理部分可能增加ST概要规范原理性解释	4. 安全目的

续表

保护轮廓结构	交　互	安全目标结构
5. 扩展组件定义	• PP 与 ST 基本相同	5. 扩展组件定义
6. 安全要求	• PP 与 ST 基本相同 • ST 可能对 PP 中未完成的组件元素进一步操作 • ST 可能对 PP 中未解决的依赖关系进一步分析 • ST 可能增加新的安全要求 • ST 安全原理部分可能增加 ST 概要规范原理性解释	6. 安全要求
	• 在 PP 中没有对应内容 • 提供 TOE 用于该目的的一般性技术机制	7. TOE 概要规范

图 5.2 是 2014 年发布在 CC 官方网站上的 IBM 数据库产品 DB2 在 z/OS 平台上的 ST (DB2 11 for z/OS Security Target)结构。从目录结构(注意省去了该 ST 的三级目录)可以看出,IBM 的 DB2 数据库基本遵循了 ISO/IEC TR 15446 技术报告结构要求,只在最后添加了一个缩略语、术语和参考文献。

关于组合 TOE,应对每个 TOE 部件都编写一个独立的 ST,被引用的 PP 都应当反映到组合 TOE。注意区分包含在 PP 里的假设、威胁、组织安全策略、安全目的、SFR、SAR 等,明确哪些部分将应用于组合 TOE 的所有 TOE 部件,哪些将应用于某一个 TOE 部件。另外注意对于不同的 TOE 部件,安全组件上的元素操作执行上可能有所不同。不论哪种情况,对 TOE 部件适用的假设、威胁、组织安全策略(OSP)、安全目的、安全功能要求(SFR)和安全保障要求都将成为 ST 的一部分内容。图 5.3 阐明了组合 TOE 与 PP/ST 之间的关系。

在 GB/T 18336—2015 版本中允许低保障级 ST 用于作 EAL1 评估(注 EAL2 及以上评估保障级不可以)。低保障级 ST 只能声明符合一个低保障级 PP(见 4.9 节讨论)。一个常规的 ST(即有 ST 规范要求的全部内容)可以声明与一个低保障级的 PP 符合。

低保障级 ST 包括常规 ST 的部分内容,但与常规 ST 相比也明显减少了一些内容,如下。

(1) 不用描述安全问题定义。

(2) 不用描述 TOE 安全目的,但运行环境安全目的仍然必须描述。

(3) 由于 ST 中没有安全问题定义,所以不用描述安全目的基本原理。

(4) 由于 ST 中没有 TOE 安全目的,所以安全要求基本原理只需要证明未被满足的组件依赖关系。

1　引言
　1.1　ST 参考
　1.2　TOE 参考
　1.3　TOE 概述
　1.4　TOE 描述
2　符合性声明
3　安全问题定义
　3.1　介绍
　3.2　威胁
　3.3　组织安全策略
　3.4　假设
4　安全目的
　4.1　TOE 安全目的
　4.2　运行环境安全目的
　4.3　安全目的原理
5　扩展组件定义
6　安全要求
　6.1　TOE 安全功能要求
　6.2　安全功能要求原理
　6.3　TOE 安全保障要求
　6.4　安全保障要求原理
　6.5　TOE 概要规范原理
7　TOE 概要规范
　7.1　TOE 体系结构概述
　7.2　标识与鉴别
　7.3　访问控制
　7.4　z/OS 通信安全
　7.5　安全管理
　7.6　审计
　7.7　对象重用
　7.8　TOE 自保护
8　缩写、术语和参考文献

图 5.2　DB2 ST 结构样例

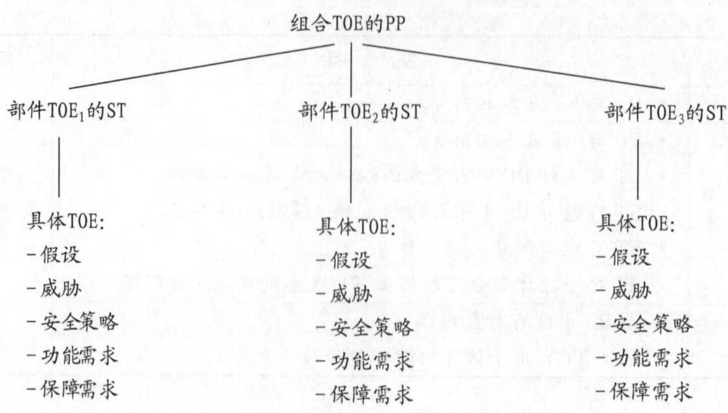

图 5.3 组合 TOE 与 ST 和 PP 之间的关系

5.3 安全目标引言

ST 引言在 3 个抽象层面上对 TOE 进行描述。

（1）ST 标识：为 ST 及其相关的 TOE 提供标识信息。

（2）TOE 功能概述：简要描述 TOE 通用功能及其运行环境。

（3）TOE 安全描述：对 TOE 安全架构及其主要安全功能进行更加详细的描述。

5.3.1 ST 标识

ST 标识用于正确地登记、索引和交叉引用由各国评估机构和 CCRA 参与者维护的 ST 相关信息。ST 标识一般由标题、版本、作者、出版日期等信息组成。因此，ST 标识部分里的第 1 个字段简单地描述 ST 名称；而第 2 部分陈述 ST 版本、发布日期、作者等字段信息；第 3 部分字段列出与 ST 相关的关键词，例如产品分类、开发或用户组织和商标名称；第 4 个字段引证编制 TOE 时参考的 CC 版本信息；最后字段指出 ST 当前评估状态。图 5.4 给出了 CC 官方网站上两个 ST 标识部分的例子和我国推荐使用的 ST 标识样例，第一个样例没有给出 ST 标识，只给出了 ST 的版本和发布日期，第二个有完整的注册信息，并包括评估认证等字段。最后一个样例是我国 GB/Z 20283 指导性文件推荐使用的 ST 和 TOE 相关标识信息。

总体来说，TOE 标识需包括 TOE 名称、开发者名称和 TOE 版本号。TOE 标识的例子："某数据库 v2.11"。由于真实的 IT 产品处于不断发展中（如 Oracle 数据库已经有 14 个大版本），同一个 IT 产品可能因版本升级需要多次评估。因此某个 IT 产品会有多个 ST（TOE）。即使是同一版本的 IT 产品，由于安全选件不同，或满足不同消费者的需求，同一版本 IT 产品可能有多个 ST(TOE)。因此，面向不同消费者进行评估的 IT 产品会有多个 ST，TOE 标识不必是唯一的。例如 Oracle 数据库分标准版和企业版，企业版又分为基础版、标签版和数据库仓库版，表 5.4 给出了 Oracle 公司 Oracle 11g 不同数据库版本的认证情况（https://www.oracle.com/technetwork/topics/security/security-evaluations-099357.html），从表中的 Oracle 不同安全选件看出，Oracle 针对不同功能的版本发布了相应的 ST。

样例 1：TOE for IBM DB2 11 for z/OS Version 1 Release 13

1.1　ST 标识

标题：IBM z/OS 平台 DB2 11 安全目标

版本：1.9

状态：最终版本

发布日期：2014-03-28

发起人：IBM 公司

开发者：：IBM 公司

关键字：IBM DB2 for z/OS；关系数据库管理系统(DBMS)

样例 2：TOE for Mobile PayPass 1.0.13vA.2.4 on Orange NFC V2 G1

1.1　ST 标识

标题：Mobile PayPass 1.0.13vA.2.4 on Orange NFC V2 G1

参考文献：D1321203

版本：1.0p

发表日期：October 20th,2014

作者：Gemalto

安全评估机构：THALES CEACI

认证主体：ANSSI

CC 版本：CC v3.1 r3

状态：发布

样例 3：基于 GB/T 的评估对象技术要求标识

ST 标识信息

ST 标题：×××安全目标

ST 文档编号：×××

ST 文档版本：×××

发行时间：×××

作者：×××公司

TOE 标识信息

TOE 名称：××××××芯片(以下简称×××)

TOE 版本：×××

发布：×××公司

图 5.4　ST 标识样例

表 5.4　Oracle 11g 数据库不同版本、不同组合选件的 ST 列表样例

安 全 目 标	保障级别	认 证 日 期
Oracle Database 11g Release 2 Enterprise Edition, version 11.2.0.2, with all critical patch updates up to and including July 2011 via the July 2011 PSU as well as the October 2011 CPU	EAL 4+ ALC_FLR.3	2012-01-17
Oracle Database 11g Release 2 Standard Edition and Standard Edition 1, version 11.2.0.2, with all critical patch updates up to and including July 2011 via the July 2011 PSU as well as the October 2011 CPU	EAL 4+ ALC_FLR.3	2012-01-17
Oracle Database 11g Enterprise Edition, Release 11.1.0.7 with Critical Patch Updates up to and including July 2009	EAL 4+ ALC_FLR.3	2009-09-16

续表

安全目标	保障级别	认证日期
Oracle Database 11g Enterprise Edition with Oracle Label Security, Release 11.1.0.7 with Critical Patch Updates up to and including July 2009	EAL 4+ ALC_FLR.3	2009-09-16
Oracle Database 11g Standard Edition and Standard Edition One Release 11.1.0.7 with Critical Patch Updates up to and including July 2009	EAL 4+ ALC_FLR.3	2009-10-12
Oracle Database 11g Enterprise Edition with Oracle Database Vault Release 11.1.0.7 with Critical Patch Updates up to and including July 2009	EAL 4+ ALC_FLR.3	2009-10-12

对于组合 TOE 来说，如果它是由一个或多个已评估 IT 产品（TOE 部件）构成，那么允许在 TOE 标识中引用已评估的 TOE 部件名称，但 TOE 标识信息不应该用来误导组合 TOE 消费者：不允许在标识中出现 TOE 部件评估中没有考虑的重要部件或安全功能，同样也不允许在 TOE 标识中出现没有反映出组合 TOE 的安全功能要求的情况。

前面提到，ST 标识和 TOE 标识便于在已评估的 TOE 或产品列表中检索和标识 ST 和 TOE。因此，ST 作者在标识 ST 和 TOE 时可参照国家评估体制或 IT 厂商产品名称等标识规范。

5.3.2　TOE 功能概述

TOE 功能概述的目的是帮助 TOE 潜在消费者通过阅读已评估 TOE 功能概述信息，以找到可能满足他们功能需求的 IT 产品，且是他们的硬件、软件和固件等 TOE 运行环境支持的 IT 产品。

如果 ST 是符合某个 PP 的，则相应 PP 引言的第 2 部分已经包含用作开发 TOE 功能概述的输入信息，如：TOE 通用功能描述、TOE 资源类型和敏感资源列表、TOE 资源的访问控制权限和特权、TOE 安全边界定义等。

TOE 开发者可能在 ST 中简单地重申 PP 中的这些 TOE 功能概述信息。然而，最好的方式是通过分析 TOE 实现技术与机制对 PP 中的 TOE 功能概述提供一些增量的说明，尤其是当 ST 是为一个组合 TOE 编写时。重述 PP 中的信息只是告知 TOE 消费者和评估者 PP 信息的准确适用。相反，在 ST 中进行增量分析表示 PP 中 TOE 功能概述信息已经被开发者分析和评估，并且已经被 ST 编制人员理解。

TOE 功能概述一般包括三部分内容。

(1) TOE 用途：简单描述 TOE 的使用场景和它的重要功能。

(2) TOE 类型：标识 TOE 类型。

(3) TOE 运行环境：标识 TOE 运行所依赖的硬件、软件和固件。

TOE 功能概述为 ST 文档其余部分设置了评估语境。因此，TOE 功能概述通常需要用几个段落对上述 3 部分内容进行描述。TOE 功能概述部分可能列出与这一部分或任一在 ST 中引用的文档相关的 PP/ST。相关的 ST 可能包含同一 TOE 部件部分的其他安全组件,引用的文档可能包含组织安全规范和安全策略、国家法律法规和CC出版物。当然TOE功能概述部分应阐述ST的内容和结构,包括在ST中使用的缩略词、术语等。

1. TOE 用途

ST编制者需要定义TOE的预期用途,包括与外部IT实体的依赖关系。这些信息的有些部分可能来自对PP里的通用功能描述的分析和TOE特定功能行为的组合。

TOE用途是为TOE潜在的消费者编写的,所以ST编制人员应依据消费者业务功能需求,使用消费者理解的语言描述TOE的用途和重要安全功能。

例如:"某数据库v12.01是一个用于网络环境的多用户数据库,它允许百万用户同时并发操作数据库中的数据,提供口令、令牌和生物识别等数据库用户认证方式,提供系统宕机、磁盘介质故障等意外故障的数据库恢复功能,提供细粒度访问控制以支持基于标签策略的授权控制,其数据库审计特征可支持一般的数据库安全审计及细粒度安全审计,以便允许对某些用户和事务执行详细审计,同时保护其他用户和事务的隐私"。

2. TOE 类型

TOE类型一般通过TOE的信息技术来区分不同的TOE。对于单一的TOE或商用现货产品(COTS)产品,业界已经建立了TOE类型列表,例如应用级别防火墙、流量过滤防火墙、入侵检测系统、数据库管理系统等。对于组合TOE以及TOE部件应提供更多的实现机制及相关技术细节,例如TOE部件中的技术类型和组合TOE框架中执行的具体技术。

有关TOE类型可参照CC官方网站和各国安全认证体系对IT产品的分类进行标识。例如我国针对IT产品和信息服务分别发布了GB/T 25066—2010《信息安全技术 信息安全产品类别与代码》和GB/T 30283—2013《信息安全技术 信息安全服务 分类》。当然如果不易确定TOE所说的类型,此时也可在ST中不明确指定TOE类型。

在某些情况下,TOE类型可能误导消费者,示例如下。

(1) 某些TOE因为其类型而被预期认为具备某种功能,但是TOE却不具有该功能,例如:

① ATM卡类型的TOE,但该TOE却不支持任何标识和鉴别功能;

② 防火墙类型的TOE,但该TOE却不支持用户使用的各种网络协议;

③ 公钥基础设施(PKI)类型的TOE,但该TOE却没有证书撤销功能。

(2) TOE因为其类型而被预期运行在某些运行环境中,但该TOE达不到这样的要求,例如:

① 个人计算机操作系统型TOE,该TOE要求除非PC没有网络连接、软盘驱动器和CD/DVD播放器,否则就不能安全工作;

② 防火墙类型的TOE,该TOE要求除非所有能够连接防火墙的用户都是善意的,否则防火墙不能认为是安全工作的。

图5.5给出了两个TOE类型定义示例:一个是SQL Server数据库的,另一个是面向商用现货产品(COTS)的。注意TOE类型描述一般不会超过几个段落。

样例 1：SQL Server 2012

1.3.1 产品类型(Product Type)

The product type of the TOE described in this ST is a database management system (DBMS) with the capability to limit TOE access to authorized users, enforce Discretionary Access Controls on objects under the control of the database management system based on user and/or role authorizations, and to provide user accountability via audit of users' actions.

The TOE, which is described in this ST, is the database engine and therefore part of SQL Server 2012. It provides a relational database engine providing mechanisms for Access Control, Identification and Authentication and Security Audit.

样例 2：COTS Security Product

2.1.5 系统类型(System Type)

The XYZ Guard is a network security device that uses the National Security Agency's (NSA) cards to provide multi-level secure(MLS) services to legacy networks, i. e. Internet Protocol (IP) networks that operate in system high mode. XYZ Guard protects enclaves or individual hosts. With in a network, XYZ Guard is in-line between the host and the network. XYZ Guard operates on standard IP datagrams. The XYZ Guard can also serve as a firewall or an in-line encryptor.

图 5.5 TOE 类型定义样例

3. TOE 运行环境

某些 TOE 可能不会依赖其他 IT 系统，但常见的 IT 产品(特别是软件产品)的安全运行需依赖 TOE 外部的硬件、软件或固件。在此情况中，ST 编制者需要在 TOE 功能概述中标识出 TOE 运行环境相关的 IT 硬件、软件或固件。尽管 CC 不要求 ST 编制者完整地，且充分详细地标识出 IT 运行环境信息，但是 CC 还是建议在 ST 中应完整并尽量详细地描述这些信息，以便 TOE 潜在消费者能确定他们使用该 TOE 需要的硬件、软件或固件。

TOE 运行环境所需的硬件、软件、固件等标识示例如下。

(1) 标准 PC，处理器 1GHz 以上，内存 8G 以上，某操作系统运行版本 10.0，更新版本 10b、10c 或 10d，或者版本 11.0。

(2) 标准 PC，处理器 1GHz 以上，内存 512MB 以上，某操作系统运行版本 7.0，更新版本 7d，带 1.0 WM 驱动套件的某图形卡 1.0。

(3) 智能卡 SB2067 集成电路。

(4) 智能卡 SB2067 集成电路，运行某智能卡操作系统 v2.0。

(5) 某办公室局域网等。

5.3.3 TOE 描述

TOE 描述包括 TOE 安全架构及其相关的安全功能行为叙述。TOE 描述是为使评估者和消费者理解 TOE 的安全能力的，它应比第 1 部分引言中的 TOE 功能概述的描述更详细，且 TOE 描述需要说明 TOE 在未来部署中可适用的各种应用环境。CC 建议 TOE 描述需包含体系架构、安全边界与接口、安全功能概述等内容。

1. 体系架构

体系架构代表了 TOE 的组织结构、组成构件和构件间的相互关系，以及构件与外部环境间的交互关系。TOE 通过对其体系架构的描述，界定各组成部分之间的连接、确定它们不同组件之间的交互机制，并且为后续的 TOE 设计和开发提供指南类的原则。图 5.6 示例了一个关系数据库管理系统体系架构图，它包括一组内存结构组件、后台进程组件以及各组件之间的交互关系，将数据库管理系统的不同功能单元通过这些组件之间定义良好的接口和契约联系起来，对外提供高效的数据组织、存储和检索服务。

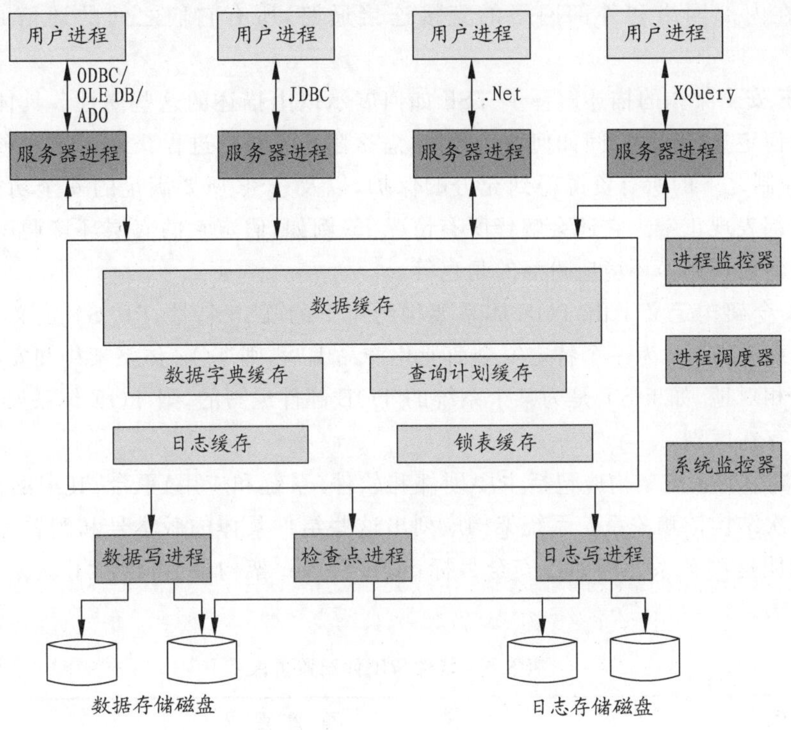

图 5.6　TOE 体系架构样例

不同于 TOE 安全架构（ADV_ARC.1），TOE 体系架构主要是帮助用户理解资产在 TOE 中的位置及其数据流向。TOE 安全架构定义 TOE 安全功能（TSF）正常运转的语境，是 TSF 展示自保护、域分离、不可旁路等安全属性的集合。

(1) **自保护**是 TSF 用于保护自身的能力，以抵御外部实体可能导致 TSF 改变的操作。没有这些属性，TSF 可能无法执行安全服务。常常有这种情况，TOE 使用其他 IT 实体提供的服务或资源来实现它的功能（例如数据库管理系统的存储依赖它的下层操作系统）。在这些情况中，TSF 不完全凭借自身保护自己，因为它依赖于其他 IT 实体保护其使用的服务。

(2) **域分离**是指 TSF 为每个操作其资源的不可信主动实体创建各自的安全域，并维持域之间彼此分离的机制，防止某个域中的实体在其他实体域中运行。例如，操作系统 TOE 为每个与不可信实体相关的过程提供一个域（地址空间、进程环境变量）。对有些 TOE 来说这样的域是不存在的，因为所有不可信实体的行为都由 TSF 来代理。包过滤防火墙就是此类 TOE 的一个例子，TSF 只维护相关的数据结构，没有不可信实体域这个概念。TOE 安全域依赖于 TOE 类型以及 TOE 的安全功能要求。TOE 若提供针对不可信实体的域，本族要求拥有不可信实体的域要与其他域隔离，以免受其他不可信实体域的干扰（不受 TSF 控制的影响）。

(3) **不可旁路性**是 TSF 安全功能经常调用的一个属性，要求 TOE 特定机制不能被绕过。例如，如果对文件的访问控制被安全功能要求规定为 TSF 的一种功能，那么 TOE 不能存在可直接访问文件的接口(例如原始磁盘访问文件这样的接口)。TSF 自保护使有些 TOE 很自然地依赖它们所处的环境，在 TSF 的不可旁路性中发挥作用。例如，某安全应用 TOE 要求它仅被底层操作系统调用。类似地，防火墙的安全性依赖于这样一个事实，即不存在内部网络和外部网络的直接连接通路，所有它们之间的通信必须通过防火墙。

对 TOE 安全架构的描述解释了 TSF 如何展示以上描述的这些属性。具体地说，它描述安全域如何定义，TSF 之间如何保持隔离，怎么阻止不可信进程获得 TSF 并修改它，怎样确保 TSF 控制之下的所有资源得到充分的保护，以及 TSF 所要满足的安全功能要求相关的所有行为都表现正常。它还会解释所有情况下(例如，假定它的底层环境调用正确，它的安全功能如何被调用?)环境应扮演的角色等。

TOE 安全架构定义了由 TOE 体系架构约束下的 TSF 特性、PP/ST 定义的资源类型和敏感性。如果 ST 是为一个特定安全商业化产品编写，则 TOE 体系架构和安全架构可能是相同的。相对地，如果 ST 是为某个系统的 TOE 部件编写的，则 TOE 体系架构和安全架构之间可能存在区别。

描述 ST 中的系统架构应包括主要硬件和软件(系统和应用)平台、其中的组件和模块及其之间层次结构依赖关系。系统架构应列出这些组件具体的版本号和配置，并且在补充的图表中阐明这些关系。例如在安全目标-SQL Server 架构最后，给出了表 5.5 所示的软硬件配置需求。

表 5.5　软件与硬件配置需求

项　目	配 置 需 求
中央处理器	AMD Opteron, AMD Athlon 64, Intel Xeon with Intel EM64T support, Intel Pentium IV with EM64T support at 1.4 GHz or faster
内存	1GB
硬盘	Approx. 1500 MB of free space
其他	DVD ROM drive, display at Super VGA resolution, Microsoft mouse compatible pointing device, keyboard
操作系统	Windows Server 2008 R2 Enterprise Edition(English) or Windows Server 2012 Standard Edition(English)
支撑软件	. NET Framework 3.5.1SP1/4

2. 安全边界

TOE 安全边界包括 TOE 逻辑和物理两个层面的安全边界描述。评估者使用这一部分信息来决定 TOE 安全配置的范围和边界。因此，需要保证有哪些内容包含在或不包含在 TOE 边界里的精确而简洁的边界描述。

物理安全边界表示应该将构成 TOE 的所有硬件、固件、软件及指南部分在 ST 中进行列表展示。该列表应该在一定程度上使读者对 TOE 物理安全边界有一般性理解：边界内的 IT 实体是在 TSF 控制范围(TSC)内，并且以指定的方式在一定程度上被保护；边界外的 IT 实体则不在 TSC 里，即不在 TOE 安全评估范围。换句话说物理安全边界是通过确切地声明哪些硬件、固件、软件平台、组件和模块包含与 TSF 实现独立的实例来定义的。版本号、配置选项、交互接口、系统应用、初始化参数、应用程序模块等都应该通过列表方式给出。另外，应描述 TSF 接口（TSFI）——通过什么接口[人机界面或应用程序接口（API）]访问 TOE 保护的各种资源或者以什么方式获取相关的信息。实质上，TOE 安全描述中的物理安全边界定义附加了在 TOE 体系架构部分里提供信息的其他层次的交互细节。

逻辑安全边界的定义与 TOE 安全服务或安全功能相关。通过对 TOE 提供的安全功能描述，使读者获得对 TOE 安全服务的一般性理解。该描述应该比 TOE 功能概述中描述的重要安全功能更加详细。通常包含以下内容。

(1) 讨论哪些安全服务会被物理安全边界内的 IT 实现提供。

(2) 按照与功能类名相同的标准给这些功能或服务分组，例如安全审计、用户数据保护、鉴别与认证、安全管理等。

TOE 物理边界和逻辑边界需要以一种无歧义的方式描述 TOE 安全功能，明确哪些组成部件或安全功能在 TOE 之内，哪些部件或功能在 TOE 之外。当 TOE 与非 TOE 实体联系在一起并且不能轻易将它们分离时这显得尤其重要。

界定 TOE 与非 TOE 实体的特殊示例如下。

(1) TOE 是智能卡 IC 的密码协处理器，而不是整个 IC。

(2) TOE 是除了密码处理器之外的智能卡 IC。

(3) TOE 是某防火墙 v18.5 的网络地址转换部件。

本部分的最后，一般会给出哪些内容不包含在 TOE 安全边界里的一个声明。例如：

在 TSF 定义范围外的软件和硬件安全功能不会被评估，包括：[由开发者提供的列表]。

表 5.6 举例说明了物理和逻辑安全边界的部分定义。

表 5.6　TOE 安全边界定义

例 1：物理安全边界

2.3　安全边界

2.3.1　物理边界

表 1 里描述的条目是在 TOE 物理安全边界内。

表 1：TOE 物理安全边界定义

TOE	组件/模块
工作站	• 英特尔 I7 处理器 • 8GB RAM • 2T 硬盘 • CD-RW 驱动器 • 键盘 • 鼠标 • 串行端口 • 2 个 USB 端口

续表

TOE	组件/模块
工作站	• 15 英寸，高分辨率平板彩色监视器 • 电源线 • 2 个 1000Mb/s 以太网接口 • 微软 Windows Server 操作系统专业版 • 文件系统 • 安全子系统 • 事件日志服务 • 注册表服务 • Office 2017

例 2：逻辑安全边界

2.3 安全边界

2.3.2 逻辑边界

2.3.2.1 用户数据保护

FTP 和 Telenet 安全服务器向不正确的服务请求提供认证和保护，而 HTTP 和 SMTP 安全服务器提供应用级别保护。模块 A 确保一旦会话完成，前一会话里的数据包包含的信息不再可以访问。管理数据包存储和处理来确保没有残留信息会被传入之后的会话。模块 B 通过应用 TSP 规则执行检验过程。模块 C 作出关于每个包是否应当被接受、拒绝或放弃的决定。

3. 安全功能

TOE 描述的第 3 部分是安全功能概述，概述的目的是向 TOE 的潜在消费者提供 TOE 预期的安全行为描述。本部分应该提供 TOE 安全功能实现技术与机制，描述的详细程度应该使潜在消费者能够充分理解 TOE 安全功能的一般行为及其运行机制。

5.4 符合性声明

符合性声明编制的基本要求是保证 ST 内容是完整的、清晰的和无歧义的，以使 ST 的评估符合 CC 相关要求。ST 是支撑 TOE 评估的基础材料，对 ST 中任一指定的符合性声明其追溯过程应该清楚。

符合性声明包括：

- CC 版本；
- PP(如果有)；
- 包(如果有)。

ST 与 CC 符合性描述由两项组成：使用的 CC 版本以及 ST 是否包含扩展安全要求。在包含扩展安全组件情况下，新组件(扩展组件)必须在 ST 的第 5 部分明确定义，必须使用类似于 CC 第 2 部分和第 3 部分标准组件结构的方式定义扩展组件：保证其清晰、明确和可以评估。

PP和包符合性声明应说明和解释一个ST和被引用的PP和包之间的符合程度，可以是无，也可以是完全符合。所有的PP和包符合性声明必须通过充分解释，说明并论证其原理。

ST读者，不管是TOE消费者还是TOE评估者，都需要在ST的第3部分之前先对引用的PP和包有一定认识才能正确地理解和解析ST所包含的全部内容。因此，把PP和包符合性声明作为ST的第2部分是合理的。表5.7是两种主流商业化数据库管理系统安全目标的符合性声明示例。

表5.7 ST符合性声明样例

样例1：SQL Server 2012 2 符合性声明 2.1 CC符合性声明 本安全目标符合 • CC标准第2部分(版本3.1，修订3)扩展，原因是使用了FAU_STG_EXP.5扩展组件。 • CC标准第3部分(版本3.1，修订3)EAL 4+，原因是增强了ALC_FLR.2保障组件。 2.2 PP符合性声明 本保护轮廓符合严格符合： • 美国政府数据库管理系统保护轮廓(BR-DBMSPP)，版本1.3，2010年12月24日。 **样例2**：**DB2** 2 符合性声明 本安全目标符合CC标准第2部分(版本3.1，修订4)扩展和CC标准第3部分(版本3.1，修订4)EAL 4++，增加了ALC_FLR.3保障组件。 本安全目标符合下列保护轮廓和扩展包： • [OSPP]：操作系统保护轮廓，版本2.0，2010年6月1日；严格符合。 • [OSPP-EIA]：OSPP-标识和鉴别扩展包，版本2.0，2010年5月28日。 • [OSPP-LS]：OSPP-标签安全扩展包，版本2.0，2010年5月28日。 这些保护轮廓及其扩展包可从BSI Web站点下载(认证标识ID BSI-CC-PP-0067-2010)。

对PP符合性声明一般包含4个子部分：PP引用、PP裁剪、PP增加和符合性说明。

5.4.1 PP引用

PP引用部分列出了ST参考的PP信息，包括PP全称、版本号、发布日期等信息。ST中的PP符合性声明可能有5种场景。

(1) **无参考PP**：没有声明PP符合性。ST编制者必须在ST的第3到第6部分明确定义安全问题、安全目的和安全要求；相应地，有关PP符合性声明的PP裁剪(5.4.2节)和PP增加部分(5.4.3节)将在本部分省略掉。

(2) **完全符合**：也称为严格符合。ST编制者应列出安全符合的PP，并在ST的第3到第6部分仅引用符合性声明PP中的部分安全问题、安全目的和安全要求，而不一定需要在ST中重新定义这些内容。对于完全符合的PP，有关PP符合性声明的该引用PP裁剪(5.4.2节)和该PP增加部分(5.4.3节)将在本部分省略掉。

(3) **仅对PP进行裁剪**：列出符合的PP，并对引用PP的安全问题、安全目的或安全要求进行部分裁剪。ST编制者应重点突出对PP引用第3到第6部分的裁剪内容。PP符合性声明的5.4.2子部分被包含并用来阐述和证明裁剪合理性。

(4) **仅对PP进行增加**：列出符合的PP，并列出增加的安全问题、安全目的或安全要求。ST编制者应重点突出对PP引用第3到第6部分增加的内容。PP符合性声明的5.4.3子部分被包含来阐述和证明增加内容的合理性。

(5) **部分操作**：列出符合的PP，并对PP组件元素操作的符合性进行说明。这一场景仅在PP是针对某个组合TOE和ST反映的某个TOE部件时有效。为组合TOE的个体或TOE部件声明部分符合性是无效的。注意，部分操作中对PP所有裁剪和增加都应当被重点突出概述，PP符合性声明的5.4.2和5.4.3子部分应当被包含来阐述和证明裁剪或增加的合理性。

"无参考PP"和"完全符合"的PP引用场景互相排斥，但"仅对PP进行裁剪"和"仅对PP进行增加"这两个场景不互相排斥。"部分"场景也可能不包含"仅对PP进行裁剪"和"仅对PP进行增加"。例如SQL Server 2012 EAL 2＋安全目标没有引用任何PP，而SQL Server 2012 EAL 4＋明确指出它严格符合U.S. Government Protection Profile for Database Management，Version 1.3(BR-DBMSPP)。

5.4.2 PP裁剪

这一部分指明引用PP第3部分的安全问题，第4部分的安全目的或第6部分的安全要求在ST中被裁剪或客户化定制的情况，包括第5部分扩展组件定义裁剪或自定义情况。ST中安全要求的有效裁剪选项主要是对PP里安全组件元素没有执行过元素操作的进行操作，例如"赋值""选择""细化""反复"。ST编制者应在这部分提供执行了哪些组件元素的裁剪以及为什么执行这些裁剪的说明。

5.4.3 PP增加

这一部分指明了ST里包含但不在引用PP里所包含的安全问题、安全目的或安全要求。ST编制者应在这部分解释考虑了PP中未包括的哪些安全问题，衍生出了哪些新的安全目的，并增加了什么要求以及为什么做这些增加。表5.8介绍了一个PP符合性声明示例。

表5.8 PP符合性声明示例

2.2 PP符合性声明 这一部分介绍了PP符合性声明 2.2.1 PP引用 这一安全目的符合以下的PP： • 针对低-风险环境，U.S. DoD，版本1.d.1(草案)9，1999的应用级别防火墙PP。 声明的符合性程度： • 部分操作 2.2.2 PP裁剪 下表所列的SFR和SAR从引用的PP裁剪而来。

续表

<table>
<tr><th>裁剪的项</th><th>裁剪动作</th><th>证　　明</th></tr>
<tr><td>FAU_GEN.1</td><td>细化</td><td>需要指明(1)审计需求是最小、基本、详细还是未指明；(2)审计里包含的项</td></tr>
<tr><td>FAU_SAR.3+1
FAU_SAR.3+2</td><td>细化和反复</td><td>需要阐明 TOE 应当能够：(1)进行用户身份、推测对象、日期范围、时间范围和 IP 地址范围的检索；(2)基于时间顺序或发生排序审计数据</td></tr>
<tr><td>AVA_VAN.1</td><td>细化</td><td>需要指明必须进行分析的被评估 TOE 的最小已识别漏洞</td></tr>
<tr><td colspan="3">7.3 PP 增加
以下所列的 SFR 被添加到引用的 PP 里进行声明。</td></tr>
<tr><th>增加的项</th><th colspan="2">证　　明</th></tr>
<tr><td>FIA_UAU.5</td><td colspan="2">引用的 PP 指明了两个验证机制(重用和单用)需求的一些特殊性，这两个验证机制可能通过 FIA_UAU.1 和 FIA_UAU.4 SFR 来要求。然而，不能仅提供一个 SFR 来指明可能被使用的验证机制的类型，或者需要使用它们的条件</td></tr>
</table>

5.4.4　符合性原理

符合性声明列出了 ST 声称符合的 CC 组件包(如 PP)。这方面的解释见 CC 第 1 部分的符合性要求。因此，在 ST 符合性声明的最后应陈述 ST 符合性声明的论据，并应通过第三方机构按照 CEM 对 ST 声明的有效性进行评估。ST 和引用的 PP 之间的符合性通过以下列表来证明。

(1) 所有的 PP 安全目的都包含在 ST 里。

(2) 所有的 PP 安全目的的细化和增加都是有效的。

(3) 所有的 PP 安全要求都包含在 ST 里。

(4) 所有的安全功能和安全保障组件元素的"赋值""选择""细化""反复"操作都是有效的。

如果 ST 中第 8 部分的 TOE 概要规范(TSS)对 PP 声明是"无参考 PP"，PP 符合性声明的 5.4.4 这一部分被标记为"不适用"(即 ST 中没有这一节)。如果 TSS 对 PP 声明是"完全符合"，PP 原理应是准确的并且 TOE 开发者在 ST 中响应了第 1 和第 3 项。如果 TSS 的 PP 声明是"仅对 PP 进行裁剪"、"仅对 PP 进行增加"或"部分操作"，那么需要更多细节进行说明，并且 TOE 开发者在 TSS 中要对上述 4 项要求进行解释。

5.5　安全问题定义

安全问题定义描述 TOE 安全功能和安全控制范围。ST 安全问题定义应反映其所引用的 PP 所提及的安全应用环境。PP 与 ST 这两个文件之间的安全问题内容差异来自于这样的事实：一般来讲 TOE 消费者主导编制的 PP 是独立于 IT 产品的具体实现；而 TOE 开发者主导编制的 ST 却是依赖于 TOE 实现技术与机制的。

和 PP 安全问题定义结构一样，ST 中安全问题定义包括假设、威胁和组织安全策略。

注意，按照CC第1部分附录A的ST结构，并不是PP中所列的所有安全问题均需再次陈述。对于物理上是分布式部署的TOE，ST作者最好是针对TOE运行环境的不同TOE部件，分开讨论相关威胁、组织安全策略和假设。

如同第4章PP中的安全问题定义一样，涉及TOE安全问题的定义是领域相关的，也就是说面向TOE安全问题定义的推理过程超出了CC的范围。所以安全问题的定义应该借助领域专家在TOE威胁分析方法与技术的经验，基于5.3.3节TOE描述的安全架构和安全边界定位资产面临的安全风险进行分析。当然我们应该注意到，安全评估结果的有效性对ST依赖性很强，且ST的有效性对安全问题定义的依赖性也很强。因此，ST作者应花费有效资源并使用良好定义的过程分析推导出TOE安全问题。

安全问题开头部分应解释TOE管理的资产。表5.9是数据库领域两个ST引言部分的样例，SQL Server数据库直接以威胁主体和数据资产介绍数据库面临的安全问题，而DB2数据库则概括了ST及其所引用的PP第3部分之间的相互关系。

表5.9　ST安全问题定义引言部分样例

样例1：SQL Server 2012

3.1　资产

与TOE交互的下列外部实体：

- 管理员：管理员被授权来完成管理操作和使用管理功能。
- 用户：使用TOE的人员。
- 攻击者：攻击者是任何试图破坏TOE操作，以便非法获得受TOE保护的资产访问权限的人员。

TOE维护两种类型的数据资产：用户数据和TSF数据。作为主要资产的用户数据包括以下几部分：

- 作为数据对象存储的用户数据；
- 由DBMS维护的用户开发的查询(各种视图)和存储过程/函数。

次要资产包括TSF数据和TOE自身运行所需维护和使用的数据。这种类型的数据称为元数据，具体包括：

- 用户数据库和数据库对象定义；
- DBMS配置参数；
- 用户安全属性；
- 安全审计指令和记录等。

样例2：DB2

3.1　引言

安全问题定义描述TOE预期使用和部署方式的安全环境。为此，TOE安全环境需标识包括物理和程序性规范、产品预期使用方法等假设，定义产品设计面临的威胁和组织计划采用的安全策略。

本安全目标符合基本操作系统保护轮廓[OSPP]，包括其标识和鉴别扩展包[OSPP-EIA]和标签安全扩展包[OSPP-LS]。这个保护轮廓资产、假设、威胁和组织安全策略被假设适用于本安全目标，包括z/OS安全目标[ZOSST]在3.1节至3.4节定义的扩展部分。在下列章节，只有不同于上述这些章节的扩展被列出。引用没有扩展的章节也是为了保证本安全目标的完整性。

5.5.1　假设

在一个ST里，开发者需要向TOE消费者和评估者证实ST符合性声明里的PP假设(或它们的一个变种)。一般来讲，假设是关于TOE预期用途、运行环境和TOE连通性，包括预定义的角色和责任等方面的内容。所有与TOE运行环境约束和操作限制相关的内容都应通过假设被指明。因此,假设一般通过IT环境因素来保证。

像PP一样,ST中的假设不能被用来减轻TOE威胁。ST编制者有4个关于使用PP中假设的选项。

(1) PP中假设可能只是简单地被逐字重申。

(2) PP中假设可能被修改或裁剪来反映TOE实现细节。

(3) 新的假设可能被添加至ST。

(4) 如果PP中假设不合适或不适用,那么它们可能不被采用。

表5.10展示了SQL Server数据库和Oracle数据库示例ST假设。SQL Server数据库直接引用PP中的假设;但Oracle数据库示例ST在引用PP的假设的基础上,只是明确了添加的几个特定假设。

表5.10 ST假设

样例1:SQL Server 2012

3.2 假设

下表列出了TOE环境的所有假设。这些假设直接采用参考的PP,而没有做任何修改。

假设	描述
A.NO_EVIL	管理员是诚实的、经过培训的,并且遵循所有管理指南
A. NO_GENERAL_PURPOSE	在数据库服务器上没有安装其他获得通用的计算或存储能力的程序或服务(例如:编译器、编辑器或应用程序)
A. PHYSICAL	数据库服务器运行环境应提供与其所管理的数据价值相一致的物理安全。例如存储在数据库之外的评估对象相关数据(如配置参数、归档日志等)以一种安全的方式存储和管理

样例2:Oracle 11g r2

3.2 假设

除了[BR-DBMSPP]第3.3节假设,本ST增加了下列假设,以反映TOE体系结构:

A. MIDTIER 在多层应用环境中为了确保评估对象的安全问责制,任意中间层次的评估对象运行环境组件服务都应将原始的授权用户标识发送给TSF(ST作者应根据数据库管理系统针对的具体应用解决方案解释“多层应用问责”的具体含义)。

A. DIR_PROTTOE 所使用的目录服务器(如LDAP)提供保护机制,防御针对存储在目录中的TSF数据的非授权访问,包括存储在目录中的TSF数据受访问控制机制保护,存储在目录中的TSF数据被管理人员合理地管理,并且目录服务器及其网络连接从物理和逻辑上都免于非授权人员的访问和干扰。

A. DIR_MGMT 企业授权用户应正确地管理存储在目录服务器中的企业用户信息(口令验证码、口令策略、角色和权限)。

A. COM_PROT 假定数据库服务器和应用终端之间、分布式数据库不同节点间的通信信道是安全可靠的(如满足私密性和完整性)。实现方式可通过共享密钥、公/私钥对,或者利用存储的其他密钥来产生会话密钥。

A. CLIENT_AP 客户端应用应依照Oracle应用开发文档正确地开发和部署,不使用未文档化的TOE客户端编程接口。

注意，在 CC 测试实验室的 TOE 评估期间，这些假设均被认为是真实的，即它们不会以任何方式被 TOE 评估者测试和验证。出于这些理由，我们只能对 TOE 的这些运行环境安全做假设。由于 TOE 评估的目的是检验 TOE 本身安全行为的正确性和防护措施的充分性，不是通过 TOE 假设断言是否真实来完成的，所以 PP/ST 编制者不应对 TOE 本身的安全行为做假设。

5.5.2 威胁

第 4 章第 4.5.2 节定义了 TOE 的潜在威胁，确定了它们发生的可能性和后果的严重程度。ST 编制者可以简单地重申 PP 中的这些信息。然而，最好是结合 TOE 实现技术与机制等对 TOE 潜在的威胁执行一些增量分析，特别是针对组合 TOE 的 ST，应该对组成 TOE 的每个 TOE 部分标识出潜在的安全威胁。

第 4 章表 4.12 详细列举了 PP 中一个组合 TOE 里分层的潜在威胁列表。该表可作为 ST 编制者进行安全威胁分析的输入，以决定哪些威胁是由 ST 里定义的 TOE 安全架构考虑。哪些由 ST 里定义的 TOE 安全问题考虑。

表 4.12 列出的 PP 里每个威胁都属于这两个分类里的一个。第一种威胁的合理性在 PP/ST 的安全要求原理中详细解释。除此之外，ST 编制者也可能识别 PP 中没有列出的新的潜在威胁。表 5.11 使用第 4 章的表 4.12 作为输入举例说明了这一过程。

表 5.11 TOE 和 TOE 环境面临的威胁(参考 Herrmann 2002)

编号	威　胁	TOE	TOE 环境
T_1	**未检测出的资产威胁可能来自于以下事件**		
T_{1a}	授权用户执行了他未被授权的操作	X	
T_{1b}	攻击者(内部或外部人)伪装成一个授权用户尝试执行未被授权的操作	X	
T_{1c}	攻击者(内部或外部人)通过冒充授权用户访问未经授权的资源和信息	X	X
T_{1d}	授权或未经授权用户无意或故意阻止组织员工访问 TOE	X	X
T_{1e}	未经授权的用户获得了 TOE 控制权	X	X
T_{1f}	未经授权的用户将 TOE 设置为不可操作	X	X
T_{1g}	未经授权的用户试图绕过 TOE 的安全控制	X	
T_{1h}	未经授权的用户试图猜测身份标识及其验证数据	X	
T_{1i}	未经授权的用户通过欺骗等手段获得和使用有效的身份标识及其验证数据	X	
T_{1j}	未经授权的用户或外部 IT 实体查看、修改和删除传输到远程授权用户或管理员的安全相关信息	X	
T_2	**授权用户在未获得管理员许可情况下访问该信息或资源**	**X**	**X**
T_3	**攻击者可以窃听或用其他方式获取通过网络传播的数据**		
T_{3a}	未经授权的用户进行流量分析		X
T_{3b}	授权或未经授权的用户使用之前信息流的残余信息	X	
T_4	**授权或未授权用户通过消耗全局资源方式以阻止其他授权用户访问或使用这些资源**		
T_{4a}	借助网络/线路阻塞（声音或数据）		X
T_{4b}	借助服务拒绝(DoS)和分布式服务拒绝(DDoS)攻击(声音或数据)	X	X
T_{4c}	盗窃资源服务		X
T_5	**用户可能有意或无意地传输敏感信息给不允许看到它的用户**	**X**	

续表

编号	威　胁	TOE	TOE 环境
T_6	**用户可能或者以发送者或者以接收者的身份参与到信息传输，随后否认这样的行为**	**X**	
T_7	**授权用户可能以软复制或者硬复制的方式导出信息，随后接受者以不符合指定安全敏感的方式处理这些信息**	**X**	**X**
T_8	**信息的完整性和可用性可能由于以下原因被削弱**		
T_{8a}	用户错误、固件错误、硬件错误或传播错误	X	X
T_{8b}	由攻击者的未经授权的修改或破坏的信息	X	X
T_{8c}	人为错误或软件、固件、硬件或电力供应故障造成突然中断操作，导致关键数据的损失或损坏	X	X
T_{8d}	存储介质老化或不当储存或不当处理存储介质		X
T_{8e}	一个授权用户无意中将病毒引入系统	X	X
T_{8f}	一个授权用户能将未经授权的软件引入到系统中		X
T_{8g}	授权或未经授权用户插入恶意代码或使用后门	X	X
T_{8h}	一个未经授权的人浏览、修改或破坏安全关键配置信息	X	
T_{8i}	未能执行足够的系统冗余或数据备份		X
T_{8j}	偶然或者蓄意删除	X	X
T_{8k}	插入伪造数据	X	X
T_{8l}	对数据进行未经授权的修改	X	X
T_9	**攻击者可能在某用户希望其对资源或服务的合法使用保密的情况下，观察该用户对资源或服务的使用情况**	**X**	**X**
T_{10}	**一个授权用户可能有意或无意地观察存储用户未授权的信息**		**X**
T_{11}	**安全关键组件可能受到物理攻击和(或)运行环境故障的影响，从而危及安全**		**X**
T_{12}	**已授权的内部用户或未经授权的局外用户可能会无意或故意导致安全相关的事件不被记录或可追溯**		
T_{12a}	丢失或覆盖合理的审计记录	X	
T_{12b}	审计记录不能与发生时间关联	X	
T_{12c}	审计记录不能与实际活动关联	X	
T_{12d}	人们可能因为审计记录不被审阅而不会为自己的行为负责	X	
T_{12e}	对用户或系统资源的危害可能在很长一段时间内未被发现	X	X
T_{13}	**体系架构、设计、实现、操作或维护中的脆弱性可能导致安全机制失效**	**X**	**X**
T_{14}	**已授权的内部用户或未经授权的局外用户可能会导致不当重启和(或)从失败的硬件、软件或固件的不当恢复，而导致安全危害**	**X**	**X**
T_{15}	**运行环境的变化可能会引入或暴露漏洞**		**X**
T_{16}	**一个知识渊博的攻击者可能绕过应对策略和缓解策略中意想不到的局限性或潜在缺陷**	**X**	**X**
T_{17}	**访问控制权和访问特权的定义、实现和强制访问可能以破坏安全性的方式完成**	**X**	
T_{18}	**自然灾害、战争行为或恐怖主义可能导致关键操作被中断或停止**		**X**
T_{19}	**资产的危害可能由管理员或其他特权用户的粗心，故意忽视或恶意执行导致**		
T_{19a}	硬件、软件和固件的操作不当	X	X

续表

编号	威　　胁	TOE	TOE 环境
T_{19b}	网络或语音电路故障		X
T_{19c}	过早关闭永久虚拟电路(PVC)或虚拟专用网络(VPN)		X
T_{19d}	操作安全(OPSEC)程序规程不足		X
T_{19e}	操作安全(OPSEC)程序规程写得不严谨		X
T_{19f}	用户和管理员不熟悉安全操作(OPSEC)程序规程		X

第 4 章的表 4.12 已经为每个威胁分配了一个减轻风险的优先级。ST 编制者可以表 4.12 作为识别 ST 威胁的输入，分析 TOE 安全架构设计方案(技术、操作或规范)部署后的每个威胁潜在的安全风险。本质上，这种安全风险分析是对 TOE 开发者给出的安全架构鲁棒性、可恢复性等设计解决方案的评估。从 CEM 看，只有做出了这样的评估，ST 的概要规范原理解释部分才会基于这些评估说明其安全要求的合理性。表 5.12 使用第 4 章的表 4.12 作为输入举例说明了这一过程。表中有关风险程度说明参见第 4 章的 4.5.2 节内容。

表 5.12　ST 威胁残余风险评估(参考 Herrmann 2002)

编号	威　　胁	后果严重性	发生可能性	风险减低优先级	残留风险
T_1	**未检测出的资产威胁可能来自于以下事件**				
T_{1a}	授权用户执行了他未被授权的操作	一般～关键	偶尔	高	低
T_{1b}	攻击者(内部或外部人)伪装成一个授权用户尝试执行未被授权的操作	一般～关键	偶尔	高	低
T_{1c}	攻击者(内部或外部人)通过冒充授权用户访问未经授权的资源和信息	一般～关键	偶尔	高	低
T_{1d}	授权或未经授权用户无意或故意阻止组织员工访问 TOE	一般～关键	偶尔	高	低
T_{1e}	未经授权的用户获得了 TOE 控制权	一般～关键	很少	中至高	低
T_{1f}	未经授权的用户将 TOE 设置为不可操作	一般～关键	很少	中至高	低
T_{1g}	未经授权的用户试图绕过 TOE 的安全控制	一般～关键	频繁	中至高	低
T_{1h}	未经授权的用户试图猜测身份标识及其验证数据	一般～关键	频繁	中至高	中
T_{1i}	未经授权的用户通过欺骗等手段获得和使用有效的身份标识及其验证数据	一般～关键	很有可能	中至高	低
T_{1j}	未经授权的用户或外部 IT 实体查看、修改和删除传输到远程授权用户或管理员的安全相关信息	一般～关键	偶尔	中至高	低
T_2	**授权用户在未获得管理员许可情况下即访问该信息或资源**	一般～关键	很少	中	低
T_3	**攻击者可以窃听或用其他方式获取通过网络传播的数据**				
T_{3a}	未经授权的用户进行流量分析	一般	很少	低	低
T_{3b}	授权或未经授权的用户使用之前信息流的残余信息	一般	很少	低	低

续表

编号	威　胁	后果严重性	发生可能性	风险减低优先级	残留风险
T_4	**授权或未授权用户通过消耗全局资源方式以阻止其他授权用户访问或使用这些资源**				
T_{4a}	借助网络/线路阻塞(声音或数据)	一般～灾难	很少	高	低
T_{4b}	借助服务拒绝(DoS)和分布式服务拒绝(DDoS)攻击(声音或数据)	一般～灾难	很少	高	低
T_{4c}	盗窃资源服务	一般～灾难	很少	高	低
T_5	**用户可能有意或无意地传输敏感信息给不允许看到它的用户**	一般～关键	很少	中	低
T_6	**用户可能或者以发送者或者以接收者的身份参与信息传输,随后否认这样的行为**	一般	很少	低	低
T_7	**授权用户可能以软复制或硬复制的方式导出信息,随后接受者不符合指定安全方式处理这些信息**	一般～关键	偶尔	高	低
T_8	**信息的完整性和可用性可能由于以下原因被削弱**				
T_{8a}	用户错误、固件错误、硬件错误或传播错误	一般～灾难	偶尔	高	低
T_{8b}	由攻击者的未经授权的修改或破坏的信息	一般～灾难	很少	中	低
T_{8c}	人为错误或软件、固件、硬件或电力供应故障造成突然中断操作,导致关键数据的损失或损坏	一般～灾难	很少	中	低
T_{8d}	存储介质老化或不当储存或不当处理存储介质	一般～灾难	很少	中	低
T_{8e}	一个授权用户无意中将病毒引入系统	一般～灾难	频繁	高	中
T_{8f}	一个授权用户能将未经授权的软件引入到系统中	一般～灾难	频繁	高	中
T_{8g}	授权或未经授权用户插入恶意代码或使用后门	一般～灾难	偶尔	中	低
T_{8h}	一个未经授权的人浏览、修改或破坏安全关键配置信息	一般～灾难	偶尔	中至高	低
T_{8i}	未能执行足够的系统冗余或数据备份	一般	偶尔	中	低
T_{8j}	偶然或者蓄意删除	一般～关键	偶尔	中至高	低
T_{8k}	插入伪造数据	一般～关键	偶尔	中至高	低
T_{8l}	对数据进行未经授权的修改	一般～关键	偶尔	中至高	低
T_9	**攻击者可能在某用户希望其对资源或服务的合法使用保密的情况下,观察该用户对资源或服务的使用情况**	一般～关键	偶尔	高	低
T_{10}	**一个授权用户可能有意或无意地观察存储用户未授权的信息**	一般～关键	偶尔	中	低
T_{11}	**安全关键组件可能受到物理攻击和(或)运行环境故障的影响,从而危及安全**	不重要～灾难	几乎不可能	低	低
T_{12}	**已授权的内部用户或未经授权的局外用户可能会无意或故意导致安全相关的事件不被记录或可追溯**	一般～灾难	很少	中	
T_{12a}	丢失或覆盖合理的审计记录	一般～灾难	很少	中	低

续表

编号	威　胁	后果严重性	发生可能性	风险减低优先级	残留风险
T_{12b}	审计记录不能与发生时间关联	一般～灾难	很少	中	低
T_{12c}	审计记录不能与实际活动关联	一般～灾难	很少	中	低
T_{12d}	人们可能因为审计记录不被审阅而不会为自己的行为负责	一般～灾难	很少	中	低
T_{12e}	对用户或系统资源的危害可能在很长一段时间内未被发现	一般～灾难	很少	中	低
T_{13}	体系架构、设计、实现、操作或维护中的脆弱性可能导致安全机制失效	一般～关键	很少	中	低
T_{14}	已授权的内部用户或未经授权的局外用户可能会导致不当重启和(或)从失败的硬件、软件或固件的不当恢复，而导致安全危害	一般～关键	很少	中	低
T_{15}	运行环境的变化可能会引入或暴露漏洞	一般～关键	很少	低	低
T_{16}	一个知识渊博的攻击者可能绕过应对策略和缓解策略中意想不到的局限性或潜在缺陷	一般～关键	很少	中	低
T_{17}	访问控制权和访问特权的定义、实现和强制访问可能以破坏安全性的方式完成	一般～关键	很少	中	低
T_{18}	自然灾害、战争行为或恐怖主义可能导致关键操作被中断或停止	一般～灾难	几乎不可能	低	低
T_{19}	资产的危害可能由管理员或其他特权用户的粗心，故意忽视或恶意执行导致				
T_{19a}	硬件、软件和固件的操作不当	一般～灾难	很少	中	中
T_{19b}	网络或语音电路故障	一般～灾难	很少	中	低
T_{19c}	过早关闭永久虚拟电路(PVC)或虚拟专用网络(VPN)	一般～灾难	很少	中	低
T_{19d}	操作安全(OPSEC)程序规程不足	一般～灾难	很少	中	低
T_{19e}	操作安全(OPSEC)程序规程写得不严谨	一般～灾难	很少	中	低
T_{19f}	用户和管理员不熟悉操作安全(OPSEC)程序规程	一般～灾难	很少	中	中

5.5.3 组织安全策略

本部分引用4.5.3节PP定义的组织安全策略(OSP)。OSP包括TOE安全操作相关的规则、规范，以及一个机构为了保护其资产而推行的一系列TOE安全操作指南。依据行业、国家或是国际相关的法律法规都可推导出新的OSP。为了遵循这样的法律法规的正确版本，给出OSP引用的出处对于IT产品消费者和评估者理解是很有用的。

OSP对每个组织的使命和资产来说都是相当重要的。TOE消费者是这些OSP的拥有者。因此，ST编制者只能在PP规定的OSP基础上执行规定的操作。

(1) OSP可能简单地只是逐字重申PP中相应的规则、规范或指南。

(2) 只要原始意图不变，ST中的OSP可以为了贴近TOE的实现细节而进行定制。

引用PP中的OSP在ST中是不能够随意增加或是删除的。为了能够更加清晰，ST中的OSP是可以被指定给TOE或是TOE环境。如果ST是描述一个组件TOE，那么只有适用于这个TOE部件的OSP才是必须进行明确说明的。

5.6 安全目的

ISO/IEC TR 15446 技术报告并不建议 ST 编制者盲目地重复叙述 PP 中已经描述的安全目的，TOE 开发者应当结合其具体的 IT 产品体系架构、安全架构和安全功能实现技术与机制，充分地分析 PP 中的每个安全目的以做出以下决定。

(1) 确认 PP 描述的每个安全目的在 ST 第 4 部分是否仍有效。如果是，安全目的应当被一字不差地复制到 ST 中。如果不是，这一安全目的应当被删除、修改、重新分配或重新分类。

(2) 是否应当添加一个新的安全目的？

通常，PP 文档中 TOE 安全目的一般应在 ST 相应结构部分重复出现，但 ST 编制者需要结合 TOE 具体实现技术与机制对 PP 中的安全目的进行必要的修改，以保持与 ST 中 TOE 描述部分相关细化内容一致。但是，如果 PP 中定义的一些安全目的不再合适或与 TOE 开发者在 ST 中建议的安全方案不兼容，那么这些安全目的在 ST 中应被删除或需结合 ST 安全架构的具体细节进行重写。相对于 ST 所引用的 PP，如果在 ST 的第 3 部分有添加或裁剪的假设、威胁或组织安全策略，也可能需在 ST 中添加一些新的安全目的。另外，按照 TOE 安全目的是为了对抗潜在的威胁或满足 TOE 使用者的组织安全策略，ST 中的安全目的也细分为预防、检测或纠正等类型。因此，其他为适用于 TOE 或 TOE 环境而定义的安全目的，也应该依据需要细分为预防、检测或纠正安全目的。

ST 安全目的的作用有三方面。

(1) 为 TOE 安全问题提供高层的、以自然语言描述的安全方案：安全目的使用自然语言描述，这一抽象层次对于知识丰富的 TOE 潜在消费者而言将会是清晰和可理解的。

(2) 将安全方案分为两类，分别称为 TOE 安全目的和 TOE 运行环境安全目的，以反映出这个解决方案是由 TOE 本身实现、TOE 运行环境提供还是由 TOE 和 TOE 运行环境一起提供。

(3) ST 中的安全目的的原理说明证实上述两种安全方案构成了一个对 PP/ST 中 TOE 所有安全问题的完整解决方案。

5.6.1 TOE 安全目的

TOE 安全目的是解决 ST 文档中第 3 部分定义的 TOE 相关威胁和组织安全策略，由 TOE 本身应该实现的安全目标陈述组成。

TOE 安全目的示例如下。

(1) TOE 应保证在它和网络服务器或其他 IT 系统之间所传输数据或文件内容的保密性和完整性。

(2) 在允许 TOE 用户访问 TOE 提供的传输服务之前，TOE 应该标识和鉴别这个用户。

(3) TOE 应该根据 ST 附录 3 中描述的数据访问策略，通过它的数据访问引擎限制鉴别用户对相关数据资源的访问。

如果 TOE 在部署上是物理分布的，最好将 ST 中的 TOE 安全目的按照部署拓扑结构将 TOE 安全目的和部署划分对应起来，并以子章节方式对相关的安全目的进行描述。

5.6.2 运行环境安全目的

TOE运行环境应提供一些非TOE本身的IT技术和操作规程方面的措施，以帮助TOE正确提供(由TOE安全目的定义的)安全功能。该局部的安全目的解决方案被称为TOE的运行环境安全目的，是由一组TOE的运行环境IT技术应该达到的安全目标陈述组成。

运行环境安全目的示例如下。

(1) TOE运行环境应提供安装了版本为13.01b的某操作系统的工作站来运行TOE。

(2) 在允许操作TOE之前，TOE运行环境应确保所有TOE用户接受适当培训。

(3) TOE运行环境应限制管理人员和由管理人员陪同的维护人员对TOE的物理访问。

(4) 在将TOE审计日志发送给中央审计服务器之前，TOE运行环境应保证这些TOE运行日志文件内容的保密性。

如果TOE的运行环境由多个场所组成，每个场所可能都有不同的安全特性，ST编制者最好将运行环境安全目的的ST章节划分为几个子章节来反映这种场所分布情况。

5.6.3 安全目的原理

安全目的原理是为了证实ST第4部分里声明的TOE安全目的和运行环境安全目的已经响应了ST第3部分里描述的TOE安全问题。换句话说，ST第4部分应说明安全目的与安全问题定义之间的依赖关系，它分为两部分。

(1) 追溯部分：用于描述每个安全目的分别处理哪些威胁、组织安全策略和假设。

(2) 证明部分：用于论述所有的威胁、组织安全策略和假设都可以被相应的TOE安全目的或运行环境安全目的有效处理。

追溯部分说明了安全目的如何映射到安全问题定义中描述的威胁、组织安全策略和假设，包括但不限于以下几个方面。

(1) 没有无效的安全目的：每个安全目的至少追溯到一个威胁、组织安全策略和假设。

(2) 完全覆盖了安全问题定义：每个威胁、组织安全策略和假设至少可由一个安全目的覆盖到(即全部安全问题都有了解决方案)。

(3) 正确追溯：由于假设总是围绕着TOE运行环境中的TOE，所以TOE安全目的不能追溯到假设。CC允许的追溯关系如图5.7中所描述。

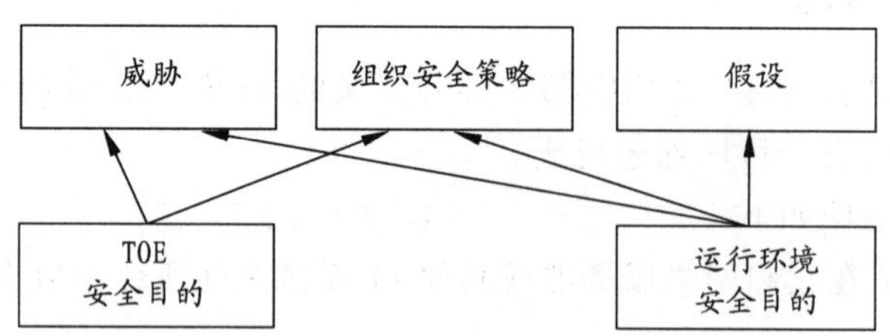

图5.7 安全目的和安全问题定义间的追溯

多个安全目的可以追溯到相同的威胁，表明这些安全目的共同对抗该威胁。对组织安全策略和假设也是如此。

安全目的基本原理也应证实追溯是有效的：如果所有安全目的对特定的威胁、组织安全策略和假设的追溯都已完成，那么所有给定的威胁、组织安全策略和假设均被处理(如，分别被对抗、被实施、被支持)。

该证实分析实现对抗威胁、实施组织安全策略和支持假设的相关安全目的的效果，并且得出确实如此的结论。

在某些情况下，部分安全问题定义与某些安全目的很相似，此时证实可以很简单，如：威胁"T17：威胁主体读取了A和B之间的机密信息"，TOE的一个安全目的"OT12：TOE应确保A和B之间所有传输信息保持保密性"，证实"T17直接由OT12与之对抗"。

表5.13给出了安全目的追溯原理。

表5.13　安全目的追溯原理

例1：TOE安全目的原理

- O1这一安全目的对抗威胁T1(重演)。O1需要TOE来防止验证数据的重用——即使取得了有效的验证数据，也不能用来发动攻击。
- O2这一安全目的对抗威胁T2和T3(欺骗和残留信息)。O2需要：(a)所有的TOE信息流被先行协调；(b)没有残留信息被TOE内部或外部发送。
- O3这一安全目的对抗威胁T4(TSF攻击)。O3需要TOE来保护自己不受绕开、停用或TOE安全攻击篡改的尝试。

例2：安全目的到威胁的追溯

安全目的	威胁			
	T1	T2	T3	T4
O1	X			
O2		X	X	
O3				X

例3：运行环境安全目的原理

- O4这一非IT安全目的对抗威胁T5(使用)。O4需要TOE在一个安全的方式下被交付、安装、管理。
- O5这一非IT安全目的对抗威胁T5(使用)。O5需要认证管理员和用户定期接受合适的训练：(a)TOE的安全使用；(b)任一残留风险。

残余的安全目的是一个TOE安全环境假设的重申。

例4：环境安全目的到假设的映射

安全目的	威胁	假设		
	T5	A17	A18	A21
O4	X			
O5	X			
O6		X		
O7			X	
O8				X

例5：假设的合理性论据

- TOE 3个安全假设(A15、A19、A20)在这一ST里被修改。由于特殊的TOE硬件和软件平台，所以更详细的假设是必须的。然而，修改后的假设应维持PP中原始意图。
- PP里的安全目的O23和威胁T17不再适用于这一ST，因为只有TOE的个人用户才能是认证系统管理员。不存在终端用户。

表5.13中，例1给出了每个TOE安全目的为什么能对抗相关威胁的充分和必要说明。一个安全目的可能映射到一个或多个威胁；同样地，可能不止一个安全目的会映射到相同的威胁。这一讨论反映到例2的安全目的到威胁的追溯汇总表，从该表描述的安全目的和安全问题映射可以确保所有的假设、威胁和组织安全策略都被考虑到了。例3讨论了为什么每个运行环境安全目的能充分地对抗相关威胁。在这一示例中，两个安全目的映射到同样的威胁，几个假设被用来证明提出的安全目的是合理的。这一讨论反映到例4的运行环境安全目的到威胁和假设的追溯汇总表。

安全目的的原理论据也必须解释和证明为什么PP里包含的某些假设、威胁、组织安全策略和安全目的，要么被裁剪，要么不包含在ST里。ST编制者必须提供关于修改或排除PP中安全问题或安全目的的有效技术或操作原因。当然ST中所有新的假设、威胁或安全目的的合理性也必须被证明。例5举例说明了两个可能的应用场景。

根据安全目的和安全目的基本原理，可以得出下列结论：如果所有安全目的都可实现，那么就解决了在ASE_SPD(安全问题定义)中定义的所有安全问题，因为所有的威胁都被应对了，所有的组织安全策略都将得到TOE组织的实施，而所有的假设也都得到了TOE运行环境安全目的的支持。

5.7 扩展组件定义

一般情况下ST中的安全要求都可用源自于CC第2部分和第3部分的标准安全功能和安全保障组件来描述，并按照CC允许的组件元素操作，依照TOE实现相关的技术和机制，对选择的安全组件进行定制，从而给出满足TOE安全目的的解决方案。然而，在某些情况下，ST中的某些安全要求可能不能通过对CC第2部分和第3部分的组件元素进行操作而得到。因此，PP/ST编制者可通过新组件(扩展组件)定义来描述TOE特定的安全要求。ISO/IEC TR 15446技术报告建议这些特定的安全要求应该在PP/ST的第5部分“扩展组件”一节集中进行定义，这样在PP/ST第6节的“安全要求”中引用这些扩展组件就可描述TOE特定的安全要求。有关扩展组件定义可参见第4章PP中扩展组件定义的相关说明，扩展组件定义结构要求与CC预定义的安全组件结构相同。

是否要在CC安全功能组件、安全保障要求或预定义评估保障级别中对IT产品安全进行增强或扩展也由TOE消费者决定，TOE开发者提供的TSF增强与扩展只能为采用CC/CEM评估的消费者提供IT产品选择或合同采购的依据。但TOE开发者和TOE评估者在增强与扩展安全功能和保障组件的元素操作上应遵循CC组件元素定制相关操作要求。

5.8 安全要求

CC第1部分的附录A规定在ST第6部分描述TOE安全要求，并对TOE安全要求进行原理性解释。TOE安全功能应针对安全功能要求和安全保障要求分开描述。

5.8.1　安全功能要求

TOE安全功能要求是由ST第4部分的TOE安全目的导出的一个详细但抽象的安全功能行为描述，并且以CC安全功能组件形式表述TOE用户对TSF行为的期待。CC要求ST编制者在这部分概述满足所有TOE安全目的的安全功能要求（TOE安全目的必须被TOE安全功能组件完全对应）。因此，安全功能组件的选择应参照ST定义的TOE安全目的，参照CC第2部分安全功能族设想的安全目的，通过与TOE安全目的的对应关系确定TOE应具备的安全功能组件。对于一个组合TOE，ST编制者需指明适用于TOE安全目的的相关TOE部件的安全功能组件。CC要求PP/ST编制者使用组件这个术语，且由TOE安全目的导出TOE安全要求有两个理由。

(1) 提供比较准确的规范化评估内容描述：因为TOE的安全目的一般用自然语言描述，转化为规范化的CC安全功能组件使得TOE安全功能行为描述更加准确。

(2) 允许用户比较不同的ST安全方案：不同的PP/ST作者可能使用不同的术语描述他们的安全目的，但他们都得使用CC标准化的安全组件术语和概念来表达他们TOE的安全功能要求。这使得我们容易比较不同TOE开发者提供的IT产品安全功能。

ST编制者需要响应符合性声明中描述的引用PP的安全要求，ST编制者可能需要做到以下几点。

(1) 简单地逐字重申PP中的SFR(如果ST是针对一个TOE部件的，选择适用的SFR)。

(2) 完成PP中安全功能组件未执行的元素操作。

(3) 解决PP中未解决的组件依赖关系。

(4) 细化或反复功能组件操作来反映ST所建议的安全方案。

(5) 明确PP中未提供的审计要求。

(6) 添加由于ST的实现依赖特性而必须添加的新SFR。

(7) 忽略非必要的、冗余的或冲突的SFR。

上述的后6项给ST编制者提供进一步分解PP安全功能要求的机会，包括添加TOE实现细节相关的新的安全模型、安全技术、安全机制等TOE特殊安全功能要求的机会。

5.8.2　安全保障要求

TOE消费者通过PP确定了合适的评估保障级别和相应的安全保障要求组件后，ST编制者可简单地重申PP中的安全保障要求，即按照CC第3部分安全保障组件格式陈述TOE开发者的行为要求、证据内容与格式要求以及评估者行为要求，以表示他们理解TOE需要执行的安全保障要求的特性和范围。(如果由于某些原因，TOE开发者得出结论认为PP指定的EAL是难以达到的、过分的或过弱的，这将在ST的第2节的符合性声明原理部分讨论。)

ST编制者有两种方法增强TOE的安全保障要求。

(1) 通过组件元素操作：该机制允许ST作者定义个性化的安全保障要求。CC第1部分文档中定义了4种组件元素操作，赋值、选择、反复、细化，其中在SAR中可运用反复和细化两种操作对安全保障组件元素进行增强。

(2) 通过组件间依赖关系：该机制支持 ST 编制者对 SAR 进行更全面的分析和挖掘，找出潜在的安全保障组件。在 CC 第 3 部分中，某个 SAR 可以有对其他 SAR 的依赖关系，这表示如果 ST 使用了该 SAR，那么，它一般也需要使用另外一些依赖的 SAR。对于 ST 作者来说需要更大的努力以便在 TOE 中包含 PP 中未能明确的必要的 SAR，从而提高 ST 安全保障要求的全面性。

另外，选择 CC 第 3 部分的预定义评估保障级别应注意以下两点。首先，预定义评估保障级别仅适用于 CC 推荐的评估配置；用户可在 PP/ST 中通过扩展组件增加 TOE 可选安全功能或增强保障级别以满足自己的特殊安全要求。其次，TOE 开发者是依照 ST 设计和开发 IT 产品的，而不是依据 TOE 消费者编制的 PP 构建，所以 CC 测试实验室对 TOE 安全评估的依据是 ST，而不是 ST 参考的 PP。

5.8.3 安全要求原理

ST 编制者在安全要求原理部分证明 TOE 安全要求响应并满足了 ST 第 4 节的所有 TOE 安全目的。特别是，以下安全要求基本原理必须被证实。

(1) 安全要求组合是必要的、充分的和互相支持的。

(2) TOE 安全功能和安全保障组件集合满足 ST 里声明的所有 TOE 安全目的。

(3) TOE 特定的 SFR 和 SAR 的选择原理必须证明是合理的，特别地：①扩展组件(TOE 特定安全要求)的使用；②预定义评估保障级别增强和扩展；③TOE 中未满足组件依赖关系的解释。

安全要求原理就是通过必要性、充分性和相互支持性 3 个方面对 5.8.1 节安全功能要求和 5.8.2 节安全保障要求进行说明。换句话说，安全原理部分必须证明 ST 中的所有安全要求是必要的、充分的和相互支持的。ST 编制者一定要关注 TOE 安全目的或安全要求之间的不匹配应当在这部分的安全要求原理中描述，例如相对于 PP 定义新的安全目的或安全要求或对其进行裁剪操作，都需要从必要性、充分性和相互支持性这 3 个方面进行讨论。

1. 必要性说明

为了证明 TOE 安全要求是必要的，TOE 开发者必须证实 ST 中每个安全要求(SFR 和 SAR)是必需的，并且不包含冗余的和额外的安全要求，即所有的 TOE 安全要求都必须与 TOE 安全目的相一致。一个简单的安全要求必要性证实方法是通过一个 TOE 安全目的到安全要求需求的交叉引用表来检查 TOE 安全目的和安全要求之间的映射关系。

2. 充分性说明

充分性说明是指通过构建形式化论据来解释为什么安全要求能充分满足 TOE 安全目的。所有的安全要求都应被检查：标准的 SFR 和 SAR、扩展的 SFR 和 SAR。ST 编制者要特别关注 ST 中对安全组件元素的相关操作：如何以及为什么要对安全组件执行这些元素操作。充分性分析也可以通过验证特定级别的审计事件是否已经达到(查看表 5.14 和表 5.15)来完成。

表 5.14　安全要求原理必要性原理论据

4.6.1　安全要求原理

4.6.1.1　SFR 必要性

下面的文本叙述和表格描述了 ST 满足 PP 里指明的 SFR。

FDP_IFC.1+1.子集信息流控制

这一组件定义了信息流控制 TSP 中非身份验证机制涉及的实体，使用除了 HTPP、SMTP、FPT 和远程登录之外的所有网络服务。这一组件可追溯到安全目的 O_{21}，并辅助安全目的 O_{21} 的实现。

FDP_IFC.1+2.信息流控制子集

这一组件定义了信息流控制 TSP 中身份验证机制涉及的实体。这一组件可追溯到安全目的 O_{21}，并辅助安全目的 O_{21} 的实现。

FDP_IFF.1+1.简单安全属性

这一组件定义在非用户身份认证 TSP 中发送和接收信息的用户属性，包括信息自身的属性。该策略规定了 FDP_IFC.1+1 组件功能必须执行的一些规则，并描述该功能如何得到安全属性。这一组件可追溯到安全目的 O_{22}，并辅助安全目的 O_{22} 的实现。

FDP_IFF.1+2.简单安全属性

这一组件定义在认证 TSP 中发送和接收信息的用户的属性，还有信息自身的属性。通过允许或限制信息流来实施这一策略。这一组件可追溯到安全目的 O_{22}，并辅助安全目的 O_{22} 的实现。

下表总结了 SFR 和安全目的之间的映射。

SFR 映射到安全目的

SFR	安全目的 O_{21}	安全目的 O_{22}
FDP_IFC.1+1	X	
FDP_IFC.1+2	X	
FDP_IFF.1+1		X
FDP+IFF.1+2		X

表 5.15　安全要求：审计事件原理说明

4.6.1.x　审计事件原理

ABC 提供的审计事件被按照审计事件最低或基础审计级别功能需求检查。ABC 在所有领域的应用功能提供可审计事件，只去除了导出、导入、保密性和完整性。这是因为对 ABC 来说上述四类审计活动是不合适的，因为在两个 ABCs 之间发送的所有用户数据消息：(a)使用了一个完整性检验；(b)被加密以确保保密性；(c)只从两个 ABCs 导入或导出。对于 ABC 这些是日常活动，因为涉及大量数据，没有必要对其审计。因此，“未指定”被审计级别选择并且所有审计事件被列举。

SAR 的充分性评估是以确定 CC 预定义评估保障级是否是适合以及任一增强和扩展是否进行了恰当的说明。某个具体 EAL 的充分性论据证明包括：①EAL 既不过强也不过弱；②考虑到 TOE 实现细节和技术的当前状态在技术上是可行的。表 5.16 举例说明了 EAL 2 的一个安全保障必要性和充分性论据。

表 5.16　安全要求：SAR 必要性与充分性

4.6.2　保障要求原理

该安全目标满足保护轮廓中定义的 SAR。该文档的 4.6.2 节给出了满足 EAL 2 的系统开发过程、指南文档、生命周期支持、测试和脆弱性评定保障措施要求。

选择 EAL 2 是为了提供一个低到中等级别的安全性保障。这个保障级别与下列假设的安全威胁模型一致：恶意攻击是中等的，且产品经过了一个详细的缺陷搜索。

3. 相互支持性说明

安全原理第3部分也需要证实安全要求之间是相互支持的，目的是证实IT安全要求的完整性和一致性。这种相互支持性一般通过以下3步骤完成。

(1) 分析组件的依赖关系是满足的。

(2) 分析安全要求内容是内部一致性。

(3) 分析SFR对攻击的积极抵抗能力。

组件依赖分析检验所有3个可能的依赖组合：SFR与SFR、SFR与SAR和SAR与SAR之间的依赖是否满足。组件依赖关系的描述可通过参考CC第2部分和第3部分的组件定义来确定。为了保证TOE安全要求的完整性，当基于具有依赖关系的组件的要求被合并到PP/ST中时，它们之间的依赖关系应该被满足。构造组件包时，包编辑者也应该对这些组件依赖关系进行分析。

ST编制者必须依照CC对各个SFR/SAR的每个依赖关系进行分析研究，证明哪些组件依赖关系被考虑，并指出哪些组件依赖关系未满足。对所有未满足的依赖关系必须提供一个理由，解释了在PP/ST中为什么没必要包含这些依赖组件支持的需求。潜在的原因可能是ST中包含的实现细节使得需求不必要，或者支持的需求功能被TOE运行环境需求满足(如数据库产品的时间戳安全功能组件一般由支撑其运行的操作系统支持)。组件依赖分析的结果可通过一个表格总结来补充说明，如表5.17所示。

内部一致性分析证实ST中没有重叠的、冲突的或有歧义的安全需求。组件结构中的审计需求、管理需求、组件反复和元素操作等因素都在内部一致性分析的范围内。如果ST是某个组合TOE的一个TOE部件，那么与这些ST相关的TOE部件对象也应当被作为内部一致性分析的一部分进行评估。这些内部一致性分析的结果应通过相关表格总结以补充相关的文本信息。

SFR对攻击的积极抵抗能力分析可关注下列关键因数。

(1) 不可旁路性(如内存管理机制)。

(2) 抗篡改(实施自我保护)。

(3) 安全攻击检测能力。

(4) 安全攻击可探测性等。

首先针对前两个因数，在CC/CEM v2.X中定义了不可旁路性(FPT_RVM.1)和安全功能域的隔离(FPT_SEP.1)两个安全功能组件，包括TSF物理保护(FTP_PHP)和安全属性的管理(FMT_MSA.1)组件来一起积极地抵抗各种安全攻击。但由于它们仅描述了TSF最低安全保障相关的一些属性，所以这两个因数在CC v3.1中由ADV(开发)类的ADV_ARC(安全架构)保障要求族负责处理。ADV_ARC族要求充分描述TSF的安全架构，并且充分说明TSF是如何保证不被旁路和如何保护它本身的。CC将这两个功能要求修改成保障要求的原因是由于在过去的TOE安全评估中缺乏一种可以理解的方法去阐述不可旁路性(FPT_RVM.1)和安全功能域的隔离(FPT_SEP.1)评估原则。因而在CC v3.1中，ADV_ARC族要求TOE开发者必须提供TOE安全架构描述信息，必须提供相应的TOE设计和功能规范等评估证据以供TOE评估者进行安全性分析(注：表5.17未标注SFR与SAR之间的依赖关系)。

表 5.17　安全要求原理：组件依赖分析

8.2.3　组件依赖性分析

为完整起见，表 8.1 列出了 ST 中所有 SFR 组件，而不管他们是否具有相关性。从表中看出，除了 FMT_MSA.3 外，所有组件依赖关系都满足通用评估准则，这是由于静态属性初始化功能是由 IT 环境安全需求提供的：用户属性设置(ITENV.1)和 TSF 数据修改(ITENV.2)。表中有两种依赖是由组件层次关系导出的：FDP_IFF.2 对 FDP_IFF.1 有依赖和 FIA_UID.2 对 FIA_UID.1 有依赖。这两个基于组件层次的安全要求在表中依赖关系以 H 表示。

表 8.1　SFR 和 SFR 组件依赖关系分析

序号	组件标识	组件名称	依赖关系	解决方案
1	FAU_GEN.1	审计数据产生	FPT_STM.1	19
2	FAU_SEL.1	选择性审计	FAU_GEN.1 FMT_MTD.1	1 14
3	FDP_ACC.1	子集访问控制	FDP_ACF.1	4
4	FDP_ACF.1	基于安全属性的访问控制	FDP_ACC.1 FMT_MSA.3	3 ITENV.1 ITENV.2
5	FDP_ETC.1	不带安全属性的用户数据输出	FDP_ACC.1 或 FDP_IFC.1	3 —
6	FDP_IFC.1	子集信息流控制	FDP_IFF.1	7H
7	FDP_IFF.2	分级安全属性	FDP_IFC.1 FMT_MSA.3	— ITENV.1 ITENV.2
8	FDP_ITC.1	不带安全属性的用户数据输入	FDP_ACC.1 或 FDP_IFC.1 FMT_MSA.3	— 6 ITENV.1 ITENV.2
9	FDP_UCT.1	基本的数据交换机密性	FTP_ITC.1 或 FTP_TRP.1 FDP_ACC.1 或 FDP_IFC.1	21 — 3 —
10	FDP_UIT.1	数据交换的完整性	FDP_ACC.1 或 FDP_IFC.1 FTP_ITC.1	3 — 21
11	FIA_ATD.1	用户属性定义	无	—
12	FIA_UAU.2	任何动作前的用户鉴别	无	—
13	FIA_UID.2	任何动作前的用户标识	无	—
14	FMT_MTD.1	TSF 数据的管理	FMT_SMR.1	17
15	FMT_REV.1	撤销	FMT_SMR.1	17
16	FMT_SAE.1	时限授权	FMT_SMR.1 FPT_ STM.1	17 19
17	FMT_SMR.1	安全角色	FIA_UID.1	13H
18	FPT_ITI.1	TSF 间修改的检测	无	—
19	FPT_STM.1	可靠的时间戳	无	—
20	FPT_TDC.1	TSF 间基本的 TSF 数据一致性	无	—
21	FTP_ITC.1	TSF 间可信信道	无	—

5.9 TOE概要规范

TOE概要规范(TSS)是TOE开发者用来描述为满足ST里声明的安全要求所采用的设计方法及其实现技术与机制。TSS描述的详细程度应该使潜在TOE消费者能够充分理解TOE安全功能行为及其实现技术与机制。

例如，如果TOE是一个互联网服务，其SFR包含的FIA_UAU.1指出用户身份鉴别需求，那么TSS就应该说明这个鉴别如何实现，如采用口令、令牌或人脸识别等不同的用户身份标识和鉴别方式。相对于ST第1部分的TOE安全描述，TSS会给出TOE更多开发和实现方法与技术机制有关信息，如TOE用于满足SFR的可适用标准，或者也可以提供更多安全功能要求实现的技术细节描述。

TOE概要规范一般通过跟踪矩阵来保证PP/ST安全要求实现的完整性和一致性。

(1) 满足ST第6部分中每个SFR的具体IT安全功能。

(2) 用于实现上述每个安全功能的准确的安全机制或技术。

(3) 满足ST第6部分里定义的SAR的准确的安全保障措施。

通过跟踪矩阵执行这一映射是为了确保以下两点。

(1) 所有的安全要求(SFR和SAR)都被TSS设计方法考虑到。

(2) ST没有引入新的非规范化安全功能说明。

ST第6部分的每个SFR都必须映射到TOE至少一个IT安全功能(TSF)；同样地，每个IT安全功能都必须映射到至少一个SFR(参见图5.8)。

1. TOE安全功能

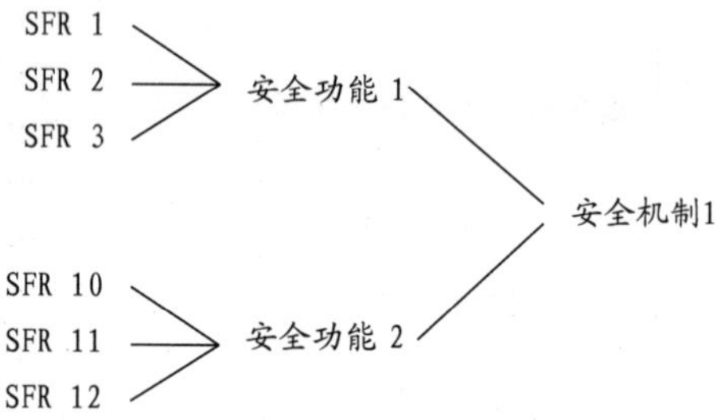

2. 保障措施

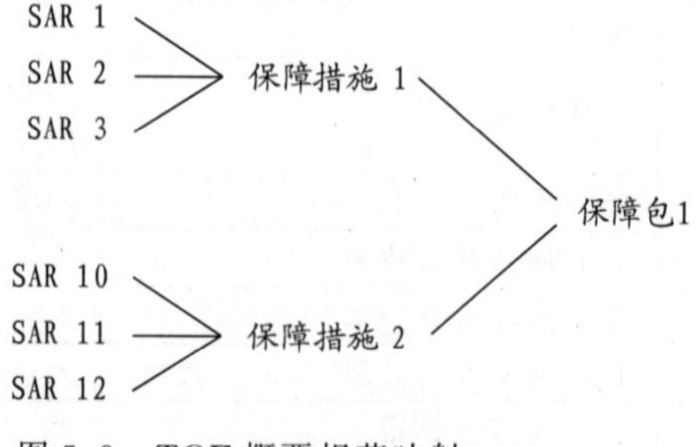

图5.8　TOE概要规范映射

依据 ST 文档结构,TSS 的一个安全功能可能对应于 PP/ST 中的一组安全功能组件。之后安全功能被映射到 TOE 具体的安全技术或实现机制,安全保障措施被映射到具体的 CC 安全保障组件或组件集合(如预定义的 EAL)。

ST 的 TOE 概要规范描述一般包含 3 部分内容: TOE 安全功能、TOE 安全保障措施和 TOE 概要规范原理。

5.9.1 TOE 安全功能

TOE 安全功能详细描述实现时 IT 厂商采用的具体安全技术与机制,以及由 TOE 执行的安全功能行为表现。在对 TOE 安全功能描述时,CC 建议按照评估对象功能接口(TFI)类型情况来区分 *SFR-执行*、*SFR-支撑*或 *SFR-无关*子系统或模块,然后再按照这些子系统或模块所完成的安全功能行为进行测试和评估。评估对象的 3 种功能接口类型的定义如下。

(1) ***SFR-执行***: 一个可以直接追溯到安全功能要求(SFR)的接口。如果通过一个接口可获得的安全服务能够被追溯到 TSF 的一个安全功能要求,则该接口被称为 *SFR-执行*。注意该接口可能有多种服务和反馈结果,其中一些可能用于 *SFR-执行*,另一些可能用于调用其他模块或服务,例如自主访问控制、用户身份鉴别等子系统或模块。

(2) ***SFR-支撑***: 一个支持 TOE 安全策略调用的接口。如果是 *SFR-执行*功能所依赖的,且只需正确运行以保持 TOE 安全策略的那些服务接口(或通过接口相关的服务),则称其为 *SFR-支撑*,例如操作系统中的设备驱动、内存管理等子系统或模块。

(3) ***SFR-无关***: 一个没有 *SFR*-执行功能依赖的接口。即 *SFR-执行*功能不依赖的服务接口称为 *SFR-无关*。

应注意 *SFR-支撑*和 *SFR-无关*必须不依赖 *SFR-执行*服务或者 *SFR-执行*的结果。相反,*SFR-执行*可能需要有 *SFR-支撑*服务(例如,设置系统时钟的能力可能是一个接口的 *SFR-执行*服务,但是如果同一个接口用作显示系统日期,那么该服务可能只是 *SFR-支撑*)。纯 *SFR-支撑*接口的例子是既被用户使用又为了用户利益而运行的一部分 TSF 使用的系统调用接口。例如在 Linux 操作系统中,通常仅部分内核实现安全执行机制(如自主访问控制、安全审计等),而在内核域的设备驱动程序虽然不直接实现安全功能,但它们可能会导致产品的安全功能失效。因而,贡献于安全执行的设备驱动程序为 *SFR-支撑*,内核中也存在没有实现 SFR 的其他功能(例如,具备优化调度策略的负载管理器),也没有安全功能依赖于它,因而这些机制是 *SFR 无关*的。针对应用程序也是相同的,Linux 操作系统的 passwd 命令实现了更新用户口令的安全执行机制,这个应用包含了解析文件"/etc/passwd"的逻辑接口,它应属于 *SFR-支撑*,当这种解析逻辑任务失败时,更新用户口令的安全执行功能也会失败。

在 ST 中以类、族和组件的标准化形式组织这些 TOE 安全功能实现技术与机制,提高了 TOE 概要规范的可读性和可理解性。TOE 和 TSF 之间有清晰的区别,需要与 ST 第 1 部分中定义的逻辑和物理边界一致。然而,如果 TOE 是一个只能执行安全功能的产品,TOE 和 TSF 可能是完全相同的。另外,TSF 控制范围(TSC)和 TOE 安全功能接口(TSFI)应被清楚地描绘。TSC 是那些伴随或在 TOE 里发生的,受 TOE 安全策略定义的规则约束的各种交互接口(TSFI)集合。用户通过这些 TSFI 接口既可访问到受 TOE 保护的资源，又可从 TSFI 获取到 TSF 相关信息。因此，在 TSS 中需要详细阐述所有 TSFI 的目的与方法，描述每个 TSFI 的调用参数，并且要对每个 TSFI 依据其所完成的功能来划分为 *SFR-执行* TSFI、*SFR-支撑* TSFI 或 *SFR-无关* TSFI。例如在操作系统中，相关的 TSFI 可以是以下几种。

(1) ***SFR-执行* TSFI**：系统调用(open、msgctl)，应用的命令行(passwd、login)，配置文件(/etc/passwd，/etc/shadow)。

(2) ***SFR-支撑* TSFI**：非 *SFR-执行* TSFI 的系统调用。

(3) ***SFR-无关* TSFI**：应用的命令行(ls、rm)，配置文件(vimrc)。

在 TSS 中阐明 TOE 安全功能可遵循以下 5 个步骤，每一步都应提供更详细的 TOE 安全技术或实现机制细节。所有这样的信息都必须满足 ST 保障评估(ASE)的完整性、一致性、连贯性、准确性和确定性要求。相应的文本描述都应当尽可能以图表形式来补充。

(1) TOE 安全功能到 CC 的 SFR 的映射。

(2) 定义 TOE 安全功能之间的关系。

(3) 定义 TOE 安全功能的具体实现技术与机制。

(4) 说明 TOE 安全功能的安全审计需求的获取方法。

(5) 描述 TOE 安全功能的管理需求的实现方法。

表 5.18 举例说明了第一步。从安全技术层面，TOE 包含 6 大类安全功能，按照它们的标识和名称被列入表格的前两个列。来自 PP/ST 的标准化 SFR 被映射到 TOE 相关的安全功能。ST 第 6 部分的 TOE 所有 SFR 都必须映射到这部分的 TOE 安全功能：来自 PP 的，由 ST 添加或修改的，针对 TOE 的 SFR。如前所述，每个 SFR 都必须映射到至少一个 TOE 安全功能，同样地，每个 TOE 安全功能都必须映射到至少一个 SFR。在该例中我们发现有 3 个 SFR(表最后 3 个组件)没有与 TOE 安全功能对应起来，其他的 SFR 都映射到了一个且仅有一个 TOE 安全功能。因此，为了使某个 IT 产品的 ST 被 TOE 开发者认可，ST 编制者必须完成以下 3 件工作。

(1) 在 ST 第 7 部分，即 TOE 概要规范，必须做一个声明来解释为什么这 3 个 SFR 中的安全组件没有被整合到 TOE 设计的安全功能中。

(2) 在 ST 第 2 部分，即 PP 声明，声明被引用的 PP 只能提供部分一致性。

(3) 在 ST 第 7 部分后面，即 TOE 概要规范最后解释排除这 3 个 SFR 的理由。

表 5.18 TOE 安全功能说明第 1 步：TSF 映射举例

标　识	名　称	来自 PP/ST 的 SFR	组件名称
GRD_ADM	安全管理	FMT_SMR.1	安全角色管理
		FMT_MOF.1	安全功能行为的管理
		FIA_ATD.1	用户属性定义
GRD_INA	鉴别与认证	FIA_UID.2	任何动作前的用户标识
		FIA_UAU.1	鉴别的时机
GRD_FLO	信息流控制	FDP_IFC.1	子集信息流控制策略
		FDP_IFF.1	子集信息流控制
		FDP_RIP.2	完全残余信息保护

续表

标　识	名　称	来自 PP/ST 的 SFR	组 件 名 称
GRD_DFL	默认配置	FMT_MSA. 3	静态属性初始化
		ADV_ARC. 1	安全架构
		FPT_STM. 1	可靠的时间戳
GRD_AUD	安全审计	FAU_GEN. 1	安全审计数据生成
		FAU_SAR. 1	审计查阅
		FAU_SAR. 3	可选审计查阅
		FAU_STG. 1	受保护的审计迹存储
		FAU_STG. 4	防止审计数据丢失
无	无	FIA_AFL. 1	鉴别失败处理
		FIA_UAU. 4	一次性鉴别机制
		FCS_COP. 1	密码运算

表 5.19 举例说明了 TOE 安全功能说明的第 2 步，它描述了 TOE 安全功能之间的层次关系，且列出了每个 TOE 安全功能的主要行为描述内容。在该例中，TSF 包含 5 个功能组件：安全管理、鉴别和认证、信息流控制、默认配置和安全审计。所有这 5 个 TSF 包都在同一层次，它们执行的功能独立。安全管理类包含 7 个功能，而信息流控制类只包含 2 个功能。

表 5.19　TOE 安全功能说明第 2 步：TSF 结构示例

1. TSF
1.1　安全管理
　　1.1.1　启动、关闭
　　1.1.2　创建、写、编辑、删除、读信息流控制规则
　　1.1.3　创建、写、编辑、删除、读用户属性
　　1.1.4　设置日期和时间
　　1.1.5　创建、删除、读、归档审计跟踪数据
　　1.1.6　创建系统备份
　　1.1.7　启动系统恢复
1.2　鉴别与认证
　　1.2.1　操作系统层次
　　1.2.2　应用系统层次
　　1.2.3　人员
　　1.2.4　内部 IT 实体和过程
　　1.2.5　外部 IT 实体
1.3　信息流控制
　　1.3.1　外部资源访问控制
　　1.3.2　内部资源访问控制
1.4　默认配置
　　1.4.1　安全、生成和启动过程中流量阻塞
　　1.4.2　安全、生成和启动过程中事务阻塞
　　1.4.3　维护独立逻辑域的每个会话
1.5　安全审计
　　1.5.1　生成审计数据
　　1.5.2　可选择审计数据检查
　　1.5.3　保护审计存储
　　1.5.4　预防审计数据丢失

表5.20举例说明了TOE安全功能说明的第3步，描述了实现每个安全功能的安全技术与机制，以及默认设置、约束、操作参数和算法细节。在该例中，实现TSF安全审计的安全技术与机制被指明。（注意在一个ST中，每个1.6.×.×条项可以包含几段到几页的具体实现技术与机制细节。）

表5.20 TOE安全功能说明第3步：映射安全技术与机制到TSF

1.6 安全审计

1.6.1 生成审计数据

1.6.1.1 模块A生成监控信息，例如审计跟踪、安全事件日志和警告SNMP陷阱。

1.6.1.2 模块B送模块A生成的审计跟踪、安全事件日志和警告给后台组件以进一步处理。

1.6.1.3 为以下事件生成审计记录：

- TOE和TSF的启动和关闭；
- 对认证管理员角色的部分的群组用户的修改；
- 所有用户认证机制的使用，包含提供的用户身份；
- 所有认证机制的使用；
- 所有信息流请求的决定；
- 对允许或拒绝信息流的信息流安全策略规则的创建、写、删除、编辑和读；
- 创建、写、删除、编辑和读取用户属性；
- 设置和修改系统时间和日期；
- 归档、创建、删除、读和清理审计跟踪；
- 事务备份和恢复。

1.6.2 可选择的审计数据检查

1.6.2.1 XYZ工具有一个GUI，该GUI允许认证的系统管理员读取、检索和基于事件类型、日期与时间、IP地址范围排序审计记录。

1.6.3 保护审计存储

1.6.3.1 审计文件被安全文件系统(NTFS)保护。

1.6.3.2 只有认证用户可以访问审计文件。

1.6.3.3 NTFS检测对审计文件的尝试修改。

1.6.3.4 NTFS记录成功和不成功的创建、读、写、编辑、删除、修改权限和(或)获得审计文件所有权的尝试。

1.6.4 预防审计数据丢失

1.6.4.1 如果系统不能够获取或记录审计数据，TOE和TSF操作停止。

1.6.4.2 直到以上情形被纠正，只有认证系统管理员可能执行功能。

表5.21举例说明了TOE安全功能说明第4步，指明了安全审计需求层次和对每个适用的SFR可被审计和获取的审计事件细节。

表5.21 TOE安全功能说明第4步：审计需求示例

安全功能组件	审计层次	审计事件
FMT_SMR.1	最小	• 对认证管理员角色的部分群组用户的修改 • 执行以上修改的认证管理员的身份 • 与认证管理员角色相关的用户身份
FIA_UID.2	基本	• 所有对用户机制的使用 • 提供给TOE安全功能(TEF)的用户身份
FIA_UAU.1	基本	• 所有对认证机制的使用 • 提供给TOE安全功能(TSF)的用户证书

续表

安全功能组件	审计层次	审计事件
FIA_AFL.1	最小	• 未成功认证尝试阈值 • 认证管理员的用户认证能力的随后恢复 • 违规用户身份 • 执行恢复的认证系统管理员的身份
FDP_IFF.1	基本	• 信息流请求的决定 • 源和目的体的推测地址
FPT_STM.1	最小	• 系统时间的修改 • 修改系统时间的认证系统管理员的身份

TOE安全功能说明第5步是描述管理需求的实现方法。在CC第2部分中，安全管理类(FMT)组件定义了管理要求，TOE开发者可以从这个类中选择合适的那些管理要求，也可以开发新的管理需求。例如，针对FMT_REV.1包括以下管理行为：

管理：FMT_REV.1

FMT中的管理功能可考虑下列行为：

(1) 管理能够调用安全属性撤销这一功能的角色组；

(2) 管理可能发生撤销的用户、主体、客体和其他资源列表；

(3) 管理撤销规则。

换句话说，CC第2部分建议管理①谁可以执行撤销功能；②哪些实体是能作为撤销的主体；③如何决定执行撤销的阈值。这3项与FMT_REV.1组件元素定义直接相关：

FMT_REV.1.1TSF应仅限于[**赋值**：*已标识的授权角色*]能够撤销在TSF控制下的与[选择：*用户*、*主体*、*客体*、[*赋值*：*其他额外资源*]]相关联的安全属性[赋值：*安全属性列表*]。

FMT_REV.1.2TSF应执行规则[**赋值**：*撤销规则的详细说明*]。

选择操作与管理行为条项(2)管理需求相关，而赋值操作与管理行为条项(1)和条项(3)管理需求相关。

如果考虑到撤销时间范围的管理需求，则ST编制者可能想要添加第4条管理行为：

(4) 管理执行日常基础撤销的频率和执行一次应急基础撤销的时间。

为了这样做，就要在ST第5部分增加一个扩展组件，显式的定义下列元素要求：

FMT_REV.1.3 TSF应当在5秒内执行需求撤销和完成事务。

TSS描述了TOE管理功能如何被实现。对于这里的例子，提供了以下关于固件/软件模块如何做到的细节。

(1) 撤销安全属性和什么属性会被撤销。

(2) 限制授权用户执行这一操作的能力。

(3) 在指定时间范围内执行撤销功能。

在CC第2部分的FMT类管理功能之间的交互也要被描述，尤其是所有的依赖关系。不选择管理需求的原理应该在ST的5.8.3部分里进行解释。

需要指出的是，管理需求可能在一个PP里被指明，尤其是如果客户有特殊的操作需求；然而，考虑到管理要求与 ST 的实现依赖关系，最好是将管理需求的指定延迟到 ST 编制阶段。

5.9.2 TOE 安全保障措施

TSS 描述用来满足 ST 里指明的每个 SAR 的具体安全保障措施，包括所有 EAL 增强和扩展相关的保障措施都需要在这一部分被重述。然后，组成 EAL 的每个保障类和族相关的安全保障措施应详细讨论。为了增强可理解性，图表相关的文本材料应尽可能都提供。特别地，应当提供一个矩阵来映射 SAR 到具体的安全保障措施。此外，每个 SAR 都必须映射到至少一个安全保障措施，而每个安全保障措施都必须映射到至少一个 SAR。

TOE 开发者负责解释安全保障组件的开发者行为元素和内容与形式元素是如何满足每个 SAR。TOE 开发者没有责任考虑评估者行为元素的安全保障措施。然而，TOE 开发者必须确保定义在评估者行为元素里的所有要求都应被满足，这是 CC 测试实验室用来确定 ST 是否通过评估验证的前提。对于 EAL 2 和以下保障级别的 ST，安全保障措施可以引用现有的项目文档，例如配置管理过程，而不是重复 CC 里的信息。需要指出的是：①必须在 ST 被提交正式评估前编制好这些项目文档；②项目成员确实知道并且遵守评估相关文档的归档过程。

表 5.22 举例说明了在 EAL 2 和 EAL 3 两种场景下如何针对 ADV_FSP.1 保障组件来编写安全保障措施的文本描述。在第一个例子里，引用了现有的项目文档来满足需求；在第二个例子里，开发者行为元素和内容与形式元素被反映。“应当”被替换为“将要”，也有其他一些必要的小的编辑修改，以告知 TOE 开发者需提供的安全保障方法。

表 5.22 示例 TSS 安全保障措施

例 1：EAL 2（参照项目现有文档） 7.2.3 AVD_FSP.1 基本功能规范 下面列出的 ABC 功能规范，实现了 AVD_FSP.1 的安全保障要求： • ABC 功能规范，版本 3.0，2015 年 3 月 31 日。 **例 2：EAL 3** 7.2.3 ADV_FSP.1 基本功能规范 下面列出的 ABC 功能规范，实现了 AVD_FSP.1 的安全保障要求： • ADV_FSP.1.1D 开发者将要提供一个功能规范。 • ADV_FSP.1.2D 开发者将要提供功能规范到安全功能要求的追溯关系。 • ADV_FSP.1.1C 功能规范应描述每个 *SFR-执行*和 *SFR-支撑*的 TSFI 的目的和使用方法。 • ADV_FSP.1.2C 功能规范应识别每个 *SFR-执行*和 *SFR-支撑*的 TSFI 相关的所有参数。 • ADV_FSP.1.3C 功能规范应提供暗含的 *SFR-无关*的接口分类的基本原理。 • ADV_FSP.1.4C 功能规范应证实安全功能要求到 TSFI 的追溯。

表 5.23 介绍了一个 SAR 到安全保障措施的示例映射矩阵。因为这一示例是针对 EAL 2 的，所以引用了现有的项目文件提供的功能和接口规范、指导性文档和 TOE 安全架构的基本描述，通过分析一个完整的 ST 中的安全功能要求来提供保障，以理解 TOE 安全行为。这种分析由对 TSF 的独立测试、TOE 开发者基于功能规范自测试、对 TOE 开发者

测试结果的选择性确认、证实可抵御具有基本攻击潜力攻击者攻击的脆弱性分析(基于功能规范、TOE 设计、安全架构描述和提供的指南类证据)等证据来支持。

表 5.23　TSS 安全保障要求与保障措施映射表

安全保障要求	安全保障措施
ADV_ARC.1	• 提供 TSF 安全架构的描述文档
ADV_FSP.2	• 提供一个功能规范文档 • 提供功能规范到安全功能要求的追溯关系
ADV_TDS.1	• 提供 TOE 的设计文档 • 提供从功能规范的 TSFI 到 TOE 设计中最底层分解的映射
AGD_OPE.1	• 提供操作用户指南
AGD_PRE.1	• 提供 TOE,包括它的准备程序文档
ALC_CMC.2	• 提供 TOE 及其标识 • 提供 CM 文档
ALC_CMS.2	• 提供 TOE 配置项列表:TOE 本身、安全保障要求的评估证据和 TOE 的组成部分 • 提供对于每个 TSF 相关的配置项,配置项列表应简要说明该配置项的开发者
ALC_DEL.1	• 提供把 TOE 或其部分交付给消费者的程序文档化 • 提供应使用交付程序
ATE_COV.1	• 提供如何与功能规范中的 TSF 接口对应的测试文档 • 提供测试覆盖分析报告
ATE_FUN.1	• 提供应测试 TSF,并文档化测试结果和测试规范 • 提供测试文档
ATE IND.2	• 提供用于有效地重现开发者的测试的必须材料,包括机器可读的测试文档、测试程序等 • 提供一组与开发者 TSF 功能测试中同等的一系列资源
AVA_VAN.2	• 提供公共领域的调查以标识 TOE 的潜在脆弱性 • 提供分析过程中使用的指导性文档、功能规范、TOE 设计和安全架构描述

5.9.3　TOE 概要规范原理

TOE 概要规范原理部分是说明 TOE 安全功能及其实现技术与机制和安全保障措施适合于满足 TOE 安全要求。特别地,必须证明以下 3 项要求。

(1) 给出的安全要求解决方案满足 ST 中的所有 SFR。

(2) TOE 开发者对 TOE 脆弱性分析声明是有效的。

(3) 给出的安全保障措施满足 ST 里的所有 SAR。

TSS 原理说明应覆盖 ST 前面所有的 SFR,既包括从 PP 继承来的那些 SFR,也涵盖由 ST 增加或裁剪的那些 SFR,但不包括由 ST 删除的那些 PP 中的 SFR。同样地,所有的 SAR 也都在 TSS 原理论证范围内,包含增强和扩展的 SAR。相互支持性应采用同样的准则,以便用来生成必要的、充分的和互相支持的 TSS 论据。

5.6.3 部分论证了 TOE 安全目的和假设、威胁和组织安全策略之间的一致性、准确性、完整性和相关性;5.8.3 部分论证了 TOE 安全目的和安全要求之间、安全要求之间的一致性、准确性、完整性和相关性。本节主要通过提供缺失的安全问题、安全目的、安全要求和安全技术与机制这个链接完成图 5.9 所示的映射关系证明：①安全技术与机制和安全要求之间的；②安全技术与机制之间的一致性、完备性、完整性和相关性。

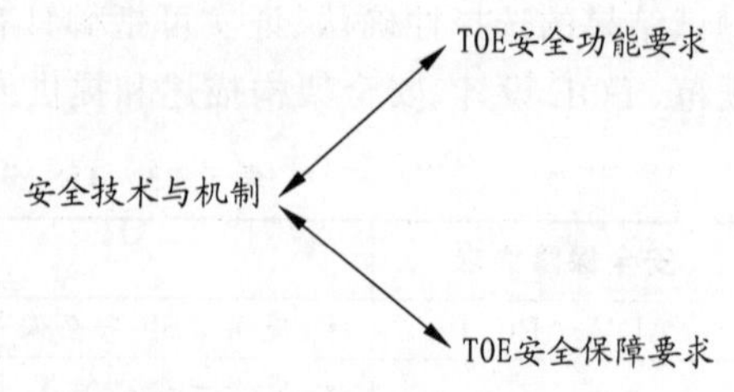

图 5.9 TOE 概要规范原理论证

安全要求与安全技术与机制，以及安全技术与机制之间的相关性证明可使用 CC/CEM 推荐使用的用于证明安全目的和安全要求之间的相关性的相同过程来证明(参见 5.6.3 和 5.8.3 节内容)。ST 第 6 部分的每个 SFR 都被映射到 TSS 部分 TOE 实现特定功能的具体安全技术与机制。所有的 SFR 必须映射到至少一个安全技术与机制，而每个安全技术与机制都必须映射到至少一个 SFR。不应该存在任何没被映射的 SFR 或安全技术与机制。通过构建这样的映射关系(如图表方式)来确保以下几点。

(1) 没有 SFR 未对应的安全技术与机制，以避免造成潜在的安全脆弱性/缺陷。

(2) TOE 实现安全技术与机制中没有遗漏 ST 中的 SFR。

(3) 不会因为 TOE 实现细节需要而导致安全要求分解时引入可能的脆弱性/缺陷。

(4) 给出的 TOE 安全要求设计与实现解决方案充分、稳定且有一定灵活性。

TSS 必要性准则也是采用安全目的和安全要求那样的方式，通过表格映射形式来证实。充分性和相互支持性准则一般通过文本方式描述。相关表达方法可参照安全目的和安全要求原理部分编制：通过表格形式描述映射关系，以论证必要性，通过自然语言陈述来论证充分性和相互支持性。

总之，本节的目标是 ST 编制者通过组合 TOE 的各种安全技术与实现机制，来论证前面给出 TOE 安全目的导出的相关安全要求可以得到满足，以便在 ST 中给出 TOE 安全功能实现解决方案和相关的安全保障控制措施是有效的结论。

5.10 本章小结

TOE 开发者主导编制的 ST 文档是响应 IT 产品消费者安全需求(PP)，与实现相关的某个具体 IT 产品的安全方案，它也是某个 IT 产品厂商针对具体 IT 产品安全规范的描述文档。因此，TOE 评估发起者在启动该 IT 产品的 CC 认证前，会按照 ISO/IEC TR 15446 技术报告编制 IT 产品相应的 ST。

ST 包括引言、符合性声明、安全问题定义、安全目的、扩展组件定义、功能和保障要求和 TOE 概要规范这些内容。ST 是被 IT 产品开发者用作 TOE 开发和评估的基础。换句话说，PP 从 TOE 消费者角度指明了 IT 产品安全功能和保障要求，而 ST 从 TOE 开发者角度提供了 IT 产品安全功能具体实现技术与机制，包括安全保障措施的详细解决方案，以给 TOE 消费者提供可能的 IT 产品选择方案。因此，ST 可以回答以下问题(或更多)。

(1) 如何能够在多个已评估的 ST/TOE 中找出 IT 产品用户所需的 ST/TOE？该问题由 ST 引言部分的 TOE 功能概述和 TOE 安全描述两部分内容组成，其中 ST 编制人员给出了目标 IT 产品的通用功能和安全功能的简要描述。

(2) TOE 是否适合 IT 产品用户现有的 IT 运行基础设施环境？该问题由 ST 引言部分的 TOE 功能概述阐述，其中标识出了运行 TOE 所需要的硬件/固件/软件元素。

(3) TOE 是否适合 IT 产品用户现有的运行环境？这个问题由 ST 第 3 部分的运行环境安全目的进行阐述，其中标识了 TOE 为发挥安全功能作用所需的运行环境相关约束条件。

(4) TOE 能做什么？该问题由 ST 安全目的部分阐述，其中 ST 编制人员给出了 TOE 安全目的和运行环境安全目的，ST 编制人员以简明抽象的方式对 TOE 安全问题定义中所定义的威胁、组织安全策略和假设的预期解决方案进行了陈述。

(5) TOE 能提供什么(潜在 TOE 消费者)？该问题由 ST 第 6 部分的安全要求处理，其中给出了 TOE 的安全功能和安全保障要求。

(6) TOE 具体做了什么(采用的技术和机制)？该问题由 ST 第 7 部分的 TOE 概要规范阐述，其中提供了 TOE 安全功能实现技术与机制的深层次的描述。

(7) TOE 将会做什么(专家)？该问题由 ST 第 6 部分描述的 SFR 以及由提供了附加细节的 TOE 概要规范阐述。

(8) TOE 处理政府/组织定义的问题了吗？如果政府/组织等 TOE 消费者已经定义了 PP，答案可以在 ST 的符合性声明中找到，ST 编制人员从中列出了 ST 符合的所有 PP。

(9) TOE 处理 IT 产品用户的安全问题了吗？什么是 TOE 对抗的威胁？它实施的组织安全策略是什么？做了哪些有关运行环境的假设？这些问题由 ST 的安全问题定义阐述。

(10) CC 用户可以信任 TOE 到什么程度？这能够在 ST 第 6 部分的安全要求的 SAR 中找到，ST 编制人员在其中提供了评估 TOE 的评估保障级别，因而提供了对 TOE 正确性的信任程度。

TOE 利益相关人可能参与 ST 编制：TOE 开发者编写的 ST 文档由潜在的 IT 产品用户阅读，由评估者按照 CEM 中定义的 ASE 对 ST 进行检查和评估。通过评估后的 ST 被 TOE 开发者用作构建一个 TOE 的基础。当然 ST 并不是固定不变的，而是随着用户需求、信息技术、应用环境等的发展而不断修订的一份 IT 产品安全规范文档。基于 CC/CEM 的 TOE 生命周期活动及其相关文件都可映射到 IT 产品的软件生命周期和采购流程的某个阶段。在软件工程生命周期中，一个 ST 相当于设计阶段文档——由 TOE 开发者响应客户在一个 PP 里声明的安全要求而生成的一个设计文档，且这一设计的质量需要通过 ASE 类安全保障活动来验证。在 IT 产品采购流程中，一个 ST 相当于合同认可前采购活动需要 TOE 开发者提交的一部分技术文档；换句话说 ST 应包含在潜在应标人提交的合同提案文档中，并且由合同招标源选择团队对其可行性进行评估。

CC 强制 TOE 开发者使用 ST 文档结构描述 IT 产品安全方案，是为了规范 IT 产品安全需求及其规范说明的编制，确保 ST 是 IT 产品所有不同用户能准确地一致地进行解读的规范化文档。ST 各部分内容是一个联系紧密的有机整体，ST 文档中的各部分内容之间的依赖及其一致性需遵循 ISO/IEC TR 15446 技术报告要求。

ST 第 1 部分通过定义 ST 范围和状态、TOE 类型、安全架构、逻辑和物理边界等来概述一个 ST。TOE 类型是试图通过定义 TOE 实现技术与机制来分类 TOE。TOE 安全描述部分的一个主要目标是区分 TOE 和 TOE 安全架构。TOE 安全架构定义了 TOE 安全功能(TSF)必须的语境。TSF 包含正确执行 TOE 安全策略所需的所有 TOE 硬件、软件和固件。TOE 安全架构定义了由 TOE 架构约束下的 TSF 实现的相关内容。如果 ST 是为了描述一个特定安全的商业化产品套件，TOE 和安全架构可能相同。相对地，如果 ST 是为了描述一个 IT 系统中的 TOE 部件，TOE 和安全架构之间可能存在区别。物理安全边界表示了 TOE 安全功能对什么边界有效。这一边界里的 IT 实体在 TSF 控制范围里(TSC)，并且以指定的方式在一定程度上被保护。在这一边界外的 IT 实体则不在 TSC 中，不一定被信任。TSC 表示可能出现于 TOE 以及可能受 TOE 安全策略约束的 IT 实体集合。物理安全边界是通过明确声明哪些硬件、固件、软件平台、组件和模块包含与 TSF 实现独立的实例来定义的。

ST 第 2 部分描述 ST 是否声明与某些 PP 或包符合，具体与哪些 PP 或包符合。阐明 ST 是用来响应哪一个 PP，并解释该 ST 和被引用的 PP 之间的符合度。ST 符合性声明可以是 PP 符合性声明的无、完全、裁剪、增加和部分符合。该部分是一个 ST 和被引用的 PP 和包之间的符合度说明和解释。所有的 PP 和包符合性声明必须通过充分解释，其理由和凭据应被证实。

ST 第 3 部分声明了 TOE 运行安全相关的假设，分析了 TOE 面临的威胁，并且列出了适用于 TSF 的组织安全策略。ST 安全问题定义部分反映了 PP 适用的安全环境。PP 和 ST 这部分之间的差异性来自于这样的事实，PP 是实现独立的，而 ST 是实现依赖的。

ST 第 4 部分描述了 TOE 安全目的和运行环境安全目的。这些安全目的来自对第 3 部分假设、威胁和安全策略的分析。TOE 开发者应响应 PP 里合适的安全目的，决定：① PP 里的安全目的是否是有效的；②是否必须增加新的安全目的。

ST 第 5 部分是 TOE 扩展组件定义，通过 CC 组件格式描述 IT 产品特定的安全功能或安全保障要求。

ST 第 6 部分通过选择和定义 TOE 安全功能要求(SFR)和安全保障要求来实现第 4 部分中描述的 TOE 安全目的。这些 SFR 和 SAR 来自对第 2 部分对安全架构和边界的讨论，以及第 3 部分中描述的安全风险分析。TOE 开发者响应 PP 中的需求，PP 中的安全需求在 ST 中可能被简单地重申，ST 编制者也可能添加如下与 TOE 实现相关细节。

(1) 完成 PP 中安全组件未执行的元素操作。

(2) 解决 PP 中未解决的组件依赖。

(3) 通过细化或反复操作功能组件来反映 ST 编制者的 TOE 安全方案。

(4) 指定 PP 中未提供的审计需求。

(5) 增加由于 ST 的实现依赖特性而必须增加的 SFR。

(6) 为 IT 环境重分配 SFR。

(7) 忽略非必要的、冗余的或冲突的 SFR。

ST 第 7 部分，TOE 概要规范(TSS)，定义了以下内容。

(1) 满足 ST 第 6 部分中定义的每个 SFR 的具体的 IT 安全功能(TSF)。

(2) 用于实现每个安全功能的准确的安全机制或技术。

(3) 用于满足第 6 部分定义的 SAR 的准确的安全保障措施。

如果 ST 基本原理比较多，可以添加第 8 部分，以证明以下几点。

(1) 第 4 部分安全目的响应了第 3 部分 TOE 安全问题定义。

(2) 第 6 部分安全要求实现了第 4 部分的所有安全目的。

(3) 第 7 部分的 TOE 概要规范实现了第 6 部分的所有安全要求。

(4) PP 合规性和安全功能强度声明是有效的。

上述 4 种安全原理说明论据证明了 ST 是完整的、正确的、一致和连贯的。ST 编制者证明了安全目的、安全要求和安全概要规范是必要的、充分的和相互支持的。

5.11 问题讨论

1. 简述 ST 在 IT 产品生命周期和安全评估中的角色和作用，包括 ST 在 IT 产品生命周期中不应承担的角色。

2. 比较 PP 和 ST 文档结构，分析二者之间的差异，以及各部分之间的联系和依赖关系。

3. 简述安全目标引言内容，描述 TOE 功能概述和 TOE 安全描述的主要内容。

4. 简述组合 TOE 与引用 ST 和 PP 之间的关系。

5. 阐述组合 TOE 安全目的和单体、组件和组合 TOE 之间的关系。

6. 在 PP 中只要讨论 TOE 边界，但在 ST 中需要区分 TOE 物理边界和逻辑边界。简述为何在 ST 里要区分这两种边界类型，并概述 ST 中逻辑和物理安全边界作用。

7. 简述 TOE 消费者和评估者在未来 IT 产品使用或评估中如何使用 ST 中安全问题定义的一个假设声明。

8. 如何分类 ST 安全问题定义部分声明的威胁？这与它引用的 PP 中的威胁分类有什么不同？

9. 与软件工程其他详细的安全设计规范相比，解释使用 ST 文档结构描述 TOE 概要规范的优缺点。

10. 阐述 TOE、TSF、TSC 和针对(a)TOE 部件、(b)组合 TOE、(c)商用现货产品(COTS)和(d)系统的 TSFI 之间的关系。

11. 讨论延迟解决 PP 中组件依赖关系到一个 ST 编制期间的正反两方面的优缺点。

12. 描述 TOE 体系架构和安全架构之间的相似性和不同。

13. TOE 概要规范中描述安全审计和管理需求的目的是什么？

14. 使用什么准则来证明安全要求是：(a)必要的、(b)充分的、(c)互相支持的？

15. 简述 TOE 概要规范主要内容，简述如何通过跟踪矩阵来保证 PP/ST 安全要求完整性和一致性。

16. 简述 *SFR-执行*(SFR-enforcing)、*SFR-支撑*(SFR-supporting)与 *SFR-无关*(SFR-non-interfering)3 种模块及其接口异同及其在 TOE 安全评估中的作用。

17. 简述 TOE 概要规范原理部分内容，通过讨论 TSS 和 TSS 原理之间的关系，解释为何说 ST 是实现相关的 IT 产品安全规范说明。

18. 组件依赖分析证明了什么？在组件依赖分析范围里有什么组件？

19. (a)SFR 和 SFR、(b)SFR 和安全技术与机制、(c)SFR 和安全保障措施、(d)SAR 和 EAL 之间的关系是什么？

20. 面向 TOE 消费者和评估者，ST 可以回答他们即将采购或评估 IT 产品的哪些问题？

第 6 章　通用评估准则的具体评估流程和方法

围绕 IT 产品安全评估需求，CEM 给出了与 PP、ST 评估相关的，且适用于 EAL 1～EAL 5 级评估以及组合保障包（CAP）评估相关的评估输入和输出要求，以及开展评估的各种活动、子活动、行为和工作单元等内容，包括如何和由谁对这些对象进行安全评估的方法模型。

从软件生命周期角度讲，安全评估活动贯穿于 IT 产品的整个开发过程始终：从编制面向 TOE 消费者的 PP 开始，一直到评估者对 TOE 样品的测试和监管者对 IT 产品的认证。这样的 IT 产品安全方案的验证过程并不是在 TOE 研发完成之后一次性完成的，它应贯穿于 TOE 的需求分析、概念设计、详细设计、软件开发、测试验证、运行维护等 IT 产品的全生命周期。因此，IT 产品的安全评估活动也可映射至常见的 IT 产品生命周期和用户 IT 产品采购的通用流程的某个阶段，以便用户理解安全保障评估活动的内容及其作用（如表 6.1 所示）。

表 6.1　CC/CEM 构件到通用系统生命周期阶段和系统采购通用流程阶段的映射关系

通用评估准则活动	通用系统生命周期阶段	系统采购通用流程阶段
无	概念	概念定义、可行性研究、需求分析、成本预算等
保护轮廓编制 PP 安全保障评估活动：APE	需求分析和规范说明	招标书中发布的安全要求文件
安全目标编制 ST 安全保障评估活动：ASE	系统设计	需求：由供应商提交技术评估和成本建议
由中标供应商开发 TOE TOE 安全评估活动：ALC_DVS、ADV	系统开发	采购招标与合同签订
TOE 评估活动：ATE、AVA	系统验证	验收交货订单物，发现不满足需求的设计或开发缺陷
TOE 评估活动：ALC、ADV、AGD	确认、安装和检验	系统安装部署和试运行
TOE 评估活动：AGD、ALC_FLR、AVA	运行和维护	系统运行，并过渡到维护合同
无	停止	合同期满

基于 CEM 的 IT 产品安全评估输入分为两类：待评估对象（PP、ST、TOE 样品）和 CEM 规定的相关评估证据。第 4 章和第 5 章已分别介绍了 TOE 评估者执行 IT 产品安全评估所需的两个输入——保护轮廓与安全目标的编制要求、方法和内容。本章将介绍 CEM 是如何通过另外一种评估输入——各种评估证据来证明某个 IT 产品满足 PP/ST 中所定义的安全功能和安全保障要求。因此，本章包括以下内容。

（1）**评估方法概述**：简述应用于 IT 产品安全评估的 CEM 中的基本原则、过程和规程体系，包括 IT 产品安全评估的约束条件和所有参与者的角色和职责要求。PP、ST 和 TOE 安全评估及其相关评估依据等内容。

（2）**评估流程和活动**：概述执行 CEM 中某个评估子活动的基本工作概况，包括评估参与者、评估基本流程、评估者工作过程、输入任务评估、输出任务评估等评估相关的概念，概述评估中采用的评估证据抽样方法、评估相关的技术术语、保障组件的评估活动、评估结果的判断方法、评估结果验证、评估报告输出等评估活动内容。

(3) **预定义评估保障包评估内容**：依照 CC 第 3 部分预定义的 7 个评估保障级别，简述各个级别相关的安全保障组件评估内容、不同评估保障级别评估内容的异同及它们各自的评估工作重点。

(4) **安全保障评估内容及要求**：简述 CEM 中定义的 PP、ST、TOE 和组合保障包相关安全保障组件的评估内容及相关的证据要求。

6.1　评估方法概述

CEM 的目的在于给出一系列能够支持 IT 产品安全评估活动准确性和有效性的原则及规范。因此，CEM 被定义为“应用于 IT 产品安全评估的原则、过程和规程的体系”。这里的“体系”是指 IT 产品安全评估原则、过程和规程之间的相互作用和相互影响的系统化概念，评估原则是对应用“评估规程和方法”以及“过程”的约束，规程和方法是指 TOE 安全组件评估过程、活动、子活动等评估技术方面的规定和要求。基于这个体系概念，CEM 分别描述了预定义评估保障级别及 PP、ST、ACO 等 TOE 安全组件相关的评估内容和要求。

6.1.1　评估原则

评估原则是指经过信息安全评估人员的长期实践总结所得出的 IT 安全评估所依据的法则或标准。根据 CC 互认协定(CCRA)达成的基本共识，以下原则适用于所有 IT 产品安全评估。

(1) **适用性**：CEM 对 EAL 1～EAL 5 级的安全保障组件评估方法进行了描述，包括 PP、ST、组合保障包相关安全保障组件的评估方法描述。评估活动涉及的 CC 用户(如开发者、评估者)只需按照 CEM 给出的 PP、ST、预定义 EAL 和组合保障包相关组件的评估方法明确其自身职责。因此，CEM 适用于 EAL 1～EAL 5 级不同评估对象(如 PP、ST、TOE、ACO 等)的安全评估。

(2) **公平性**：CCRA 协议要求参与评估的 CC 测试实验室必须在国家评估体制监督下以及在无相关利益干涉的情况下按照 CEM 评估 TOE、PP、ST、ACO，以便保证不同国家和不同 CC 测试实验室对 IT 产品的安全评估结果的公平公正。

(3) **客观性**：尽管参与评估的 CC 测试实验室不存在绝对客观的人，但是他们必须按照国家评估体制定义的评估体系，并在一定的监管下按照 CEM 开展 TOE、PP、ST 和 ACO 评估工作，从而尽可能地保证评估结果的真实性，即评估工作成果的客观实在性。

(4) **可重复性和可再现性**：给定同样的 TOE、PP、ST 和 ACO，提供同样的评估证据和评估环境，评估者应该能得到可重复和可再现的评估结果。可重复是指不同的评估者可以获得相同的评估结果；可再现是指同一个评估者可以反复得到同样的评估结果。参与评估各方的结果解释必须保持一致性。

(5) **完整和准确的评估结果**：TOE、PP、ST 和 ACO 评估结果应当是完整的，并且技术上是准确的。CC 测试实验室应当证明其在 TOE 和 PP、ST 和 ACO 评估活动中的判断满足公平性和技术上的正确性。

当然，前面提到的评估原则都是对评估 TOE 或者 PP、ST、ACO 有一定的环境要求。除非这些安全评估的假设条件都满足，否则评估的基本原则就没有可信度。

CEM 标准给出的安全评估一般假设包括以下几方面。

(1) **成本有效性**：花在 IT 产品安全评估上的时间、资源和资金必须物有所值。评估活动的参与方必须一直保证 TOE 安全评估在开销和收益方面保持平衡。

(2) **评估方法演化性**：评估方法需要依据评估环境的变化和 IT 技术的变化而做出相应的调整。如果不这样做，则会破坏 IT 产品安全评估工作效率进而降低 IT 产品评估结果的可信度。在评估 TOE 或者 PP、ST、ACO 的时候，TOE 评估者必须考虑到新的 IT 技术和安全技术优势。因此，有关 TOE 安全用例设计技术、测试技术及其 TOE 评估支撑环境由 TOE 评估发起者和 CC 测试实验室在 TOE 评估前协商确定。

(3) **评估结果可重用性**：如果在可比较的环境、技术因素和安全要求等评估条件相同的情况下，评估相关方在对 TOE 进行再评估的时候要能够利用原有评估的结论。这个是多方达成共识的基本原则。为了能够实现 TOE 评估可重用性，所有的评估方必须使用基于 CC/CEM 相同的技术语言，并对 TOE 评估方法有一致的认识。

同样，CC 也对获得 CCRA 协议授权的 CC 测试实验室提出以下 3 个必须遵循的原则。

1. 客观公正性原则

客观公正性原则要求 IT 产品安全评估人员避免各种先入为主的观念，克服主观随意性、片面性和表面性等主观思想。在 CEM 中，客观公正性原则由“评估结果的可重复性和可再现性”予以支持。

可重复性是指在正常和正确操作情况下，在 CCRA 认可的同一 CC 测试实验室内，由不同的评估者使用相同的测试环境和测试支持工具，并在相同的测试规范过程(简称测试环境)中，对同一 TOE 的同一活动、子活动或工作单元的被测试指标进行连续多次测试所得评估结果是一致的。

可再现性是指在改变了软件、硬件、网络、数据准备、测试工具等 TOE 测试环境的某个因素下，对同一 TOE 的同一活动、子活动或工作单元的被测试指标进行连续多次测试所得评估结果是一致的。再现性又称为评估结果的可复现性。

评估结果的可重复性和可再现性的区别是显而易见的。虽然都是指同一 TOE 的同一活动、子活动或工作单元评估结果之间的一致性，但其前提不同。可重复性是在测试环境保持不变的情况下，连续多次测试的结果之间的一致性；而可再现性则是指在改变了测试环境(如在不同的实验室或统一实验室不同的操作人员等)的情况下，同一 TOE 的同一活动、子活动或工作单元测试结果之间的一致性。

2. 经济性和可重用性原则

经济性原则就是在 IT 产品安全评估的整个生命周期内，应降低 TOE 消费者、开发者和评估者对 IT 产品的安全评估成本。为此 CEM 按照 IT 产品需求制订、设计和实现这 3 个步骤，分别提供了相应的 PP 评估、ST 评估和 TOE 评估的评估内容和方法。在遵循 CCRA 和国家评估体制前提下，尽量降低安全要求编制、安全目标定义、测试环境准备、安全功能要求和保障要求的测试、测试结果分析和确认、TOE 认证等评估成本。

例如，CEM 针对某个保障组件的评估者行为元素，给出了相关工作单元的具体和详细的评估要求，以及如何选择这些工作单元的抽样指南。TOE 评估者依据抽样程序检查 TOE 开发者准备的评估证据，选择证据集合的某个子集，并假设它们代表了 TOE 整个证据集合。CEM 允许 TOE 评估者不必对 TOE 开发者提供的全部证据进行分析，就能对特定评估证据的正确性产生足够的信任。之所以要进行抽样是为了在保持足够评估保障级别的前提下节约 TOE 评估资源，从而降低评估成本。

为了降低 TOE 的测试成本，CEM 要求 TOE 评估者在选择开发者提供的测试用例时或自己设计测试用例时，应注意遵守经济性原则。

(1) **抽样方法**：要根据 TOE 功能组件依赖关系、评估保障级别和安全组件出现问题时可能造成的损失来确定合适的抽样测试方法。

(2) **测试策略**：要认真研究 TOE 的安全架构和组织的策略与规程，以便在对 TOE 进行测试和评估时能使用尽可能少的测试用例，发现尽可能多的安全问题。

IT 产品开发生命周期相应的证据文档都有可重用的价值，包括项目计划、需求规范、设计文档、实现方案、测试方法和测试用例等都是可被 TOE 评估者重复利用或借鉴的有效资源。CC 测试实验室的 TOE 安全评估技术、方法、支持工具等评估证据也必须遵循相应的可重用性原则。因此，TOE 的 PP、ST 和评估证据编制，包括测试方法和测试用例设计都应遵循 CEM 推荐的评估模型和评估过程，以保证前期工作成果的有效利用，降低 IT 产品的安全评估成本。

3. 评估结果一致性原则

评估结果一致性原则是通过检查 TOE 的各种安全评估交付件来完成的。评估者应该采用合理的结构化方法分析这些评估交付件的一致性，并且可以把它与 TOE 生命周期相关的其他活动结合起来。例如，不同活动之间的映射或者评估结果的可追溯性，这些方面都可作为其他工作单元输入与输出的一部分。如果可能的话，评估者应借助各种形式化描述方法以发现评估结果的不一致之处。类似地，在交付件中尽量使用图表这些半形式化符号，这些符号虽然不像形式化符号那样准确，但可用来减少交付件的模糊性。

CEM 区分了以下几种类型的一致性分析。

(1) **评估交付件内在一致性分析**：评估交付件的不同部分不应存在相互矛盾的陈述。例如，对同一个证据是采用非形式化描述、半形式化描述，还是形式化描述，它们之间应相互一致。评估者应该考虑评估交付件的各个部分在不同文档中可能存在的不一致情况(例如，安装、配置和启动程序可能存在于 3 个不同的文件中)。

(2) **评估活动交付件之间一致性分析**：评估交付件与 TOE 开发其他交付件之间一致性分析要求评估者证实，在一个文档中描述的功能、安全参数、程序和安全相关事件与供评估的其他文档所描述的相关内容是一致的。这意味着评估者应该考虑到可能会出现与其他评估所需的信息来源文件不一致的地方。

(3) **评估交付件与证据一致性分析**：评估者必须核查 TOE 开发者提供的 ST、评估证据、TOE 样品等证实安全保障要求一致性的分析文档，保证 TOE 安全评估交付件与 TOE 评估证据材料之间的一致性。

从以上 CC 测试实验室应遵循的 3 个原则可以看出，CEM 提供了一个系统化和有条理的评估方法学来要求 CC 测试实验室组织和执行 TOE、PP、ST、ACO 的安全评估活动。例如，对照反映用户需求的 PP，应从多个角度对 TOE 的设计、开发、操作和维护进行安全评估。CC 第 3 部分给出了 PP、ST、TOE 和 ACO 组件包的安全保障要求，以保证 TOE 安全功能要求(参见 5.8 节)：①得到实现；②得到正确实现；③实现足够健壮，能够抵抗各种潜在的安全威胁。

6.1.2 评估角色与职责

CEM 定义了 TOE 安全评估中的所有参与者的 4 个基本角色和职责：TOE 评估的发起者、开发者、评估者和监管者。评估发起者是一种不太具体的角色，可能是希望进行 PP、ST、TOE 或 ACO 评估的组织，也可能是 IT 产品的最终用户(TOE 消费者)或 IT 产品的研发机构(TOE 提供者)等。评估发起者负责签订与评估者的合同关系并给出 TOE 开发者必须提交用于评估的 TOE 硬件、软件和固件(统称 CC 交付件)。TOE 开发者是生成评估所需 CC 交付件的组织机构(实体)，即按照 CEM 相关要求，为评估者提供 TOE 样品及一系列评估支持证据，完成 PP/ST 中指定的 EAL 相关保障组件的开发者行为元素以及维护相关证据内容说明。TOE 评估者是评估发起者选择的 CC 测试实验室，其角色可能由该实验室不同的评估人员担任。这些评估人员从评估发起者接受待评估的 CC 交付件及其相关的评估证据(统称为 CC 物件)，并按照 CEM 执行 PP 或 ST 中指定保障组件的评估活动、子活动和工作单元，包括各种评估证据的修订和扩展。下面从评估的角度描述 CEM 中定义的 4 种参与者的职责。

(1) **发起者**：发起者负责为评估项目(TOE、PP、ST 或者 ACO)建立基本条件，保证评估者得到评估证据材料、TOE 背景知识的基础培训等必要的支持。发起者同时提供项目经费支持。发起者可能是客户、工业界、政府或者任何需要评估的组织。

(2) **开发者**：开发者是评估项目的 IT 产品实现者。开发者应准备和编制 TOE、PP、ST 或者 ACO 安全评估所需的评估证据，在评估过程中为评估者提供相应的评估技术和评估证据支持。

(3) **评估者**：评估者是被国家评估体制认定的 CC 测试实验室。评估者收到发起者的评估材料，例如 PP、ST、证据文档或 TOE 样品后，按照评估体制的要求履行其职责。评估者也可能会要求接收评估所需要的其他资料文档及技术附件材料，例如开发者给予的培训或者监管者的指导。评估者同样需要为他们的评估结论，向监管者提交 ETR 和 OR 等各种报告及相应的评估证明。

(4) **监管者**：按照 CC 要求监管评估过程，保证通过使用特定的认证程序(一般都是政府部门)为评估创建合适的条件、提供指导、对 CC/CEM 进行解释以及批准或不批准评估结果，从而使得 TOE 的所有评估遵循 CC/CEM 基本原则。

6.1.3 评估依据与评估体制

在 CC 推出之前，IT 产品常常在开发完成后通过第三方测评机构的安全风险评估来试图“测试”IT 产品功能行为的安全性。因此，为了确信 IT 产品是安全的，这些独立的评估机构通过调查、测试、分析等多种手段和方法通常会找出 IT 产品在设计或开发过程中的一些缺陷与漏洞，并通知 IT 产品开发者进行修补。但这种各自为政的安全评估方式造成了资源和时间的浪费并面临以下两个一致性问题。

(1) **安全要求定义一致性问题**：IT 产品开发者必须从一开始就考虑执行评估产品安全

需求规范，以保证后面IT产品的安全架构设计、安全开发和安全功能验证测试的一致性。因此，在TOE开发前必须确定IT产品的安全规范，且一旦确定规范，后面的设计和开发过程中的安全功能定义就不得修改，否找无法保证产品需求分析、功能设计和技术实现之间的一致性。

(2) **安全评估结果一致性问题**：没有安全要求标准和测试规范指导的盲目安全测试和评估是无意义的，而且会产生主观或有歧义的测试结果。规范化的安全评估必须按照一组客观的评估准则（如CC中的SFR，SAR和某个EAL）来描述评估内容，执行相应的安全测试和分析，以保证评估结果的一致性。

与此相反，CEM提倡一种渐进式的IT产品安全性验证策略：先通过PP明确IT产品消费者的安全需求，后通过ST和TOE概要规范定义TOE消费者认可的安全功能要求解决方案，最后TOE开发者按照约定的ST研发相应的IT产品。基于这些规范的、客观的、渐进的CC交付件（PP-> ST-> component TOE-> composite TOE）就能生成稳定和可重复的安全评估结果。为此，CC提供了3个标准源来定义执行PP、ST、TOE、ACO安全评估活动、如何执行以及由谁执行。每个标准源在之前文件提供的信息基础上各增加了一层额外的细节要求。这3个标准源分别是CC（包括PP/ST产生指南技术报告ISO/IEC TR 15446）、CEM和由各个国家评估机构发布的CC评估体制。本章我们将围绕这个渐进式IT产品安全性验证策略，介绍如何基于CEM来验证TOE开发者提供的IT产品安全方案。

另外，国家评估体制的建立使得无论在何时和何地、由何人执行安全评估，均能保证被评估IT产品评估结果的一致性、公正性、客观性和可重复性，具体如下。

(1) 保证对IT产品及其PP/ST的评估遵循较高的和一致的标准，能有效促进这些IT产品和相关文档的安全可信度。

(2) 提高那些通过了安全评估和经过评估后安全加固的IT产品及其PP/ST的可用性。

(3) 消除不同机构对IT产品及其PP/ST的重复评估。

(4) 提升对IT产品及其PP/ST的再评估、认证、认可等工作效率和经济效益。

因此，在运用评估准则指导下的IT产品测评，当TOE消费者收到国家评估机构颁发的IT产品及其PP/ST和TOE的CC证书时，可以确信该IT产品的安全评估、认证和认可过程是通过以下专业的方式执行的。

(1) 遵循世界广泛认可的IT产品安全评估准则（即CC）。

(2) 使用工业界广泛认可的IT产品安全评估方法（即CEM）。

(3) 遵循了国家评估体制相关的评估、认证、认可体制与规范。

6.2　评估流程和活动

CEM告知评估者如何应用和解析CC标准中的安全要求，即通过明确安全保障组件相关的开发者行为及开发者所提交证据的内容和形式，为评估者开展PP、ST、TOE和ACD评估活动提供具体的指南，以保证评估结果的一致性和可重复性。

工作单元是CEM中评估工作的最小组成部分。每个保障组件评估子活动由一个或多个工作单元组成，这些工作单元按照CC第3部分中“证据的内容和形式元素”或“开发者行为元素”,组织到评估方法行为中。在 CEM 中,工作单元的呈现顺序与 CC 第 3 部分的保障组件元素的呈现顺序相同。工作单元用形如“ALC_TAT. 1～2”的符号标识,字符串 ALC_TAT. 1 表示某个保障组件(即本标准的子活动),最后一个数字“2”代表这是保障组件子活动 ALC_TAT. 1 的第 2 个工作单元。

不同于 CC 第 3 部分中每个保障组件元素相对于族中所有组件都保持其标识符的最末一个数字,当 CC 第 3 部分中的评估者行为元素从一个保障级别的子活动变换到保障级别的另一个子活动时,CEM 有可能引入新的工作单元。为此,工作单元标识符的最末一个数字在不同保障级别会发生改变,尽管工作单元内容没有发生变化。例如,因为一个附加的工作单元,其标记为 ADV_FSP. 2～7 的工作单元被添加到 EAL 4,后续的 FSP 工作单元顺序号偏移了一位,此时 EAL 3 级的工作单元 ADV_FSP. 1～8 对应于 EAL 4 级工作单元 DV_FSP. 2～9,这表示相同要求的各个工作单元的编号在不同保障级别不再直接对应。

CC 保障组件结构(即类、族、组件和元素)与 CEM 评估活动结构(活动、子活动、行为和工作单元)之间有直接的关系。图 6.1 说明了 CC 安全保障类、组件和评估者行为元素与对应 CEM 的活动、子活动和行为之间的关系。需要指出的是,CEM 中评估方法工作单元可以是明显的或隐含的,即有些工作单元由评估者行为导出,有些工作单元可以从 CC 第 3 部分的“开发者行为元素”和“证据的内容和形式元素”中归纳得出。

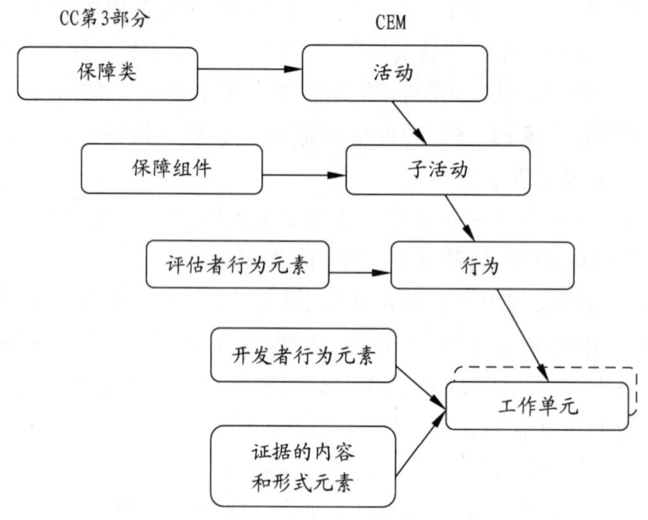

图 6.1 CC 第 3 部分与 CEM 结构间的映射

评估者对是否满足 CC 第 3 部分的保障组件的每个元素的要求给予裁决。作为执行相应评估方法行为及其组成工作单元的结果,CC 第 3 部分评估者行为元素均被赋予一个裁决。CEM 认可 3 种互相排斥的裁决情形。

(1) 通过：评估者完成了 CC 第 3 部分 “评估者行为元素”,并确定接受评估的 PP/ST 或 TOE 的安全要求得到满足。通过评估的条件在相关行为的组成工作单元中给定。

(2) 待定：评估者未完成与 CC 第 3 部分评估者行为元素相关的一个或多个评估行为工作单元。

(3) 不通过：评估者完成了 CC 第 3 部分评估者行为元素,并确定接受评估的 PP/ST 或 TOE 未满足要求。

所有的裁决最初都是"待定"，直到被赋予"通过"或"不通过"裁决为止。

当且仅当所有组成部分的裁决都为"通过"，总体裁决才为"通过"。如图 6.2 所示，如果某个评估者行为元素的裁决为"不通过"，则相应保障组件、保障类的裁决和总体裁决都为"不通过"。

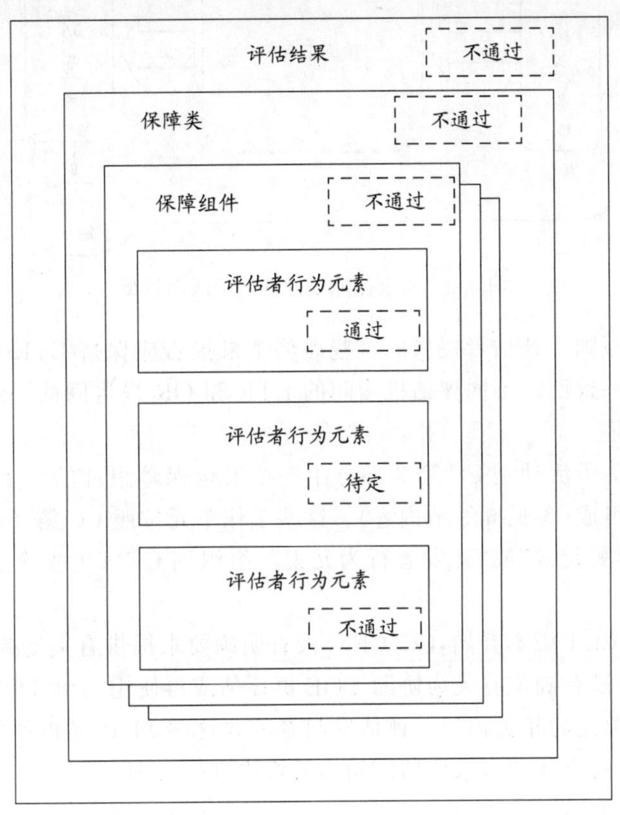

图 6.2　裁决规则示意图

不管是 PP 评估、ST 评估，还是 IT 产品评估（TOE 评估）或组合保障包评估（ACO 评估），CEM 要求对 PP/ST 中所有保障组件的评估子活动都包含两个通用的任务评估：评估输入的评估证据和评估输出的评估结果。图 6.3 描述了 CEM 执行安全保障组件某个评估子活动的输入与输出工作概况。

（1）**评估证据的输入**：评估发起者应向安全评估机构提供 PP 评估、ST 评估、TOE 评估或 ACO 评估所有必需的评估证据，这是他们发起安全评估应尽的责任。注意，大多数评估证据很可能是由 TOE 开发者（代表评估发起者）编制和提供的，TOE 开发者可能需要借助外部 CC 专家一起来准备相关的评估证据（参见第 7 章）。因为保障要求适用于 TOE 整个生命周期。所以对于组合 TOE，应该要使组合 TOE 的所有 TOE 部件有关的评估证据对评估者都是可用的。这种评估证据的范围和所需内容不依赖 TOE 开发者对每个 TOE 部件（即组合 TOE 的组成部分）的控制能力，而应该参照评估保障级别的保障组件评估输入要求，准备相关的输入评估证据。

（2）**评估结果的输出**：安全评估机构的输出任务评估的目的是保证 PP 评估、ST 评估、TOE 评估或 ACO 评估输出的观察报告（OR）和评估技术报告（ETR）应满足评估结果的可

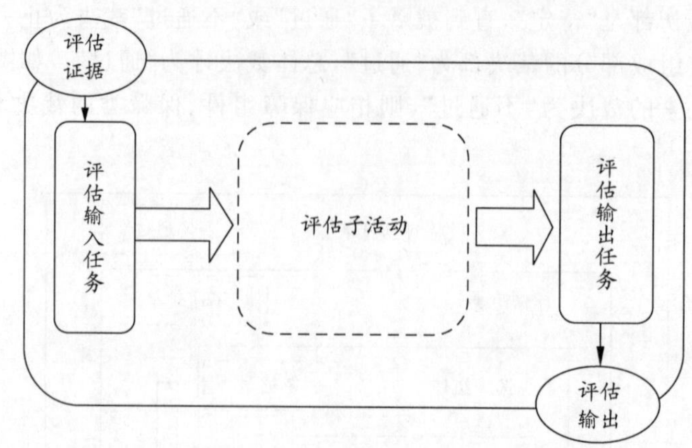

图 6.3 安全保障组件评估子活动模型

重复性和可再现性原则。评估者提供的这些评估结果报告应保持 ETR 和 OR 中所报告信息的类型和数量的一致性。不同评估机构间的 ETR 和 OR 报告间的一致性验证或确认一般由 CC 监管者负责。

图 6.3 中的评估子活动是 CC 第 3 部分中一个安全保障组件的安全评估过程，它一般由一系列工作单元组成(参见 6.3 节内容)。这些工作单元按照 CC 第 3 部分安全保障组件的“证据的内容和形式元素”或“开发者行为元素”，组织到 CEM 的安全保障组件的评估行为中(参见图 6.1)。

注意，从 CEM v3.1 版本开始，CC/CEM 没有明确要求提供有关支持 TOE 再评估和再使用的评估方法，也没有确定有关为协助 TOE 再评估或再使用而由 TOE 开发者提供评估证据和评估者工作单元的相关信息。评估发起者需要这些 IT 产品再评估或再使用评估结果信息时，应当向当前所处的国家评估体制相关机构进行咨询。

6.2.1 评估基本流程

从宏观上看，CEM 建议的 IT 安全评估过程包括评估准备、评估实施、评估报告、评估结果维护等阶段(如图 6.4 所示)。在评估准备阶段，必须知道评估流程中的一些要求。

(1) 评估发起者应按照国家评估体制联系 CC 授权测试实验室。发起者需要给 CC 测试实验室提供 TOE 的 PP/ST，评估者则按照 CEM 要求开始分析其可行性。评估者可能会需要发起者提供 TOE 其他评估相关的辅助信息。

(2) 评估发起者或者 TOE 开发者会给评估者提供一部分待评估交付件。评估者可能会按照 CEM 的安全保障要求审查 PP/ST，然后告诉发起者对评估交付件材料的某些内容进行必要的补充完善，以方便未来 TOE 评估过程的实施。

(3) 当评估者认为评估发起者对评估所需要的资料都准备齐全了，相关程序符合国家评估体制的安全认证体系，则评估过程进入下一阶段。

(4) 评估者按照 CEM 方法生成包括待评估组件列表及相关的评估活动，以及基于 CC 抽样要求的评估证据等文档的可行性研究报告。

(5) 发起者和评估者在评估准备阶段签署一项协议，该协议包含评估的基本框架，同时要考虑到评估体制的局限性以及国家法律和法规的相关要求。

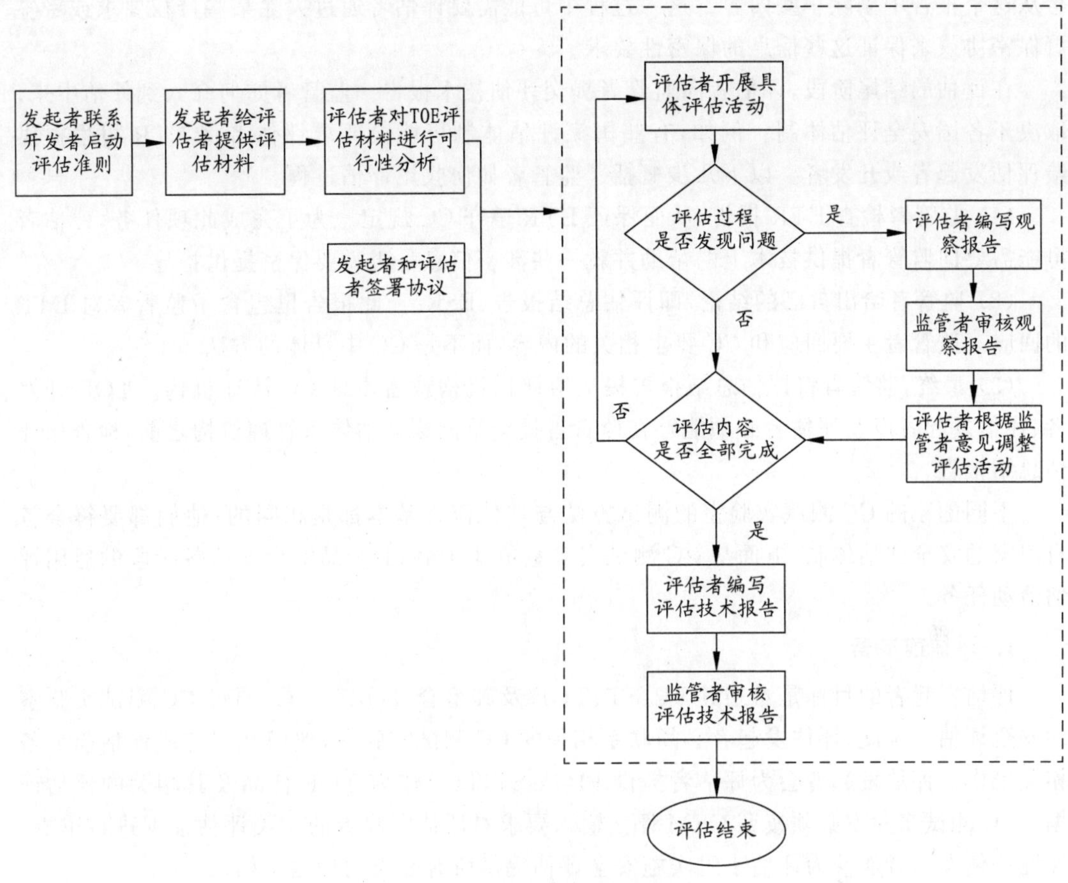

图 6.4　CEM 评估基本流程

(6) 协议签订后,评估者即可进入评估实施阶段。CC 第 3 部分定义的保障要求是 CEM 评估最主要、最实质的评估内容,在此阶段包含的主要活动内容有:

① TOE 评估者检查 TOE 评估发起者或者开发者应交付的评估交付件(包括待评估的 IT 产品和资料),然后按照 CEM 中保障要求的评估方法执行必要的评估活动。

② 在评估阶段,评估者可能会撰写观察报告(OR)。该报告里,评估者会向监管者(认证机构)询问如何满足其监管的要求。以下情况发生时,评估者也可能需要提交观察报告。

- 评估者需要弄清楚 TOE 的某个具体要求,尤其是 TOE 有多种解决方案(安全功能与实现技术与机制)时;
- 监管者有时会要求评估者提交观察报告,留作有争议时使用;
- 评估者找不到关于一个 CC/CEM 问题相关的国际或者国家标准体制解释的时候。

③ 监管者对评估者的解释请求进行回应,然后允许进行下一步评估。

④ 监管者同样可能需要确认和指出一些潜在的缺陷或者威胁,然后要求 TOE 评估发起者或开发者提供额外的信息资料。

⑤ 最终,评估者撰写评估技术报告(ETR)。

评估技术报告包含评估者对 TOE 的调查分析结论及其原理。值得注意的是,评估技术报告文档经常会包含一些敏感信息因而不适合直接交付给评估发起者,因此评估者可能会从这个报告中剔除一些内容。这一过程中可能需要评估者通过去除某些授权要求或者签署保密协议来保证这些信息的保密性要求。

在评估的结尾阶段，评估者向监管者提交评估技术报告。监管者如何介入到评估中来，取决于各国安全评估体制。例如，有些国家评估体制可能会要求评估者将ETR报告提供给评估发起者或开发者。以下几步概括了监管者如何收尾评估过程。

(1) 监管者检查ETR报告，从而保证ETR遵守CC规定。为了完成此项任务，评估者可能需要向监管者提供技术上的帮助并就一些涉密信息是否需要保密提供指导。

(2) 监管者给出自己的结论，即评估总结报告(ESR)。此报告里包含了监管者对ETR的回应。监管者主要回应和CC要求相关的内容，而不是CC中具体的方法。

(3) 最终，监管者将评估总结报告提交给评估机构或者本地CC认证机构。TOE开发者、评估发起者以及评估者必须能够在监管者提交给国家评估体系管理机构之前，检查该评估总结报告。

不同国家的CC测试实验室的测试方法与评估流程基本都是相同的，他们都要符合各自国家的安全评估体制，下面从CC测试实验室角度介绍IT产品安全评估各阶段的通用评估活动任务。

1. 评估前准备

评估发起者的目标是希望其PP、ST、TOE及其组合TOE(ACO)通过CC测试实验室的安全评估。因此，评估发起者必须联系相关的CC测试实验室，他们共同完成评估前准备相关工作。评估发起者会为评估者提供PP或ST，以及作为TOE样品及其相关的评估证据。CC测试实验室必须按照CEM评估输入要求对评估发起者的相关评估证据进行审查，保证评估发起者能够为评估小组实施安全评估提供所有必需的证据文档。

2. 评估前活动

评估发起者和CC测试实验室应按照CCRA和国家评估体制，讨论评估的条款和约束条件，包括CC未包含的经济上的条款以及TOE特定安全要求的评估方法。同样的，CC测试实验室可能基于自己的安全评估能力与TOE评估范围、评估者提供的PP、ST、TOE、ACO及其相关评估证据的评估可行性进行筛选。

需要注意的是，评估发起者和CC测试实验室必须保证所有参与此评估的成员不能有利益冲突关系，以保证评估的独立性和公正性。例如，TOE开发者不能是评估组的成员。

一旦评估发起者和CC测试实验室达成了PP评估、ST评估、TOE评估或ACO评估的协议，CC测试实验室必须提交一个评估建议从而使得该评估进入正式的规划。CC测试实验室的评估建议一般以评估接受包(EAP)方式提供，包含以下主要内容。

- 一个完整的TOE安全目标。
- 关于TOE的完整评估计划。
- 关于评估前活动情况和性质的描述，包含参与评估的成员信息等。

CC测试实验室的评估小组在开始评估之前必须撰写评估工作计划。该计划包含了CC测试实验室评估者所要做的评估活动、评估输出以及评估人员如何记录其实验发现。该评估计划对CC认证机构(例如美国NIAP)非常重要：评估计划必须能够证明评估小组能按照CEM完成IT产品的安全评估，从而向认证机构提供TOE认证相关的评估结果证据。

3. 资源分配和评估启动

在评估发起者和 CC 测试实验室做好评估准备工作后，CC 认证机构(或 CC 测试实验室)将按照评估计划验证 TOE 评估所需要的各种资源是否满足。CC 测试实验室将评估项目分配给一个或者多个评估人员(具体的数量取决于 PP 或 ST 中的 TOE 复杂程度)以及一个评估负责人。评估负责人在指定时间段内会审查评估计划的执行情况，包括 CC 测试实验室内部各种讨论会、评估启动会议等评估过程中的相关资料。

假设参与评估启动会议的评估发起者、CC 测试实验室和 CC 认证机构同意此次评估，则会签署一个评估接受协议，这意味着 CC 测试实验室可以正式开始评估。CC 测试实验室可能同时给 CC 认证机构一个反映他们测试评估环境与支持工具质量概况的背景信息，以使 CC 认证机构掌握 CC 测试实验室是如何控制评估质量的。基于此，认证机构就可起草一个包括评估验收活动、阶段目标以及授权的认证评估计划。

4. TOE 评估活动

在评估启动会议之后，CC 测试实验室按照 CEM 定义的保障组件评估方法，审查 TOE 每个保障组件的子活动输入评估证据，对 TOE 安全功能行为开展相关的测试、分析和评估，并生成工作单元和子活动的评估输出。CC 认证机构可以一边监控 CC 测试实验室的各种评估活动，一边按照他们的评估接受包(SAP)对 CC 测试实验室的输出结果开展评估结果的审查和认证。

(1) TOE 评估准备状态报告。

(2) 协调评估者提交给 CC 认证机构的各种观察报告。

(3) 在 CC 测试实验室和 CC 认证机构之间的各种交流工作。

在 CC 测试实验室完成 PP 评估、ST 评估、TOE 评估或 ACO 评估所有必要的评估活动之后，他们会给 CC 认证机构交付认证所需的以下文档。

(1) 所有的和观察决定相关的评估活动的观察报告。观察决定是 CC 认证机构对于 CC 测试实验室所提交的观察报告的正式决定。

(2) 一个非正式版的待认证 IT 产品的概要描述。

(3) 两个版本评估技术报告(ETR)：一个是包括敏感信息的完整版本，另外一个是移除敏感信息的发布版本。

在审阅完这些文档之后，认证人员会撰写一个认证评估报告和建议文件，并将此报告连同认证产品概要列表一起交给 TOE 评估发起者和 CC 测试实验室，从而方便他们发放认证许可相关材料。认证评估者会给认证技术监管经理提交其可能关心和感兴趣的最终推荐材料，以便与认证机构主管进行汇报交流。

每个 CC 测试实验室都必须按照他们质量管理体系完整地记录评估过程相关信息，这也是各国评估体制对 TOE 评估结果进行认证的基本要求。CC 测试实验室质量控制体系的一部分就是在评估过程中保留 CC 测试实验室的各种测试和实验记录。这些记录向认证评估者证明 CC 测试实验室的评估者实际完成了该 TOE 的评估。认证评估者可以在 CC 测试实验室评估者评估的过程中随时查看这些记录，从而监控 TOE 的所有评估过程。所有记录都必须包括完成此项工作的人员签字及日期等信息。

5. TOE评估后活动

CC测试实验室会给评估发起者所有的评估观察报告以及对应的观察决定，一个非正式版的测评组件概要列表以及前面提到的两个不同版本的ETR。

评估者会给监管者提交其可能关心和感兴趣的其他技术材料，以便CC认证机构能参考这些材料，考虑是否进行以下工作。

(1) 颁发CC认证证书，通知CCRA成员做相互认证工作。

(2) 通知CC测试实验室，其评估未达到CC评估体制认可及ETR不通过的原因等。

如果认证评估者决定为一个IT产品、ST或者PP发行CC认证证书，他们会将准备好的认证证书提交给国家安全评估机构签署。TOE开发者、评估发起者以及PP/ST编制者会收到CC组织对IT产品或者PP、ST、ACO评估认证证书。

6. 评估结果利用

消费者可利用基于CC的TOE评估结果选择适合他们安全要求的商用现货产品(COTS)。CC测试实验室最终正式发布的PP、ST或TOE评估结果才能说明PP/ST和指定EAL级别的TOE安全要求是否得到正确实现。因此，如果说PP/ST表明了TOE的安全功能要求，那么通过CC测试实验室正式评估和国家评估机构认可的IT产品表明其安全功能(TSF)的实现符合PP/ST。

最终客户(消费者)不会参与其即将采用的IT产品的安全评估活动，除非是在有PP指导的情况下，客户有可能参与他们安全方案——ST的安全评估(ASE)。客户是TOE安全评估结果的首要使用者，第三方的TOE评估结果能“帮助客户决定IT产品对他们的预期用途是否足够安全，以及TOE使用中隐含的安全风险是否可以容忍。”

PP、ST或TOE评估结果客观评估了：①TOE所有指定的SFR和SAR是否得到实现；②TOE安全功能是否得到正确实现；③TOE这些安全功能是否有效地满足了声明的ST。

按照CEM所述：

评估结果认证/认可能为IT产品可信性提供良好基础：安全功能适用于处理一个给定的安全问题(如威胁)。然而，评估结果的认证/认可应被视作对安全功能实现正确性有一定保障的认可。实际上，术语“安全”应总是被视作与评估环境的特定威胁、组织安全策略和假设集合相关。

EAL评估(不管是为COTS产品、TOE部件还是为组合TOE做的评估)意味着以下几点。

(1) 评估机构验证了TOE和TOE相关评估证据满足指定EAL的所有SAR需求，包括增强和扩展。

(2) 评估机构验证了TOE是对ST中声明的SFR的正确、完整和准确实现。

(3) 评估机构验证了TOE实现了ST中声明的所有安全目的。

(4) 评估机构验证了TOE遵循ST中所有假设，对抗ST中所有威胁，并实现了ST中声明的所有组织安全策略。

(5) 所有在正式评估中发现的漏洞或缺陷得到TOE开发者的纠正和评估机构的测试与验证。

(6) 国家评估体系管理机构验证了 CC 测试实验室完成的评估工作。

这隐含着以下几点：首先，TOE 的 EAL 评估仅适用于 CC 测试实验室的评估环境配置。换句话说除非在 CC 认证中显式声明，否则有关客户未来生产环境中 TOE 的可选安全功能特性、安全选项组件的配置，如果在 ST 中没有被覆盖到，那么 TOE 的这些功能和配置在本次 EAL 评估结果中是不会被评估的。其次，参与评估的 TOE 评估内容是针对 TOE 开发者提供的 ST 评估的，而不是以客户编制的 PP 为依据，因此，客户对 TOE 评估结果的最终解释应建立在 ST 之上。

(1) 在 ST 中，PP 声明有哪些假设、威胁、安全目的或安全要求是新添加的、修改过或被删除了，以及这么做的原因。

(2) TOE 具体的逻辑和物理安全边界。

(3) TSF 控制范围等。

换句话说，TOE 消费者自己负责确定哪些安全要求是在 EAL 评估范围内，以及哪些 TOE 可选的安全功能没有在 CC 测试实验室的评估环境进行评估。再者，TOE 消费者需要阅读国家认证管理机构发布的 CC 测试实验室最终报告：该报告明确说明了评估配置，包括硬件、软件、固件和文档；描述了用到的评估方法、技术和工具，各安全评估子活动的细节；提供了观察报告列表和决议；展示了 CC 测试实验室的结论和建议。TOE 消费者需要仔细阅读这些报告以做出关于 IT 产品适用性的知情决定，特别是评估 IT 产品及其运行环境是否适用于客户预期的操作模式、情景和环境。如 CC 文档所注：

> 与 CC 相关的评估代表了对 TOE 安全功能的特定测试环境下的审核结果。这种评估并不保证在其他应用环境下的适用性。接受一个 TOE 可用于特定应用环境的决定是基于对许多安全问题的考虑，包括 CC 评估结果。

此外，客户还应该意识到评估过程相关的以下局限性。

(1) 评估是在实验室而非生产环境中完成的。这说明有些问题，如延时、时间限制或环境因素可能未被充分评估，需要客户使用其他方法对其进行进一步的评估。

(2) 如果接受评估的是 COTS 产品或 TOE 部件，与源系统相关的集成问题可能没有得到充分评估，因而需要使用其他方式评估。

(3) 基于 CC 的安全评估不包括与容量负载、包括与压力负载测试等保障 TSF 可用性相关的测试方法。这些应根据 CC 测试实验室安全评估人员的判断来决定是否满足客户的需求。因此，IT 产品的性能问题需要使用其他方法评估。

6.2.2　评估证据输入

CEM 定义了评估子活动输入任务要求，其目的是确保评估者能够从发起人那里获得 PP、ST、TOE、ACO 正确版本的评估证据，且在证据获取过程中充分地保护这些评估输入材料。否则，就不能保证 TOE 相关评估证据的完整性和准确性，也不能保证评估结果的可重复性和可再现性。CEM 在附录 A 通用评估指南部分给出了用于指导 TOE 开发者提供评估证据的基本技术，以有助于评估者对输入证据进行评估的要求，保证后面的评估工作具备客观性、可重复性和可再现性。我们将在第 7 章讨论 TOE 开发者准备评估证据的方法和技巧。

CEM 建议 TOE 评估者和评估发起者一起制订一个所需评估证据的列表，以便更好地对输入评估证据材料进行组织和管理。这个列表一般是一组参考资料文件的集合。这个列表应当包含足够的信息（例如每个文档的摘要或清晰的标题、对所关注条款的标记等），以方便 TOE 评估者更容易查找所需评估证据。

评估发起人提交给 TOE 评估者的评估证据应当是正式发布版本的可靠证据。当然，在评估期间评估发起人也可以提供 TOE 研发工作过程中的评估证据（简称工作草案）。例如，工作草案可用于帮助评估者进行前期的、非正式的安全评估，但工作草案不能用作 CEM 评估过程中保障元素评估裁决的依据。评估者查阅以下特定评估证据的工作草案对 TOE 的测评也是有帮助的。

(1) **测试文档**：允许评估者对 TOE 各种测试用例和测试程序做出早期评价。

(2) **设计文档**：为评估者提供理解 TOE 安全架构设计的背景材料。

(3) **源代码或硬件图**：允许 TOE 评估者评价开发者对信息技术及其机制在 IT 产品研发过程中的应用，包括 CC 标准及其相关文件的应用情况。

在 TOE 评估和 TOE 开发同步进行时，评估者可能遇到处于 TOE 开发者提交的工作草案阶段的评估证据。另外对已开发好的 TOE 进行评估期间也可能遇到 TOE 发起者补充了一些工作草案性评估证据，此时 TOE 开发者应做一些额外工作来解决评估者提出的问题（例如纠正设计和实现中的缺陷）或者提供在现存文档中欠缺的那些安全评估证据（例如，TOE 最初设计时没有满足 CC 要求的情况）。

6.2.3 TOE 评估活动

CC 第 3 部分定义了安全保障组件的开发者行为元素、证据标准内容说明、评估者行为元素、7 个保障级别的保障组件和组合 TOE 的 3 个保障级别评估要求。CEM 是依据 CC 第 3 部分的内容，详细定义了 EAL 1 到 EAL 5 评估过程中各参与者角色、职责、活动、子活动、行为和待实现工作单元。因此，评估人员需准确地理解 CEM 评估方法中的各种评估活动，采用科学合理的评估方法和测试技术来完成 TOE 的安全评估。例如 CEM 要求评估者对于评估发起人提供的评估证据，必须采用适当的抽样方法，以此来完成检查评估证据规定集合的某个子集，并假设它们代表了所有评估证据集合。

之所以要对发起人的评估证据进行抽样分析或对 TOE 安全功能进行验证测试，是为了在保持足够评估保障级别的前提下节约评估资源，平衡整体评估代价的付出。证据的抽样能够提供两个可能的结果。

(1) 子集检查评估没有发现错误，使得评估者对发起人提供的所有证据集合的正确性有一定的信任。

(2) 子集检查评估发现了错误，因此，评估者对发起人提供的整个集合正确性提出怀疑。即使所有的错误原因都被找到，评估者也不能对此证据集合产生足够的信任。评估者需要再增加抽样子集的大小，或者对该特定的证据不再抽样，而是采用评估者自定义测试用例等评估方法。

在完成指定 EAL 级别的 TOE 评估过程中，在生命周期支持活动、开发活动、测试活动、脆弱性评定活动等多个环节上都有可能通过抽样完成。在抽样 TOE 开发者提交的评估证据时，评估者应遵守下列原则。

(1) 抽样不应是随意的，而应选择所有证据中具有代表性的样本。抽样的大小和复杂度应是公正的。

(2) 当抽样和 TOE 的正确实现相关时，样本应代表抽样领域相关的所有方面。特别是，选择应当覆盖不同组件、接口、开发和运行场所(如果包括多个)以及硬件平台类型(如果包括多种)。

(3) 当抽样与获得证据的过程(如，访问控制或设计审查)相关时，评估者应抽取足够的信息以确信 TOE 开发规程正在被遵照执行。

(4) 在确保样本和支持性交付件及时交付的条件下，不应事先告知 TOE 评估发起者和开发者样本的确切组成。例如，依照评估计划，将测试套件和设备交付给评估者。

(5) 样本的选择应当尽可能地公正(评估者不应总是选择第一项或最后一项)。理想情况下，样本应当由评估者之外的人员选择。

在 TOE 评估过程中，评估者应遵守 CEM 基本规则，如果必要的话，还应要求 TOE 开发者或发起者对评估过程中发现的问题(观察报告)进行说明。评估过程中的结果及最终的评估结果由评估者记录。评估者可以生成 3 个可能的判断结果。

(1) **通过**：所有组成评估者行为元素和 TOE 所有需求都得到满足。TOE 开发者提供的证据满足了 ST 中所有 SFR 和 SAR 的开发者行为元素和证据的内容说明。

(2) **不确定**：有组成评估者行为元素的需求被认为还不太清楚是否能满足。由于不充分的、不完整的或有歧义的证据内容说明，评估者无法成功完成 ST 中所有 SAR 要求的评估者行为。

(3) **不通过**：所有组成评估者行为元素对应的评估活动都完成了，但一个或多个 SAR 要求的评估者行为元素没能满足。

监管者复审 CC 测试实验室提交的正式评估结果并认可或否定该结果。如果认可，监管者将发布 PP 和 TOE 的 CC 认证证书，并发布登记公告。

类似 CC，CEM 定义和使用特定的评估术语。评估者应该掌握评估过程中这些技术术语和对应用法。

(1) **动作(Action)**：显式描述了 TOE 评估者行为元素。这些动作来源于 CC 第 3 部分保障组件的 TOE 评估者行为或者是从 TOE 开发者行为中间接导出(隐含的评估者行为)。

(2) **活动(Activity)**：TOE 评估人员对 CC 安全保障类进行安全评估的工作单元集合。

(3) **评估交付件(Evaluation Deliverable)**：评估者或监管者为执行一个或多个评估或评估监督活动所必需的，由 TOE 评估发起者或开发者提交的任何资源。

(4) **评估证据(Evaluation Evidence)**：有形的评估交付件。

(5) **子活动(Subactivity)**：对应到 CC 安全保障组件的评估工作单元集合。注意 CEM 不处理保障族，因为评估子活动只针对保障族中的单个保障组件。

(6) **工作单元(Work Unit)**：评估工作的最小组成部分。评估方法的每个评估行为由一个或多个工作单元组成，这些工作单元按照 CC 第 3 部分中"证据的内容和形式元素"或"开发者行为元素"组织到评估方法行为中。

这些术语反映在 CEM 语法和符号上。例如，工作单元编号：

ATE_IND.2-11

其中，“ATE”表示测试保障类评估活动，“IND. 2”表示独立测试—抽样保障组件的子评估活动，而“-11”表示这是 ATE_IND. 2 子活动的第 11 个工作单元。在早期的 CEM 版本中，由于不同 EAL 级别的评估范围、评估深度和严格程度的变化，工作单元前面包括了 EAL 级别编号，且保障组件相关的子活动工作单元数可能随 EAL 改变而不同。换句话说，早期的 CEM 是依据 EAL 分级定义相关保障组件的工作单元。但从 CEM v3. 1 r3(ISO/IEC18045-2008)开始，评估工作单元是依据保障组件组织的，所以评估者在阅读工作单元应用注释时一定注意工作单元评估方法的描述。例如从 EAL 2 级开始，所有的安全评估保障级都包括安全架构评估(ADV_ARC. 1)保障组件，目的是确定 TSF 的结构是否使 TSF 不能被篡改或绕过，且提供安全域的 TSF 是否进行了域分离。CEM 为 ADV_ARC. 1 子活动定义了 5 个工作单元，例如针对 ADV_ARC. 1. 1C 定义的工作单元 ADV_ARC. 1-1 如下：

- 评估者应审查 TOE 的安全架构描述，以确定提供证据信息的详细程度，在细节上应与功能规范(ADV_FSP)和 TOE 设计(ADV_TDS)文档中包含的安全功能要求执行(SFR-enforcing)抽象描述相一致。
- 关于功能规范，评估者应确保描述的自我保护安全功能包括那些在 TSFI 中的明确要求。这样的描述可能包括 TSF 本身的可执行映像保护和 TSF 管理对象(例如 TSF 使用的文件)保护。评估确保功能规范描述了可能通过 TSFI 调用的功能。
- 如果评估包含 EAL 2 的 ADV_TDS. 1 或 EAL 3 的 ADV_TDS. 2 的 TOE 设计评估子活动，评估者要确定安全架构描述含有各 TSF 域分离的子系统是如何工作的相关信息。
- 如果对 EAL 4 的 ADV_TDS. 3 或更高 EAL 级别的 TOE 设计评估子活动可行，评估者确保安全架构描述也包含安全功能要求执行(SFR-enforcing)相关的信息。例如，这样的描述可能包含参数检查，防止 TSF 失效(如缓冲区溢出)，可能包含调用和返回操作的堆栈管理信息。评估者检查机制的说明，以确保信息的详细程度使得安全架构描述中的描述和实现表示(ADV_IMP)之间的模糊性最小。
- 如果安全架构描述中的任何模块、子系统，或接口在功能规范或 TOE 设计文档中没有描述，那么与该工作单元相关的评估者行为结论为失败。

从 ADV_ARC. 1. 1C 定义的工作单元描述可以看到，在不同 EAL 级别，安全架构的描述涉及的详细水平与其定义的功能规范和 TOE 设计文件中的内容相关，需要有这些依赖组件相应的评估方法与技术对输入任务(评估证据管理)和输出任务(报告生成)进行安全评估。这些任务就是 CEM 如何在 CC 组件评估子活动之外，增加评估过程输入和输出细节的范例(如图 6.3 所示)。

对输入任务的评估目标是保证评估者能及时完整地得到证据集。评估发起者负责将证据交给评估者。例如针对功能规范评估(ADV_FSP. 5)子活动的评估证据包括以下几部分。

(1) 安全目标(ST)。

(2) 功能规范(ADV_FSP)。

(3) TOE 设计(ADV_TDS)。

(4) 实现表示(ADV_IMP)。

如果 TOE 的 ST 有评估证据的话，那么所使用的评估子活动评估证据包括以下几部分。

(1) 安全架构描述(ADV_ARC)。

(2) TSF 内部描述(ADV_INT)。

(3) 形式化安全策略模型(ADV_SPM)。

(4) 操作性用户指南(AGD_OPE)等。

CEM 为每个保障组件评估子活动提供一个能说明现有版本评估证据的清单和数量指标,评估者需要对输入子任务完成以下 3 方面的工作。

(1) 维护证据的具体配置信息和保护它以防意外或恶意篡改和丢失。

(2) 根据评估发起者决定的证据敏感性,保护相应证据的保密性。

(3) 以评估发起者认可的方式对评估证据进行处理。

对输出任务的评估目的是对评估所得观察结果和结论的内容和格式进行评估,以保证评估结果的一致性和可重复性。CEM 定义了两个输出子任务: 观察报告(OR)和评估技术报告(ETR)。OR 用于评估执行中的两个目的: ①发出一个要求澄清的请求; ②识别一个问题。OR 是正式评估文档,由评估者撰写并同时发送给评估发起者和国家评估认证机构。CEM 定义了评估报告可接受的最少信息内容。

国家评估体制可能会要求其他附加信息,例如有关单个工作单元的报告,或者还要求在 OR 和 ETR 中包含其他信息。

图 6.5 展示了观察报告的格式和内容。无论是 PP、ST 还是 TOE 评估都使用相同的观察报告格式。第一段提供了识别信息,如 PP、ST、TOE 的标识段,与版本号、发布日期、硬件/软件平台和配置选项一起提供。第二段负责识别发生问题的任务或子活动或一个需要澄清的观察,例如出了什么错,丢失、歧义、矛盾或错误的证据,或可能导致失败裁决的临时结果。第三段给出相关问题的澄清请求。第四段声明了关于整个评估的 OR 的严重性。第五段指定了响应一个 OR 的职责。注意生成一个 OR 可能导致向国家评估机构的解释请求(RI)。第六段记录了评估者推荐的用于完成 OR 的问题时间表,而第七段介绍了观察报告未完成会对整个评估造成什么影响。一次 PP、ST 或 TOE 评估执行过程中可能生成多个 OR。注意 OR 和决议证据应处于配置管理保障要求的控制下。

1. PP、ST 或 TOE 标识符
2. 任务/子活动中遇到的
3. 澄清问题的请求
4. 严重性评估
5. 归结主体
6. 建议的解决时间表
7. 影响评估

图 6.5　观察报告(OR)内容

评估技术报告(ETR)的目的是记录和解释评估结果,尤其是评估裁决的论据。ETR 由评估者撰写,其首要目标读者是评估发起者和国家评估监管机构; 次要目标读者是 TOE 开发者和潜在的 TOE 消费者。

注意,在 CC 第 3 部分的评估保障级别组件列表中,ALC_FLR 族相关组件并未被指定在任何 EAL 级别包中。CC 仅仅将 ALC_FLR 族相关组件作为编制 PP/ST 时的 EAL 增强选项。

6.2.4　评估结果输出

评估输出主要包括 OR 和 ETR。有些国家评估体制可能还需要其他评估报告(例如保障组件单个工作单元的报告),或者还要求在 OR 和 ETR 中包含评估环境或过程相关的其他信息。评估者使用这些报告去证明其评估结果的合理性。注意尽管 CEM 定义了 ETR 报告最少应该包含的内容，其他附加内容仍然需要，例如著作权条款、TOE 安全架构及认证组织需要的特殊信息。

为使评估输出的报告内容达到 CEM 规定的要求，评估者应执行以下两个子任务。

(1) 编写 OR 子任务(如果评估需要的话)。

(2) 编写 ETR 子任务。

CEM 接受 3 种相互排斥的评估结论输出：通过，不通过和待定。

(1) **通过**：评估者遵循 CEM 完成了评估，发现所评估的 PP、ST、TOE 或者 ACO 满足了所有要求。CEM 对 EAL 1～EAL 5 规定的保障组件阐述了通过和不通过的具体要求。

(2) **不通过**：评估者遵循 CEM 完成了评估，发现所评估的 PP、ST、TOE 或者 ACO 未能满足 CC 的某些要求。

(3) **待定**：评估者尚未完成评估子活动的一个或者多个工作单元。在评估者决定所评估的 PP、ST、TOE 或者 ACO 通过与否之前，该状态是评估时的默认状态。

在评估者给出"通过"结论之前确保 TOE 所有工作单元和评估子活动的所有评估结论都必须是"通过"状态。一次评估是否通过的裁决规则规定，如果部分评估子活动是"不通过"的话，则对应的保障组件、保障族、保障类以及整体的评估报告就是"不通过"。

在裁决为"不通过"的情况下，评估者应提供相应的观察报告，以给监管者说明评估不通过的具体原因。因此，CEM 规定的观察报告为评估者提供一种要求澄清(例如需要监管者说明某个要求的使用)或识别评估中某个问题的机制。此外，评估者也可以使用观察报告作为澄清需求的一种方式。

对每个观察报告，评估者应描述以下信息。

(1) 被评估的 PP、ST 或 TOE(或组合 TOE)的标识。

(2) 观察是在哪一个评估任务/子活动期间产生的。

(3) 观察到的具体情况。

(4) 严重程度估计(例如失败裁决、阻碍评估进展、需要在评估完成前给出解决办法)。

(5) 负责解决该问题的组织/机构。

(6) 解决问题的时限建议。

(7) 问题解决失败时将对评估产生影响的估计等。

观察报告的目标读者及处理报告的程序取决于报告内容的性质和国家评估体制。国家评估体制可根据所要求的信息和分发对象的不同(例如给监管者或评估发起者的观察报告)来区分观察报告的不同类型，或者定义附加类型。

应用 CEM 对 TOE 执行评估的主要输出结果就是给出裁决技术依据的 ETR。ETR 支持监管者对评估结果作出监督裁决，但是不能期望 ETR 提供监督者需要的所有信息，并且该文档也不能提供必需的证据供评估体制确认该评估是否是依据相关标准执行的，这已超出 CEM 方法范围，应当结合国家评估体制相关的其他监督方式来满足。

ETR 的阅读对象(主要是 TOE 监管者、开发者以及发起者)一般被假设为对 CC、CEM、IT 产品以及信息安全的内容和意图都比较了解。评估者需要假设 ETR 的读者对一些评估过程中用到的基本术语有所了解，评估者不需要在 ETR 中对这些概念和基本术语做过多的解释。

ETR 支持监管者对 PP、ST、TOE、ACO 的安全评估过程进行监管，但是该技术报告可能不包含监管者完成 ETR 所需要的所有资料。CC 给出的 CEM 没有明确指出这个条件，这些需要国家评估体制的其他监管方法来解决。

ETR 内容取决于 TOE，它可能有多种形式，读者可到 CC 官方网站查看不同类型产品的 ETR。下面我们只概述 CEM 定义的 PP 和 TOE 两个 ETR 报告的最低输出内容要求。

1. PP 评估输出

图 6.6 是 CEM 建议的 PP 评估技术报告内容要求。在引言部分评估者需明确评估监管所需的内容和参与者角色。换句话说评估者应明确 PP 标识信息，例如 PP 名称、编制日期和 PP 版本号，以及 PP 编制者和评估发起者。评估者在这一节应包括报告国家评估体制标识，以便通过该标识找出负责评估监督的评估体制所需要的信息。除此之外 ETR 引言部分还应该包括以下内容。

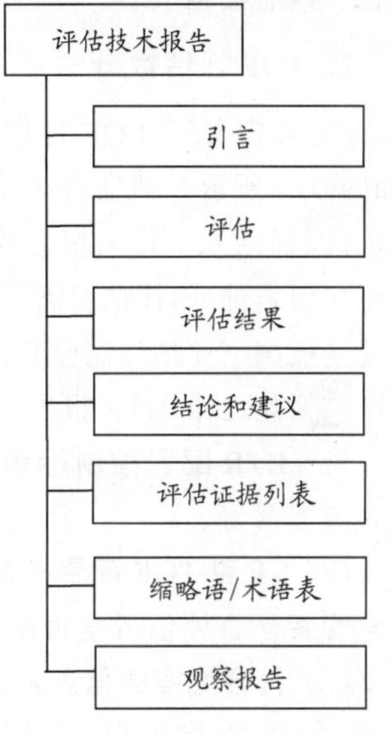

图 6.6　PP 评估的 ETR 内容

(1) ETR 配置控制标识：包含名称、日期、版本号等 ETR 标识信息。

(2) PP 配置控制标识：标识出所评估 PP 的名称、日期、版本号等，以便监管者核查评估者是否给出了正确的裁决。

(3) 编制者身份：标识出谁负责产生该 PP。

(4) 发起者身份：标识出谁负责向评估者提供评估证据。

(5) 评估者身份：标识出谁执行评估并且对评估裁决负责。

在 ETR 评估部分，评估者应描述 PP 评估所使用的评估方法、技术、工具和标准，注明在评估 PP 时所使用的评估准则、方法和相关解释请求。当然评估者也应描述所有对 PP 评估的各种限制、对评估结果处理的约束条件以及在评估期间所做的对评估结果有影响的假设。评估者可在 ETR 报告中加入与法律法规、组织机构、保密性等相关的信息。

PP 评估的 ETR 第 3 部分的评估结果部分应包括以下内容。

(1) **评估内容**：评估者应针对 CEM 中 PP 保障组件(APE)评估活动的每个工作单元、子活动、活动，报告其所作出的裁决及相应的基本原理，作为执行相应评估方法行为及其组成工作单元的结果。

(2) **基本原理**：评估者应使用 CC/CEM、相关解释以及经过检查的评估证据来证明评估裁决是正确的，并指出评估证据如何满足 CC 第 1 部分对 PP 文档的要求或者为何没有满足这些要求，包括在评估过程中对所做工作、所使用方法以及结果推导的描述。基本原理可以详细到 PP 涉及安全要求组件的工作单元级。

在 ETR 评估报告的结论和建议部分，通过应用 CEM 所描述的裁决方式确定 PP 评估的总体裁决。评估者提供的建议可能对监管者有用。这些建议可能包括评估期间发现的 PP 结构、安全问题或安全目的缺点，或者提及一些对 PP 特别有用的安全建议等。

评估者应在 ETR 第 5 部分描述每项评估证据的以下信息。

(1) 发布团体(例如编制者、评估发起者)。

(2) 标题(例如 PP 名称)。

(3) 唯一索引(例如发布日期、版本号)。

PP 评估的 ETR 报告的最后是术语和观察报告，描述以下内容。

(1) **缩略语/术语含义列表**：评估者必须明确所有的不在 CC 或者 CEM 出现的缩略语或者某些特定在 PP 中使用的术语词汇。

(2) **观察报告**：PP 评估技术报告(ETR)的最后一章列出了在评估中出现的 OR 以及它们的状态。每个 OR 列出了标题和内容的概要。

2. TOE 评估输出

CEM 定义了 TOE 评估的 ETR 报告所需要的最少内容(如图 6.7 所示)，评估者在构建 TOE 的 ETR 文档结构大纲时，可以如图 6.7 作为报告输出指南。

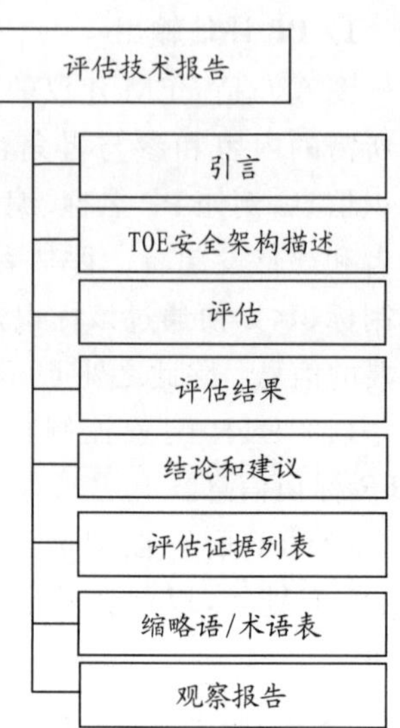

图 6.7　用于 TOE 评估的 ETR 内容

在引言部分，评估者需明确 CC 测试实验室的标识，从而明确其是被国家评估体制监管的，并应给出相应的国家评估体制标识。除此之外，ETR 报告引言部分其他应描述的内容如下。

(1) **ETR 配置控制标识**：标识 ETR 的信息，如名称、日期和版本号等。

(2) **ST 和 TOE 配置控制标识**：标识哪些正在被评估，以便监管者核查评估者是否给出了 ST 和 TOE 正确的裁决。

(3) **符合性描述信息**：如果 ST 声明 TOE 遵从一个或几个 PP 的要求，则 ETR 应描述相应 PP 的引用。

(4) **引用 PP 标识**：PP 引用中应含有能唯一标识 PP 的信息(例如标题、日期、版本号)。

(5) **编制者的身份**：需要指明 TOE 开发者身份，以标识出谁负责该 TOE 生成。

(6) **评估发起者身份**：需要指明 TOE 评估发起者的身份，以标识出谁负责向评估者提供安全评估的证据材料。

(7) **评估者身份**：需要指明评估者的身份，以标识出谁执行评估并且对评估裁决负责。

不同于前面的 PP 评估技术报告，在 TOE 评估技术报告中增加了"TOE 安全架构描述"内容。该部分要求评估者应基于"安全架构"(ADV_ARC)保障族所描述的评估证据，报告 TOE 的安全方案的高级描述及其主要模块结构与接口。ETR 本条的意图是要求 TOE 评估者表达 IT 产品各个主要组件间安全架构的分离程度。

同 PP 评估 ETR 报告一样，在评估结果部分，评估者应描述以下内容。

(1) 报告所使用的评估方法、技术、工具和标准。

(2) 评估者可以注明在评估 TOE 时所使用的评估准则、方法和解释，注明在执行测试时所使用的设备。

(3) 报告所有对 TOE 评估的限制、对评估结果分发的限制以及在评估期间所做的对评估结果有影响的假设。

(4) 评估者可在报告中加入与法律法规、组织机构、保密性等相关的信息。

对于评估结果，针对 TOE 每个评估活动，评估者应描述以下内容。

(1) TOE 适当的评估活动名称。

(2) 对组成该活动的每个保障组件所做的裁决和支持性基本原理,作为执行相应评估方法行为及其相关工作单元的结果。

评估者应针对 TOE 安全组件工作单元明确需要的所有信息,必须为 TOE 每个安全保障组件评估子活动描述其活动主旨、结论和每个保障组件使用的基本原理,也必须使用 CC/CEM 以及所有解释去向他的监管者证明这些评估证据是否达到指标要求,并指出证据如何满足 CC/CEM 相关的安全要求或者为什么没有满足这些规范化的安全要求。基本原理包括评估者对所做工作、所使用方法以及结果推导等的描述。基本原理的描述可以详细到评估工作单元这种程度。这些内容应该证明那些评估者使用的方法和工作以及所有相关的结果。

对于脆弱性评定(AVA)和测试(ATE)保障组件的评估活动,应该在 ETR 中报告标识信息的那些工作单元中进行明确的描述。

在评估结论和建议部分,评估者必须明确该 TOE 是否满足其 ST。同样评估者提供一些对监管者可能有用的建议。这些建议可以包括评估期间发现的 IT 产品缺陷,还可以提及一些对 CC 用户特别有用的信息。

评估证据列表部分包括:评估者必须确定颁发机构(例如 TOE 开发者或者发起者)、TOE 的标题、颁发日期以及产品版本号等信息。

在缩略语/术语表部分,评估者必须明确那些不被 CC/CEM 包含的缩写、简称以及和目标产品相关的术语。

观察报告:ETR 的最后一部分列出了在评估过程中产生的观察报告以及它们的状况。每个列出的观察报告需要包含一个标题和其内容的简介。

6.3　预定义保障包评估方法

CC 第 3 部分定义的评估保障包提供了一种递增的尺度,以安全保障程度获取开销和可行性来权衡 TOE 安全可信度。用 EAL 1(最低)到 EAL 7(最高)不同的 7 个评估保障级别表示 IT 产品渐增的安全可信度。当然用户可通过选择没有反映到评估保障级别的安全保障组件或创建自定义扩展组件,增强或扩展预定义 EAL 的内容。例如在评估保障级别基础上增加缺陷纠正组件方式,来增强不同 EAL 级别的保障要求(这点已反映在 2014 年版 CCRA 文件中,要求后续所有的证书互认都必须满足缺陷纠正要求)。注意,虽然在 PP/ST 的安全要求中定义了 EAL,但 EAL 仅适用于 PP/ST 所指的 TOE,并不适用于 PP/ST 本身。

6.3.1　功能测试评估

功能测试(EAL 1)适用于对不需要预防严重安全威胁环境的 IT 产品安全评估,它提供关于 TSF 正确操作的最小可信保障要求。如表 6.2 所示,EAL 1 中的安全保障组件覆盖了 CC 第 3 部分所有的安全保障类。尽管这个预定义的 EAL 叫功能测试,但在 CC 给出的 EAL 1 包中却并未包含 CC 的功能测试组件 ATE_FUN.1,所以评估者只能依照 TOE 开发者提供的评估证据,通过独立设计测试用例方法完成对 TOE 安全功能的验证测试。另外注意这个 EAL 虽然有脆弱性调查和分析，但安全评估人员只是通过从公开领域搜索 TOE 的潜在脆弱性并开展 TSF 的穿透性测试，来对 TOE 的脆弱性进行评定。

表 6.2 EAL1 保障要求组件

保障类	保障组件	上级保障要求	新保障要求	组件层次增加	主要保障要求	支持保障要求
ADV：开发	ADV_FSP.1 基本功能规范		X		X	
AGD：指导性文档	AGD_OPE.1 操作用户指南		X			X
	AGD_PRE.1 准备程序		X			X
ALC：生命周期支持	ALC_CMC.1 TOE 标识		X		X	
	ALC_CMS.1TOECM 覆盖		X		X	
ATE：测试	ATE_IND.1 独立测试—符合性		X		X	
AVA：脆弱性评定	AVA_VAN.1 脆弱性调查		X			X

一般来讲，EAL 1 仅要求 TOE 评估发起者提供一个简化的 ST，简单地陈述 TOE 满足的安全功能要求，而不用通过从假设、威胁和组织安全策略，进而从 TOE 安全目的来推导出相应的安全要求。它只提供了一个对 CC 消费者可用的 TOE 评估，包括 TOE 独立性测试只是对 TOE 开发者所提供的证据及其指导性文档进行检查和功能验证测试。CC 给出预定义 EAL 1 包的意图是在没有 TOE 开发者的帮助下，评估者也能成功地对 TOE 进行测试和评估，且评估所需费用最少。所以在 CCRA 实践中基本不对这个级别的 IT 产品评估结果进行互认。

6.3.2 结构测试评估

结构测试(EAL 2)提供关于 TSF 可正确操作的中低等到中等级别的安全性保障。EAL 2 要求 TOE 评估者在利用 TOE 功能和接口规范、指导性文档和 TOE 安全架构的基本描述基础上，通过分析 ST 中安全要求合理性，TOE 安全行为可理解性等方式，为 TOE 安全保障提供依据。这种分析由对 TSF 的独立性测试、TOE 开发者提供的基于功能规范的测试证据、对 TOE 开发者测试结果的选择性独立测试和确认、证实可抵御具有基本攻击潜力攻击者攻击的脆弱性分析(基于功能规范、TOE 设计、安全架构描述和提供的指南类证据)等证据来支持对 TOE 安全可信的保障。

EAL 2 还通过生命周期的配置管理系统的使用、安全交付程序等证据来提供 IT 产品安全性可信保障。EAL 2 包在 EAL 1 包基础上增加了 5 个新的安全保障组件，同时在 EAL 1 基础上升级了 5 个安全组件的层级(见表 6.3)。

表 6.3 EAL 2 保障要求组件

保障类	保障组件	上级保障要求	新保障要求	组件层次增加	主要保障要求	支持保障要求
ADV：开发	ADV_ARC.1 安全架构描述		X		X	
	ADV_FSP.2 安全执行功能规范			X	X	
	ADV_TDS.1 基础设计		X		X	

续表

保障类	保障组件	上级保障要求	新保障要求	组件层次增加	主要保障要求	支持保障要求
AGD：指导性文档	AGD_OPE.1 操作用户指南	X				X
	AGD_PRE.1 准备程序	X				X
ALC：生命周期支持	ALC_CMC.2 CM 系统的使用			X	X	
	ALC_CMS.2 部分 TOE CM 覆盖			X	X	
	ALC_DEL.1 交付程序		X		X	
ATE：测试	ATE_COV.1 覆盖证据		X		X	
	ATE_FUN.1 功能测试		X			X
	ATE_IND.2 独立测试—抽样			X	X	
AVA：脆弱性评定	AVA_VAN.2 脆弱性分析			X	X	

早期 EAL 2 级别的安全保障包经常用在遗留系统(Legacy Systems)的 IT 产品安全评估。此类 TOE 的开发已年代久远，而且也几乎找不到以前的开发技术文档。换一种说法，要用 EAL 2 以上的安全保障要求认证遗留系统或其他无完整设计开发文档的 IT 产品，就算不是不可能，也是非常困难的。但从 2012 年 CC 项目组织成立国际技术社区(iTC)开始，CCRA 未来可能只互认基于合作性保护轮廓(cPP)EAL 2 级以下的 IT 产品安全评估结果。

6.3.3　系统地测试和检查

系统地测试和检查(EAL 3)适用于需要中等级别的 TOE 保障评估，同时要求 TOE 开发者在不进行大规模重建 TOE 的情况下，需要对 TOE 及其开发过程进行完整的调查。这种分析调查由对 TSF 的独立性测试、开发者基于功能规范和 TOE 设计的测试证据分析、对开发者测试结果的选择性确认、证实可抵御具有中等攻击潜力攻击者攻击的脆弱性分析(基于功能规范、TOE 设计、安全架构描述和提供的指南类证据)等证据来提高保障。

EAL 3 还通过使用生命周期相关的开发措施标识、开发者定义的生命周期模型、TOE 配置管理、安全交付程序等证据来提供 IT 产品安全可信保障。与 EAL 2 包相比，EAL 3 在 EAL 2 的基础上增添了 3 个新安全保障组件，升级了 5 个保障组件的层级(见表 6.4)。

表 6.4　EAL 3 保障要求组件

保障类	保障组件	上级保障要求	新保障要求	组件层次增加	主要保障要求	支持保障要求
ADV：开发	ADV_ARC.1 安全架构描述	X			X	
	ADV_FSP.3 带完整摘要的功能规范			X	X	
	ADV_TDS.2 结构化设计			X	X	

续表

保障类	保障组件	上级保障要求	新保障要求	组件层次增加	主要保障要求	支持保障要求
AGD：指导性文档	AGD_OPE.1 操作用户指南	X				X
	AGD_PRE.1 准备程序	X				X
ALC：生命周期支持	ALC_CMC.3 授权控制			X	X	
	ALC_CMS.3 实现表示 CM 覆盖			X	X	
	ALC_DEL.1 交付程序	X			X	
	ALC_DVS.1 安全控制措施标识		X			X
	ALC_LCD.1 开发者定义的生命周期模型		X			X
ATE：测试	ATE_COV.2 覆盖分析			X	X	
	ATE_DPT.1 测试：基本设计		X		X	
	ATE_FUN.1 功能测试	X				X
	ATE_IND.2 独立测试—抽样	X			X	
AVA：脆弱性评定	AVA_VAN.2 脆弱性分析	X			X	

6.3.4 系统地设计、测试和复查

系统地设计、测试和复查(EAL 4)适用于以下这些情况：在商品化 TOE 中需要一个中等到高等级别的安全保障，并准备负担额外的安全专用的评估工程费用。EAL 4 在利用 TOE 功能和全部接口规范、指导性文档、TOE 基本模块设计的描述和实现的子集的基础上，通过分析一个 ST 中完整的安全功能要求来提供保障，以理解 TOE 安全行为。这个级别的安全评估需要按照安全工程等规范化方法来弥补 TOE 开发实践的不足。与 EAL 3 包相比，EAL 4 包通过增加更多的设计描述、所有安全功能的实现表示，以及为开发过程中 TOE 不会被篡改提供一定信任的机制和(或)程序等，在安全保障要求方面提供了有意义的增强。因此，在 EAL 3 包的基础上增加了 2 个新安全保障组件，升级了 6 个保障组件的层级(见表 6.5)。

表 6.5　EAL 4 保障要求组件

保障类	保障组件	上级保障要求	新保障要求	组件层次增加	主要保障要求	支持保障要求
ADV：开发	ADV_ARC.1 安全架构描述	X			X	
	ADV_FSP.4 完备的功能规范			X	X	
	ADV_IMP.1 TSF 实现表示		X		X	
	ADV_TDS.3 基础模块设计			X	X	
AGD：指导性文档	AGD_OPE.1 操作用户指南	X				X
	AGD_PRE.1 准备程序	X				X

续表

保障类	保障组件	上级保障要求	新保障要求	组件层次增加	主要保障要求	支持保障要求
ALC：生命周期支持	ALC_CMC.4 生产支持和接受程序及其自动化			X	X	
	ALC_CMS.4 问题跟踪 CM 覆盖			X	X	
	ALC_DEL.1 交付程序	X			X	
	ALC_DVS.1 安全控制措施标识	X				X
	ALC_LCD.1 开发者定义的生命周期模型	X				X
	ALC_TAT.1 明确定义的开发工具		X			X
ATE：测试	ATE_COV.2 覆盖分析	X			X	
	ATE_DPT.2 安全执行模块			X	X	
	ATE_FUN.1 功能测试	X				X
	ATE_IND.2 独立测试—抽样	X			X	
AVA：脆弱性评定	AVA_VAN.3 关注点脆弱性分析			X	X	

6.3.5 半形式化设计和测试

半形式化设计和测试(EAL 5)适用于以下这些情况：需要高级别的安全性保障开发计划,及需要使用严格的开发方法和技术手段来实现 TOE,并且不会因为这些安全工程技术产生不合理成本。EAL 5 在利用 TOE 功能和全部接口规范、指导性文档、TOE 的设计描述和实现的基础上,通过分析一个 ST 中完整的安全功能要求来提供保障,以理解 TOE 安全行为。此外还需要模块化的 TSF 设计。这种分析由 TOE 安全功能的独立测试,开发者基于功能规范、TOE 设计进行的各种测试证据,对开发者测试结果的选择性确认,证实可抵御具有中等攻击潜力攻击者攻击的独立的脆弱性分析等证据来提供保障。

EAL 5 还通过使用开发环境控制措施、包括配置管理自动化在内的全面的 TOE 配置管理措施、安全交付程序等证据来提供 IT 产品安全性可信保障。与 EAL 4 包相比,EAL 5 包通过增加半形式化的设计描述、具有结构化分析的体系架构以及为在开发过程中 TOE 不会被篡改提供一定信任的机制和(或)程序等,在安全保障要求方面提供了有意义的增强。EAL 5 适用于需要应对中等潜在攻击的场合,在 EAL 4 包的基础上增加了 1 个新安全保障组,升级了 6 个保障组件的层级(见表 6.6)。

表 6.6　EAL 5 保障要求组件

保障类	保障组件	上级保障要求	新保障要求	组件层次增加	主要保障要求	支持保障要求
ADV：开发	ADV_ARC.1 安全架构描述	X			X	
	ADV_FSP.5 附加错误信息的完备的半形式化功能规范			X	X	
	ADV_IMP.1 TSF 实现表示	X			X	
	ADV_INT.2 内部结构合理		X		X	
	ADV_TDS.4 半形式化模块设计			X	X	

续表

保障类	保障组件	上级保障要求	新保障要求	组件层次增加	主要保障要求	支持保障要求
AGD：指导性文档	AGD_OPE.1 操作用户指南	X				X
	AGD_PRE.1 准备程序	X				X
ALC：生命周期支持	ALC_CMC.4 生产支持和接受程序及其自动化	X			X	
	ALC_CMS.5 开发工具 CM 覆盖			X	X	
	ALC_DEL.1 交付程序	X			X	
	ALC_DVS.1 安全控制措施标识	X				X
	ALC_LCD.1 开发者定义的生命周期模型	X				X
	ALC_TAT.2 遵从实现标准			X		X
ATE：测试	ATE_COV.2 覆盖分析	X			X	
	ATE_DPT.3 测试：模块设计			X	X	
	ATE_FUN.1 功能测试	X				X
	ATE_IND.2 独立测试—抽样	X			X	
AVA：脆弱性评定	AVA_VAN.4 系统的脆弱性分析			X	X	

6.3.6 半形式化验证的设计和测试

半形式化验证的设计和测试(EAL 6)可使 TOE 开发者将安全工程技术严格应用于开发过程而获得高级别安全保障，目的是为了研发一个质优价高的 TOE，以保护高价值的资产免受重大的安全风险。EAL 6 级适用于需要保护重要资产、防范高等攻击潜力的高危环境的 IT 产品安全评估和认证。

EAL 6 在利用 TOE 功能和全部接口规范、指导性文档、TOE 设计和实现的基础上，通过分析一个完整的 ST 中的安全功能要求来提供 IT 产品安全性可信保障，以理解 TOE 安全行为。EAL 6 还通过以下方式额外地获得保障：所选 TOE 安全策略的形式化模型描述；TOE 设计功能规范的半形式化描述。此外还需要模块化和层次化的 TSF 设计。这种分析由 TOE 安全功能的独立测试，开发者基于功能规范、TOE 设计进行测试的证据，对开发者测试结果的选择性确认，以及证实可抵御具有高等攻击潜力的攻击者攻击的独立的脆弱性分析等来证实 TOE 安全可信。

EAL 6 还通过使用结构化的开发过程、开发环境控制措施、包括配置管理完全自动化在内的全面的 TOE 配置管理措施和安全交付程序的证据等来提供保障。与 EAL 5 包相比，EAL 6 包通过增加更加全面的分析、实现的结构化描述、更体系化的结构(如分层)、更全面的独立脆弱性分析，以及改进的自动化配置管理，升级了 EAL 5 包中的 9 个保障组件的层级(见表 6.7)。

表 6.7　EAL 6 保障要求组件

保障类	保障组件	上级保障要求	新保障要求	组件层次增加	主要保障要求	支持保障要求
ADV：开发	ADV_ARC.1 安全架构描述	X			X	
	ADV_FSP.5 附加错误信息的完备的半形式化功能规范	X			X	
	ADV_IMP.2 TSF 实现表示完全映射			X	X	
	ADV_INT.3 内部复杂度最小化			X	X	
	ADV_SPM.1 形式化 TOE 安全策略模型		X		X	
	ADV_TDS.5 完全半形式化模块设计			X	X	
AGD：指导性文档	AGD_OPE.1 操作用户指南	X				X
	AGD_PRE.1 准备程序	X				X
ALC：生命周期支持	ALC_CMC.5 高级支持			X	X	
	ALC_CMS.5 开发工具 CM 覆盖	X			X	
	ALC_DEL.1 交付程序	X			X	
	ALC_DVS.2 充分的安全控制措施			X		X
	ALC_LCD.1 开发者定义的生命周期模型	X				X
	ALC_TAT.3 遵从实现标准—所有部分			X		X
ATE：测试	ATE_COV.3 严格覆盖分析			X	X	
	ATE_DPT.3 测试：模块设计	X			X	
	ATE_FUN.2 顺序的功能测试			X		X
	ATE_IND.2 独立测试—抽样	X			X	
AVA：脆弱性评定	AVA_VAN.5 高级的系统的脆弱性分析			X	X	

6.3.7　形式化验证的设计和测试

形式化验证的设计和测试(EAL 7)适用于安全 TOE 的开发，该 TOE 将应用到极高风险环境和(或)高资产价值的情况。EAL 7 的实际应用目前只局限于一些非常关注安全功能、经得起详细形式化分析的 TOE。EAL 7 适用于需要保护重要资产的极高危环境中，没有增加新的安全保障组件，只在 EAL 6 基础上升级了 6 个组件的层级(见表 6.8)。

表 6.8 EAL 7 保障要求组件

保 障 类	保 障 组 件	上级保障要求	新保障要求	组件层次增加	主要保障要求	支持保障要求
ADV：开发	ADV_ARC.1 安全架构描述	X			X	
	ADV_FSP.6 附加形式化描述的完备的半形式化功能规范			X	X	
	ADV_IMP.2 TSF 实现表示完全映射	X			X	
	ADV_INT.3 内部复杂度最小化	X			X	
	ADV_SPM.1 形式化 TOE 安全策略模型	X			X	
	ADV_TDS.6 带形式化高层设计表示的完全半形式化模块设计			X	X	
AGD：指导性文档	AGD_OPE.1 操作用户指南	X				X
	AGD_PRE.1 准备程序	X				X
ALC：生命周期支持	ALC_CMC.5 高级支持	X			X	
	ALC_CMS.5 开发工具 CM 覆盖	X			X	
	ALC_DEL.1 交付程序	X			X	
	ALC_DVS.2 充分的安全控制措施	X				X
	ALC_LCD.2 可测量的生命周期模型			X		X
	ALC_TAT.3 遵从实现标准-所有部分	X				X
ATE：测试	ATE_COV.3 严格覆盖分析	X			X	
	ATE_DPT.4 测试：实现表示			X	X	
	ATE_FUN.2 顺序的功能测试	X				X
	ATE_IND.3 独立测试—完全			X	X	
AVA：脆弱性评定	AVA_VAN.5 高级的系统的脆弱性分析	X			X	

从表 6.2 到表 6.8 的 7 个预定义 EAL 相关的保障组件列表看出，尽管缺陷纠正族 ALC_FLR 在开发、运行和维护中扮演着重要角色，但它并未包含在 CC 任何预定义 EAL 包中。ALC_FLR 要求 TOE 开发者跟踪并纠正已发现的安全缺陷。尽管在 TOE 评估时，CC 测试实验室的评估者不能确定 TOE 开发者是否在将来遵从缺陷纠正程序，但评估 TOE 开发者用于跟踪、纠正缺陷，并发布缺陷信息和纠正措施而采取的策略和程序规范是可行的。所以用户在编制 PP/ST 文档时一般会按照 TOE 安全目的添加这个保障组件，要求 TOE 开发者跟踪并纠正 TOE 缺陷，保障未来对 TOE 进行维护和支持。除此以外，还包括一些关于缺陷纠正措施发布的要求。因此，EAL 中未使用的缺陷纠正保障组件（ALC_FLR.1、ALC_FLR.2 或 ALC_FLR.3），则可用于对 PP/ST 评估保障级别增强。所以 PP/ST 作者是可通过扩展标准的 EAL 1～EAL 7 安全保障包，实现预定义评估保障级别的增强（如 EAL 2＋、EAL 3＋）。

从表 6.2 到表 6.8 的评估保障级别(EAL 1～EAL 7)和 CC 第 3 部分预定义的 3 个组合保障包(CAP-A～CAP-C)看,除没有上述的 3 个缺陷纠正保障组件外,还有另外 25 个安全保障组件并没有反映到任何一个 EAL 和 CAP 包中,例如用来评估 PP 的 8 个 APE 类组件并非评估保障级别的一部分,用于评估 ST 的 10 个 ASE 类组件也不是评估保障级别的一部分,以及 11 个 ACO 组件同样没有在 CC 推荐的评估保障级别中出现。

CEM 没有给出 EAL 6 和 EAL 7 所需的安全保障组件的评估内容和方法。但在智能卡等领域,各国评估机构正在积极实践这些高评估保障级别的评估方法。为了达到 EAL 6 或 EAL 7 级(在合理预算和时间内),在需求和设计阶段就应开始专门的安全工程技术实践;再者,安全工程开发和验证费用对于 EAL 5 以上的保障级别会显著增长。因此,对 EAL 级别的选择应该以被保护资产的价值和入侵、丢失、误用、盗用、损坏等的风险(即攻击面)和后果为依据。

某些用来定义 EAL 或它们的成员组件及行为元素的词组在 IT 产品安全评估上下文里有其特定含义。例如,读者应该认识到以下术语的含义和它们在 CC/CEM 中的用法。

(1) **核查**(Check):评估者不必采用专门技能,仅通过简单比较,形成评估的一个裁决。也就是说评估者可能只需要一个快速分析或完全不用分析就做出一个快速决定。

(2) **确认**(Confirm):在已对某事项进行了详细的审核后才独立地做出决定。所需要的评估严格程度依赖于事项的本质特征,这个术语一般仅用于评估者行为的确认。

(3) **证实**(Demonstrate):得出一个由分析获得的结论,它不如"证明"那样严格。

(4) **彻底**(Exhaustive):一个条理清楚的方法所具有的特征,该方法按照明确的计划来执行分析或开展活动。它与"系统性"有关,但更强,不仅表明根据明确的计划采取系统性的方法执行分析或活动,而且所遵循的计划足以保证所有可能的途径都经过了实践。

(5) **形式化**(Formal):以一种受限语法的语言表达,该语言建立在公认的数学概念上,具有确定的语义。

(6) **非形式化**(Informal):使用自然语言表达。

(7) **论证**(Justification):通过分析得出一个结论。"论证"比"证实"更严格。从需要非常仔细、全面地解释逻辑论证的每一步来说,这个术语要求十分严格。

(8) **证明**(Prove):通过数学意义上的形式化分析来说明对应关系。

(9) **半形式化**(Semi-formal):采用具有确定语义并有严格语法的语言表达。

(10) **验证**(Verify):通过严格细致的审查,独立地确定结论的充分性。相对于术语"确认",本术语有更严格的含义。

6.4　PP/ST/TOE/组合 TOE 评估方法

在 CC 第 3 部分中定义了 PP 评估(APE)、ST 评估(ASE)和 TOE/ACO 评估的 8 个保障类、38 个族和 89 个安全保障组件。APE 和 ASE 这两个保障类分别用来评估 PP、ST,其他 6 个评估保障类是验证一个 TOE(包括组合 TOE)是否符合其 PP/ST。

为了使评估结果具有更好的可比性,APE、ASE、TOE 和 ACO 评估应在国家评估体制框架内执行。该权威的体制负责制定评估标准、监控评估质量、管理评估机构和确保评估者的评估活动符合相关的规章制度。CC不对各国的规章制度框架提出要求。但是，不同国家的授权评估机构的这些框架应一致，以达到评估结果在不同国家的相互认可目标。

使评估结果具有更好的可比性的第二种方法，是使用相同的评估内容和通用的评估方法得到这些结果。CEM的使用可确保CC测试实验室评估结果的可重复性和客观性。但仅靠CEM本身是不充分的，许多TOE的评估需要评估者使用专业的判断和背景知识，而这些更难达到一致。为了增强评估结论的一致性，CC测试实验室最终的评估结果需要提交给各国的CC认证机构来处理。CC认证机构对CC测试实验室提交的评估结果进行独立审查，并产生最终的认证证书或正式批文。该证书通常是公开的。要说明的是，设置CC认证机构是使得基于CC的安全评估和认证达到更加一致的一种手段。

CC第3部分定义了APE、ASE、ACO和TOE评估的保障要求，具体包括以下要求。

(1) **评估保障级别(EAL)**：为度量TOE的保障要求定义了一种尺度。

(2) **组合保障包(CAP)**：为度量组合TOE的保障要求提供了一种尺度。

(3) **特殊保障要求**：组成保障级和组合保障包的扩展保障组件。

(4) **安全规范评估**：PP/ST的评估准则(APE和ASE)。

CC的基本原则是，PP/ST中的安全威胁和组织安全策略承诺应描述清楚，并且所提出的安全控制措施(安全功能和安全保障要求)应论证足以达到所期望的TOE安全目的。换句话说，TOE应采取足够的安全控制措施来减少出现脆弱性的可能性，降低脆弱性(有意利用或者无意触发)被利用的能力，以及由此导致的破坏程度。另外，还应采取一些控制措施，以便于后续标识脆弱性，消除和减轻脆弱性的影响，并(或)在脆弱性被利用或触发时进行警告。CC第3部分列举了IT产品产生脆弱性或安全缺陷的3个主要原因。

(1) **要求**：不完全的、错误的、不稳定的、自相矛盾或有歧义的安全要求，致使IT产品在安全性方面不适当或者不起作用。

(2) **开发**：TOE设计和实现：①不遵守需求规范说明；②是对需求的错误实现或解读；③使用了草率的生命周期开发过程等而引入了脆弱性。

(3) **运行**：IT产品已经按正确的规范被正确构造，但是在其运行过程中不遵循安全操作规范与步骤，或操作步骤没有满足TOE和其运行环境而引入了脆弱性。

CEM旨在预防和减轻这些脆弱性或安全缺陷。在正确定义的情况下，TOE安全功能要求和安全保障要求能降低安全故障或入侵造成危害的可能性和严重性。

CC评估包括对有待认证的IT产品的积极调查和专业的安全评估，以便在更大范围、更大深度和更严格程度等方面来评估发起者提供评估文档和其对应TOE的有效性。因此，在CEM中，更高的评估保障级别源于更多的评估努力，其目的是运用最小的努力来获得必要的保障级。IT产品安全保障努力程度的增长基于下述3个方面。

(1) **范围**：努力越多表明该IT产品被纳入了评估范围的部分越多。

(2) **深度**：努力越多表明对该IT产品的设计和实现细节评估得越细。

(3) **严格程度**：努力越多表明对该IT产品的评估采用了越具结构化和形式化的方法。

评估者在依照CEM对IT产品执行评估时，可能会用到各种技术，例如以下技术。

(1) IT产品的开发过程和程序规范的分析和审查技术。

(2) IT产品开发过程和程序规范是否正在被使用的合规性审查技术。

(3) TOE各设计表示之间的一致性分析技术。

(4) 对照安全要求对 TOE 设计表示的分析技术。

(5) 对设计、开发、实现等各类证据的进一步验证技术。

(6) TOE 指导性文档完整性、一致性、易用性等分析技术。

(7) TOE 开发过程中的功能测试用例和所提供的测试结果一致性、覆盖度等分析技术。

(8) 评估者的 TOE 安全功能独立测试技术。

(9) 评估者的脆弱性(包括缺陷假设)分析技术。

(10) 评估者的穿透性测试技术等。

表 6.9 列出了安全保障类和评估技术及它们所能预防或改善的脆弱性或安全缺陷。如预期的一样,上述大多数安全评估方法和技术专注于 TOE 安全功能的正确设计和安全保障措施的构建上。此外,安全审计和管理需求的规范化促进了对操作性安全漏洞的最小化。

表 6.9　脆弱性或缺陷来源、安全保障类和评估技术关系

安全保障类和评估技术	脆弱性或缺陷来源		
	需　求	开　发	运　行
安全保障类	APE、ASE	ADV、AGD、ALC、ATE、AVA 和 ACO	• AGD、ALC 和 AVA • 审计要求 • 管理要求
评估技术	核查评估证据	• 流程和步骤分析和检查 • 流程和步骤得到实施检查 • TOE 设计表示间的一致性分析 • 对照需求分析 TOE 设计 • 对评估证据的验证 • 指导性文档分析 • 功能测试和提供结果分析 • 独立性安全测试 • 穿透性测试	• 分析并检查过程和程序 • 分析 TOE 各设计表示之间的一致性 • 分析指导性文档 • 脆弱性分析(包括缺陷假设) • 穿透性测试

6.4.1　PP 评估

PP 评估要求证实面向 IT 产品消费者安全需求描述的 PP 文档是技术合理和内部一致的,并且,如果这个 PP 是基于一个或多个 PP 或者包编制的,那么此 PP 必须是这些参考 PP 或包的一个正确的实例化。PP 作为编写 ST 或其他 PP 的基础,这些评估要求是必需的。

CEM 对 CC 第 3 部分定义的 PP 安全保障类(APE)给出了相关的评估活动。PP 编制者有责任按照 CEM 评估活动证据输入要求,完成开发者行为元素和生成证据的内容说明,评估者有责任按照 CEM 给出的评估子活动工作单元,完成相应保障级的评估者行为元素和对开发者行为证据、内容元素说明的评估。

图 6.8 展示了 PP 保障要求评估活动及它们之间的关系。PP 编制者将编制好的 PP 交给评估者,评估者和消费者一起按照 CC 第 3 部分 PP 保障要求和 CEM 中的 PP 评估方法对其进行评估,从而最终获得 CC 的 PP 认证证书。

在 CEM 中,PP 评估(APE)活动包括以下内容。

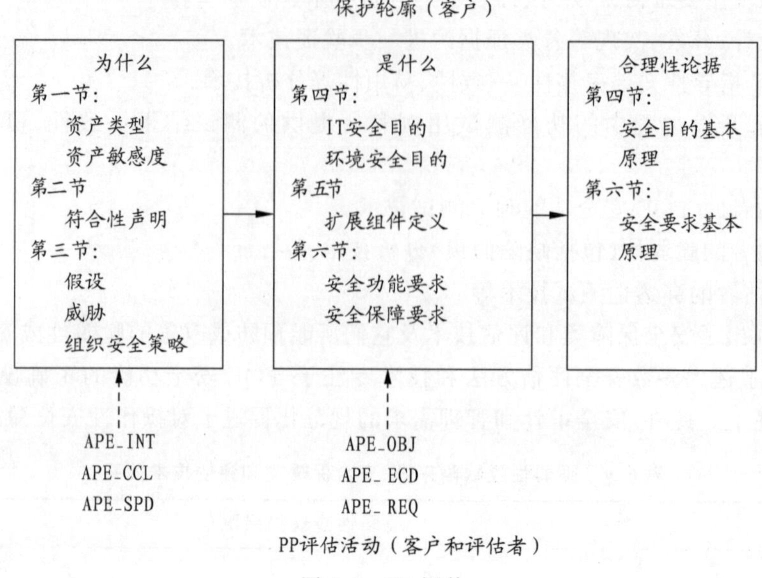

图 6.8 PP 评估

(1) 评估输入任务。

(2) PP 评估活动，包含以下子活动：

① PP 引言评估(APE_INT)；

② 符合性声明评估(APE_CCL)；

③ 安全问题定义评估(APE_SPD)；

④ 安全目的评估(APE_OBJ)；

⑤ 扩展组件定义评估(APE_ECD)；

⑥ 安全要求评估(APE_REQ)。

(3) 评估输出任务。

CEM 中的 PP 评估活动都是从 CC 第 3 部分的 APE 保障类各保障组件要求导出的，但 PP 编制者针对 PP 中扩展组件(明确陈述的 TOE 特定安全技术要求)定义的"扩展要求"评估子活动不是来自于 CC 中的标准组件，PP 编制者需参照 CEM 评估方法对 PP 中定义的这些扩展要求，定义这些扩展组件的评估工作单元。所以扩展要求的安全评估活动也仅适用于该 PP 描述 TOE 的扩展组件安全评估。

PP 引言评估(APE_INT)的目的是确认 PP 引言是否完备，并与 PP 的其他部分保持一致，确认引言描述是否包含了有助于理解 TOE 用途及其功能的相关信息，以及确认该描述是否完备和一致。评估者应检查 PP 是否以叙述形式提供了 PP 概述，以确认 TOE 描述的文本和结构都能被其开发者、评估者和消费者等目标读者理解。TOE 描述应是内在一致的，且 TOE 描述与 PP 的其他部分是一致的，尤其应确认 TOE 描述部分，没有包括那些在 PP 其他部分都没有涉及的 TOE 威胁、安全功能或安全配置的描述。评估者应检查 TOE 描述，以确认 TOE 描述能为读者提供足以全面理解 IT 产品预期使用的信息，从而为 IT 产品的安全评估提供背景知识。

某些情况下，IT 产品类型明确要求 TOE 具备一些功能，如果 IT 产品缺少这些功能，评估者应确认 TOE 描述是否对此进行了充分讨论。例如，防火墙类型的 TOE，在 TOE 描述中应对不能和网络相连的情况进行说明；数据库类型的 TOE，在描述中应该包含事务特性(ACID)相关的说明，以保证数据库一致性的并发访问控制，包括系统出现意外停机后的数据库恢复处理的说明等。评估者确认 TOE 描述部分详细讨论了 TOE 提供的 IT 功能，特别是安全功能，其详细程度足以使读者对这些安全功能(TSF)有一个全面理解。

符合性声明评估(APE_CCL)的目的是确认 PP 符合性声明的正确性，且阐明了应用此 PP 的 ST/PP 是如何声明 ST 和其他 PP 是与本 PP 符合的相关要求。

安全问题定义评估(APE_SPD)的目的是确认在 PP 中是否为 TOE 及其应用环境所关注的安全问题提供了一个清晰和一致的定义。换句话说 TOE 安全问题定义陈述、标识并解释关于 TOE 预期使用和 TOE 运行环境的所有假设；陈述、标识并解释对 TOE 或其运行环境保护的资产的任何已知或假定的威胁；陈述、标识并解释 TOE 所有者必须遵守的所有组织安全策略，并且这些陈述的文本和结构都能被其评估者、消费者等目标读者理解，且是内在一致的。

安全目的评估(APE_OBJ)的目的是确认 PP 中安全目的描述是否完备和一致，并确认安全目的能否对抗已标识的威胁，达到确定的组织安全策略并遵循规定的假设。所以评估者应检查安全目的的基本原理，以确认安全目的能追溯到 TOE 及其环境所对抗确定的威胁，或追溯到 TOE 所有者应遵循的组织安全策略，或 TOE 应满足的各种假设。例如评估者应通过安全目的基本原理检查，确认对于每个威胁，基本原理都包含了恰好对抗该威胁的安全目的。

扩展组件定义评估(APE_ECD)的目的是确认没有引用 CC 中的标准组件进行表述的安全功能要求或安全保障要求是否适当和充分。PP 中的扩展组件是对 CC 标准化"IT 安全要求"的补充，而不是替代 CC 中的标准组件。也就是说，没有引用 CC 中的标准组件进行明确陈述的扩展安全要求组件，必须按照 APE_REQ"明确陈述的 IT 安全要求"标准和包括 APE_REQ"IT 安全要求"在内的其他安全要求标准组合进行评估。

安全要求评估(APE_REQ)的目的是确认 TOE 安全功能要求和 TOE 安全保障要求是否完备和一致，并为 TOE 的开发提供充分的依据，使 TOE 达到 PP 规定的安全目的。评估者确认通过引用 CC 组件，或者通过在 PP 中复制组件的元素操作，使得从 CC 中选取的所有安全要求都已明确标识。CC 第 2 部分和第 3 部分中组件允许的操作有赋值、反复、选择和细化。注意 CC 允许对所有安全功能和保障组件元素进行反复和细化，但赋值和选择操作只允许用于 CC 中功能组件元素特别指定的地方进行操作。评估者应确认针对该类 TOE 的所有特殊操作都在使用该操作的组件中被标出。组件中进行了操作和未进行操作的元素需要通过一种方式来标识。标识可以通过排版不同，或者通过周围的文字明确标记，或者通过其他与众不同的方式来实现。

在 PP 评估过程中，评估者应检查 PP 报告中安全要求基本原理，以确认基本原理充分证明了 TOE 安全要求的陈述是恰当的，确认每个 TOE 安全要求至少能追溯到 TOE 的一个安全目的。例如，TOE 的安全保障要求映射到 TOE 安全目的的例子有：PP 中包含"用户通过用一台误认为是 TOE 的设备，而无意泄露信息"这样一个威胁，且 TOE 的安全目的"TOE 应该清楚标出版本号"能对抗此种威胁。TOE 的安全目的可以通过满足 ACL_CAP.1"版本号"来实现，PP 作者就将 ACL_CAP.1 追溯到该 TOE 安全目的。最后评估者应检查安全要求基本原理，以确认对于每个 TOE 安全目的，该原理都含有一个证明 TOE 安全要求适于满足该安全目的的适当理由。

下面以 APE_OBJ 族说明 PP 评估内容。安全目的是对 APE_SPD“安全问题定义”族定义的安全问题预期反应的简明陈述，族中的组件是基于是否仅规定了运行环境安全目的，或者也规定了 TOE 的安全目的而进行分类的。因此，PP 安全目的的评估族包括运行环境安全目的的保障组件 APE_OBJ.1 和 TOE 安全目的的保障组件 APE.OBJ.2。运行环境安全目的是独立于安全问题定义，TOE 安全目的的根据 PP 第 3 节安全问题定义中提到威胁和组织安全策略要求而开发的。因此，TOE 安全目的的评估根据安全环境来评估是合理的。这从两个保障组件的依赖关系可以看出，APE_OBJ.1 没有组件依赖关系，APE_OBJ.2 依赖于 APE_SPD.1 安全问题定义。

运行环境安全目的 APE_OBJ.1 只列举了一个开发者行为元素：

APE_OBJ.1.1D　PP 编制者应提供安全目的的陈述。

而安全目的 APE_OBJ.2 列举了两个开发者行为元素：

APE_OBJ.2.1D　PP 编制者应提供安全目的的陈述。

APE_OBJ.2.2D　PP 编制者应提供安全目的的基本原理。

换句话说，APE_OBJ.1 开发者只需在 PP 第 4 节陈述安全目的(TOE 安全目的和 TOE 运行环境安全目的)，而 APE_OBJ.2 的开发者对两件事有责任，即在 PP 第 4 节既要定义安全目的，还要对安全目的基本原理进行说明。

APE_OBJ.2 列举了 6 个内容和形式元素，描述如何提供评估 PP 中 TOE 安全目的用的证据与内容说明，其中后 5 个是 APE_OBJ.1 不用提供的，第一个元素不同的是 APE_OBJ.1 不用陈述安全目的：

APE_OBJ.2.1C　安全目的的陈述应描述 TOE 的安全目的和运行环境安全目的。

APE_OBJ.2.2C　安全目的基本原理应追溯到 TOE 的每个安全目的，以便于能追溯到安全目的所对抗的威胁及其实施的组织安全策略。

APE_OBJ.2.3C　安全目的基本原理应追溯到运行环境的每个安全目的，以便于能追溯到安全目的所对抗的威胁、安全目的强制实施的组织安全策略和安全目的支持的假设。

APE_OBJ.2.4C　安全目的基本原理应证实安全目的能抵抗所有威胁。

APE_OBJ.2.5C　安全目的基本原理应证实安全目的执行了所有的组织安全策略。

APE_OBJ.2.6C　安全目的基本原理应证实运行环境安全目的支持所有的假设。

从保障组件 APE_OBJ.1 和 APE_OBJ.2 的内容和形式元素看出，PP 编制者有责任在 PP 第 4 节完成以下 4 项工作。

(1) 陈述 TOE 和 TOE 环境的安全目的。

(2) 展示 TOE 安全目的和 TOE 威胁间的正相关性。

(3) 展示 TOE 安全目的和组织安全策略间的正相关性。

(4) 展示环境安全目的与假设间的正相关性。

但对 APE_OBJ.2 保障组件，PP 编制者还有以下责任。

(1) 证明安全目的能应对所有已识别的威胁。

(2) 证明安全目的遵守和实施已确定的假设(通过 TOE 运行环境安全目的)和组织安全策略(通过 TOE 安全目的或 TOE 运行环境安全目的)。

APE_OBJ.1 和 APE_OBJ.2 都定义了一个评估者行为元素:

APE_OBJ.2.1E　评估者应确认所提供的信息满足证据的内容和形式的所有要求。

因此,评估者有责任确认提供 APE_OBJ-2 组件的 6 个证据与内容说明所需信息,并且确认安全目的陈述是完整、清晰并具有内在一致性。评估者可以使用他们认为合适的任何评估技术来完成这些操作,但 CEM 对上述的保障要求描述了 PP 评估包含的子活动,包括评估输入任务和评估输出任务。例如针对安全目的评估 (APE_OBJ.1),子活动的评估证据是 PP,子活动的目的是确认安全目的描述是否完备和一致,并确认安全目的是否能对抗已标识的威胁,达到确定的组织安全策略并遵循规定的假设。为此 CEM 针对每个内容和形式元素定义了相应的工作单元。例如针对 APE_OBJ.2.1C 定义的工作单元 APE_OBJ.2-1:

评估者应核查安全目的的陈述,是否定义了 TOE 及其环境的安全目的。

评估者通过核查 PP 中的每个安全目的,确认其是否准确地说明适用于 TOE、运行环境,或者两者都适用。

再如针对 APE_OBJ.2.2C 定义的工作单元 APE_OBJ.2-2:

评估者**应检查**安全目的的基本原理,以确定 TOE 的所有安全目的都能追溯到需要对抗 TOE 确定的威胁,或 TOE 应遵循的组织安全策略。

评估者确定 TOE 的每个安全目的都能追溯到至少一个威胁或组织安全策略。

换句话说,如果不能追溯就意味着,PP 编制者给出的安全目的的基本原理不完备,或者定义的威胁及组织安全策略不完备,或者给出的 TOE 安全目的没有实际意义。

因此,一个威胁可以完全由一个或多个环境安全目的来处理,一种极端情况是没有 TOE 安全目的。尽管可以这样构建 PP/ST,但一个所有威胁和组织安全策略都由其环境安全目的负责处理的 TOE,在实用上是有疑问的,因为这样的 TOE 没有 TOE 安全功能要求。

针对 APE_OBJ.2.4C 定义的工作单元 APE_OBJ.2-4:

评估者**应检查**安全目的基本原理,以确定对于每个威胁,基本原理都包含了安全目的恰好对抗该威胁的适当证明。

如果威胁没有对应的 TOE 安全目的,则本工作单元为"不通过"。

评估者确认有关威胁的证明能够阐明:如果所有能追溯到某威胁的安全目的都达到,那么就消除了这个威胁,或者威胁被降低到可以接受的水平,或威胁的影响得到充分地减轻。

评估者还确认每个可以追溯到某威胁的安全目的,当其满足时,实际上促成了该威胁的消除、降低或减轻。

消除威胁的例子如下。

(1) 消除危胁主体使用攻击方法的能力。

(2) 通过威慑，消除威胁主体的动机。

(3) 消除威胁主体(如移走经常导致网络崩溃的机器)。

降低威胁的例子如下。

(1) 限制威胁主体使用攻击方法。

(2) 限制威胁主体的攻击机会。

(3) 减少成功发起攻击的可能性。

(4) 要求威胁主体具有更高的专业知识或更多的资源。

减轻威胁影响的例子如下。

(1) 经常备份数据资产。

(2) 拥有 TOE 备用系统。

(3) 经常改变通信会话使用的密钥，这样即使一个密钥被攻破，其影响也相对较小。

APE_OBJ.2.3C、APE_OBJ.2.5C、APE_OBJ.2.6C 评估活动工作单元，包括 PP 的其他保障组件的评估活动工作单元请参照 CEM 相关章节。

6.4.2 ST 评估

同 PP 评估一样，ST 评估也是应用 CEM 中定义的 ST 保障要求(在 ASE 部分中定义)对 TOE 评估发起者提交的 ST 进行评估，确认 TOE 和运行环境安全的充分性。应用 ASE 的准确方法在 CEM 中给出，完备的 ST 评估应包括以下活动。

(1) 评估输入任务。

(2) ST 评估活动，包含以下子活动：

① ST 引言评估(ASE_INT)；

② 符合性声明评估(ASE_CCL)；

③ 安全问题定义评估(ASE_SPD)；

④ 安全目的评估(ASE_OBJ)；

⑤ 扩展组件定义评估(ASE_ECD)；

⑥ 安全要求评估(ASE_REQ)；

⑦ TOE 概要规范评估(ASE_TSS)。

(3) 评估输出任务。

比 PP 多出的评估子活动是 TOE 概要规范评估，用于确认 TOE 实现以下目的。

(1) 满足 TOE 的安全功能要求。

(2) 保护 TOE 自身防止被干扰、篡改和被旁路。

而且，对于确认 TOE 概要规范和 TOE 的其他叙述性描述是否一致也是必要的(即 TOE 概要规范的原理性评估)。

TOE 概要规范评估(ASE_TSS)的目的是确认 TOE 概要规范是否为安全功能和安全保障措施提供了清晰的、一致的高层定义，且满足指定的 TOE 安全要求。评估者确认 TOE 概要规范提供了声称满足 TOE 安全功能要求的安全架构和声称满足 TOE 安全保障要求的保障措施。保障措施可以通过引用满足安全保障要求的文件(如相关质量计划、生命周期计划、管理计划)来明确陈述或定义。当然 TOE 概要规范应把 IT 安全模型与机制追溯到 TOE 安全功能要求，这样就能看出哪个 IT 安全模型与机制满足了哪个 TOE 安全功能要求，以及每个 IT 安全技术与机制是否至少满足一个 TOE 安全功能要求。评估者也应检查 TOE 概要规范基本原理，以确认对于每个 TOE 安全功能要求而言，它都包含了证明 IT 安全模型与机制恰好满足 TOE 安全功能要求的合适理由；确认每个 IT 安全功能的功能强度声明都是适当的，且 TOE 概要规范基本原理证实了该声明对所有它可追溯到的 TOE 安全功能要求都是足够的；确认它证实了特定的 IT 安全模型与机制组合在一起能够满足 TOE 安全功能要求等。最后评估者应检查 TOE 概要规范，以确认它是完备的、有条理的和内在一致的。

图 6.9 展示了 ST 保障要求评估活动及它们之间的关系。TOE 开发者准备一个 ST 以响应客户指定的 PP。ST 的结构与 PP 类似，不同的是增加了第 7 节 TOE 概要规范。当然 ST 第 4 节和第 6 节的安全原理应证明安全方案是正确、清晰和完整的，并与引用的 PP 相一致(第 2 节符合性要求)。评估发起者把 ST 给评估者以开始正式 CC 的评估，从而最终获得 CC 认证证书。像 PP 评估一样，对 ST 的安全保障评估活动由 TOE 开发者和评估者共同完成。

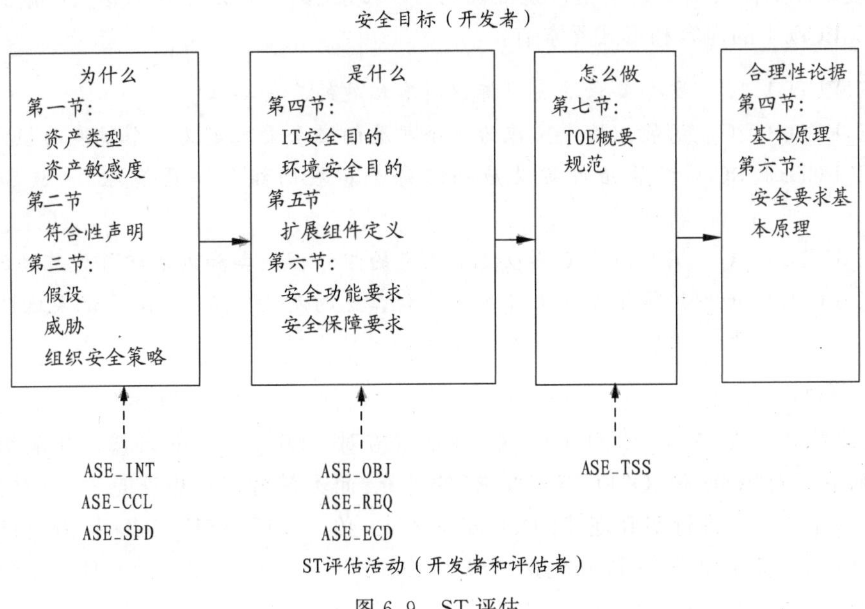

图 6.9　ST 评估

CEM 中的 ASE 安全保障类定义了 ST 安全保障评估活动。TOE 开发者有责任按照 CEM 方法提供开发者行为元素以及内容和形式元素的生成证据说明；这样评估者就可按照 CEM 的工作单元对提供的开发者行为元素以及内容和形式元素证据进行安全评估。一般来讲，对 ST 评估应先于 TOE 的评估。当然评估发起者也可要求评估人员对 ST 和 TOE 同时进行评估。常规的做法是要求 ST 评估应该在提交 TOE 之前完成，这样设计上的缺陷就能在 TOE 实现之前得到纠正。

ASE 安全保障类定义了 ST 对应的 7 个部分的安全保障评估活动。ASE_INT 族对 ST 引言的评估需要证实 ST 和 TOE 被正确标识，TOE 的 3 部分抽象方式描述正确，并且这 3 方面的描述应相互一致。ASE_CCL 族的目的是确认符合性声明的正确性，包括 ST 如何声明与 PP 的符合性说明。ASE_SPD 族评估要求证实 TOE 及其运行环境所负责处理的安全问题被准确地定义。ASE_OBJ 族评估 ST 第 4 节的安全目的。ASE_ECD 族评估不是基于 CC 的标准组件要求。ASE_REQ 族对 TOE 预期安全行为进行了清晰、无歧义且定义准确的描述。ASE_TSS 族评估 ST 第 7 节的 TOE 安全概要规范，使评估者和潜在消费者对 TOE 是如何实现其 TSF 的，有一个全面的理解。注意相同的 ASE 族、组件和元素的适用性不限于特定 EAL，在 ST 的不同 EAL 包中都包括了 ASE 所有族。

扩展组件定义 ASE_ECD.1 是独立于 ASE_REQ.1。实际上，对扩展组件要求的评估独立于对 CC 组件的评估。ASE_ECD.1 列出了两个开发者行为元素：

ASE_ECD.1.1D　开发者应提供安全要求的陈述。

ASE_ECD.1.2D　开发者应提供扩展组件的定义。

这两个开发者行为元素和 ASE_REQ 基本相同，不同的是表达方式。ASE_REQ.1.2D 中提供安全要求的依据(基本原理)，而在 ASE_ECD.1.2D 要求开发者明确安全要求解决的安全目的。所以在 PP/ST 的第 5 节，开发者有责任再次陈述不是基于 CC 中的标准组件要求，还应该评估需要确定这些组件是准确的、没有歧义的并且是必要的相关证据。

ASE_ECD.1 的内容和形式元素有：

ASE_ECD.1.1C　安全要求陈述应标识所有扩展的安全要求。

ASE_ECD.1.2C　扩展组件定义应为每个扩展的安全要求定义一个扩展的组件。

ASE_ECD.1.3C　扩展组件定义应描述每个扩展的组件与已有组件、族和类的关联性。

ASE_ECD.1.4C　扩展组件定义应使用已有的组件、族、类和方法学作为陈述的模型。

ASE_ECD.1.5C　扩展组件应由可测量的和客观的元素组成，以便于证实这些元素之间的符合性或不符合性。

因此，编制者在 PP/ST 第 5 节有 4 个关于扩展组件要求的内容陈述和一个扩展要求的合理性要求陈述元素(ASE_ECD.1.5C)。评估者应对 TOE 和 TOE 环境的扩展组件定义进行鉴别，它是对 ASE_REQ“IT 安全要求”的补充，而不是替代。也就是说，没有引用 CC 第 2 部分或第 3 部分进行明确陈述的 IT 安全要求，必须按照 ASE_ECD 扩展组件定义的“明确陈述的 IT 安全要求”标准和包括 ASE_REQ“IT 安全要求”在内的其他安全要求标准的组合进行评估。另外扩展组件定义应使用标准 CC 语法和符号表示。对扩展组件的表示应使它们的安全目的最终得到客观的评估结果。对扩展组件定义不能有歧义。应对扩展组件定义的评估标准进行适当和充分的定义。

ASE_ECD.1 定义了两个评估者行为元素：

ASE_ECD.1.1E　评估者应确认所提供的信息满足证据的内容和形式的所有要求。

ASE_ECD.1.2E　评估者应确认扩展组件不能利用已经存在的组件准确地表达。

因此，评估者有责任确认 ASE_ECD.1 定义的 5 个内容和形式元素所需的信息得到提供，以及所有对扩展组件的依赖性得到强调。而后者尤为重要，因为扩展组件可能对 CC 中的标准组件或其他扩展组件有依赖性，为了让 TSF 正常工作，这两者都是必需的。再一次说明，虽然 CEM 为上述的 5 个内容和形式元素定义了 13 个工作单元，但评估者能使用他们认为合适的任何评估技术来完成这些动作。下面以 ASE_ECD.1.4C 为例介绍相关的工作单元。

(1) 工作单元 ASE_ECD.1-5 评估者**应检查**每个扩展组件定义的安全要求，以确定该要求用 ISO/IEC 15408 要求的功能组件作为表示的模板。评估者应确定扩展功能组件与 ISO/IEC 15408-2 部分的 6.1.3 节组件结构一致。如果扩展功能组件使用操作，评估者应确定这些操作与 ISO/IEC 15408-1 部分 8.1 节允许的操作一致。如果扩展功能组件与现有组件有层次依赖关系，评估者应确定与 ISO/IEC 15408-2 部分的 6.2.1 节组件层次不同的结构方式一致。

(2) 工作单元 ASE_ECD.1-6 评估者**应检查**每个扩展组件定义的安全要求，以确定所属的每个新的扩展功能族使用 ISO/IEC 15408 已有的族作为表示的模板。评估者应确定扩展功能族与 ISO/IEC 15408-2 部分的 6.1.2 节功能族结构一致。

(3) 工作单元 ASE_ECD.1-7 评估者**应检查**每个扩展组件定义的安全要求，以确定所属的每个新的扩展功能类使用 ISO/IEC 15408 已有的类作为表示的模板。评估者应确定扩展功能类与 ISO/IEC 15408-2 部分的 6.1.1 节功能类结构一致。

(4) 工作单元 ASE_ECD.1-8 评估者应检查每个扩展组件定义的安全保障要求，以确定该要求用 ISO/IEC 15408 要求的保障组件作为表示的模板。评估者应确定扩展保障组件与 ISO/IEC 15408-3 部分的 6.1.3 节保障组件结构一致。如果扩展保障组件使用操作，评估者应确定这些操作与 ISO/IEC 15408-1 部分 8.1 节允许的操作一致。如果扩展保障组件与现有保障组件有层次依赖关系，评估者应确定与 ISO/IEC 15408-3 部分的 6.1.3 节保障组件层次不同点的结构方式一致

(5) 工作单元 ASE_ECD.1-9 评估者**应检查**每个扩展组件定义的安全保障要求，以确定对每个保障组件是否定义了安全保障评估方法。评估者应对扩展 SAR 组件的元素准确地分解成工作单元，并在保障要求部分详细说明开发者行为元素、证据的内容和形式元素以及评估者行为元素。评估者还要确定这些工作单元是可测试的，并且是可通过适当的 TSF 表述进行追溯的。评估者还要确定保障要求避免了要求评估者做出主观判定。

(6) 工作单元 ASE_ECD.1-10 评估者**应检查**每个扩展保障组件定义的安全要求，以确定所属的每个新的扩展保障族使用 ISO/IEC 15408 已有的族作为表示的模板。评估者应确定扩展功能族与 ISO/IEC 15408-3 部分的 6.1.2 节保障族结构一致。

(7) 工作单元 ASE_ECD.1-11 评估者**应检查**每个扩展组件定义的安全要求，以确定所属的每个新的扩展保障类使用 ISO/IEC 15408 已有的类作为表示的模板。评估者应确定扩展保障类与 ISO/IEC 15408-3 部分的 6.1.1 节保障类结构一致。

ASE_ECD 族其他评估工作单元，包括 ASE 类其他组件的评估工作单元请参照 CEM 相关章节评估方法。

6.4.3 TOE 评估

在 ST 通过评估后，CC 测试实验室就可对 TOE 样品按照 CEM 组织评估人员对 IT 产品安全功能行为执行测试和分析，以保证 ST 声称的 TOE 安全策略(TSP)在 TOE 保护的所有资源中都得到充分准确的执行。尽管 6.4.2 节介绍了 ST 评估，但在 ST 评估通过后，国家评估体制并不会给 ST 签发认证证书。按照 CCRA 协议规定，国家评估体制只给通过

评估的 PP 和 TOE 颁发认证证书，因此，ST 评估和 TOE 评估一般是由相同的评估机构执行。

在真正开始 TOE 评估之前，评估发起者与 CC 测试实验室一般会建立紧密的关系。为了对 TOE 评估计划的有效性进行优化，所有 TOE 评估参与者应在正式评估开始之前知道他们各自的角色和应承担的责任。对 TOE 开发者来说，理解他们负责生产的所有硬件、软件、固件等 TOE 样品(简称 CC 物件)和评估证据尤其重要。同样，TOE 消费者和评估发起者应保证他们与开发者的合同指定了完成 TOE 评估必需的 CC 物件和评估证据，这也是作为评估任务合同规定的必要条款项。注意 CEM 输入证据指的是 TOE 相关 CC 物件和证据内容，并没有规定提供这些 CC 物件和内容的格式要求。TOE 客户和评估发起者负责定义 CC 物件和证据最佳的提交格式。从实践中看出，劣质的证据和缺少 TOE 证据是造成 TOE 评估延期的最常见原因。CC 测试实验室越早参与 TOE 开发过程其评估效果越好，这样他们能够在 TOE 设计确定下来之后就开始 TOE 评估。如果直到 TOE 构建好后，CC 测试实验室才开始参与进来，那么完成这次评估的时间就会大大延长。所有缺陷必须在一个 TOE 能够被验证前得到纠正，而在设计阶段比在完成开发后，检测缺陷会更容易，也更节省成本。图 6.10 是 CC 给出的 TOE 评估过程示意图。

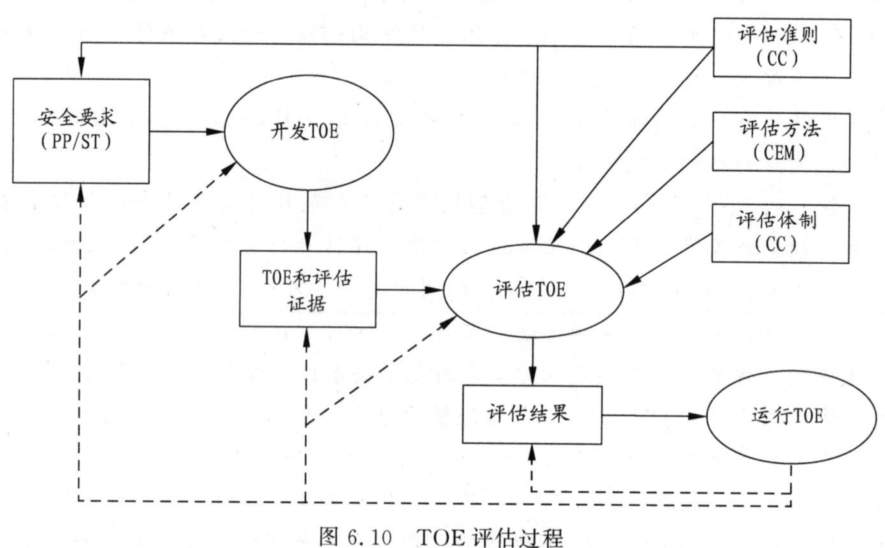

图 6.10 TOE 评估过程

从图 6.10 TOE 评估过程可以看出，TOE 评估的主要输入如下。

(1) 一系列 TOE 证据，包括作为 TOE 评估基础的评估过的 PP/ST。

(2) 需要评估 TOE 的所有 CC 物件(如 TOE 样品)和评估证据。

(3) 评估准则、评估方法和不同国家建立的评估体制。

另外，CC/CEM 给出的相关评估指南及其说明性材料(例如 CC 的应用注释)、评估者及评估组织的信息安全技术专业知识也常用来作为 TOE 评估过程的输入。

评估过程的预期结果是对 TOE 满足 ST 定义的安全要求确认。CEM 只给出了一些安全保障要求的评估内容及其方法，TOE 安全功能要求的评估内容和方法由 CC 测试实验室的评估者依据 TOE 开发者提交的一系列 TOE 辅助评估证据，以及需要评估的 TOE 安全架构与实现技术与机制材料，独立地进行测试内容设计和测试评估工作。

安全评估要求评估人员具备 TOE 领域相关的安全知识，应遵循以下 4 个基本的步骤开展相关工作。

(1) **明确 TOE 的安全要求**。例如针对数据库产品，国外已经有相应的数据库管理系统保护轮廓(DBMS PP)，并且主流数据库管理系统都在此基础上编制了 ST。例如 Oracle 数据库产品已经有 20 多个 ST。在我国也有了针对网络安全等级保护要求的 GB/T 20273—2019《信息安全技术 数据库管理系统安全技术要求》。如何将 TOE 的功能要求以 CC 术语(功能组件和保障组件)进行描述，在 TOE 安全功能与 CC 术语之间建立映射关系，需要充分考虑具体评估 TOE 安全策略、保护资产价值、可能的安全攻击、潜在脆弱性等这些与安全风险评估要素相关的各种安全功能特性。

(2) **了解 TSF 及其实现技术与机制**。TOE 安全策略(TSP)是一组规则，用以控制在 TOE 内的资产该如何分布、管理、存储与保护。TSP 一般由多个安全策略组成，它们有各自的安全控制域，并且定义了相应主体、客体和允许的操作。因此，评估者应根据 PP/ST 安全功能要求理解对应 IT 产品的具体安全功能及其实现技术与机制，即 TOE 是通过什么安全功能(模块)来满足这些安全策略要求的，提供了哪些应用安全编程接口让用户使用这些安全功能。换句话说，评估者应通过 TOE 开发者提供的安全架构(ADV_ARC.1)及其功能规范和实现表示，从 TOE 功能安全、数据安全、应用安全、基础设施安全等方面了解 TOE 的安全功能及其实现技术与机制。

(3) **对 ST 中列举的安全功能要求开发测试用例**。针对 TOE 具体安全功能及其运行机制，TOE 评估者除了执行发起者提供的测试文档抽样测试外，还应依据自身的领域知识独立地设计相应的 TOE 安全功能测试用例。注意在不同评估保障级别下的测试用例设计方法可能不同。例如对于 EAL 4 级以下的测试用例设计，一般采用等价类划分、边界值分析、错误推测、因果图、判定表驱动分析、正交实验设计、功能图分解和(或)综合策略方法的黑盒测试用例设计方法；EAL 4 以上的用例设计可能需要借助逻辑覆盖法、基本路径测试法、模型驱动法等形式化测试用例自动生成的设计方法，开发相应的测试用例/测试套件。

(4) **TOE 安全功能测试和安全性测试和分析**。TOE 评估者一般会借助专业的自动化测试工具，从 TOE 消费者或 TOE 安全攻击者角度出发，在模拟环境下通过各种测试场景验证 TOE 安全功能实现的正确性，验证 TOE 能对抗 PP/ST 定义的各种安全威胁，满足相应的组织安全策略。基于场景的安全功能测试和基于攻击方式的穿透性测试都可以比较生动地描绘出 TOE 安全功能行为及安全攻击事件触发时的情景，有利于 TOE 评估者设计针对性的 TOE 测试场景及其测试用例，包括相应的攻击场景和攻击事件，同时使这些测试场景和用例更容易理解和执行。

TOE 评估的输出结果形式是评估者依据 CEM 对 TOE 得出的一个或多个记载调查、分析和测试结果的报告。这些报告对 TOE 的潜在用户非常有用，对 TOE 开发者也同样有用。有关 TOE 评估证据的准备及 TOE 安全测试方法和技术将在第 7 章和第 8 章中进行介绍，本节只围绕 TOE 某个保障组件评估简单介绍相关的评估内容。TOE 开发者将准备好的“完工”TOE 样品等所有 CC 交付件，包括所有硬件、软件、固件和文档组成的 IT 产品评估证据集交给评估发起者，由评估发起者将 TOE 交给 CC 测试实验室的评估者以完成 TOE 安全功能测试和脆弱性分析，从而最终获得 CC 认证证书和完成已评估产品列表(EPL)的登记。

TOE 安全评估涉及 5 个安全保障类：ADV、AGD、ALC、ATE 和 AVA，相应的安全保障要求及其评估活动由 PP/ST 指定的评估保障级别中的安全保障要求决定。评估者需要完成的评估活动所调用的族、组件和组件的层级根据不同的评估保障级别而有所变化。举例来说，EAL 3 是第一个包含所有安全保障类中至少一个安全保障组件评估活动的评估保障包，EAL 5 是第一个包含所有安全保障类和族所有安全保障组件（除了 ALC_FLR）评估活动的评估保障包（EAL 与保障组件之间的关系参见表 6.2～表 6.8）。

对于保障要求组件有层次关系的保障要求，要注意区分它们评估内容的不同。例如 TOE 功能规范保障族（ADV_FSP）描述了 TSF 接口（TSFI），包括所有的通过外部实体（或者位于 TSF 之外 TOE 内部的主体）向 TSF 提供数据、接收来自于 TSF 的数据并且调用 TSF 服务的方法。ADV_FSP 族内的每个组件都给出了安全功能要求与功能规范的直接联系，也就是说，指出了每个安全功能要求是通过哪些接口调用的。

CC 第 3 部分定义了 3 类接口服务 TSFI（*SFR-执行*、*SFR-支撑*和 *SFR-无关*）。命名这 3 类 TSF 接口以及在更低级别的保障组件上为每种接口规定不同要求的目的，是为了尽量地给出对 TOE 安全行为的重点分析要点，以及用于分析 TSF 的证据资料。如果 TOE 开发者的 TSF 接口文档按 *SFR-执行*接口要求的详细程度描述了所有接口，那么 TOE 开发者就不需要创建新的证据来满足要求。同样，因为这种接口命名仅仅是从 TSF 要求的角度区分接口类型的一种方法，所以 TOE 开发者没有必要仅仅为了标识接口为 *SFR-执行*、*SFR-支撑*还是 *SFR-无关*而更新证据。通过增加接口规范的完备性和准确性来提高保障，这就要求 TOE 开发者依照不同评估保障级别的 ADV_FSP 族组件提供相应文档。

（1）ADV_FSP.1 基本功能规范：唯一的文档要求是刻画所有 TSFI，并对 *SFR-执行*和 *SFR-支撑*类型的 TSFI 进行高层描述。为了确保 TSF 的"重要"方面在 TSFI 中已被正确描述，要求 TOE 开发者提供目的、使用方法、*SFR-执行*和 *SFR-支撑*的 TSFI 参数。

（2）ADV_FSP.2 安全执行功能规范：要求 TOE 开发者提供所有 TSFI 的目的、使用方法、参数和参数描述。另外，对于 *SFR-执行*相关的 TSFI，TOE 开发者必须描述 *SFR-执行*行为和直接错误消息。

（3）ADV_FSP.3 带完整摘要的功能规范：除了 ADV_FSP.2 要求的信息之外，TOE 开发者必须提供足够的关于 *SFR-支撑*和 *SFR-无关*行为的信息，用以表明它们不是 *SFR-执行*的。此外，TOE 开发者必须文档化由调用 *SFR-执行*的 TSFI 产生的所有直接错误消息。

（4）ADV_FSP.4 完备的功能规范：所有 TSFI（无论是 *SFR-执行*、*SFR-支撑*还是 *SFR-无关*）必须以同等程度来描述，包括所有的直接错误消息。

（5）ADV_FSP.5 附加错误信息的完备的半形式化功能规范：所有 TSFI（无论是 *SFR-执行*、*SFR-支撑*还是 *SFR-无关*）必须以同等程度来描述，包括所有的直接错误消息和不是由 TSFI 调用引起的错误消息。

（6）ADV_FSP.6 附加形式化描述的完备的半形式化功能规范：除了 ADV_FSP.5 要求的消息外，还包含对所有残余错误消息的描述。TOE 开发者也必须提供对 TSFI 的形式化描述。这为分析 TSFI 提供了另一个角度，可以暴露出内在矛盾或者不完善的规范。

在上述不同的 ADV_FSP 族组件中给出了 TSFI 相应的细节的集合，它是作为下列保障族和保障类的输入，提供间接的安全保障。

(1) ADV_ARC 保障族：对 TSFI 的描述可以用来更好地理解 TSF 如何抵御潜在侵害(自保护或域分离的破坏)以及被旁路。

(2) ATE 保障族：对 TSFI 的描述是 TOE 开发者和评估者测试的重要输入。

(3) AVA 保障族：通过对 TSFI 的描述理解来查找 TOE 脆弱性。

PP/ST 编制者和 TOE 开发者有责任按照 CEM 评估活动证据输入要求，完成 TOE 保障组件开发者行为元素和生成证据的内容说明，评估者有责任按照 CEM 给出的评估子活动和工作单元，完成相应保障级的评估者行为元素和对开发者行为证据和内容元素说明的评估。下面以 CEM 中给出评估方法的 ADV_FSP 族最高层组件附加错误信息的完备的半形式化功能规范(ADV_FSP.5)介绍相关的评估内容。

ADV_FSP.5 定义了两个开发者行为元素：

ADV_FSP.5.1D　开发者应提供一个功能规范。
ADV_FSP.5.2D　开发者应提供功能规范到安全功能要求的追溯。

第 1 个行为元素要求开发者提供的功能规范应完整地介绍 TOE 安全功能(TSF)，且 TSF 所有的部分都应有对应的接口描述，或如果 TSF 的一部分没有对应的接口，评估者应确认这是可接受的。第 2 个行为元素要求开发者给出 TOE 安全功能要求和 TSFI 之间的映射，这个映射的详细级别必须是要求的组件以下或至少是元素级。

ADV_FSP.5 定义了 9 个证据元素的内容说明。

ADV_FSP.5.1C　功能规范应完全描述 TSF。
ADV_FSP.5.2C　功能规范应用半形式化方式描述 TSFI。
ADV_FSP.5.3C　功能规范应描述所有的 TSFI 的目的和使用方法。
ADV_FSP.5.4C　功能规范应识别和描述每个 TSFI 相关的所有参数。
ADV_FSP.5.5C　功能规范应描述每个 TSFI 相关的所有行为。
ADV_FSP.5.6C　功能规范应描述可能由每个 TSFI 的调用引起的所有直接错误消息。
ADV_FSP.5.7C　功能规范应描述不是由 TSFI 调用而引起的所有错误消息。
ADV_FSP.5.8C　功能规范应为每个包含在 TSF 实现中但不是由 TSFI 调用而引起的错误消息提供基本原理。
ADV_FSP.5.9C　功能规范应证实安全功能要求到 TSFI 的追溯。

前面两个元素确保 TOE 开发者提供了完整描述 TSF 的功能规范，且使用了半形式化方法描述了相关的 TSFI，后面 6 个元素给出了功能规范中的接口细节，包括：接口目的、使用方法、参数、参数描述、行为描述和错误信息来详细描述接口(以不同的详细程度)。

(1) 接口目的：详细说明接口的意图(例如 GUI 命令、接收网络数据包、提供打印输出等)是对接口的一般目的进行高层的描述。

(2) 接口使用方法：描述如何使用接口。这种描述应当建立在接口的各种相互作用之上。例如，如果接口是个 UNIX shell 命令，那么 ls、mv 和 cp 将与该接口有相互作用。对于每个相互作用，使用方法描述相互作用是什么，既有该接口的行为(例如程序员调用 API，Windows 用户修改注册表的设置等)，也有其他接口的行为(例如生成一条审计记录)。

(3) 接口参数：接口的输入输出控制着接口的行为。例如提供给 API 的参数；给定网络协议数据包的不同字段；Windows 注册表中的个别键值；通过芯片上一组管脚的信号等。参数被标识为一个表明它们是什么的简单的列表。

(4) 参数描述：概述这个参数的意图。例如，接口 foo(i)的可接受的参数描述可以是“参数 i 是一个表明当前登录到本系统的用户数量的整数”。像“参数 i 是一个整数”这样的描述就不可接受。

(5) 接口行为描述：描述了该接口是做什么的。这比目的描述更详细，“目的”揭示为什么可以使用它，而“行为”揭示接口所做的每一件事。这些行为可能与安全功能要求相关或无关。如果接口行为与 *SFR*-无关可概括描述，意味着描述仅解释它确实不是安全功能要求相关的。

(6) 错误消息描述：用于确定错误产生的条件，如消息是什么，以及错误代码的含义。TSF 生成一条错误消息，用于表示遇到的问题或者某些程度的不规律。

最后一个证据的内容和形式元素给出了安全功能要求与功能规范的直接联系，也就是说，指出了每个安全功能要求是通过哪些接口调用的。当 ST 中包含残余信息保护(FDP_RIP)这样的功能要求时，由于其功能未在 TSFI 中陈述，功能规范和(或)用于识别安全功能要求的追溯应能标识这些安全功能要求；在细化分解过程中，这些安全功能要求作用重大，将其包含在功能规范中有助于确保在这个过程中不会被遗漏。

ADV_FSP.5 定义了两个评估者行为元素：

ADV_FSP.5.1E　评估者应确认所提供的信息满足证据的内容和形式的所有要求。

ADV_FSP.5.2E　评估者应确定功能规范是安全功能要求的一个准确且完备的实例化。

TOE 评估者负责：确定 TOE 开发者提供了证据元素内容说明所需的所有信息，TOE 评估者应在开发者的 SFR 到对应的 TSFI 连接基础上，构造 TOE 安全功能要求和 TSFI 之间的映射，确保所有 SFR 同时由功能规范和测试覆盖分析所覆盖。评估者可以使用任何他们认为合适的技术来完成这两个行为元素。

下面以 ADV_FSP.5.1 评估者定义的两个评估者行为元素为例，示意 CEM 如何在 CC 第 3 部分构建其评估活动：为 ADV_FSP.5.1E 定义了 13 个工作单元(ADV_FSP.5-1～ADV_FSP.5-13)，为 ADV_FSP.5.2E 定义了一个工作单元(ADV_FSP.5-14)的评估任务。

ADV_FSP.5-1　评估者应检查功能规范以确定该规范完整地介绍了 TSF。在评估本工作单元时，评估者要对照功能规范列出的接口确定 TSF 的所有部分都有对应。TSF 所有的部分都应有对应的接口描述，或如果 TSF 的一部分没有对应的接口，评估者应确定这是可接受的。

ADV_FSP.5-2　评估者应检查功能规范以确定规范以半形式化的形式表达。评估者应确定接口描述的格式风格结构化、上下一致，并使用常用术语。接口的半结构化表述也表明了接口表述的详细级别，因为接口在所有 TSFI 上一般是一致的。至于接口部分的功能规范，只要本身是半形式化的，外部文档就可以参考。

ADV_FSP.5-3　评估者应检查功能规范，以确定它说明了各 TSFI 的目的。TSFI 的目的不是要完整地陈述接口相关的行为和结果，而是要帮助读者从总体上理解接口是用来做什么的。评估者不仅要确定该目的是存在的，还要确定它顾及了接口的其他信息并准备地反映了 TSFI，例如行为和错误信息的描述。

ADV_FSP.5-4　评估者应检查功能规范，以确定规范给出了各 TSFI 的使用方法。TSFI 的使用方法概括了怎样操作接口从而激活行为，并从 TSFI 相关的结果中获取信息。评估者应能通过阅读功能规范中的材料确定怎样使用每个接口。

ADV_FSP.5-5　评估者应检查功能规范，以确定 TSFI 的完整性。评估者应使用设计文档找出可能的接口类型。评估者应搜索设计文档和不包含在开发者文档中的潜在 TSFI 的指导文档，这样可能会发现开发者定义的 TSFI 集不完整。评估者应检查开发者递交的参数以确定 TSFI 是完整的，并向下检查最底层的设计，或检查实现表示以确定不存在更多的 TSFI。

ADV_FSP.5-6　评估者应检查 TSFI 的表示，以确定该介绍完整地指出了与各 TSFI 相关的所有参数。为了确定所有参数在 TSFI 都有所呈现，评估者应检查接口描述的其他部分(行为、错误信息等)以确定描述是否解释了参数的效果。评估者还应检查所提供的其他评估证据(例如，TOE 设计、安全架构描述、操作用户指南、实现表示)，以确定行为或其他参数不是在功能规范中而是在这些评估证据里有描述。

ADV_FSP.5-7　评估者应检查 TSFI 的表示，以确定该介绍完整和准确地描述了各 TSFI 相关的所有参数。为了确认参数的描述是完整的，评估者应检查接口描述的其他部分(目的、使用方法、行为、错误信息等)以确认描述解释了参数的效果。评估者还应检查所提供的其他评估证据(例如，TOE 设计、安全架构描述、操作用户指南实现表示)，以确认行为或其他参数不是在功能规范中而是在这些评估证据中有描述。

ADV_FSP.5-8　评估者应检查 TSFI 的表示，以确定该介绍完整地、准确地描述了与各 TSFI 相关的所有行为。评估者检查功能规范以确认每个 TSFI 的所有行为都有描述。对接口有效的行为说明了接口是做什么的(与 TOE 设计相反，TOE 设计是说明 TSF 是如何提供行为的)。

ADV_FSP.5-9　评估者应检查 TSFI 的表示，以确定该介绍完整地、准确地描述了调用各 TSFI 产生的所有错误信息。评估者应确定，对于每个 TSFI，可以确定调用这个接口时所返回的错误信息的精确集。评估者检查所提供的接口的证据以确定错误集看起来是否完整。他们用所提供的其他评估证据(例如，TOE 设计、安全架构描述、操作用户指南、实现表示)交叉检查该信息，以确定这些评估证据没有提及功能规范未包含的源自处理过程的错误。

ADV_FSP.5-10　评估者应检查 TSFI 的表示，以确定该表示完整和准确地描述了调用各 TSFI 产生的所有错误信息的语义。为了确认因调用 TSFI 而起的错误的描述是完整的，评估者应检查接口描述(参数描述、行为等)的其他部分以确定是否考虑到了因使用该接口而可能发生的潜在错误条件。评估者还应检查所提供的其他评估证据(例如，TOE 设计、安全架构描述、操作用户指南、实现表示)以确认 TSFI 相关的处理过程不是在功能规范中，而是在这些其他的评估证据中有描述。

ADV_FSP. 5-11 评估者应评估者应检查功能规范，以确定规范完整地、准确地描述了调用一个 TSFI 不会产生的所有错误信息。本工作单元是对工作单元 ADV_FSP. 5-9 的补充，描述了调用 TSFI 产生的错误信息。总的说来，这些工作单元覆盖了 TSF 可能生成的所有错误信息。

ADV_FSP. 5-12 评估者应检查功能规范，以确定对于每个包含在 TSF 实现内但不是从 TSFI 调用中产生的错误，该规范都给出了原因。评估者应确定每个在工作单元 ADV_FSP. 5-11 中找到的错误信息都含有根本原因的描述，说明该信息为什么不能从 TSFI 中调用。

ADV_FSP. 5-13 评估者应追查将 SFR 链接到对应的 TSFI。追查由开发者提供，用于指明哪个 SFR 与哪个 TSFI 相关。这个追查可以是一个简单的表；它用作输入，供下面工作单元中评估者使用，评估者将验证该输入的完整性和准确度。

ADV_FSP. 5-14 评估者应检查功能规范，以确定它是 SFR 的一个完整实例。

前 13 个工作单元与 CC 第 3 部分中的 9 个证据的内容和形式元素说明相对应。第 14 个工作单元要求评估者保证所有安全功能要求应该由功能规范和测试覆盖分析所覆盖。CEM 为保障组件的每个工作单元提供了评估者指导手册，例如针对最后一个工作单元，CEM 提供了如下指导：

评估者应在追查开发者评估证据基础上构建 TOE 安全功能要求和 TSFI 之间的映射(见 ADV_FSP. 5-13)，且映射详细程度必须是要求组件以下或至少是元素级。

例如，组件 FDP_ACC. 1 包含元素的赋值操作。如果 ST 在 FDP_ACC. 1 组件的赋值操作中包含了 10 条规则，且这些规则被 3 个不同的 TSFI 覆盖，那么，评估者将 FDP_ACC. 1 映射到 TSFI A、B 和 C，然后声明他们完成了工作单元评估，仅仅这样做是不够的。评估者应该这样做，映射 FDP_ACC. 1(规则 1)到 TSFI A；FDP_ACC. 1(规则 1)到 TSFI B；FDP_ACC. 1(规则 1)到 TSFI C；FDP_ACC. 1(规则 2)到 TSFI A；以此类推生成所有的映射。很可能 TSFI 是一个包装接口[例如输入输出(IO)控制 CTL]，在这种情况下，映射还应该针对给定包装接口的一组特定参数进行定制，生成更详细的安全要求和接口的映射关系。

评估者必须意识到，对于在 TSF 边界上很少或没有出现的安全功能要求[如残余信息保护(FDP_RIP. 1)]，不要求评估者完整地将那些要求映射到 TSFI。如果 ST 有要求，将会在 TOE 设计(ADV_TDS)中对这些要求进行分析。同样要重点注意的是，由于 TSFI 相关的参数、行为和错误信息必须完整地指定，评估者应该可以确定 SFR 的各个方面是否能在 TSFI 接口级上实现。

对于 ST 中在 TSF 边界上有可见影响的每个功能要求，相关 TSFI 的信息能描述这些功能要求。例如，如果 ST 包含访问控制要求，且映射到这个要求的仅有的 TSFI 功能上指定用于 Unix 类型的保护比特位，那么这个功能规范相对于要求来说就不准确。

6.4.4 组合 TOE 评估

CC 第3部分提供了组合保障类 ACO，以用于对一个 IT 实体依赖另一个实体提供安全服务情形的组合 TOE 进行评估。提供服务的实体称为组合 TOE 的"基本部件"，接受服务的实体称为组合 TOE 的"依赖部件"。这种关系在很多情况下存在。例如，一个应用程序(依赖部件)可能使用一个操作系统(基本部件)提供的服务。作为一种选项，两个关联程序也可能存在这种应用情形，要么在通用操作系统环境下，要么运行在单独的硬件平台上，这种关系可能是对等的。如果存在一个占支配地位的实体向辅助实体提供服务，那么这个占支配地位的实体被认为是基本部件，而辅助实体认为是依赖部件。如果对等体以相互的方式为彼此提供服务，那么，每个实体被认为既是提供服务的基本部件，也是得到服务的依赖部件。这将要求对每种部件实体重复运用 ACO 组件的所有要求。

组合 TOE 评估仍然要求各个 TOE 部件进行独立评估，因为组合 TOE 评估是以各个 TOE 部件的评估结果为基础。或许当组合 TOE 开始评估时，依赖的 TOE 部件评估仍在进行中，但是，依赖部件的评估必须在组合 TOE 评估完成之前完成。组合保障族是为了提供确信一个组合 TOE 依靠过去评估过的 CC 物件(软件、固件或硬件等组合 TOE 组成的 TOE 部件)所提供的安全功能是能够安全运行的信心，而不需要重新评估合成的组合 TOE 的安全功能。(注意，在整个 ACO 类中用组合 TOE 集成者指代"开发者"，任何与基本或依赖部件相关的 TOE 开发者都这样阐述。)

基本部件和依赖部件的评估假定在为 ACO 组件确定最终结论的时候已经完成了。因此，组合 TOE 评估要求将依赖部件评估得到的评估证据和基本部件评估得到的唯一的评估资料作为组合 TOE 评估活动的输入。组合 TOE 评估不要求其他从基本部件评估活动得到的评估证据，因为基本部件组合评估的结果将被重用。如果组合 TOE 的 TSF 包括的要比基本部件的部件评估期间的 TSF 要多，那么可能要求基本部件的其他额外信息。

CC 第3部分定义的组合保障包(CAP)是衡量组合 TOE 的一种保障级别，用于组合 TOE 的评估。组合 TOE 由已经通过评估(或即将通过评估)的 TOE 部件组成。单个部件将被认证为满足某个 EAL 级别或在 ST 中说明的保障包。但这种方式不提供任何关于部件之间的交互或组合是否会引入脆弱性的保障。组合保障包在更高的保障级别中考虑了这些交互，将部件之间的 TSF 接口纳入了测试范围。同时，通过对组合 TOE 进行脆弱性分析来考虑部件组合引入脆弱性的问题。

执行组合保障包评估时，TOE 集成者将会提供组合 TOE 的一份 ST 文档，用于组合 TOE(基本部件+依赖部件)的评估。ST 会标识用于组合 TOE 的保障包，该保障包利用部件评估获得的保障为复合实体提供保障。

在 ST 中考虑部件组合的目的，是从运行环境和组合 TOE 本身的安全要求角度，验证部件间的兼容性，同时也评定组合 TOE 的 ST 与部件 ST 以及 ST 描述的安全策略是否一致。这包括要确定部件 ST 与其描述的安全策略是兼容的。

组合 TOE 的 ST 可能涉及部件 ST 的内容，或 ST 作者可能在组合 TOE 的 ST 中选择性地重述部件 ST 的内容，并提供如何在组合 TOE 的 ST 中描述部件 ST 的基本原理。

在为组合 TOE 的 ST 执行符合性评估(ASE_CCL)活动期间，评估者要确定在组合 TOE 的 ST 中部件 ST 的描述是准确的。这将通过确定组合 TOE 的 ST 与 TOE 部件 ST

的一致性得到了论证获得。同时，评估者也需要确定依赖部件运行环境的依赖条件，在组合TOE中得到了充分的满足。

组合TOE描述将会描述组合方案，描述组合方案的逻辑上和物理上的范围和边界，也会标识部件间的逻辑边界。描述中会标识每个部件提供的安全功能。

组合TOE安全功能要求的陈述会标识满足每个安全功能要求的部件。如果某个安全功能要求是由两个部件满足的，那么陈述会标识各个部件满足安全功能要求的不同方面。同样的，组合TOE概要规范会标识各个部件提供的上述安全功能。

应用于组合TOE的安全目标评估要求(ASE包)应与部件评估中使用的ST评估要求(ASE包)一致。

基本部件的TSF被定义成包括执行基本部件安全功能要求依赖的所有部分，这也将包括实现基本部件安全功能要求必需的所有部分(如图6.11所示)。基本部件的TSFI表示TSF为安全功能要求陈述中定义的外部实体提供调用TSF服务的接口，包括用户接口和外部IT实体的接口。但是，TSFI仅包括TSF的接口，因此，不需要外部实体和基本部件之间所有可用接口的详尽说明。基本部件可能提供被认为是与安全无关的服务接口，或者因为这种服务的固有用途(如，调整字体)，再或者因为与CC相关的安全功能要求在基本部件的ST中没有声明(如，当没有声明FIA：标识和鉴别安全功能要求时的登录接口)。

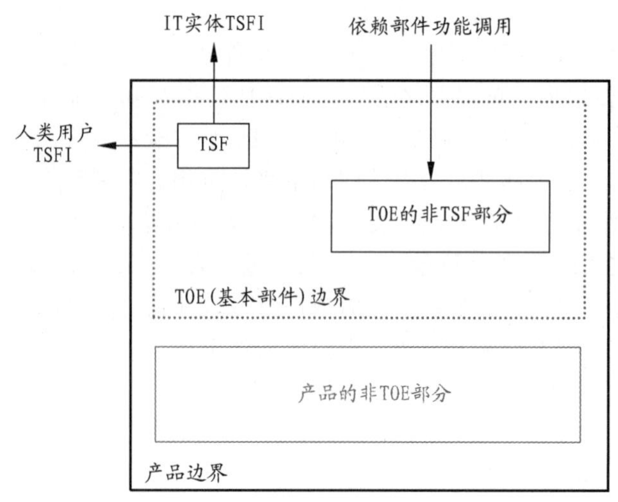

图6.11 基本部件(组合TOE)抽象

基本部件提供的功能接口是除TOE安全功能接口(TSFI)之外的接口，在基本部件评估期间是不要求考虑的。通常包括依赖部件调用基本部件提供的服务使用到的接口。

基本部件可能包括一些间接调用TSFI的接口，例如，用于调用TSF服务的API，这些在基本部件评估期间是不考虑的。

依赖于基本部件的依赖部件类似于以下定义：部件ST安全功能要求中定义的外部实体接口被划分为TSFI类，并且在ADV_FSP中检查。

任何依赖TSF要求环境对某一安全功能要求提供支持时，应表明为了确保所陈述的依赖部件安全功能要求的执行，依赖TSF要求从环境获得某种服务。这种服务是在依赖部件边界之外的，基本部件也不可能在依赖部件 ST 中作为外部实体被定义，因此，依赖 TSF 调用底层平台（基本部件）的服务，不会作为功能规范（ADV_FSP）评估活动的一部分被分析。这种对基本部件的依赖将作为环境安全目的，在依赖部件 ST 中描述。

图 6.12 表示了依赖部件和接口的抽象。

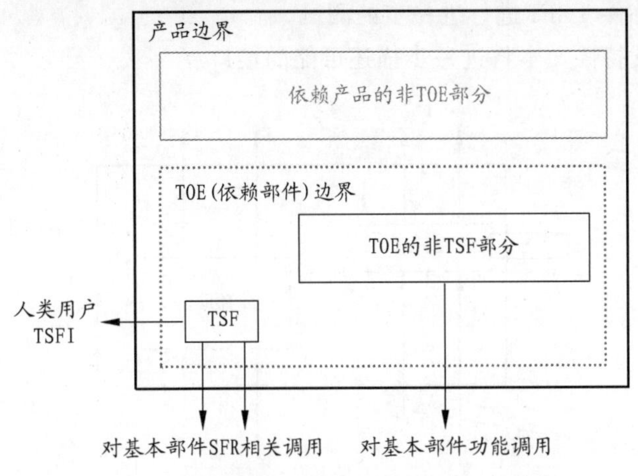

图 6.12　依赖部件（TOE 部件）和接口的抽象

当考虑基本部件和依赖部件的组合时，如果依赖部件的 TSF 要求从基本部件获得服务以支持安全功能要求的实施，那么需要定义服务接口。如果该服务是由基本部件 TSF 提供的，那么接口应是基本部件的 TSFI，因此，会在基本部件的功能规范中定义。

但是，如果依赖部件 TSF 调用的服务不是基本部件 TSF 提供的（即它是在基本部件的非 TSF 部分或者甚至是基本部件的非 TOE 部分实现的（如图 6.13 所示）），除非该服务是基本部件 TSF 间接产生，否则将不存在与该服务相关的基本部件 TSFI。依赖部件服务接口到运行环境都在“依赖部件的依赖性”族（ACO_REL）中考虑。

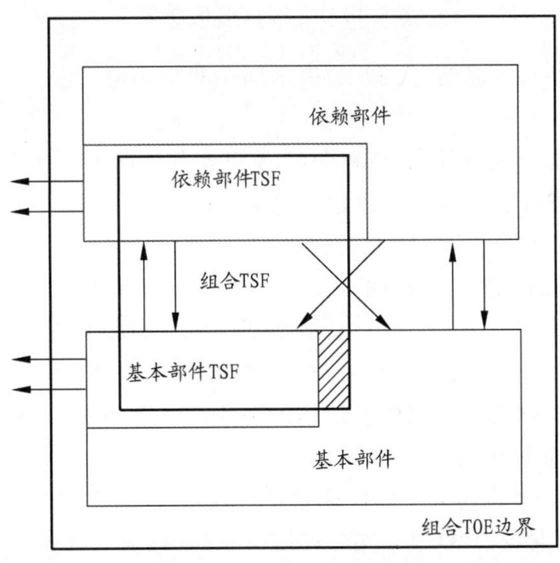

图 6.13　组合 TOE 抽象

组合 TOE 的 TSF 中涉及基本部件的非 TSF 部分，是由于依赖部件依靠基本部件支持依赖部件的安全功能要求的这种依赖性。因此，这种情况下，组合 TOE 的 TSF 会大于各部件 TSF 之和。

在基本部件评估过程中，可能会出现基本部件 TSFI 以不可预料的方式被调用的情况。因此，要求对基本部件 TSFI 进行进一步的测试。

图 6.14 以及支持性文本将进一步描述可能的接口。

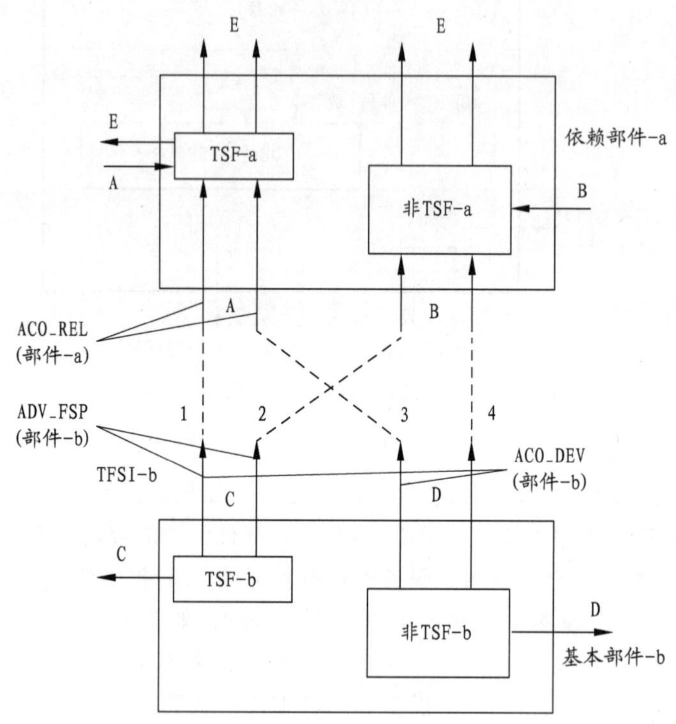

图 6.14　组合 TOE 的接口

(1) 进入依赖部件-a 的箭头(A 和 B)表示部件期望环境对服务请求作出回应(依赖部件对环境要求的回应)。

(2) 从基本部件-b 出来的箭头(C 和 D)表示基本部件向环境提供的服务接口。

(3) 部件之间的虚线表示两个接口之间的交互。

(4) 其他的箭头表示 CC 描述的接口。

下面是对图 6.14 的一个简要说明，解释了需要考虑的事项。

图中有部件 a(依赖部件-a)和部件 b(基本部件)：TSF-a 出来的箭头是 TSF-a 提供的服务，因此称为 TSFI(a)；类似的，TSF-b(C)出来的箭头称为 TSFI(b)。在它们各自的功能规范中有详细描述。部件-a 向它的环境请求服务：TSF(a)需要的服务标记为 A，其他的(与 TSF-a 无关的)服务标记为 B。

当部件-a 和部件-b 组合起来，{部件-a 需要的服务}和{部件-b 提供的服务}会有 4 种可能的组合形式，如图中虚线表示(接口对之间的交互)。任何一种都可能存在于某种特定的组合中。

(1) TSF-a 需要 TSF-b 提供的服务(A 连接 C)：这是非常直接的，C 的细节在部件-b

的功能规范中。这种情况的所有接口应在部件-b 的功能规范中定义。

(2) 非 TSF-a 需要 TSF-b 提供的服务(B 连接 C)：这是非常直接的(C 的细节也在部件-b 的功能规范中)，但不是重要的安全方式。

(3) 非 TSF-a 需要非 TSF-b 提供的服务(B 连接 D)：没有关于 D 的细节，但这些接口的使用不涉及安全相关的内容，因此在评估中不需要考虑，尽管对于 TOE 开发者来说是一个综合性的问题。

(4) TSF-a 需要非 TSF-b 提供的服务(A 连接 D)：当部件-a 和部件-b 对"安全服务"有不同的理解时，这将会出现。或许部件-b 没有关于 I&A 的声明(在 ST 中没有 FIA 安全功能要求)，但是部件-a 需要环境提供鉴权。关于 D 接口没有可用的详细资料(它们不是 TSFI(b)，因此它们不在部件-b 的功能规范中)。

注意：如果上述 d 描述的这种交互存在，那么组合 TOE 的 TSF 将会是 TSF-a ＋TSF-b ＋非 TSF-b。否则，组合 TOE 的 TSF 将会是 TSF-a ＋TSF-b。

图 6.14 中的第 2 和第 4 种接口与组合 TOE 评估不直接相关。接口 1 和 3 将会在不同族的实施期间考虑以下几点。

(1) 功能规范(ADV_FSP)(部件-b)描述 C 接口。

(2) 依赖部件的依赖性(ACO_REL)描述 A 接口。

(3) 开发证据(ACO_DEV)描述第一种连接中的 C 接口和第三种连接中的 D 接口。

可能运用组合的一个典型的例子是数据库管理系统(DBMS)依赖它底层的操作系统(OS)。在 DBMS 部件评估期间，将会对 DBMS 的安全属性做一个评定(在评估中运用的保障组件要指定到何种严格程度)：标识 TSF 边界，评估功能规范，以确定其是否描述了 TSF 提供的安全服务接口，也许会提供 TSF 的一些额外信息(其设计、架构、内部组织)，测试 TSF，评估生命周期的各个阶段和指导性文档，等等。

但是，DBMS 评估不要求 DBMS 依赖 OS 的依赖性相关的任何证据。DBMS 的 ST 最可能在它的安全问题定义的假设部分陈述关于 OS 的假设，陈述 OS 的环境安全目的。DBMS ST 甚至可能根据 OS 的安全功能要求呈现其环境安全目的。但是，没有 OS 规范与功能规范、架构描述或者关于 DBMS 其他的 ADV 证据中的细节映射。依赖部件的依赖性(ACO_REL)能满足这些需求。

依赖部件的依赖性(ACO_REL)描述，依赖 TOE 调用基本部件提供服务的接口。这些是对请求做出响应的接口。该接口描述是从依赖部件的角度提供的。

开发证据(ACO_DEV)描述基本部件提供的用于响应依赖部件服务请求的接口。这些接口映射到依赖信息中标识的相关依赖部件接口。映射的完整性，即描述的基本部件接口是否对应了所有的依赖部件接口，在这里没有验证，而是在组合基本原理中验证(ACO_COR)。子系统提供的接口在高级别的 ACO_DEV 组件中描述。

依赖部件要求的，所有没有在基本部件中描述的接口，在组合基本原理族(ACO_COR)的基本原理中介绍。基本原理也负责陈述依赖部件依赖的基本部件接口是否已在基本部件评估中考虑。对于任何在基本部件评估中没有考虑的接口，将会提供一份关于使用这些接口对基本部件 TSF 影响的基本原理文档。

6.5　本章小结

基于 CEM 的分级安全评估提供了 IT 产品将满足、已满足或将继续满足其 ST 中所声明的安全要求的可信程度。CC/CEM 评估活动应贯穿于 IT 产品的整个开发生命周期，从面向客户安全需求的 PP 编制开始，到 TOE 给出安全方案的 ST 以及 TOE 的安全开发，包括 TOE 评估证据编制等满足评估者开展 TOE 安全评估。所以，通过 CC 评估并不是 IT 产品开发完成后的一次简单的 TOE 测试和分析事件。此外，在 TOE 运行和维护过程中，安全评估活动仍将继续运行，以保证 IT 产品的安全性可在初始认证后至升级改选后再次认证期之间可得到保持。

CEM 及其相关的国家评估体制定义了 CC 测试实验室应执行哪些安全评估活动，并如何对 PP、ST、TOE、ACO 等评估项目执行安全评估。在 CC 第 3 部分文档中，构成安全保障组件元素被称为开发者行为元素、证据的内容和形式元素和评估者行为元素。CC 第 3 部分还预定义了 7 个评估保障级别和 3 个组合保障级别。CEM 建立在 CC 第 3 部分基础上，指定了 TOE 安全评估相关参与者的角色和职责、安全保障组件安全评估活动、子活动、行为和待实现的工作单元。依据 CCRA 制定的各国评估体制建立在 CC 和 CEM 上，提供了关于 IT 产品安全评估过程如何执行和管理的细节。国家评估体制可能会在 CEM 上增加特定的评估规范要求，但不会减少 CEM 规定的评估内容及其要求。

PP、ST、TOE、ACO 评估与 IT 系统生命周期或 IT 产品采购过程的 3 个基本阶段相对应。TOE 消费者、开发者、评估发起者、评估者等 CC 参与者在不同项目中担当不同的角色和职责。评估发起者应与评估者(如 CC 测试实验室)建立良好的沟通，以便评估人员了解和掌握 TOE 构建方法、原理及其基本步骤。为了优化 IT 产品的安全评估效益，TOE 消费者、开发者、评估发起者和评估者等有关各方必须在一次正式评估开始前定位各自的角色和职责。TOE 开发者应知道他们负责准备哪些用于安全评估的 CC 物件和评估证据，TOE 消费者或评估发起者应保证他们与 TOE 开发者能将所有必要的 TOE 样品和评估证据交付给评估者，缺乏证据和低质量证据是造成 TOE 评估延期的最常见原因。

因此，本章首先简述了 CEM 的基本原则和方法体系，包括参与者的角色和职责，回顾了 PP、ST、TOE、ACO 安全评估等概念；重点介绍了执行 CEM 中某个评估子活动的基本工作概况，包括评估参与者、评估基本过程、CC 测试实验室评估者工作过程、输入任务、输出任务等评估方法相关的概念，包括 IT 产品安全评估中采用的评估证据的抽样方法、安全评估相关的技术术语、保障组件的评估活动、评估结果的判断方法、评估结果验证、评估报告输出等评估活动内容。后面两节依照 CC 第 3 部分预定义的 7 个评估保障级别，详述了各个级别相关的安全保障组件评估内容，不同评估保障级别评估内容的异同及它们各自的评估工作重点，特别是 PP、ST、TOE 和组合保障包相关安全保障组件的评估内容及相关的证据要求。

IT 产品通过 CC 认证是一个重要成果，但这绝不是评估发起者的最终目的；相反，这是 IT 产品一系列持续的安全保障活动的开始。TOE 在消费者那里的运行和维护安全是 TOE 证明其安全功能的实际有效性、健壮性的时候，保证评估通过后的 TOE 在实际环境中准确无误地运行才是 IT 产品进行 CC 评估的最终目标。

尽管 CEM 方法尽了最大努力来标准化 IT 产品安全评估结果，保证它们的客观性和可重复性，但 TOE 消费者和 IT 产品用户还应该认识到与此过程相关联的一些局限性。首先，TOE 评估是在 CC 测试实验室仿真环境下而非在 TOE 消费者的实际生产环境中进行的。其次，如果被评估的是商用现货产品（COTS 产品）或 TOE 部件，与 IT 系统相关的集成问题可能没有得到充分评估，因此在实际应用中的 IT 产品安全还需要使用其他方式进行评估。再者，CC/CEM 不包括与容量装载、饱和度或压力测试等 IT 产品运行效率和使用质量相关的测试和评估方法；相反，这种安全功能效用性的评估取决于 CC 测试实验室的主观判断。

6.6　问题讨论

1. 简述 CEM 评估原则。
2. 简述评估者角色及其职责。
3. 简述 CC 第 3 部分和 CEM 之间的关系。
4. 简述 CEM 中评估活动结构。
5. 简述 CEM 中评估结果裁决方法。
6. 谁决定应使用什么评估保障级别（EAL）对 IT 产品进行评估？
7. 简述评估者执行 TOE 评估依据及应遵循的评估规程。
8. 简述评估基本流程，包括由谁来执行安全保障评估活动、由谁对安全保障评估活动结果进行解释说明等。
9. 解释 TOE 评估后的用途，包括 TOE 评估中相关的 CC 交付件在后续的 IT 产品认证和认可中如何使用。
10. 简述 TOE 评估输入任务的评估内容及其作用。
11. 解释 TOE 评估证据的抽样方法及其作用。
12. 简述评估者应该掌握评估过程中哪些技术术语。
13. 简述评估任务的主要输出及它们各自的用途。
14. 什么是观察报告（OR）？简述其主要内容以及它是如何被使用的。
15. 什么是评估技术报告（ETR）？简述其主要内容以及它是怎么被使用的。
16. 解释预定义评估保障级别（EAL）安全评估有哪些相关的约束或限制。
17. 哪几个安全保障组件不是任何 EAL 包的组成部分？分析它们是用来做什么的。
18. 简述 PP 和 ST 的评估内容。
19. 简述 TOE 评估内容以及评估涉及的测试方法和技术。
20. 解释组合 TOE 评估和组成它们的 TOE 评估之间的关系。

第7章　评估证据及其准备方法

TOE开发者需要向CC测试实验室提供符合TOE解决方案验证要求的评估证据和待评估的TOE样品，这样CC测试实验室才能按照第6章介绍的方法对TOE进行测试和评估。围绕CC第3部分的安全保障要求，CEM描述了PP、ST、TOE和ACO等不同评估项目所需要的评估证据类型及其内容要求、评估任务输入和输出评估等，但它并没有论述TOE开发者应如何准备和编制这些评估所需的相关评估证据，以及TOE开发者应以什么方式组织和提供这些证据信息等内容，这是因为CEM只针对CC第3部分的保障组件评估，按照评估项目需要，描述了相关保障组件的评估活动，但评估证据的准备需要结合具体评估对象的安全功能组件和对应的评估保障级别才能确定。

针对IT产品的安全评估，TOE开发者需要在理解CEM介绍的安全评估模型及相关保障组件评估活动的基础上，按照ST中描述的TOE概要规范(TSS)，明确IT产品安全功能行为相关的应用场景，组织TOE安全功能验证测试内容，为CC测试实验室准备TOE评估所需的各种评估证据材料。

CC评估证据编制需要TOE开发者在掌握CEM中各种评估活动的输入要求情况下，清楚地描述ST中TOE安全功能及其实现技术与机制。如果TOE开发者对CEM要求的保障组件评估证据输入要求理解不清，将可能导致以下问题。

(1) TOE设计和开发阶段可能未能记录此后TOE评估过程需要评估证据的关键细节信息，事后TOE开发者需按照CEM证据输入要求去构建这些缺失的评估证据，这不仅是一项既费钱又费力的工作，也不能保证重新构建评估证据的质量。

(2) TOE开发者无法事先知道CC测试实验室对CC评估所需证据的内容和格式要求，既影响评估证据在TOE评估过程中的组织和使用，也可能影响TOE评估者对相关评估活动的计划和组织。

(3) 如果TOE开发者没有和TOE评估者协商确定共同的安全评估证据要求，CC测试实验室可能会对TOE开发者提供的安全评估证据缺乏足够的信心。

因此，TOE开发者除了需要理解并正确编制CC测试实验室所需的TOE评估证据内容外，还应掌握TOE评估证据的编制和组织方法，并自论证其提供的TOE评估证据是充分和完整的。如果未能恰当安排TOE评估证据的文档结构，或由于证据数量巨大、结构复杂，将影响TOE评估者对评估证据资料的组织和理解，影响TOE安全评估计划的执行等。

此外，TOE开发者应保证评估证据的准确性和可信性。尽管CEM规定TOE的安全评估需要TOE开发者提供充分的证据，但是为了保证基于CC的IT产品安全评估方法的通用性，CEM有意避免明确说明“证据充分”在特定TOE情况下的具体含义。

在具体介绍TOE评估证据准备方法与编制技巧之前，我们先从TOE开发者的角度概述 CC 中评估证据的基本概念，介绍 TOE 评估证据编制程序；然后重点介绍 CEM 中 TOE 开发、生命周期、测试、脆弱性评定、指导性文档等方面的证据编制内容和要求。因此，本章包括以下内容。

(1) **评估证据概述**：概述 IT 产品安全评估相关的评估证据类型和内容。为了说明 TOE 开发者的 IT 产品研发符合 CC 规定的生命周期保障要求，TOE 开发者在产品研发过程中需要收集和整理可以表明 TOE 满足有关安全功能要求和保障要求的评估证据，因此 TOE 开发者应处理好 IT 产品研发与 CC 评估证据编制的关系。

(2) **评估证据准备流程**：概述 TOE 评估证据编制团队在 TOE 评估不同阶段的角色和任务。在准备任何 TOE 的安全评估证据之前，TOE 开发者应该先了解基于 CC/CEM 的安全评估过程，这样 TOE 开发者知道 TOE 评估过程处在 TOE 生命周期的哪个阶段，下一步应该做哪些评估证据的准备工作，以及提供哪些评估证据才能使 TOE 到达"通过安全评估"这一目的地。

(3) **评估证据编制要求**：尽管 CCRA(2014)文件指出 IT 产品一般互认到 EAL 2(＋ALC_FLR)，但是对于很多 IT 产品的安全评估一般都可能会高于这个级别，甚至直至 EAL 7。为了满足一般性的评估保障级别要求，本章将对 CEM 给出的各类评估证据在 EAL 1～EAL 5 评估范围的编制内容和方法进行概述。

7.1　评估证据概述

CEM 为 CC 测试实验室评估人员提供了 IT 产品安全评估标准化的方法和规程。它告诉评估者需要基于什么样的评估证据和以什么样的深度和广度在实验室仿真环境下，去评估 TOE 开发者提供的 IT 产品(TOE 样品)。为此评估人员依据 ST 的安全要求和相应评估保障级别的 CEM 评估方法，以不同的深度和广度检查 IT 产品开发者提供的 TOE 各种评估证据材料，搭建测试评估环境，完成对 TOE 的安全评估活动。本章通过介绍评估证据的编制要求和技巧，告诉 TOE 开发者如何为第 6 章介绍的安全评估编制评估证据，做好相应的评估准备工作。

按照 CEM 评估方法，TOE 开发者首先需要基于该 IT 产品的安全问题描述安全目的及其安全要求，然后针对这些安全要求，确定 TOE 评估范围和 TOE 安全功能。换句话说，TOE 开发者应该按照 CC 功能要求和保障要求(即第 3 章介绍的安全组件)和所述 IT 产品的通用安全要求(即第 4 章的 PP)编制相应的安全方案(即第 5 章的 ST)，这样才能确认 TOE 安全评估所需的内容和证据材料。在此基础上，为保证 TOE 安全评估的有效实施，TOE 开发者应按照 CEM 评估方法，审核 TOE 的开发过程、产品设计、测试与脆弱性分析以及产品交付等方面是否符合了 ST 声明的安全保障要求，并按照 CEM 提交 ST 指定保障要求相关的评估证据和 TOE 样品。图 7.1 从 TOE 开发者角度简单描述了基于 CC 的安全评估与 IT 产品研发流程之间的交互关系，重点概述了 IT 产品研发过程的各个环节的安全要求与评估保障类的对应关系。

CEM 中涉及 TOE 评估活动所需的评估证据材料主要有以下这些。

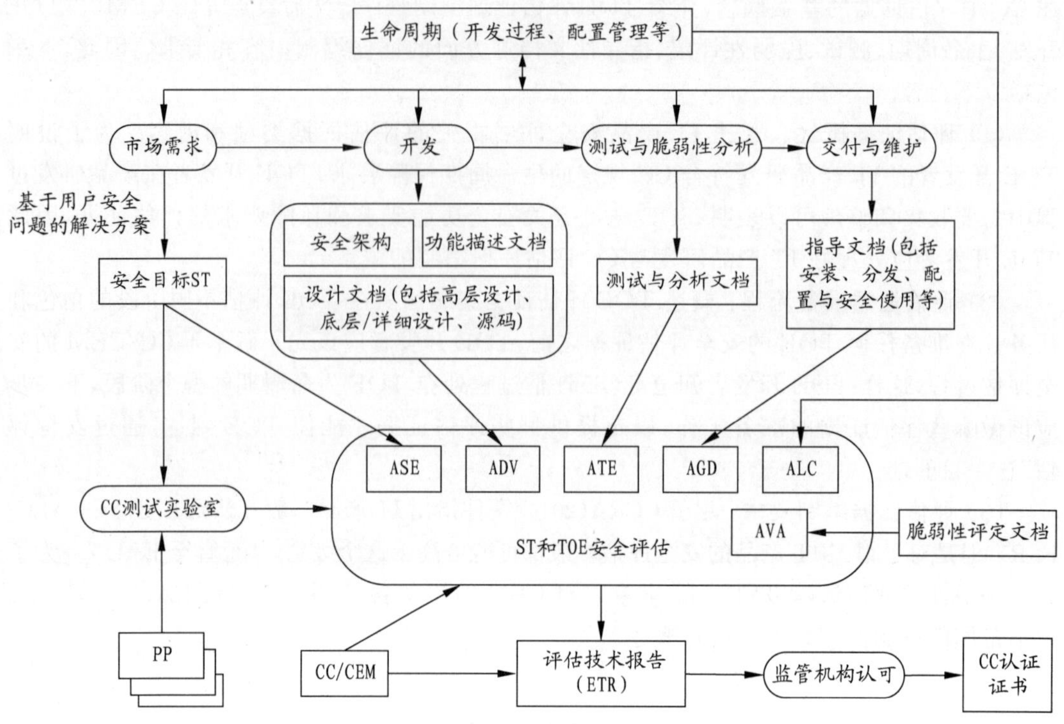

图 7.1　产品研发与 CC 评估的关联关系

(1) 操作用户指南。

(2) 准备程序。

(3) 配置管理能力。

(4) 配置管理范围。

(5) TOE 交付。

(6) 开发安全。

(7) 缺陷纠正。

(8) 生命周期定义。

(9) 工具与技术。

(10) 测试覆盖度。

(11) 测试深度。

(12) 功能测试等。

上述评估证据材料一般由 TOE 开发者或 TOE 评估发起者单独编制提供，但下列评估证据材料一般需要 TOE 开发者、评估者和 CC 安全专家共同合作才能提供。

(1) 安全架构。

(2) 功能规范。

(3) TOE 设计。

(4) 实现表示。

(5) 独立性测试用例等。

从图7.1看出，为了说明TOE的研发符合CC第3部分生命周期保障相关要求，TOE开发者在IT产品研发过程中需要收集和整理可以表明TOE满足CEM评估方法有关安全功能要求和保障要求的评估证据。尽管CEM给出了TOE符合其ST要求的评估证据输入要求，但并没有讨论TOE开发者是如何准备评估证据的，并按照CEM相关要求向TOE评估者提供证明TOE研发和实现过程符合相关保障要求的评估证据编制方法。因此，TOE安全评估证据的准备对于TOE供应商而言是个非常具有挑战的任务。

7.2 评估证据准备流程

在开始编制TOE评估证据之前，TOE开发者应该先了解基于CC/CEM的安全评估过程及其路线图，这样TOE开发者知道在评估过程中处在评估的什么阶段，下一步工作目标和内容，以及准备什么样的证据才能保证TOE能通过安全评估。换句话说，TOE开发者应该知道在IT产品不同的安全评估阶段需要准备哪些评估证据，才能支持CC测试实验室开展的CC评估工作，确保TOE评估工作的有效性。

7.2.1 评估前准备

就像任何一个IT项目的开发过程，适当的准备能保证IT产品安全评估的成功。基于CC/CEM的安全评估也是一个项目，应适当地做好准备工作，其中，了解TOE安全评估的证据需求是保证TOE评估高效完成的关键要素。TOE评估前的预评估准备活动一般包括：调查TOE相关的客户需求(即客户引用的PP)，理解CC/CEM，管理安全评估项目范围，分配适当的资源和选择合适的合作者(咨询机构、测评机构等)。这些准备活动为建立TOE评估项目奠定了坚实的基础。此阶段的关键交付评估证据是IT产品客户和开发者确定的满足客户需求的PP。因此，TOE开发者可阅读本书第4章相关内容，以便选择或编制一个PP来描述客户对所需IT产品的安全要求。

7.2.2 启动评估项目

此阶段的关键交付评估证据是用于CC测试实验室进行安全评估基石的IT产品的ST和TOE样品，包括TOE安全评估环境需求和评估工作计划。这些评估准备活动都是为TOE安全评估方案的"启动"会议做准备。

TOE评估方案启动会议在很大程度上是一种形式。因为在前面的IT产品客户需求确认阶段和评估准备工作中形成的安全方案ST，应该解决了TOE安全评估所需的核心问题，但它是CC测试实验室开始TOE安全评估的第一个重要里程碑。

每个国家评估体制都可能用自己的准则去判断是否接纳IT产品进入正式的评估状态。例如美国在2010年制定的NIAP CCEVS Policy Letter #10准则中描述到"接受ST纳入NIAP CCEVS评估"的目的是提高TOE评估边界的清晰度，以及在接收评估之前预估TOE安全功能。这可能是为了一种警示，因为过去TOE开发者提交的ST可能存在质量问题，例如TOE安全功能行为定义不清晰会在TOE评估过程中引发许多影响评估计划或评估质量的问题。这要求CC测试实验室确认TOE开发者编制的ST都包含一个明确定义的 TOE。此外，ST 文档必须做到以下几点。

(1) 遵照一个可适用的政府批准的 PP。

(2) 包括一个清晰完整的 TOE 物理和逻辑边界描述。

(3) 包括 TOE 安全要求(功能组件和保障组件)的明确定义。

(4) 给出安全要求实现技术与机制的 TOE 概要规范等。

很明显，组织召开一个包括 TOE 评估发起者、开发者、评估者等参与的 TOE 评估方案启动会议，是在增加 IT 产品进入 CC 测试实验室进行安全评估工作的必要条件。例如，如果一个 ST 中定义的关键安全功能在 TOE 开发过程中和提交的 TOE 样品中被遗漏，TOE 评估方案启动会议可以拒绝接受这个 TOE 评估。同时，也可以通过这样的会议阻止 IT 产品供应商过分地滥用发起 TOE 安全评估的权利，这是因为以往的安全评估发现有些 TOE 开发者曾经向 CC 测试实验室提交了极其简单的 ST，因而 CC 测试实验室无法在 TOE 评估方面取得进展或完成预期的安全评估，但是又花了 CC 测试实验室的资源和资金。IT 产品供应商为什么要这样做，可能是出于商业目的，这样他们在付出极少的情况下，就可以向客户声称他们的 IT 产品正在 CCRA 授权的 CC 测试实验室进行评估，在销售这些待评估产品时，就可以与 IT 产品客户在谈判价格时进行讨价还价。

为了准备 TOE 评估方案启动会议，美国 NIAP 提供了一个进行 TOE 评估确认启动会议的会议议程模板。该议程模板包括以下条目。

(1) 会议目的。

(2) 参加人员。

(3) 参与各方的角色和责任。

(4) 确定联系的关键节点。

(5) 会议审查组织和目的。

(6) 投资商/供应商 IT 产品概述。

(7) 投资商/供应商 IT 产品进度审查。

(8) 期望和目标审查。

(9) 今后会议规划。

(10) 拟解决的问题或疑虑。

(11) 接纳进入“正在评估”状态等。

对于 IT 产品供应商来说，启动会议的顺利召开是他们进行 TOE 评估的一个里程碑，也是一种重要的销售工具。因为 TOE 启动会议是公开的，是 TOE 供应商向潜在客户的一个强有力承诺，即 TOE 供应商是认真对待 CC 安全评估的，未来销售的 IT 产品安全性是有保障的。启动会议召开后，CC 测试实验室就可以对 TOE 开始正式评估。

7.2.3　评估和反馈

评估和反馈阶段是 TOE 开发者和评估者之间的一系列 TOE 评估证据产生、评估、判断、修改、重新提交、重新评估的迭代循环，直到 TOE 评估者满意地认为 TOE 开发者提交的评估证据已能支撑 TOE 安全评估完成为止。下面是对 TOE 开发者提交的证据文档需求执行评估与反馈的工作列表。

(1) 接受来自 CC 顾问、专家和 TOE 开发团队提供的 TOE 评估证据。

（2）CC 测试实验室人员对评估证据及其相关材料进行安全分析和评估。

（3）CC 测试实验室对证据评估是否符合要求进行核查，标注评价意见并返还给 IT 产品供应商。

（4）CC 顾问、专家和 TOE 开发团队针对 CC 测试实验室的修改建议，完善评估用的评估证据。

（5）CC 顾问、专家和 TOE 开发团队重新提交评估证据。

（6）CC 测试实验室重新评估这些修改的证据。

图 7.2 展示了 TOE 评估证据编制和评估证据的评估过程。从图 7.2 中 TOE 开发者的证据编制和 TOE 评估者的证据评估两个过程的交互可看出，评估证据的编制和评估证据在 CC 测试实验室的评估是并行和同步进行的。这也是 TOE 开发者和 TOE 评估者都喜欢的一种方式，以方便在 TOE 评估过程中缩短新产品上市时间，提高评估者的工作效率和 TOE 安全评估质量。当然也有在 TOE 完成开发后才编制评证据并进行证据评估的。例如在韩国的评估体制中，政府认可的 CC 测试实验室希望所有的证据文档在评估开始之前提交给他们。

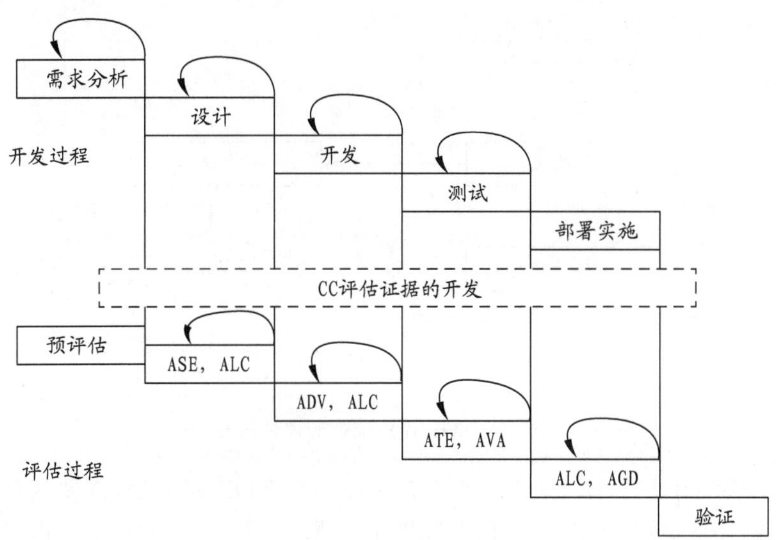

图 7.2　TOE 评估证据编制和评估证据的评估过程

从图 7.2 评估证据编制和评估证据的评估两个过程的交互可以看出，在 CEM 评估过程的不同活动中的工作单元，TOE 开发者都应该提供相关的评估证据，即第 6 章介绍的 CEM 保障要求评估证据。

（1）安全目标评估证据（ASE）。

（2）指导性文档评估证据（AGD）。

（3）生命周期支持评估证据（ALC）。

（4）开发评估证据（ADV）。

（5）测试评估证据（ATE）。

（6）脆弱性评定评估证据（AVA）等。

CEM 为保障组件评估行为定义的每个工作单元需要 TOE 开发者提供一个或多个证据，并对这些证据进行评估以用来支持 ST 中 TOE 供应商的安全性声明。证据文档建立在安全功能的基础上，安全功能是 TOE 满足 ST 中的安全声明的基础。例如，ST 称 TOE 支持一个安全功能，如数据保护，则 TOE 开发者提供的功能说明证据文档（可能是开发者工作过程中的一部分技术文档，也可能是开发者按照 CEM 要求编制的安全功能规范文档）必须描述数据保护功能。注意，TOE 开发者的内部设计文档必须和提交给安全评估人员的数据保护功能证据文档相一致。同样在 TOE 的测试证据文档中必须阐明数据保护功能特性是如何测试的。

在评估 TOE 开发者提供给 CEM 任意工作单元相关证据文档时，评估者若发现存在不一致或者缺失某些信息或者存在错误，他将编制观察报告（OR）并提交给 TOE 开发者。OR 通常会指出 TOE 开发者提交的证据与 TOE 安全功能不一致或错误之处，但是不会给 TOE 开发者或 TOE 供应商提供更多的怎样改善这种情况的信息。给 TOE 供应商提供这些评估证据改进建议信息就等同于给 TOE 开发者做 CC 评估咨询，这样就与 CEM 方法要求的评估人员在评估过程中担当的第三方角色冲突了。图 7.3 的 TOE 评估证据的评估过程图通过证据提交、使用和修订的周期展示了 TOE 评估证据使用的循环过程，直到 TOE 评估者对开发者提交的评估证据满意为止。

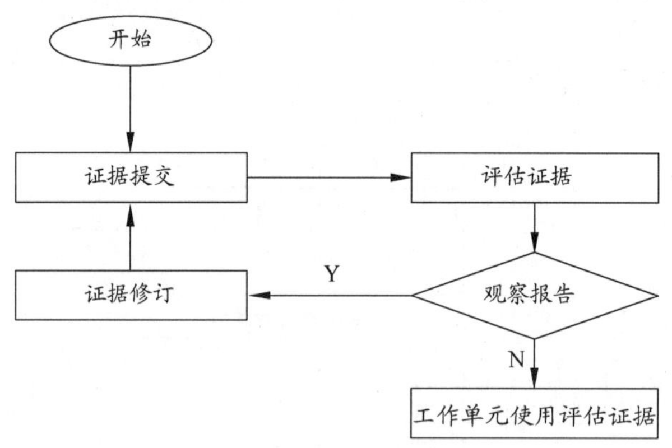

图 7.3 TOE 评估证据的评估过程

正如第 6 章介绍过的，CC 测试实验室在完成某个 TOE 评估后，需要制订和交付评估技术报告，总结评估过程，包括问题的状态和处理情况，并通知 TOE 供应商对评估证据的核查和评价等。当 TOE 的所有评估活动的工作单元已经完成后，最终的 ETR 将被提交到国家评估体制认证/认可的监管组织者手中。

当然对于大多数 TOE 的安全评估，TOE 评估者可能要考察供应商的 TOE 开发环境，至少需要了解生命周期保障要求中的配置管理系统的使用情况（即 ALC_CMC 工作单元的部分）。评估者时常借此机会去 TOE 开发者那里核查诸如测试、交付程序之类的其他安全评估证据情况。评估者应充分利用 TOE 开发现场访问这样的机会，以便更好地了解 TOE 开发人员对 TOE 研发过程中的安全保障活动能力。通过对 TOE 质量保障人员对评估者问题的回答，评估者可以更好地掌握 TOE 开发者在 IT 产品需求分析、设计、实现、测试和交付 IT 产品的质量保障措施应用情况。依据评估保障级别和待评估产品或开发环境的复杂度，大多数实地考察需要几天甚至几周的时间。如果 TOE 开发团队分布在不同地点，TOE 评估者可能需要考察多个地点以确保每个场所在开发安全、配置管理和交互运行等方面的措施都满足相应评估保障级别要求。

7.2.4　认证和认可

当国家评估体制认证/认可组织接收到来自 CC 测试实验室最终的 ETR 时，监管者将审查(验证)评估者提供的 TOE 评估结果，对 CC 测试实验室提出可能的质询问题，并决定评估结果是否满足待评估 TOE 的 ST 中的所有要求。

当监管者和相关的组织完成 TOE 评估结果的最终审查，并且观察报告中的所有问题都已经解决了，国家评估体制组织就会给 TOE 供应商颁发 CC 认证证书。最终的 ST 认证报告和 TOE 认证书副本通常会公布在各国安全评估机构网站和 CC 门户网站上。

正如前面所提到的，CC 认证只对 IT 产品厂商的 TOE 样品是有效的。如今，许多商业化 IT 产品每 6 到 18 个月更新一次。根据 IT 产品的复杂度和评估深度，CC 评估的时间有可能长于一个 TOE 的新版修订时间，这样就有可能使本次认证结果对新发布的 IT 产品版本变得不再有用了。不同的国家评估体制应该建立评估证书维护机制，以管理不同 IT 产品或同一 IT 产品不同版本、不同选件间的认证程序。

总体而言，评估发起者在准备 TOE 评估证据过程中，除了按照第 5 章要求编写满足评估需求的 ST 外，还应该在 TOE 开发过程中，综合运用软件工程方法对 TOE 安全功能符合性测试要求和安全保障要求评估编制相应的评估证据。正如第 6 章介绍的那样，安全评估证据编制活动应贯穿 IT 产品的整个研发过程：从 PP 的编制开始一直到对 TOE 的认证。安全评估证据编制工作并不是一次性完成的，需要结合 TOE 评估活动不断替代完成。表 7.1 列出了基于 CC/CEM 的安全评估编制工作和通用系统生命周期阶段，以及通用采购阶段的活动映射关系。

表 7.1　CC/CEM 构件到通用系统生命周期和采购阶段映射关系

通用评估准则活动	通用系统生命周期阶段	系统采购通用流程
无	概念	概念定义、可行性研究、需求分析、成本预算等
保护轮廓编制，PP 安全保障评估活动：APE	需求分析和规范说明	招标书中发布的安全要求文件
安全目标编制，ST 安全保障评估活动：ASE	系统设计	需求：由供应商提交技术评估和成本建议
由中标供应商开发 TOE，TOE 安全评估活动：ALC_DVS、ADV	系统开发	采购招标与合同签订
TOE 评估活动：ATE、AVA	系统验证	验收交货订单物，发现不满足需求的设计或开发缺陷
TOE 评估活动：ALC、ADV、AGD	确认、安装和检验	系统安装部署和试运行
TOE 评估活动：AGD、ALC_FLR、AVA	运行和维护	系统运行，并过渡到维护合同
无	停止	合同期满

7.3　评估证据编制要求

从 7.2 节看出，评估证据的编制主要在项目启动阶段前完成，并在 TOE 安全评估和反馈过程中不断地进行纠正和完善。本节在简单回顾第 5 章介绍的 ST 文档证据编写后，将结合第 6 章的 CEM 评估方法工作单元需求和 CC 第 3 部分安全保障要求评估需求，着重论述 TOE 开发者对安全保障组件的证据编制需求及其撰写方法。

7.3.1　安全目标

ST 文档包括 TOE 安全问题以及满足 TOE 安全目的而提供的安全功能要求和安全保障要求，包括实现这些安全要求的概要规范(TSS)。第 5 章概述了 ST 文档编制内容和格式要求，详细的 ST 文档编写方法见 GB/Z 20283《信息安全技术 保护轮廓和安全目标产生指南》。

ST 是 TOE 安全评估证据编制的依据。TOE 开发者编制 ST 文档时需要决定是自己编写还是借助外部 CC 专家的指导编写。这是 TOE 开发者在评估前准备阶段需要决定的。一般来讲评估保障级别影响 ST 文档编制时间，高保障级别的 ST 文档编制一般需要借助外部 CC 专家的力量，以便形成高质量的 ST 文档。

注意 ST 文档必须按照 CEM 中的 ASE 安全保障类定义的 ST 安全保障要求进行评估(详见 6.4.2 节)。一般来讲对 ST 评估应先于 TOE 评估。当然评估发起者也可要求评估人员对 ST 和 TOE 同时进行评估。常规的做法是要求 ST 评估应该在开发者提交 TOE 样品给 CC 测试实验室之前完成，这样 TOE 设计上的缺陷就能在 TOE 实现之前得到纠正。

7.3.2　开发类证据

开发类文档描述了 TOE 安全功能(TSF)设计逐步完善的步骤，及其使用的方法和工具，解释 TSF 是如何提供 TOE 安全功能。开发类证据编制基于 IT 产品设计和实现相关的核心技术文档(甚至包括源代码)，TOE 评估者需要检查这些开发证据来验证待评估 IT 产品是否实现了 ST 中描述的 TOE 安全功能。

参照 CEM 评估方法，开发保障要求评估的目的是通过审查 TOE 开发者的设计文档，理解 TOE 安全技术与机制是如何实现 TOE 安全功能要求的。这个理解源自检查那些由功能规范、TOE 设计描述、实现描述(例如源代码)和安全架构描述所组成的开发证据文档。为了较好地保证 TOE 评估效果，较高评估保障级别的开发证据还应该包括 TOE 内部详细的实现描述和安全策略模型描述。注意，CEM 中对开发保障类(ADV)的证据需求是随着评估保障级别要求而变化的。较高保障级别的开发证据需要采用形式化或半形式化方式提供这些证据材料。

对于绝大部分 IT 产品开发者来说，功能规范、内部详细设计、安全架构等设计和开发文档是 IT 产品设计阶段的常规输出。但是我们常常发现尽管在 TOE 开发者那里确实存在这些文档，但是它们要么过时了，要么与待评估 IT 产品最终的实现可能不一致，要么这些文档没有彰显出待评估 IT 产品的安全功能特性。此外，开发人员在编制这些开发类文档时，不知道和 CC 安全保障要求的评估输入文档的内容要求进行关联，因此他们可能没有按照 CEM 相关的文档编制要求形成这些开发类评估证据。

目前真实的情况是，TOE 开发者为了完成 TOE 评估，常常需要由 TOE 评估者参与才能形成满足 IT 产品评估所需的 ADV 设计文档。IT 产品开发者当然被鼓励去利用任何存在的开发文档（包含外部设计规范、内部设计规范和安全架构描述）去生成安全评估用的 ADV 证据。参加过安全评估的基础软件供应商（如 Oracle、IBM、微软）对 CC 很有经验，已经将 ADV 证据开发集成到他们正常的 IT 产品开发过程中。

前面说过，评估证据的编制有多种方式，但雇佣一个 CC 咨询师去帮助 TOE 开发者创建开发评估证据的好处是可以更有效地编制和提交这些材料。在此方面，TOE 开发者需要提供 IT 产品的设计文档和体系架构文档，以描述程序和子程序如何交互去完成用户需要的特定功能。CC 咨询师可以将 TOE 开发者的这些描述"翻译"成 TOE 评估者可以理解的概念和术语。尽管在 TOE 发起者是否有必要雇佣昂贵的 CC 咨询师撰写 TOE 评估证据文档的问题上存在争议，但是实践证明 TOE 评估者在从 TOE 开发者自己设计和开发的相关文档中提取他们编制评估证据所要的信息往往难度很大。

常规的证据开发是以 IT 产品安全功能和它们的逻辑结构为导向，但 TOE 开发者可能不知道如何用 CC 技术术语去描述。例如，我们总是很难区分 TOE 的物理模型和逻辑模型。图 7.4 展示了数据库管理系统的物理模型和逻辑模型，它们从不同的视角描述同一个 TOE。左边描述的是 TOE 的一个物理集合，它包含数据库服务器（运行环境和 DBMS 实例）、数据库（用户数据和管理数据）和数据库管理控制台（管理工具和网络通信环境）；右边描述的是 TOE 的一个逻辑集合，它包含数据库安装配置管理、数据库用户认证与访问控制、数据库安全功能（TSF）保护、数据库安全审计等安全功能模块。虽然我们倾向于认为 IT 产品（软件）都是一些代码模块（例如数据库查询引擎、事务处理引擎、数据存储引擎或数据库通信代码）组成，但面向 CC 评估的评估证据则描述了 TOE 安全功能，例如安全审计、安全管理、身份认证和授权管理。例如，评估证据讨论了 TOE 这些安全功能的对外接口及其编程接口。这些 TOE 安全功能接口（TSFI）可以是类似于提供用户登录、状态报告、参数设置和状态反馈的应用编程接口（API）。TOE 提供的功能规范（FSP）证据给出了 TSF 到 TOE 实现的映射（描述了 TOE 如何执行安全功能），从而提供了 TOE 安全要求（TOE 逻辑模型）与物理世界（TOE 物理模型）是如何关联的说明。

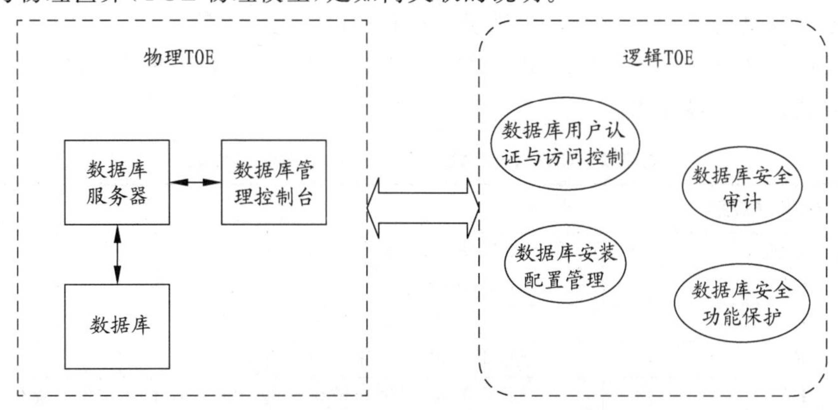

图 7.4　TOE（数据库管理系统）物理模型和 TOE 逻辑模型

CEM v3.1 已经明确了对于 EAL 1～EAL 5 的不同评估保障级别的 ADV 证据需求。该开发类安全保障评估需要 TOE 开发者提供以下几个族的评估证据。

(1) 功能规范(ADV_FSP)。

(2) 安全架构(ADV_ARC)。

(3) TOE 设计(ADV_TDS)。

(4) 实现表示(ADV_IMP)。

(5) TSF 内部(ADV_INT)。

1. 功能规范证据编制

作为 IT 产品高层次功能描述的功能规范族，ADV_FSP 描述了 TSF 接口(TSFI)。TSFI 包括通过外部实体(或者位于 TSF 之外 TOE 内部的主体)向 TSF 提供数据、接收来自 TSF 的数据并且调用 TSF 服务的所有方法。

ADV_FSP 并不描述 TSF 如何处理哪些服务请求，也不描述当 TSF 调用 TOE 运行环境服务时的通信内容；这些内容是由 TOE 设计族(ADV_TDS)和组合保障要求中的依赖模块的依赖性族(ACO_REL)分别描述。例如，数据库管理系统接收来自客户端程序的 SQL 作为输入，然后处理查询并返回结果。ADV_FSP 只描述接受 SQL 查询请求的接口和返回查询处理结果获取接口，但并不描述数据库管理系统是如何处理这些 SQL 输入，以及数据库服务器和客户端如何进行通信的——这些内容都是 TOE 设计(ADV_TDS)族相关安全功能组件的一部分。

在编制功能规范的评估证据时，我们应该注意 ADV 类描述中经常使用的功能规范证据，应注意 *SFR-支撑*和 *SFR-无关*接口可能没有提供 *SFR-执行*的服务。相反，*SFR-执行*接口可能依赖 *SFR-支撑*服务。

当评估保障级别增加时，我们需要提供更详细的关于 TSFI 是满足了指定的安全保障类别的描述和证明。每个 TSFI 按照以下条目进行描述。

(1) **目的**：接口的一般性目的。

(2) **使用的方法**：接口如何被使用。

(3) **参数**：输入和输出参数。

(4) **参数描述**：有意义的输入和输出参数描述。

(5) **行为**：接口是做什么的。

(6) **错误信息描述**：谁产生错误、错误信息和错误代码定义等。

表 7.2 列出了 EAL 1～EAL 5 级别的 ADV_FSP 组件，因为这些都是最常用到商用现货产品的功能规范保障要求。

表 7.2 EAL 1～EAL 5 级功能规范保障组件表

评估保障级别	安全保障组件
EAL 1	ADV_FSP.1 基本功能规范
EAL 2	ADV_FSP.2 安全执行功能规范
EAL 3	ADV_FSP.3 带完整摘要的功能规范
EAL 4	ADV_FSP.4 完备的功能规范
EAL 5	ADV_FSP.5 附加错误信息的完备的半形式化功能规范

(1) ADV_FSP.1,基本功能规范描述每个 *SFR-执行*和 *SFR-支撑*类型的 TSFI 的参数,包括使用目的、使用方法、相关安全功能要求(SFR)的映射等。

(2) ADV_FSP.2,安全执行功能规范要求开发者提供所有 TSFI 的目的、使用方法、参数和参数描述。另外,对于 *SFR-执行*TSFI,开发者必须描述 *SFR-执行*行为和直接错误消息。ADV_FSP.2 及以上都基于 ADV_TDS.1。

(3) ADV_FSP.3,带完整摘要的功能规范除了 ADV_FSP.2 要求的信息之外,开发者必须提供足够的关于 *SFR-支撑*和 *SFR-无关*行为的信息,用以表明它们不是 *SFR-执行*的。此外,TOE 开发者必须文档化由调用 *SFR-执行*的 TSFI 产生的所有直接错误消息。

(4) ADV_FSP.4,完备的功能规范要求所有 TSFI(无论是 *SFR-执行*、*SFR-支撑*还是 *SFR-无关*)必须以同等程度来描述,包括 TSFI 所有的直接错误消息。

(5) ADV_FSP.5,附加错误信息的完备的半形式化功能规范要求使用半形式化的方式去描述 TSFI,且 TSFI 描述也包括不是由 TSFI 调用引起的错误消息。

2. 安全架构证据编制

安全架构族(ADV_ARC)是为了支持 TOE 开发者对 TSF 实现而提供的一种设计证据。TOE 开发者应当按照安全架构去描述 TSF 相关功能组件的设计和实现证据,从而说明 TSF 设计是合理且可信的。域分离、自我保护和不可旁路等 TOE 本身的安全性实现原理同样在安全架构中被描述。

ADV_ARC.1 是该族唯一的一个组件,只在 EAL 2 级以上的 TOE 才适用,并且在不同评估保障级别的语义依赖于相应评估保障级别的 ADV_FSP 和 ADV_TDS 族组件。所以安全架构描述要和在 TOE 设计描述的 *SFR-执行*的层次保持一致。因此,安全架构证据需要和不同评估保障级别的 ADV_FSP 和 ADV_TDS 族组件的证据保持一致。所有在安全架构中列出的模块必须包含在附加错误信息的完备的半形式化功能规范或者 TOE 设计证据中。

为了给潜在有危害的外部实体提供可靠的运行环境,需要将域分离机制包含在 TOE 安全架构中。例如操作系统提供的应用内存地址空间管理功能可以将不同的进程限定在特定的逻辑区域内执行而不互扰,因此需要在 ADV_ARC 证据文档中进行描述。

TSF 一般被认为在初始的时候处于一个安全的状态下。所有和 TOE 安全初始化进程相关的内容都要在安全架构中描述。TOE 开发者一定要提供充足的 ADV_ARC.1 描述信息,这样评估者在进行安全功能的独立性测试或 TOE 保障要求的脆弱性分析时可以决定哪些部分是被调用的,以及 TOE 的初始化进程是否是安全的。

自我保护,即 TSF 保护自身不被外部未授权更改。因此,在 ADV_ARC.1 中需要描述自我保护机制,它可能是物理或逻辑约束条件。ADV_ARC.1 同样可能包含特权和域分离的声明。

ADV_ARC.1 需要能保证安全功能不会被绕过。例如,一个未被 TOE 认证的用户不能使用任何被保护的 TOE 安全功能。评估者需要依靠安全架构去决定其安全功能是否可以绕过验证,同时也需要去检查 TOE 的功能规范、TOE 设计和其他证据文档。评估者有义务去保证每个 TSFI 满足 SFR 的所有要求。最好的方法是 TOE 开发者提供一个由 SFR 和 TSFI 组成的矩阵,以方便安全评估人员对相关的自我保护机制进行查证。

总之,自保护、域分离和不可旁路与 CC 第 2 部分安全功能要求描述的安全功能是有区别的，因为在TSF中自保护和不可旁路基本上没有直接可观察的接口。确切地说，他们是通过TOE和TSF设计而获得的TSF属性，并且通过正确实现该设计而得以执行。

3. TOE设计证据编制

TOE设计族(ADV_TDS)设计文档提供了与TSF描述的上下文，以及对TSF的详尽描述。TOE设计证据的详细程度是随着TOE保障要求的增加而提高的。当然随着TOE的复杂性以及安全需求功能数量的上升，TOE设计文档的数量和结构复杂性也会随之上升。

TOE设计一般分解为两个层次：子系统和模块。模块是具体功能实现的描述，开发者应能够按照模块描述去实现TOE。子系统是在更高层次对TOE的描述，需要说明TOE各部分做什么、是如何去做的。因此，子系统可进一步分为更低层次的子系统或分模块。为了充分有效地描述TOE是如何工作的，复杂TOE可能需要划分为多个层次的子系统。相反，很简单的TOE可能并不需要子系统层次的描述，模块可以清楚地描述TOE是如何工作的。子系统和模块都可以被归类为*SFR-执行*，*SFR-支撑*或者*SFR-无关*。正如预期的，随着评估保障级别的增加，从子系统到模块级别的论述细节都会增加。

通常采用的设计文档描述方法是，随着评估保障级别的增加，描述的重点由抽象的"子系统级"转换为更详细的"模块级"。在某些情况下，当TOE很简单，足以进行模块级别的描述时，虽然保障级要求子系统级别的描述，但单独提供一个层次化模块级别的描述也是合适的。对于复杂TOE，情况与此不同，若没有一个层次化子系统级别的描述，即便对模块细节进行了大量的描述也难以让人理解。

定义子系统和模块细节的要求如下。

(1) 子系统和模块列表。

(2) 子系统和模块分类：可以按照*SFR-执行*、*SFR-支撑*或*SFR-无关*进行分类(隐含或明确)；这些术语与功能规范(ADV_FSP)中的用法相同。

(3) 子系统的行为分类：也可分为*SFR-执行*、*SFR-支撑*或*SFR-无关*3类。对子系统行为的分类不会超出子系统本身与安全功能要求的相关性，例如，*SFR-执行*子系统能有*SFR-执行*的行为，也能有*SFR-支撑*的或*SFR-无关*的行为。

(4) 子系统行为动作概述：如网络协议TCP子系统将IP数据报组装成可靠的字节流。

(5) 子系统行为描述解释：该描述应到可以很容易地确定子系统行为是否与安全功能要求的实施有任何相关性的详细程度。

(6) 子系统或模块之间的相互作用的描述：标识子系统或模块通信的原因和传递信息特征。它不需要以接口规范那样的详细程度来定义信息，例如，"子系统X从内存管理器请求内存空间分配，内存管理器返回分配的内存地址"。

(7) 接口描述：提供模块之间的相互作用是如何实现的细节，而不是描述模块通信的原因或通信的目的(即交互作用的描述)。接口描述提供了通信的实现细节，包括了消息、信号、内部进程通信等方面的结构和内容。

(8) 模块目的描述：它提供足够的细节，不需要TOE开发者进一步去做设计决策。模块的实现表示和模块目的之间的对应关系应该是显而易见的。

(9) 模块元素标识描述：模块中无论什么元素都应该被标识。

跟前面的ADV_FSP评估证据内容描述一样，这里也给出EAL 1～EAL 5的TOE设计证据要求(见表7.3)。

表 7.3　EAL 1～EAL 5 级 TOE 设计保障组件表

评估保障级别	安全保障组件	评估保障级别	安全保障组件
EAL 1	无	EAL 4	ADV_TDS.3 基础模块设计
EAL 2	ADV_TDS.1 基础设计	EAL 5	ADV_TDS.4 半形式化模块设计
EAL 3	ADV_TDS.2 结构化设计		

(1) ADV_TDS.1，即基础设计，所有包含在 TSF 之内的子系统都应被列出来，同时会包含其与 *SFR-执行*子系统的行为和交互的描述。*SFR-支撑*和 *SFR-无关*子系统的行为同样会被包含，以用来证明它们不是 *SFR-执行*。

(2) ADV_TDS.2，即结构化设计，更多的关于 *SFR-支撑*和 *SFR-无关*子系统的描述都会被加入到 ADV_TDS.1 中。这里需要有足够的关于这些子系统的行为和交互的描述细节，从而使得评估者可以验证它们的分类。

(3) ADV_TDS.3，即基础模块设计，模块级别的证据。从模块和子系统的角度对 TOE 设计进行解释。所有的模块必须和它们的子系统进行映射。每个 *SFR-执行*模块必须从它的目的、接口和交互进行解释。每个 *SFR-支撑*和 *SFR-无关*模块必须按照其目的以及和其他模块的交互进行解释。

(4) ADV_TDS.4，半形式化模块设计，需要提供每个 TSF 子系统的半形式化描述，适当时配以非形式化的、解释性的描述。

4. 实现表示证据编制

实现表示族(ADV_IMP)的功能是让 TOE 开发者以评估者能够分析的形式，来编制 TOE 实现表示(并且在高级别中实现 TOE)证据文档。在分析诸如 TOE 设计族的活动中，用实现表示来证实 TOE 实现符合其设计要求，以及为其他部分的评估(例如脆弱性搜索)提供基础。实现表示评估证据应详细说明 TSF 的内部工作机制，可以是软件代码、固件代码、硬件图表和(或)IC 硬件设计代码或者设计数据等。实现表示只在 EAL 4 级及以上使用，其核心在于实现表示与 TSF 设计之间的映射。

尽管 CC 评估主要关注 TOE 安全功能实现的正确性，而不是 TSF 实现的源代码。因此，一般来说试图将 TOE 的安全源代码从产品的整体代码中分离出来是不切实际的，尽管从技术上来说这不是问题。

5. TSF 内部证据编制

TSF 内部族(ADV_INT)证据用来评估 TSF 内部结构。内部结构合理的 TSF 容易实现，并且可能导致脆弱性的缺陷也较少；因为无缺陷引入，也更加容易维护。结构合理的 TSF 内部子集(ADV_INT.1)仅要求评估者提供开发证据，用于对选中的 TSF 部分内部结构合理性进行评估。有意思的是在 EAL 1～EAL 4 中不包含 ADV_INT.1 组件，因为本组件被认为只在特殊环境中使用(例如发起者对密码模块特别关心，而且该模块独立于 TSF 的其他模块)。在 EAL 5 级中才包括内部结构合理(ADV_INT.2)组件，期望用来自于 TOE 中的具体技术充分判断 TSF 结构的合理性。为确定 TSF 结构是合理的，开发者需要说明以下几点。

(1) 开发者应提供 TOE 在开发过程中所有的 TSF 设计和实现证据，使评估者能基于这些证据确认 TSF 内部结构是合理的。

(2) 开发者应提供内部描述和论证过程相关的开发证据，论证过程文档描述应足够详细，应能用于判定 TSF 的内部结构使用了合理的工程原理设计并实现了所有 TSF。

TSF 内部组件适用范围有限，主要适用于当潜在恶意的用户或主体对 TSFI 的访问权限有限或严格受控的情况，或存在其他保护措施(如域分离)能将已选 TSF 子集从对未选子集的攻击中屏蔽出来的情况(如独立于 TSF 其他部分的密码功能就是结构合理的)。

6. 开发类证据文档的对应性分析

开发类证据用以确认在 TOE 实现中开发者是否正确、完整地实现了 ST 规定的功能规范、安全架构、TSF 内部等保障要求。如果设计类评估证据的对应性分析已经在安全架构、功能规范、TOE 设计、TSF 内部和实现表示文档中进行了描述，则该部分可以省略，否则，开发者提供的设计类证据文档中应包括如下内容的描述。

(1) ST 中的 TOE 概要规范和功能规范之间的对应性分析：应该阐明 TOE 概要规范(TSS)和功能规范(ADV_FSP)安全功能描述之间的对应关系，以确认功能规范的证据文档完整地陈述了 TOE 概要规范。

(2) 功能规范和 TOE 设计之间的对应性分析：应该阐明功能规范中的安全功能和 TOE 设计中的子系统描述之间的对应关系，以确认 TOE 设计是功能规范的完整的陈述。

(3) 安全架构与 TOE 设计之间的对应性分析：应该阐明 TOE 高层子系统和底层模块设计描述之间的对应关系，以确认底层设计是高层设计的完整的陈述。

(4) TOE 设计与实现表示的子集之间的对应性分析：应该阐明实现表示子集能够映射到 TOE 详细设计的相关部分，能够表明实现子集是在底层设计的完整的陈述。

图 7.5 描述了 ADV 保障类的各族组件与 TOE 安全功能表示间的关系，也表明了它与其他类之间的关系。从图 7.5 看出 APE 类和 ASE 类定义了安全功能要求和 TOE 安全目的之间的对应性要求。ASE 类也定义了安全目的和安全功能要求之间的对应性要求，并描述了用来解释 TOE 是怎样满足安全功能要求的 TOE 概要规范。实际上，图 7.5 中的 ALC_CMC.5 子活动内容就要求验证 ATE 和 AVA 类测试过的 TSF 实际上应该在 ADV 中描述过。

当对 TOE 安全功能进行文档化描述时，需要证实两个属性。第一个属性是安全功能实现正确，也就是说它能按照规定执行。第二个属性是不能以破坏或者旁路安全功能的方式使用 TOE，这是比较难以证实的。这两种属性需要不同程度的分析方法，因此 ADV 类中的族是按照这些不同方法组织起来的。功能规范族(ADV_FSP)、TOE 设计族(ADV_TDS)、实现表示族(ADV_IMP)和安全策略模型族(ADV_SPM)处理第一个属性：安全功能规范。安全架构族(ADV_ARC)和 TSF 内部族(ADV_INT)处理第二个属性：TOE 设计规范证实了安全功能不能被破坏或旁路。需要注意的是这两个属性在 TDE 中都必须实现：这些属性满足得越充分，TOE 就越可信。这些族中的组件被设计成随着组件层次的增加能获得的保障也更多。

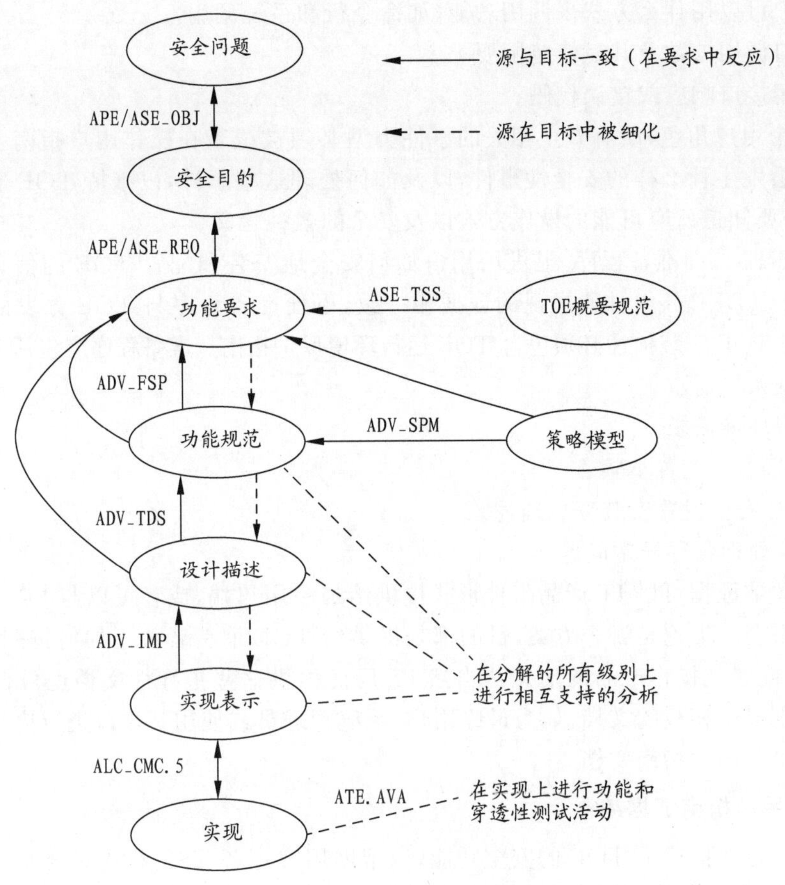

图 7.5　ADV 各族之间及与其他类之间的关系

7.3.3　指南类证据

指南类(AGD)文档证据规定了 IT 产品供应商为所有用户角色提供可理解的、覆盖 TOE 所有相关安全准备和安全操作用户手册及其支持材料,包括无意的错误配置处理等操作说明,并且要保证相关文档内容的完整性和与 TSF 实现的一致性要求。

依据 TOE 准备和 TOE 操作两种角色,指导性文档类分为准备程序(AGD_PRE:即使交付的 TOE 达到与 ST 中描述相一致的评估配置操作环境)和操作用户指南(AGD_OPE:即在 TOE 处于评估配置状态下的具体操作细节)两个族。这两个族组件在 TOE 的安装和操作中扮演不同的角色(见表 7.4)。

表 7.4　EAL 1～EAL 5 级 指南类保障组件表

评估保障级别	安全保障组件	评估保障级别	安全保障组件
EAL 1～EAL 5	AGD_OPE.1 操作用户指南	EAL 1～EAL 5	AGD_PRE.1 准备程序

AGD_OPE.1,即操作用户指南,描述了面向用户操作的 TOE 安全功能。用户操作指南也必须描述 TOE 特定功能及其管理特权。对于每个接口,操作指南必须包含以下描述。

(1) 用户可以用什么方式来调用功能(如命令行和系统调用)。

(2) 接口调用参数及其赋值范围要求。

(3) 调用接口响应或错误代码。

对于每个用户角色,所有安全相关的事件类型必须被记录在操作用户指南上。用户需要知道可能会发生什么样的安全性事件,以及如何处理这些事件,以维持 TOE 安全性。同样地,用户需要知道所有可能的操作方式以及安全的各种含义。

ADG_PRE.1,即准备程序,提供给用户如何安全地安装和配置 TOE 的信息。准备程序必须与 ALC_DEL 族组件所呈现的证据相一致,以便准备程序与 TOE 分发的安全传输过程相一致。TOE 安装描述必须包含 TOE 运行环境保护指南。准备程序应包括以下这些。

(1) 最低系统需求。

(2) 运行环境需求。

(3) TOE 安全配置步骤。

(4) TOE 安全设置安装变更描述。

(5) 如何处理各种异常问题。

指南类评估证据可以 IT 产品附件形式提供给最终用户端,或者可以与 IT 产品用户使用指南进行整合。无论是哪个方案,目的都是提供给 TOE 消费者关于如何按照评估环境,安全地安装、配置及操作产品的信息。当然 IT 厂商提供这些指导性文档也可依据其不同用户角色分别提供相应的文档,如为最终用户、系统管理员或使用其接口进行应用开发的编程人员等提供不同的指南文档。

1. 操作用户指南证据编制

操作用户指南描述了 TOE 的安全功能,以帮助用户理解 TSF 及其安全使用所必需的关键信息和动作,确保所有用户以安全方式操作 TOE。容易误解的或者不合理的操作指南不应出现在指导性文档中,而运行的所有模式的安全程序则应该包括在其中,以便于安全评估人员检测不安全状态。

换句话说操作用户指南是所有用户和开发人员之间一个关键的桥梁,它给 TOE 用户提供必要的和具体的背景信息,以便正确使用 TOE 的安全功能。开发人员在准备用户操作指南评估证据时应按以下方式准备。

1) 安全功能概述

应包含 TOE 所有安全功能概述,为每个用户角色识别和描述可见的安全接口、接口用途和通过这个接口提供的功能。对于每个可见的用户接口,用户操作指南应该识别出给接口的调用方法(例如命令格式、编程语言系统调用、选择菜单或命令按钮)。安全评估人员将检查操作用户指南提供了用户界面可见的安全功能概述,包括:在所有章节中,操作用户指南是准确的和合理的,指南内容与其他评估交付物(特别是 ST 和安全功能规范)是一致的。

2) 用户权限配置

应允许不同角色用户在配置使用 TOE 不同安全功能时具有不同的权限。这意味着,一些用户被授权执行某些功能,而其他用户可能不会被如此授权。在操作用户指南中,应依据产品的安全技术与机制对用户的每一种角色的功能和权限进行详细描述,如这些功能必须的安全处理环境,使用它们的命令类型及其参数,以及为何要使用这样的命令。操作用户指南也应该包括用户可访问功能和特权的警示信息。警示应针对预期的效果、可能的副作用，以及与其他功能和权限之间可能的交互。操作用户指南应对TSF的效用提供提醒和建议。在指南中应考虑具有不同的任务和职责角色用户或用户组和TSF进行交互功能的权限配置与维护管理。一般来讲，最终用户使用TOE面向它们服务的相关功能，授权管理员配置和管理TOE，包括监控TOE的运行状态。当然用户也可能是安全审计人员，他们审查TOE配置和运行操作合规性等。面向开发的TOE还有使用软件接口或硬件设备服务的程序员。安全评估人员应该审查操作用户指南针对这些类型用户任务和职责提供了足够详细的信息。例如：

(1) TOE可能提供区分不同管理角色的授权管理员，包括内置的具备完全控制所有配置参数和组件能力的系统管理员、授权检查配置参数的安全审计员等。

(2) TOE可能提供暂时或永久关闭安全功能的能力（如日志记录禁用或具体授权访问方法用户身份验证功能的弱化）。这些功能一般在特定运行环境或某些特殊应用情况下是可以接受的安全技术要求。显然，执行这些功能的特权必须在操作用户指南中清楚地说明，并指明受限使用说明。

(3) TOE可能提供包含由用户输入所有信息，包括基于口令的会话结构（如telnet会话）信息，以用于在诸如故障处理等特殊情况下的安全管理要求。显然这样的操作指南应清楚地记录在操作用户指导性文档中，以明显地限制这些功能特权的激活。当然用户指南也必须清楚地描述这些会话信息应如何清除。

(4) 在安装防火墙产品情况下，通过防火墙控制台进行的管理活动可能将阻止。安全人员必须认识到，一些安全功能（如日志记录）可能会在这种情况下是有限的。因此，这通常是在具有非常严格安全的边界条件下进行安全评估。

(5) TOE可能提供有关安全功能的效用涉及用户密码组合最佳实践，用户文件备份频率建议，或讨论对不断变化的用户访问权限的影响。

3) 安全功能使用说明

对于每个用户角色及每个用户描述可访问接口，安全评估人员应该审查操作用户指南对这些安全功能接口提供了足够详细的信息，包括以下内容。

(1) 由用户设置的各种参数说明，包括参数特殊作用、参数的有效性和默认值，以及参数在单独使用或组合使用情况下安全和不安全使用的设置说明等信息。

(2) 参数设置后TOE立即响应的消息或返回代码说明。

例如安全评估人员应该审查以下几个方面。

(1) TOE提供了合适的命令行访问方式，至少在Unix和Linux系统环境中应提供联机帮助页的形式，对相关的命令行安全管理功能提供详细的使用信息。

(2) TOE提供的图形用户界面应可视化各个窗口/表格，并解释各个字段、允许的值范围、默认值，以及安全和不安全使用这些数值的联机帮助信息。

(3) 如果TOE提供编程接口，操作用户指南应以规范化方式对TOE所提供的编程方法或函数调用进行描述，提供参数取值范围及默认值，以及使用这些数值的帮助信息。

4) 安全相关事件说明

应对每一种用户角色明确说明与需要执行的用户可访问功能有关的每一种安全相关事件。针对每个用户角色的所有安全相关的事件类型都必须详细说明，这样，每个用户才可以知道可能会发生什么事件和他必须采取的动作以维护TOE的安全。在TOE的操作过程中可能发生的安全相关事件应被充分定义，以允许用户进行干预，从而确保操作的安全性。安全评估人员应该审查操作用户指南，针对 TOE 安全相关事件提供了足够详细的信息，如下。

(1) 典型安全事件：审计跟踪日志溢出、系统崩溃，包括外部穿透性测试试图、系统功能错误使用特殊审计跟踪条目等典型安全相关的事件说明信息。在操作用户指南中，应告知管理员有关该事件被通知的特性和将要采取的动作信息。对拟采取的纠正动作范围，包括清除特定文件，面向厂商开发人员收集问题相关信息，或网络断开 TOE 所有或特定网络连接、重新安装 TOE、电源关闭 TOE 等具体步骤及其相关说明。

(2) TOE 运行过程安全事件：如用户账号注销、用户授权操作、数据处理权限验证、用户任务和职责角色发生变化时安全事件处理信息等。

5) TOE 状态说明

应标识 TOE 运行的所有可能状态，包括与维持安全运行之间的因果关系和联系信息。安全评估人员应该审查操作用户指南针对这些系统状态提供了足够详细的信息，他们应借用可能的文档资料以评估 TOE 状态说明的完整性。例如：

(1) UNIX 和 Linux 操作系统应区分单用户模式和多用户模式下系统运行状态的不同。

(2) 有些操作系统支持旁路运行模式，以保证特殊诊断工具的启用，而这些安全维护功能在正常运行模式下被禁用。

6) 安全控制措施说明

应对每一种用户角色在实现 ST 中描述，运行环境安全目的所必须执行的安全控制措施或策略。在操作用户指南中所述的安全控制措施应包括所有相关的外部程序、物理、人员和连通性措施。安全评估人员应该分析 ST 中描述的运行环境安全目的，并且确认对于每个用户角色，相关的安全控制措施被适当地在用户指导性文档中予以了说明。

2. 准备程序证据编制

准备程序用于保证 TOE 以开发者预期的安全方式被用户接收、安装、配置和激活，以保证 TOE 运行过程中按照预期安全保护特性展示相关功能。准备程序让用户知道 TOE 的配置参数以及这些参数如何影响 TSF，它给用户提供从 TOE 交付到使它进入初始运行环境安全的信心：TOE 会以一种安全的方式进行配置或者安装。

开发商提供的准备程序描述应与开发者交付 TOE 时所采取的准备步骤相一致。例如在审查 ST 中指定版本的最小 TOE 组件列表是否描述了用户检查 TOE 完整性、真实性相关的步骤，或检测非授权使用的交付 TOE 及其相应的补救程序等。当开发者在设计这些准备程序评估证据时，应当考虑到如何保证提供给用户的准备程序本身可能受到未经授权的修改或未经授权的传输等。如果在交付程序中明确指出用户不认可的验收程序，应在准备程序中给出该声明的合适理由。

准备程序的评估证据描述了客户使用 TOE 所要遵循的所有前提条件，一般包括以下 4 个主题的评估证据。

1) 准备运行环境

这部分证据是通过保证所有在 ST 中声明的为了运行环境所需要的假设和安全目的都应该得到满足，从而达到 AGD_PRE. 1. 2C 和 AGD_OPE. 1. 6C 的条件要求。这其中包括在所支持的平台上安装 TOE，以及安装所有必备软件(如同 ST 的 TOE 描述中所定义的)。

对于支持多平台运行的 TOE，开发者一般都描述了在特定平台上的安装说明书，提供了相应的安装向导。例如，我们常用的 Oracle 数据库在 Linux 上的安装具体说明书就与在 Windows 平台上的有所不同。绝大部分商业化软件产品都支持 Windows、Linux、UNIX 等不同操作系统平台。因此，在 CC 评估过程中，大部分商业化产品会要求在评估配置中限定某个运行环境，以定位 TOE 的 CC 评估范围。准备程序应该为客户提供一些引导他们仅在 ST 的 TOE 描述中提到的评估环境上去安装 TOE 的操作文档。

产品安装指南也包括安装所有附加必备软件的介绍，例如网络服务、数据库和网络通信协议服务等。操作用户指南文档也会引用这些介绍，但是如果这些组件是为了支持 TOE 评估的配置需求有任何的限制或者特殊配置要求，准备程序也会提供这些额外的介绍。例如，标准的安装指南可能提供如何安装所需要的 Apache 网络服务器的介绍，但是面向安全评估的准备程序证据需要提供更多的细节，例如关于如何配置网络服务从而只使用 TLS v1.2 算法来保证 FCS_COP.1 所要求的加密算法被 TOE 所使用。

这个准备程序需要为客户提供关于满足 ST 中所定义的运行环境中的假设和环境安全目的说明。这些假设常常包括：物理部署环境、人员要求以及其他在 TOE 范畴以外的程序或政策上的假设。例如，如果 ST 包括了运行环境中规定的关于 TOE 的服务器部分必须要配置在一个安全设备上的安全目的，那么准备程序应该为客户提供需要在安全设施下进行安装的说明。同样地，如果存在一个关于管理员需要安装和安全使用 TOE 的要求，这个准备程序需要指导客户在安全操作规程下正确地培训管理员。

2）TOE 安全交付

一旦运行环境准备妥当，客户就可以安全交付 TOE。准备程序章节，在安全交付方面计划去满足 AGD_PRE.1.1C 的要求。这个信息必须和交付（ALC_DEL.1）文档保持一致。这个交付文件描述了端对端的交付过程，这里准备程序仅仅和终端用户打交道。准备程序列出了客户为了安全交付和接受 TOE 所需要遵守的指令。

关于 TOE 安全交付和客户安全接受的说明也可能包含检查出货标签和硬件序列号。软件下载说明应该包括保证正确的 TOE 版本被选择以及所下载的网站是能够被标识和鉴别的步骤。关于检查交付 TOE 的正确与完整说明也需要包含进来，例如软件校验或者数字签名认证。这些种类的说明可以从交付文档中复制得到。

安全评估人员将检查开发者提供的准备程序的验收程序部分，这些验收程序应和厂商开发人员设想的交付程序是一致的。评估人员将重复所有必要的用户验收程序以确认被接受的 TOE 是按照准备程序中的安全方式验收的。

3）TOE 安装

商业产品一般拥有足够的 TOE 安装说明文档，从而指导客户如何安装该产品。如前面提到的，所有特定平台的要求都应该在“评估配置”中为所 TOE 支持的平台准确地写明。一旦安装，客户需要有能够详细指导如何验证 TOE 安装正确（包括所有自检测试的执行）的指南，以及所安装的 TOE 的正确版本。准备程序也应涵盖帮助客户应对安装失败情况的相关解释和技术说明文档。

4）TOE 初始化配置

在完成 TOE 安装和验证通过后，可能需要有一些初始配置，才能保证 TOE 安全功能要求（SFR）启用。可能包括以下一些配置。

(1) 启动默认用户账户或者角色。

(2) 默认参数配置/设定。

(3) 加密算法配置。

(4) 限制或者建议客户不去使用评估范畴之外的功能。

(5) 支持 TOE 安全功能授权选项，例如审计日志级别或者安全通信。

这些配置都依赖于产品所提供的安全能力和安全选项，以及 TOE 支持的 SFR。一般来说，标准产品按照配置指南都必须要提供这些参考指导。

7.3.4 生命周期类证据

生命周期支持(ALC)保障类包含了一个从配置管理(软件人员将其称为源代码管理)到产品交付的管理程序安全保障要求。生命周期支持的证据文档是为了评估开发者在 TOE 的设计、开发和支持阶段的安全性管理规范和程序。

随着软件工程原理及各种计算机辅助软件工程(CASE)工具在开发保障类中的广泛使用，生命周期支持的很多证据都可以直接从那些产品提供商的“普通”开发文档中得到。绝大多数的开发者当然会希望有相关的软件过程管理规范很容易达到 ALC 保障要求。因为商业上的考虑，例如业务的连续性、客户需求和研发工程效率的需要，开发人员在 TOE 研发过程中都已经形成了覆盖 IT 产品研发生命周期的相关程序。从这些文档中获取 TOE 的 ALC 证据的能力主要依靠于产品的开发者。

CEM 只关注了 EAL 1～EAL 5 的生命周期支持保障组件的评估需求，具体包含以下主要保障族。

(1) 配置管理能力(ALC_CMC)。

(2) 配置管理范围 (ALC_CMS)。

(3) 交付(ALC_DEL)。

(4) 开发安全(ALC_DVS)。

(5) 缺陷纠正(ALC_FLR)。

(6) 生命周期定义 (ALC_LCD)。

(7) 工具和技术(ALC_TAT)。

1. 配置管理能力证据编制

配置管理能力文档用来评估开发者是否清晰定义了 TOE 和它的相关配置项，以及修改这些配置项是否被适当地控制。开发者提供的证据应确保配置项被唯一标识，并确保开发者用于控制和跟踪 TOE 配置变更的程序是充分的，这包括应跟踪哪些修改、潜在的修改如何体现以及为减少错误而实现自动化管理的程序规范等方面的详细信息。表 7.5 总结了基于 CEM 中 5 个 EAL 级别的配置管理能力族(ALC_CMC)需求。

表 7.5 EAL 1～EAL 5 级 配置管理能力保障组件表

评估保障级别	安全保障组件
EAL 1	ALC_CMC.1TOE 标识
EAL 2	ALC_CMC.2CM 系统的使用
EAL 3	ALC_CMC.3 授权控制
EAL 4～EAL 5	ALC_CMC.4 生产支持和接受程序及其自动化

开发者一般会使用配置管理(CM)系统,因为他们明白没有该系统很多 IT 产品开发都会因为一些漏洞的引入变得不可控。ALC_CMC 族的目的如下。

(1) 保证 TOE 在被送往客户之前是正确的和完整的。

(2) 保证在评估中没有任何配置条目丢失。

(3) 保护非授权的 TOE 配置条目的修改、添加或者删除。

随着评估保障级别的增加,高级别 ALC_CMC 组件将向 CM 系统添加特殊要求,从而减少人为错误和疏忽对 CM 系统的影响。

(1) ALC_CMC.1,即 TOE 标识,需要一个唯一 TOE 标识去明确那个正在被评估的 TOE 版本。这个参考应该和在 ST 文档中的 TOE 标识保持一致。

(2) ALC_CMC.2,即配置管理系统(CM 系统)的使用,同样需要一个唯一 TOE 标识,然后增加 CM 系统的使用需求规范说明,从而去确认 TOE 中所有的配置项。开发者为了此次评估将要向评估者提供 CM 系统和 CM 文档。CM 文档应该描述那些配置项如何唯一地在每个版本被追踪到的说明。

(3) ALC_CMC.3,即授权控制,检查 CM 系统授权策略和访问控制。这个组件会被增加到 ALC_CMC.2 对于 CM 系统访问控制的评估中。CM 系统上的访问控制会预防对 TOE 配置的非授权的修改。CM 文档会包含一个 CM 计划,里面包括:

① 服从于 CM 过程的 TOE 开发活动;

② 要使用的可用工具和列表;

③ CM 工具使用指南;

④ CM 系统控制配置项;

⑤ 角色和责任;

⑥ 变更管理的描述;

⑦ 其他 CM 使用规程。

注意,所有的配置项都要保持和 CM 计划的一致性。评估者可能同样会问 CM 系统的服务器在哪里以及其运行在何种平台上。

(4) ALC_CMC.4,即生产支持和接受程序及其自动化,需要借助自动化技术来避免人工管理配置项错误。评估者将会检查证据去保证自动化工具确实在用来避免 TOE 和 TOE 配置项被未被授权的修改。评估者会为了这个保障组件进行检查,去开发者那里进行一次现场核查和分析是必需的。

2. CM 范围评估证据编制

配置管理范围族(ALC_CMS)的目的是标识出 TOE 中可能纳入配置管理系统的配置项列表,并满足 ALC_CMC"CM 能力"族提出的 CM 要求。将配置管理应用到这些额外项目,为 TOE 完整性维护提供了额外保障。对于软件开发者,CM 系统一般是用来管理源代码的。

本族中的组件是基于下列配置项进行分级的:TOE 及安全保障要求的评估证据、TOE 的组成部分、实现表示、安全缺陷、开发工具和相关信息。表 7.6 总结了 CEM 中 5 个 EAL 级别的 ALC_CMS 需求。

表 7.6 EAL 1～EAL 5 级 CM 范围保障组件表

评估保障级别	安全保障组件	评估保障级别	安全保障组件
EAL 1	ALC_CMS.1TOE CM 覆盖	EAL 4	ALC_CMS.4 问题跟踪 CM 覆盖
EAL 2	ALC_CMS.2 部分 TOE CM 覆盖	EAL 5	ALC_CMS.5 开发工具 CM 覆盖
EAL 3	ALC_CMS.3 实现表示 CM 覆盖		

(1) ALC_CMS.1，即 TOE CM 覆盖，CM 系统只能控制处于 CM 中的配置项(即在控制项列表中标识的配置项)的改变，要求将 TOE 本身和 ST 中其他的安全保障要求的评估证据必须包含在配置项列表中。换句话说，不仅 TOE 本身被 CM 系统所控制，CC 证据文档同样被 CM 系统和过程所管理和保护。

(2) ALC_CMS.2，即部分 TOE CM 覆盖，CM 系统只能控制处于 CM 下配置项(即在控制项列表中标识的配置项)的改变，这包括其中的 TOE，TOE 的组成部分和 CC 证据文档置于 CM 之下，可以确保它们的修改是在一个正确授权的受控方式下进行的。这个配置要求配置项列表要简要说明每个 TSF 相关配置项的开发者。这里的"开发者"不是指某个人，而是负责开发该配置项的组织。

(3) ALC_CMS.3，即实现表示 CM 覆盖，向 ALC_CMS.2 添加了包含在 CM 里的那些 TOE 实现表示要求。这意味着 CM 系统要管理 TOE 代码。按照软件工程原理，开发者也应该使用一个源代码管理系统。

(4) ALC_CMS.4，即问题跟踪 CM 覆盖，引入的问题(缺陷)跟踪的描述被添加到 CM 覆盖中，将安全缺陷置于 CM 之下，确保安全缺陷报告不会丢失或者遗忘，并且允许开发者跟踪安全缺陷，找到解决方案。缺陷跟踪系统与 CM 系统之间有一些联系，但在软件研发过程中一般是分开的。这里的要求是安全缺陷报告应该被包含在配置列表中。安全缺陷报告和与 TOE 有关的解决方案将会被 CM 系统和过程所管理。

(5) ALC_CMS.5，即开发工具 CM 覆盖，要求开发工具及其相关信息必须包含在配置项列表中。换句话说，配置项列表应包括：TOE 本身、安全保障要求的评估证据、TOE 的组成部分、实现表示、安全缺陷报告及其解决状态、开发工具及其相关信息。编程语言和编译工具是开发工具的例子。关于 TOE 生成的选项(例如编译选项、生成选项和构建选项)是开发工具相关信息的一个例子。

虽然 ALC_CMS"CM 范围"强制要求配置项列表，并且每一项都应受 CM 控制。但 ALC_CMC"CM 能力"将配置项列表的具体内容留给开发者自行处理。ALC_CMS"CM 范围"通过识别列表中那些必须包含到配置项，从而需满足 ALC_CMC"CM 能力"提出的 CM 要求，并控制开发者自行处理配置项的能力。

3. 交付评估证据编制

ALC_DEL.1，即交付程序，ALC_DEL.1 是这个族里唯一的保障组件。该组件的目的是描述如何将完成的 TOE 从开发环境安全传递到负责接受 TOE 的用户手中。

为 TOE 所有配置项发布和交付准备程序收集和开发证据文档，对于很多产品开发组织来说可能都具有挑战性。TOE 交付可能有很多机制，例如按照预先打包的方式(例如，软硬件集成)、软件(CD/DVD 形式)或通过互联网下载。每一种交付方式都可能有多方参与(内部和外部)。物理媒介形式的产品打包必须要能够证明其可以保护 TOE。

可用的交付程序应考虑以下几个方面。

(1) 确保消费者所接收到的 TOE 正好与被评估的 TOE 版本一致。

(2) 避免/检测对 TOE 现行版本的任何篡改。

(3) 防止提交一个错误的 TOE 版本。

(4) 避免让消费者了解不必要的 TOE 交付知识。

(5) 避免/检测 TOE 在交付过程中被中途截取。

(6) 避免 TOE 在分发时被延迟或中止。

交付程序应包括上述方面隐含的可接受行为。如果提交,这些隐含的行为的一致性描述应在 AGD_PRE"准备程序"族中检查。

通过互联网下载的交付方式应该包含一些加密措施(例如校验和与数字签名)。所有这些加密措施都需要有能够保护 TOE 的文档形式证明。

4. 开发安全评估证据编制

开发安全族(ALC_DVS)与物理、程序、人员以及其他为保护 TOE 而在开发环境中采用的安全控制措施有关,包括开发场地的物理安全和用于选择开发人员的任何程序。开发安全证据描述了用于保护 TOE 开发安全的过程与规范,其评估目的是确定开发者对开发环境的安全控制是否足以提供 TOE 设计和实现的保密性和完整性,这是保证不危及 TOE 的安全操作所必需的。

本族中的组件是基于所要求的安全控制措施的充分性是否需要论证而分级的。从保障级别 3 开始,评估者需要对编制安全证据进行检查,包括 TOE 开发和生产涉及的子承包商场地。任何不检查的决定必须征得评估机构的同意。表 7.7 总结了基于 CEM 中 5 个 EAL 级别的 ALC_DVS 需求。

表 7.7 EAL 1～EAL 5 级 开发安全保障组件表

评估保障级别	安全保障组件	评估保障级别	安全保障组件
EAL 1 & EAL 2	None	EAL 3～EAL 5	ALC_DVS. 1 安全控制措施标识

ALC_DVS. 1,即安全控制措施标识,需要开发者提供描述物理过程与人员安全控制措施的开发安全文档,描述在 TOE 的开发环境中保护 TOE 设计和实现的保密性和完整性所必需的所有物理的、程序的、人员的及其他方面的安全控制措施。

由公司和安全部门提供的安全控制措施和过程应该被记录下来,IT 产品供应商应依据相关的法律文档对开发者进行培训。这包括人员工作的安全安排,到开发环境或受限制的开发环境、知识产权的转让和授权访问程序撤销等。

证据需要记录下来雇员和供应商是如何获准进入开发环境、谁对获准和废除访问权限负责、访问者如何被获准访问这些设施,还有如何对新员工进行背景调查等。

根据 CEM 的要求,需求评估者需要查看开发安全保障方案要求是否都被满足。他们会想看到这些安全控制措施标识过程都在"运转"。注意开发安全涉及 TOE 维护,即评估完成后的 TOE 交付、升级等多个方面,但 CEM 中 ALC_DVS"开发安全"要求仅说明那些在 TOE 实现时的开发安全控制措施。此外,ALC_DVS"开发安全"保障要求不包含任何评估完成之后 TOE 评估发起者有意使用开发安全控制措施的相关要求。

5. 缺陷纠正评估证据编制

尽管 CC 第 3 部分定义了 3 个缺陷纠正组件，CEM 也给出了 3 个缺陷纠正组件相应的评估方法，但在 CC 第 3 部分定义的 7 个预定义评估保障级中都没有缺陷纠正（ALC_FLR）保障要求。缺陷纠正要求开发者应跟踪并纠正已发现的 TOE 安全缺陷。虽然在 TOE 评估时不能确定 TOE 在将来运行过程中是否遵从缺陷纠正程序，但评估者应该对 TOE 开发者用于跟踪和纠正缺陷、缺陷信息发布和纠正措施而采取的策略和程序进行评估。事实上，商用现货产品供应商会不断地给他们的客户提供各种缺陷和漏洞修复方式。因此，在 ST 编制中，绝大多数的 ST 编制者都会在预定义评估保障级中添加 ALC_FLR 安全保障组件。当然 PP 也可声明其满足一项来自 ALC_FLR 族的保障组件。

ALC_FLR 族中的组件是基于缺陷纠正程序的范围不断扩大和缺陷纠正策略的严格性不断加深而分级的。缺陷可能来自 TOE 开发者、TOE 用户或其他熟悉 TOE 的团队报告，TOE 的缺陷纠正程序应能处理所有遇到缺陷类型的方法。当然某些缺陷可能不能立即被修复，某些缺陷可能不能被修复，因此开发者必须采取其他的措施（例如程序上的）来补救。所提供的缺陷纠正文档应当包括为 TOE 运行场所提供缺陷修复过程，以及当修复被推迟（在过渡期间应采取的措施）或缺陷已不可能修补时提供缺陷处理程序。这可能就是为什么这个族组件都不需要与任何 EAL 相关联的原因（见表 7.8）。

表 7.8 缺陷纠正保障组件表

评估保障组件标识	安全保障组件	评估保障组件标识	安全保障组件
ALC_FLR.1	基本的缺陷纠正	ALC_FLR.3	系统错误补救
ALC_FLR.2	错误报告程序		

ALC_FLR.1，即基本的缺陷纠正，需要将文档化的缺陷纠正程序提交给评估者，这个缺陷纠正程序规范应包含以下几点。

(1) TOE 的安全缺陷是如何被跟踪的：缺陷纠正程序文档应描述用于跟踪 TOE 发布版本中已报告的每个有安全缺陷的程序。

(2) 安全缺陷报告包括缺陷本质和补救的状态：缺陷纠正程序文档应要求描述所提供的每个安全缺陷的性质和影响，以及缺陷纠正的情况。

(3) 正确修复安全缺陷的方式：缺陷纠正程序文档应要求标识对每个安全缺陷所采取的纠正动作。

(4) 补救的信息是如何被提供给客户的：缺陷纠正程序文档应描述用于提供缺陷信息、纠正物和纠正动作指南给 TOE 用户的方法。

IT 产品供应商一般都会有固定的规范去处理来自客户的缺陷报告。安全缺陷报告需要与 TOE 非安全问题报告区分开来。所有的这些安全缺陷纠正程序规范都要记录下来。其中的一些规范可能会由某些固定的部门来实施。在绝大多数情况下，客户支持会先收到用户发来的缺陷报告，并使用规范的方式系统地记录这些缺陷。

ALC_FLR.2，即错误报告程序，增加了开发者所需要处理的关于接受和执行来自客户的安全缺陷报告的内容。除此之外，这个组件要求开发者要保证在 TOE 维护过程中不能引入新的错误。关于客户如何联系 TOE 开发者并汇报安全缺陷报告的过程应该被记录。

缺陷修复规范必须一直描述每个缺陷报告是如何被处理的，直到被更正。

ALC_FLR.3，即系统的缺陷纠正，这个保障要求需要高度的自动化从而去保证缺陷报告可以及时被处理，因此要求 TOE 开发者及时反应并且自动分发安全缺陷报告和相应的缺陷纠正给可能受到安全缺陷影响的注册用户。开发者将缺陷纠正指南提供给 TOE 用户，客户可能向开发者进行登记从而通过特定的接触方式获得安全缺陷报告和更正。

6. 生命周期定义评估证据编制

缺乏控制的 TOE 开发和维护将可能导致 TOE 不能满足它生命周期内各阶段不同的安全要求。因此，CC 建议在 TOE 生命周期内应建立 TOE 开发和维护模型。ALC_LCD，生命周期定义族，描述了包括用于开发和维护 TOE 的程序、工具和技术的证据。生命周期定义涵盖设计方法、审查程序、项目管理、变更控制程序、测试方法、接受程序等内容。表 7.9 给出了 EAL 1～ EAL 5 的生命周期保障组件。

表 7.9　EAL 1～EAL 5 级 生命周期保障组件表

评估保障级别	安全保障组件
EAL 1～EAL 2	None
EAL 3～EAL 5	ALC_LCD.1 开发者定义的生命周期模型

ALC_LCD.1，即开发者定义的生命周期模型，描述了用于开发和维护 TOE 的生命周期模型。该生命周期模型文档应该包含开发阶段、开发规范、使用工具和方法、以及完整的 TOE 管理架构和定义过的角色和责任。

尽管 CC 并没有指定任何生命周期模型，评估者应该按照软件工程方法审查 TOE 开发者定义的模型，从而保证其对 TOE 的开发和维护起到了“正向的贡献”。

7. 工具和技术评估证据编制

TOE 开发所使用的技术及其支持工具对于开发出一致、可靠的 IT 产品是很重要的。CC 定义的工具和技术(ALC_TAT)保障族主要从 TOE 开发、分析和实现支持工具方面定义相关的技术要求，以防止将存在问题的、不稳定的或不正确的开发工具与技术用于 TOE 开发。这里包括但不限于，编程语言、技术文档、实现标准、TOE 运行支持库等。

工具和技术证据的目的就是记录开发者所使用的技术及其支持工具。从表 7.10 看出，ALC-TAT 族相关组件是基于关于 TOE 实现标准和实现依赖技术及支持工具选项文档的描述和范围要求的不断增加而分级的。

表 7.10　EAL 1～EAL 5 级 工具与技术保障组件表

评估保障级别	安全保障组件
EAL 1～EAL 2	None
EAL 4	ALC_TAT.1 明确定义的开发工具
EAL 5	ALC_TAT.2 遵从实现标准

ALC_TAT.1 组件需要 TOE 开发者使用的每个开发工具都是意义明确的。CEM 提供了关于如何使用意义明确的编程语言去遵循 ISO 国际标准的一些例子。同样的，任何关于实现技术及支持工具的实现依赖的选项和效果都必须被记录，包括一些包含 TOE 程序

编译或者连接的选项。

ALC_TAT.2 要求开发者使用的工具和技术必须遵循包括第三方软件、硬件或固件的"TOE 的所有部分"的实现规范。实现规范通常是某个特定行业普遍使用的和容易接受的，但开发者特定的实现指南也可以接受为一种规范，这里一般强调的是安全方面的专业技能。

7.3.5 测试类证据

测试能为 TSF 功能规范、TOE 设计及实现描述所述提供安全保障。"测试"类包括 4 个评估保障族：覆盖面(ATE_COV)、深度(ATE_DPT)、功能测试(ATE_FUN)和独立性测试(例如由评估者执行的功能测试)(ATE_IND)。

要求 TOE 开发者提供测试类证据的评估目的是确认开发者对 TOE 安全功能测试是否按 TOE 设计执行，使评估者确认开发过程中开发者是否制订了诸如功能说明书、ST 等用于 TOE 安全评估的其他相关证据。

TOE 测试证据的评估可能需要质量保证(QA)成员的密切参与。他们被要求提供一些关于测试物是什么以及 IT 产品如何被测试的信息。他们可能被要求去针对特定的场景开发额外的测试用例，用于针对性地测试由 ST 和功能规范定义的安全功能。

1. 覆盖面证据编制

覆盖面测试簇(ATE_COV)证实已经按照 TOE 功能规范对 TSF 进行了测试，这要通过 TOE 模块接口开发者是否对其覆盖范围提供了相应的测试证据来验证。在该组件中开发者表明了在测试文档中的测试如何与功能规范中的 TSF 接口对应。覆盖面证据可通过一个对应性陈述来实现。这样评估者就可确认 TOE 开发者所提供的信息是否满足证据的所有内容和形式要求。表 7.11 给出了 EAL 1～EAL 5 级覆盖面测试保障组件。

表 7.11 EAL 1～EAL 5 级 覆盖面测试保障组件表

评估保障级别	安全保障组件
EAL 1	无
EAL 2	ATE_COV.1 覆盖面证据
EAL 3～EAL 5	ATE_COV.2 覆盖面分析

(1) ATE_COV.1，即覆盖面证据，是为了证明 TOE 部分 TSFI 被测试过。TOE 开发者必须说明所完成的测试是如何符合由功能说明书所定义的相关接口规范的。在 SFR、TSFI、测试细节及测试结果之间的映射将会提供特定种类的证据，覆盖面证据应可以使 TOE 评估者轻易检查。

(2) ATE_COV.2，即覆盖面分析，使 ATE_COV.1 扩展覆盖到 TOE 的所有 TSFI 被测试过。映射必须包括 FSP 中发现的所有 TSFI。在常规的质量保证测试中，有时一整套测试不能准确地测试出由 ST 定义的安全功能。在这种情况下，QA 团队可能需要自己开发、运行和记录测试以提供完整的包含所有 TSFI 的覆盖面分析。

2. 深度证据编制

TOE 设计描述了内部组件(例如子系统)、TSF 模块以及这些组件和模块之间的接口。

TOE设计的测试证据必须表明ST中所述TOE安全功能行为的内部接口已经被使用和执行。这可通过对TSF的外部接口测试，或者通过对TOE子系统或模块接口的单独测试来实现，也可能是通过借用某个测试套件实现。如果TOE内部接口的某些方面不能通过外部接口来测试，那么要么论证这些方面不需要被测试，要么应该直接对TOE内部接口进行测试。在后一种情况下，评估者提供的TOE设计测试证据需要充分详细以便于评估者能够在CC测试实验室仿真环境下对其进行直接测试。深度测试(ATE_DPT)的目标是检查由开发者进行上述各种测试的深度。开发者提供更详细的TOE设计记录以用于评估者对TOE设计安全性进行进一步分析，所以开发者应提供包括安全架构、TOE设计功能规范等测试证据。表7.12给出了EAL 1～EAL 5级深度测试保障组件。

表7.12 EAL 1～EAL 5级深度测试保障组件表

评估保障级别	安全保障组件	评估保障级别	安全保障组件
EAL 1&EAL 2	无	EAL 4	ATE_DPT.2 测试：安全执行模块
EAL 3	ATE_DPT.1 测试：基本设计	EAL 5	ATE_DPT.3 模块设计测试

(1) ATE_DPT.1要求开发者提供TOE测试深度分析的证据。这些证据将用于分析包含在TOE设计中的TSF子系统与测试结果之间的一致性，还能用于证明TOE所有子系统都已被测试过。该测试记录应包含测试计划、测试配置、期望结果以及实际结果。评估者将根据TOE设计和测试记录，检查出与预期结果相反的测试证据。

(2) ATE_DPT.2要求开发者提供证据证实TOE设计中的*SFR-执行*模块都已经进行过测试。开发者提供的TOE深度测试分析证据应证实测试文档中的测试与TOE设计中的TSF子系统、*SFR-执行*模块之间的一致性，且应证实TOE设计中的所有TSF子系统都已经进行过测试。

(3) ATE_DPT.3要求开发者提供模块设计测试以证实TOE设计中的所有TSF模块都已经进行过测试的证据。模块设计测试能保障TSF子系统和模块的行为和交互与TOE设计和安全架构描述中是一致的。

3. 功能测试证据编制

功能测试簇(ATE_FUN)证据记录了开发者在ST所定义TOE安全功能上所执行的测试信息。测试文档应标识使用任何特权模式的测试用例，以便为后面的安全测试建立测试前置条件和清除测试数据。测试文档应描述为什么必需使用特权模式以获得必要的测试条件(如测试用例集的运行效率、产生测试所需的非特权用户不能创建的特殊对象)，以及在证实TOE安全功能性的测试步骤前退出特权模式。因此，在建立TOE测试环境下，测试配置可能与ST中描述的TOE生产配置不一致，测试文档将描述如何将一个测试配置返回到与ST所描述配置相一致的状态来引导测试步骤。表7.13给出了EAL 1～EAL 5级功能测试保障组件。

表7.13 EAL 1～EAL 5级功能测试保障组件表

评估保障级别	安全保障组件	评估保障级别	安全保障组件
EAL 1	无	EAL 2～EAL 5	ATE_FUN.1 功能性测试

ATE_FUN.1组件要求开发者测试TOE安全功能和记录测试结果。测试记录包括测试计划、预期结果以及实际测试结果。测试计划描述了测试配置和必要的测试准备步骤以运行TOE安全功能测试。当然，实际测试结果必须符合理想的预期结果。测试配置信息必须足够详细才能保证评估人员能重复出相同的测试结果。评估者重复运行开发者提供的功能测试样例以核实提供的功能测试证据是否准确。如果测试必须在特殊的顺序中运行(如为其他的测试设置先决条件)，那么这个顺序一定要在测试记录中很好地记录下来。

4. 独立测试证据编制

独立测试簇(ATE_IND)是评估者为了验证TOE开发者在其所有测试过程中都提供了更好的安全保障。独立测试可以采用重复使用开发者的功能测试(所有或部分)，或拓宽开发者测试的范围或深度，在仿真环境下使用评估者自己开发的测试用例进行功能验证测试。这些行为是互补的，并且对于每个TOE必须制订一个适当的测试用例组合计划，这种组合应当考虑测试结果的可用性和测试用例的覆盖度(测试范围)，以及TOE安全功能的复杂度(测试深度)。表7.14给出了EAL 1～EAL 5级独立测试保障组件。

表7.14 EAL 1～EAL 5级独立测试保障组件表

评估保障级别	安全保障组件
EAL 1	ATE_IND.1 独立测试-符合性
EAL 2～EAL 5	ATE_IND.2 独立测试-样本

(1) ATE_IND.1，即独立测试-符合性，仅仅需要评估者测试TOE的安全功能可用性。评估者开发一个独立测试计划和执行TOE安全功能中的某个测试用例子集。

(2) ATE_IND.2，即独立测试-样本，需要开发者去构建一个等价的测试环境，使评估者可以运行开发者测试中的子集。在现场观察中允许评估者进入开发者的测试环境，可能使评估者的测试运行更加方便。它排除了TOE运行支撑环境(如计算机硬件)转运到评估者实验室的问题，以及避免为了重复测试系统部署而需要开发者准备说明书可能出现的混乱。

7.3.6 脆弱性评定证据

TOE安全性保证是由CC中“脆弱性评定”保障族来处理的，其目的是用来确定在评估TOE开发和预期运行期间潜在的缺陷是否已被标识，或通过其他方法(例如缺陷假设或对基础安全机制安全行为的定量或统计分析)是否允许攻击者破坏安全功能要求。与ATE_IND类似，脆弱性评定证据虽然不用TOE开发者准备，但了解评估者开展此项活动的方法有助于IT产品功能的设计、开发和运行环境搭建。

脆弱性评定簇(AVA_VAN)涉及攻击者能发现一些缺陷所造成的威胁，这些缺陷将允许对TOE保护的数据或者TOE功能进行非授权的访问、允许能够干扰或改变TOE安全功能或者妨碍其他用户的已授权能力。本族中的组件是基于评估者进行脆弱性分析严格程度以及攻击者标识和利用潜在脆弱性所需攻击潜力要求的不断增加而分级的。CEM给出了EAL 1～EAL 5脆弱性评定评估活动所需的证据。EAL 1～EAL 5级脆弱性评定保障组件如表7.15所示。

表 7.15　EAL 1～EAL 5 级脆弱性评定保障组件表

评估保障级别	安全保障组件	评估保障级别	安全保障组件
EAL 1	AVA_VAN.1 脆弱性调查	EAL 4	AVA_VAN.3 关注点脆弱性分析
EAL 2～EAL 3	AVA_VAN.2 脆弱性分析	EAL 5	AVA_VAN.4 系统的脆弱性分析

AVA_VAN.1，即脆弱性调查，需要评估者在公共可用信息网络中执行脆弱性调查，以确定那些可能很容易被攻击者发现的 TOE 潜在缺陷。评估者也许会执行穿透性测试，以确认潜在脆弱性在 TOE 运行环境中不能被利用。评估者在假定具有基本的攻击潜力的情况下执行穿透性测试。这些漏洞信息的公共资源可以是网站，如下所示。

（1）国家计算机安全应急响应中心。

（2）安全组织维护的常见漏洞和揭露。

（3）计算机安全应急响应组国家漏洞数据库。

（4）国家安全漏洞数据库等。

TOE 开发者应提供必需的证据材料以证明，为什么这些公布的漏洞不能在 TOE 和可操作的环境中被利用。

AVA_VAN.2，即脆弱性分析，在 AVA_VAN.1 要求基础上增加了一套评估者可设计穿透性测试用例和可进行脆弱性分析的方法。评估者将利用 TOE 操作指南或准备程序文档、TOE 设计以及安全架构等证据材料，尽可能发现 TOE 潜在的未知漏洞。评估者将执行穿透性测试来尝试利用这些漏洞。如果发现的这些漏洞是可利用的，那么 TOE 开发者提供的脆弱性分析证据就是不成功的，换句话说脆弱性分析评估结果是失败。

AVA_VAN.3，即关注点脆弱性分析，通过利用专业化的穿透性测试工具，对代表 TOE 功能说明书、TOE 设计以及安全架构的证据记录，评估者增加穿透性测试的范围和深度。评估者应针对 TOE 执行独立性脆弱性分析，去标识 TOE 中潜在的脆弱性。在分析过程中使用 TOE 操作指南和准备程序文档、TOE 功能规范、TOE 设计、安全架构描述和实现表示。评估者应基于已标识的潜在脆弱性，实施穿透性测试，确定 TOE 能抵抗具有增强型基本攻击潜力的攻击者的攻击。

AVA_VAN.4，即系统的脆弱性分析，评估者应针对 TOE 执行独立的、系统的脆弱性分析去标识 TOE 潜在的脆弱性，在分析过程中使用 TOE 操作指南和准备程序文档、TOE 功能规范、TOE 设计、安全架构描述和实现表示。评估者应基于已标识的潜在脆弱性实施穿透性测试，确定 TOE 能抵抗具有中等攻击潜力的攻击者的攻击。

脆弱性利用是在 TOE 穿透性测试过程中引入 TOE 的一些属性，例如通过篡改、直接攻击或跟踪 TSF 等攻破 TSF 自我保护，或者通过跟踪、直接攻击 TSF 等攻破 TSF 域分隔，或者通过绕过（旁路）TSF 攻破不可旁路性。利用非技术措施中的脆弱性去破坏 TOE 安全功能要求也是一种脆弱性利用手段，例如 TOE 配置“误用”考察的是在 TOE 管理员或授权用户被认为是安全时，TOE 是否会以一种不安全的方式被配置或使用。

7.4　本章小结

本章在介绍 TOE 评估证据准备方法之前，首先回顾了 CEM 方法规定安全保障评估活动需要提供的 TOE 评估证据材料及与 IT 产品研发过程之间的关系，接着从 TOE 开发者的角度概述 TOE 评估证据编制与 TOE 产品研发过程几个阶段之间的交互过程。因此，TOE 评估证据编制也可以看成是 TOE 安全评估的一个开发项目，TOE 开发者适当地做好各种评估证据的准备工作是保证他们的 IT 产品安全评估能高效完成的一个关键要素。例如在预评估准备活动中一般需要调查 TOE 的客户需求，理解通用评估准则及其安全评估方法，制订一个令人信服的评估案例，管理安全评估项目规模，分配适当的 TOE 评估资源和选择合适的 TOE 安全评估合作者(CC 咨询机构、CC 测评服务机构等)。这些评估项目准备活动为 TOE 评估证据的编制奠定了坚实的基础。

7.3 节重点介绍了 CEM 中开发类证据、指南类证据、生命周期类证据、测试类证据和脆弱性评定证据等保障要求评估用的证据开发内容和要求，以便 TOE 开发者编制出满足 CC 安全评估要求的 TOE 安全评估相关证据文档。本节讨论的评估证据编制内容覆盖 CEM 中的 EAL 1～EAL 5 级别所有保障组件。

注意本章并没有讨论 PP 评估证据、ST 评估证据和组合保障组件评估证据的编制方法，这些评估项目的安全评估证据编制也可参照 7.3 节的 TOE 评估证据准备方法，准备相关的评估证据文档。

7.5 问题讨论

1. 简述评估证据在 TOE 评估中的作用。

2. 按照 CEM 执行 PP、ST、TOE 等不同评估项目时，解释它们各自需要哪些评估证据。

3. 简述评估证据类型，以及谁负责这些 IT 产品安全评估证据编制。

4. 从开发者的角度简述 TOE 评估过程，并指出开发者在评估准备过程中的任务和作用。

5. 简述评估证据编制在 TOE 安全评估生命周期的定位和作用。

6. TOE 评估前的预评估准备工作由谁来执行？简述 TOE 预评估准备材料及输出成果。

7. 为何说 TOE 评估启动会议很重要，简述会议讨论的主要内容。

8. 简述 TOE 研发过程和 TOE 各种评估证据编制工作之间的交互关系。

9. 简述开发类评估文档包含的内容，以及这些文档之间的关系。

10. 简述 TOE 安全架构与其他开发类证据之间的依赖关系。

11. 简述自我保护、不可旁路、防篡改等安全保障能力评估证据及其使用关系。

12. 简述指南类评估文档包含的内容，以及这些文档之间的关系。

13. 简述生命周期支持类评估文档包含的内容，以及这些文档之间的关系。

14. 简述测试类评估文档包含的内容，以及这些文档之间的关系。

15. 简述脆弱性评定类评估文档包含的内容，以及这些文档之间的关系。

16. 简述开发者自己准备评估证据应具备的能力及注意事项。

17. 简述证据编制过程中可以使用的工具及这些工具的用途。

第 8 章　安全测试方法与技术

TOE 开发者依据特定的 CC 认证体制，选择 CC 测试实验室评估其 IT 产品，以便能够在不同国家的组织或企业销售这些 TOE。基于 CC 的测试和评估提供了 IT 产品安全性的统一比较方式，可减少 TOE 消费者对 IT 产品安全性的困惑，这样 TOE 消费者就不用在不同的评估体制和安全评估标准下，对比同类 IT 产品的安全评估结果。基于国际互认的 CC 标准对 IT 产品进行安全评估会减轻 TOE 消费者自行开发、维护和执行评估的负担，有助于降低评估开销。

CEM 只是告诉 CC 测试实验室需要基于 TOE 的哪些评估证据(评估输入)和以什么样的深度(评估保障级别)对 TOE 开发者提供的 TOE(评估范围)进行测试和评估，从而确定 TOE 安全功能实现的正确性和 TOE 安全功能行为的可信度。注意，CC 所说的 TOE 安全评估不包括 TOE 运行环境的正确性评估。所以本节所讨论的 TOE 评估相关的测试方法和技术是指 TOE 安全功能(TSF)实现正确性评估的技术。

第 5 章和第 7 章围绕 TOE 评估准备工作，从 TOE 开发者角度介绍了如何编制 ST 及准备 TOE 安全评估所需评估证据。本章从 TOE 评估者角度，介绍 CC 测试实验室如何依照第 6 章介绍的 CEM 方法，对 TOE 安全功能开展测试。正如第 6 章所描述的，CEM 为 TOE 评估提供了标准的规程和方法，据此，一个 IT 产品就可由独立被授权的、可信的 CC 测试实验室按照这些规定和原则来判断 TOE 实现是否满足 ST 规定的安全功能和安全保障要求。CC 测试实验室的评估结果可帮助 IT 产品购买者确定该 TOE 在其所预期的应用环境中，安全功能是否合适，是否满足预定义的安全保障要求，潜在的安全风险是否可以忍受。

在评估发起者提供了 ST、TOE 样品、TOE 评估证据等评估材料后，CC 测试实验室就可对 TOE 样品进行评估(详见 7.2.3 节)。正如前面讨论的，基于测试技术的 TOE 评估应分别从 TOE 安全功能满足 PP/ST 安全要求，以及 TOE 安全功能实现不存在缺陷/脆弱性两个方面展开，所以本章主要介绍评估过程中，CC 测试实验室使用的独立性测试和脆弱性评定两种技术，包括用于 TOE 脆弱性评定的常用穿透性测试技术。

本章主要论述以下内容。

(1) **TOE 安全评估相关的测试方法和技术**。

(2) **TOE 安全功能独立性测试方法和技术**：ST 及其 CEM 要求的评估证据规定了 TOE 安全评估需要满足的安全要求，独立性测试是证明 TOE 实现了 ST 中期望的安全功能，或具备了 ST 定义的 TSF 行为。换句话说，独立性测试技术依据 ST 中的安全要求(第 5 章)和 TOE 开发者准备的评估证据(第 7 章)，对 TOE 安全行为进行验证测试，用以判断 TOE 安全功能实现与 ST、功能规范以及相关安全模型是否一致，测试重点是 IT 产品提供了什么安全功能(即 IT 产品在安全方面该做什么)。

(3) **TOE安全功能脆弱性评定方法和技术**：发现TOE在开发过程中存在的潜在脆弱性需要借助多种方法及其技术手段，其中CC第3部分介绍的脆弱性评定技术就可用来确定TOE开发和TOE运行期间潜在的脆弱性是否已被标识，或通过其他方法（例如缺陷假设或对基础安全机制安全行为的定量或统计分析）确定攻击者是否能利用这些脆弱性破坏TOE安全功能。

(4) **TOE安全性测试使用的穿透性测试技术**：穿透性测试（或渗透性测试）关注脆弱性评定中发现的TOE在设计或实现上的缺陷或脆弱性（即安全漏洞），这些脆弱性可能破坏TOE正确实施其安全功能的安全行为。一般由CC测试实验室中具备专业安全知识和相关穿透性测试经验的评估者，采用特定测试工具对TOE进行漏洞挖掘和分析。

8.1 TOE安全测试方法

从第6章讨论的CEM的TOE评估过程来看，TOE评估保证ST声称的TOE安全策略（TSP）在TOE保护的所有资源上都得到充分正确的执行。因此，基于CC/CEM的TOE安全测试与一般IT产品功能测试不同，主要体现在以下几个方面。

(1) **目标不同**：面向TOE安全功能行为的测试是以验证TSF实现与ST中的安全要求的符合性和发现潜在的缺陷/脆弱性为目标，所以TOE安全测试包括TOE安全功能实现的验证测试（简称独立性测试）和实现过程中发现安全隐患为目标的穿透性测试（也称为安全性测试）。

(2) **假设条件不同**：一般软件功能的测试，假设导致问题的数据是用户不小心造成的，软件功能接口一般只考虑与TOE用户的交互界面。安全测试假设导致问题的数据是攻击者处心积虑构造的，因此在考虑TOE安全评估测试输入时需要考虑TOE面临的所有可能的交互接口、攻击方式和脆弱性利用手段，包括复杂的社交攻击途径等各种潜在的安全攻击面及攻击类型。

(3) **关注的思考域不同**：一般软件功能的测试以TOE所具有的功能为思考域。TOE安全评估的思考域不但包括IT产品一般功能，还要考虑TOE安全架构与系统功能之间的交互机制、外部环境、应用与数据自身安全风险与安全属性等。

(4) **问题发现模式不同**：一般软件功能的功能测试是以违反功能定义为判断依据。TOE安全测试以违反授权规则或访问控制机制与TOE安全能力的约束为判断依据。

因此，不同于传统IT产品功能的静态测试、动态测试、黑盒测试、白盒测试（结构测试）、灰盒测试等IT产品质量评估方法，IT产品安全评估可使用以下几种测试方法和技术，对TOE安全功能（TSF）进行符合性和安全性测试和分析。

(1) **形式化测试方法**：基本思想是建立TOE安全功能的数学模型，对TOE安全要求进行规范的形式化分析或证明。形式化测试方法可分为定理证明、模型检测等多种类型，其中定理证明方法是将TOE安全功能实现转换为逻辑公式，然后使用公理和规则证明TOE安全功能实现是一个合法的定理；模型检测用状态迁移工具描述TOE安全功能实现的安全行为，用时序逻辑、计算树逻辑或演算公式表示TOE安全功能执行必须满足的性质，通过自动搜索中不满足公式的状态来发现TOE安全功能实现中的弱点、脆弱性或安全漏洞。

(2) **基于模型的测试方法**：基本思想是对 TOE 安全功能和 TOE 安全架构进行建模，然后由 TOE 安全功能实现的测试模型自动化生成 TOE 安全功能测试用例集，最后再通过自动化测试框架驱动这些测试用例在 TOE 上的执行。常用的软件测试模型有有限状态机、随机模型、马尔可夫链等。

(3) **基于语法的测试方法**：基本思想是 TOE 安全功能接口明确或隐含地规定了 TOE 接受的输入数据类型、格式及各种约束条件等语法定义。语法测试的步骤是识别 TOE 安全功能边界及其功能接口，定义接口语言的语法，最后根据语法生成测试用例并在 TOE 上执行测试。生成的测试输入应当包含各类语法错误、符合语法的正确输入、不符合语法的畸形输入等。通过察看 TOE 对各类输入的处理情况，确定 TSF 是否存在安全缺陷。语法测试适用于 TOE 安全功能有较明确接口语法、易于表达语法并生成测试输入的情况。对于 TOE 安全评估，语法测试结合故障注入技术可得到更好的测试效果。

(4) **基于故障注入的测试方法**：基本思想是通过建立 TOE 安全功能与其 IT 运行环境交互的故障模型。针对 TOE 安全功能与 IT 环境的交互点，故障注入主要包括用户输入、网络接口、环境变量等引起的故障注入用例设计。例如，针对网络协议测试，可通过构造各类协议数据包测试目标 TOE 实现是否能正确处理，其实质是在各类协议数据包中植入故障，如某些协议字段值故意修改等。故障注入可以有效地模拟各种各样的异常程序行为，通过故障注入功能强制性地使 TOE 进入到某些特定的状态，而这些状态在采用常规的标准测试技术的情况下一般是无法到达的。

(5) **基于属性的测试方法**：基本思想是通过某种形式化语言对 TOE 的安全属性进行描述，生成安全属性规格说明，再利用程序切片技术抽取与这个安全属性相关的代码，并测试 TOE 安全功能实现中这部分代码是否违反安全属性规格说明。基于属性的测试有针对性地测试 TOE 特定安全属性，可满足 TOE 安全属性分类和优先级排序要求，且部分与 TOE 安全功能实现无关的属性规格说明是可重用的。

(6) **基于模糊技术的测试方法**：基本思想是将随机的畸形数据通过 API 调用等方式注入 TOE，观察 TOE 是否能容忍这些杂乱的测试输入。模糊测试是一种不合逻辑的测试用例输入技术。通过产生杂乱的测试数据攻击 TOE。采用模糊测试攻击 TOE 安全功能，可发现其他采用逻辑思维来测试很难发现的安全缺陷。

无论采用上述何种测试方法或技术，CC 测试实验室一般从两个维度对 TOE 安全功能实现的正确性和 TOE 设计与实现中潜在的缺陷发现，展开测试环境的搭建、测试场景的设计、测试用例的设计或自动生成缺陷挖掘测试任务的实施。

(1) **TOE 安全功能符合性测试**：依据 TOE 开发者提供的一系列评估证据(如分析、设计与测试文档)和待测试的 TOE 样品，由评估者按照 ST 中的 TOE 概要规范(TSS)对 TOE 开发者提供的评估证据材料进行分析，并按照 ST 的评估保障级对 TOE 的安全功能组件进行抽样测试，或评估者自己设计相应的测试用例，在仿真环境下独立地完成 TOE 安全功能组件的行为测试，验证 TOE 安全功能的实现及其保障控制措施符合 ST 中定义的 TOE 概要规范。TOE 安全功能设计与实现的完整性和正确性测试需要通过对 TOE 评估证据的分析和 TOE 安全功能的测试，确保 TOE 安全功能满足其 PP/ST 声称的功能要求。在 CEM 中，这种 TOE 安全功能测试也称为独立性测试。

(2) **TOE 脆弱性评定和穿透性测试**：测试目标是发现 TOE 在设计与实现中的缺陷或

脆弱性，以便在评估过程中要求 TOE 开发者纠正 TOE 设计和实现相关的错误，从而减少 TOE 在交付后运行中安全失效发生的可能性。为此 CEM 针对 EAL 1～EAL 5 分别列出了安全保障组件的评估活动及其工作单元，并通过脆弱性评定要求评估者采用穿透性或渗透性测试方法(注：在 CC v3.1 之前，只对于保障级别 EAL 2 以上的 TOE 安全保障要求采用此方法)来评估 TOE 安全性。换句话说，TOE 穿透性测试要求评估者在模拟应用环境下，测试 TOE 是否能抵御各种不同等级的安全攻击，以确定该 TOE 是否存在潜在的安全脆弱性或安全漏洞。基于渗透性或穿透性测试技术的 TOE 评估可消除 TOE 在设计或实现中的缺陷或脆弱性，以保证 TOE 运行的安全性。

8.2　独立性测试方法

TOE 安全功能符合性测试依据是被测产品的 ST 和 TOE 厂商提供的 TOE 样品及其评估证据，采用的方法是对 TOE 开发者提供的安全功能组件测试用例进行抽样，或评估者自己设计出可能不同于 TOE 开发者提供的 TSF 测试用例集(简称测试套件)，并通过搭建 TOE 测试环境实现与被测 IT 产品的交互，再通过对这些测试用例运行结果的分析，判断 TOE 安全功能实现是否符合其 ST 中定义的安全技术要求。从这个角度出发，TOE 安全功能测试关注的是 IT 产品应该提供什么安全功能，CC 测试实验室需要依据 ST 及其评估证据，并使用专业化的测试工具在搭建的 TOE 测试环境中对 ST 规定的安全功能进行测试，以判断 TOE 采用的实现技术与机制是否切实地提供了这些安全功能，且是 ST 期望的 TOE 安全功能概要规范(即 TSS)。

换句话说，评估者需要独立地验证 TOE 安全功能行为与其 ST 中 TOE 概要规范(TSS)的符合性。所以在 CEM 中，TOE 安全功能符合性测试也叫安全功能独立性测试，评估者依照 CEM 方法通过测试手段检查 TOE 安全功能实现与 ST 以及相关安全模型的一致性。这是因为 ST 定义了 TOE 需要满足的安全要求，独立性测试即评估者在 CC 测试实验室仿真环境下证明 TOE 开发者实现了 ST 规定的 TOE 安全功能行为，或验证了 TOE 具备了 ST 描述的 TOE 安全功能行为。

注意安全功能的符合性测试方法同传统的软件功能符合性测试方法(也称为一致性测试方法)是不同的，不同点主要体现在测试目的、覆盖范围、测试关注点、错误含义和分析策略等方面，表 8.1 对比了 TOE 安全功能的符合性测试与传统的软件产品的功能符合性测试方法的差异。

表 8.1　TSF 符合性测试与传统软件功能符合性测试方法对比

传统软件功能一致性测试	TOE 安全功能符合性测试
核查被测 IT 产品(SUT)正确性：由产品的市场决定设计与实现的有效性	通过 ST 描述 TSF 正确性和安全性，作为市场采购和 TOE 开发者达成签约的重要组成部分
核查与产品功能设计规范的一致性	核查与 CC 安全组件或 ST 安全要求与相关安全规范与安全模型的一致性
用统计学等覆盖度量方法，保证软件产品按预期，执行正确的功能行为	通过抽样测试或完备的测试覆盖，挖掘可能破坏 TOE 安全行为正确性的潜在缺陷/脆弱性

CC 测试实验室主导的 TOE 安全功能独立性测试一般包括分析、设计、开发、测试、测试流程的持续改进等阶段(如图 8.1 所示)。

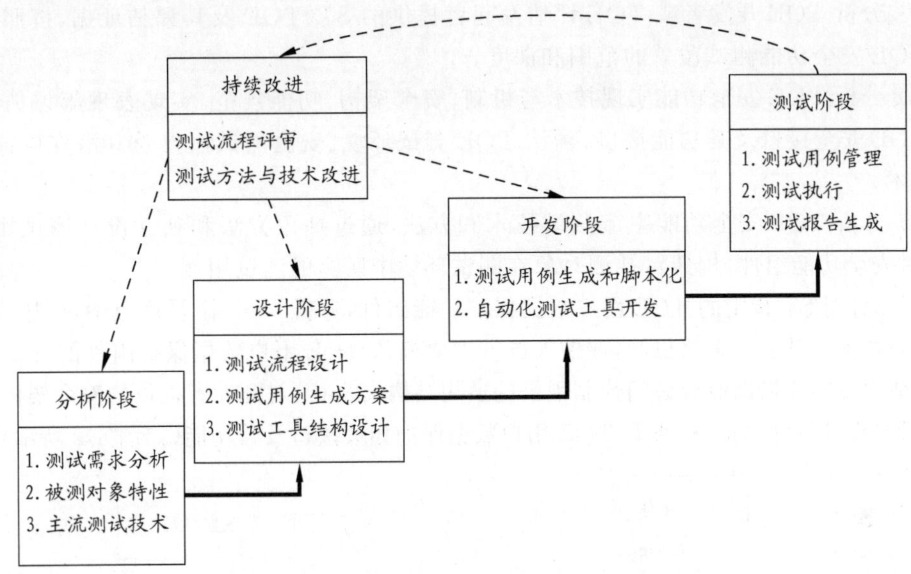

图 8.1　TOE 安全功能独立性测试工作流程

(1) **分析阶段**:通过对 ST 中 TOE 安全组件和 TOE 开发者准备的一系列 TOE 评估证据的分析,并依据 ST 的评估保障级别选定合适的测试技术(如黑盒测试、白盒测试),确定独立性测试计划的基本要素。

(2) **设计阶段**:按照 CC 评估流程,完成 ST 中相关安全功能组件的测试流程设计,包括测试场景设计、测试用例设计和采用的测试框架和测试技术设计。

(3) **开发阶段**:完成测试用例测试数据生成程序和测试用例执行的脚本化程序开发、TOE 安全功能各种测试方式的测试支持接口研发等。

(4) **测试阶段**:在被测 TOE 上依照各种测试场景运行测试用例,得到测试数据,分析测试数据,生成 TOE 的测试报告。

(5) **持续改进**:在 TOE 的安全评估过程中不断总结独立性测试中的各环节的经验,并对 TOE 的测试过程中所设计的测试用例、采用的测试技术予以改进。

在 TOE 安全功能符合性的整个测试过程中,评估者都需要对每个阶段的输出进行评审,以便对相关的测试方法和技术进行改进。所以评审与过程改进贯穿在所有测试过程中。

8.2.1　分析阶段

分析阶段就是依据 PP/ST 的评估保障级别和 TOE 概要规范(TSS),分析 TOE 开发者提供的评估证据(第 7 章),确定应采用何种测试方法和测试技术去完成 TOE 安全功能的测试任务。因此,分析阶段的主要任务分为:首先需要明确测试需求,才能决定怎么去组织测试工作,安排具体测试任务的时间,分配必要的测试资源,配置相应的测试环境,以及测试过程中需要的人员技能、支持工具以及相应的背景知识,测试中可能遇到的风险处理等。上述所有内容结合起来就构成了独立性测试计划的基本要素。

根据不同 ST,不同评估保障级,评估者的不同专业水平等,TOE 安全功能测试需求分析的详细程度是不同的。但在分析阶段，测试需求应力求详细明确，以避免测试计划任务遗漏与误解。一般来讲评估者需要完成3项主要工作。

(1) 分析TOE开发者或TOE评估发起者提供的ST、TOE及其评估证据，按照CEM明确TOE安全功能测试覆盖的范围和深度。

(2) 分析TOE安全功能实现技术与机制、安全架构、功能规范、实现表现等评估证据，掌握TOE安全接口及其功能接口，确认TOE测试环境、安全测试边界及其潜在的测试方法和技术。

(3) 分析TOE安全功能主流测试技术和方法，通过抽象方法和独立设计测试用例方法，针对安全功能组件，构建对被测对象在测试环境中所需的测试用例。

例如，针对ST指定的TOE用户数据保护功能组件，分析TOE概要规范中，概述采用的访问控制技术及其安全策略机制，评估人员就需要确认TOE用户数据保护组件的安全边界。为此评估人员需要借助业界访问控制引擎的通用结构(GFAC)对开发者提供的安全架构、功能规范、TDS设计等评估证据，查看TOE用户数据保护相关接口及其功能(如图8.2所示)。

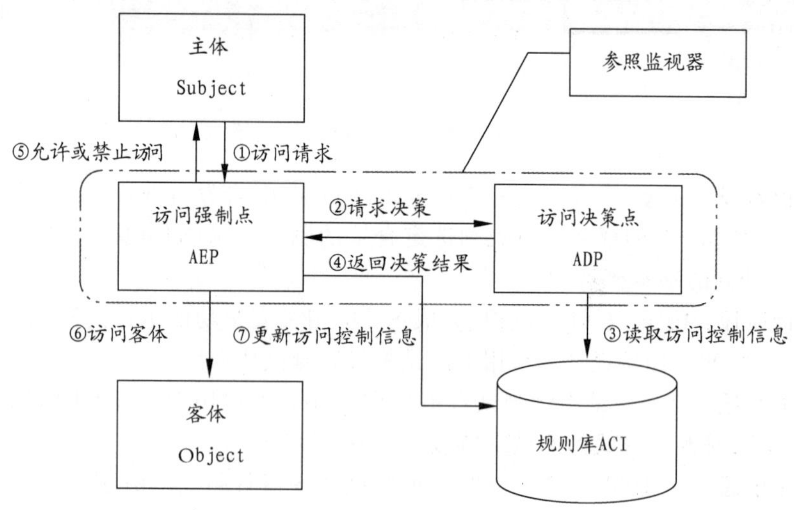

图8.2 通用访问控制框架

用户数据访问控制机制有多种可用的访问控制模型，例如自主访问控制(DAC)、角色访问控制(RBAC)、强制访问控制(MAC)、基于属性访问控制(ABAC)等。评估人员在分析了TOE安全架构证据后，就可进一步确认图8.2访问控制组件相关的实现技术与机制。例如数据库产品一般都提供基于用户标识和结构化查询语言(SQL)的授权语句来管理用户对数据对象的访问。这种基于自主访问控制的数据库访问控制引擎，假定数据对象的拥有者具有对该数据操作的所有权限，并应该遵循数据库标准SQL语句，对用户数据使用权限进行转授和分配。因此，评估者就应基于关系数据库管理系统的各种系统表管理的安全元数据[即数据库字典(元数据)]，获得数据库用户标识(图8.2中的主体)、数据库对象(图8.2中的客体)和数据库对象的访问权限安全元数据(图8.2中的规则库)。图8.2中的访问决策点(数据库对象授权策略数据)是与数据库查询引擎(即TSF)实现相关的，例如Oracle 12c默认安装提供了400多项系统权限、100多种预定义角色(如DBA、Resource、Connect)和几千个默认用户的授权数据。系统权限是在数据库实例层具有的全局级操作权限，如创建数据库结构、创建数据对象、连接数据库等权限。对象权限与用户创建的数据库对象类型有关，需要分析数据库产品管理哪些类型的数据库对象（如表空间、数据文件、表、索引、约束、存储过程等），并确定这些数据库对象相关权限，然后就可考虑这些对象数据及其与用户授权之间的测试需求。表 8.2 描述了 Oracle 数据库产品中部分对象权限适用数据库对象。

表 8.2　Oracle 数据库主要对象权限

对象权限	适用对象
ALTER	TRIGGER/INDEX/PROCEDURE/TABLE/OPERATOR DIMENSION/RULE SET/CLUSTER/EVALUATION CONTEXT /RULE/MATERIALIZED VIEW/SEQUENCE
DELETE	TABLE/MEASURE FOLDER/VIEW
EXECUTE	OPERATOR/RULE SET/PROGRAM/PROCEDURE TYPE/ASSEMBLY/FUNCTION
INSERT	MEASURE FOLDER/TABLE/VIEW
SELECT	SEQUENCE/CUBE/TRANSACTION/TABLE/DICTIONARY /CUBE DIMENSION/VIEW/TABLE
UPDATE	TABLE/CUBE/CUBE DIMENSION/VIEW
READ	FILE GROUP/DICTIONARY
INDEX	TABLE
REFERENCE	TABLE

在前面 PP/ST 的安全要求定义中，CC 第 1 部分的 PP/ST 文档结构建议按照安全组件依赖关系找出潜在的安全要求。例如 TOE 的访问控制安全功能需要与用户标识与鉴别（如数据库用户身份鉴别）、安全审计等其他 TOE 安全功能相互配合，才能有效地对用户数据（数据库对象）进行安全保护。因此，TOE 在允许授权用户访问其保护的数据对象之前需要对其进行认证，以确保用户身份的真实性并为其建立相应的标识。在 TOE 安全功能组件分析和测试用例设计时需要确定其安全边界、考虑不同安全功能组件间的交互等（如图 8.3 所示）。

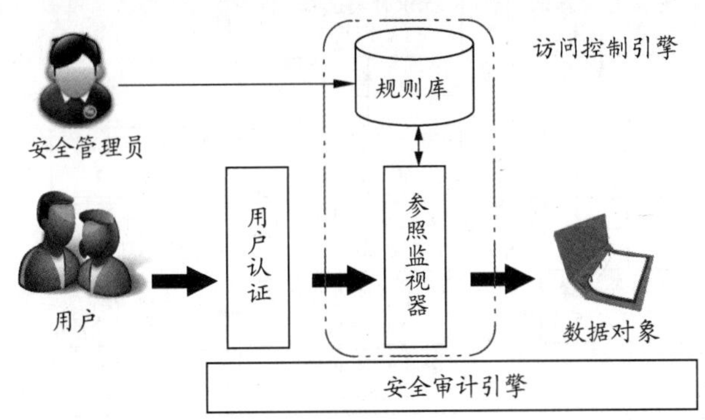

图 8.3　用户数据保护组件（访问控制）与其他安全功能要求的关系

从图 8.3 看出，访问控制引擎由规则库和参照监视器两个逻辑模块组成。规则库中存储了符合组织安全策略的用户授权策略和访问控制规则，在数据库管理系统中一般由安全管理员或数据库管理员通过数据库授权管理模块进行管理维护，同时也可部分地接受授权用户管理自己创建的数据库对象授权管理。参照监视器则是访问控制引擎（查询引擎）的强制执行模块，它负责将用户提交的查询请求属性与访问控制规则进行对比，做出是否允许用户访问数据对象的决定。虽然在逻辑上，访问控制引擎的两个部分有着比较清晰的界定，但图 8.3 并不能代表数据库查询引擎中访问控制模块的真实实现技术与机制，需要依据具体数据库管理系统（如 Oracle、SQL Server 等）的安全架构做进一步分析。最后，安全审计引擎对数据库管理系统运行过程中数据访问相关的活动进行监控和记录，一方面可以监视和威慑恶意用户，另一方面为事后用户行为的安全检查和数据被使用的可信度提供支持。因此，安全审计是对访问控制引擎安全性的进一步支持。

所以，评估者在分析 ST 的 TOE 安全功能行为时（图 8.1 的第一步），一定要依据 TOE 安全组件之间的依赖关系，研究这些安全组件实现相关的安全边界及其接口。例如针对 Oracle、SQL Server、DB2 等主流数据库产品，其安全审计组件覆盖了下列 4 个功能族：安全审计数据产生（FAU_GEN）、安全审计查阅（FAU_SAR）、安全审计事件选择（FAU_SEL）和安全审计事件存储（FAU_STG），涉及了 CC 中安全审计类的 9 个安全组件。

（1）安全审计数据产生：Oracle 和 SQL Server 对审计数据库产生（FAU_GEN. 1-NIAP-0410）和用户身份关联进行了扩展（FAU_GEN_(EXT). 2），DB2 采用 CC 中的两个安全审计数据产生组件（无扩展）。

（2）安全审计查阅：Oracle 和 DB2 采用了审计查阅和可选审计查阅两个安全组件，SQL Server 没有提供任何审计查阅组件。

（3）安全审计事件选择：DB2 直接采用，Oracle 和 SQL Server 采用了 NIAP（美国信息安全机构）的扩展组件。

（4）安全审计事件存储：Oracle 和 DB2 除审计事件可用性保障组件外（FAU_STG. 2），其他组件都被采用，SQL Server 对防止审计数据丢失组件进行了扩展（FAU_STG_EXP. 4）。

依据 CC 组件依赖关系，我们可标识出这些主流数据库产品安全审计组件之间的关系图（如图 8.4 所示）。框外的组件是框内组件依赖的，但不属于数据库安全审计子系统的组件。箭头表示依赖关系，箭头出组件依赖于箭头入组件。

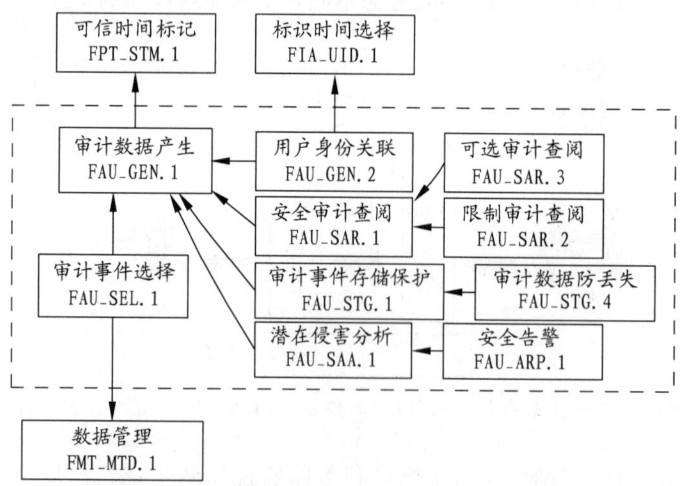

图 8.4 数据库安全审计功能组件及依赖关系

在分析了 TOE 安全功能组件、测试目标及其安全边界后，就可确定这些安全组件交互的测试技术和方法。若独立于 TOE 开发团队设计测试用例，评估人员是无法获得 TOE 安全功能内部的实现细节的，因此需要借助于对被测 IT 产品潜在的各种应用的深刻理解，来进行测试场景及相关测试用例的设计。评估人员一般采用黑盒测试方法，即通过试探各种输入来分析 TOE 安全功能运行行为是否与设想的应用场景一致。当然恶意输入可能会破坏程序，如果 TOE 在测试环境中能被破坏，就可以发现 TOE 潜在安全问题。

黑盒测试关注的是被测 IT 产品安全功能的外部行为，评估者提供适当的输入并能观察 TOE 安全公务行为运行结果就可以执行黑盒测试。图 8.5 示例了数据库产品黑盒测试的基本过程：通过输入用户的请求(SQL 语句)，观看数据库管理系统对用户请求的响应结果，就可分析 TOE 实现是否满足 ST 中定义的安全要求。用户请求的设计可能基于 SQL 标准、数据库协议规范、数据库开发接口(API)，甚至是所尝试的数据库特定的安全接口。

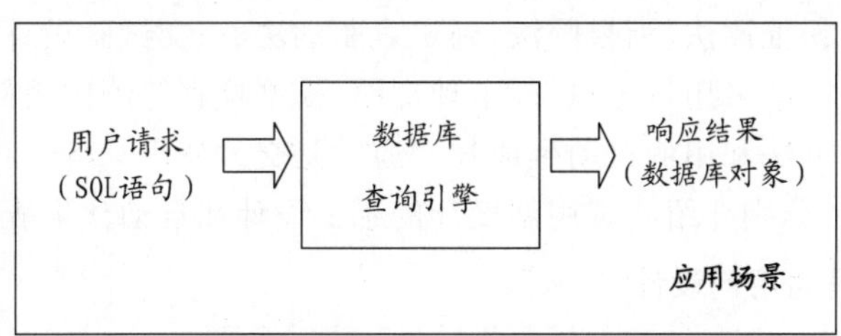

图 8.5　数据库访问控制功能测试方法

8.2.2　设计阶段

设计阶段需要完成对 TOE 安全功能测试流程、测试场景、测试用例集设计、测试用例生成以及自动化测试工具框架的设计工作，其中测试用例设计是 TSF 独立性测试设计阶段的重点工作，也是保证 TOE 安全功能独立性测试工作效率和测试质量的关键点。

测试用例是记录测试目标、测试步骤、测试输入、测试脚本和期望测试结果的结构性文档。它一方面描述了 TOE 安全功能测试需求，通过测试用例集覆盖 ST 中完整的安全要求；另一方面说明了评估人员测什么、怎么测以及测试通过与否的判断依据。例如，在数据库用户身份鉴别过程中，当鉴别失败次数未达到阈值时，用户不被锁定的测试用例如表 8.3 所示。在该测试用例中，用户是否被锁定可以通过检验数据库的用户账号系统视图(SYSTEMLOGINS)中的账号状态(LOCK_STATUS)属性值来确定。

表 8.3　鉴别失败次数未到达阈值时用户未锁定测试用例

<table>
<tr><td colspan="3">测试对象：数据库产品 1　　　测试组件标识：FIA_AFL.1</td></tr>
<tr><td colspan="3">用例编号：FIA_AFL.1_1_2　　　用例名称：管理员解锁用户
用例描述：当用户账号被锁定时，由管理员进行解锁
前置条件：测试数据库已建立，且测试环境已进行清理</td></tr>
<tr><td>测试编号</td><td>测 试 步 骤</td><td>预期结果</td></tr>
<tr><td>1</td><td>以管理员身份登录数据库</td><td>成功</td></tr>
<tr><td>2</td><td>创建数据库用户 u1，同时指定鉴别失败处理阈值为 2
create login u1 identified by password limit FAIL_LOGIN_ATTEMPS 2</td><td>成功</td></tr>
<tr><td>3</td><td>以用户名 u1 和错误的密码尝试登录数据库</td><td>失败</td></tr>
<tr><td>4</td><td>以管理员身份查看用户 u1 的锁定状态
Select LOCK_STATUS from SYSTEMLOGINS where username=‘u1’;</td><td>成功返回值为 1 用户未锁定</td></tr>
</table>

续表

测试编号	测 试 步 骤	预期结果
5	以用户名 u1 和错误的密码尝试登录数据库	失败
6	以管理员身份查看用户 u1 的锁定状态 Select LOCK_STATUS from SYSTEMLOGINS where username='u1'；	成功返回值为 0 用户锁定
7	以用户名 u1 和正确的密码尝试登录数据库	失败
8	以管理员身份登录，清理数据库测试环境数据 Drop login u1；	成功

不同测试方法的测试用例设计方法也不同：黑盒测试用例设计方法包括等价类划分法、边界值分析法、错误推测法、因果图法、判定表驱动法、正交试验设计法、功能图法等；白盒测试用例设计方法一般采用符号执行、定理证明、模型检查等测试用例自动生成技术。当然上述测试用例设计方法和用例自动生成技术通常是交叉使用。下面我们结合数据库自主访问控制和安全审计，分别介绍测试用例设计的手工设计和自动化生成两种方法。

1. 基于测试场景的用例设计

场景(Scenario)用于描述 TOE 安全功能行为按特定顺序排列的动作，是一个描述性的测试用例实例集。场景可用来描述多个用例实例的交互或执行顺序。IT 产品基本都是利用事件触发来控制流程的，事件触发时的测试用例执行情景便形成了测试场景，而同一事件不同的触发顺序和处理结构就形成了事件流。这种在 IT 产品设计方面的思想也可以引入到安全测试中，可以比较生动地描绘出事件触发时的情景，有利于测试者设计测试用例。

基于测试场景的用例设计的目的是把 IT 产品的安全功能行为分为多个场景进行描述，然后可逐一针对某一场景来设计相应的测试用例集。一般，用于 TOE 安全功能测试的测试用例来源于测试场景的某个测试目标，因此应该为每个用例场景的测试目标编制测试用例。用例场景一般要通过描述用例流经的路径来确定，这个流经过程要从用例开始到结束遍历其中所有基本流和备选流。例如，图 8.6 中经过用例的每条不同路径都反映了基本流和备选流，都用箭头来表示。基本流是经过用例的最简单的路径。每个备选流自基本流开始，之后，备选流会在某个特定条件下执行。备选流也可能会重新加入基本流中(备选流 1 和 3)，还可能起源于另一个备选流(备选流 2，或者终止用例而不再重新加入某个流(备选流 2 和 4)。

遵循图 8.6 中每个经过用例的可能路径，可以确定不同的用例场景。从基本流开始，再将基本流和备选流结合起来，每个场景的测试用例是通过确定某个特定条件来完成的，这个特定条件将导致特定用例场景的测试用例执行。

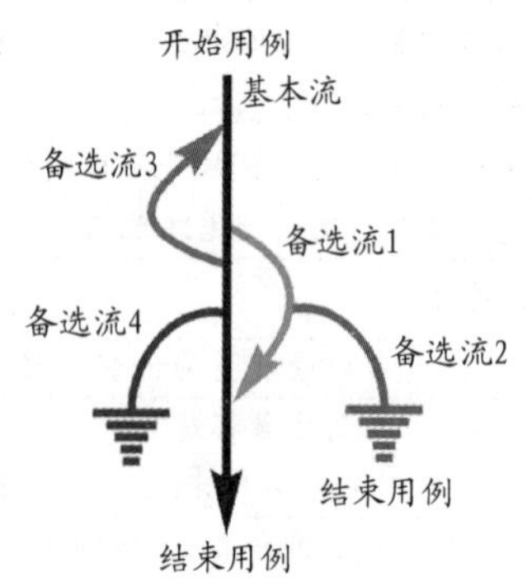

图 8.6　基于场景的测试用例事件流

数据库自主访问控制测试场景的测试用例事件流设计需要考虑主体、客体和操作权限的组合来生成数据库用户的 SQL 请求。一般来讲，数据库用户和数据库对象成千上万。例如 Oracle 10g 在安装时就预置了 5000 多个数据库对象、近 200 个系统权限(11g 有 230 多个系统权限，12c 有 400 多个系统权限)，2400 多个对象权限，提供了 1600 多个存储过程、1300 多个包来扩展 Oracle 数据库产品的功能。数据库应用也依据 DBMS 的存储过程编程规范，定义了很多面向应用功能的后台业务过程，以存储过程或触发器的形式存储在数据库中。如何依据这些主体、客体、操作权限设计合适的自主访问控制功能测试用例，对安全评估人员来讲是一件非常复杂的工作。

为了简化自主访问控制测试场景的设计，评估人员需要借助于黑盒测试中的等价类划分等技术，对待测 TOE 安全功能行为点进行归类整理，在保证测试场景覆盖 TOE 安全功能点（测试需求覆盖率）基础上降低测试用例冗余，提高测试工作效率。在数据库产品安全功能测试场景的用例设计中，等价类划分应该从主体、操作和客体 3 个维度考虑。数据库用户（主体）可以划分为系统管理员、被显式授予权限的用户、属于具有权限用户组的用户、拥有激活的具有权限的角色的用户、具有权限的数据库管理员、客体所有者、属于具有权限的公共组（public）的用户以及不具访问权限的用户（攻击者）。其中，前 7 类用户为授权用户，具有对特定数据对象的操作权限，否则为非授权用户，应不具备数据库访问权限。

需要说明的是以上对数据库授权用户 7 类主体划分并不是严格意义上的等价类，因为虽然 7 个数据库用户集合的并集为全集，但它们之间存在交集。例如，被显式授予权限的用户同时也可以属于具有权限的用户组。考虑到在数据库测试环境中，访问控制引擎在进行访问决策时通常只考虑以上的某一种情况，并且主体只要属于其中任一类别即被判定为允许访问。因此，以上对主体的 8 类划分对数据库自主访问控制的测试而言，仍然是比较合理的。

在实际应用场景中，被访问客体应该是数据库系统中合法的数据库对象。因此，需要对数据库对象类别进行等价类划分。一般来讲数据库中定义的数据对象按照类型可分为：数据库、模式、数据表、视图、存储过程、函数、序列、触发器、索引、全文索引、外部数据库连接、角色、用户、同义词和用户账号（登录）。每一类数据对象上所能够使用的操作权限是不一样的，表 8.4 展示了某国产数据库不同数据对象上的操作权限的等价类划分。

表 8.4　某数据库对象操作权限等价类划分

数据对象	合法权限
数据库	创建（create）、修改（alter）、删除（drop）、连接（connect）、联机备份（backup）、联机还原（restore）、审计（audit）、标记（policy）
模式	创建（create）、设置（set）、删除（drop）
表（列）	创建（create）、修改（alter）、查询（select）、插入（insert）、更新（update）、删除数据（delete）、删除表结构（drop）、引用（references）
视图	创建（create）、修改（alter）、查询（select）、插入（insert）更新（update）、删除数据（delete）、删除表结构（drop）
索引	创建（create）、修改（alter）、删除（drop）
全文索引	创建（create）、修改（alter）、删除（drop）
存储过程	创建（create）、执行（execute）、删除（drop）
函数	创建（create）、执行（execute）、删除（drop）
序列	创建（create）、查询（select）、删除（drop）
触发器	创建（create）、启用（enable）、禁用（disable）、删除（drop）
同义词	创建（create）、删除（drop）
角色	创建（create）、修改（alter）、删除（drop）
用户	创建（create）、修改（alter）、删除（drop）
登录	创建（create）、修改（alter）、删除（drop）
外部连接	创建（create）、删除（drop）

在明确了访问控制引擎的主体、客体、权限等价类后，安全评估人员就可通过安全策略测试场景设计来模仿组织对用户访问数据对象相关行为的授权管理测试用例。安全要求一般被定义为如图 8.7 所示的树状结构：安全要求被细化为一组安全策略应用场景，每个安全策略由一组访问控制规则组成，每一条安全规则最终被落实在主体对特定数据对象的具体操作上。因此，为了便于访问控制功能的测试用例设计，细化后的访问控制功能测试场景就按照"要求-策略-规则"结构进行组织。

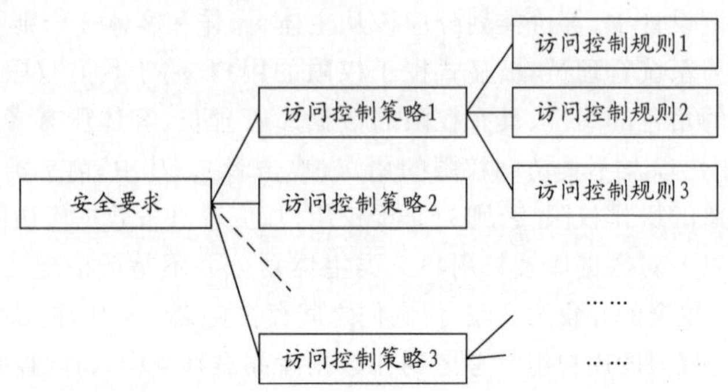

图 8.7　访问控制策略测试场景设计

分析 ORACLE、DB2、SQL SERVER 等主流数据库的 ST 文档，发现它们都提供基于角色的访问控制功能。因此，我们就可设计如表 8.5 所示的安全策略测试场景来刻画数据库访问控制功能的安全要求：首先数据库管理系统本身应内置(即预先定义)一组数据对象上的操作权限，并且提供这些权限的授予和回收(grant/revoke)机制(策略场景 1)；其次数据库管理系统应该能够根据用户和数据对象的属性，判断用户是否具有数据对象上的访问权限，协助授权用户的访问操作(策略场景 2)；另外，数据库访问控制功能还应该能够根据其他附加规则，如上下文环境(如标签)来完善访问控制，提高数据库访问控制引擎的灵活性(策略场景 3)。

表 8.5　数据库访问控制安全策略测试场景设计

安全策略	安全规则
1. 任何主体对客体执行访问操作时，都应强制执行自主访问控制	1.1. 系统应该预先定义一组访问控制权限 1.2. 系统应该提供自主访问控制机制，完成对访问控制权限的授予和回收
2. 根据主/客体的基本属性，判断主体对客体的自主访问权限	2.1. 如果主体的身份是系统管理员，则允许访问 2.2. 如果主体具有访问权限，则允许访问 2.3. 如果主体所在的任何一个用户组具有访问权限，则允许访问 2.4. 如果主体拥有一个激活的角色，该角色拥有访问权限，则允许访问 2.5. 如果 public 用户组具有访问权限，则允许访问
3. 根据其他附加条件，判断主体对客体的自主访问权限。	3.1. 如果主体是授权的管理员，则允许访问 3.2. 如果主体是客体的所有者，则允许访问 3.3. 在所有关系链中，访问权限总是被授予的 3.4. 如果主体属性不满足策略 2.1 至 3.3，则拒绝访问

基于表 8.5 所示的安全策略场景及其相应的安全规则，评估者就可设计数据库访问控制引擎的主要待测功能。在具体使用时，需要根据不同评估保障级别的测试需求对安全策略和访问控制规则进行组合，动态配置访问控制引擎可能的测试规则组合，并进一步结合待测数据库实现特点和主客体与授权机制生成测试用例。图 8.8 为根据某一测试需求，构建的两个访问控制测试场景，其中包括策略 2 和策略 3 的部分安全规则。

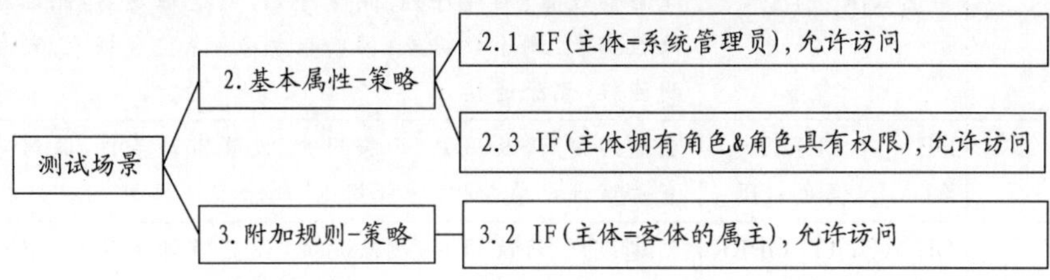

图 8.8　测试场景设计示例

待测功能等价类划分很好地覆盖了数据库访问控制的安全功能点，并能有效降低测试用例的冗余度。每个等价类覆盖了一类待测功能点，分别对这些功能点的测试用例进行测试即可验证数据库访问控制功能。然而，在实际测试执行时，需要经过测试环境配置、测试用例执行、测试数据清理等详细步骤，同一测试环境下通常可以完成几个待测功能点的测试。如果按照测试环境对部分等价类进行合并，将大大提高测试效率(如表 8.6 所示)。

表 8.6　基于测试环境的等价类合并

测试用例编号	测试分类	待测功能等价类
FDP_ACC.1_1	系统管理员权限	创建数据库/修改数据库/创建登录/修改登录/创建用户/修改用户/删除用户/删除登录/创建角色/授予角色权限/回收角色权限/删除角色/创建模式/切换模式/删除模式/创建数据表/修改数据表/清空数据表/删除数据表/闪回数据表/创建视图/更新视图/删除视图/创建存储过程/删除存储过程/创建序列/删除序列/创建全文索引/修改全文索引/删除全文索引/创建数据库快照/删除数据库快照/设置时区/创建连接/使用连接/删除连接/备份数据库/恢复数据库/备份文件组/恢复文件组/审计数据库/在数据库上应用强制访问
FDP_ACC.1_2	系统操作员权限	连接数据库/修改自身登录
FDP_ACC.1_3	系统审计员权限	创建登录/修改登录/创建用户/修改用户/删除用户/删除登录/设置时区/设置审计/查看审计结果/关闭审计/创建审计规则/删除审计规则
FDP_ACC.1_4	审计操作员权限	连接数据库/修改自身登录
FDP_ACC.1_5	系统安全员权限	创建登录/修改登录/创建用户/修改用户/删除用户/删除登录/设置时区/创建强制访问控制策略/修改强制访问控制策略/删除强制访问控制策略/修改用户策略/修改数据表策略
FDP_ACC.1_6	安全操作员权限	连接数据库/修改自身登录
FDP_ACC.1_7	数据库管理员权限	创建用户/修改用户/删除用户/创建角色/删除角色/创建模式/设置模式/创建数据表/创建索引/删除索引/创建上下文索引/修改上下文索引/删除上下文索引/修改数据表/删除数据表/闪回数据表/清空数据表/创建视图/查看视图/更新视图/删除视图/创建存储过程/删除存储过程/创建序列/删除序列/创建触发器/删除触发器/创建连接/使用连接/删除连接/备份数据库

续表

测试用例编号	测试分类	待测功能等价类
FDP_ACC.1_8	RESOURCE 角色权限	创建角色/删除角色/创建模式/设置模式/创建数据表/创建视图/查看视图/更新视图/删除视图/创建索引/删除索引/创建上下文索引/修改上下文索引/删除上下文索引/创建存储过程/删除存储过程/创建序列/删除序列/创建触发器/删除触发器/修改数据表/删除数据表/闪回数据表/清空数据表/创建连接/使用连接/删除连接
FDP_ACC.1_9	DB_AUDIT_ADMIN 角色权限	创建用户/修改用户/删除用户/设置审计条件/取消审计条件/查看审计记录/创建审计规则/删除审计规则
FDP_ACC.1_10	DB_AUDIT_OPER 角色权限	创建用户/修改用户/删除用户/设置审计条件/取消审计条件/查看审计记录/创建审计规则/删除审计规则
FDP_ACC.1_11	DB_POLICY_ADMIN 角色权限	创建用户/修改用户/删除用户/创建策略/修改策略/删除策略/修改用户策略/修改数据表策略
FDP_ACC.1_12	DB_POLICY_OPER 角色权限	创建用户/修改用户/删除用户/创建策略/修改策略/删除策略/修改用户策略/修改数据表策略
FDP_ACC.1_13	创建角色的用户权限	创建角色/删除角色/授予角色的权限/回收角色的权限/禁用角色
FDP_ACF.1_1	数据表属主权限	创建数据表/查看数据表/授予数据表查看权限/回收数据表查看权限/插入数据表/授予数据表插入权限/回收数据表插入权限/删除数据表/删除数据行/授予数据行删除权限/回收数据行删除权限
FDP_ACF.1_2	视图属主权限	创建视图/查看视图/授予视图查看权限/回收视图查看权限/更新视图/授予视图更新权限/回收视图更新权限/删除视图数据行/授予视图删除数据行权限/回收视图删除数据行权限/删除视图
FDP_ACF.1_3	存储过程属主权限	创建存储过程/执行存储过程/授予存储过程执行权限/回收存储过程执行权限/删除存储过程
FDP_ACF.1_4	序列属主权限	创建序列/修改序列/授予序列修改权限/回收序列修改权限/查看序列/授予序列查看权限/回收序列查看权限/授予序列删除权限/回收序列删除权限/删除序列
FDP_ACF.1_5	触发器属主权限	创建触发器/删除触发器
FDP_ACF.1_6	索引属主权限	创建索引/删除索引
FDP_ACF.1_7	上下文索引属主权限	创建上下文索引/修改上下文索引/授予上下文索引修改权限/回收上下文索引修改权限/删除上下文索引
FDP_ACF.1_8	数据表属主的列级自主访问权限	查看数据表某列/插入数据表某列/更新数据表某列/在数据表某列建立外键
FDP_ACF.1_9	视图属主的列级自主访问权限	查看视图某列/插入视图某列/更新视图某列
FDP_ACF.1_10	角色属主的权限	创建角色/授予角色/回收角色/删除角色
FDP_ACF.1_11	显式授权的权限测试	查询数据表/插入数据表/删除数据行/删除数据表/执行存储过程/删除存储过程/执行函数/删除函数

访问控制的每个测试用例路径中的每个控制节点，都对应于某个安全规则，但一个规则也可能在多个测试用例都需要执行。因此，一个安全规则可能由一组测试用例组成（规则测试场景）。这样评估者可以通过选择安全策略和安全规则的测试场景，实现对 TSF 安全功能行为的各种组合配置，同时根据组件之间的关联关系，完成测试场景相关测试用例的选择。图 8.9 示例了基于测试场景（如图 8.8 所示）生成的部分测试用例集合。在安全评估过程中，评估者还可以根据测试实际情况和需求，对测试用例进行进一步裁剪。

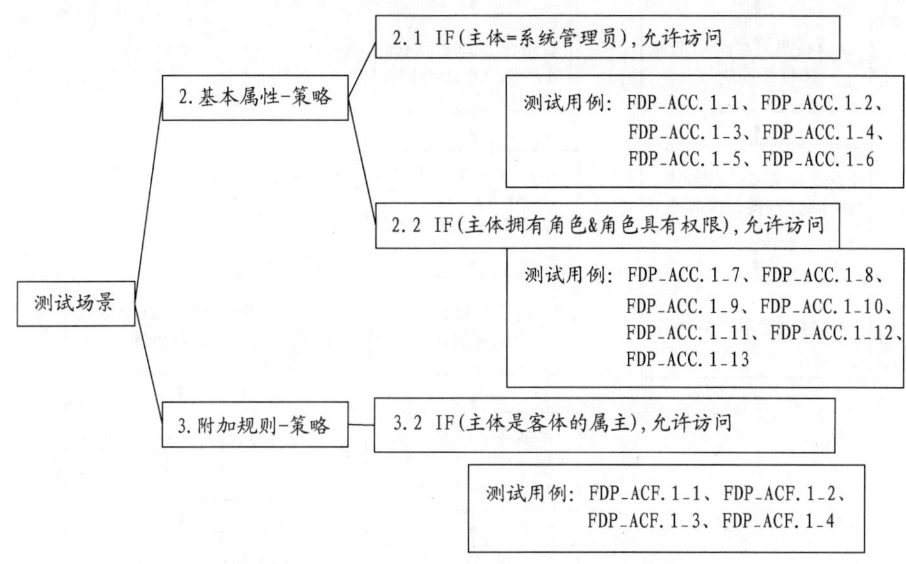

图 8.9　基于测试场景的测试用例设计示例

下面以某国产数据库对表 8.6 的 FDP_ACF.1_11 测试场景为例，具体介绍测试用例结构组织方式和基于测试场景事件流的测试流程（如图 8.10 所示）。图 8.10 为 FDP_ACF.1.1 组件元素的第 11 个测试用例-查询权限内容有关的测试流程图。

（1）以管理员身份登录数据库，创建测试所需的相关数据库表结构：数据表 mytable 和用户 tester，并保证 tester 用户事先不具有对 mytable 的查询权限。

（2）以 tester 用户登录数据库，请求对数据表 mytable 的查询操作。

（3）通过分析查询结果，判断用户 tester 对 mytable 的查询操作是否被允许，记录该分支测试的结果并清理测试数据。

（4）同样，另一个测试分支也需要经过上述流程。首先以管理员身份登录数据库，显式授予 tester 用户在 mytable 上的查询权限。

（5）以 tester 用户登录数据库，请求对数据表 mytable 的查询操作。

（6）通过分析查询结果，判断用户 tester 对 mytable 的查询操作是否被允许，记录该分支测试的结果并清理测试数据。

2. 基于模型的测试用例生成

手工设计测试用例往往带有一定的盲目性，致使 TSF 测试工作效率低、测试成本高等问题，TOE 安全功能实现的正确性也很难得到保证。为此，研究人员一直在开发一些测试用例自动生成辅助工具，以提高 TOE 测试工作效率，降低测试成本，保证 TOE 测试质量。

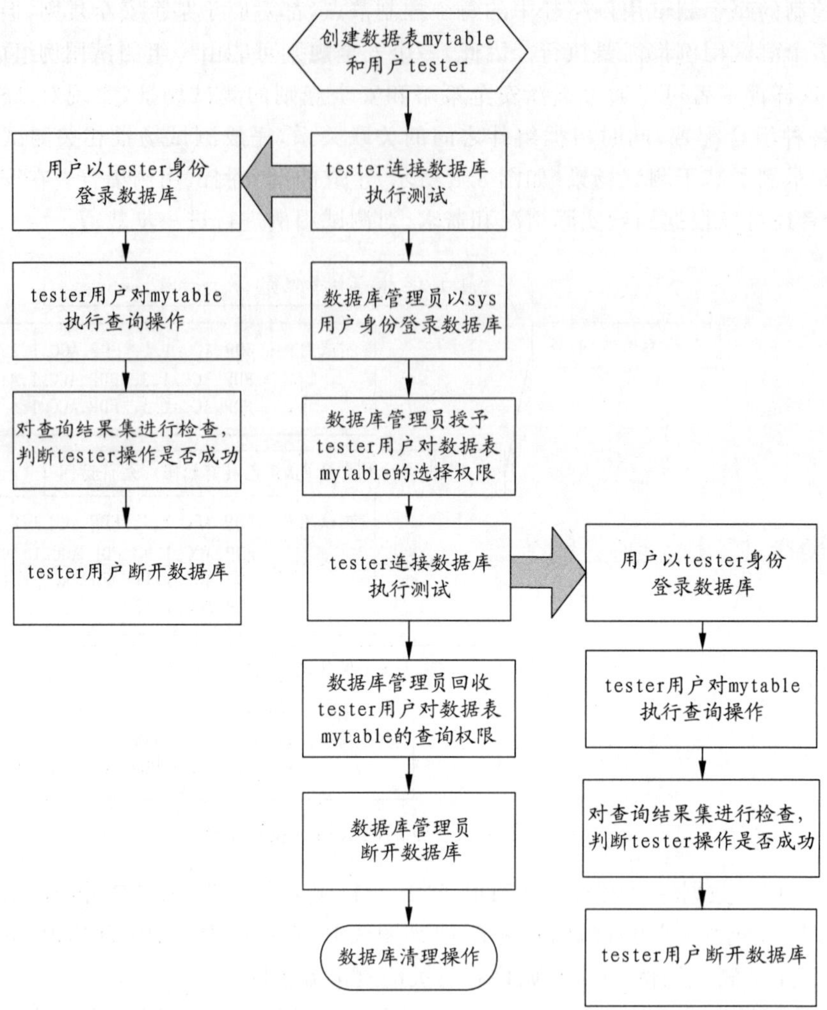

图 8.10 测试场景 FDP_ACF.1_11(测试用例流程图)

这些自动化测试用例生成工具都是基于 TOE 安全功能的形式化规范说明，采用某种方法自动地生成测试用例，得到的测试用例基本覆盖了 TOE 安全功能行为的所需测试范围。

典型的测试用例自动生成技术有符号执行、定理证明、模型检测等。

(1) **符号执行**：用代表输入值类别的符号作为输入，其目标是找出 TOE 的可能执行路径，分析 TSF 控制结构和其中可能的错误。测试用例则作为符号执行过程的副产品而产生：通过找到描述控制路径的控制条件，就可以抽取出用作测试用例的值。不难看出，符号执行主要用于 TOE 的白盒测试(源代码测试)。

(2) **定理证明**：从 TOE 的安全功能形式化规约生成测试用例。定理证明技术通常采用自动或半自动的方法，构建生成测试用例的证据(即能转换成测试用例的有效元素)，证据构建方法主要分 3 类：使用定理证明器从规约中生成测试用例、将代数规约翻译为逻辑程序，再使用定理证明机制生成测试用例和构建可提取测试用例的形式化证据。用定理证明技术生成测试用例，即将形式化规约恰当地划分为等价类，从而生成测试用例。定理证明技术在工业界较少使用，因为其耗时且需要专业知识。

（3）**模型检测**：一种验证有限状态系统的方法。模型检测器是检查给定结构（称为模型）是否满足特定逻辑约束（称为属性）的工具。一般地，模型用类似有限状态机的结构表示，属性用时序逻辑表示。模型检测的前提是有一个模型，如果没有模型，可使用模型学习技术建立被测 IT 产品的模型。模型检查与基于模型的测试生成（通常也称基于模型的测试）联系密切：基于模型的测试是在模型检查或可适应性模型检查的基础上进行的测试，即基于模型的测试是在已有的模型或通过模型学习得到的模型的基础上，从模型中导出测试用例。目前已有多种方法结合模型检测技术来进行基于模型的测试，这些方法一般使用状态模型建模，且主要理念是：测试用例规约可用时序逻辑（如一个行为必须在另一个行为之前发生）表示，这样测试用例生成就转化为寻找规约的刺激-响应对的问题。

下面我们围绕数据库安全审计用例设计介绍一种基于模型生成测试用例的方法，同时结合符号执行技术的路径搜索原理找出所有可能的数据库安全审计功能行为，并使用定理证明技术的等价划分思路生成数据库审计的测试用例。

数据库安全审计是通过审计策略的配置，规定在何种条件下会产生审计事件及事件发生后数据库管理系统应该产生审计记录数据。因此，数据库安全审计具有事件驱动的特点，标签转换系统（LTS）模型中的标签能够描述这些审计事件特性。基于这个概念，评估者可以以 DBMS ST 为输入，建立安全审计要求的标签转换系统（LTS）模型，由模型启发式路径搜索算法输出所有状态组合路径，从而生成数据库审计功能的测试场景，最后由测试场景和 TOE 的安全约束导出相应的测试用例。该方法包括 3 步（如图 8.11 所示）。

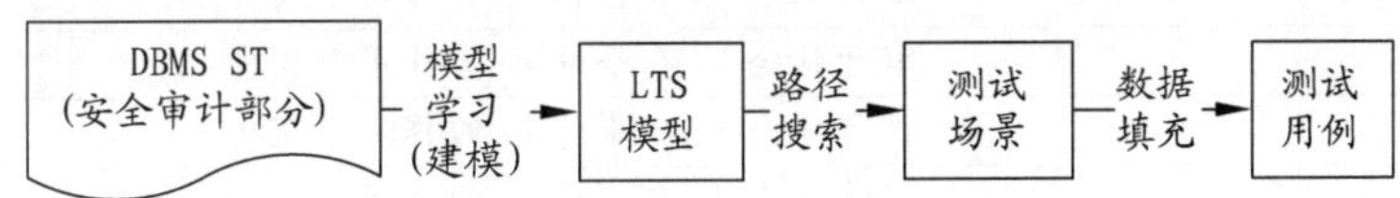

图 8.11　DBMS 安全审计功能测试用例生成流程

（1）根据数据库安全审计功能需求规格（如图 8.4 所示）建立安全审计功能组件行为的形式化标签转换系统（LTS）模型。

（2）采用启发式路径搜索算法输出安全审计功能 LTS 模型中的状态组合路径，赋予有意义的审计事件产生序列，并添加期望审计事件记录数据（结果）后得到测试场景。

（3）给数据库安全审计功能测试场景的相关要素赋值，如事件的操作、用户和对象 3 个元素，产生具体可执行的测试用例。

步骤 1. 安全审计功能建模

基于 DBMS ST 安全审计功能的 LTS 建模细分为 3 个子步骤。

（1）**安全审计功能要求分析和 LTS 元素抽象**：通过分析 DBMS ST 安全审计组件元素描述，确定安全审计组件相关的审计外部事件、审计策略配置状态、外部事件在状态上的操作关系以及安全审计初始状态等功能规范要求，并用 LTS 模型的状态集、标签集、转换关系及初态元素进行描述。表 8.7 和表 8.8 分别列出了 DBMS 安全审计组件功能要求外部事件和组件相关状态，其中表 8.8 中的 s_0 对应 DBMS 安全审计初始状态。表 8.9 给出了审计组件要求的审计事件与审计状态的操作关系。

表 8.7 DBMS 安全审计功能要求外部事件

ID	事件描述	ID	事件描述
t_1	设置不设条件的审计	t_6	有权限选择查阅审计记录(搜索或排序)
t_2	设置设条件的审计	t_7	侵害事件发生
t_3	审计事件发生	t_8	无权限删除或修改审计记录
t_4	无权限查阅审计记录	t_9	导致审计存储满溢的审计事件(集)发生
t_5	有权限查阅审计记录	t_{10}	特权命令删除存储中的审计记录

表 8.8 DBMS 安全审计组件相关状态(审计元数据)

$s_i(p,r)$	审计配置 p	审计记录 r
s_0	无	无
s_1	设置了审计策略	无
s_2	设置了审计策略	已记录有指定内容且关联用户
s_3	设置了审计策略	审计记录已被授权查阅
s_4	设置了审计策略	审计记录已被授权选择查阅
s_5	设置了审计策略	审计记录已满
s_6	设置了审计策略	检测到已侵害行为记录并告警

表 8.9 DBMS 安全审计组件事件与状态的作用关系

作用关系	作用关系描述
(s_0,t_1,s_1)	审计状态 s_0 在事件 t_1 的作用下变为 s_1
(s_0,t_7,s_6)	审计状态 s_0 在事件 t_7 的作用下变为 s_6
(s_0,t_2,s_1)	审计状态 s_0 在事件 t_2 的作用下变为 s_1
(s_1,t_3,s_2)	审计状态 s_1 在事件 t_3 的作用下变为 s_2
(s_2,t_4,s_2)	审计状态为 s_2 时事件 t_4 不改变当前状态
(s_2,t_8,s_2)	审计状态为 s_2 时事件 t_8 不改变当前状态
(s_2,t_5,s_3)	审计状态 s_2 在事件 t_5 的作用下变为 s_3
(s_2,t_9,s_5)	审计状态 s_2 在事件 t_9 的作用下变为 s_1
(s_3,t_6,s_4)	审计状态 s_3 在事件 t_6 的作用下变为 s_4
(s_5,t_{10},s_2)	审计状态 s_5 在事件 t_{10} 的作用下变为 s_2
(s_5,t_3,s_5)	审计状态为 s_5 时事件 t_3 不改变当前状态

图 8.4 的安全审计功能组件安全要求抽象为 LTS 模型中元的方法如下。

① **外部事件抽象**：引起安全审计事件功能运行的安全审计事件体现为 LTS 的标签。因此，被测数据库审计事件可直观地转换为 LTS 系统 L 集合中的元素。

② **DBMS 审计状态抽象**：DBMS 安全审计功能的组件状态有两个基本属性：审计策略设置安全元数据状态 p 和审计记录状态数据 r，即 (p,r) 定义了 LTS 系统的审计组件状态，它们对应 LTS 系统 S 集合中的元素。

③ **事件语义抽象**：数据库外部事件作用于被测 DBMS 特定数据库对象，这些对象的事务处理引起数据库审计状态的变化，因此事件语义(各种操作)及其作用(用户和数据库对象)关系即为 LTS 系统的转换关系，即 LTS 系统 T 集合中的元素。

④ **系统初始状态的抽象**：被测数据库审计策略设置安全元数据状态和审计记录状态

数据的初始状态组合抽象为 LTS 的初始状态 s_0。

(2) **安全审计功能组件行为建模**对组件元素描述内部功能及组件运行过程中的交互进行行为建模。根据 DBMS ST 安全审计组件依赖关系定义(图 8.4),将安全审计功能要求的 10 个组件按照组件间依赖关系分成 5 组。每组是一个依赖序列,它是从无依赖组件到无被依赖组件之间的组件构成的序列,以表达组件行为发生的先后顺序。

每个依赖序列描述了组件内部状态和状态转换,以及通过事件作用于 DBMS 安全审计子系统而产生的组件间交互关系,基于表 8.7、表 8.8 和表 8.9 的 LTS 元素描述,对一个依赖序列构造组件行为关系的步骤是:

① 根据 DBMS ST 描述,确定该序列包含的一个事件;

② 找出事件发生的条件状态,即事件发生时审计功能组件必须满足的状态;

③ 找出事件发生的结果状态,即事件发生后审计功能组件所在的状态;

④ 画状态图表示组件交互行为:用箭头代表事件,箭头出端连接的圆圈代表条件状态,箭头入端连接的圆圈代表结果状态,以此描述组件事件、状态和转换关系。

重复步骤①~④,直到描述完该序列的所有事件和状态。

用上述步骤对每个依赖序列采用 LTS 概念进行描述得到图 8.12a、8.12b、8.12c、8.12d、8.12e 这 5 个依赖序列的 LTS 模型。这些依赖序列从组件层次表达了 DBMS 安全审计功能的 LTS 模型交互行为。

(3) **安全审计子系统行为建模**:安全审计功能实现的安全性依赖于所有组件行为,需要将各组件行为的依赖序列合并,以得到系统级审计功能 LTS 行为模型,从而生成完整的测试用例集。合并的依据是判断组件交互行为子图的两个状态是否相同,由于这些状态描述了审计状态的基本属性(审计设置 p,审计数据记录 r),因此合并依赖审计设置和审计记录对应的二元组状态是否相同而进行。

图 8.13 给出了图 8.12 组件行为合并后的 LTS 模型,s_0 是初态,s_4 和 s_6 是终态。

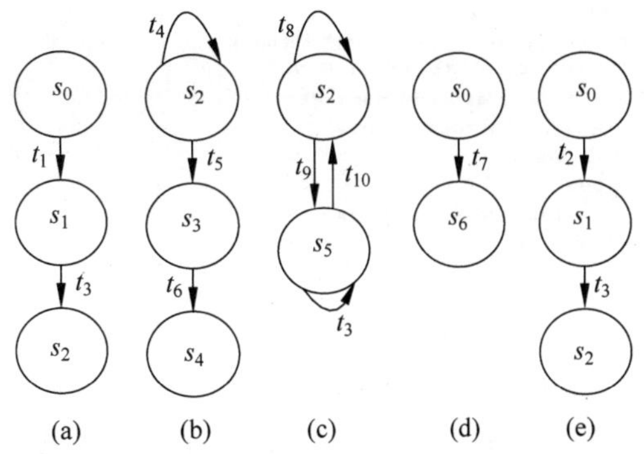

图 8.12　安全审计功能组件交互行为模型

图 8.13 安全审计功能系统的 LTS 模型的四元组 $<S, L, T, s_0>$ 元素为:

$S = \{s_0, s_1, s_2, s_3, s_4, s_5, s_6\}$

$L = \{t_1, t_2, t_3, t_4, t_5, t_6, t_7, t_8, t_9, t_{10}\}$

$T = \{(s_0, t_1, s_1), (s_0, t_7, s_6), (s_0, t_2, s_1), (s_1, t_3, s_2), (s_2, t_4, s_2),$
$(s_2, t_8, s_2), (s_2, t_5, s_3), (s_2, t_9, s_5), (s_3, t_6, s_4), (s_5, t_{10}, s_2), (s_5, t_3, s_5)\}$

$s_0 = s_0$

步骤 2. 测试场景生成

安全审计功能系统 LTS 行为模型(参见图 8.13)从全局描述了 DBMS 安全审计功能行为，测试场景就是找出其基本路径，将相关的测试需求归类为一个事件序列，因此测试场景对应着 LTS 的一条从初态 s_0 到终态的路径，在 LTS 行为模型中，初态 s_0 对应初始结点 s_0，终态对应叶结点 s_4 和 s_6。一个路径是指从初态到终态的状态序列，基于路径来组织和描述测试场景有利于测试用例的可理解性、清晰性和可维护性。

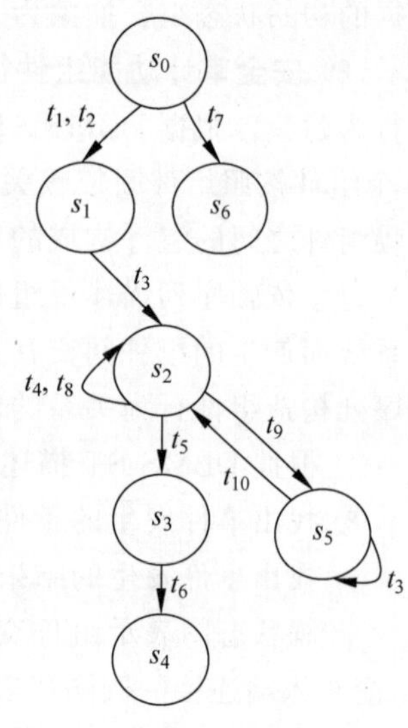

图 8.13　安全审计功能系统的行为模型(LTS)

LTS 的路径分解算法有很多种，这里介绍一种在深度优先搜索(DFS)基础上改进的启发式路径搜索算法，以找出 DBMS 安全审计事件发生的先后顺序，即所有事件序列。但考虑到 LTS 图可能有环，且审计子系统功能测试要求到达结束状态，因此在 DFS 上增加两个约束构成启发式路径搜索算法。

(1) 一条路径上一个环(如果有)只经历一次。

(2) 每条路径到达终点时结束。

如图 8.14 所示，算法首先深度优先遍历所有的出边路径；然后对未到达终态叶结点即环上的点，采用路径组合的方式进行扩展。

```
▷ 启发式路径搜索算法(Algorithm for heuristic path search)
输入：G= 状态图 LTS
输出：路径树 T

对 G 的出边作深度优先遍历，产生生成树 T;
扫描所有叶结点，若非终态点，则记录从根节点到叶结点间的路径，
所有这样的路径的集合为 P;
For each p∈ P
   leafNode ← GetLeafNode(p)
   For each outNode ∈ OutNode(leafNode)
      If ( <leafNode, outNode> not ∈ p)
         p ← p + <leafNode, outNode>
         If ( IsFinal(outNode) is true)
            break
         Else
            leafNode ← outNode;
UpdatePaths (T, P)
```

图 8.14　启发式路径搜索算法

图 8.15 给出了在图 8.13 的 LTS 上运行路径搜索算法产生的输出，即路径树，经过该启发式算法产生的路径树中的每条路径对应一个或多个事件序列。

以其中一条路径(虚框内)为例，该路径对应 4 个事件序列(因为一条出边对应的状态迁移可由两个事件实现)，记为 Tq_1、Tq_2、Tq_3 和 Tq_4，则它们是：

$$Tq_1 = \{t_1, t_3, t_4, t_5, t_6\}, \quad Tq_2 = \{t_1, t_3, t_8, t_5, t_6\}$$

$$Tq_3 = \{t_2, t_3, t_4, t_5, t_6\}, \quad Tq_4 = \{t_2, t_3, t_8, t_5, t_6\}$$

一个事件序列实现了测试需求的分类，加上该序列上的 DBMS 审计组件状态即构成一个测试场景。如上面的事件序列 Tq_1 对应的测试场景，记 Ts_1，为：

$$Ts_1 = s_0, \{<t_1, s_1>, <t_3, s_2>, <t_4, s_2>, <t_5, s_3>, <t_6, s_4>\}$$

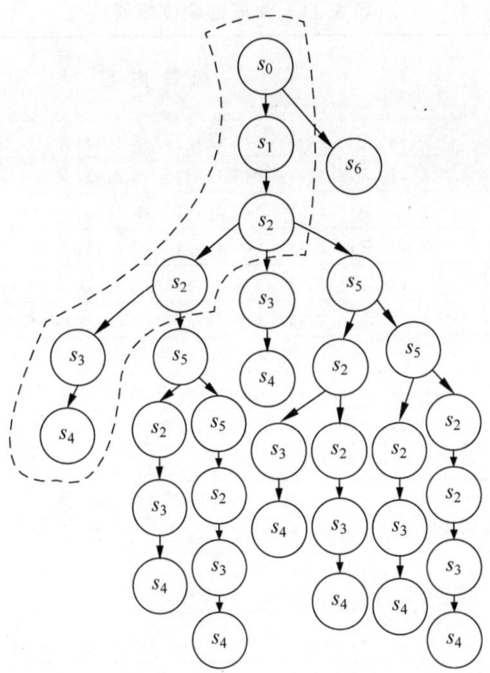

图 8.15　从 LTS 模型生成的路径树

测试场景是事件序列及期望结果构成的路径。这些测试场景是从 LTS 模型中导出的行为符合性测试纲要，围绕这个纲要就可产生可操作的测试用例集。

综上所述，测试场景是根据安全审计状态变迁的组合路径对测试用例的分类，是一系列事件-状态对。使用启发式路径搜索算法可输出安全审计系统 LTS 行为模型的路径树，从路径树中可找出所有状态变迁路径，对这些路径上的状态赋予事件意义则构成了测试场景。

路径树(参见图 8.15)中共有 9 条路径，结合事件与状态的作用关系(参见表 8.9)给这些路径赋予事件，可生成 27 个事件序列，加上状态成为 27 个测试场景，表 8.10 列出了 9 条路径，由这些路径结合事件的组合导出的 27 个测试场景在表 8.11 中给出。

表 8.10　路径树的所有路径

路径＃	路径内容(状态序列)
1	$s_0, s_1, s_2, s_2, s_3, s_4$
2	$s_0, s_1, s_2, s_2, s_5, s_2, s_3, s_4$
3	$s_0, s_1, s_2, s_2, s_5, s_5, s_2, s_3, s_4$
4	s_0, s_1, s_2, s_3, s_4
5	$s_0, s_1, s_2, s_5, s_2, s_3, s_4$
6	$s_0, s_1, s_2, s_5, s_2, s_2, s_3, s_4$
7	$s_0, s_1, s_2, s_5, s_5, s_2, s_3, s_4$
8	$s_0, s_1, s_2, s_5, s_5, s_2, s_2, s_3, s_4$
9	s_0, s_6

表 8.11 生成的测试场景

场景#	导出场景的路径#	场景内容
1	1	$s_0,\{<t_1,s_1>,<t_3,s_2>,<t_4,s_2>,<t_5,s_3>,<t_6,s_4>\}$
2	1	$s_0,\{<t_1,s_1>,<t_3,s_2>,<t_8,s_2>,<t_5,s_3>,<t_6,s_4>\}$
3	1	$s_0,\{<t_2,s_1>,<t_3,s_2>,<t_4,s_2>,<t_5,s_3>,<t_6,s_4>\}$
4	1	$s_0,\{<t_2,s_1>,<t_3,s_2>,<t_8,s_2>,<t_5,s_3>,<t_6,s_4>\}$
5	2	$s_0,\{<t_1,s_1>,<t_3,s_2>,<t_4,s_2>,<t_9,s_5>,<t_{10},s_2>,<t_5,s_3>,<t_6,s_4>\}$
6	2	$s_0,\{<t_1,s_1>,<t_3,s_2>,<t_8,s_2>,<t_9,s_5>,<t_{10},s_2>,<t_5,s_3>,<t_6,s_4>\}$
7	2	$s_0,\{<t_2,s_1>,<t_3,s_2>,<t_4,s_2>,<t_9,s_5>,<t_{10},s_2>,<t_5,s_3>,<t_6,s_4>\}$
8	2	$s_0,\{<t_2,s_1>,<t_3,s_2>,<t_8,s_2>,<t_9,s_5>,<t_{10},s_2>,<t_5,s_3>,<t_6,s_4>\}$
9	3	$s_0,\{<t_1,s_1>,<t_3,s_2>,<t_4,s_2>,<t_9,s_5>,<t_3,s_5>,<t_{10},s_2>,<t_5,s_3>,<t_6,s_4>\}$
10	3	$s_0,\{<t_1,s_1>,<t_3,s_2>,<t_8,s_2>,<t_9,s_5>,<t_3,s_5>,<t_{10},s_2>,<t_5,s_3>,<t_6,s_4>\}$
11	3	$s_0,\{<t_2,s_1>,<t_3,s_2>,<t_4,s_2>,<t_9,s_5>,<t_3,s_5>,<t_{10},s_2>,<t_5,s_3>,<t_6,s_4>\}$
12	3	$s_0,\{<t_2,s_1>,<t_3,s_2>,<t_8,s_2>,<t_9,s_5>,<t_3,s_5>,<t_{10},s_2>,<t_5,s_3>,<t_6,s_4>\}$
13	4	$s_0,\{<t_1,s_1>,<t_3,s_2>,<t_5,s_3>,<t_6,s_4>\}$
14	4	$s_0,\{<t_2,s_1>,<t_3,s_2>,<t_5,s_3>,<t_6,s_4>\}$
15	5	$s_0,\{<t_1,s_1>,<t_3,s_2>,<t_9,s_5>,<t_{10},s_2>,<t_5,s_3>,<t_6,s_4>\}$
16	5	$s_0,\{<t_2,s_1>,<t_3,s_2>,<t_9,s_5>,<t_{10},s_2>,<t_5,s_3>,<t_6,s_4>\}$
17	6	$s_0,\{<t_1,s_1>,<t_3,s_2>,<t_9,s_5>,<t_{10},s_2>,<t_4,s_2>,<t_5,s_3>,<t_6,s_4>\}$
18	6	$s_0,\{<t_1,s_1>,<t_3,s_2>,<t_9,s_5>,<t_{10},s_2>,<t_8,s_2>,<t_5,s_3>,<t_6,s_4>\}$
19	6	$s_0,\{<t_2,s_1>,<t_3,s_2>,<t_9,s_5>,<t_{10},s_2>,<t_4,s_2>,<t_5,s_3>,<t_6,s_4>\}$
20	6	$s_0,\{<t_2,s_1>,<t_3,s_2>,<t_9,s_5>,<t_{10},s_2>,<t_8,s_2>,<t_5,s_3>,<t_6,s_4>\}$
21	7	$s_0,\{<t_1,s_1>,<t_3,s_2>,<t_9,s_5>,<t_3,s_5>,<t_4,s_2>,<t_5,s_3>,<t_6,s_4>\}$
22	7	$s_0,\{<t_2,s_1>,<t_3,s_2>,<t_9,s_5>,<t_3,s_5>,<t_4,s_2>,<t_5,s_3>,<t_6,s_4>\}$
23	8	$s_0,\{<t_1,s_1>,<t_3,s_2>,<t_9,s_5>,<t_3,s_5>,<t_{10},s_2>,<t_4,s_2>,<t_5,s_3>,<t_6,s_4>\}$
24	8	$s_0,\{<t_1,s_1>,<t_3,s_2>,<t_9,s_5>,<t_3,s_5>,<t_{10},s_2>,<t_8,s_2>,<t_5,s_3>,<t_6,s_4>\}$
25	8	$s_0,\{<t_2,s_1>,<t_3,s_2>,<t_9,s_5>,<t_3,s_5>,<t_{10},s_2>,<t_4,s_2>,<t_5,s_3>,<t_6,s_4>\}$
26	8	$s_0,\{<t_2,s_1>,<t_3,s_2>,<t_9,s_5>,<t_3,s_5>,<t_{10},s_2>,<t_8,s_2>,<t_5,s_3>,<t_6,s_4>\}$
27	9	$s_0,\{<t_7,s_6>\}$

步骤 3. 测试用例生成

测试场景描述了 TOE 安全组件及组件交互过程中存在的所有事件-状态对序列，其事件与被测 IT 产品(测试数据库)上下文结合后，方可转化为可操作的测试用例，即应该确定清晰的针对被测数据库的输入数据以及其预期输出结果，才能在 DBMS 上执行。

对于安全审计功能，输入数据即事件，输出结果即状态。因此，为测试场景的事件-状态对序列中每对事件和状态赋予适当的值，也就产生了该场景对应的测试用例，以此类推可生成全部场景对应的测试用例，也就是最终的测试用例集。

事件(参见表 8.7)可分解为两个要素：事件语义(即事件操作)和事件属性(即事件的主体和客体)，因此事件赋值也就是确定这两个要素的值。事件按语义又可分为两类：操作性事件和概念性事件。故对于这两类事件，确定语义和属性两个要素的方法分别是：对于操作性事件，可直观地从规范得到测试数据，从 DBMS 安全元素描述得出操作及其主客体；对于概念性事件，则要由规范明确事件的含义，将其分解为若干个操作性事件，再根据规范的描述分析每个操作性事件，确定其操作和主客体。其中，在对概念性事件进行分解时，采用等价分类法选择有代表性的值，分类的方法有预设值划分、函数值划分、集合划分以及数据划分等多种。表 8.12 总结了为事件赋值的方法。

表 8.12　事件赋值方法

事件类型\要素	操　作	主体和客体
操作性事件	规范中读取	规范中读取
概念性事件	用等价类划分法分解为操作性事件，再从规范中读取	根据分解后的操作性事件，从规范中读取

事件的两个要素确定后，即是确定了事件的操作、主体和客体 3 个元素，每个元素的取值有一个或多个，因此这 3 个元素取值的组合即三元组的值也有一个或多个，这些三元组取值构成了该事件的值空间，而测试场景中所有事件值域的组合构成了场景的事件值空间，每一组场景的事件三元素值对应了一个测试用例。

在事件-状态对里，状态的值由事件的作用效果随之确定。例如，打开安全审计开关，查看审计元数据的值应该是“打开”，对应安全审计系统的状态应该是审计开关打开的状态；一个被审计的删除操作发生，则数据库系统应产生该操作的审计记录，查看数据字典的审计记录表，应有相应的记录元组，即安全审计系统的状态应该是“记录存在”；数据库重启，则数据库系统应产生重启日志，对应安全审计系统的状态应该是“重启日志存在”。

也就是说，从测试场景生成测试用例分 3 个步骤进行。

(1) **事件赋值**：确定被测 DBMS 测试场景中每个事件的 3 个元素(操作，主体，客体)的值。

(2) **状态赋值**：确定每个事件发生后的状态的值，这由该事件的作用效果而定。

(3) **测试用例数据填充**：将前两步确定的测试场景的各个事件和状态值填充到该场景的每个事件-状态对中，一个事件的多个值与其他事件的值相组合，产生测试用例集。

使用上述方法和步骤对 3.3 节生成的 27 个测试场景(参见表 8.11)进行测试用例生成，由于赋值即实例化必须要落实到具体的 DBMS，为了便于清晰地展示由测试场景生成测试用例的效果，下面以 Oracle DBMS 为例进行说明。

在已分析的事件(参见表 8.7)中，只有 t_3(审计事件产生)是概念性事件，因此根据 Oracle 11g 的 ST 对 t_3 选取有代表性的操作性实例，共 8 个：审计事件有数据表上的 DML 操作、访问控制策略的创建和使用、审计配置修改、读取审计信息、用户登录、密钥创建修改和删除、修改 DBMS 安全属性、拒绝新的会话；其余的事件为操作性事件，每个事件只对应一个操作。这样生成测试用例共 209 个，简要列出测试用例集的部分(限于篇幅，仅列出部分)如表 8.13 和表 8.14 所示。

表 8.13　生成的测试用例集——由场景 1 产生的部分(8 个)

测试用例#	测试用例描述
1-1	干净系统(设置和记录清空)，{<设置审计 DML，已设置>，< u1 插入删除表 t1，记录产生>，< U1 查询审计记录结果失败，审计记录不变>，< SYSDBA 查询记录成功，记录不变>，< DBA 查询并排序记录成功，记录不变>}

续表

测试用例#	测试用例描述
1-2	干净系统（设置和记录清空），{<设置审计策略设置，已设置>，<SYSDBA 创建访问控制策略，记录产生>，<U1 查询审计记录结果失败，审计记录不变>，<SYSDBA 查询记录成功，记录不变>，<DBA 查询并排序记录成功，记录不变>}
1-3	干净系统（设置和记录清空），{<设置对审计配置的审计，已设置>，<SYSDBA 修改审计配置，记录产生>，<U1 查询审计记录结果失败，审计记录不变>，<SYSDBA 查询记录成功，记录不变>，<DBA 查询并排序记录成功，记录不变>}
1-4	干净系统（设置和记录清空），{<设置对读审计记录的审计，已设置>，<U2 读取审计表结果，记录产生>，<U1 查询审计记录结果失败，审计记录不变>，<SYSDBA 查询记录成功，记录不变>，<DBA 查询并排序记录成功，记录不变>}
1-5	干净系统（设置和记录清空），{<设置对用户 u2 登录的审计，已设置>，<U2 登录成功，记录产生>，<U1 查询审计记录结果失败，审计记录不变>，<SYSDBA 查询记录成功，记录不变>，<DBA 查询并排序记录成功，记录不变>}
1-6	干净系统（设置和记录清空），{<设置对用户 u2 改密码的审计，已设置>，<U2 修改密码成功，记录产生>，<U1 查询审计记录结果失败，审计记录不变>，<SYSDBA 查询记录成功，记录不变>，<DBA 查询并排序记录成功，记录不变>}
1-7	干净系统（设置和记录清空），{<设置对安全审计开关修改的审计，已设置>，<SYSDBA 改变开关状态成功，记录产生>，<U1 查询审计记录结果失败，审计记录不变>，<SYSDBA 查询记录成功，记录不变>，<DBA 查询并排序记录成功，记录不变>}
1-8	干净系统（设置和记录清空），{<修改连接数并设置对用户 u2 登录失败的审计，已设置>，<U2 连接失败，记录产生>，<U1 查询审计记录结果失败，审计记录不变>，<SYSDBA 查询记录成功，记录不变>，<DBA 查询并排序记录成功，记录不变>}

表 8.14 生成的测试用例集——由场景 21 产生的部分(8 个)

测试用例#	测试用例描述
21-1	干净系统（设置和记录清空），{<SYSDBA 设置审计 DML，已设置>，<u1 插入删除表 t1，记录产生>，<u1 不断重复插入删除表 t1，记录满>，<u1 插入删除表 t1，记录不增加也不变>，<SYSDBA 清空记录，查询记录为空>，<SYSDBA 查询记录成功，记录不变>，<DBA 查询看并排序记录成功，记录不变>}
21-2	干净系统（设置和记录清空），{<SYSDBA 设置审计策略设置，已设置>，<SYSDBA 创建访问控制策略，记录产生>，<SYSDBA 不断重复创建访问控制策略，记录满>，<SYSDBA 创建访问控制策略，记录不增加也不变>，<SYSDBA 清空记录，查询记录为空>，<SYSDBA 查询记录成功，记录不变>，<DBA 查询并排序记录成功，记录不变>}
21-3	干净系统（设置和记录清空），{<SYSDBA 设置对审计配置的审计，已设置>，<SYSDBA 修改审计配置，记录产生>，<SYSDBA 不断重复修改审计配置，记录满>，<SYSDBA 修改审计配置，记录不增加也不变>，<SYSDBA 清空记录，查询记录为空>，<SYSDBA 查询记录成功，记录不变>，<SYSDBA 查询并排序记录成功，成功记录不变>}
21-4	干净系统（设置和记录清空），{<SYSDBA 设置对读审计记录的审计，已设置>，<U2 读取审计表结果失败，记录产生>，<U2 不断重复读取审计表，记录满>，<U2 读取审计表，记录不增加也不变>，<SYSDBA 清空记录，查询记录为空>，<SYSDBA 查询记录成功，记录不变>，<SYSDBA 查询并排序记录成功，成功记录不变>}

续表

测试用例#	测试用例描述
21-5	干净系统(设置和记录清空),{<SYSDBA 设置对用户 u2 登录的审计,已设置>,<U2 登录成功,记录产生>,<U2 不断登录成功,记录满>,<U2 登录成功,记录不增加也不变>,<SYSDBA 清空记录,查询记录为空>,<SYSDBA 查询记录成功,记录不变>,<SYSDBA 查询并排序记录成功,成功记录不变>}
21-6	干净系统(设置和记录清空),{<SYSDBA 设置对用户 u2 改密码的审计,已设置>,<U2 修改密码成功,记录产生>,<U2 不断修改密码成功,记录满>,<U2 修改密码成功,记录不增加也不变>,<SYSDBA 清空记录,查询记录为空>,<SYSDBA 查询记录成功,记录不变>,<SYSDBA 查询并排序记录成功,成功记录不变>}
21-7	干净系统(设置和记录清空),{<SYSDBA 设置对安全审计开关修改的审计,已设置>,<SYSDBA 改变开关状态成功,记录产生>,<SYSDBA 不断改变开关状态成功,记录满>,<SYSDBA 改变开关状态成功,记录不增加也不变>,<SYSDBA 清空记录,查询记录为空>,<SYSDBA 查询记录成功,记录不变>,<SYSDBA 查询并排序记录成功,成功记录不变>}
21-8	干净系统(设置和记录清空),{<SYSDBA 修改连接数且设置为超限不锁定并设置对用户 u2 登录失败的审计,已设置>,<U2 连接失败,记录产生>,<U2 多次尝试连接失败,记录满>,<SYSDBA 清空记录,查询记录为空>,<SYSDBA 查询记录成功,记录不变>,<SYSDBA 查询并排序记录成功,成功记录不变>}

8.2.3 开发阶段

测试用例设计完成之后,需要在仿真环境下在被测 IT 产品上运行测试用例、生成测试报告,以便对 TOE 的安全功能进行符合性验证分析。为了提高测试效率,在条件允许的情况下我们应该尽量开发一些自动化测试工具。图 8.16 给出了一个基于 IBM STAF/STAX 的数据库安全功能自动化测试框架,数据库安全功能的独立性测试功能如图中虚线框内部分所示。框架按照测试流程组织,包括测试用例编辑器、测试用例管理器和测试用例执行器等模块。自动化测试工具以测试用例设计文档为输入,经过测试用例编辑器、测试用例管理器和测试用例执行器的处理和运行,最终以测试报告作为输出,将测试结果以图表和文字的方式呈现给评估者,以便完成后续的安全功能测试覆盖度分析和 TOE 安全功能测试过程、方法和技术的改进。

从图 8.16 看出,基于 IBM STAF/STAX 的独立性测试工具包括 3 个主要功能模块,它们分别是测试用例编辑器、测试用例管理器和测试用例执行器。

(1) **测试用例编辑器**:是一个根据测试脚本生成需求定制的 XML 编辑工具,协助评估者按照一定的规范将文本类型的测试用例设计文档转化为 XML 类型的测试场景描述文件,以便测试引擎的自动识别和运行。

(2) **测试用例管理器**:主要完成测试用例的入库功能,协助评估者将编辑好的测试场景描述文件按照规范的结构存入数据库中,以便根据不同的测试需求对测试用例进行裁剪,针对性地完成测试场景的测试用例编辑工作。

(3) **测试用例执行器**:是 TOE 安全功能独立性测试工具的核心,它基于 STAF 框架提供的 STAX 服务实现,完成对测试用例的自动执行。测试用例执行器所生成的测试报告将被统一存放在测试结果库中,方便评估者对不同时间、不同场景下的测试结果进行参照和对比。

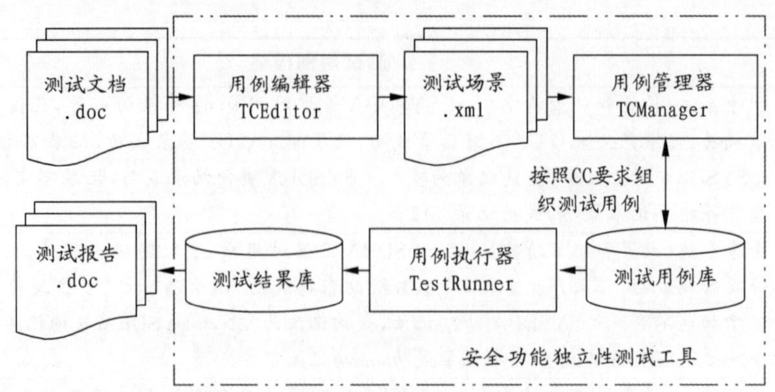

图 8.16 访问控制独立性测试工具框架图

基于 TOE 的自动化测试框架，完成测试用例的生成和自动化测试脚本生成是开发阶段工作的重点。不同的 TOE，测试用例的脚本是不同的。但一般来讲 TSF 测试自动化测试功能架构可分为测试用例描述和测试用例执行两个模块，如图 8.17 所示。

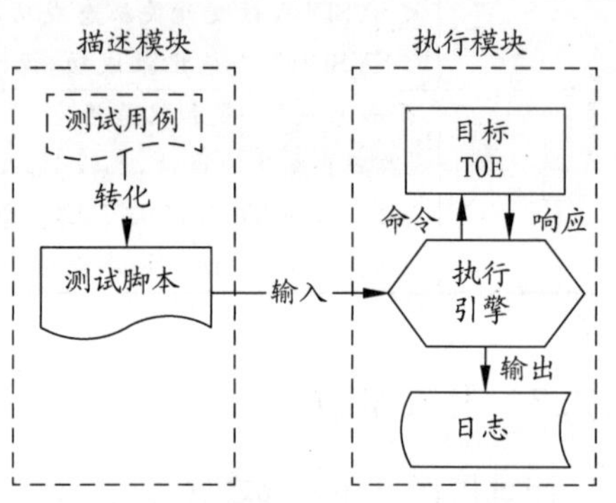

图 8.17 TSF 测试自动化测试功能架构

(1) **描述模块**：测试用例标识及测试脚本描述。测试用例描述了测试目标、测试步骤、测试输入和预期结果；对应的测试脚本一方面要真实地反映出测试用例描述元素，同时要能够被测试执行器接受。生成测试脚本的方法是：以已经开发好的测试用例为输入，按照工具可识别的测试脚本的语法格式，以注释和注明测试目标，用脚本控制语句描述测试步骤和测试输入，并使用预期结果判断测试用例的运行结果(成功或失败)。

(2) **执行模块**：用以执行测试的流程。自动化执行引擎接受输入的测试脚本，驱动测试脚本执行顺序运行，即执行引擎解析测试脚本，将测试脚本解析后的命令序列发送给目标 TOE，并接受目标 TOE 的响应，同时记录该交互过程中的命令/响应序列，生成测试记录日志。依据目标 TOE 的响应或安全元数据的变化与测试期望结果的对比分析，判断测试用例的成功或失败，并对成功或失败的用例数目进行统计分析。

8.2.4 测试阶段

在测试用例脚本化和自动化测试框架支持基础之上，评估人员就可按照测试计划安排和协调测试设备与环境，在被测 IT 产品上执行相关的测试用例，生成评估测试报告。具体工作一般包含如下内容。

(1) 按照 CEM 要求验证每个安全功能要求都有相应的测试场景及其测试用例。

(2) 证明每个安全功能要求都通过一个或多个测试用例的验证结果得到了满足。

(3) 通过对测试数据和 TOE 安全功能实现相关证据分析，对 TSF 风险进行了评估。

(4) 判断给出的 TSF 正确实现可信度测试已足够充分等。

TOE 安全功能测试主要步骤包括以下几步。

(1) **确认测试方法和步骤**：测试工程师检查前面三步所设计的测试用例覆盖度、测试用例脚本可操作性、自动化测试工具操作规范，并验证这些测试用例和规程能否在测试环境下执行，能否反映 TOE 安全要求。

(2) **执行和监督 TOE 安全测试**：评估者必须按照测试计划，按照 CEM 测试规程完成相关内容的测试，管理该规程下 TOE 安全测试可能产生的各种观察报告(测试异常问题处理)。

(3) **整合 TOE 测试数据**：在评估者将 TOE 测试数据整理为有用的形式之前，大多数异常测试结果数据是很难发现的。数据整理的过程是通过抽取测试期间记录的测试数据来推导安全效能和其他参数，并用 CC 为易理解的 ERT 报告来实现。

(4) **分析 TOE 测试数据**：数据抽取和分析的目的是标识安全性相关的异常和产生不安全的因素。这些因素可能是设计、实现、代码、测试用例、规程和测试环境中的错误。

(5) **测试失败的重新测试需求**：在通常情况下，一次测试并不能确认 TOE 全部安全需求。在仿真环境中，某些测试可能因为环境不满足条件而通不过。因此，需要通过回归测试来对该功能的安全性提供充分的保证。另外，测试用例和自动化工具可能因为各种原因，在设计和开发中存在不足和纰漏，故需要引入评估反馈机制，不断改进并为以后的 TOE 测试实践提供经验。

(6) **编写 TOE 独立性测试报告**：测试报告必须标识所进行的测试，并分析测试的结果。在测试结论中，评估者使用该结果来更新安全性需求标准分析中的需求可追踪性矩阵，以及对 TOE 进行的各种初步分析和详细分析。

8.3　脆弱性评定方法

CC 第 3 部分给出脆弱性评定保障组件的目的是要求评估者确认 TOE 在预期使用环境下的缺陷或脆弱性的存在性和可利用性。这种确认是基于 TOE 开发者和评估者所进行的脆弱性分析，并由 TOE 评估者完成的穿透性测试数据提供支持。

脆弱性评定没有关于 TOE 安全功能设计和实现正确性的任何假设，也没有强制设定攻击者采用的攻击方法或者攻击者与 TOE 之间的攻击交互方式。如果在脆弱性分析中发现有攻击 TOE 的可能性，则安全评估人员在脆弱性评定期间需通过穿透性测试方法对潜在的脆弱性进行攻击验证。因此，CEM 中脆弱性评定包括两个部分。

(1) **脆弱性分析**：用来确定在评估 TOE 开发和预期运行期间潜在的脆弱性是否已被标识，或通过其他方法(例如缺陷假设或对安全技术与机制的安全行为的定量或统计分析)确认是否允许攻击者破坏 TOE 安全功能行为。换句话说评估人员需要通过网络资源、公开领域，或评估者的经验标识出 TOE 潜在的缺陷和脆弱性，并对这些攻击缺陷和脆弱性潜力进行计算，给出相应的脆弱性级别。

(2) **穿透性测试**：对于攻击可行性较高的 TOE 缺陷和脆弱性，评估人员需采用专业化的安全测试工具，采用穿透性和渗透性测试方式来验证 TOE 缺陷和脆弱性被利用的可能性。

脆弱性评定意在发现 TOE 设计和实现方面的一些缺陷和脆弱性可能造成的风险，这些脆弱性将允许攻击者对 TOE 保护的数据资产进行非授权的访问、干扰或改变 TOE 安全功能的行为或者妨碍其他已授权用户的 TOE 安全功能的使用能力。本节讨论脆弱性评定相关的因素及安全性分析技术，8.4 节介绍工业界常用的面向 TOE 安全性评估的穿透性测试方法与技术。

8.3.1 攻击潜力计算

CC 第 3 部分脆弱性评定组件是基于评估者进行脆弱性分析时不断增加的严格性以及攻击者标识和利用潜在脆弱性所需攻击潜力要求的不断增加而分级的。对脆弱性评定组件的成功评估反映了 TOE 对抗威胁的程度。正如表 8.15 所示，脆弱性分析是用攻击潜力来描述攻击者的攻击能力的；为防范这些威胁，TOE 开发者在设计和实现 TOE 相关的安全功能时应使用相应的脆弱性评定组件对其安全性进行评估。

表 8.15 CEM 描述的脆弱性分析和攻击潜力的关系

脆弱性评定组件	攻击者的攻击潜力	可利用的残余脆弱性
VAN.5 高级的系统的脆弱性分析	高	不适用：成功攻击超过了实际范围
VAN.4 系统的脆弱性分析	中	高
VAN.3 关注点脆弱性分析	基本增强	中
VAN.2 脆弱性分析	基本	基本增强
VAN.1 脆弱性调查	基本	基本增强

攻击者的攻击潜力是专业技能、可用资源和攻击动机的一个函数。动机是攻击潜力的一个要素，可用来描述攻击者想得到的资产；动机能暗示资产的价值，以货币或其他形式表示，不管是攻击者，还是资产所有者；动机能暗示攻击者用以发动攻击所拥有的专业技能和资源。我们可以得出高动机的攻击者可能会获得足够的专业技能和资源来挫败资产的保护措施。相反，如果攻击者的动机是低的，拥有大量专业技能和资源的攻击者就不愿意利用这些技能和资源来发动一个攻击。

在分析那些利用脆弱性所需的攻击潜力时，应该从脆弱性标识和利用两个角度分别考虑下列 5 方面的因素。

1）标识

（1）标识所需的时间。

（2）专家的技术专长。

（3）TOE 的设计和操作知识。

（4）TOE 的访问频率和时间。

（5）分析所需的 IT 硬件和软件或者其他设备。

2）利用

（1）利用所需的时间。

（2）专家的技术专长。

（3）TOE 的设计和操作知识。

（4）TOE 的访问频率和时间。

(5) 利用所需的 IT 硬件和软件或者其他设备。

在多数情况下，这些因素不是相互独立的，但在不同的程度上它们是可以相互替代的。例如，技术专长或者硬件和软件可以用时间替代。下面介绍 CC 推荐的攻击潜力计算相关因素含义。

时间指的是攻击者用于标识或利用一次攻击的连续时间。针对 CC 评估来说，"在几分钟内"意味着一次攻击可以在不到半个小时内被标识或者利用，"在几小时内"意味着一次攻击可以在不到一天内就能成功进行，"在几天内"意味着一次攻击可以在不到一个月内就能成功进行，"在几个月内"意味着一次成功的攻击至少需要一个月。

专家技术专长指的是掌握应用领域或者产品类型(例如 UNIX 操作系统、互联网协议)的通用知识的水平。确定的级别如下。

(1) **专家**：熟悉 IT 产品和系统类中实现的底层算法、协议、硬件、结构等，熟悉 TSF 所采用的安全原理和概念。

(2) **精通者**：知识渊博，对 IT 产品和系统类的 TOE 安全行为很熟悉。

(3) **外行**：相对于专家或者精通者，知识不够渊博，并没有 TSF 专门技能。

TOE 知识指的是与 TOE 有关的专门技能。TOE 知识与普通的技能截然不同，但也并不是毫不相关的。确定的级别如下。

(1) 除了 TOE 的通用用途外，关于 TOE 的安全功能信息。

(2) 关于 TOE 的公共信息(例如从用户手册获得)。

(3) 关于 TOE 的敏感信息(例如内部设计的知识)。

特别是在一些敏感信息领域，应该注意区别标识 TOE 脆弱性所需的信息和利用该脆弱性所需的信息。

TOE 的访问信息同样也是一个值得重点考虑的因素，它与时间因素有关。对于脆弱性的标识或利用可能需要访问大量的 TOE，这样可能会增加被探测到的可能性。某些攻击可能需要相当多的离线工作，而只对 TOE 进行短暂的访问以实施利用。访问可以是连续的，也可以经由多个会话实现。当对于 TOE 的访问不会增加被探测到的可能性时(例如攻击者拥有智能卡)，这个因素应该被忽略。

IT 硬件和软件或者其他设备指的是标识或者利用一个脆弱性所需的设备。

(1) 标准设备指不论是标识一个脆弱性，还是标识一个攻击，攻击者都很容易得到的设备。这个设备可能是 TOE 本身的一个部分(例如，操作系统中的一个调试器)，或者能够很容易得到的(例如，从互联网上下载，或简单的攻击脚本)。

(2) 专业设备指对于攻击者来说不容易得到的，但是不需要过度的开销就能获得的。这可能包括购买一定数量的设备(例如协议分析仪)或者开发更多的攻击脚本或程序。

(3) 定制设备指对于公众来说是不容易得到的，它可能需要专门制造(例如非常复杂的软件)，或者因为设备十分特殊以至于它的销售受到了控制，甚至可能是受限的，或者是，该设备可能十分昂贵。将成百上千的 PC 机通过互联网进行连接就是这种情况。

专家技能和 TOE 知识与 TOE 攻击者所需的信息有关。攻击者的专门技能和实施攻击时有效利用设备的能力之间，存在一个隐含的关系。攻击者的专门技能越少，使用设备的潜力越低。同样，攻击者的专门知识越多，在攻击中使用设备的潜力越高。尽管是隐含的，在技能和设备利用之间的这个关系并不总是适用的，例如，当环境措施可防止专业的攻击者对设备的利用时，或者当通过其他人的努力，需要很少的专业技能就可有效利用的攻击工具将会被制造并免费发放(例如通过互联网)时。

在确定了评估攻击潜力需要考虑的因素，就可从标识和利用脆弱性两个方面计算相关的数据值(见表 8.16)。当为某个给定的脆弱性确定攻击潜力时，应该从每个因素的每个栏目选择一个值(这样产生了 10 个值)。在选择标识和利用值时，应该假定 TOE 的预期使用环境。这 10 个值的和给出了一个值。参照表 8.17，这个值可以确定相应的等级。

表 8.16　攻击潜力的计算

因　素	范　围	标识值	利用值
消耗的时间	<0.5 小时	0	0
	<1 天	2	3
	<1 月	3	5
	>1 月	5	8
	不实际	*	*
专业技能	外行	0	0
	精通者	2	2
	专家	5	4
TOE 知识	无	0	0
	公共知识	2	2
	敏感知识	5	4
TOE 访问	<0.5 小时，或者访问无法检测到	0	0
	<1 天	2	4
	<1 月	3	6
	>1 月	4	9
	不实际	*	*
设备	无	0	0
	标准	1	2
	专业	3	4
	预定	5	6

“*”表示在某个时间范围内，攻击者可用的攻击途径是不可利用的。任何值“*”表示一个“高”等级。

在一个因素与一个范围的边界很接近时，评估者应该考虑使用表中列出值的中间值。例如，如果对于 TOE 的访问需要 1 小时，为了利用脆弱性，或者如果访问会被很快探测到时，可以为该因素选择 0 和 4 之间的某个值。这个表只是作为一个指导。

8.3.2　脆弱性评定

对于一个给定的 TOE 缺陷或脆弱性，有必要针对不同的攻击场景，利用表 8.16 的攻击潜力来进行几次尝试(例如交换时间或设备方面的技能)。这些尝试中得到的范围、标识值和利用值应该保存起来，以便于后面的安全性分析。

当脆弱性已经被标识并处于公共域时，应该为攻击者选择标识值，从而揭示出公共域中的脆弱性，而不仅仅是在最初标识它。

表 8.17 是 CC 给出的用来获得 TOE 脆弱性级别建议表。

表 8.17　脆弱性级别

值的范围	抵抗具有如下攻击潜力的攻击者	TOE 安全强度级别
<10	无级别	
10～17	低	基本级
18～24	中	中级
>24	高	高级

CC 的脆弱性评定不可能考虑到每一种环境或者因素，但是对于那些必须达到标准级别的抗攻击水平应该给出更好的表示。其他因素，例如对不太可能发生的偶然事件的依赖性，或者在攻击完成前能探测到的可能性，都不包括在 CEM 的脆弱性评定模型中，但是可以被评估者用作不同于那些在基本模型中表示的级别的理由。

在一些情况下，例如在评定口令机制时，在攻击被阻断之前，TOE 实现只允许进行少量次数的尝试，强度评定就大致和在那几次尝试中正确猜中的可能性完全相关。这样的阻断措施被看作是访问控制功能的一部分，例如，尽管口令机制本身只接收中等安全强度级别，但是访问控制功能可能被判定为安全强度高级。

应该指出的是，尽管大量的脆弱性各自被分为不同的等级，个别表示高等级的抗攻击性，但其他脆弱性的存在可能会修改表的值，这样脆弱性的组合表明较低的整体等级是适用的。换句话说，一个脆弱性的存在可能会使得另一个脆弱性很容易被利用。这样的评估应当构成开发者和评估者脆弱性评定的一部分。

基于脆弱性评定活动的 TOE 安全性分析用于确定 TOE 在每个使用模式中执行其安全功能的方式，识别潜在的危险，预计这些危险对 TOE 保护资产可能造成的损害，并确定消除危险的方法。安全性分析的一项重要内容是“TOE 本身的安全性分析”，一般需要对相关的软件程序进行分析，以保证 TOE 在其设计的运行环境中，不会(或以可容忍的小概率)引起或诱发对 TOE 保护资产的危害。脆弱性评定涉及攻击者能发现一些缺陷所造成的威胁，这些缺陷将允许对数据或者功能进行非授权的访问、允许能够干扰或改变 TSF，或者妨碍其他用户已授权能力。

8.3.3　安全性分析

依据 CC 保障要求，安全性分析是由“脆弱性评定”保障族 AVA_VAN 来处理的。这个族允许对一类攻击场景可以使用各种非特定的评定方法学。这些非特定的评定方法学再结合针对 TSF 特定的测试技术，能使隐蔽信道被考虑到(使用非正式的工程学测量方法或实际的测试方法能对一个信道的带宽进行估算)或者使用足够的资源以一种直接的攻击(如模糊测试技术)来克服(TSF 技术概念中隐含的基于概率或置换机制，能通过定量或统计分析确定功能行为的限制或者克服它们的措施)。

安全性分析是一种系统性的分析，应在 TOE 研发过程的早期就开始进行，用于确定 IT 产品在每个使用模式中执行其功能的方式，识别潜在的危险，预计这些危险对所保护资产可能造成的损害，并确定消除危险的方法。

安全性分析可从以下几个方面开展。

(1) TOE 需求安全性分析：需要对 PP 或 ST 定义的 TOE 安全要求规范进行分析。这些安全要求规范规定了 TOE 的安全性需求，规定了 TOE 必要的安全功能要求和安全保障要求。安全分析人员需要根据安全性分析准备的结果和 TOE 开发者提供的证据设计文档，完成对 TOE 安全性需求的映射，以及安全相关性分析和对 TSF 的安全性评价。有了这些积累，安全评估者才有把握对 TOE 在 IT 系统中的安全性需求作出一个综合性的评价，更好地对后续的穿透性测试用例设计和 IT 产品的安全测试提交相关的建议。

(2) TOE 安全架构安全性分析：安全架构设计是制定 TOE 基本安全性策略的基础。因为架构设计阶段负责定义 TSF 主要功能部件，以及它们如何交互，如何获得所要求的安全属性，特别是数据和系统完整性，是 TOE 安全性需求在安全架构定义中实现的。对安全架构设计进行安全性分析，要做到将 TOE 全部安全性需求综合到安全架构设计中，确定架构中与安全性相关的部件，并评价安全架构设计的安全性。安全架构安全性可以借助一些技术来验证：用动画或仿真技术证实功能的实现状态；借助接口分析技术分析安全相关部件与其他部件的相互依赖关系和独立性。

(3) TOE 详细设计安全性分析：TOE 详细设计应进一步细化安全规范、安全设计等高层的安全架构设计，将安全架构中的主要部件划分为能独立编码、编译和测试的单元，并进行单元的设计。因此，需要依据安全要求、安全架构描述、集成测试计划和之前所获得的安全性分析的结果，对 TOE 详细设计和实现阶段是否符合其安全性需求进行验证。所以，我们应该分析：

① 详细设计是否能追溯到 ST 中的 TOE 概要规范；

② 详细设计是否已覆盖了 TOE 开发者提供的安全功能规范保障要求；

③ 详细设计是否与安全架构设计保持了外部一致性；

④ 详细设计是否满足模块化、可验性、易安全修改的要求。

(4) 软件编码安全性分析——所有编程语言无论在其定义还是在其实现中都有其不安全性。这通常会导致程序员对语言的误用，而对这些误解，一些相对开放的语言又缺乏相应的解释。如果一种编程经验或编程风格因为能够提高软件安全性而被公认为专用性编码标准，可以选择这样一种编码标准来约束对不安全语言的使用。编码标准对程序员的编程修养和对语言正确使用是有指导意义的。

(5) TOE 实现安全性分析：实现代码应该体现 TOE 详细设计所提出的设计要求，实现设计过程中开发的安全性设计特征和方法，遵循设计过程中提出的各种约束以及编码标准。我们一般采用代码走查或采用静态检查工具来检查源代码，依照 TOE 编码安全性分析对代码的要求，应该主要从以下几个方面入手。

① 分析软件代码是否能追溯到需求；

② 分析软件代码是否符合支持工具和编程语言分析；

③ 分析软件代码是否满足模块化、可验证、易安全修改的要求；

④ 分析软件编码中所使用技术的安全性和方法的合理性。

下面列出一些可用于提高代码安全性的相关技术。

① 代码逻辑分析：如有不可达代码，或代码结构过于复杂，维护性降低。通过实施逻辑重构、方程式重构和存储器解码来进行。

② 代码数据分析：关注如何定义和组织数据项。例如，变量忘记赋初值，或变量声明了却没有使用，或出现了冗余代码。

③ 复杂性度量：复杂软件不稳定，也隐藏着不可预测的行为。所以，我们努力使软件的复杂度变小。如果有条件采用某种自动化工具，可以通过工具对软件设计或(和)代码进行控制，用图形化的方法反映出软件结构中的控制流和数据流，通过连接数或调用数、节点数、嵌套深度等这样一些结构关系的检查，获得复杂度的度量，将会获得很好的效果。

(6) TOE 测试安全性分析：测试作为验证 TOE 功能性和安全性的重要手段，其采用的测试方法和测试技术也完全关系着测试结果的准确性，关系着 TOE 后续的变更和测试的有效性。测试安全性分析既包括事前分析，又包括对测试结果评价的事后分析，所以一般从不同角度按步骤地对 TOE 进行测试分析：

① 分析测试集中的所有测试用例，测试是否满足 CEM。

② 测试代码是否按照要求分析，并达到相应的测试覆盖率。测试覆盖是指检查代码的每个状态和路径。

③ 对测试结果进行分析，以验证所有的安全性需求是否得到了满足。

(7) TOE 变更安全性分析：在执行任何变更之前，应建立 TOE 变更规程，并应该对已经受控的规格说明、需求、设计、编码、计划、规程、系统、环境、用户文档的任何变更都进行安全性分析。变更安全性分析一般根据变更的原因、变更影响、变更可能会导致的结果，将这项任务安排为 3 个阶段。需要注意的是，变更安全性分析的目的是确保 TOE 的质量在经过变更后达到了预定的目标，而不是有所倒退。

8.4　穿透性测试技术

在前面介绍脆弱性评定技术时，已经考虑了 ST 中定义的威胁和组织安全策略，并考虑了 TOE 预期抵御的攻击潜力级别(即 EAL)。这些工作将构造用于指导对 TOE 进行穿透性测试的 TOE 脆弱性列表，评估者可结合 8.2 节安全功能测试和 8.3 节脆弱性评定数据，依据在 TOE 预期使用环境中面临的威胁和必须遵循的组织安全策略，从以下几个方面考虑对 IT 产品进行穿透性测试。

(1) **旁路攻击测试**：企图避开或绕过 ST 中 TOE 概要规范定义的安全策略和安全机制的安全功能行为，例如在密码学中，旁路攻击是指绕过对加密算法的烦琐分析，利用密码算法的硬件实现的运算中泄露的信息，如执行时间、功耗、电磁辐射等，结合统计理论，快速地破解密码系统。

(2) **篡改攻击测试**：攻击者试图破坏或使 TSF 功能或机制行为失效，例如伪造电子邮件攻击是由于 SMTP 并不对邮件发送者的身份进行鉴定，因此黑客可以对内部客户伪造电子邮件，声称是来自某个客户认识并相信的人，并附上可安装的特洛伊木马程序，或者是一个指向恶意网站的链接。

(3) **直接攻击测试**：对 ST 所声称最小功能强度安全机制的直接攻击，如我们常见的基于规则的弱口令扫描攻击。

(4) **TSF 运行监视**：通过 TOE 运行时的其他信道监视在 TOE 运行过程中的 TSF 数据等属性，例如，通过对 TOE 运行状况进行监视，尽可能发现各种攻击企图、攻击行为或者攻击结果，以保证网络系统资源的保密性、完整性和可用性。

(5) **TSF 误用测试**：包括各种无意的错误配置或非 TOE 安全状态下的 TSF 使用。

穿透性测试一般需要模拟黑客对 TOE 进行“合法”的入侵式方式，以便挖掘和分析出 TOE 潜在的脆弱性或缺陷，在 IT 产品发行前尽量消除 TOE 潜在的安全漏洞。对 TOE 消费者和开发者来说，穿透性测试目的主要以下几点。

(1) **提高 TOE 的安全性**：穿透性测试不仅能确认 TSF 要求是否实现了，如有效的口令是否接受，无效的口令是否拒绝，是否提供了对用户口令复杂度的强制检查，各级用户权限划分是否合理等，也能通过穿透性测试手段对 TOE 开发过程安全、组织安全策略等进行安全性审查，从而提高 TOE 运行安全性。

(2) **发现 TOE 潜在的漏洞**：穿透性测试是发现 TOE 具体实现或安全策略上存在的缺陷，从而可以告诉 TOE 开发者在交付 IT 产品前修复这些漏洞。

(3) **提高组织和个人安全保护体系**：穿透性测试除了检查 TOE 安全架构及其实现安全技术与机制外，在测试过程中还可以评估组织和个人安全保护体系。例如通过社会工程攻击等“非传统信息安全”方法来评估组织安全策略和个人安全意识的有效性。

注意穿透性测试是一个逐渐深入 TOE 内部的过程，因此在测试过程中可能需要 TOE 开发者和评估者紧密合作。另外，在生产系统中选择穿透性测试有可能影响业务信息系统的正常运行，所以评估人员应选择对业务影响最少的 TOE 安全功能进行穿透性测试。

8.4.1 穿透性测试方法分类

围绕 TOE 的穿透性测试，业界已经提出多种测试方法与技术。如果要较为有序而有效地对 TOE 进行一次完整有效的穿透性测试，我们应将 TOE 的穿透性测试拆分成不同的测试要素，例如网络勘查、端口扫描、系统识别、网络漏洞测试、服务探测、漏洞扫描、溢出搜寻、漏洞利用测试、应用程序测试、防火墙和访问控制测试、入侵检测系统测试、文件服务测试、社会工程学测试、口令破解、拒绝服务测试、Cookies 发现、网页漏洞分析等。

根据 TOE 的安全功能和评估保障级别，TOE 评估者应组合运用上述测试要素，采用不同的穿透性测试方法和技术对 TOE 进行安全评估。在德国联邦信息安全办公室(BSI)出版的穿透性测试模型(BSI-Study A Penetration Testing Model)中，他们对业界的穿透性测试方法进行了总结，按照信息库、攻击性、范围、方法、技术和起点 6 个要素给出了图 8.18 所示的穿透性测试技术分类体系。

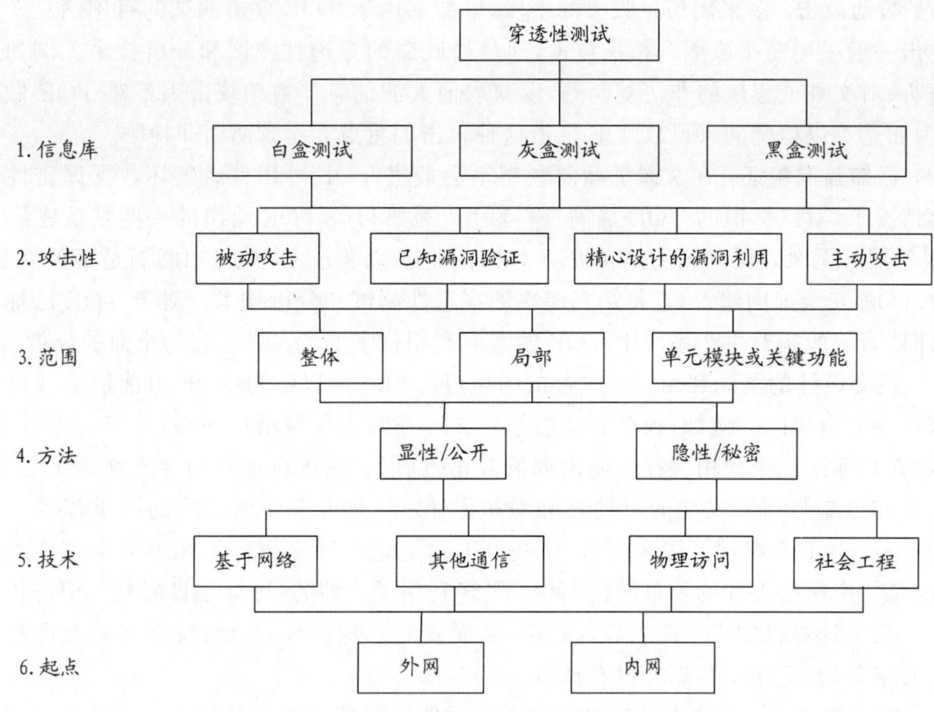

图 8.18　穿透性测试评价指标和测试方法分类

1. 信息库(Information base)

依据测试前评估者对 TOE 信息掌握的程度,穿透性测试方法可分为黑盒测试、灰盒测试和白盒测试。

(1) **黑盒测试**:又被称为“零知识测试”,评估者对 TOE 完全处于一无所知的状态,他们只能通过各种输入数据和输出结果,查看和分析了解 TOE 的安全功能是怎样工作的。评估者在进行测试时不仅通过预期输出结果确认 TOE 对输入数据的正确反映,而且还会使用具有挑战性的输入数据以及可能结果会出错的输入数据,以便了解 TOE 怎样处理各种类型的畸形数据。

(2) **灰盒测试**:灰盒测试就像黑盒测试一样,是通过 TOE 安全接口的交互测试,但是评估者对 TOE 安全架构、安全模型或安全功能的源代码程序已经有所了解,甚至于评估者还可以阅读部分源代码。因此,评估者可以有的放矢地进行某种确定的边界条件或指定功能的穿透性测试。这样做的意义在于:如果评估人员知道 TOE 内部的安全技术与机制及其实现方法,对产品用户界面有深入了解,他们就能够更有效和深入地从用户界面来测试 TSF 的实现是否存在缺陷。

(3) **白盒测试**:是指评估人员可以通过正常渠道向 TOE 开发者提出穿透性测试需求,要求他们提供穿透性测试的各种资料,包括网络拓扑、开发过程中技术文档或其他程序的代码片断,也能够与 TOE 开发者进行面对面的沟通。

2. 攻击性(Aggressiveness)

穿透性测试是模拟黑客攻击,用来发现 TOE 潜在安全漏洞的一种常用方法。按照安全攻击方式的不同,穿透性测试使用的攻击方法可分为以下 4 种。

(1) **被动攻击**：多采用信息收集的手段，以搜寻用于 TOE 攻击测试的有用信息。所以被动攻击一般采用窃听或漏洞扫描技术，这是最底层的穿透性测试和分析技术。例如通过搭线窃听、对文件或程序的非法复制等，以获取他人的信息。被动攻击因不对 TOE 做任何修改，因而是难以检测的，所以 TOE 抗击这种攻击的重点在于预防而非检测。

(2) **已知漏洞验证**：在掌握了漏洞利用不会危害 TOE 可用性或破坏数据保密性等安全风险情况下，对已标识的 TOE 漏洞进行利用，例如利用 TOE 给出的一些默认密码登录 Web 服务器。无风险漏洞利用是在被动攻击基础上，以验证 TOE 已知漏洞是否被修复，从而给出 TOE 安全加固建议，这是第二层次的穿透性测试和分析技术。对于 TOE 已标识的漏洞，评估者一般是对生产系统中 TOE 的漏洞利用带来的危害进行较为全面的分析。

(3) **精心设计的漏洞利用**：评估者试图通过漏洞利用以证明 TOE 可能崩溃或破坏数据保密性等安全风险。例如，评估者通过暴力破解等方式获得用户密码，并成功进入 IT 系统，然后在目标系统中利用缓存区溢出漏洞攻击 TOE。在进行这样的穿透性测试之前，评估者应该知道漏洞利用成功的可能性和对被测 IT 产品带来安全风险的严重程度。例如 2013 年 Facebook 系统遭到黑客攻击，一些员工的笔记本计算机中不知不觉中被植入恶意软件，即是一个精心设计的零日漏洞利用：黑客利用了所谓的"Java 零日漏洞"，使得该网站可以通过员工计算机的安全防护软件扫描，从而安装恶意软件。该社交巨头称此次攻击是经过精心准备的，但用户数据并没有被盗。

(4) **主动攻击**：主动攻击是攻击者为了访问他所需信息的一种故意攻击行为。评估者利用所有可能的漏洞，包括未公开的漏洞(零日漏洞)、系统未启动的服务拒绝等安全配置缺陷，直接侵入目标 IT 系统，对 TOE 进行各种安全攻击，攻击的行为可能被记录，目标 IT 系统或网络可能会报警。主动攻击包括拒绝服务、信息篡改、资源使用、欺骗等攻击方法。主动攻击是攻击者的故意行为，因此评估者除了对目标系统攻击外，也有可能对目标系统的外围系统或网络系统等 IT 环境的攻击来破坏 TOE 可用性、保密性和完整性。

3. 范围

范围(Scope)是指应该对 TOE 的那些组件或模块进行穿透性测试。如果第一次对 TOE 做穿透性测试，那么一次彻底的穿透性测试是明智的，以确保没有安全漏洞被忽视。这是因为在通常情况下，黑客只要在一个安全域找到漏洞，就可以利用这个漏洞攻击另外一个安全域。例如，在非法入侵者破解了某个无线接入点的弱口令之后，就可以获得网络的访问权，进而损害到联网的各种服务器，并可能获得服务器登录凭证，甚至还可以访问服务器上安装的数据库。因此，从 TOE 整体安全性来看，只有对整个 IT 基础架构进行穿透性测试才有意义。但高效、高质量地完成 TOE 的穿透性测试，涉及的因素很多，也会碰到各种各样的问题，并且要在测试效率和测试风险之间找到最佳平衡点和有效的测试策略。因此，评估者应正确地界定穿透性测试的范围，以确保穿透性测试成功。相同或近乎相同的 IT 系统往往可以使用单一的测试方法，但在不同的配置下，TOE 穿透性测试范围就可能不同。

(1) **单元模块或关键功能穿透性测试**：这样的测试范围一般用在 TOE 修改或功能扩充后，只对 TOE 修改的部分进行穿透性测试。例如只对特定的子网、子系统或设备进行针对性的测试。当然，这样的测试只提供有关测试单元模块的测试结果信息，它不能提供证明 TOE 安全性的完整信息。

(2) **局部穿透性测试**：只对 TOE 有限的子系统或安全接口进行穿透性测试。这是因为 TOE 的每个子系统或安全接口，对于客户而言并不是同等重要的；另外 TOE 每个功能模块，对于穿透性测试目的而言也不应该是同等重要的，即测试的强度和优先级应该区别对待。例如，如果我们想测试在非军事区(dmz)里面的 TOE 子系统，最好的测试地方就是在同一个网段内测试。让穿透性测试人员在防火墙外面进行测试，听起来似乎更实际，但聚焦于内部测试可以大大提高发现防火墙原本隐藏的服务器安全漏洞的可能性。因为，一旦防火墙设置出现变动，就有可能暴露这些漏洞，或者有人可能通过漏洞，利用一台 dmz 服务器攻击其他服务器。

(3) **整体性穿透性测试**：即对 TOE 所有组成部分进行测试。必须明确的是，对于复杂的 IT 系统，虽然不想漏掉可能会受到攻击的某个系统，但可能仍想分阶段把穿透性测试任务外包出去，以便每个阶段专注于 TOE 本身的不同部分穿透性测试。

4. 方法(Approach)

在穿透性测试过程中，除了关注主要系统穿透性测试，也应对辅助系统，如入侵检测系统(IDS)、问题处理流程中的组织或个人结构进行测试。因此，穿透性测试方法应该做动态的调整。

(1) **隐性测试方法**：在穿透性测试之前，我们应该对辅助系统或组织结构进行穿透性测试。也就是说，在初始化的分析调研阶段，应采用一些不是直接攻击系统主要安全功能的方法对系统的漏洞进行识别。当然隐性测试也可借助一些高级测试技术来对主要系统的安全性进行穿透性测试。例如，对于主机漏洞扫描，攻击者使用被称为 stealthy 的秘密扫描(半速扫描)，尽量不引起管理员的注意力。换句话说攻击者利用 TCP/IP 堆栈指纹的方法对目标进行彻底分析，必须尽可能收集关于他所攻击目标的大量可能而有效的信息，以致最后他可以分析得到他所攻击目标的漏洞列表。利用网络操作系统里的 TCP/IP 堆栈作为特殊的"指纹"来确定系统的真正身份。这种方法准确性相当高，因为再精明的管理员都不太可能去修改系统底层的网络的堆栈参数。

(2) **显性测试方法**：如果隐性测试没有达到效果，那么我们就可以采用白盒测试方法对目标系统进行穿透性测试。TOE 开发者必须参与白盒测试，特别是对于任务关键性系统的穿透性测试，有了开发者的参与，评估者就能快速地对未发现的安全问题找出可能的测试方案。例如缓冲区溢出漏洞的证据可能分散在整个代码中：涉及缓冲区写操作、数据写覆盖、缓冲区分配，甚至在缓冲区长度计算时。如果有了程序代码，评估者就通过应用的特定输入，攻击者执行特定代码路径后，就可以利用缓冲区溢出漏洞。此外，缓冲区溢出也可能由其他问题引发，如整数溢出。所有这些证据都在一个单独的缓冲区溢出报告中列出，并用相似的词汇表和结构来报告，这种情况下，如果没有开发者的参与，很难将不同探测工具报告的漏洞合并起来，也就不能对整体报告质量做出重大改进。

5. 测试技术(Techniques)

在传统的穿透性测试中，黑客一般通过网络对 TOE 进行安全攻击。其他类型的攻击或社会工程也可用来攻击目标 TOE。

(1) **基于网络的穿透性测试技术**：是最常用的测试技术，即通过网络模仿黑客攻击目标系统。如通过对目标地址的 TCP/UDP 端口扫描，确定其所开放的服务的数量和类型，这是所有穿透性测试的基础。现在所有的网络都支持 TCP/IP 协议，所以基于网络的穿透性测试也称为基于 IP 的穿透性测试。

(2) **其他通信网络的穿透性测试技术**：除 TCP/IP 协议外的网络通信，如电话和传真网络、移动通信网络、蓝牙通信等，包括面向数据库通信的 SQL 注入等都可以用来攻击目标系统。

(3) **物理访问攻击技术**：当今的信息安全产品，如防火墙，被广泛使用，配置这样的安全系统通常能避免基于网络的安全攻击。但安全攻击人员可通过获得进入机房等物理访问方式，绕过防火墙等安全防护系统对系统进行安全攻击。

(4) **社会工程安全攻击技术**：常见的黑客社会工程学攻击方式包括伪造邮件攻击方式、网络钓鱼攻击方式、诱骗点击恶意挂马网页方式、社交网站利用方式、社工字典利用方式、搜索引擎利用方式、辅助安全问题利用方式等。社会工程学不是利用软件或系统的漏洞实现入侵的，而是一种通过对被攻击者心理弱点、本能反应、好奇心、信任、贪婪等心理陷阱所采取的诸如欺骗、伤害等危害手段，获取自身利益的手法。

6. 起点(Starting point)

即从什么地方开始穿透性测试。按照是否连接被测目标(设备)或发起安全攻击是在客户网络外部或内部，穿透性测试又分为内网测试和外网测试两种。

(1) **内网测试**：通常指穿透性测试执行者从被测 IT 产品内部网络绕过防火墙直接进行的测试，这种测试能够模拟内部员工的违规操作。进行这种测试主要可能采用的渗透方法包括：缓冲区溢出攻击、口令破解、应用程序测试、漏洞扫描、端口扫描等，其中对 kehu1 服务器模式的应用程序进行测试之前，需准备好有关客户端软件。内网测试也称为白盒测试，测试者可以通过与被测单位的程序员、维护人员、管理人员面对面交流取得各种资料，包括网络拓扑、操作系统和数据库类型、员工资料，甚至网站或其他程序的代码片段。

(2) **外网测试**：指的是在被测 IT 产品网络的外部进行的测试，评估者在对内部网络状态完全不知道的情况下，模拟外部攻击者的一种行为。其中包括防火墙规则的规避、试探，远程攻击网络设备，对口令管理的穿透性测试，其他开放应用服务及相关 Web 的穿透性测试等。外网测试通常也被称为黑盒测试，所以，外网测试最初获取的信息大多通过搜索引擎、单位论坛或单位公开对外的服务器。

注意，上述穿透性测试的 6 个评价指标的每一种组合不一定是最有效的穿透性测试方法。例如，主动攻击测试和隐性测试方法之间的组合就不是一种好的测试方法。另外穿透性测试与安全攻击是两个不同的概念。安全攻击是不按常理出牌的思维，穿透性测试则是遵循安全攻击的思想，在获得客户许可的情况下使用攻击方式对 TSF 实现的正确性进行测试。所以穿透性测试人员需要综合地运用上述方法，对被测试单位的网络、主机、应用及数据是否存在安全问题进行检测，这种活动主要是发现系统的脆弱性，评估 IT 产品实现是否存在安全隐患，从攻击者角度发现分析系统的缺陷及漏洞。

8.4.2 常见穿透性测试技术

要想完成一次质量很高的穿透性测试，TOE 评估者除了具备高超的具体实践技术能力之外，还需要在掌握 TSF 行为及其实现基准后，灵活地选择一套完整和正确的穿透性测试方法和技术。目前没有一个十分准确的穿透性测试方法体系，这主要取决于 TOE 评估者的水平和习惯，或者一些安全评估机构所制订的 TOE 穿透性测试实施方法。如美国国家标准与研究所的 NIST SP800-115《信息安全测试技术指南》给出了一个由计划、挖掘、攻击和报告组成的穿透性测试方法。业界广泛认可的开源安全测试方法手册(OSSTMM)提出了一个由范围划定、通信交换、索引和向量组成的穿透性测试方法,建立了一个对目标环境进行整体测试的技术导引。此外还有一个不断发展的穿透性测试执行标准(PTES),它把穿透性测试分为前期交互、情报收集、威胁建模、漏洞分析、渗透攻击、后渗透攻击和生成报告等 7 个阶段。这些方法虽然给出了关于穿透性测试的方向,但对如何具体实施都没有详细描述,需要依赖于测试者的经验。

在目前开放、动态、复杂的云计算和大数据服务环境下,TOE 的穿透性测试所面临的目标、网络环境、系统部署、业务模式等千变万化,而且在测试过程中需要充分发挥穿透性测试者的创新与应变能力。因此,掌握业界通用的穿透性测试的流程、步骤与方法具有重要的指导意义。工业界在穿透性测试方法方面已经有一些标准化的方法体系,对穿透性测试人员的测试过程进行规范和限制。下面概述几个安全业界比较流行的开源穿透性测试方法。

1. 开源安全测试方法手册

开源安全测试方法手册(OSSTMM)基于资产和控制分离概念,将安全性分为操作与控制两大类:操作解决操作安全的可见性、可访问性和可信性;控制又细分为 5 个交互控制(身份验证、协议控制、安全维护、交互内容和交互连续性)和 4 个过程控制(不可否认、保密性、隐秘、完整性操作记录),并与各种限制(暴露、脆弱、交互漏洞、过程漏洞、未知漏洞)等建立了众多操作安全项,对应了穿透性测试相应的安全限制。

OSSTMM 针对安全范围提出了 3 类安全通道:物理安全、无线安全和通信安全。物理安全通道解决资产周围相关人员与物理接触管理的安全度量问题;无线安全围绕资产运行与通信过程中的频率干扰进行安全管理;通信安全分为传统通信安全与面向各种信息系统的网络安全。OSSTMM 的穿透性测试范畴包括从初始需求分析到生成报告的整个风险评估过程。OSSTMM 的特色在于非常注重技术的细节,这使其成为一个具有很好可操作性的方法指南。

在德国联邦信息安全办公室(BSI)出版的穿透性测试模型中,以 OSSTMM 为基础介绍一种穿透性测试方法,分为 5 个阶段。

(1) **准备阶段**:穿透性测试开始时必须明确定义客户目标。没有全面考虑相关法律规定的穿透性测试性能可能承担民事或刑事法律后果。因此,评估者必须确保测试程序不会侵犯法律规定或合同约定。使用未经允许或技术不为人知从而招致相关风险的渗透技术而形成的生产系统故障可能会导致追索需求,这就是为什么其过程和风险必须被讨论和记录。

(2) **侦察阶段**:考虑法律、组织方面和其他条件因素,确定目标、范围、过程、应急措施等方面以后,评估者可以开始收集目标信息。这个阶段是被动穿透性测试。其目的是获取完整详细的安装系统概述,包括开放区域攻击或已知的安全缺陷。根据计算机的数量或被测网络的大小,测试步骤可能非常耗时。例如,一个防火墙后的 C 类网络(256 个可能的 IP 地址)需要进行全面测试,一个完整的端口扫描(所有 65 536 个端口)根据设置可能需要数周的时间。即使这些长测试步骤通常被自动执行,时间方面的要求也需要在计划中加以考虑。这样一个穿透性测试可能需要 20 天的时间,例如就像上面提到的,测试需要持续数周时间。

(3) **信息和风险分析阶段**:一个成功的、透明的、有经济效益的穿透性测试程序必须在主动渗透执行步骤之前分析和评估收集到的信息。分析必须包括穿透性测试定义的目标，系统潜在风险以及后续主动渗透尝试，评估潜在安全漏洞的预计时间。然后阶段 4 的目标在此分析的基础上选定。例如，根据配置或已标识的应用程序或服务，或很有经验的测试者选择测试仅含有已知潜在漏洞的目标。穿透性测试目标在阶段 2 已经明确标识了，此阶段的目标是减少阶段 4 的目标系统数量。

(4) **主动入侵尝试阶段**：对选定的 TOE 进行主动攻击。穿透性测试中，这一阶段承担了最高的风险，需要谨慎执行。然而，仅此阶段展示了在侦察阶段，当前实际风险的认定漏洞程度。如果需要验证潜在漏洞，这一阶段则必须被执行。对于具有非常高可用性或完整性要求的系统，在执行关键测试程序之前，潜在影响需要慎重考虑，例如缓冲区溢出漏洞的利用。白盒测试中，执行测试防止系统故障之前，关键系统可能要安装一个补丁。测试可能无法找到任何漏洞，但将记录系统的安全性。不像黑客攻击，不管怎样，穿透性测试是不完整的，它将持续下去。

(5) **最终分析阶段**：和各个测试步骤一样，最终报告应该包括位于潜在风险表格中的安全漏洞评估以及消除漏洞和风险的建议。该报告必须保证测试和所披露漏洞的透明度。测试程序结束后，TOE 穿透性测试结果和所得风险应该与客户进行详细讨论。

注意，穿透性测试文档应该覆盖阶段 1～5，而不仅仅是第 5 阶段最后分析部分。这确保了测试步骤和所有阶段结果被记录下来并使得穿透性测试透明化和可追溯。

2. 穿透性测试执行标准

2010 年发起的穿透性测试过程规范标准(PTES)目标是对穿透性测试进行重新定义，核心理念是通过建立起进行穿透性测试所要求的基本准则基线，来定义一次真正的穿透性测试过程。目前该标准尚在制定过程中，覆盖以下内容。

1）前期交互阶段

(1) 确定范围

① 如何确定范围

② 时间估计

- 预估整体项目的时间周期
- 确定以小时计的额外技术支持

③ 问答交谈

- 对业务管理部门的问答交流
- 对系统管理员的问答交流
- 对 IT 支持的问答交流
- 与普通雇员的问答交流

④ 范围勘定

- 确定项目起止时间
- 项目授权信件
- 进入目标规划环节

⑤ 确定 IP 和域名范围：验证范围

⑥ 处理第三方资源

- 云服务
- ISP
- 网站宿主
- MSSP
- 服务器所在国家

⑦ 定义可接受的社会工程学方法

⑧ 拒绝服务测试

⑨ 确定支付细节

⑩ Delphi 评分

(2) 目标规划

① 确定目标

- 首要目标
- 额外目标

② 业务分析：定义目标企业的安全成熟度

③ 需求分析

(3) 测试术语和定义：穿透性测试术语词汇表

① 建立通信渠道

② 紧急联络方式

③ 应急响应流程

④ 进展报告周期

⑤ 确定一个接口联络人

⑥ PGP 或其他加密方式

⑦ 取得与外部第三方的联络方式(宿主……)

(4) 交互确定规则

① 时间线

② 地点

③ 渗透攻击的控制基线

④ 敏感信息的披露

⑤ 证据处理

⑥ 例行的进展报告会

- 计划
- 进展
- 问题

⑦ 每天可进行穿透性测试的时间

⑧ 避开的范围与规则

⑨ 攻击授权

(5) 存在的防御能力和技术：应急响应和监控

① 保护你自己

② 准备你的测试系统

③ 前期交互检查表
④ 数据包监听
⑤ 后期交互检查表

2）情报收集阶段

（1）目标选择

（2）开放渠道情报

① 企业

- 物理
  - 位置
  - 分布
  - 关系网
- 逻辑
  - 业务伙伴
  - 竞争对手
  - 接触关联图
  - 物业服务轮廓图
  - 产品线
  - 垂直市场
  - 销售银行账号
  - 会议安排
  - 关键企业日期
  - 招聘岗位
  - 慈善事业关系
- 组织架构
- 电子
- 财务

② 个人/雇员

- 履历背景
- 社交关系网
- 互联网足迹
- 博客
- 最新动态
- 物理位置
- 移动足迹
- 工资银行账户

（3）白盒搜集

① 场内搜集
② 场外搜集

（4）人力资源情报

① 关键雇员

② 合作伙伴/供应商

③ 社会工程学

(5) 踩点

① 外部踩点

② 识别客户范围

③ 被动信息搜集

④ 主动探测

⑤ 建立目标列表

- 确定版本信息
- 识别补丁级别
- 搜索脆弱的 Web 应用
- 确定封禁阈值
- 出错信息
- 找出攻击的脆弱端口
- 过时系统
- 虚拟化平台和虚拟机
- 存储基础设施

⑥ 内部踩点

- 主动探测
  - 端口扫描
  - SNMP 探查
  - 区域传输
  - SMTP 反弹攻击
  - 解析 DNS 与递归 DNS 服务器
  - 旗标攫取
  - VoIP 扫描
  - ARP 探索
  - DNS 探索
- 被动信息搜集
- 建立目标列表

(6) 识别防御机制

① 网络防御机制

- 简单包过滤
- 流量整形设备
- 信息泄露防护系统
- 加密/隧道机制

② 系统防御机制

- 堆栈保护

■ 白名单列表
■ 反病毒软件/过滤/行为检测
■ 信息泄露防护系统
■ 应用层防御机制
■ 识别应用层防御
■ 编码选项
■ 可能潜在的绕过机制
■ 白名单区域

③ 存储防御机制

■ 硬盘保护卡

3）威胁建模阶段

（1）业务资产分析

① 私人身份信息、私人健康信息和信用卡信息

② 定义和找出组织的知识产权

③ 企业网络的关键资产

■ 商业秘密
■ 研究和开发
■ 市场计划
■ 企业银行/信用卡账户
■ 客户资料
■ 供应商资料
■ 关键雇员信息
◆ 委员会
◆ 中间管理层
◆ 系统管理员
◆ 工程师
◆ 技术专家
◆ 人力资源
◆ 总裁助理

（2）业务流程分析

① 使用的基础设施

② 人力基础设施

③ 使用的第三方平台

（3）威胁对手/社区分析

① 内部人员

■ 委员会
■ 中间管理层
■ 系统管理员
■ 开发者

- ■ 工程师
- ■ 技术专家

② 竞争对手

③ 国家政府

④ 有组织的犯罪团队

⑤ 周末工作的网际黑客

(4) 威胁能力分析

① 分析使用的工具

② 可用的相关渗透代码和攻击载荷

③ 通信机制(加密、下载站点、命令控制、安全宿主站点)

(5) 找出相关公司被攻击的新闻

4) 漏洞分析阶段

(1) 测试

① 主动

- ■ 自动化技术
  - ◆ 通用漏洞扫描
    - • 基于端口
    - • 基于服务
    - • 旗标攫取
  - ◆ Web 应用扫描器
    - • 通用的应用层漏洞扫描
    - • 目录列举和暴力破解
    - • Web 服务版本和漏洞辨识
    - • 存有漏洞的方法
  - ◆ 网络漏洞扫描器
    - • VPN
    - • IPv6
  - ◆ 语音网络扫描
    - • 战争拨号
    - • VoIP 扫描
- ■ 手工方法：针对性连接
- ■ 躲避技术
  - ◆ 多源探测
  - ◆ IDS 逃逸
  - ◆ 可变的速度
  - ◆ 可变的范围

② 被动

- ■ 自动化技术
  - ◆ 从内部获取的元数据分析

◆ 流量监控(如 p0f 等)

■ 手工方法：针对性连接

(2) 验证

① 扫描器结果关联分析

② 手工验证/协议相关

◆ VPN 指纹识别

◆ Citrix 查点

◆ DNS

◆ Web

◆ Mail

③ 攻击路径：创建攻击树

④ 隔离实验室中试验

⑤ 效果确认：手工验证与评审

(3) 研究

① 对公开资源的研究

■ exploit-db

■ Google Hacking

■ 渗透代码网站

■ 通用/默认口令

■ 厂商的漏洞警告

② 私有环境下的研究

■ 建立一个复制环境

■ 测试安全配置

■ 找出潜在攻击路径

5) 渗透攻击阶段

(1) 精准打击

(2) 绕过防御机制

① 反病毒

■ 编码

■ 加壳

■ 白名单绕过

■ 进程注入

■ 纯内存方式

② 人工检查

③ 网络入侵防御系统

④ DEP

⑤ ASLR

⑥ VA+NX(Linux)

⑦ w^x(openBSD)

⑧ Web 应用防火墙

⑨ 栈保护

(3) 定制渗透攻击路径

① 最佳攻击路径

② 零日攻击

- Fuzzing
- 逆向分析
- 流量分析

③ 公开渗透代码的定制

④ 物理访问

- 人为因素
- 主机访问
- USB 接口访问
- 防火墙
- RFID
- 中间人攻击
- 路由协议
- VLAN 划分
- 其他硬件(键盘记录器等)

⑤ 接近的访问(WiFi)

- 攻击 AP
- 攻击用户
- 电子频谱分析

⑥ 拒绝服务/勒索

⑦ Web

- SQLi
- XSS
- CSRF
- 信息泄露
- 其他 OWASP Top 10

(4) 绕过检测机制

① FW/WAF/IDS/IPS 绕过

② 绕过管理员

③ 绕过数据泄露防护系统

(5) 触发攻击响应控制措施

(6) 渗透代码测试

(7) 攻击类型

① 客户端攻击(如钓鱼攻击)

② 服务端攻击

③ 带外攻击

6）后渗透攻击阶段

（1）基础设施分析

① 当前网络连接分析

② 网络接口查询

③ VPN 检测

④ 路由检测，包括静态路由

⑤ 网络邻居与系统探查

⑥ 使用的网络协议

⑦ 使用的代理服务器

⑧ 网络拓扑

（2）高价值目标识别

① 掠夺敏感信息

② 视频监控器和摄像头

③ 从可用通道获取敏感数据

④ 查找共享目录

⑤ 音频监控

- VoIP
- 话筒记录

⑥ 高价值文件

⑦ 数据库查点

⑧ WiFi

⑨ 源代码库

⑩ 识别出客户管理应用

⑪ 备份

- 本地备份文件
- 中央备份服务器
- 远程备份方案
- 录音存储备份

（3）业务影响攻击

① 业务盈利途径

② 窃取业务盈利

（4）进一步对基础设施的渗透

① 僵尸网络

②入侵内网

③ 检查历史/日志

- Windows
- Linux
- 浏览器

(5) 掩踪灭迹

① 记录渗透攻击过程步骤

② 确保清理现场

③ 删除测试数据

④ 对证据进行打包和加密

⑤ 必要时从备份恢复数据

(6) 持续性存在

① 自启动恶意代码

② 反向连接

③ Rootkit

- 用户模式
- 内核模式

④ 命令控制媒介(HTTP、DNS、TCP、ICMP)

⑤ 后门

⑥ 植入代码

⑦ 口令保护的 VPN

7) 报告阶段

(1) 执行层面的报告

① 业务影响

② 定制

③ 与业务部门的谈话

④ 影响底线

⑤ 策略方法路径

⑥ 成熟度模型

⑦ 风险评估术语说明

⑧ 攻击过程与甘特图时间线

⑨ 风险评估

- 评估事故频率
  - 可能的事件频率
  - 估计威胁能力(从阶段 3 威胁建模阶段而来)
  - 评估控制措施强度(从阶段 6)
  - 安全漏洞与脆弱性评估(从阶段 5)
  - 所需技能要求
  - 所需访问权限等级
- 每次事故的损失估计
- 风险推算
  - 威胁
  - 漏洞
  - 组合风险值

(2) 技术报告

① 识别系统性问题和技术根源分析

② 穿透性测试评价指标

- 范围内的系统数量
- 范围内的应用场景数量
- 范围内的业务流程数量
- 被检测到的次数
- 漏洞/漏洞主机数量
- 被攻陷的系统数量
- 成功攻击的应用场景数量
- 攻陷的业务流程次数
- ……

③ 技术发现

- 描述
- 截图
- 抓取的请求与响应
- 概念验证性样本代码

④ 可重现结果

- 测试用例
- 触发错误

⑤ 应急响应和监控能力

- 情报收集阶段
- 漏洞分析阶段
- 渗透攻击阶段
- 后渗透攻击阶段
- 其他方面(如对第三方的通知等)

⑥ 标准组成部分

- 方法体系
- 目标
- 范围
- 发现摘要
- 风险评定的术语附录

(3) 提交报告

① 初始报告

② 客户对报告的评审结果

③ 对报告的修订

④ 最终报告

⑤ 报告初稿与最终报告的版本管理

⑥ 展示报告

- 技术层面
- 管理层面

⑦ 工作例会/培训：差距分析(技能/培训)

⑧ 保存证据和其他非产权的数据

⑨ 纠正过程

- 分流
- 安全成熟度模型
- 工作进展计划
- 长期解决方案
- 定义限制条件

⑩ 开发定制工具

3. Metasploit 穿透性测试框架

开源穿透性测试框架软件 Metasploit 已逐步发展成一个成熟的漏洞研究与渗透代码开发平台，成为支持整个渗透测试过程的安全技术集成开发与应用环境。Metasploit 框架中集成了数百个针对主流操作系统平台上，不同网络服务与应用软件安全漏洞的渗透攻击模块，可以由用户在渗透攻击场景中根据漏洞扫描结果进行选择，并能够自由装配该平台上适用的具有指定功能的攻击载荷，然后通过自动化编码机制绕过攻击限制与检测措施，对目标系统实施远程攻击，获取系统的访问控制权。

除了渗透攻击之外，Metasploit 在发展过程中逐渐增加对穿透性测试全过程的支持，包括情报搜集、威胁建模、漏洞分析、后渗透攻击与报告生成。

(1) **情报搜集阶段**：Metasploit 一方面通过内建的一系列扫描探测与查点辅助模块来获取远程服务信息，另一方面通过插件机制集成调用 Nmap、Nessus、OpenVAS 等业界著名的开源网络扫描工具，从而具备全面的信息搜集能力，为渗透攻击实施提供必不可少的精确情报。

(2) **威胁建模阶段**：在搜集信息之后，Metasploit 支持一系列数据库命令操作，直接将这些信息汇总至 PostgreSQL、MySQL 或 SQLite 数据库中，并为用户提供易用的数据库查询命令，可以帮助穿透性测试者对目标系统搜集到的情报进行威胁建模，从中找出最可行的攻击路径。

(3) **漏洞分析阶段**：除了信息搜集环节能够直接扫描出一些已公布的安全漏洞之外，Metasploit 中还提供了大量的协议 Fuzz 测试器与 Web 应用漏洞探测分析模块，支持具有一定水平能力的穿透性测试者在实际过程中尝试挖掘出“零日”漏洞，并对漏洞机理与利用方法进行深入分析，而这将为渗透攻击目标带来更大的杀伤力，并提升穿透性测试流程的技术含金量。

(4) **后渗透攻击阶段**：在成功实施渗透攻击并获得目标系统的远程控制权之后，Metasploit 框架中另一个极具威名的工具 Meterpreter 在后渗透攻击阶段提供了强大功能。Meterpreter 可以看作一个支持多操作的系统平台，可以仅仅驻留于内存中并具备免杀能力的高级后门工具，Meterpreter 中实现了特权提升、信息攫取、系统监控、跳板攻击与内网拓展等多样化的功能特性，此外还支持一种灵活可扩展的方式来加载额外功能的后渗透攻击模块，足以支持穿透性测试者在目标网络中取得立足点之后进行进一步的拓展攻击，并取得具有业务影响力的渗透效果。

(5) **报告生成阶段**：Metasploit 框架获得的穿透性测试结果可以输入至内置数据库中，这些结果可以通过数据库查询来获取，并辅助穿透性测试报告的写作。商业版本的 Metasploit Pro 具备了更加强大的报告自动生成功能，可以输出 HTML、XML、Word 和 PDF 格式的报告，并支持定制穿透性测试报告模板，以及支持遵循 PCI DSS(银行支付行业数据安全标准)与 FIMSA(美国联邦信息安全管理法案)等标准的合规性报告输出。

正是由于 Metasploit 具有支持穿透性测试过程各个环节的如此众多且强大的功能特性，它已经成为安全业界最受关注与喜爱的穿透性测试流程支持软件。

(1) Metasploit 软件面向的用户群体也首先是职业的穿透性测试工程师，以及非职业的、参与穿透性测试学习与实践的安全技术爱好者。Metasploit 或许是绝大多数穿透性测试者最明智的穿透性测试工具首选。

(2) 真正处于防御一线的网络与系统管理员们也应该熟悉和深入掌握 Metasploit，能够自主地对所管理的信息网络进行例行性的白盒式穿透性测试，这将有效发现其中的安全薄弱点，在由于真正的入侵发生导致自己挨训甚至丢掉饭碗之前，能够做出有效的补救与防护措施。

(3) Metasploit 还可以被软件、设备和安全产品评估者们所使用，特别是在他们工作范围内的某款软件或设备被爆出公开利用的"零日"安全漏洞时，可以利用 Metasploit 来重现渗透攻击过程，定位安全漏洞并分析机理，从而修补软件与设备，而诸如 IDS、IPS、杀毒软件等安全产品的评估者，也可以使用 Metasploit 来检验产品的检测性能，以及针对 Metasploit 强大免杀与逃逸技术的对抗能力。

4. 安全测试和分析框架

开源的安全测试和分析框架(ISSAF)将安全测试分类成数个域，其中每个域都会对目标系统的不同部分进行评估，按照一定的逻辑顺序进行每个域的评估，其结果组成一个完整的安全评估。ISSAF 主要关注安全测试的两个领域：技术和管理。在技术方面，ISSAF 建立了一系列需要遵循的核心规则和流程，和一个完备的安全评估程序。在管理方面，ISSAF 定义了约束管理和测试过程中应该遵守的最佳实践。

需要记住的是 ISSAF 把安全评估看作是一个过程，而不是一次审计。安全审计行为需要有一个更为成熟的机构来宣布必要的标准，ISSAF 的评估框架包含了计划、评估、修复、评审以及维护这几个阶段。每个阶段都包含了适用于任何组织架构的灵活有效的通用指南。最后输出中包含了相关的业务活动、安全举措以及目标环境中可能存在的漏洞的完整列表。评估程序通过分析测试目标环境中可以被轻易利用的严重漏洞，来选择完成测试的最短路径。

ISSAF 包含了一系列丰富的技术评估标准，用于测试各种不同的技术和流程。但是这也带来了维护上的问题，为了能够反映最新的安全技术及其评估标准，必须及时更新 ISSAF 框架。相比之下，面对这类框架过时的问题，OSSTMM 方法所受的影响较小，因为在 OSSTMM 中，审计人员可以使用同一套方法论，运用不同的工具和技术来完成不同的安全评估任务。另一方面，ISSAF 的创建者声明 ISSAF 是一个用途广泛的框架，它包含了一些安全工具、最佳实践以及管理问题的信息，用来完成安全评估项目。它也可以和 OSSTMM 或其他类似的测试方法一起使用,从而能够组合各种方法的优点。但是,需要注意的是,和其他测试方法和框架相比,ISSAF 仍然处在初级阶段,并且有一点过时。

ISSAF 关键功能和益处包括以下这些。

(1) 提出了一个很有价值的主张,即通过测试当前安全控制中是否存在严重漏洞,来保障基础设施安全。

(2) ISSAF 框架关注信息安全中不同的关键领域。它涵盖了风险评估、业务架构和管理、控制评估、约束管理、安全策略开发以及良好的实践。

(3) ISSAF 提供的整体技术评估流程包括了操作管理、物理安全评估、穿透性测试方法、事故管理、变化管理、业务可持续性管理、安全意识、法律和法规的遵守。

(4) ISSAF 的穿透性测试方法只是单纯检查网络、系统和应用程序的安全性。因为 ISSAF 框架可以很透明地专注于测试目标使用的具体技术,包括路由器、交换机、防火墙、入侵检测和防范系统、存储区域网络、虚拟私有网络、各种操作系统、Web 应用服务器、数据库等。

(5) 在技术和管理两个领域实现了必要的安全控制,填补了这两个领域之间的空白。

(6) 它使得管理者能够理解存在于组织外围防御体系中的潜在安全风险,并通过找出那些可能影响业务完整性的漏洞,来主动地减少这些风险。

5. 其他穿透性测试方法

通过组合使用 OSSTMM、PTES、Metaploit、ISSAF 等穿透性测试框架和方法,再结合评估者对 TOE 足够知识的掌握就能够有效评估 TOE 脆弱性。

业界其他穿透性测试方法还有以下几种。

(1) **BackTrack 测试方法**:该方法由一系列相关步骤所组成,要想成功完成安全评估项目,必须在测试的初始化阶段、测试进行阶段以及测试结束阶段遵循这些步骤。这些步骤包括:目标范围划定、信息收集、目标发现、枚举目标、漏洞映射、社会工程学、漏洞利用、提权、持续控制目标、文档和报告。

(2) **OWASP Web 应用安全威胁项目**:针对目前最普遍的 Web 应用层,为安全评估者和开发者提供了如何识别与避免这些安全威胁的指南。OWASP 通过评估那些排名靠前的攻击向量和安全隐患,结合它们对技术和商业上的影响,对应用安全风险进行了归类,提出了十大应用安全风险。在进行应用安全评估时,每一类都代表了一个通用的攻击方法,它和目标所使用的平台和技术无关。同时,它还提供了如何测试、验证和修复每一类漏洞的特殊指导。OWASP 并不会试图解决所有和 Web 应用安全相关的问题,它主要关注那些高风险的安全问题。OWASP 十大 Web 应用安全威胁项目(OWASP Top Ten)只关注具有最高风险的 Web 领域,而不是一个普适性的穿透性测试方法指南。因此,OWASP 项目并不是集中在开发相关应用安全程序上,而是提供了一套基准,通过遵循安全的代码编写原则和实践,来提高产品的安全性。

(3) **NIST SP 800-115《信息安全测试和评估技术指南》**:NIST SP 800-11 是在根据 2002 年发布的联邦信息安全管理法案(FISMA)和公共法律 107-347 推进其职责,协助相关机构在规划和进行信息安全测试时分析结果并开发风险减缓战略。该指南面向计算机安全工作人员和程序管理员、系统和网络管理员,为设计、实施、维护信息安全测试的过程和程序提供了切实可行的建议,概述了安全测试的关键要素,详细描述了具体的安全测试技术,和每一项推荐使用技术(安全审查(如文档审查与网络嗅探等)、目标识别与发现、漏洞分析等安全测试技术)的优势与局限。该指南还对信息安全测试的规划方法与流程、测试执行及测试执行之后的活动进行了描述和说明。

(4) **NIST SP 800-42 网络安全测试指南**：NIST SP 800-42 讨论了穿透性测试流程与方法，虽然不及 OSSTMM 全面，但是它更可能被管理部门所接受。

(5) **Web 安全威胁分类标准**：与 OWASP Top Ten 类似，Web 应用安全威胁分类标准(WASC-TC)全面地给出目前 Web 应用领域中的漏洞、攻击与防范措施视图。

8.5 本章小结

基于 CC 的 TOE 安全评估要求 TOE 开发者或 TOE 提供商提供 ST 和评估证据资料，CC 测试实验室的 TOE 评估者依据 ST 和评估发起人提供的证据对 TOE 进行独立性测试、脆弱性评定和穿透性测试。面向 TOE 安全功能实现正确性确认的独立性测试需要测评机构按照 ST 的安全功能组件要求对 TOE 开发者提供的测试用例进行抽样或编制独立于厂商的测试用例，并对被测 TOE 进行功能验证测试(即对 TOE 安全功能进行独立性测试)。脆弱性评定则关注 TOE 设计或实现上的缺陷，这些缺陷可能破坏正确实施安全功能的安全行为，这就需要进行穿透性测试。换句话说，穿透性测试关心的是产品不应该做什么，一般由具备专业知识和相关经验的评估者通过脆弱性分析和穿透性测试技术完成。

本章介绍了 TOE 安全功能的独立性测试的 4 个阶段：在分析阶段介绍了 TSF 分析相关的工作，包括合适的测试技术(如黑盒测试、白盒测试)的选择问题；在设计阶段介绍了测试流程设计，独立性测试用例设计和采用自动化测试技术的测试框架设计等相关内容；在开发阶段介绍了测试工具的开发、测试用例自动生成和测试用例执行的脚本化程序开发方法；在测试阶段介绍了对被测 IT 产品进行测试验证，得到测试结果，生成测试报告等相关内容。在 TOE 的安全功能评估过程中不断总结独立性测试中的各环节的经验，并对 TOE 的测试过程中所设计的测试用例、采用的测试技术予以改进。

脆弱性评定活动的目的是确定 TOE 在预期使用环境下的缺陷或脆弱性的存在性和可利用性。这种确定是基于开发者和评估者所进行的安全性分析，并由评估者的测试数据提供支持。因此，CC 的脆弱性评定包括两个部分：脆弱性分析和穿透性测试。换句话说评估人员需要通过网络资源、公开领域，或评估者的经验标识出 TOE 潜在的缺陷或脆弱性，并进行攻击潜力的计算；对于攻击可行性较高的缺陷或脆弱性，评估人员将进行穿透性测试来验证它们的可利用性。

脆弱性分析没有关于安全功能设计和实现正确性的任何假设，也没有强制设定攻击方法或者攻击者与 TOE 的交互。如果有攻击的可能性，则在脆弱性分析期间可通过穿透性测试方法进行验证。

在讨论了脆弱性分析相关的攻击潜力计算技术后，对现有的穿透性测试方法进行了分类，讨论了业界常用的安全测试方法学开源手册、穿透性测试过程规范标准、开源的穿透性测试框架、安全测试和分析框架等相关的穿透性测试方法。通过这些穿透性测试方法和框架，使安全评估者对穿透性测试建立起一个整体的知识与技能体系，所有这些方法背后的基本思想就是对 TOE 的穿透性测试过程应该按步骤实施,从而确保更加精确地评估 TOE 安全功能的安全性。我们无法在这里细致地介绍每个标准的细节,只是简要地介绍了 OSSTMM、PTES 开源穿透性测试框架和 Metasploit 穿透性测试开源软件中定义的穿透性测试过程环节。安全评估者在更加深入地了解了 TOE 支持的安全功能及其实现技术与机制之后,可以更进一步去参照相关资料构建面向 TOE 穿透性测试方法体系,并在实际的穿透性测试实践中加以应用。

8.6 问题讨论

1. 简述基于 CEM 的 IT 产品安全性测试与一般软件产品功能测试的异同点。

2. 简述 IT 产品安全测试和评估常用的方法。

3. 什么叫独立性测试,什么叫穿透性测试？它们之间的联系和区别是什么？

4. 独立性测试包括哪几个阶段？概述各阶段任务和目标。

5. 简述 IT 产品安全功能符合性测试用例设计方法,并结合你熟悉的 IT 产品安全功能概述如何使用这些方法。

6. 什么是测试场景？列举几个测试场景,概述测试用例和测试场景的关系。

7. 简述典型的测试用例自动生成技术,并结合你熟悉的 IT 产品安全功能概述如何使用这些测试用例自动生成技术。

8. 结合教材中介绍的 IBM STAF/STAX 自动化测试框架,并结合你熟悉的 IT 产品安全功能测试需求,谈谈如何开发测试用例脚本及如何组合这些测试用例。

9. 概述脆弱性评定中脆弱性分析和穿透性测试的关系。

10. 什么是脆弱性？怎么评价软件的脆弱性？

11. 什么是攻击潜力？如何计算攻击潜力。简述攻击潜力计算相关因素及其计算方法。

12. 简述 CC 建议的 TOE 脆弱性级别与攻击潜力之间的判断关系。

13. 安全性分析是一种系统性的分析,简述 TOE 安全分析应考虑的维度和内容。

14. 概述评价穿透性测试方法分类的相关评价指标,围绕概述穿透性测试目的,论述穿透性测试方法分类维度的作用。

15. 结合图 8.18 所示的穿透性测试技术分类体系,简述建立这个分类体系的信息量、攻击性、范围、方法、技术和起点的基本概念。

16. 简述白盒测试、灰盒测试和黑盒测试的异同点。

17. 目前有哪些穿透性测试方法？简述这些方法的优缺点。

18. 目前有哪些穿透性测试技术？简述这些技术的优缺点。

19. 简述你熟悉的穿透性测试工具,它包含哪些穿透性测试功能？

20. 结合你熟悉的 IT 产品安全性测试需求和穿透性测试工具,简述如何使用这款工具对 IT 产品进行安全性测试。

附录A　CCRA成员国列表

截至2019年10月,在CC网站公布的CCRA成员国信息如下。

国家	联系信息	状　态
澳大利亚	**Australasian Certification Authority（ACA）** E-mail：ACA. Certifications@defence. gov. au URL：https://www. cyber. gov. au/programs/australasian-information-security-evaluation-program	证书签发国
加拿大	**Canadian Common Criteria Scheme** E-mail：ccs-sccc@cse-cst. gc. ca URL：https://www. cyber. gc. ca	证书签发国
法国	**Agence Natinale de la Sécurité des Systèmes d'Information（ANSSI）** E-mail：certification@ssi. gouv. fr URL：http://www. ssi. gouv. fr/	证书签发国
德国	**Bundesamt für Sicherheit in der Informationstechnik** E-mail：zerti@bsi. bund. de URL：http://www. bsi. bund. de/	证书签发国
印度	**Indian Common Criteria Certification Scheme（IC3S）** E-mail：aloke@stqc. gov. in URL：http://www. commoncriteria-india. gov. in/	证书签发国
意大利	**Organismo di Certificazione della Sicurezza Informatica（OCSI）** E-mail：ocsi@mise. gov. it URL：http://www. ocsi. isticom. it/	证书签发国
日本	**Japan Information Technology Security Evaluation and Certification Scheme（JISEC）** E-mail：jisec@ipa. go. jp URL：http://www. ipa. go. jp/security/jisec/jisec_e/	证书签发国

续表

国家	联系信息	状　态
马来西亚	**CyberSecurity Malaysia** E-mail：mycc@cybersecurity. my URL：http://www. cybersecurity. my/mycc	证书签发国
荷兰	**The Netherlands scheme for Certification in the Area of IT Security(NSCIB)** E-mail：info@nl. tuv. com URL：https://www. tuv-nederland. nl/common-criteria/	证书签发国
新西兰	**Australasian Certification Authority (ACA)** E-mail：ACA. Certifications@defence. gov. au URL：https://www. cyber. gov. au/programs/australasian-information-security-evaluation-program	证书签发国
挪威	**SERTIT** E-mail：post@sertit. no URL：http://www. sertit. no/	证书签发国
韩国	**IT Security Certification Center (ITSCC)** E-mail：itscc@nsr. re. kr URL：http://itscc. kr	证书签发国
新加坡	**Cyber Security Agency of Singapore** E-mail：nites@csa. gov. sg URL：https://www. csa. gov. sg/programmes/csa-common-criteria	证书签发国
西班牙	**Organismo de Certificación Centro Criptológico Nacional** E-mail：organismo. certificacion@ccn. cni. es URL：https://oc. ccn. cni. es	证书签发国
瑞典	**Swedish Certification Body for IT Security FMV/CSEC** E-mail：csec@fmv. se URL：http://fmv. se/en/Our-activities/CSEC-The-Swedish-Certification-Body-for-IT-Security	证书签发国
土耳其	**Turkish Standards Institution(TSE)** E-mail：ccraturkey@tse. org. tr URL：https://www. tse. org. tr/IcerikDetay?ID=950&ParentID=3296	证书签发国
美国	**National Information Assurance Partnership(NIAP)** E-mail：niap@niap-ccevs. org URL：https://www. niap-ccevs. org/	证书签发国

续表

国家	联系信息	状态
奥地利	**Federal Chancellery of Austria** E-mail：i11@bka. gv. at URL：http://www. digitales. oesterreich. gv. at/	证书消费国
捷克共和国	**National Security Authority** E-mail：czech. nsa@nbu. cz URL：http://www. nbu. cz/en/	证书消费国
丹麦	**The Danish GovCERT** E-mail：fe-cfcs-it-sikkerhed@cfcs. dk URL：https://www. cfcs. dk	证书消费国
埃塞俄比亚	**Information Network Security Agency（INSA）** E-mail：Gebrekidan@insa. gov. et URL：http://www. insa. gov. et	证书消费国
芬兰	**Finnish Transport and Communications Agency（Traficom）** E-mail：ccra@traficom. fi URL：https://www. ncsc. fi/	证书消费国
希腊	**National Intelligence Service** E-mail：edep10@nis. gr URL：http://www. nis. gr/	证书消费国
匈牙利	**Ministry of National Development** E-mail：csaba. horvath@nfm. gov. hu URL：http://www. kormany. hu/en/ministry-of-national-development	证书消费国
印度尼西亚	**Badan Siber DAN Sandi Negara** E-mail：idcc@bssn. go. id URL：https://www. bssn. go. id/idcc	证书消费国
以色列	**The Standards Institution of Israel** E-mail：carmit@sii. org. il URL：http://www. sii. org. il/20-en/SII_EN. aspx	证书消费国
巴基斯坦	**Ministry of Defence** E-mail：info@commoncriteria. org. pk URL：http://www. commoncriteria. org. pk/	证书消费国

续表

国家	联系信息	状态
波兰	**Ministerstwo Cyfryzacji** E-mail：sekretariat. dc@mc. gov. pl URL：https://www. gov. pl/web/cyfryzacja/cyberbezpieczenstwo	证书消费国
卡塔尔	**Ministry of Transport and Communications** E-mail：ciip@motc. gov. qa URL：http://www. motc. gov. qa/	证书消费国
斯洛伐克	**National Security Authority** E-mail：podatelna@nbu. gov. sk URL：https://www. nbu. gov. sk/en/index. html	证书消费国
英国	**The National Cyber Security Centro(NCSC)** E-mail：cc@ncsc. gov. uk URL：http://www. ncsc. gov. uk/	证书消费国

附录 B　通用评估准则国际技术社区

CC 互认协定(CCRA)组织在开发 CC/CEM 并促进其在成员国之间的应用方面做了大量工作,随着成员国之间加强 PP 合作开发的呼声逐渐增强,在 2012 年 9 月,CCRA 组织针对开发合作性 PP 并围绕该主题进行互认框架的变革,发布了一份愿景文件,本附录将展示该愿景文件的主要内容,以便读者了解 CC 在此方面的发展思路、目标和当前状况。

1. 基本发展思路

(1) 在不严重影响 IT 产品安全评估成本和 IT 产品上市时间的前提下,应提升 IT 产品安全评估的安全级别。

(2) 为此,将以建立 CC 国际技术社区(iTC)开发合作性 PP(cPP,collaborative PP)的方式来提升 IT 产品安全要求标准化水平,实现 TOE 评估结论的合理性、可比性和可重现性,并以此提升 TOE 评估的工作效率。

(3) iTC 应在明确定义和授权后进行工作,其职能是依据 CC 为所有类型的 IT 产品开发针对性的 cPP。互认等级应建立在 cPP 的基础上。对任何 IT 产品,一旦存在 cPP,测评应依据相应的 cPP 进行;对于不存在 cPP 的情况,可采用基于 ST 的测评,但此时最多支持至 EAL 2 级的 IT 产品安全评估互认。

(4) 在满足一些特定的国家或协定(如国家之间的双边协定)要求的同时,应以 cPP 为基础提升 IT 产品安全评估的互认级别。

上述基本发展思路在 2014 年 7 月公布的 CCRA 新版文件中得到了体现。采用这种更加中心化的保护轮廓协作开发方式,有利于为 IT 产品建立共同的功能需求和公认的互认级别,提升 IT 产品的可比性,并在促进公平竞争的情况下降低客户对 IT 产品采购的开销。

2. cPP 编制方式和管理框架

cPP 将通过政府机构、IT 产品供应商和 IT 评估机构合作的方式进行开发,具体如下。

(1) 与国家政府或指定的代表(CCRA 成员)合作,以便:

① 最大化每个 cPP 的接受程度;

② 限制每个技术领域的可用 cPP 数量;

③ 分担 cPP 编制成本。

(2) 与 cPP 范围内的 IT 产品供应商合作,以便:

① 采用最先进的 IT 产品供应商的信息技术;

② 促进 IT 产品供应商之间的公平竞争;

③ 最大化符合 cPP 要求的 IT 产品数量和接受程度。

(3) 与被 CCRA 认可的 IT 安全评估机构合作,以便:

① 提供这些测评服务机构之间的一致性;

② 同意有效地保护 IT 产品供应商之间的评估活动等。

为此,CCRA 委员会将采用如下的管理框架。

(1) CC 开发理事会(CCDB)应通过 CCRA 管理委员会授权的方式建立每个技术社区。

(2) CCDB 应通过投票的方式来决定是否接受拟定 IT 产品的 PP(包括支持文件)为 cPP:

① 只有满足基本要求的 PP(见下面的论述)才可能被接受;

② 只有具有足够的技术社区的支持,PP 才可能被接受。

(3) 所有的 cPP 及围绕它们的建议和(或)采购政策的链接,以及可能的细化方法都将在 CC 门户网站上公布。

(4) cPP 及其支持文件的创建和维护应由 CC 编辑委员任命或接受的技术社区(TC)负责,为此:

① 每个 TC 应公布职责范围(描述成员资格规则、投票程序等)和定期联络声明;

② cPP 编制过程中的中间工作成果应向所有参与 cPP 编制的参与方公开,并可通过 CC 门户网站访问到。

当然 CCRA 也为 cPP 的编制提出了以下基本要求。

(1) 所有 cPP 应符合 CC 和 CEM 的通用框架,以支持互认。有必要建立 cPP 的支持文档,以在 CEM 的基础上进行补充说明。当证据表明 cPP 和(或)证明文件不能表达安全需求时,CC 和(或)CEM 可以根据标准的授权过程进行修改。

(2) 所有 cPP 只能包含适用于所有 CCRA 体制的要求,而不能存在依赖特定国家合格评定体制的内容。

(3) 所有 cPP 可明确指定由合适的标准机构制定的密码原语或协议标准。cPP 还应允许使用其他"国家批准的原语/协议",以便各国可以提供自己的改进方案。互认的密码评估方法将由 CCDB 单独讨论。

(4) 所有 cPP 应包括源于 CC 第 3 部分的最高等级至 EAL 2 的保障组件,如果 TC 能够论证在不同评估体制下的适用性,也可以包含更高等级的保障组件(最高至 EAL 4)。应避免使用扩展保障组件,除非能够在 CCDB 的规范程序下提供充分理由进行说明。

(5) cPP 应定义可行的评估保障级别,并提出漏洞分析要求,以确保认证的 IT 产品可达到预期的安全级别。cPP 中未定义的保障活动将不会得到 CCRA 的认可,并且声明符合 cPP 的证书不应包括更高级别和(或)额外的安全保障要求。

(6) 所有 cPP 应针对特定技术领域定义最小的公共安全功能要求集。声明符合 cPP 的 CCRA 证书不应包括除 cPP 中指定的安全功能之外的附加安全功能。强烈建议在 ST 中定义 IT 产品附加的安全功能,并进行单独评估,对最终证书的互认最高为 EAL 2(加上 FLR)。

(7) 对于 cPP 不存在或不适用的情况,将按照 IT 产品的 ST 进行评估,由此产生的证书互认将限制到 EAL 2(和 FLR)。这也适用于依据标准 PP 进行评估的产品。

3. iTC 和 cPP 的发展情况

在上述框架下,截至 2019 年 10 月,在 CC 官网中公布的国际技术社区(iTC)开发的 cPP 主要有以下 6 个。

(1) USB 可携带存储设备(USB Portable Storage Devices):包括 USB 可携带存储设备技术定位立场声明和 USB 可携带存储设备状态等内容。

(2) 全磁盘加密(Full Disk Encryption):包括全磁盘加密技术定位和全磁盘加密状态等内容。

(3) 网络基础设施和防火墙(Network Fundamentals and Firewalls)：包括网络设备基础设施技术定位、有状态流量过滤防护墙技术定位和网络基础设施和防火墙状态等内容。

(4) 应用软件(Application Software)：包括应用软件技术定位和应用软件状态等内容。

(5) 专用安全组件(Dedicated Security Component)：包括专用安全组件技术定位和专用安全组件状态等内容。

(6) 生物特征安全 (Biometric Security)：包括生物特征安全技术定位和生物特征安全状态等。

可在 CC 官方网站看到不同的 iTC 组织工作进展，例如图 B.1 是 USB 可携带存储设备的工作状态(https://www.commoncriteriaportal.org/communities/Status.cfm)。

iTC Title	USB Portable Storage Devices
Latest Information Date	2016.07.14
More Information	On the CC Portal On OnlyOffice
Chair	Dag Stroman
Schemes Involved	Sweden, USA, UK, Germany, Japan, Australia, Canada, Turkey, The Netherlands
ToRs	v2.0 approved by the iTC 2014.07.07 v3.0 in draft
Essential Security Requirements	v2.0 dated 2013.10.28
Position Statements	Australia 2014.03.11　Japan 2014.08.26 Denmark 2014.01.08　Sweden 2014.02.03 Finland 2013.12.16　UK 2014.02.14 Germany 2014.02.11　USA 2013.10.30
Security Problem Definition	v0.6 dated 2014.08.29
Endorsement Statements	—
Current Version of cPP	Collaborative Protection Profile for USB Portable Storage Devices v0.8
Current Version of SD	v0.4 dated 2015.12.15 v0.5 in progress and released for public review in 2016.04, waiting for: • Assurance activities on cryptographic SFRs from the CCDB Crypto WG • BSI review of the Supporting Document to resolve comments received during the public review of the USB cPP (e.g. related to testing (ATE_IND.1), formal wording requirements)
Project Manager	David Martin
Current Issues	USB cPP is complete; however, some changes are expected to cryptographic SFRs. USB iTC is waiting for input from the CCDB Crypto WG regarding cryptographic SFRs.

图 B.1　USB 可携带存储设备的工作状态

目前 iTC 已经形成的合作性保护轮廓如表 B.1 所示。

表 B.1　合作性保护轮廓

保护轮廓	版本	是否通过认证	保障级别	注册日期
collaborative Protection Profile for Stateful Traffic Filter Firewalls v2.0+Errata 20180314	2.0E	否	无	2018-03-14
collaborative Protection Profile for Stateful Traffic Filter Firewalls v1.0	1.0	是	无	2015-02-27
collaborative Protection Profile Module for Full Drive Encryption-Authorizatin Acquisition	2.0E	是	无	2019-02-01
collaborative Protection Profile Module for Full Drive Encryption-Encryption Engine	2.0E	否	无	2019-02-01
collaborative Protection Profile Module for Full Drive Encryption-Enterprise management	2.0	否	无	2018-03-23
collaborative Protection Profile for Full Drive Encryption-Encryption Engine v2.0	2.0	否	无	2016-09-09
collaborative Protection Profile for Full Drive Encryption-Authorization Acquisition v2.0	2.0	否	无	2016.09-09

续表

保 护 轮 廓	版本	是否通过认证	保障级别	注册日期
collaborative Protection Profile for Full Drive Encryption-Encryption Engine v1.0	1.0	是	无	2015-02-07
collaborative Protection Profile for Full Drive Encryption-Authorization Acquisition v1.0	1.0	是	无	2015-02-07
collaborative Protection Profile for Network Devices v2.1	2.1	否	无	2019-09-24
collaborative Protection Profile for Network Devices v2.0+Errata 20180314	2.0E	是	无	2018-03-14
collaborative Protection Profile for Network Devices v1.0	1.0	是	无	2015-02-07

附录C　通用评估准则的相关应用标准

CC/CEM 是近四十年信息技术安全评估标准演化过程的结果。自 ISO/IEC 在 1999 年将 CC 作为信息安全评估领域的 ISO/IEC 15408 国际标准发布以来，信息技术安全评估标准得到了很好的发展。以 CC 为基础来定义 IT 产品安全要求及其解决方案的安全评估依据已逐渐得到了 IT 业界的认可。但由于云计算、大数据、物联网、智慧城市等新信息技术应用的安全要求自身极具复杂性，以及开放环境下安全评估实施的复杂性，CC 自身也存在一些不足和需要完善的地方，因此 ISO/IEC JTC1/SC27 一直在对 CC/CEM 以及相关的测试指南及其支撑文件进行修订，以使 CC/CEM 不断适应信息技术的改变而不被废弃。

ISO/IEC 对每个标准设置了一个 5 年的审查周期，以便对各项标准的应用价值和技术内容进行重新审查和修订。ISO/IEC 15408:2009 是基于 CC v3.1 r2。这意味着 ISO/IEC 15408 的下一个版本应当基于 CC 维护理事会(CCMB)在 2017 年 5 月发布的 CC v3.1 r5。CCMB 明确表示它继续致力于支持 CC 向 ISO/IEC 标准转换的国际化过程，ISO/IEC JTC1/SC27 WG3 工作组也一直致力于 CC/CEM 的推广应用。新版 CC(CC 编辑组内部称之为 CC 4.0)的修订工作自 2015 年开始，新标准将针对现有的测试方法和技术，根据 CCRA 的发展要求和测评要求对 CC 第 3 部分和 CEM 进行较大程度的更新，以支持 PP 模块和特定领域评估方法等内容。在 2018 年 4 月中国武汉召开的 ISO/IEC JTC1/SC27 工作组会议上，WG3 工作组已经就 CC 第 3 部分安全保障组件和预定义保障包的分离、CEM 中针对特定产品或特定领域的安全评估方法编制等形成了相应的标准草案，未来的 CC 将从目前的 3 部分扩展到 5 部分。与 CC 相关的标准及其技术文档在不断变化，表 C.1 给出了截至 2018 年 5 月 WG3 工作组编制标准的状态。

表 C.1　ISO/IEC JTC1/SC27 WG3 工作组编制标准的状态(截至 2018 年 5 月)

标　准　号	标 准 名 称	备　　注
ISO/IEC 15408	信息技术安全评估准则	ISO/IEC 15408-1:2009 ISO/IEC 15408-2:2008 ISO/IEC 15408-3:2008 新版标准正处于委员会草案开发阶段，计划于 2020 年发布
ISO/IEC TR 15443	信息技术安全保障框架	ISO/IEC TR 15443:2012
ISO/IEC TR 15446	保护轮廓和安全目标产生指南	ISO/IEC TR 15446:2017
ISO/IEC 17825	密码模块非侵入式攻击缓解技术的测试方法	ISO/IEC 17825:2016
ISO/IEC 18045	IT 安全评估方法	ISO/IEC 18045:2008
ISO/IEC 18367	密码算法和安全机制合规性测试	ISO/IEC 18367:2016
ISO/IEC 19790	密码模块安全要求	ISO/IEC 19790:2012
ISO/IEC 20540	运行环境中的密码模块测试	已进入发布流程
ISO/IEC 20543	依据 ISO/IEC 19790 和 ISO/IEC 15408 的随机比特发生器测试和分析方法	已进入发布流程

续表

标 准 号	标 准 名 称	备 注
ISO/IEC TR 19791	运行系统安全评估	ISO/IEC TR 19791:2010
ISO/IEC 19792	生物识别系统的安全评估	ISO/IEC 19792:2009
ISO/IEC 19249	适合于安全产品、系统和应用的架构和设计原则分类	ISO/IEC 19249:2017
ISO/IEC TR 20004	依据 ISO/IEC 15408 和 ISO/IEC 18045 的软件漏洞分析	ISO/IEC TR 20004:2015
ISO/IEC 21827	系统安全工程-能力成熟度模型(SSE-CMM)	ISO/IEC 21827:2008
ISO/IEC 24759	密码模块测试要求	ISO/IEC 24759:2017
ISO/IEC 29128	密码协议验证	ISO/IEC 29128:2011
ISO/IEC 29147	漏洞披露	ISO/IEC 29147:2014
ISO/IEC TS 30104	物理安全攻击、缓解技术和安全要求	ISO/IEC 30104:2015
ISO/IEC 30111	漏洞处理过程	ISO/IEC 30111:2013
ISO/IEC 19896	信息安全测试者和评估者的能力要求	ISO/IEC 19896-1:2018 ISO/IEC 19896-2 和 19896-3 将进入发布流程

从 ISO/IEC JTC1/SC27 WG3 工作组制定的标准列表可以看出,来源于美国 FIPS-140 标准的国际标准 ISO/IEC 19790 是一个针对密码模块安全评估的重要体系,它关注密码模块的以下 11 个方面。

(1) 密码模块的规格说明(Cryptographic Module Specification)。

(2) 密码模块接口(Cryptographic Module Interfaces)。

(3) 角色、服务及鉴别(Roles,Services and Authentication)。

(4) 软件/固件安全(Software/Firmware Security)。

(5) 运行环境(Operational Environment)。

(6) 物理安全(Physical Security)。

(7) 非侵入式安全(Non-invasive Security)。

(8) 敏感的安全参数管理(Sensitive Security Parameter Management)。

(9) 自检测试(Self-Test)。

(10) 生命周期保障(Life-cycle Assurance)。

(11) 其他攻击的缓解(Mitigation of Other Attacks)。

有兴趣的读者请参照阅读 atsec 论文(http://www.atsec.com/downloads/white-papers/ISOs-cryptographic-module-work.pdf),该论文中包含对 ISO/IEC 19790 更详尽的介绍及其与 FIPS140-2 的比较。

CC/CEM 与其他安全标准之间存在着广泛的交互。表 C.2 给出了与 CC/CEM 相关的部分安全标准,这些标准与 CC/CEM 的关系体现在以下 4 个方面。

(1) 提供关于 CC/CEM 解释和应用的其他指南。

(2) 定义 CC 测试实验室必须遵循的标准实践和条件,以认可和维护这些测试实验室。

(3) 处理那些未被 CC/CEM 覆盖的附加安全标准。

(4) 在其他上下文环境中使用 CC/CEM 的相关支持文件等。

表 C.2 CC/CEM 与其他标准的相关性

标　　准	与 CC/CEM 的关系
1. 提供附加的 CC/CEM 指南	
ISO/IEC TR 15446《信息技术 安全技术 PP 和 ST 产生指南》	为基于 CC 的 PP/ST 编制提供指南 讨论 PP 与 ST 之间的相互作用
ISO/IEC 15292《信息技术 安全技术 保护轮廓注册程序》	定义在 ISO/IEC 第一联合技术委员会注册授权机构(ISO/IEC JTC 1 RA)、注册 PP、功能包(FP)和保障包(AP)的责任与程序
2. 定义 CC 测试实验室标准化活动	
ISO/IEC 17000《合格评定 词汇和通用原则》(GB/T 27000—2006)	规定了与合格评定(包括对合格评定机构的认可)及其在贸易便利化中的应用有关的通用术语和定义
ISO/IEC 17025《实验资格及校准实验室认证的通用要求》(GB/T 15481《检测和校准实验室能力的通用要求》)	规定了实验室进行检测和(或)校准的能力(包括抽样能力)的通用要求。这些检测和校准包括应用标准方法、非标准方法和实验室制订的方法进行的检测和校准
ISO/IEC 17065《实施产品认证制度的机构通用要求》(CNAS-CC21 产品认证机构通用要求)	征集对授权成为 CCTL 的国家权威机构的通用要求
ISO/IEC 17067《合格评定.产品认证计划用产品认证和指南基础》(ISO/IEC 指南 67)	描述了产品认证基本概念,给出了产品认证体制指南
ISO/IEC 27006《信息安全管理体系认证机构要求》(CNAS-CC12)	规定了对管理体系认证机构的认可要求,满足 ISO/IEC 17021 和 ISO/IEC 27001 的相关要求
ISO 9000 国际标准化组织质量管理和质量保障技术委员会制定的国际标准纲要	定义 CCTL 必须服从的质量管理标准(GB 19000《质量管理体系》)
NIST HANDBOOK 150《美国认可机构 NVLAP 过程和通用要求》	定义 CCTL 在收集、分析、存储和评估证据时必须遵循的过程和通用要求
NIST HANDBOOK 150-20《NVLAP 信息技术安全测试：通用评估准则》	NVLAP CCTL 认证和测试技术要求指南
3. 完善 CC/CEM	
ISO/IEC TR 20004《ISO/IEC 18045 情况下的细化软件脆弱性分析》	细化 ISO/IEC 18045 中 AVA_VAN 保障族活动,提供用于更具体的潜在脆弱性识别、选择、评估指南
ISO/IEC 30127《ISO/IEC 18045 情况下的软件穿透性测试细化》	提供了面向 ISO/IEC 18045 软件穿透性测试规划、开发和执行指南
ISO/IEC 29147《信息技术 安全技术 脆弱性披露》	定义产品供应商在产品和在线服务中潜在漏洞公开指南
ISO/IEC 19791《信息技术 安全技术 脆弱性处理规程》	给出了网络产品和服务提供商在处理潜在脆弱性过程中的程序
ISO/IEC 30111《信息技术 安全技术 脆弱性处理过程》	定义产品供应商在产品和在线服务中的潜在漏洞报告处理过程
ISO/IEC 19792《信息技术 安全技术 生物特征识别的安全评价》	生物特征识别系统安全评估过程中的主题规范
ISO/IEC 18367《密码算法与安全机制一致性测试》	密码模块中密码算法与安全机制实现的一致性测试方法
ISO/IEC 19790《信息技术 安全技术 密码模块的安全要求》	计算机和通信系统中用于保护敏感信息安全系统密码模块的安全要求描述

续表

标　准	与 CC/CEM 的关系
ISO/IEC 24759《信息技术 安全技术 密码模块的测试要求》	定义用于评估密码模块鲁棒性和它们与认证加密标准算法一致性测试方法，如 FIPS PUB 140-2
ISO/IEC 29128《密码协议验证》	建立密码协议规范的安全证明技术基础
ISO/IEC 15443《IT 安全保障框架》	包括 3 部分内容：概述和框架、保障方法和保障方法的分析，用于指导 IT 安全专业人员选择合适的安全保障方法
ISO/IEC27000 系列国际标准	世界上应用最广泛与最典型的信息安全管理标准，是由英国标准 BS 7799、ISO/IEC 13335 等系列标准转换而成的
ISO/IEC 19249《安全产品、系统与应用体系结构和设计原则目录》	提供安全产品、系统与应用开发体系结构和设计原则的指南目录
信息保障技术框架（IATF）	定义在不同运行环境下安全结构组件的最佳实践
ISO/IEC 21827《系统安全工程能力成熟度模型(SSE-CMM)》	基于评估安全工程相关开发组织的成熟度过程与度量
ISO/IEC 15026-2《系统和软件安全工程 系统和软件保障 第 2 部分保障案例》	介绍了系统和软件保证常见的保障案例
4. CCRA 支持文档(更多文档可在 CC 官方网站上找到)	
CCDB-2006-04.004《ST 出版编辑》	定义在 CC 门户或国家认证体制网站发布 ST 及认证报告中有关特殊信息处理要求
CCDB-2012-04.005《开发证据收集》	补充了 ISO/IEC 17025《实验资格及校准实验室认证的一般要求》中的开发证据文档指南，包括证据采集、内容评估、必要技术文档等
CCDB-2002-08-009《评估结果和证据重用》	给出了 TOE 评估结果与证据重用的内容和范围
CCDB-2012-06-01《保障证书维护》	给出了 CC 认证产品重新评估和证书维护的最低要求，包括影响分析报告内容与格式要求
NSTISS 指令	综合 CC/CEM 的结果，如评估技术报告(ETR)到证明和鉴定过程

由于 ISO/IEC 标准会进行周期性的修订，因此，在使用 CC/CEM 过程中，对相关标准的最新发展保持同步是非常重要的，以确保我们具有每个标准的最新版本。表 C.2 中任何标准与指南相关文件的某个变化都可能受到 CC/CEM 影响。

在表 C.2 CC/CEM 解释和应用的附加指南中有两个重要的标准：ISO/IEC PDTR 15446《信息技术 安全技术 保护轮廓和安全目标产生指南》和 ISO/IEC 15292—2001《信息技术 安全技术 保护轮廓注册程序》。

ISO/IEC TR 15446 是一个“信息技术报告”，其本身不是一个标准，其主要内容如下。

（1）详细描述 PP/ST 的目的和 PP/ST 文档中的每一章节内容格式。

（2）提供了如何开发 PP/ST 相关章节内容的指南。

（3）讨论 PP 和 ST 之间的相互关系。

（4）为 PP/ST 编制者介绍一个质量检测列表。

（5）提供了几个 PP/ST 示例文档。

ISO和IEC委任了一个注册中心(ISO/IEC JTC1 RA)来管理PP和ST的注册和认证过程。ISO/IEC JTC1 RA这一组织被授权提交申请人的PP、功能包(FP)和保障包(AP)注册管理工作。RA的输入标签包含支撑对象类型(PP、FP或AP)、注册年份和注册号。例如FP-2002-0010表示注册于2002年的第10个功能包。由申请人提交的PP、FP或AP必须符合ISO/IEC 15408中规定的申请需求；但是RA只验证PP、FP或AP的结构和一致性，并不验证技术内容的合规性。

如果申请人提供的信息通过了PP、FP或AP结构和一致性检测，RA将输入标签列为"已注册"；如果没有，该输入标签被列为"失败的注册"。如果PP、FP或AP被一个国际评估组织认可，输入标签会被列为"已认可"；如果没有，输入标签只会被列为"已注册"。ISO/IEC JTC1 RA的注册是国家评估机构PP注册管理之外的一些额外管理步骤，目的是在更广泛的范围内公示和提供PP、FP或AP。ISO/IEC 15292《信息技术 安全技术 保护轮廓注册规程》说明了注册一个PP、FP或AP的步骤以及RA和申请人的职责。

截至2017年6月，在世界范围内共有约60多个CC测试实验室，大概颁发了3417张IT产品的CC证书(其中在用认证产品CC证书2322张)、343张PP证书(其中在用PP为179个)和7个合作性PP(cPP)。

有很多CCTL必须遵循的标准实践和TOE安全评估条件的标准，以保障其评估结果被接受并维护认可的IT产品列表。CCTL特别关注TOE安全评估结果生成的一致和可重复性。国际标准化组织合格评定委员会(ISO/CASCO)在2007年组建了WG29工作组负责对ISO/IEC指南65:1996《产品认证机构通用要 求》进行修订。ISO/CASCO不断整合ISO/IEC相关指南文件，形成ISO/IEC 17000系列标准，例如ISO/IEC指南65在欧盟国家内为EN 45011，已经转化为ISO/IEC 17065《合格评定——对认证产品、过程和服务机构的要求》，为授权CC测试实验室的国家评估机构定义了安全评估过程标准。ISO/IEC 17025《检测和校准实验室能力的通用要求》已经取代了ISO/IEC指南25。其他相关的合格评定标准还有ISO/IEC TS 17022《合格评定——管理体系第三方审核报告内容的要求和建议》、ISO/IEC 17020《合格评定——各类检查机构能力的通用要求》、ISO/IEC 17024《合格评定——人员认证机构通用要求》、ISO/IEC TS 17021《合格评定——管理体系认证机构要求》等。国际质量管理标准ISO 9000定义了生成和维护文档充分、准确的过程。

这些国际标准在具体应用时往往需要辅以特定的国家标准来补充，例如美国的国家实验室自愿认可组织手册150(NVLAP Handbook 150)和NVLAP手册150-20。NVLAP手册150定义了没有在ISO 9000中所要求的一些特殊过程，这些过程是在收集、分析、存储和报告评估凭据时所有实验室都应该遵循的要求。注意，NVLAP手册150-20是NVLAP手册150的一个扩展，它收录了CC测试实验室的一些额外特殊需求。

对于CC/CEM那些未被覆盖到或不在评估范围内的问题解决办法，将由国家的和国际的相关标准予以补充。例如，ISO/IEC 27000系列标准(GB/T 20280/20281等)已经成为世界上应用最广泛与最典型的信息安全管理标准，覆盖了操作安全(OPSEC)等安全管理及相关策略和过程的开发规范。

CC/CEM只关注组织安全策略，这些策略一般被强制在ST功能需求的实现上，并且其安全性保障活动应该被验证。与此相反，ISO/IEC 27000系列标准讨论实现和维护组织的安全管理策略，更多地关注管理人和组织架构方面。因此，识别资产和分类它们的敏感性的过程被 ISO/IEC 27000 系列标准阐述。人事的、物理的和环境安全问题被检验，因为它们与开发、运行和维护生命周期阶段相关。

随着云计算、大数据技术的发展，最新版本的 ISO/IEC 27000 系列标准特别关注移动用户访问控制机制以及云服务提供商的应急计划和容灾备份等安全内容上。最后，ISO/IEC 27000 系列标准解决了一个通常被其他安全标准避免谈及的重要主题——法律、法规和其他法律要求的安全合规性。这一标准旨在用作一个组织开发自己的操作安全(OPSEC)策略和组织安全管理规范、程序的起点。

根据信息安全管理方面的相关准则，ISO/IEC 27000 系列的相关标准依据一定的方法可以分为以下几个方面。

(1) A 类-词汇标准(Vocabulary Standard)：主要包括通用术语、基本原则等标准族中所涉及的基础信息，这方面的标准有 ISO/IEC 27000 和 ISO 9000(质量管理体系基础和术语)等。

(2) B 类-要求标准(Requirements Standard)：主要关于管理体系的相关规范，能够使一个组织证明其满足内部和外部要求的能力。这方面的标准有 ISO/IEC 27001、ISO 9001(质量管理体系要求)、ISO 14001(环境管理体系规范及使用指南)、OHSAS18001(职业健康安全管理体系规范)等。

(3) C 类-指南标准(Guidelines Standard)：主要的作用是为一个组织实施要求标准提供相关的指南，这方面的标准有 ISO/IEC 17799、ISO/IEC 27003、ISO 9004《质量管理体系业绩改进指南》、ISO 14004《环境管理体系原则、体系和支持技术通用指南》、OHSMS 18002《职业健康安全管理体系指南》等。

(4) D 类-相关标准(Related Standard)：这一类的标准一般由标准化组织独立开发，与前面几个要求类标准和指南类标准无明显的关联，有 ISO/IEC 27006《信息安全管理体系审核认证机构要求》、ISO 19011《质量和环境管理体系审核指南》等。

表 C.3 给出了截至 2015 年年底已经发布的 ISO/IEC 27000 系列标准及其状态。

表 C.3 ISO/IEC JTC1/SC27 WG1 工作组编制、修订的信息安全国际标准项目(截至 2015 年年底)

标准号	标题	状态
ISO/IEC 27000	信息安全管理体系——概述和词汇	2016 第四版
ISO/IEC 27001	信息安全管理体系——要求	2013 第二版
ISO/IEC 27002	信息安全控制措施实践指南	2013 第二版
ISO/IEC 27003	信息安全管理体系——指南	2010 第一版修订中 DIS
ISO/IEC 27004	信息安全管理——监视、测量、分析和评价	2009 第一版修订中 DIS
ISO/IEC 27005	信息安全风险管理	2011 第二版修订中 WD
ISO/IEC 27006	信息安全管理体系审核认证机构的要求	2015 第三版
ISO/IEC 27007	信息安全管理体系审核指南	2011 第一版
ISO/IEC TR 27008	信息安全控制措施评估指南	2011 第一版修订中 WD
ISO/IEC 27009	ISO/IEC 27001 的特定行业应用——要求	制定中 FDIS
ISO/IEC 27010	行业间和组织间通信的信息安全管理	2015 第二版
ISO/IEC 27011	基于 ISO/IEC 27002 的电信组织信息安全控制措施实践指南	2008 第一版修订中 DIS
ISO/IEC 27013	ISO/IEC 27001 和 ISO/IEC 20000-1 整合实施指南	2015 第一版

续表

标 准 号	标 题	状 态
ISO/IEC 27014	信息安全治理	2013 第一版
ISO/IEC TR 27015	金融服务信息安全管理指南	2012 第一版
ISO/IEC TR 27016	信息安全管理——组织经济学	2014 第一版
ISO/IEC 27017	基于 ISO/IEC 27002 的云服务信息安全控制措施实践指南	2015 第一版
ISO/IEC TR 27019	能源公共行业信息安全控制措施	2013 第一版修订中 WD
ISO/IEC 27021	信息安全管理体系专业人员胜任能力要求	制定中 WD
ISO/IEC 27023	ISO/IEC 27001 和 ISO/IEC 27002 修订版本对照	2015 第一版

参考文献

1. 主要参考教材

(1) Common Criteria：an Introduction[EB/OL] (1999-12-31)[2018-08-22]. https://www.niap-ccevs.org/Documents_and_Guidance/cc_docs/.

(2) Common Criteria for Information Technology Security Evaluation：User Guide[EB/OL] (2002-12-31)[2018-08-22]. https://www.niap-ccevs.org/Documents_and_Guidance/cc_docs/.

(3) Debra S. Herrmann. Using the Common Criteria for IT Security Evaluation[M]. Auerbach Publishers Inc,2002.

(4) Mark S. Merkow. Computer Security Assurance Through the Common Criteria[M]. Delmar Cengage Learning,2004.

(5) Wesley Hisao Higaki. Successful Common Criteria Evaluations：A Practical Guide for Vendors[M]. Createspace Independent Publishing Platform,2010.

(6) Study：A Penetration Testing Model by the Federal Republic of Germany′s Federal Office for Information[EB/OL] (2009-12-31)[2018-08-22]. https://www.bsi.bund.de/SharedDocs/Downloads/EN/BSI/Publications/.

(7) BSI Guideline for Developer Documentation according to Common Criteria Version 3.1[EB/OL] (2007-12-31)[2018-08-22]. https://www.bsi.bund.de/SharedDocs/Downloads/EN/BSI/Publications/.

2. 主要参考标准和支持文件

(1) GB/T 18336.1—2015《信息技术 安全技术 信息技术安全评估准则第 1 部分：简介和一般模型》[M]. 北京：中国标准出版社,2017.

(2) GB/T 18336.2—2015《信息技术 安全技术 信息技术安全评估准则第 2 部分：安全功能组件》[M]. 北京：中国标准出版社,2017.

(3) GB/T 18336.3—2015《信息技术 安全技术 信息技术安全评估准则第 3 部分：安全保障组件》[M]. 北京：中国标准出版社,2017.

(4) GB/T30270—2013《信息技术安全技术信息技术安全评估方法》[M]. 北京：中国标准出版社,2014.

(5) GB/Z 20283—2006《信息安全技术保护轮廓和安全目标的产生指南》[M]. 北京：中国标准出版社,2014.

(6) GB/Z 30286—2013《信息安全技术信息系统保护轮廓和信息系统安全目标产生指南》[M]. 北京：中国标准出版社,2014.

(7) Common Criteria for Information Technology Security Evaluation—Part 1：Introduction and General Model. version 3.1 Revision 5[EB/OL]. (2017-04-30)[2018-08-22]. https://www.commoncriteriaportal.org/cc/.

(8) Common Criteria for Information Technology Security Evaluation—Part2：Security Functional Requirements. version 3.1 Revision 5[EB/OL]. (2017-04-30)[2018-08-22]. https://www.commoncriteriaportal.org/cc/.

(9) Common Criteria for Information Technology Security Evaluation—Part3：Security Assurance Requirements. version 3.1 Revision 5[EB/OL]. (2017-04-30)[2018-08-22]. https://www.commoncriteriaportal.org/cc/.

(10) Common Criteria for Information Technology Security Evaluation, version 3.1 Revision 5[EB/OL]. (2017-04-30)[2018-08-22]. https://www.commoncriteriaportal.org/cc/.

(11) ISO/IEC 15408-1：2009, Information Technology—Security Techniques—Evaluation Criteria for IT Security—Part 1：Introduction and General Model[EB/OL]. (2009-09-30)[2018-08-22]. https://www.iso.org/standard/.

(12) ISO/IEC 15408-2：2008，Information Technology—Security Techniques—Evaluation Criteria for IT Security—Part2：Security Functional Requirements[EB/OL].(2008-09-30)[2018-08-22]. https://www.iso.org/standard/.
(13) ISO/IEC 15408-3：2008，Information Technology—Security Techniques—Evaluation Criteria for IT Security—Part3：Security Assurance Requirements[EB/OL].(2008-09-30)[2018-08-22]. https://www.iso.org/standard/.
(14) ISO/IEC 18045：2008，Common Methodology for Information Technology Security Evaluation[EB/OL].(2008-09-30)[2018-08-22]. https://www.iso.org/standard/.
(15) ISO/IEC PDTR 15446：2009，Information Technology—Security Techniques—Guide for the Production of Protection Profiles and Security Targets[EB/OL].(2008-09-30)[2018-08-22]. https://www.iso.org/standard/.
(16) Consistency Instruction Manuals For development of US Government Protection Profiles For use in Basic Environments Information，Information Assurance Directorate，version 3.0[EB/OL].(2005-02-14)[2018-08-22]. https://www.niap-ccevs.org/Documents_and_Guidance/.
(17) Consistency Instruction Manuals For development of US Government Protection Profiles For use in Robustness Environments Information，Information Assurance Directorate，version 3.0[EB/OL].(2005-02-14)[2018-08-22]. https://www.niap-ccevs.org/Documents_and_Guidance/

3. 主要参考论文

(1) 吴世忠.基于风险管理的信息安全保障的研究[D].四川大学博士论文，2002.
(2) 李守鹏.信息安全及其模型与评估的几点新思路[D].四川大学博士论文，2002.
(3) 黄元飞.信息技术安全性评估准则研究[D].四川大学博士论文，2002.
(4) 张利，江常青，王贵驷.关于建立信息系统安全性评估准则的几点考虑[J].信息安全与通信保密，2002，3(11)：68-69.
(5) 李守鹏，吴希唐.信息技术安全评估中的重要概念[J].计算机安全，2003，9(11)：2-3
(6) 石文昌，孙玉芳.CC框架下安全确信度的定量描述方法[J].广西科学，2002，9(1)：1-5.
(7) 蔡昱，张玉清，孙铁，等.安全评估标准综述[J].计算机工程与应用，2004，5(2)：129-132.
(8) 刘晖.信息安全测评认证系列文章之二-IT产品等级评估综述[J].计算机安全，2005，11(3)：50-52.
(9) 郭颖，刘晖.信息安全测评认证系列文章之四-IT产品等级评估程序[J].计算机安全.2005(4)：52-53，65.
(10) 刘伟，张玉清，冯登国.通用准则评估综述[J].计算机工程，2006，7(1)：171-173.
(11) 刘岩.感受第八届国际CC大会[J].信息安全与通信保密，2007，8(12)：41-42.
(12) 李远刚.有关安全认证的证据提供的扩展系统性文献综述[J].四川建材，2015，16(2)：126-133.
(13) 李慧.信息安全管理体系研究[D].西安电子科技大学硕士学位论文，2014.
(14) 邓辉，石竑松，等.安全策略及设计规范的半形式化方法[J].清华大学学报(自然科学版)，2017，57(7)：695-701.
(15) 石竑松，高金萍，贾炜，等.CC中安全架构与策略模型的分析方法[J].清华大学学报(自然科学版)，2016，56(5)：493-498.
(16) 毕海英，石竑松，高金萍，等.通用评估准则的发展与应用现状[J].信息技术与标准化，2013，14(11)：14-17，21.